예배 · 예식서

총회예식서개정위원회 편

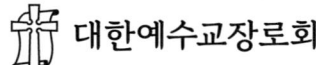

※ 예식서 편찬위원 및 수정위원

1977년도 위원 :	김동수	김용준	김윤식	김형태	림인식	문창권
	박종렬	박치순	성갑식	안광국	이상근	임택진
	조남기	최용찬	최중해	한완석	김소영	
1987년도 위원 :	문상희	정행업	김덕조	김상해	김소영	김형태
	맹용길	문홍지	박창환	이만규	정장복	안창엽
	한완옥					
1994~1995년도 위원 :	김소영	안창엽	오세철	유한귀	이기경	이학수
	정장복	김원영	최복상	조천기	김봉익	황성귀
	조병옥	윤능상	김용덕			
1995~1996년도 위원 :	김소영	안창엽	오세철	유한귀	이기경	신용호
	정장복	김원영	정해동	김동수	박태식	용재호
	백도웅	김봉익	황성귀	윤능상	김용덕	
1996~1997년도 위원 :	김소영	안창엽	신용호	정장복	이한흥	박태식
	김봉익	김범열	윤능상			
기초연구위원 :	예배와 성례		정장복	임직예식		김소영
	봉헌예식		유한귀	결혼예식		이기경
	상례예식		안창엽	실무위원		김봉익
감수위원 :	권용평	안영로	진희성			

※ 예식서 개정위원 및 전문위원

2006~2007년도 위원 :	정장복	노용한	이철신	김홍천	박종호	이은태
	최갑도	이성만	박종호			
전문위원 :	정장복	김홍천	김경진	주승중	이현웅	손달익
	노용한	김성대	김수중	김세광	김운용	차명호
	문성모	김충환	이효겸	박노택	서은성	이은태
2007~2008년도 위원 :	정장복	김홍천	노용한	이상섭	김서년	최갑도
	안승환	김형기				
전문위원 :	정장복	김홍천	김경진	주승중	이현웅	손달익
	노용한	김성대	김수중	김세광	김운용	차명호
	문성모	김충환	이효겸	박노택	서은성	

※ 예식서개정위원회

2019~2020년도 위원 : 박노택	박영국	김영걸	정헌교	최현성		
전문위원 : 김경진	김명실	김세광	김운용	김 정	유재원	
이현웅	임희국	조건회	주승중	차명호	최홍진	

2020~2021년도 위원 : 박노택	박영국	김영걸	노승찬	정헌교	최현성	
전문위원 : 김경진	김명실	김세광	김운용	김 정	유재원	
이현웅	임희국	조건회	주승중	차명호	최홍진	

2021~2022년도 위원 : 박노택	박영국	김영걸	노승찬	최현성		
전문위원 : 김경진	김명실	김 정	임희국	조건회	차명호	
최홍진						
감수위원 : 정헌교	김경진	김세광	김운용	박노택	주승중	
연구위원 : 구아름	김병석	김성우	김종현	노승찬	손한나	
안성국	양승아	오택승	원도진			

발간사

"이스라엘의 하나님 여호와께서 이렇게 말씀하시기를 내 백성을 보내라 그러면 그들이 광야에서 내 앞에 절기를 지킬 것이니라"(출 5:1).

하나님께서는 노예였던 이스라엘 공동체를 구원하면서 그 목적을 알려주십니다. 바로 절기를 지키고 예배를 받으시기 위함입니다(출 5:1). 그러므로 그리스도인의 제일 되는 권리와 의무는 예배입니다. 우리는 언제나 예배하는 공동체였습니다. 일제강점기 때에도, 6·25전쟁 때에도 믿음의 선배들은 목숨을 걸고 예배를 드렸습니다. 예배는 그리스도인임을 나타내는 정체성의 표지입니다.

예배의 형식은 시대에 따라 변화되었습니다. 21세기를 살고 있는 우리들이 초대 교회 당시의 예배 형식을 따라 예배드리는 것은 쉬운 일이 아닐 것입니다. 예배의 갱신이란 본질은 더 살리고 형식은 상황에 맞게 고치는 것을 의미합니다. 상황에 알맞은 예배는 성도들로 하여금 더 큰 은혜와 임재를 체험케 합니다. 그러나 늘 기억해야 할 것은 사람 중심의 예배가 아니라 하나님이 기뻐 받으시는 예배를 위해 예배는 늘 갱신되어야 한다는 사실입니다. 하나님이 기뻐 받으시는 예배야말로 형식을 뛰어넘는 최고의 예배입니다.

이번에 발간되는 예배·예식서는 종교개혁적 전통을 따랐으며 장로교 예배의 전통을 이어받아 시대적 변화에 알맞은 예배·예식을 제시하였습니다. 특별히 성찬의 신학적 확장, 세례의 본질 회복을 위한 형식 제공, 성경봉독의 강화, 성서정과 중심 설교의 강조를 개정 작업의 중심에 두었습니다. 또한 목회자들이 상황과 목적에 따른 예배와 예식을 인도할 수 있도록 실질적인 지침을 세밀히 마련해 두었습니다.

　이 예배·예식서가 각 교회의 현장에서 살아있는 예배, 하나님이 기뻐 받으시는 예배를 위한 길잡이가 될 것을 확신합니다. 특별히 예배·예식서를 위해서 밤낮으로 애써 주신 위원장 박노택 목사와 예식서개정위원들, 그리고 실무를 맡아주신 교육훈련처 총무 김명옥 목사, 실장 이은미 목사에게 깊은 감사를 드립니다. 또한 출판을 위해 애써 주신 한국장로교출판사 사장 박창원 장로 및 직원들께도 감사를 드립니다.

2022년 9월 13일
대한예수교장로회총회
총회장 류영모

머리말

하나님의 은혜로 세 번째 예배·예식서를 개정 출판하게 되었습니다. 기존에 출판된 예배·예식서는 다음과 같은 특징이 있는데, 첫 번째 예식서(1997년)가 예배·예식의 기초와 기본을 중심으로 하여 한국교회 예배를 최초로 정리했다면, 두 번째로 낸 개정예식서(2008년)는 장로교 전통의 예배·예식과 다양한 예배·예식을 담고 있습니다. 그리고 이번에 출판되는 예배·예식서는 그 두 가지 예배·예식서를 기본으로 이어받되, 더 다양하고 현대적인 여러 예배·예식을 추가하였으며 교회 예배의 현장성을 담아내려고 노력하였고, 세계교회 예배·예식의 흐름에 맞추어 나갔습니다. 또한 우리 민족의 고유하고 전통적인 정서를 담은 예배·예식과 교회력과 절기에 따른 예배 순서들을 강화하여 체계적인 예배가 되도록 하였습니다. 또한 매일기도와 여러 형태의 기도문을 추가하여 목회에 유익이 되도록 하였으며, 이에 더하여 우리 교단 산하의 여러 교회에서 은혜롭게 드려지는 특별예배를 공모하여 전문위원들의 검증과 감수 후 함께 소개하였습니다.

그리고 전체 구성은 1) 서문, 2) 예배 준비, 3) 주일예배, 4) 교회력에 의한 예배, 5) 성례, 6) 일반예배와 기도회, 7) 목회예식, 8) 특별예배와 예식, 9) 매일기도, 10) 참고자료로 되어 있습니다.

총회로부터 개정 출판의 업무를 위임받고 위원들을 구성하여 연구한 지 3년 가까운 시간이 지났습니다. 애정과 사명감을 가지고 헌신적으로 수고해 주신 모든 위원들에게 깊은 감사를 드립니다.

이번 위원들은 예배·예식을 전공한 우리 교단 산하의 7개 신학대학교 교수님들과 목회 현장에 계신 여러 목사님들로 구성하여, 이론과 실천 어느 한쪽으로 치우치지 않게 하였습니다. 무엇보다 두 번째 예배·예식서 개정에 참여했던 교수님들이 함께하여 연속성과 전통을 잇는 틀을 잡아 주신 것에 감사를 드립니다. 특별히 두 분, 김경진 전문위원장님과 차명호 교수님의 수고를 잊을 수 없습니다. 김경진 전문위원장님은 예배·예식서 전체의 방향과 틀을 잡아 주시고 소망교회에서는 전체 진행비와 연구비를 후원해 주셨습니다. 차명호 교수님은 연구위원들을 이끌어 주시고 원고 정리 및 전체 진행을 해 주셨습니다. 두 분의 거룩한 수고에 깊은 감사를 드립니다.

그리고 목회 현장에 계신 목사님들의 수고도 잊을 수 없습니다. 바쁜 일정 중에도 10번의 회의와 3차의 워크숍에 참여하셔서 목회 현장의 생동감 있는 예배를 담은 원고를 집필해 주셨습니다. 이분들의 노고에 다시 한번 감사드립니다.

감수를 맡아 수고해 주신 감수위원님들께도 감사의 마음을 전합니다. 목회적 관점과 학문적 관점에서 세밀히 감수를 해 주신 감수위원장 정헌교 목사님과 주승중 목사님, 김운용 총장님, 김세광 교수님께도 감사를 드립니다. 또한 총회 교육훈련처 김명옥 총무님과 이은미 실장님, 노승찬 목사님, 황세형 목사님, 이기주 교육자원부장님의 협력에 감사드리며, 출판을 맡아 수고해 주신 한국장로교출판사 사장 박창원 장로님과 직원들에게도 감사드립니다. 그리고 마지막으로 예배·예식서 진행에 관심을 기울여 주시고 격려해 주신 류영모 총회장님께도 깊이 감사드립니다.

이 예배·예식서를 통하여 한국교회의 예배에 모범과 일치, 경건과 질서 있는 예배가 이루어지길 바라며, 그 가운데 생명력 있는 예배가 드려지기를 기도합니다. 또한 하나님께 영광을 돌리며, 하나님을 기쁘시게 할 수 있는 예배가 되길 간절히 소원합니다. 코로나 시대를 거치면서 약화된 우리의 예배가 본질을 찾아가고 회복되기를 바라며, 함께해 주신 모든 분과 하나님의 은혜에 감사드립니다.

2022년 9월 13일
대한예수교장로회총회 예식서개정위원회
위원장 박노택

개정 지침

이번 예배·예식서 개정을 위해 예식서개정전문위원회에서는 다음의 세 가지 지침을 마련하였습니다.

첫째는 개신교회의 예배 갱신의 전통을 이어가는 것입니다. 예배 갱신은 율법의 완성을 통해 교회를 세우신 예수 그리스도의 뜻이고,[1] 이를 이어받은 종교개혁적 전통이며,[2] 보편적 교회를 향한 20세기 예배회복운동(Liturgical Renewal Movement)의 지향점입니다.[3] 또한 성경에 기초한 말씀과 성례의 균형적 실행은 예배 갱신 및 현대의 다양한 예배 정황에서 지켜져야 할 원리입니다.[4] 다음은 개정 작업에서 고려한 예배 갱신 전통의 요소들입니다.

- 성찬의 신학적 확장과 성찬기도문의 회복
- 세례의 본질 회복을 위한 형식 제공
- 성경봉독 강화
- 성서정과(lectionary) 중심 설교 강조

---

1) 요 2:19 ; 마 6:5-7, 18:19-20.
2) Martin Luther(*The German Mass and Order of Divine Service*, 1526) ; Ulrich Zwingli(*Action or Use of Lord's Supper*, 1525) ; Martin Bucer(*Psalter, with Complete Church Practice*, 1539) ; John Calvin(*The Form of Church Prayers*, 1542) ; John Knox(*The Form of Prayers*, 1556).
3) *Baptism, Eucharist and Ministry* (Geneva: World Council of Churches, 1982), vii-x.
4) *The Augsburg Confession*, 7조 ; 『대한예수교장로회총회 총회 헌법』, 제4편, 제3장.

둘째는 회중이 참여하는 예배입니다. 하나님은 예배가 아니라 삶의 헌신으로 참여하는 참된 예배자를 찾으십니다.[5] 예배는 모든 지체들이 그리스도 안에서 하나가 되는 신비의 사건이기에 모든 예배자들이 신체적, 사회적, 문화적 특징의 차이들로 인해 소외되지 않고 다함께 참여할 수 있는 내용, 형식, 언어, 공간 및 실행 과정으로 구성되어야 합니다. 다음은 개정 작업에서 고려한 회중 참여의 요소들입니다.

- 회중 참여적 예배
- 세대 통합적 예배
- 성경적/예배적 언어
- 매일기도 제시

셋째는 목회를 지원하는 예배·예식서의 필요성입니다. 예배는 목양의 식탁입니다. 다양한 목회적 정황에서 하나님의 백성이 건강한 신앙생활을 도모하도록 목회자는 각 상황과 목적에 따라 예배 및 예식들을 통해 영적 양식을 제공해야 합니다.[6] 이를 위해 각 예배들의 정체성이 올바르게 표현되는 예배 형식과 내용이 요구됩니다. 다음은 개정 작업에서 고려한 목회 지원의 요소들입니다.

- 지문(地文, rubric)을 통한 구체성 제시
- 다양한 목회 정황에 필요한 예배와 예식 확장
- 목회 예식의 실용적 적용

2022년 9월 13일
대한예수교장로회총회 예식서개정전문위원회
위원장 김경진

---

[5] 미 6:6-8 ; 요 4:23.
[6] 겔 34:2 ; 요 21:16 ; 『총회 헌법』, 제2편, 제5장.

발간사 / 4
머리말 / 6
개정 지침 / 8

Ⅰ.	서문	1. 지침 적용과 일러두기 · 16
		2. 예배 신학 · 18
		3. 한국개신교 예배 형식들 · 24
Ⅱ.	예배 준비	1. 기도 · 30
		2. 말씀 묵상 · 32
Ⅲ.	주일예배	1. 주일예배 지침 · 40
		2. 주일예배 순서 이해 · 40
		3. 주일예배 · 49
		4. 주일현대예배 · 65
		5. 주일찬양예배 · 69
		6. 절기에 따른 예배 구문 · 72
Ⅳ.	교회력에 의한 예배	1. 절기이해 · 90
		2. 대림절기 · 95
		3. 성탄절 전야 · 100
		4. 성탄절 · 104
		5. 주현절 · 110
		6. 사순절기 · 115
		7. 종려/고난주일 · 123
		8. 성금요일 · 126
		9. 부활절 · 133
		10. 성령강림주일(절) · 143
Ⅴ.	성례	1. 세례 예전	1) 세례 예전 이해 · · · · · · · · · · · · · · · · 150
			2) 유아 · 152
			3) 아동 · 155
			4) 성인 · 160
			5) 입교(견신) · 163
			6) 지적장애인 · 165
			7) 세례 재확인 · · · · · · · · · · · · · · · · · · · 169
		2. 성찬 예전	1) 성찬 예전 이해 · · · · · · · · · · · · · · · · 172
			2) 성찬 예전의 구성 · · · · · · · · · · · · · · 175
			3) 분병분잔에 사용되는 찬송과 성경 구문 · · · · 180

VI.	일반예배와 기도회	1.	예배	1) 한국전통 · 184
				2) 애통과 회복 · 189
				3) 부흥회 · 196
				4) 새 세대(유·청소년) · · · · · · · · · · · · · · · · · 197
				5) 고령자 · 203
				6) 세대통합 · 207
		2.	기도회	1) 새벽 기도회 · 215
				2) 수요 기도회 · 216
				3) 금요 기도회 · 218
				4) 구역 기도회 · 219
				5) 이웃을 위한 기도회 · · · · · · · · · · · · · · · · 221
				6) 소그룹 기도회 · 223
				7) 입시 기도회 · 225
VII.	목회예식	1.	삶의 신학적 의미 · 228
		2.	생일	1) 백일 감사 · 231
				2) 첫돌 감사 · 233
				3) 생일 감사 · 236
				4) 회갑, 칠순, 팔순, 구순 감사 · · · · · · · · · · · · · 238
				5) 백수 감사 · 240
		3.	성장	1) 영아 축복 · 242
				2) 어린이 축복 · 243
				3) 성년 · 245
		4.	혼인	1) 결혼에 대한 신학적 이해 · · · · · · · · · · · · · · 252
				2) 약혼 · 253
				3) 결혼 · 256
				4) 결혼기념 · 271
		5.	생업	1) 생업에 대한 신앙적 이해 · · · · · · · · · · · · · · 277
				2) 개업 감사 · 278
				3) 마무리(폐업) 감사 · · · · · · · · · · · · · · · · · · 280

			4) 기공 감사 · 282
			5) 준공 감사 · 284
	6.	목양	1) 가정축복심방 · 286
			2) 출산 · 287
			3) 고난 · 295
			4) 구직 · 299
			5) 이사 · 302
			6) 군 입대 · 305
			7) 독거노인 · 308
			8) 환자돌봄 · 310
	7.	상례	1) 죽음의 신학적 의미 · 316
			2) 임종 · 318
			3) 입관 · 326
			4) 장례(발인) · 328
			5) 하관 · 343
			6) 화장 · 346
			7) 시신 기증 · 348
			8) 유해 안치 · 349
			9) 수목장 · 351
			10) 납골 · 353
			11) 이장 · 355
	8.	추모	1) 장례 후 위로 · 357
			2) 성묘 · 359
			3) 추모 · 364
Ⅷ. 특별예배와 예식	1.	감사 및 기념예배	1) 송구영신 · 372
			2) 신년 감사 · 376
			3) 설 감사 · 378
			4) 추석 감사 · 381
			5) 추수 감사 · 384
			6) 삼일절 기념 · 387
			7) 광복절 감사 · 391
			8) 환경주일 · 395
			9) 종교개혁주일 · 397
	2.	기관예배 및 예식	1) 개회 · 404
			2) 임원 이·취임예식 · 411
			3) 기관 및 학교 · 416

	3. 임직예식	1) 임직의 신학적 의미	418
		2) 목사 안수	419
		3) 목사 취임	432
		4) 목사 위임	433
		5) 전도사 임직	435
		6) 선교사 파송	437
		7) 장로, 안수집사, 권사 임직	438
		8) 공로목사 추대	443
		9) 원로목사 추대	445
		10) 원로장로 추대	446
		11) 항존직 은퇴	447
		12) 서리집사 임명	449
		13) 협동(명예) 집사(권사) 추대	449
		14) 청지기(교회학교 교사) 임명	450
	4. 봉헌예식	1) 예배당 봉헌의 신학적 의미	451
		2) 기공	452
		3) 입당	458
		4) 헌당	460
		5) 교회 부속 건물 및 기독교 기관 건물 봉헌	464
	5. 기타 예식	1) 교회 설립	466
		2) 전입교인(등록교인) 입회	468
Ⅸ. 매일기도	1. 매일기도에 대한 이해	1) 기도 생활	470
		2) 매일기도 방법	471
	2. 매일기도 구문	1) 절기별 매일기도	472
		2) 삶의 정황별 기도	485
		3) 하나님 나라를 위한 기도	496
		4) 기도에 필요한 상황별 성경 구문	498
Ⅹ. 참고자료	1. 예전 찬송		516
	2. 지적장애인을 위한 세례 해설		548
	3. 상례 해설		552
	4. 성서정과표		561
	5. 교회력과 예전색		578
	6. 예배당 공간		581
	7. 예배 복장		584
	8. 예배와 상징		591

I

서문

1 지침 적용과 일러두기

1. 본 예배·예식서는 장로교 예배의 전통을 이어받고 시대의 변화에 따른 적절한 예배·예식을 제시하는 데 목적을 두었다. 그러므로 본서는 대한예수교장로회총회의 헌법 및 지침을 준수하고, 기존 예배·예식의 기본 형식을 보존하면서도 새로운 내용들을 조화롭게 첨가하려고 노력하였다. 이를 위해 예식서개정위원회는 예배·예식의 개정 지침과 예배 신학적 틀을 마련하여 각 영역의 집필 내용이 통일성을 갖도록 하였다.

2. 기존 예배·예식서의 목차 구성을 개선하여 목회자가 각 예배의 성격과 특징을 잘 이해할 수 있도록 하였다.

3. 예배와 예식의 구분에서 있어서 예배는 공동체가 하나님의 자녀로 마음을 합하여 하나님을 찾고 만나는 모든 행위이지만, 하나님을 예배하는 특별한 성격에 따라 절기, 감사, 찬양, 헌신예배로 표현할 수 있다. 예식은 예배자의 특성에 의해 드려지는 정황, 즉 생일, 성장, 혼인, 생업, 상례, 임직의 경우에 적용된다. 물론 어떤 경우에는 예배 안에서 예식이 함께 진행될 수도 있다.

4. 모든 예배의 기본틀이 되는 주일예배의 형식은 기존의 여러 주일예배 형식들을 통합하여 성찬과 말씀이 균형을 이루도록 두 가지 형식으로 구성하였고, 지문(地文, rubric)을 통해 예배 행위에 대한 구체적 지침을 제공하고, 각주를 통해 각 순서에 대한 해설을 구체적으로 설명하였다.

5. 주일에 드리는 예배는 전통적으로 오전에 드리는 '주일예배'와 오후 또는 저녁에 드리는 '주일찬양예배', 그리고 현대문화적 요소를 가미한 '주일현대예배'로 구분하여 제시하였다.

6. 기존 예배·예식서에서 주일예배와 성례가 함께 제시됨으로 발생했던 혼란을 제거하고자 성례를 분리하여 신학과 형식을 구체적으로 기술하였다.

7. 성찬 예전의 경우, 초기 교회의 전통과 종교개혁의 영역 안에서 모든 교회가 함께 참여할 수 있는 보편적 성찬 형식을 두 가지로 제시하였으며, 성찬 감사기도문의 형식도 집례자 중심의 것과 집례자와 회중이 함께하는 것, 두 가지로 제시하였다. 또한 아동세례교인을 위한 성찬 감사기도문을 새 세대예배와 세대통합예배에 적용하였다.

8. 세례 예전의 경우, 초기 교회의 세례 서약, 세례 구문의 전통들을 현대화하여 적용하였고, 우리 교단의 세례 관련 헌법의 변화에 맞는 예식(아동세례 예전)과 아동에게 맞는 서약 및 신앙고백문을 제공하였다.

9. 각 절기예배 또는 특별예배를 위해 우리 교단 목회자들이 제안한 예배 사례들 중 중복되지 않는 예배들(성탄절 전야, 삼일절, 환경주일, 종교개혁 주일 등)을 편집을 통해 수록하였다.

10. 일반예배와 기도회의 영역에도 목회 상황에서 필요한 주제들을 검토하여 다양화된 형식들(한국전통, 애통과 회복, 세대통합, 고령자, 소그룹, 입시 등)을 수록하였다.

11. 목회 현장에서 실제적으로 필요한 목양 관련 예식들의 주제를 확장하여 출산, 고난, 구직, 이사, 독거노인을 위한 예식도 수록하였다.

12. 회중의 신앙생활을 돕고자 매일기도를 위한 기도문과 성경 구문들을 사례로 제시하였다.

13. 절기예배와 한국전통적 예배에 필요한 특별 찬송 및 음악을 제공하였다.

14. 예배에 사용되는 용어들을 가능한 쉬운 문체로 수정하였으며, 각 예배들의 순서도 기존의 다양한 이름들을 통일하여 제시하였다(예. 예배로 부름, 참회와 고백의 기도, 사죄의 말씀, 회중기도, 성경봉독, 설교, 교회소식, 축도, 다 함께, 이웃을 위한 기도 등).

예배 신학

1) 예배 개념

"기독교의 참된 예배는 하나님의 백성들이 하나님이 창조의 역사와 예수 그리스도를 통하여 구원의 역사를 이룩하신 사실을 깨닫고 감격하여 드리는 응답의 행위이다."[1] 그렇기 때문에 예배는 신학 또는 목회의 부수적 방법이나 소재가 아니라 신앙의 원천이어야 한다. 예배는 참된 예배자를 하나님이 만나시는 궁극적 사건이며, 하나님은 이 사건의 증인들을 교회로 모으셨다. 예배 신학은 신앙 그 자체의 회복을 지향하기에 교리와 교회의 서로 다름을 넘어 보편성을 추구해야 하며, 그것이 주님의 뜻이고, 성경의 가르침이며, 초기 교회 예배의 본질이다.

신앙인의 삶의 원천으로서의 예배는 두 가지 속성, 즉 하나님을 향한 '경배'(창 24 : 26 ; 요 4 : 24)와 하나님의 백성을 위한 '섬김'(출 7 : 16 ; 빌 2 : 17)에 기초한다. 그동안 예배는 목회 현장과 평신도 신앙에서 경배의 측면으로 주로 다루어져 왔지만, 초기 교회는 공적인 섬김을 뜻하는 헬라어 '레이투르기아'(leitourgia)를 예배를 지칭하는 데 사용했다. 경배로서의 예배와 섬김으로서의 예배는 분리될 수 없는 교회의 기초들이다. 그래서 성경은 초기 교회의 모습을 묘사하면서 가르침, 성찬, 기도와 더불어 구제 사역도 함께 기술하였다(행 2 : 42-45).

2) 주님의 예배

예수님은 유대적인 형식 중심의 예배를 마음 중심의 예배로 전환하셨다. 예수님에게 성전의 제사는 임시적인 것이며, 주님 자신의 구원 사역이 온전한 예배이자 성례였다(히 8 : 1-2). 그렇기 때문에 주님은 예배의 고정된 형식과 장소를 타파하셨고(눅 18 : 10-13 ; 마 18 : 19-20), 주중과 안식일에 말씀을 가르치는 사

---

1) 『총회 헌법』 제4편, 제1장, 1-2-1.

역에 전념하셨다(마 26:55 ; 요 18:20 ; 눅 4:15-21). 이를 바탕으로 성경은 예수님과 사마리아 여인과의 대화를 통해 기독교적인 예배의 네 가지 원리를 알려준다(요 4:1-42).

첫째, 예배의 공간성이다. 사마리아 여인이 자신들의 예배 장소에 대한 영적 의구심을 표현하자 주님은 예배 공간의 제한성과 차별성을 거부하신다[2](요 4:21). 예배의 공간은 예배자들이 예수님의 이름으로 모이고, 주님이 함께하심을 경험하는 처소이지(마 18:20), 사람의 손으로 지은 자랑거리가 아니다(막 14:58 ; 행 7:48).

둘째, 예배의 시간성이다. 사마리아 여인과의 대화에서 주님은 구원을 위한 예배의 때를 언급하시며(요 4:21, 23), 예배의 보편적 시간성을 강조하신다. 예배의 시간은 인간의 사건이나 계절이 아닌 주님의 구원사에 의해 의미를 가지며, 특히 주일예배는 주님의 부활을 찬양하며 기뻐하는 시간이어야 한다.

셋째, 예배는 삼위일체적으로 드린다. 나아가 예수님은 "하나님은 영이시니 예배하는 자가 영과 진리로 예배할지니라"(요 4:24)고 가르치신다. 하나님은 길, 진리, 생명이신 예수 그리스도(요 14:6)를 통해서 예배하는 자들을 찾으신다. 현대의 특정한 예배들은 창조자 하나님과 구원자 예수 그리스도의 역할을 잃어버림으로써 창조의 섭리, 구원을 위한 감사와 회개의 요소들이 사라지고 위로를 중심으로 한 심리적 종교의식으로 전락하곤 한다.

넷째, 참된 예배는 예배자에게 즉각적 실천을 요구한다. 복음을 들은 사마리아 여인은 복음을 전하기 위해 즉각적인 행동을 취한다(요 4:28). 사마리아 여인은 예수의 새로운 예배 패러다임이 자신에게만 주어진 메시지가 아니라 사마리아인 모두에게 주어진 기쁜 소식임을 깨달았다. 성령은 예배 명령의 실천자들과 함께하며 복음 전파를 통해 공동체를 감동시켰으며, 그 공동체는 예수를 구원자로 영접했다(요 4:42).

---

[2] 『총회 헌법』 제4편, 제1장, 1-4. 참조.

3) 사도시대의 예배

기독교의 역사를 돌이켜보면, 성령의 역사로 예루살렘에서 모인 신앙공동체가 행한 첫 행위는 하나님을 예배하는 것이었다(행 2장). 이후 초기 교회의 예배는 강론(설교), 기도, 떡을 뗌, 시편 찬송, 신앙고백, 축복기원, 송영, 그리고 아멘 등의 기본 형식들을 갖추기 시작했으며, 다음의 의미들을 표현했다.

첫째, 강론(설교)을 통해 구약시대로부터 그리스도의 성육신, 공생애, 십자가와 부활에 이르는 하나님의 구원역사가 선포되었다.

둘째, 기도는 일정한 형식이 없이 자유롭게 드려졌고, 주기도를 회중들이 한목소리로 기도했다. 회중은 기도할 때 하나님을 "아빠 아버지"라 불렀으며(갈 4:6 ; 롬 8:15), 이때 사용된 주요 구문은 "마라나타"(아람어 : 주여 오소서!)였다.[3] 마라나타 기도는 첫째, 부활하신 주님이 죽은 자의 부활을 의심하는 제자들에게 나타나신 사건에 대한 회상이고, 둘째, 지금도 예배 공동체의 성찬에서 성령으로 임하신다는 체험이며, 셋째, 장차 주님이 다시 오실 것에 대한 확신이었다(계 3:20).[4] 결국 마라나타 기도는 과거, 현재, 미래가 한 번에 이뤄지는 성찬(떡을 뗌)과 연결되는 종말론적인 신비의 체험이었다.

셋째, 떡을 뗌은 사도시대의 예배에서 가장 중요한 순서였다. 당시의 성찬인 "떡을 떼며"는 종교의식으로서 예전 형태가 아니었고 실제로 먹고 마시는 식탁이었다. 그런데 사도행전 2장 42, 46절이 '떡을 먹으며'가 아니라 "떡을 떼며"로 기록된 점이 중요하다. 이는 "떡을 떼는" 성찬이 '기쁨'이 넘치는 성찬을 의미하기 때문이다. 이 성찬은 부활하신 예수께서 엠마오로 가는 제자들과 함께 식탁에 앉아 떡을 떼어 주심에서 비롯되었다(눅 24:30). 이 순간에 제자들의 눈이 밝아져서 비로소 부활하신 예수를 인지하였다. 그렇기 때문에 성찬 곧 떡을 뗌은 부활 신앙의 핵심적인 표현이고, 동시에 성찬에 참예함으로 성도들은 몸으로 부

---

3) 이 기도의 형식은 서술형(우리 주님이 오신다)이 아니고 명령형(우리 주님 오시옵소서)이다. 이 기도는 요한계시록 22장 20절 "아멘 주 예수여 오시옵소서"와 동일하고, 또 고린도전서 16장 22절 "우리 주여 오시옵소서"(우리 주께서 임하셨도다)와 동일하다.
4) "볼지어다 내가 문 밖에 서서 두드리노니 누구든지 내 음성을 듣고 문을 열면 내가 그에게로 들어가 그와 더불어 먹고 그는 나와 더불어 먹으리라"(계 3:20). 이 말씀이 초기 교회 신앙공동체의 기도 "마라나타"에 대한 응답이라고 전해 온다.

활하신 그리스도의 지체가 되었다.

넷째, 시편 찬송은 구약성경의 시편으로 하나님을 찬양했다(골 3 : 16).

다섯째, 신앙고백에서 성도는 "마음으로 믿어 의에 이르고 입으로 시인하여 구원에 이르렀다"(롬 10 : 10).

여섯째, 축복기원은 "주 예수 그리스도의 은혜와 하나님의 사랑과 성령의 교통하심이 너희 무리(예배 공동체)와 함께 있을지어다"(고후 13 : 13)였다.

일곱째, 예배의 마지막 순서인 송영을 통해 회중은 주님이 가르쳐 주신 기도를 다 함께 한 목소리로 기도했고, 그 기도의 끝부분인 "나라, 권세, 영광"으로 하나님을 찬송하였다(롬 11 : 36 ; 갈 1 : 5 ; 빌 4 : 20).

여덟째, 회중은 "아멘"으로 예배를 마쳤다(고전 14 : 16).

초기 교회의 예배는 주로 말씀 예전과 성찬 예전의 두 부분으로 구별되었고, 세례교인만이 성찬에 참여할 수 있었다. 또한 예배는 신앙공동체로서 교회 세우기라는 분명한 목적을 가졌기 때문에 예배 순서들에서 제일 중요한 부분은 몸으로 부활하신 예수 그리스도가 성령을 통해 함께 임하시는 성찬이었으며, 성찬에 모인 공동체가 곧 교회 자체였다.

4) 종교개혁 전통을 따르는 예배

예배에 대한 종교개혁가들의 관점은 기준, 목적, 방법, 그리고 결과의 영역에서 네 가지로 요약될 수 있다.

첫째, 예배의 기준은 성경에 근거한다. 성경은 기독교 예배의 고정된 형식이 아니라 필요한 예배 구성 요소들(성경봉독, 딤전 4 : 12-13 ; 설교, 행 20 : 7 ; 떡을 뗌, 행 2 : 46 ; 신앙고백, 딤전 6 : 12 ; 노래, 골 3 : 16 ; 기도, 행 2 : 42 ; 회중아멘, 고전 14 : 16 ; 구제헌금, 고전 16 : 1-2 ; 몸동작, 딤전 2 : 8 등)을 소개하고 있으며, "품위"와 "질서"의 원리를 알려준다(고전 14 : 40).

둘째, 예배의 목적은 구원을 이루시는 하나님을 영화롭게 하기 위함이다.

셋째, 예배 방법은 성령의 인도하심을 따라 말씀과 성례가 조화를 이루는 단순하고 자유로운 형식을 사용하는 것이다.

넷째, 예배의 결과는 예수 그리스도의 몸인 교회가 세상을 향해 실천적인 책임을 다하는 것이다.

성경에 기초한 초기 교회의 예배 영성을 회복하려는 종교개혁적 예배는 다음의 네 가지 본질들을 강조한다.[5]

❶ 찬양과 기도를 통한 영광과 감사의 예배

예배는 하나님의 거룩한 영광 앞에 불려 세워진 인간의 올바른 응답 태도이자 방식이다. 성경은 하나님의 백성이 하나님이 아닌 우상과 자신을 높이며, 삶의 조건들에 의해 좌우되는 감사에 대해 지속적으로 경고한다. 구원의 하나님을 향한 절대적 감사와 찬양은 하나님께 영광을 올려 드리는 최선의 방법이다(합 3 : 17-18 ; 욥 1 : 21-22). 시편 50편 10~15절에서 저자는 하나님께 드리는 예배는 하나님을 영화롭게 하는 단계별 과정의 연속선상에 있다고 주장한다. 즉, 예배자가 먼저 감사의 예배를 드리고, 하나님과의 약속을 이행하면, 하나님이 예배자의 간구를 들어주실 것이며, 그 결과 세상이 하나님을 두려워함으로 하나님의 영광이 드러난다고 말한다(참조. 대하 20 : 1-30).

한편으로 예배자는 감사와 찬양으로 하나님의 영광을 표현하면서, 다른 한편으로는 자신의 죄성 가득한 연약함을 고백함으로 하나님을 높인다. 그래서 하나님은 예배자로부터 값비싼 제물이 아니라 "상하고 통회하는 마음"을 구하신다(시 51 : 16-17). 영광과 감사의 표현은 외적인 화려함과 웅장함이 아니라 단순함과 소박함을 통해 표현되는 "마음을 다하는 신앙"(신 6 : 5)이다. 예수 그리스도가 강조한 예배 태도 역시 평안을 유지하는 마음이며(마 5 : 24) 내면적 방법으로 예배를 드리는 것이었다(마 6 : 5-6). 이를 받아 초기 교회 공동체도 형식과 제도에 집착하지 않고 오직 "순전한 마음"으로 예배를 드렸다(행 2 : 46).

❷ 말씀을 통한 가르침의 예배

성경과 초기 교회 전통은 예배의 두 가지 본질적 요소들, 즉 말씀을 가르치

---

5) 총회교육자원부, 『개혁교회의 예배·예전 및 직제 I』(서울 : 한국장로교출판사, 2015), 1장. 참조.

는 것과 떡을 떼고 나누는 것을 알려준다(행 2:42-47; *The First Apology* 1장). 먼저, 예배에서 가르침은 말씀봉독과 설교 또는 교육으로 나타난다. 예수는 이사야를 인용하면서 사람 중심의 잘못된 가르침은 헛된 예배로 이어진다고 경고했다(막 7:6-13). 그래서 바울은 온전한 예배를 위해 사람의 말이 아닌 "그리스도의 말씀"을 통해서만 가르침과 권면이 이뤄져야 한다고 강조했다(골 3:16). 설교가 성경을 통해 주어진 하나님 계명을 버리고 사람의 유전을 따를 때 예배자의 마음은 하나님으로부터 멀어지며 결국 헛된 예배를 드리게 된다. 바울은 하나님 말씀 중심적 예배를 "영적 예배"라고 보았으며 그 예배를 통해 예배자는 하나님의 뜻을 분별하여 새롭게 된 마음을 갖게 된다고 강조했다(롬 12:1-2).

❸ 성례전을 통한 공동체적 예배

성도는 세례를 통해 구원의 약속을 받은 하나님의 자녀로서의 정체성을 확증하고 나아가 성찬을 통해 그리스도의 몸인 교회 공동체의 지체임을 깨닫는다. 성경은 세례와 성찬이 하나님의 구원의 역사에서 연속성을 갖고 있음을 알려 주고 있으며(고전 10:1-4), 세례와 성찬은 교회를 구성하는 기초로서 유대와 헬라 세계를 넘는 복음의 보편성을 보여준다. 세례와 성찬은 불가분의 관계를 가지며 성찬을 통해 성도들은 자신이 하나님의 백성으로 인침을 받은 세례 받은 자임을 지속적으로 깨닫는다.

❹ 공의를 실천하는 삶의 예배

하나님은 창조로부터 구원의 사건에 이르기까지 지속적으로 함께 살아가는 공동체적 원리를 예배를 통해 가르쳐 주셨다(암 5:22-24; 사 1:13-20; 미 6:6-8). 의로운 예배는 단지 귀한 제물의 드림이나 거룩해 보이는 형식이 아니라, 하나님의 창조의 뜻에 따라 자연과 세상을 돌보는 책임을 다하는 실천적 삶을 요구한다. 초기 기독교 공동체는 성찬을 통해 구제를 실천하였고, 온 백성들에게 유익이 되었으며, 그 결과 주님은 교회를 확장시키셨다(행 2:42-47). 그래서 바울은 예배가 전적으로 그리스도의 몸인 교회 공동체를 의롭게 세우는 데 초점을 맞춰야 한다고 강조한다(고전 11:22; 14장).

3. 한국개신교 예배 형식들

1) 존 칼빈의 예배[6]

- 예배로 부름
- 참회기도
- 운율 시편송
- 성령임재기도
- 성경봉독
- 설교
- 봉헌
- 교회의 기도
- 주기도
- 성물준비
- 사도신경송
- 성찬제정사
- 권면
- 성찬 감사기도
- 떡을 뗌(성체분할)
- 분병분잔
- 성찬 참여
- 성찬 후 기도
- 아론의 축도(민 6:24-26)

---

6) 이 예배는 종교개혁 신학의 체계를 세운 존 칼빈(John Calvin)의 *The Form of Church Prayers*(1542)에 나온다.

2) 존 녹스의 예배[7]

- 예배로 부름
- 참회의 기도
- 운율 시편송
- 성령임재기도
- 성경봉독
- 설교
- 봉헌
- 감사, 교회의 기도
- 주기도
- 사도신경
- 봉헌(시편송)
- 성찬제정사
- 권면
- 성찬 감사기도
- 떡을 뗌(성체분할)
- 분병분잔
- 성찬 참여
- (수난사 낭독)
- 성찬 후 기도
- 시편송
- 아론의 축도 또는 바울의 축도

---
7) 이 예배는 스코틀랜드의 종교개혁가 존 녹스(John Knox)의 *The Form of Prayers*(1556)에 나온다.

3) 웨스트민스터 예배[8]

- 기원
- 구약, 신약 한 장씩 봉독
- 운율 시편송
- 고백과 중보
- 설교
- 기도
- 주기도
- 봉헌
- 성찬초대사
- 성물배열
- 성찬제정사
- 권면
- 성찬 감사기도
- 떡을 뗌(성물분할)
- 분병분잔
- 성찬 참여
- 권면
- 성찬 후 기도
- 운율 시편송
- 아론의 축도 또는 바울의 축도

---

[8] 이 예배는 영국 웨스트민스터 총회가 1664년 장로교의 기본적 교리를 세우면서 함께 만든 예배 지침서, *The Westminster Directory For the Public Worship of God*(1664)에서 제시되었다.

4) 마포삼열의 예배[9]

- 찬송
- 기도
- 성경봉독
- 기도(회중 가운데)
- 찬송
- 성경공부
- 기도
- 봉헌
- 찬송

5) 곽안련의 예배[10]

- 총설(성경요절이나 기도나 찬송)
- 자복(시편 6, 32, 38, 51, 102, 130, 143편)
- 찬송(합창)
- 예정한 성경봉독
- 신경(사도신경이나 본 교회 신경, 십계명)
- 찬송(합창이나 별찬송)
- 강도에 관한 성경낭독
- 공기도
- 찬송(합창이나 별찬송)

---

9) 본 예배는 출판된 문서에서 발견할 수 있는 한국 장로교 최초의 주일예배로 네비우스 선교정책에 따라 간단한 예배의 형태로 구성되어 있으며, 1895년 마포삼열 선교사(Samuel A. Moffett)가 『위원입교인규조』에서 제시한 형식이다.

10) 본 예배는 조선장로회신학교의 곽안련(Charles Allen Clark) 교수가 1919년 『목사지법』에서 제시한 형식이다.

- 연보와 연보에 관한 기도
- 광고
- 찬송(합창이나 별찬송)
- 강도
- 강도 후 기도
- 찬송(제 1, 2, 3장)
- 안수축복
- 묵상기도

6) 1930년대 예배[11]

- 찬송
- 기도(장로)
- 시편낭독
- 성경봉독
- 찬양(찬양대)
- 설교
- 기도
- 봉헌과 기도
- 광고
- 찬송
- 축도

---

11) 본 예배 순서는 당시 많은 교회들이 사용하였던 것으로 1932년에 한국 최초로 발행된 새문안교회 예배 순서지에 나온다.

II

예배 준비

1 기도

1) 회중의 준비기도

　존귀하신 하나님! 허물과 죄로 가득한 우리를 주님 앞에 불러 모아 주심을 감사드립니다. 사랑과 은혜의 주님께서 연약한 우리를 한 주간 동안 보호하여 주시다가 오늘, 주님의 날을 맞아 이 귀한 예배를 드리게 하십니다. 거룩하신 주님! 주님을 우러러 예배하는 이 시간, 우리의 그 어떤 이기적인 열정도, 우리의 그 어떤 나약함도 주님의 뜻을 가리지 않도록 우리에게 맑은 생각과 강한 의지를 주소서. 그리하여 주님께서 비추시는 진리의 빛을 밝히 볼 수 있도록 우리의 눈이 열리게 하시고, 이 예배 가운데 임재하신 성령을 통하여 우리가 완전한 자유와 기쁨을 맛보게 하소서. 영원히 우리를 다스리시는 주 예수 그리스도의 이름으로 기도합니다. 아멘.

　은혜의 하나님! 세상일로 분주했던 우리에게 거룩한 날을 기억케 하시고 하나님을 사랑하는 마음 주시니 감사합니다. 주님 앞에 모인 이 시간, 주님의 영으로 우리를 충만케 하시어 주님을 아는 우리의 지식이 깊어지게 하시고, 우리가 닫혀 있던 입술을 열어 주의 영광을 송축하며, 영과 진리로 주님을 예배하게 하소서. 우리의 마음과 뜻과 정성이 주님만을 향하게 하시고 우리의 간절한 손길도 주님만을 향해 모아지게 하소서. 우리를 영원히 사랑하시는 예수 그리스도의 이름으로 기도합니다. 아멘.

　모든 것에 풍성하신 하나님! 주님은 언제나 우리가 기대한 것보다 더 좋은 것으로, 우리가 바라는 것보다 더 많이 예비하셔서 응답해 주시는 분입니다. 참으로 우리 주님은 우리가 갈망하는 것 이상으로 은혜의 단비를 내려 주시고, 우리를 풍성하게 사랑해 주셨습니다. 은혜와 사랑의 주님! 이 거룩한 시간, 주님께 간구하오니 주님의 나라가 우리에게 임하게 하시고, 우리 가운데 주님의 의로우심이 이루어지게 하소서. 우리가 하나님의 영광을 위해 구하는 것마다 기쁨으로 얻게 하여 주시고, 거룩한 복을 위하여 은총의 문을 두드릴 때 주님의 자비하심으로 하늘 문을 열어 주소서. 은혜로 우리를 구원하신 예수 그리스도의 이름으로 기도합니다. 아멘.

2) 예배인도자의 준비기도

영원히 영광 받으실 하나님! 주님은 오늘도 영과 진리로 드리는 예배를 받고 계심을 이 종은 알고 있습니다. 오, 주님! 이 시간 간구하오니 성령께서 친히 이곳에 오셔서 종으로 하여금 주님이 기뻐하실 예배를 인도하게 하소서. 이 종은 주님의 말씀이 없으면 아무 말도 할 수 없습니다. 불같은 성령께서 여기 모인 사람들의 마음을 뜨겁게 하여 주시고 주님을 향해 신앙의 불이 타오르게 해 주시길 원합니다. 또한 이 종으로 하여금 주님의 백성들을 참회의 길로 이끌게 하시고, 주님의 복된 말씀을 선포하게 하셔서 우리 모두 감사함으로 주의 이름을 찬양하게 하소서. 우리에게 영원한 기쁨을 주신 예수 그리스도의 이름으로 기도합니다. 아멘.

지혜의 근본이신 하나님! 이 거룩한 시간, 성령께서 임하시어 진리로 이 종을 가르쳐 주시며 종의 마음을 열어 주님을 우러르게 하소서. 먼저 종의 영이 정결함을 입게 하시고 거룩한 몸과 마음을 갖추게 하소서. 그리하여 종이 섬기는 이 제단이 정결해지게 하시고 우리들이 드리는 이 예배가 주님 앞에 향기로운 제사가 되게 하소서. 여기 모인 모든 성도들이 감격과 기쁨으로 주님을 따르며 충성되게 섬기도록 하소서. 주님을 향한 사랑과 주님께 올리는 찬양이 감사함으로 드려질 수 있도록 오늘도 이 종을 통해 역사하여 주소서. 선한 목자 되시는 예수 그리스도의 이름으로 기도합니다. 아멘.

[성찬 예전을 위한 준비기도]

사랑의 하나님! 우리 앞에 성찬을 베푸시고 주님과 함께 나눌 수 있도록 허락해 주심을 감사드립니다. 이 귀한 성찬을 통하여 우리로 주님의 지체가 되게 하시고 형제와 이웃을 사랑하는 마음을 내려 주소서. 주님께서 이 성찬에 임하셔서 우리 모두가 주님을 친히 뵙는 감격을 맛보게 하소서. 주님의 거룩한 살과 피를 대하는 우리의 떨리는 손길이 이제 평화를 얻게 하시고, 우리의 두려운 마음이 주님의 기쁨으로 벅차오르게 하소서. 우리를 위해 생명을 내어 주신 예수 그리스도의 이름으로 기도합니다. 아멘.

2 말씀 묵상

회중은 예배를 준비하면서 기도와 함께 다음 주제들의 성경 본문들을 묵상한다(절기예배를 위해서는 본서 매일기도를 사용한다).

1) 참된 예배자가 되기 위하여

예수께서 이르시되 여자여 내 말을 믿으라 이 산에서도 말고 예루살렘에서도 말고 너희가 아버지께 예배할 때가 이르리라 너희는 알지 못하는 것을 예배하고 우리는 아는 것을 예배하노니 이는 구원이 유대인에게서 남이라 아버지께 참되게 예배하는 자들은 영과 진리로 예배할 때가 오나니 곧 이 때라 아버지께서는 자기에게 이렇게 예배하는 자들을 찾으시느니라 하나님은 영이시니 예배하는 자가 영과 진리로 예배할지니라(요 4:21-24).

여호와여 아침에 주께서 나의 소리를 들으시리니 아침에 내가 주께 기도하고 바라리이다 오직 나는 주의 풍성한 사랑을 힘입어 주의 집에 들어가 주를 경외함으로 성전을 향하여 예배하리이다(시 5:3, 7).

믿음으로 아벨은 가인보다 더 나은 제사를 하나님께 드림으로 의로운 자라 하시는 증거를 얻었으니 하나님이 그 예물에 대하여 증언하심이라 그가 죽었으나 그 믿음으로써 지금도 말하느니라(히 11:4).

이스라엘아 들으라 우리 하나님 여호와는 오직 유일한 여호와이시니 너는 마음을 다하고 뜻을 다하고 힘을 다하여 네 하나님 여호와를 사랑하라(신 6 : 4-5).

만일 안식일에 네 발을 금하여 내 성일에 오락을 행하지 아니하고 안식일을 일컬어 즐거운 날이라, 여호와의 성일을 존귀한 날이라 하여 이를 존귀하게 여기고 네 길로 행하지 아니하며 네 오락을 구하지 아니하며 사사로운 말을 하지 아니하면 네가 여호와 안에서 즐거움을 얻을 것이라 내가 너를 땅의 높은 곳에 올리고 네 조상 야곱의 기업으로 기르리라 여호와의 입의 말씀이니라(사 58 : 13-14).

너희 중에 이와 같은 자들이 있더니 주 예수 그리스도의 이름과 우리 하나님의 성령 안에서 씻음과 거룩함과 의롭다 하심을 받았느니라(고전 6 : 11).

2) 창조와 안식에 감사하며

태초에 하나님이 천지를 창조하시니라 땅이 혼돈하고 공허하며 흑암이 깊음 위에 있고 하나님의 영은 수면 위에 운행하시니라 하나님이 이르시되 빛이 있으라 하시니 빛이 있었고 빛이 하나님이 보시기에 좋았더라 하나님이 빛과 어둠을 나누사 하나님이 빛을 낮이라 부르시고 어둠을 밤이라 부르시니라 저녁이 되고 아침이 되니 이는 첫째 날이니라(창 1 : 1-5).

보라 내가 새 하늘과 새 땅을 창조하나니 이전 것은 기억되거나 마음에 생각나지 아니할 것이라 너희는 내가 창조하는 것으로 말미암아 영원히 기뻐하며 즐거워할지니라 보라 내가 예루살렘을 즐거운 성으로 창조하며 그 백성을 기쁨으로 삼고(사 65 : 17-18).

또 그가 수정 같이 맑은 생명수의 강을 내게 보이니 하나님과 및 어린 양의 보좌로부터 나와서 길 가운데로 흐르더라 강 좌우에 생명나무가 있어 열두 가지 열매를 맺되 달마다 그 열매를 맺고 그 나무 잎사귀들은 만국을 치료하기 위하여 있더라(계 22 : 1-2).

백성이 믿으며 여호와께서 이스라엘 자손을 찾으시고 그들의 고난을 살피셨다 함을 듣고 머리 숙여 경배하였더라(출 4 : 31).

3) 영광을 돌리는 예배를 위하여

만국의 족속들아 영광과 권능을 여호와께 돌릴지어다 여호와께 돌릴지어다 여호와의 이름에 합당한 영광을 그에게 돌릴지어다 예물을 들고 그의 궁정에 들어갈지어다(시 96 : 7-8).

큰 음성으로 이르되 죽임을 당하신 어린 양은 능력과 부와 지혜와 힘과 존귀와 영광과 찬송을 받으시기에 합당하도다 하더라(계 5 : 12).

하나님이 이르시되 내가 반드시 너와 함께 있으리라 네가 그 백성을 애굽에서 인도하여 낸 후에 너희가 이 산에서 하나님을 섬기리니 이것이 내가 너를 보낸 증거니라(출 3 : 12).

4) 공의가 충만한 예배를 위하여

이는 삼림의 짐승들과 뭇 산의 가축이 다 내 것이며 산의 모든 새들도 내가 아는 것이며 들의 짐승도 내 것임이로다 내가 가령 주려도 네게 이르지 아니할 것은 세계와 거기에 충만한 것이 내 것임이로다 내가 수소의 고기를 먹으며 염소의 피를 마시겠느냐 감사로 하나님께 제사를 드리며 지존하신 이에게 네 서원을 갚으며 환난 날에 나를 부르라 내가 너를 건지리니 네가 나를 영화롭게 하리로다(시 50 : 10-15).

너희가 내게 번제나 소제를 드릴지라도 내가 받지 아니할 것이요 너희의 살진 희생의 화목제도 내가 돌아보지 아니하리라 네 노랫소리를 내 앞에서 그칠지어다 네 비파 소리도 내가 듣지 아니하리라 오직 정의를 물 같이, 공의를 마르지 않는 강 같이 흐르게 할지어다(암 5 : 22-24).

내가 무엇을 가지고 여호와 앞에 나아가며 높으신 하나님께 경배할까 내가 번제물로 일 년 된 송아지를 가지고 그 앞에 나아갈까 여호와께서 천천의 숫양이나 만만의 강물 같은 기름을 기뻐하실까 내 허물을 위하여 내 맏아들을, 내 영혼의 죄로 말미암아 내 몸의 열매를 드릴까 사람아 주께서 선한 것이 무엇임을 네게 보이셨나니 여호와께서 네게 구하시는 것은 오직 정의를 행하며 인자를 사랑하며 겸손하게 네 하나님과 함께 행하는 것이 아니냐(미 6 : 6-8).

헛된 제물을 다시 가져오지 말라 분향은 내가 가증히 여기는 바요 월삭과 안식일과 대회로 모이는 것도 그러하니 성회와 아울러 악을 행하는 것을 내가 견디지 못하겠노라…… 이는 너희의 손에 피가 가득함이라 너희는 스스로 씻으며 스스로 깨끗하게 하여 내 목전에서 너희 악한 행실을 버리며 행악을 그치고 선행을 배우며 정의를 구하며 학대 받는 자를 도와 주며 고아를 위하여 신원하며 과부를 위하여 변호하라 하셨느니라 여호와께서 말씀하시되 오라 우리가 서로 변론하자 너희의 죄가 주홍 같을지라도 눈과 같이 희어질 것이요 진홍 같이 붉을지라도 양털 같이 희게 되리라(사 1 : 13-20).

그들이 사도의 가르침을 받아 서로 교제하고 떡을 떼며 오로지 기도하기를 힘쓰니라 사람마다 두려워하는데 사도들로 말미암아 기사와 표적이 많이 나타나니 믿는 사람이 다 함께 있어 모든 물건을 서로 통용하고 또 재산과 소유를 팔아 각 사람의 필요를 따라 나눠 주며 날마다 마음을 같이하여 성전에 모이기를 힘쓰고 집에서 떡을 떼며 기쁨과 순전한 마음으로 음식을 먹고 하나님을 찬미하며 또 온 백성에게 칭송을 받으니 주께서 구원 받는 사람을 날마다 더하게 하시니라(행 2 : 42-47).

5) 위로와 치유의 예배를 위하여

주께서는 제사를 기뻐하지 아니하시나니 그렇지 아니하면 내가 드렸을 것이라 주는 번제를 기뻐하지 아니하시나이다 하나님께서 구하시는 제사는 상한 심령이라 하나님이여 상하고 통회하는 마음을 주께서 멸시하지 아니하시리이다(시 51 : 16-17).

욥이 일어나 겉옷을 찢고 머리털을 밀고 땅에 엎드려 예배하며 이르되 내가 모태에서 알몸으로 나왔사온즉 또한 알몸이 그리로 돌아가올지라 주신 이도 여호와시요 거두신 이도 여호와시오니 여호와의 이름이 찬송을 받으실지니이다 하고(욥 1 : 20-21).

6) 영적 깨달음의 예배를 위하여

이르시되 이사야가 너희 외식하는 자에 대하여 잘 예언하였도다 기록하였으되 이 백성이 입술로는 나를 공경하되 마음은 내게서 멀도다 사람의 계명으로 교훈을 삼아 가르치니 나를 헛되이 경배하는도다 하였느니라 너희가 하나님의 계명은 버리고 사람의 전통을 지키느니라 또 이르시되 너희가 너희 전통을 지키려고 하나님의 계명을 잘 저버리는도다 모세는 네 부모를 공경하라 하고 또 아버지나 어머니를 모욕하는 자는 죽임을 당하리라 하였거늘 너희는 이르되 사람이 아버지에게나 어머니에게나 말하기를 내가 드려 유익하게 할 것이 고르반 곧 하나님께 드림이 되었다고 하기만 하면 그만이라 하고 자기 아버지나 어머니에게 다시 아무 것도 하여 드리기를 허락하지 아니하여 너희가 전한 전통으로 하나님의 말씀을 폐하며 또 이같은 일을 많이 행하느니라 하시고(막 7 : 6-13).

그리스도의 말씀이 너희 속에 풍성히 거하여 모든 지혜로 피차 가르치며 권면하고 시와 찬송과 신령한 노래를 부르며 감사하는 마음으로 하나님을 찬양하고(골 3 : 16).

그러므로 형제들아 내가 하나님의 모든 자비하심으로 너희를 권하노니 너희 몸을 하나님이 기뻐하시는 거룩한 산 제물로 드리라 이는 너희가 드릴 영적 예배니라 너희는 이 세대를 본받지 말고 오직 마음을 새롭게 함으로 변화를 받아 하나님의 선하시고 기뻐하시고 온전하신 뜻이 무엇인지 분별하도록 하라(롬 12 : 1-2).

III

주일예배

① 주일예배 지침

하나님을 예배하는 것은 교회의 사역에서 가장 중요하다. 특별히 그리스도인은 주님이 부활하신 날인 한 주의 첫째 날, 곧 주일(일요일)에 모여 하나님의 창조와 섭리 그리고 예수 그리스도를 통해 주신 구원의 은총에 감사하는 주일예배를 드린다. 이 존엄한 예배의 현장에서 예배자들이 깊이 새겨야 할 중요한 지침은 다음과 같다.

첫째, 하나님만을 예배하는 성도들은 온전히 영과 진리로 예배를 드려야 한다. 예배자들이 정성을 모아 예배드리는 것은 하나님이 찾으시는 가장 근본적인 자세이다. 타의에 의한 예배가 아니라 감사와 기쁨이 넘치는 자의적인 예배가 되도록 최선을 다해야 한다.

둘째, 공적인 예배를 인도하는 사람은 그 예배에 대한 책임이 막중함을 인식하고 자신에 대한 점검과 함께 예배의 순서와 내용에 대한 준비를 철저히 하여 하나님이 기뻐하시는 예배가 되도록 최선을 다해야 한다.

셋째, 주님의 날에 드리는 예배는 초기 교회 때부터 말씀의 예전과 성찬 예전을 정기적으로 행했다. 이것은 신학적으로나 성경적으로 매우 중요하다. 그러므로 비록 오늘의 개혁교회의 예배가 말씀을 구심점으로 하는 예배로 정착되었다 하더라도 성찬 예전을 자주 행하는 예배가 되도록 노력해야 한다.

넷째, 그리스도인에게 예배는 일회적인 행위가 아니다. 왜냐하면 주님의 날에 드리는 예배는 일상의 삶으로 이어져야 하기 때문이다. 그렇기 때문에 모든 성도는 하나님을 기쁘시게 해 드리는 예배를 삶의 중요한 목표로 삼고 삶으로 열매를 맺는 예배에 최선을 다해야 한다.

② 주일예배 순서 이해

성경은 예배 순서를 특정하거나 고정시키지 않았다. 그러나 오랜 기간 동안 교회는 예배의 영성을 심화하고 효과적으로 표현하기 위해 각 순서들을 각각의 전통 아래에서 발전시켜 왔다. 교회가 지체들의 모임이며 그 안에서 말씀을 나누고 성찬에 참여하는 기본적 예식들을 실행한다는 점에서 예배는 영역별로 '모임 예전', '말씀 예전', '성찬 예전', '파송 예전'으로 나뉘기도 하고, 성찬을 드리지 않을 경우, 하나님을 향해 나아오는 '입례', 말씀을 '들음', 들은 말씀에 대한 '감사의 응답', 그리고 세상을 향해 나아가는 '파송'의 영역으로 나뉘기도 한다. 그리고 교회의 전통에 따라 어느 정도 다를 수 있지만, 각 영역 안에서 세부적인 순서들이 주어진다. 다음은 말씀과 성찬 예전을 중심으로 하는 예배(본서 주일예배-1)의 각 순서들에 대한 설명이다.

1) 모임 예전

예배자는 예배 시작 전 조용한 음악(전주) 속에서 마음을 정리하고, 말씀 묵상과 기도를 통해 하나님의 계명과 예수 그리스도를 통하여 주신 은총을 소망한다.

❶ 예배로 부름(Call to Worship)

이 순서에서 인도자는 성경 본문 중심의 구문을 통해 예배의 주인이 하나님이시고 예배자가 그분 앞에 초대되어 나오는 모습을 알려 준다. 그러면 예배자는 하나님 말씀 앞에 겸손한 마음으로 예배를 통해 주실 은혜를 기대하며 오직 하나님을 향해 마음을 가다듬는다.

❷ 응답송(Responsive Song)

예배자를 향한 하나님의 초대의 말씀이 읽힌 후, 찬양대가 응답송을 통해 합해진 회중의 마음을 하나님을 올려 드린다.

❸ 기원(Invocation)

기원이란 오늘의 예배 속에 성령으로 임재하신 하나님께서 그 권능과 현존으로 예배에 임하는 성도들을 성결하게 해 달라는 것과 부족한 주의 백성들이 드리는 예배를 통하여 영광을 받아 주시기를 간구하는 내용으로 인도자가 드리는 짧은 기도이다. 이 기원은 참회나 간구의 성격이 아니며 "시작 기도" 또는 "오늘의 기도"라고도 불린다.

❹ 경배찬송(Hymn of Praise)

경배찬송은 영과 진리로 예배하라는 하나님의 명령 앞에 예배자가 일어서서 응답하고 하나님을 찬양하는 것이다. 그렇기 때문에 이 찬송은 주로 경배와 찬양의 뜻이 담겨야 한다.

❺ 성시교독(Antiphonal Reading)

초기 교회의 예배에서 예배자들은 단순한 운율을 사용하여 고백하고 시편을 노래했다. 그러나 16세기 이후 찬송의 운율이 발달함에 따라 시편 노래가 약화되었고, 대신 교회는 시편을 교독 방식으로 읽었다. 한국 개신교회에서는 시편 외에 적절한 성구를 모은 교독문이 활용되고 있다.

❻ 참회와 고백의 기도(Prayer of Confession)

예배자는 하나님을 만나기 위해 거룩하신 하나님 앞에서 자신의 부끄러운 모습을 고백하며 자신을 낮춰야 한다. 이 참회와 고백의 기도는 종교개혁가들에 의하여 시작되었으며 개혁교회 예배의 중요한 순서가 되었다.

❼ 사죄의 말씀(Assurance of Pardon)

죄사함의 확신은 참회와 고백의 기도 다음에 온다. 예배자는 하나님의 사죄의 말씀으로 자신이 고백한 죄가 용서되었음을 믿고 확신한다. 그렇기 때문에 목사는 자신의 말이 아니라 성경말씀에 근거하여 죄사함의 표현을 들려주어야 한다. 이 부분은 "용서의 확신" 또는 "사죄의 확신"으로도 불린다.

❽ 평화의 인사(The Peace)

주님께 용서받은 죄인들이 다른 사람들과 평화의 인사를 나누는 시간이다. 전통적으로 이 순서는 성찬 예전의 시작 부분에서 이뤄졌지만, 매주 성찬을 하지 않는 전통에서는 이 위치에서 죄를 용서받은 것에 대한 감사에 이어 예수 그리스도의 평화로 사랑과 화해를 전한다. 화해와 사랑에 대한 그리스도의 명령이 기록된 말씀, 예를 들어 요한복음 13 : 34 등을 들려주며, 평화의 인사를 나누도록 권할 수도 있다. 이 순서는 교회소식과 구별되어야 한다.

❾ 영광송(Gloria)

하나님의 사죄의 말씀을 들은 예배자는 감격하여 일어서서 용서받은 기쁨 속에 성부, 성자, 성령 하나님을 찬양하고, 영광을 하나님께 돌리며 감사와 기쁨을 표현한다. 이 찬송은 종교개혁가들이 예배를 집례했던 때부터 가장 엄숙하고 진지한 자세로 불렸다.

2) 말씀 예전

❶ 성령조명을 위한 기도(Prayer for Illumination)

이 순서는 성령께서 우리의 이성과 영혼을 비춰 주지 않으시면 우리가 성경을 읽고 들어도 그것을 깨달을 수 없다는 신학적 이해에서 나온 개혁전통의 유산이다. 부처(Martin Bucer)와 칼빈(John Calvin)이 이 순서의 신학적 입장과 예배학적 구조를 만들었고, 개혁전통은 이를 예배에 반영했다. 웨스트민스터 장로교의 전통은 이것을 '설교 전 기도'라고 부르기도 했다.

❷ 성경봉독(Scripture Lessons)

하나님은 말씀을 통해 백성들에게 하나님의 뜻을 가장 분명하고 풍부하게 전달하시고 응답하신다. 그러기에 종교개혁가들은 예배에서 하나님 말씀과 그 해석인 설교의 중요성을 강조했으며, 이 전통은 지금도 우리 예배에서 가장 핵심적인 부분으로 지켜지고 있다. 성경봉독 전후에는 다음과 같은 말을 함으로써 말씀의 소중함을 인식하고 말씀을 받을 준비를 한다.

(성경 본문을 읽기 전)
"오늘 하나님께서 우리에게 주신 말씀은 ○○○○, ○○장 ○○절에서부터 ○○절입니다."
(성경 본문을 읽은 후)
"하나님의 말씀입니다."
(회중은 다음과 같이 화답한다.)
"하나님 감사합니다. 아멘."

❸ 찬송(Anthem)

성경에 최초로 나타난 찬양대는 언약궤가 예루살렘으로 옮겨지고 성전제사를 드릴 때, 다윗 왕으로부터 성전에서 노래하는 업무를 받은 자들이었다. 오늘날의 예배에서도 찬양대가 맡은 역할은 중요하다. 그중에서도 설교 전에 부르는 찬양은 성경 말씀을 주신 하나님을 향한 감사와 경외의 표현이고 또한 예배자들의 마음을 하나님 앞으로 향하게 하는 역할을 담당한다.

❹ 설교(Sermon)

설교는 하나님의 말씀을 현대의 언어로 회중에게 해석해 주고, 그들의 생활 속에 구체적으로 적용시켜야 한다. 이때 설교자는 하나님의 말씀의 본질을 있는 그대로 전해야 할 책임을 가지며, 회중은 성령의 인도하심에 따라 하나님 말씀에 순종해야 한다.

❺ 응답찬송(Hymn of Response)

응답찬송은 선포된 하나님 말씀에 감사와 결단으로 반응하는 시간이다. 초기 개혁교회 예배에서는 청중이 구제헌금이라는 행위를 통해 감사와 응답의 반응을 보인 적도 있으나 이후에는 회중찬송으로 대체되었다.

❻ 신앙고백(Creed)

예배 공동체는 예배 때마다 자신들이 성삼위일체 하나님을 믿는 동일한 믿음의 자녀임을 고백해야 한다. 그래서 교회는 역사적으로 니케아 신경(325년)과 사도신경(404년)을 공적으로 채택했고, 이 고백은 하나님을 예배하는 현장에서 신앙고백으로 사용되었다. 그 위치는 루터(Martin Luther)의 독일어로 된 미사와 츠빙글리(Ulrich Zwingli)의 독일어 예배에서는 성경봉독 다음에 있었고, 칼빈(Calvin)과 부처(Bucer)의 예배에서는 설교 뒤에 있었다. 한국교회는 신앙고백을 설교 전에 둔 전통을 지켜오고 있으나 다수의 개혁교회는 설교 후에 두고 있다. 특히 예배에서의 신앙고백은 기도가 아니라 공동체적 다짐에 가깝다.

3) 세례 예전(Baptism)

> 세례는 모든 증인들 앞에서 자신이 예수 그리스도를 구원의 주님으로 영접하고 하나님의 자녀가 되었음을 확인받는 예전이다. 세례 예전에서 행한 서약은 집례자와 세례 후보자 사이의 단순한 서약이 아니라 하나님과 여러 증인들 앞에서 이뤄지는 서약이다. 새로운 존재로 변화되는 시간이며 신앙공동체 안으로 들어가는 시간이기에, 내용과 의식이 진지하게 진행되어야 한다.

❶ 회중기도(Prayer of the People)

하나님의 용서를 받고 서로 화해한 예배자들은 그리스도의 지체로서 그리스도의 몸인 교회, 곧 공동체를 위한 기도를 함께 드린다. 회중기도 안에는 회중의 필요와 교회의 필요, 그리고 지역과 국가, 세계의 필요를 위한 내용이 담긴다.

예배에서 회중기도의 위치는 교단마다 다양하지만, 그 중요성은 개혁자들에 의해서도 강조되었고 현재까지 이어져 내려오고 있다. 이 기도는 목회자뿐 아니라 회중도 인도할 수 있다. 만약 앞에서 참회의 기도와 사죄의 말씀 후에 평화의 인사가 오지 않았다면, 회중기도를 한 후 평화의 인사를 나눌 수 있다. 이 순서는 "기도" 또는 "공동체를 위한 기도"로도 불릴 수 있다.

❷ 봉헌(Offering)

초기 교회의 예배에서는 가난한 교인들을 위해 물질을 드리는 순서가 먼저 있었고, 이어서 성찬을 위한 떡과 포도즙[12]이 드려지는 순서가 있었다. 이 모든 것이 봉헌에 속한다. 칼빈은 성찬을 위한 성물을 드리는 봉헌행위는 생략했지만 예배에서의 구제헌금 순서는 계속 실행했다. 봉헌 중 헌금은 기복적 이유가 아닌 하나님의 구원의 은혜에 대한 감사로 순수하게 드려져야 한다. 성찬 예전이 없다면 봉헌은 설교 이후에, 성찬 예전이 있다면 성찬 순서의 시작 부분에 위치한다.

4) 성찬 예전(The Eucharist)

종교개혁가들에 의해 가장 강조되었던 개혁 중 하나가 성찬 예전의 올바른 신학과 실천이었다. 개혁자들은 회중이 이해할 수 없는 의례들을 과감히 바꾸면서 회중 참여적 성례전을 회복하려 노력했다. 그러나 개혁의 과정에서 성찬의 횟수와 성찬 감사기도의 많은 요소들이 생략 또는 축소되면서, 제정의 말씀 정도만 남게 되는 아쉬움도 있었다.

하지만 20세기 예배회복운동 이후 한국 개신교회를 포함한 세계 개신교 주요 교단들은 초기 교회의 성찬 예전을 회복하기 위해 애쓰고 있다. 그중에서도 "성찬 (대)감사기도"를 회복함으로써 교회는 그리스도의 수난

---

12) 『총회 헌법』 4편, 제2장, 2-2-3-5. "성찬의 성물은 떡과 포도즙으로 해야 한다". 이에 본서는 떡과 포도즙으로 통일하였으나 교회의 관례상 빵과 포도주라는 용어도 사용 가능하다.

과 죽음뿐 아니라 부활과 재림의 소망까지 감사함으로 표현하는 성찬 예식을 구성하고 있다. 또한 교회는 성찬의 회복을 통해 성찬 예전을 하나님의 백성들이 한 덩어리의 떡을 나누며 공동체의 하나 됨을 확인하는 공동체적 사건으로 이해한다. 이것이 더 이상 성찬대가 제단처럼 벽을 향해 붙어 있지 않고, 모두가 참여할 수 있도록 회중을 향해 서 있는 주님의 식탁으로 불리는 이유이다. 이렇게 성찬 예전은 하나님의 은혜의 수단이며 공동체의 하나 됨의 가시적 표지로서 그 중요성이 더욱 강조되고 있다.

5) 파송 예전

❶ 교회소식(Announcement)

교회마다 예배 신학적 이해에 따라 교회소식이 예배 시작 전에 오기도 하며 예배가 끝난 후에 오기도 하지만, 현대 대부분의 교회들은 예배 안에 교회소식을 포함하는 것을 선호한다. 성도의 교제를 목적으로 신중하게 전해지는 교회소식이라면 신앙공동체의 증진에 도움이 될 것이며, 충분히 예배순서의 요소로서 가치가 있다.

❷ 파송찬송(Hymn of Sending)

찬송가, 복음성가, 시편 영창이나 성시(canticle) 등으로 예배의 마지막 찬송을 드린다. 이 찬송은 그날의 예배의 주제와 말씀의 내용을 반영하는 찬송이며, 말씀을 기억하며 말씀대로 살겠다는 헌신의 다짐을 담은 찬송이다.

❸ 위탁과 파송의 말씀(Charge)

이 순서는 "이제 세상으로 나아가십시오. 그리스도 안에서 서로 사랑하고 섬기면서 한 주간을 주님의 자녀로 승리하십시오."와 같이 회중을 세상 한가운데로 파송하면서 주는 마지막 부탁이다. 그러나 이 문장만을 매주일 계속할 때 그 반복에서 오는 비효과성 때문에 많은 예배 인도자들은 그날의 설교 내용을 한두 문장으로 다시 요약해 주면서 주님의 백성으로서 한 주간의 삶을 살아갈 것을 부탁한다.

❹ 축도(Benediction)

축도(강복선언)는 구약에서 시작된 오랜 전통이며, 제사장의 고유 권한이었으며(민 6:23) 수백 년 동안 유대 민족이 드리던 성전제사와 회당모임에서 중요한 순서로 여겨져 왔다. 신약시대에 와서 이 복의 선언은 훨씬 더 구체적으로 발전하였다. 사도들은 삼위일체의 하나님의 역할을 정확하게 이해하며 축복기도 속에서 그 사역을 명확히 표현하였으며 구체화시켰다(고후 13:13). 이 두 대표적인 강복은 기독교 예배에서 오랫동안 지켜온 순서인데, 민수기의 강복은 고린도후서의 강복과는 달리 기도의 형식이라기보다는 선언의 형식으로 이뤄진다. 그래서 '빌다'의 의미를 지닌 '축도'라는 표현 대신 복이 내려온다는 뜻의 '강복'을 선호하는 교회도 있다. 축도에 과도한 부가적 구문들을 삽입하는 것은 지양되어야 하며, 예배가 아닌 곳에서 선언되거나 목사의 권위를 나타내기 위한 순서로 사용되어서는 안 된다.

3 주일예배

1) 주일예배-1

인도 및 집례 : 목사
* 가능한 분은 일어서서

모임 예전

(예배 전에 악기 연주, 회중 찬송 또는 묵상의 시간을 갖는다.)

* 예배로 부름 ··· 인도자

(다음과 같이 인도자가 예배 시작을 알리는 성경구절을 읽고, 회중을 예배로 초대할 때 모든 예배자들은 가능한 일어선다. 예배로 부름은 말씀 주제에 따라 달라질 수 있다.)

[예문1]
인도자 : 만물의 근원, 우리 하나님께 모두 나아갑시다. 구원의 반석이신 우리 주님께 기뻐 외치며 찬양합시다.

[예문2]
인도자 : 우리 주님께 나아와 경배를 드립시다.
회　중 : 새 노래로 주님을 찬양하며 그 앞에 나아갑니다.

* 입례송 ··· 찬양대

(이때 인도자 외의 다른 예배위원들과 찬양대가 찬양하면서 입장할 수 있다.)

* 기원[13] ··· 인도자

사랑과 돌봄의 하나님, 지난 한 주간도 주님께서 베푸신 사랑으로 우리가 살 수 있었고, 오늘 주님의 평안 가운데 이렇게 예배의 자리로 나왔습니다. 언제 어디서나 그 택한 자를 지키고 돌보시는 하나님의 신실하심에 감사를 드립니

---

[13] 이 기도는 모음기도(collect)의 형식을 따른다. 모음기도란 그날의 주제를 알 수 있게 해 주는 하나님의 이름이나 별칭을 부르고, 하나님이 행하신 사역에 감사와 찬양을 돌리며, 오늘 우리에게 필요한 것을 채워 주실 것과 그것에 대한 우리의 감사 응답을 표현하는 짧은 기도이다.

다. 오늘 이곳에 모인 우리가 주님을 경배할 때 우리와 함께하셔서 우리의 힘과 길이 되어 주소서. 이 예배를 통하여 우리가 하나님께 더욱 감사하고 그 뜻을 따르는 주님의 자녀가 될 것입니다. 예수 그리스도의 이름으로 기도합니다. 아멘.

* 경배찬송 ··· 다함께

(찬송가 8-48장을 참고한다.)

참회와 고백의 기도 ··· 인도자

(이 기도는 전체 회중, 회중의 대표자 또는 인도자에 의해 진행될 수 있다.)

"만일 우리가 우리 죄를 자백하면 그는 미쁘시고 의로우사 우리 죄를 사하시며 우리를 모든 불의에서 깨끗하게 하실 것이요"(요일 1 : 9). 거룩하시며 긍휼이 많으신 하나님, 우리는 잘못을 행하는 자들과 동행하며, 우리도 죄의 길을 걸었습니다. 우리의 죄를 용서하소서. 예수님의 십자가로 용서의 길을 여시고 우리에게 최고의 삶을 주셨지만, 우리는 세상에 속한 것들을 더 갈망하며, 그것을 얻기 위해 어둠 속에서 방황했습니다. 우리가 자신의 어리석음을 깨닫고 주님의 용서를 구하오니, 주님의 참회를 들으시고 우리를 주님의 의의 길로 인도하소서. 오, 구원의 하나님, 우리를 도와주소서. 예수 그리스도의 이름으로 기도합니다. 아멘.

사죄의 말씀 ··· 인도자

[예문1]
여기 복음의 말씀이 있습니다. "그러므로 이제 그리스도 예수 안에 있는 자에게는 결코 정죄함이 없나니 이는 그리스도 예수 안에 있는 생명의 성령의 법이 죄와 사망의 법에서 너를 해방하였음이라"(롬 8 : 1-2). 주님께서 우리에게 자유함을 주셨으니 하나님께 감사드립시다. 아멘.

[예문2]
여기 우리가 믿고 의지해야 할 말씀이 있습니다. "친히 나무에 달려 그 몸으로 우리 죄를 담당하셨으니 이는 우리로 죄에 대하여 죽고 의에 대하여 살게 하려 하심이라"(벧전 2 : 24a). 예수님의 십자가의 은혜로 저와 여러분은 용서받았습니다. 하나님께 감사드립시다. 아멘.

평화의 인사[14] ··· 다함께

> (예물을 드리기 전 형제와 화목하라<마 5 : 23-24>는 말씀을 들려줄 수도 있다. 이때 회중은 서로 인사를 나눈다.)
>
> 인도자 : 하나님이 그리스도 안에서 우리를 용서해 주셨으니, 우리도 서로 용서하고 화해합시다. 여러분 모두에게 우리 주 예수 그리스도의 평화가 함께하시길 빕니다.
> 회　중 : 그리스도의 평화가 함께하시길 빕니다.

영광송 ··· 다함께

> (성부, 성자, 성령 삼위일체 하나님께 영광 돌리는 찬송가 1-7장을 참고한다.)

말씀 예전

성령조명을 위한 기도 ·· 인도자

> (주로 인도자가 기도하지만, 회중 누구라도 할 수 있다.)
>
> [예문1]
> 하나님, 성경이 읽히고 주님의 말씀이 선포될 때 성령의 능력으로 우리의 마음과 생각을 비춰 주시고 진리를 깨달아 주님께 순종하도록 인도하소서. 우리 주 예수 그리스도의 이름으로 간구합니다. 아멘.
>
> [예문2]
> 하나님, 우리가 말씀을 들을 때에 성령의 능력으로 우리를 인도하시고 우리 안에 주의 말씀의 길이 열리게 하소서. 우리가 주의 진리 안에서 기뻐하게 하소서. 우리 주 예수 그리스도의 이름으로 간구합니다. 아멘.

성경봉독[15] ·· 맡은이

---

14) 평화의 인사는 "예수 그리스도의 평화"를 교환하는 시간이지 단순히 덕담을 나누는 시간이 아니다. 이 순서는 말씀 예전에 속하는 목회기도 후에 올 수 있고, 성찬 예전을 시작하기 전에 올 수도 있다.
15) 성서정과에 따라 구약, 서신서, 복음서의 말씀이 봉독된다. 구약성경 봉독 후에는 말씀에 부합하는 시편 교독이나 교창이 오고, 복음서 봉독 후에는 말씀 주심에 감사하는 찬양이 오는데 이 찬양은 일반적으로 찬양대에 의해 불린다.

(회중은 가능한 한 일어서서 하나님 말씀을 듣도록 하며, 각 성경구절들을 읽기 전 봉독자는 다음과 같이 말할 수 있다.)

봉독자 : 하나님이 오늘 우리에게 주시는 구약의 말씀(서신서의 말씀, 복음서의 말씀)은 ○○○, ○○장 ○○절입니다.

(각 성경구절들을 읽은 후 봉독자와 회중은 다음과 같이 말할 수 있다.)

봉독자 : 하나님의 말씀입니다.
회　중 : 하나님 감사합니다. 아멘.

찬송 ··· 찬양대

설교 ··· 설교자

응답찬송 ·· 다함께

신앙고백[16] ······················· 사도신경/니케아신경 ······················· 다함께

　　우리(나)는 한 분이시요 전능하신 하나님, 하늘과 땅과 보이는 것과 보이지 않는 모든 것의 창조주 되신 하나님을 믿나이다.

　　또한 우리는 한 분이신 주 예수 그리스도, 만세 전에 성부에게서 나신 하나님의 외아들을 믿나이다. 이는 하나님에게서 나신 하나님이시요, 빛으로 나신 이시요, 참 하나님에게서 나신 참 하나님으로, 지음 받지 않고 나시었으며, 성부와 한 본체로서, 만물이 다 그로 말미암아 지은 바 되었나이다.

　　우리 인간과 우리의 구원을 위해 하늘로부터 내려오사, 성령으로 인하여 동정녀 마리아에게서 나시고, 사람이 되셨나이다. 우리를 위하여 본디오 빌라도에게서 고난을 받으시고, 십자가에 못 박혀 장사되셨으며, 성경대로 사흘 만에 부활하시어, 하늘에 오르사 성부 하나님 우편에 앉아 계시다가, 다시 산 자와 죽은 자를 심판하러 오시리니, 그의 나라는 영원하리이다.

　　또한 우리는 주님이시며 생명을 주시는 성령을 믿나이다. 성령은 성부와 성자로부터 나시며, 성부와 성자로 더불어 경배와 영광을 받으시고, 선지자들

---

16) 신앙고백의 위치는 다양한 곳에 올 수 있으나, 전통적으로는 말씀 예전이 끝난 후와 세례 예전 사이에 온다. 이것은 말씀을 듣고 깨달아 신앙고백을 하게 되며, 신앙고백을 한 후에 세례를 받는다는 의미를 갖는다. 세계교회 다수는 세례 예전이 포함된 예배일 경우에는 사도신경을, 성찬 예전이 포함된 예배일 경우에는 니케아신경을 선택하고 있다. 본 교단은 니케아신경을 위와 같이 요약하여 사용하고 있다.

을 통하여 말씀하셨나이다. 우리는 하나요, 거룩하고 보편되며 사도적인 교회를 믿나이다. 죄를 사함 받는 하나의 세례를 믿으며, 죽은 이들의 부활과 내세에서의 삶을 기다리나이다. 아멘.

세례 예전(선택)

(세례 예전이 필요한 경우에는 이곳에서 실행한다. 세례 관련 예식들은 설교 이후에 오는 것이 적절하다.)

---

* 봉헌과 기도 ·· 다함께

(만일 성찬 예전을 시작할 때 떡과 포도즙과 헌금을 함께 봉헌하는 순서가 없다면, 여기서 봉헌과 봉헌기도가 드려지고 봉헌하는 동안 특별 찬양이 불릴 수도 있다. 이때 구제헌금도 드려질 수 있다.)

[예문1]
은혜의 하나님, 이 땅은 주님의 것이며 이 땅의 모든 만물도 주님의 것입니다. 그러기에 우리가 누리는 모든 것들은 주님께 받은 것입니다. 이 시간 우리가 하나님께 우리의 삶과 땅에서 얻은 것의 일부를 기쁨으로 돌려드리오니 기쁘게 받아 주소서. 또한 우리의 삶도 축복하시어 하나님께 영광을 돌리는 삶이 되게 하소서. 예수 그리스도의 이름으로 기도합니다. 아멘.

[예문2]
은혜의 하나님, 우리가 누리는 모든 것들이 주님으로부터 왔기에 감사함으로 그중의 일부를 주님께 드립니다. 이 물질을 축복하시고 하나님 나라 확장에 사용하여 주옵소서. 주님의 선하심이 우리를 먹이시고 입히시고 여기까지 인도하심에 감사하며 우리의 삶을 주님께 바치고자 합니다. 우리를 도우셔서 자신을 우리에게 온전히 내어 주신 예수 그리스도의 사랑과 은혜에 늘 응답하며 살아가는 제자의 삶을 살게 하옵소서. 우리 구주 예수 그리스도의 이름으로 기도합니다. 아멘.

[예문3]
언약의 하나님, 우리는 주님을 늘 멀리했지만, 주님은 항상 우리와 함께하시며 하늘과 땅의 좋은 것들로 우리의 필요를 채우셨습니다. 주님의 변함없는 사랑에 감사하며, 주님께 이 예물을 가져왔습니다. 이 예물과 이 예물을 드리는 우리를 축복하시어 주님의 은혜와 사랑을 드러내는 도구로 써 주소서. 우리 주 예수 그리스도의 이름으로 기도합니다. 아멘.

회중기도···맡은이

(만일 앞에서 평화의 인사를 나누지 않았다면, 기도 후 이곳에서 평화의 인사를 나눌 수 있다.)

성찬 예전

* 봉헌과 기도 ········ "오 나의 주님 친히 뵈오니"(228장) ················ 다함께

(예배 중에 떡과 포도즙이 회중석에서 성찬대로 드려진다면, 봉헌기도는 여기서 드리는 것이 적절하다.)

[형식1]

성찬 감사기도[17]···집례자와 회중

집례자 : 주님께서 여러분과 함께하시기를 원합니다.
회 중 : 목사님과도 함께하시기를 원합니다.
집례자 : 여러분의 마음을 하나님을 향해 활짝 여십시오.
회 중 : 주님께 우리의 마음을 활짝 엽니다.
집례자 : 우리 주님, 우리 하나님께 감사를 드립시다.
회 중 : 주님께 우리의 감사와 찬양을 드림이 마땅합니다. [수르숨 코르다]
집례자 : 창조의 하나님! 하나님은 우주 만물의 주님이시기에, 이 시간 주님께

---

[17] 성찬 감사기도(The Eucharistic Prayer)는 성찬 대감사기도(The Great Thanksgiving)로도 불리며, 기도문 중 [푸른 글씨]는 기도의 주제 이해를 돕기 위해 첨부되었다. 세례 받은 아동 중심의 성찬 예식의 성찬 기도문은 본서 6장 "새세대(유·청소년) 예배"와 "세대통합예배"의 기도문을 참고하라. 주제들의 구체적 의미는 본서 성찬 예전의 구성을 참조하라.

감사와 찬양을 드림이 우리의 마땅한 의무이며 최고의 기쁨입니다. 주님께서는 주님의 지혜로 세상 만물을 창조하셨고, 지금도 그 능력으로 만물을 지키십니다. 하나님의 형상을 따라 여자와 남자를 각각 창조하시고, 이 땅의 피조물들과 화평을 이루며 살아야 할 청지기의 사명을 주셨습니다. 그러나 우리는 주님의 뜻을 거역하고 불순종했던 적이 많았습니다. 그럼에도 불구하고 주님은 변함없이 우리를 사랑해 주시고, 주님의 길을 걸어가도록 도우셨습니다. 또한 주님의 귀한 독생자 예수 그리스도를 우리에게 보내셔서 우리를 구원하시고 우리의 상처를 고치시며 놀랍고 위대한 일을 하셨습니다. 그러므로 이 시간 하늘에 있는 예언자, 사도들, 그리고 순교자들과 함께, 우리도 거룩한 노래로 하나님의 영광을 영원히 찬양합니다. [서문]

회　중 : 거룩, 거룩, 거룩하신 주님! 능력과 권세의 하나님! 하늘과 땅이 주님의 영광으로 가득 차 있나이다. 호산나, 호산나! 가장 높은 곳에 계신 분께 호산나! 주님의 이름으로 오시는 분이시여, 복되신 분이시여! 가장 높은 곳에 계신 분께 호산나 찬양을 돌립니다. [삼성송]

집례자 : 오! 거룩하신 하나님, 이 시간 하나님의 독생자 우리 주 예수 그리스도에게도 찬양을 돌립니다. 동정녀 마리아를 통해 이 땅에 오신 예수님 안에서 하나님의 말씀이 육신이 되어 우리와 함께 거하셨습니다. 예수님은 이 땅에서 우리처럼 사시며 기쁨과 슬픔을 경험하셨고, 병든 자를 고치시며, 주린 자를 먹이시고, 눈먼 자를 보게 하셨으며, 죄인과 소외된 자들과 함께 잡수시며 가난한 자들에게 하나님 나라의 복음을 전하셨습니다. 십자가에서 돌아가실 때, 세상에 생명을 주기 위해 자신의 생명을 내어 주셨으며, 죽음을 이기시고 무덤에서 일어나시어 부활생명의 보증이 되셨습니다. 하나님의 우편에 앉아 계시며 지금도 우리를 영원한 생명으로 인도하십니다. 그리하여 우리는 그리스도께서 지금은 영광 중에 하나님과 함께 다스리시다, 모든 만물을 새롭게 하시기 위해 다시 오실 것을 감사하며 찬양합니다. [감사]

고린도전서 11장 23-25절의 말씀입니다. "주 예수께서 잡히시던 밤에 떡을 가지사 축사하시고 떼어 이르시되 이것은 너희를 위하는 내 몸이니 이것을 행하여 나를 기념하라 하시고 식후에 또한 그와 같이 잔을 가지시고 이르시되 이 잔은 내 피로 세운 새 언약이니 이것을

행하여 마실 때마다 나를 기념하라" 하셨습니다. [제정사]
　　　　예수 그리스도 안에서 행하신 하나님의 은혜로우신 역사들을 기억하면서, 우리는 피조물로 빚은 이 떡과 포도즙을 가져왔습니다. 예수 그리스도의 다시 오심을 기다리며 이 시간 온전히 기뻐하며 그분의 죽음과 부활을 기념합니다. 감사함으로 우리 자신을 하나님께 거룩한 산 제물로 드립니다. 오늘 이곳에 모인 우리 모두가 함께 그리스도의 크신 은혜를 찬양하며 크게 외칩시다. [기념과 드림]

회　중 : 이 신앙의 신비가 크도다! 그리스도께서 죽으심으로 우리의 사망을 이기셨도다! 그리스도가 다시 사심으로 우리의 생명을 회복하셨도다! 주 예수여! 영광 중에 오시옵소서! [기념의 환호]

집례자 : 은혜로우신 하나님, 우리에게, 그리고 하나님의 선물인 이 떡과 포도즙 위에 거룩한 성령을 부어 주시옵소서. 그리하여 우리가 이 떡을 떼고 이 잔에 참여하는 것이 그리스도의 몸과 피에 참여하는 것이 되게 하옵소서. 성령 안에서 우리를 그리스도와 하나 되게 하시고, 이 식탁에 참여하는 모든 자와도 하나 되게 하시며, 이 땅에서 주님을 위해 사역하는 모든 사람들과도 연결되게 하소서. 이 떡이 우리를 위한 그리스도의 몸이 되듯이, 이 떡을 먹은 우리가 세상에 생명을 전하는 또 다른 주님의 몸이 되게 하소서. 하늘과 땅의 모든 교회와 한 마음이 되어 기도하오니, 하나님의 영원한 뜻이 우리와 세상 모든 것 속에서 온전히 이뤄지게 하소서. 그리스도께서 최후 승리하시고 우리가 모든 성도들과 함께 하늘 기쁨으로 천국잔치에 참여할 때까지 우리를 인도하시고 하나님의 사역에 충실하게 하소서. 그리스도를 통하여, 그리스도와 함께, 그리스도 안에서, 그리고 거룩한 성령 안에서, 모든 영광과 존귀가 전능하신 하나님께 지금부터 영원까지 있사옵니다. [성령임재와 송영]

회　중 : 아멘.

[형식2]

성찬초대와 제정사··집례자
　여기 예수 그리스도께서 우리를 위해 베푸시는 사랑과 생명의 식탁이 준비되

어 있습니다. 하나님께서 우리들을 이 식탁으로 부르십니다. 이 식탁은 주님께서 친히 베푸시고 명하신 것입니다.

고린도전서 11장 23-25절의 말씀입니다. "주 예수께서 잡히시던 밤에 떡을 가지사 축사하시고 떼어 이르시되 이것은 너희를 위하는 내 몸이니 이것을 행하여 나를 기념하라 하시고 식후에 또한 그와 같이 잔을 가지시고 이르시되 이 잔은 내 피로 세운 새 언약이니 이것을 행하여 마실 때마다 나를 기념하라" 하셨습니다.

이 시간 주님이 우리와 함께하시니, 우리의 마음을 활짝 열고 하나님께 감사드립시다.

성찬 감사기도[18) ……………………………………………………………집례자

모든 생명의 근원이신 하나님! 우리를 지으시고, 이 땅과 우주에 속한 모든 것을 만드신 하나님께 감사와 찬양을 드림이 마땅한 일이며, 또한 우리의 최고의 기쁨입니다. 하나님의 형상을 따라 우리를 지으시고, 이 땅을 돌보는 청지기로 세우셨습니다. 우리가 불순종하여 맡기신 사명을 온전히 감당하지 못했음에도 불구하고, 하나님은 우리를 변함없이 사랑해 주시고 우리를 구원하시려고 이 땅에 독생자 예수 그리스도를 보내 주셨습니다. 그러므로 이제 하늘에 있는 모든 예언자들과 사도들, 그리고 순교자들과 함께 하나님의 거룩하심을 찬양합니다. 높은 곳에 계신 전능하신 하나님께 찬양을 돌립니다. [서문]

이 시간 우리 주 예수 그리스도에게도 감사와 찬양을 돌립니다. 친히 인간이 되시어, 이 땅의 사람들과 함께 거하시며 가난한 자, 병든 자, 억눌리고 소외된 자, 외롭고 고독한 자들의 벗이 되시고, 그들에게 화해와 평화의 복음을 선포하시며 참 자유를 주셨습니다. [감사]

예수 그리스도 안에서 행하신 하나님의 구원의 역사들을 기억하며, 주님의 피조물로 빚은 이 떡과 포도즙을 가져왔습니다. 우리의 죄를 대신하여 죽으시고 부활하신 것에 감사를 드리고, 다시 오실 것을 기쁨으로 고대하며 주님을 기념합니다. [기념과 드림]

은혜로우신 하나님, 우리에게, 그리고 하나님의 선물인 이 떡과 포도즙

---

18) 이것은 집례자와 회중이 서로 화답하며 기도하는 전통적인 성찬 감사기도의 형식을 집례자 혼자 진행하는 간략한 형식으로 바꾼 것이다.

위에 거룩한 성령을 부어 주시옵소서. 성령으로 이 떡과 잔에 참여하는 것이 그리스도의 몸과 피에 참여하는 것이 되게 하옵소서. 성령으로 우리를 부활하신 그리스도와 하나 되게 하시고, 이 식탁에 참여하는 자들과, 또한 주님의 나라와 의를 위해 일하는 이 땅의 모든 사람들과도 연결되게 하옵소서. 또한 이 떡을 먹은 우리가 세상으로 나아가 예수 그리스도의 생명을 전하는 또 다른 주님의 몸이 되게 하옵소서. 하늘과 땅의 모든 교회들과 한마음이 되어 기도하오니, 하나님의 뜻이 우리와 이 땅 위에서 온전히 이뤄지게 하옵소서. 모든 믿는 자들이 부활하신 그리스도와 함께 천국잔치에 기쁨으로 참여할 때까지 우리를 지켜 주시며 맡겨진 사명에 충실하게 하옵소서. 그리스도를 통하여, 그리스도와 함께, 그리스도 안에서, 그리고 거룩한 성령 안에서, 모든 영광과 존귀가 전능하신 하나님께 지금부터 영원까지 있사옵니다. [성령임재와 송영]

([형식1]이나 [형식2]의 성찬 감사기도가 끝나면 주기도로 이어진다.)

주기도[19] ··· 다함께

이제 주님께서 베푸시는 양식을 먹기 전 다 함께 일용할 양식의 참 의미를 기억하면서 하나님의 통치가 이 땅에 임하도록 예수님의 가르침을 따라 기도합시다.

(찬송가 635-636장으로 주기도를 드릴 수도 있다.)

떡을 뗌 ·· 집례자

(집례자는 떡을 들어 올린 후 찢으며 다음과 같이 말한다.)

예수께서 나는 생명의 떡이라고 말씀하셨습니다.

(잔을 높이 들어 올린 후 다음과 같이 말한다.)

이것은 우리를 위한 생명의 음료입니다.
예수님의 살과 피에 참여하는 우리 모두는 한 몸, 한 가족입니다. 하나님의 자녀인 성도 여러분, 하나님께서 우리에게 주신 이 선물에 참여합시다.

분병분잔 ·· 세례교인

---

19) 전통적으로 주기도는 성찬 예전에서 떡을 떼고 나누기 직전에 드려졌다.

(집례자, 성찬위원, 회중의 순서로 분병분잔에 참여한다. 떡이 나눠지는 동안 찬양대나 회중이 찬송가 227-233장을 부르거나 악기만 연주될 수도 있다. 가능한 한 회중이 주님의 식탁으로 나와 참여하는 것이 좋으며, 몸이 불편하여 회중석에서 참여하길 원하는 사람들을 위한 준비도 필요하다.)

(떡을 주며, 성찬위원은 다음과 같이 말한다.)

성찬위원 : 성도를 위한 그리스도의 몸입니다.

세례교인 : 아멘.

(잔을 주며, 성찬위원은 다음과 같이 말한다.)

성찬위원 : 성도를 위한 그리스도의 피입니다.

세례교인 : 아멘.

성찬 후 기도 ······················집례자

[예문1]

생명의 하나님, 오늘 생명의 떡과 구원의 잔으로 우리를 먹이시고, 그리스도와 한 몸이 되게 해 주시며, 참여한 우리 모두를 하나 되게 해 주심에 감사드립니다. 이제 성령의 능력 안에서 우리가 세상으로 나아가 세상을 향한 주님의 구속의 사랑과 예수 그리스도의 부활생명을 전하게 하소서. 우리 주 예수 그리스도의 이름으로 기도합니다. 아멘.

[예문2]

풍성하신 하나님, 오늘도 우리를 구원의 떡과 음료로 먹이심에 감사를 드립니다. 생명의 양식으로 힘을 얻은 우리가 이웃과 세상에게 사랑을 베풀며 살게 하소서. 또한 성령의 능력 안에서 날마다 부활의 증인으로 살게 하소서. 우리 주 예수 그리스도의 이름으로 기도합니다. 아멘.

파송 예전

교회소식 ······················인도자

* 파송찬송 ······················다함께

* 위탁의 말씀 ······················집례자

(집례자는 오늘 선포된 하나님의 말씀을 짧게 상기시키며 다음과 같이 말한다.)

[예문1]

평화 가운데, 주님의 능력을 믿고 세상으로 나아가십시오. 선한 일을 도모하고 사랑의 수고를 아끼지 마십시오. 주님의 말씀을 기억하며 담대하십시오. 성령 안에서 기뻐하십시오.

[예문2]

오늘의 말씀을 기억하며, 믿음과 평안 가운데 세상으로 나아가십시오. 사랑과 친절과 인내로 이웃과 세상을 섬기십시오. 하나님만 의지하고 담대하게 걸어가십시오. 주님 안에서 항상 기뻐하십시오.

* 축도 ·· 집례자

[예문1]

주 예수 그리스도의 은혜와 하나님의 사랑과 성령의 교통하심이 여러분과 함께하시길 축원합니다(고후 13:13).

[예문2]

여호와는 네게 복을 주시고 너를 지키시기를 원하며 여호와는 그의 얼굴을 네게 비추사 은혜 베푸시기를 원하며 여호와는 그 얼굴을 네게로 향하여 드사 평강 주시기를 원하노라(민 6:24-26).

2) 주일예배-2

인도 및 집례 : 목사
* 가능한 분은 일어서서

모임 예전

* 입례송 ·· 다함께

(예배위원과 찬양대원이 함께 입장할 수 있으며, 찬양대원과 회중이 함께 찬양할 수 있다.)

* 예배로 부름 ··· 인도자

[예문1]

"감사함으로 그의 문에 들어가며 찬송함으로 그의 궁정에 들어가서 그에게 감사하며 그의 이름을 송축할지어다 여호와는 선하시니 그의 인자하심이 영원하고 그의 성실하심이 대대에 이르리로다"(시 100 : 4-5). 그러므로 우리 모두 구원의 주님께 나아가 감사와 찬양을 드립시다. 우리의 몸과 마음, 정성을 다해 우리 하나님께 경배를 드립시다.

[예문2]

인도자 : 하나님은 영이시니 예배하는 자가 영과 진리로 예배해야 합니다(요 4 : 24). 이제 우리 모두 마음과 뜻과 정성을 다해 하나님께 예배드립시다.
회　중 : 우리의 구원, 우리의 생명이신 주님께 기쁨으로 나아갑니다.

* 기원 ·· 인도자

창조주 하나님, 주님은 만물을 창조하시고 지금도 모든 생명을 주관하시는 분이시기에 감사와 찬양과 영광을 주님께 올려 드리기 위해 우리 모두가 이 자리에 모였습니다. 예배드리는 이 시간이 또 한 번의 창조와 생명의 시간이 되게 하옵소서. 어둠에 갇힌 자에게 빛을 비추시고, 길을 잃은 자에게 옳은 길을 열어 주소서. 우리가 이제부터 주님께서 비추시는 그 빛과 주님께서 열어 주시는 그 길만 따라 가겠습니다. 주님의 이름과 그 영광을 온 세상에 널리 전하겠습니다. 우리 주님 예수 그리스도의 이름으로 기원합니다. 아멘.

* 경배찬송 ·· 다함께 또는 찬양대

(찬송가 8-48장의 찬송을 참고한다. 만일 앞 순서의 입례송을 찬양대가 불렀다면, 이곳 경배찬송은 회중이 함께 찬양하는 것이 좋다. 또는 입례송을 회중이 불렀다면, 경배찬송은 찬양대가 부를 수 있다.)

* 성시교독 ··· 다함께

참회와 고백의 기도 ··· 다함께

인도자 : 만일 우리가 우리 죄를 자백하면 그는 미쁘시고 의로우사 우리 죄를 사하시며 우리를 모든 불의에서 깨끗하게 하실 것입니다(요일 1 : 9). 회개하는 자의 죄를 사해 주시는 하나님의 약속의 말씀을 믿고 우리의

죄를 고백합시다. 조용히 우리 자신을 돌아본 후 한목소리로 우리의 죄와 허물을 고백합시다.

회　중 : 긍휼의 하나님, 길 잃은 양처럼 우리도 주님의 길에서 벗어나, 우리의 욕심과 어리석음을 좇아 살았습니다. 주님께서 주신 계명을 잊고 살았고, 행하여야 할 것들을 행하지 못했고, 행하지 말아야 할 것들을 행하기도 했습니다. 오 주님, 우리의 죄를 고백하고 회개하오니 우리를 용서해 주시고 우리의 허물을 가려 주십시오. 우리를 고치시고 새롭게 회복시켜 주십시오. 우리 주 예수 그리스도의 이름으로 기도합니다. 아멘.

사죄의 말씀 ··· 인도자

하나님의 사죄의 말씀이 여기 있습니다. "나도 너를 정죄하지 아니하노니 가서 다시는 죄를 범하지 말라"(요 8 : 11). 이제 여러분의 옛 삶은 지나고 새로운 삶이 시작되었습니다. 아멘.

영광송 ··· 다함께

(찬송가 1-7장을 참고한다.)

회중기도 ·· 맡은이

평화의 인사 ··· 다함께

말씀 예전

성령조명을 위한 기도 ·· 인도자

주 하나님, 성경이 낭독되고 주님의 말씀이 선포될 때 우리가 그 말씀을 기쁨으로 듣고 깨달을 수 있도록 성령의 능력으로 우리의 마음과 생각을 밝혀 주소서. 예수 그리스도의 이름으로 기도합니다. 아멘.

* 성경봉독[20] ··· 맡은이

---

20) 초기 교회 전통에서는 하나님의 말씀, 특히 복음서가 읽힐 때 회중은 일어나서 들었다.

(성경 본문을 읽기 전)

오늘 하나님께서 우리에게 주신 말씀은 ○○○, ○○장 ○○절에서부터 ○○절입니다.

(성경 본문을 읽은 후)

하나님의 말씀입니다.

(회중은 다음과 같이 화답한다.)

하나님 감사합니다. 아멘.

찬송 ··· 찬양대

설교 ··· 설교자

응답찬송 ··· 다함께

신앙고백 ··· 다함께

| 세례 예전(선택) |

봉헌 ··· 다함께

(맡은 이가 봉헌송을 부르거나, 회중이 찬송가 49-52장의 찬송을 부른다.)

봉헌기도 ··· 인도자

모든 부요와 풍요의 근원이신 하나님, 모든 것이 주님으로부터 왔기에 감사함으로 받은 것의 일부를 주님께 가져옵니다. 또한 이 예물과 함께 우리 자신도 주님께 드립니다. 우리의 삶과 이 예물이 주님의 사랑과 은혜를 세상에 널리 전하는 데 쓰이게 하소서. 우리를 위해 자신을 내어 주신 주 예수 그리스도의 이름으로 기도합니다. 아멘.

| 성찬 예전(선택) |

파송 예전

* 파송찬송 ··· 다함께

* 위탁의 말씀 ··· 인도자

    성도 여러분, 주님이 주신 평화의 마음을 갖고 세상으로 향하십시오. 늘 깨어서 신앙을 굳게 지키고 담대하십시오. 그리고 사랑으로 이웃과 세상을 섬기십시오. 성령님의 능력 안에서 항상 기뻐하십시오.

* 축도 ··· 목사

  교회소식 ··· 인도자

4. 주일현대예배[21]

- 인도자는 예배 전 스크린의 위치와 크기, 내용의 범위와 한계, 전문성과 예술성을 충분히 점검한다.
- 복음성가와 경배찬양의 선택과 사용에 있어서 성육신적인 접근을 위해 회중의 음악적 성향과 연령뿐 아니라 교회력이나 계절과의 일치에 대해서도 점검한다.

1) 주일현대예배-1

(예배 시작 10-15분 전부터 다음의 순서들 중에서 교회의 상황에 맞게 필요한 순서를 선택하여 진행한다.)

찬송

독주

인사

교회소식

환영의 인사

묵상기도

모임 예전

입례송 ·· 찬양팀

(오르간, 피아노, 신디사이저, 밴드, 트럼펫, 플루트와 같은 악기로 반주할 수 있고, 또는 배

---

21) 현대예배(Contemporary Worship)는 기존의 예배를 전통예배라고 부름에 따라 붙여진 명칭으로 복음성가와 자유로운 현대문화와 예술적 표현을 다양하게 포함하는 예배로서 주일예배의 한 형식으로 드러질 수 있다. 즉, 현대예배는 예배 공간의 구조와 배치, 색의 조화와 상징과 사인의 사용, 기도문과 성경봉독, 설교에서 문학과 드라마의 접목, 성례전에서 멀티미디어의 효율적인 사용, 예배 춤의 도입, 예술적 표현에 있어서 다양한 장르를 수용한다.

너와 춤과 함께 찬양팀의 행진도 가능하다.)

기원 ·· 맡은이

찬송 ··· 다함께

참회와 고백의 기도 ·· 다함께

    (기도문을 함께 읽거나, 침묵의 기도 또는 찬양의 형태로 할 수도 있다.)

말씀 예전

성령조명을 위한 기도 또는 찬송 ·· 다함께

성경봉독 ·· 맡은이

    (봉독자가 연극, 드라마, 이야기로 전달할 수 있다.)

설교 ··· 설교자

말씀에 대한 응답 ·· 맡은이

    (회중은 사도신경, 간증, 찬송, 헌신의 결단 등 다양한 방법으로 말씀에 응답한다.)

결단기도 ·· 다함께

    (소그룹기도, 연도, 또는 통성기도의 형식으로 드린다.)

평화의 인사 ·· 다함께

    (회중은 악수를 하거나 포옹을 하면서 "주의 평안을 빕니다."라고 말한다.)

봉헌 ··· 다함께

    (헌금을 드리는 동안 찬양팀은 찬양을 한다.)

파송 예전

찬송 ··· 다함께

축도 ·· 목사

2) 주일현대예배-2

인도 : 목사

모임 예전

환영인사 ·· 인도자

한 주간 평안하셨습니까? 예배는 하나님과의 만남입니다. 예배는 하나님의 은총에 대한 우리의 반응입니다. 오늘도 하나님의 임재 앞에 기쁘게 반응하며 하나님의 은혜와 능력을 깊이 경험하는 복된 예배가 되시기를 바랍니다. 서로 인사를 나누시기 바랍니다.

예배로 부름 ·· 인도자

찬양과 경배[22] ··· 다함께

(찬양인자가 인도하다가 맨 마지막 곡 중간에 회중을 일으키면 목사가 강단으로 나온다.)

참회와 고백의 기도 ··· 다함께

다 함께 하나님 앞에 참회와 고백의 기도를 드리겠습니다.

(2분 정도 목사가 회개의 기도를 인도한 후)

이제는 하나님과 나만이 아는 죄를 생각하며 다 함께 작은 소리로 참회와 고백의 기도를 계속합니다.

(30초 정도 시간을 주며 반주 음악이 지속된다.)

사죄의 말씀 ·· 인도자

신앙고백 ··· 다함께

---

[22] 네 곡 정도 부르되, ① 마음을 여는 경배찬양, ② 밝은 찬송가, ③ 설교 주제에 맞는 찬양, ④ 하나님만을 높이는 경배찬양으로 선곡한다.

(영상화면에 사도신경을 띄우고 함께 읽는 형식을 취할 수도 있다.)

환영 ·· 다함께

    자리에 앉으셔서 오신 성도님들을 환영하고 함께 축복하겠습니다.

    (축복 관련 복음성가를 부른다.)

교회소식 ·· 다함께

    (영상으로 중요 사항만 전한다.)

말씀 예전

성령조명을 위한 찬송 ··· 다함께

성경봉독 ·· 맡은이

찬송 ·· 찬양대

설교 ·· 설교자

합심기도 ·· 다함께

    (설교주제에 맞춰 성도들과 함께 1-2분 정도 통성으로 기도한다.)

파송 예전

결단의 찬송 ··· 다함께

성찬 예전(선택)

봉헌 및 기도 ·· 인도자

파송찬송 ·· 다함께

축도 ··· 인도자

5 주일찬양예배[23]

1) 찬양

인도 : 목사

경배와 찬양 ………………………………………………………… **다함께**
   (찬양팀의 인도 하에 3-5곡을 현대적인 악기의 반주에 맞춰 연속하여 부른다.)

기도 …………………………………………………………………… **맡은이**

성경봉독 ……………………………………………………………… **인도자**

찬송 …………………………………………………………………… **맡은이**
   (매주 구역 또는 부서가 맡아서 찬양할 수 있다.)

설교 …………………………………………………………………… **설교자**

결단의 찬양 ………………………………………………………… **맡은이**
   (설교의 주제에 맞춰 찬양팀의 인도 하에 찬양을 부른다.)

통성기도 ……………………………………………………………… **다함께**
   (결단을 원하는 회중을 강단으로 초청하거나 통성기도로 결단의 기도를 드린다.)

교회소식 ……………………………………………………………… **인도자**
   (축복이나 위로의 공동체 소식을 구체적으로 나누거나, 목회 사역의 소식들을 전한다.)

축도 …………………………………………………………………… **인도자**

---

[23] 주일찬양예배는 한국개신교회의 고유한 전통이다. 이 예배는 교회의 상황에 따라 저녁 또는 오후에 드려질 수 있으며, 찬양, 헌신, 교육, 선교 등 다양한 주제로 드려질 수 있다. 이 외에도 주일찬양예배에는 본서 6장 일반예배 영역에서 제공하는 다양한 예배들이 적용될 수 있다.

2) 헌신

> - 인도자는 헌신하는 기관의 특징과 헌신의 의미를 잘 살려 예배를 드릴 수 있도록 준비한다.
> - 예배의 인도, 기도, 성경봉독, 찬양 등의 순서에 헌신하는 기관의 구성원들이 최대한 참여하도록 한다.
> - 헌신예배를 드리는 부서는 1개월 전부터 자체기도회로 예배를 준비하고, 헌신의 목록 등을 만들어 발표해 보는 것도 바람직하다.

인도 : 헌신 기관의 맡은 이

예배로 부름 ·· 인도자

기원 ··· 인도자

경배찬송 ·· 다함께

기도 ·· 맡은이

성경봉독 ·· 맡은이

찬송 ·· 맡은이

설교 ·· 설교자

찬송 ·· 다함께

봉헌과 기도 ·· 다함께

헌신의 다짐[24]) ·· 헌신기관

---

24) 다음과 같은 것을 준비하여 교회 앞에 소개하며 헌신을 다짐할 수 있다. ① 기관 소개 : 헌신하는 기관의 회장 혹은 총무가 기관(부서)의 소개를 하도록 한다. 이때 영상을 사용하면 효과적이다. ② 간증 : 회원 중 한 명이 봉사하면서 경험한 은혜, 신앙 성장의 도움 등 경험한 것을 간증한다. ③ 헌신 십계명 작성 : 헌신

찬송 ··· 다함께

축도 ··· 목사

교회소식 ··· 맡은이

예배 드리는 기관의 의견 수렴을 통하여 헌신 십계명을 만들어 발표한다. ④ 구호 외치기 : 헌신예배 드리는 기관의 모든 회원이 카드섹션, 각종 기구, 장식품 등을 통해 상징적인 짧은 구호를 만들어 크게 외치면서 헌신을 다짐한다. ⑤ 찬양 부르기 : 모든 회원이 헌신을 다짐하는 의미로 찬양을 함께 부른다.

6 절기에 따른 예배 구문

1) 예배로 부름

감사함으로 그의 문에 들어가며 찬송함으로 그의 궁정에 들어가서 그에게 감사하며 그의 이름을 송축할지어다 여호와는 선하시니 그의 인자하심이 영원하고 그의 성실하심이 대대에 이르리로다(시 100 : 4-5).

온 땅이여 여호와께 즐거운 찬송을 부를지어다 기쁨으로 여호와를 섬기며 노래하면서 그의 앞에 나아갈지어다 여호와가 우리 하나님이신 줄 너희는 알지어다 그는 우리를 지으신 이요 우리는 그의 것이니 그의 백성이요 그의 기르시는 양이로다(시 100 : 1-3).

여호와여 아침에 주께서 나의 소리를 들으시리니 아침에 내가 주께 기도하고 바라리이다 오직 나는 주의 풍성한 사랑을 힘입어 주의 집에 들어가 주를 경외함으로 성전을 향하여 예배하리이다(시 5 : 3, 7).

하나님은 우리에게 은혜를 베푸사 복을 주시고 그의 얼굴 빛을 우리에게 비추사 주의 도를 땅 위에, 주의 구원을 모든 나라에게 알리소서 하나님이여 민족들이 주를 찬송하게 하시며 모든 민족으로 주를 찬송하게 하소서 땅이 그의 소산을 내어 주었으니 하나님 곧 우리 하나님이 우리에게 복을 주시리로다 하나님이 우리에게 복을 주시리니 땅의 모든 끝이 하나님을 경외하리로다(시 67 : 1-2, 5-7).

여호와의 성전에 서 있는 여호와의 모든 종들아 여호와를 송축하라 성소를 향하여 너희 손을 들고 여호와를 송축하라 천지를 지으신 여호와께서 시온에서 네게 복을 주실지어다(시 134 : 1-3).

또 주께서 우리가 너희를 사랑함과 같이 너희도 피차간과 모든 사람에 대한 사랑이 더욱 많아 넘치게 하사 너희 마음을 굳건하게 하시고 우리 주 예수께서 그의 모든 성도와 함께 강림하실 때에 하나님 우리 아버지 앞에서 거룩함에 흠이 없게 하시기를 원하노라(살전 3 : 12-13).

우리 주 예수 그리스도의 아버지 하나님을 찬송하리로다 그의 많으신 긍휼대로 예수 그리스도를 죽은 자 가운데서 부활하게 하심으로 말미암아 우리를 거듭나게 하사 산 소망이 있게 하시며 썩지 않고 더럽지 않고 쇠하지 아니하는 유업을 잇게 하시나니 곧 너희를 위하여 하늘에 간직하신 것이라(벧전 1 : 3-4).

여러 나라의 종족들아 영광과 권능을 여호와께 돌릴지어다 여호와께 돌릴지어다 여호와의 이름에 합당한 영광을 그에게 돌릴지어다 제물을 들고 그 앞에 들어갈지어다 아름답고 거룩한 것으로 여호와께 경배할지어다 여호와 이스라엘의 하나님을 영원부터 영원까지 송축할지로다(대상 16 : 28-29, 36a).

[대림절기]
너희는 광야에서 여호와의 길을 예비하라 사막에서 우리 하나님의 대로를 평탄하게 하라 골짜기마다 돋우어지며 산마다, 언덕마다 낮아지며 고르지 아니한 곳이 평탄하게 되며 험한 곳이 평지가 될 것이요 여호와의 영광이 나타나고 모든 육체가 그것을 함께 보리라 이는 여호와의 입이 말씀하셨느니라(사 40 : 3b-5).

문들아 너희 머리를 들지어다 영원한 문들아 들릴지어다 영광의 왕이 들어가시리로다 영광의 왕이 누구시냐 강하고 능한 여호와시요 전쟁에 능한 여호와시로다 문들아 너희 머리를 들지어다 영원한 문들아 들릴지어다 영광의 왕이 들어가시리로다 영광의 왕이 누구시냐 만군의 여호와께서 곧 영광의 왕이시로다(시 24 : 7-10).

아름다운 소식을 시온에 전하는 자여 너는 높은 산에 오르라 아름다운 소식을 예루살렘에 전하는 자여 너는 힘써 소리를 높이라 두려워하지 말고 소리를 높여 유다의 성읍들에게 이르기를 너희의 하나님을 보라 하라 보라 주 여호와께서 장차 강한 자로 임하실 것이요 친히 그의 팔로 다스리실 것이라 보라 상급이 그에게 있고 보응이 그의 앞에 있으며 그는 목자 같이 양 떼를 먹이시며 어린 양을 그 팔로 모아 품에 안으시며 젖먹이는 암컷들을 온순히 인도하시리로다(사 40 : 9-11).

[신년주일]

태초에 하나님이 천지를 창조하시니라 땅이 혼돈하고 공허하며 흑암이 깊음 위에 있고 하나님의 영은 수면 위에 운행하시니라 하나님이 이르시되 빛이 있으라 하시니 빛이 있었고 빛이 하나님이 보시기에 좋았더라 하나님이 빛과 어둠을 나누사 하나님이 빛을 낮이라 부르시고 어둠을 밤이라 부르시니라 저녁이 되고 아침이 되니 이는 첫째 날이니라(창 1 : 1-5).

보라 내가 새 하늘과 새 땅을 창조하나니 이전 것은 기억되거나 마음에 생각나지 아니할 것이라 너희는 내가 창조하는 것으로 말미암아 영원히 기뻐하며 즐거워할지니라 보라 내가 예루살렘을 즐거운 성으로 창조하며 그 백성을 기쁨으로 삼고(사 65 : 17-18).

2) 기원

사랑과 은혜로 죄인들을 사랑하시는 아버지 하나님, 감사드립니다. 영원히 찬양 받기에 합당하신 여호와 하나님, 찬송과 존귀와 영광과 권능을 하나님께 올려 드립니다. 우리들을 귀히 여기시는 주님, 이 세상 짐에 묶여 살다가 이제 주님의 은혜를 따라 주님 전에 나와 고개를 들어 주님을 바라보는 우리를 긍휼히 여겨 주소서. 주님, 주님의 음성 듣기를 원합니다. 주님, 하늘을 가르고 우리 안에 임하셔서 은총으로 우리를 충만하게 하소서. 우리가 몸과 마음과 정성을 다하여 예배하기를 원합니다. 성령이시여, 예배를 주관하시며 은혜 가운데 인도하여 주소서. 성삼위 하나님, 임하여 좌정하시고 홀로 영광 받으소서. 예수 그리스도의 이름으로 기도합니다. 아멘.

오늘도 우리를 부르시고, 사랑과 은혜로 인도해 주시는 아버지 하나님, 이 아침에 우리가 예배의 감격을 사모하여 주님 앞에 나오게 하시고, 주님의 거룩한 성전을 향하여 우리의 발걸음을 인도하여 주시니 감사드립니다. 주님, 지난 한 주간 여러 가지 세상의 일들로 인하여, 우리의 마음이 차가워졌습니다. 하지만 주님의 따스하고, 안전한 품을 우리를 향하여 열어 주시고, 우리의 지친 몸과 마음이 주님의 품 안에서 안식과 위로를 얻게 하시는 주님의 사랑에 감사드립니다. 주님의 손길과 만나 우리가 회복되게 하시고, 하나님의 말씀을 귀로 들음으로 소망이 일어나게 하시고, 주님의 떡과 잔에 참여함으로 능력 있게 세워지게 하소서. 성삼위 하나님, 임하여 좌정하시고 홀로 영광 받으소서. 우리 구주 예수 그리스도의 이름으로 기도합니다. 아멘.

[추수감사주일]

영원히 찬양 받기에 합당하신 주 여호와 하나님, 한 해 동안 기쁨과 풍성함으로 저희를 인도하여 주신 주님께 찬송과 영광과 감사를 올려 드립니다. 저희가 주님께서 주신 것과 사랑에 감사하며, 추수감사주일예배로 하나님께 드립니다. 저희들의 예배를 받으소서. 우리가 하나님을 섬기며 사는 삶이 얼마나 복된 것인지 다시 한 번 깨닫게 하시고, 주님께서 우리에게 주신 구원의 기쁨이 이 세상의 곡식과 새 포도주의 넘치는 것보다 더 귀한 것임을 알게 하소서. 하나님, 오늘 우리가 주 예수 그리스도의 이름으로 주님을 바라보며 주님 앞에 나왔습니다. 성삼위 하나님! 찾아와 우리의 필요를 채우시고, 갈급한 마음에 성령을 부어 주시며, 성삼위 하나님, 홀로 영광 받으소서. 예수 그리스도의 이름으로 기도합니다. 아멘.

[대림절기]

만유의 주시며 만왕의 왕이신 우리 주 아버지 하나님, 오늘도 우리가 성전에 모여 주께서 창조하신 만물과 더불어 우리 주님의 성호와 위엄을 찬양합니다. 우리를 사랑하셔서 사람이 되시고, 우리 곁에 오신 주님! 주님이 베푸신 사랑에 감격하여 드리는 이 예배를 받으소서. 사슴이 시냇물을 사모함 같이 우리가 주님을 사모하며 오실 주님을 기다립니다. 우리의 마음을 열고 영광스럽게 다가오시는 우리 주 예수 그리스도의 은총을 받아들이기를 소원합니다.

하나님, 이 예배 가운데 우리를 인도하시고, 이 예배가 하나님 앞에 향기로운 제사가 되게 하실 뿐 아니라 예배를 드리는 우리가 살아 일어나 서게 하시며, 아버지의 영광을 깨닫게 하소서. 모든 것을 주님의 능력의 팔에 의탁합니다. 이 예배를 통하여 성삼위 하나님, 홀로 주관하시고 영광 받으소서. 우리 구주 예수 그리스도의 이름으로 기도합니다. 아멘.

사랑과 은혜가 무한하시며, 오늘도 우리를 은혜로 부르시는 하나님! 감사드립니다. 이 땅의 질고와 고통 가운데 평강의 왕으로 오셔서 주의 백성들을 위로하시는 사랑의 하나님! 오늘도 우리가 광야같이 버려진 땅에 살고 있다가 주님의 은혜의 음성을 듣습니다. 길을 예비하라 하심을 따라 그 준비한 길로 영광의 주님이 오실 것을 약속해 주시니 감사드립니다.

오늘도 주님 앞에 드리는 우리의 찬양과 경배를 받으소서. 우리의 삶의 어두운 골짜기들이 돋우어지게 하시고, 우리의 삶의 고르지 못한 곳을 평탄하게 하시며, 우리의 삶에 허락하신 영광을 이 땅의 모든 육체들이 보고 달려 나오는 은혜를 허락하여 주소서. 부끄러운 모습이나 우리 주 예수 그리스도의 이름 의지하고 주님 앞에 나왔사오니, 성삼위 하나님! 임하여 좌정하시고, 홀로 영광 받으소서. 우리 구주 예수 그리스도의 이름으로 기도합니다. 아멘.

[성탄절]

어둡고 어두운 세상 속에 만백성에게 미칠 큰 기쁨의 소식으로 성탄을 축복하신 하나님! 은혜에 감사드립니다. 우리가 주님의 은총을 사모하여 주님 앞에 나아와 주께 예배합니다. 주님의 부르시는 음성에 응답하여 우리의 모든 손으로 하고 있는 수고를 내려놓고 주님 앞에 나와 예배드립니다. 주님! 우리의 예배를 받으소서.

하나님! 슬픔의 소리가 끊이지 않는 이 땅 위에 하늘의 복된 소식을 들려 주셔서, 모든 사람이 주께 무릎 꿇어 경배하게 하소서. 우리에게 주님을 보라 하셨으니, 주님을 바라봅니다. 하나님! 우리의 예배를 받아 주시고, 이 예배를 주 예수 그리스도의 이름으로 축복하여 주셔서, 성삼위 하나님께 온전한 예배를 드리게 하시며, 예배를 드리는 우리가 하나님의 풍성한 은혜 안으로 들어가게 하여 주소서. 오직 주께 예배하오니 주님의 거룩한 은혜로 주관하시고, 성삼위 하나님 홀로 영광 받으소서. 우리 구주 예수 그리스도의 이름으로 기도합니다. 아멘.

이 땅에 구주를 보내시고, 그의 희생을 통하여 우리를 구원하신 사랑의 하나님! 은혜를 감사드립니다. 성탄절을 맞이하여 저희가 예배드립니다. 우리의 지난날들이 다 지나가게 하시고, 그리스도의 오심으로 주어진 아름답고 새로운 충만함이 우리의 출발이 되게 하소서. 오늘도 주님을 바라보며 주님의 은혜를 사모합니다. 우리가 주님을 예배하며 주님의 기쁨이 되기를 소원합니다. 하늘 문을 열어 주시고 위로부터 임하는 은혜로 이 예배를 주관하여 주셔서 주님 홀로 영광 받으소서. 예수님의 이름으로 기도합니다. 아멘.

[신년주일]

태초에 있었던 어두움과 혼돈 속에서 빛이 있으라 선언하셨던 창조의 하나님! 은혜를 감사드립니다. 무질서했고, 어두웠던 지난날들을 뒤로하고 우리가 하나님의 은혜 가운데 이렇게 주님 앞에 나와 예배드리며 모든 흑암과 공허와 혼돈으로부터 벗어나 밝고 아름다운 은혜 가운데로 들어가도록 축복하신 사랑과 은혜에 감사드립니다. 하나님, 새해를 허락하신 하나님의 은혜에 감사하여 우리가 신년예배로 주님 앞에 모였습니다. 주님, 하늘 문을 여시고 놀라운 은총을 이 예배 위에 부어 주소서. 우리가 드리는 예배를 통하여 하나님 영광 받아 주시고, 이 예배로 말미암아 시작하는 저희들의 삶이 하나님의 권능 안에서 능력 있는 삶이 되게 하여 주소서. 우리가 오직 주님만을 예배하기를 원합니다. 성삼위 하나님! 홀로 영광 받으소서. 우리 구주 예수 그리스도의 이름으로 기도합니다. 아멘.

3) 참회와 고백의 기도

사랑과 은총이 풍성하신 하나님! 오늘 우리는 용서하시는 주님 앞에 나와 은혜를 구하며 서 있습니다. 지난날의 부끄러움으로 감히 고개를 들 수 없는 우리를 불쌍히 여겨 주소서. 주께서 우리의 마음을 축복하셔서 주님 뜻대로 살고자 하는 은혜를 주셨습니다. 하지만 우리는 이 놀라운 축복을 입술로는 인정하면서도 삶의 현실에서 주님을 찾지 않았습니다. 주님은 우리의 부끄러운 지난날들을 벌하지 않으시고 다 깨끗이 용서해 주셨지만 우리는 매 순간 주님의 뜻을 잊어 버렸습니다. 주님은 십자가 보혈을 값없이 흘려 주셨는데, 우리는 그 귀한 은혜를 육체적 욕심으로 덮어 버렸습니다.

이제 주님께서 주신 아름다운 것을 잊어버린 채, 고개 숙인 저희들의 불쌍한 모습을 주께서 긍휼히 여겨 주소서. 주님, 오늘 우리가 우리의 부끄러운 손을 내밀어 주님의 은혜 받기를 원합니다. 주님의 희생과 사랑이 있기에 오늘 우리는 거역할 수 없는 주님의 은혜를 향하여 나아갑니다. 우리를 용서하여 주소서. 새롭게 하여 주소서. 이제 복음에 합당한 자로 살아가게 하여 주소서. 예수 그리스도의 이름으로 기도합니다. 아멘.

[추수감사주일]

자비하시고 긍휼이 무한하신 아버지 하나님! 주께서 베풀어 주신 한 해의 은총들에 감사하는 이 예배에 우리를 불러 주심을 감사드립니다. 주님, 계속되는 우리의 실패에도 불구하고, 주님은 우리에게 새날 주시기를 거절치 아니하셨습니다. 계절의 변화 속에서도 때를 따라 돕는 은혜로 우리를 사랑하시고 인도해 주셨습니다. 주님의 은혜를 먹고 살아온 우리들의 삶을 돌이켜 보건대 그 많은 은혜들을 다 허비해 버린 부끄러움에 감히 머리를 들 수 없습니다. 풍성한 것으로 주셨지만, 우리들의 손에는 연약한 것들만이 들려 있는 것을 보며 부끄러움이 앞섭니다. 불쌍히 여겨 주소서.

우리는 생명의 씨앗을 받아 놓고도 영생의 열매들을 우리들의 삶에 쌓아 오지 못했습니다. 이른 비와 늦은 비로 우리를 적절히 축복해 주셨지만, 우리는 헛된 욕망이 채워지지 않는다고 주님을 원망하고, 영원한 삶의 열매를 맺는 일을 게을리 하였습니다. 큰 은혜 가운데 살면서도 교만하여 주를 원망하였고, 깊은 은혜를 깨닫지 못하고, 오히려 허망하고, 교만하였던 우리들을 용서하여 주소서. 자신의 죄를 깨달아야 마땅한 자리에서 오히려 이웃을 원망하고, 주님까지 원망했던 우리들의 부족한 삶을 긍휼히 여겨 주소서.

우리의 작고 보잘 것 없는 순종을 기뻐하시며, 우리들의 삶을 축복하기 원하시는 주님! 오늘도 내 앞으로 나오라는 명령에 순종하여 우리 주님의 은혜를 바라봅니다. 죄를 자백하는 우리들을 기쁘게 받아 주실 줄 믿습니다. 주님의 능력 안에서 우리를 새로워지게 하시고, 우리 삶에 감사가 넘쳐나게 하소서. 이제 조용히 우리의 죄를 주께 아뢰올 때에 하늘에서 들으시고, 우리의 모든 죄를 사하여 주소서. 예수 그리스도의 이름으로 기도합니다. 아멘.

[대림절기]

사랑과 용서의 하나님! 오늘도 우리를 불러 주신 사랑과 은혜에 감사드립니다. 주님! 우리가 주님의 강림을 찬양하고 기뻐하면서도, 주님 임하심에 부적절한 모습으로 살아온 지난날을 주님 앞에 고백하고, 주 앞에 서서 은혜를 구하며 사죄하심을 간구합니다.

주님! 용서하여 주소서. 믿음이 있다 고백하면서도 믿음 따라 살지 못했습니다. 하나님 나라를 주셨지만 우리는 세상이 주는 유혹에 흔들렸습니다. 주님! 주님을 사랑한다고 하면서도 찾아오신 주님을 기쁨으로 영접하지 못하고 날마다 마음을 열어 주님 받아들이기를 노력하지 못했습니다. 말씀을 들어도 우리는 여전히 영적인 궁핍 속에 있었고, 어리석어 진리 안에 있으면서도 진리의 기쁨을 누리지 못하는 죄인의 삶을 살았습니다. 주여, 우리를 새롭게 하여 주소서. 이 땅에 오셔서 인류를 구원하신 주님! 이제 우리가 주님의 그 사랑을 기억하며, 그 용납하심을 기억하며, 그 은혜에 합당하게 서기 원하여 버리고자 하는 결단으로 우리의 죄를 주께 아뢰기 원합니다. 아뢸 때에 하늘에서 들으시고 약속하신 대로 우리의 죄를 모두 제하여 주소서. 예수 그리스도의 이름으로 기도합니다. 아멘.

[성탄절]

사랑과 은혜가 무한하신 하나님, 우리에게 가장 깨끗하고 순수한 모습으로 이 땅에 오신 은혜에 감사드립니다. 주님이 낮은 곳으로 오셨기에 우리가 주께 나아갈 수 있음을 고백하며, 우리를 위하여 그 보좌를 가장 낮은 곳에 두신 주 예수 그리스도의 이름을 찬양합니다.

주님께서 오라 허락하셨기에 용기 내어 주님 앞에 나왔습니다. 하지만 돌이켜 보는 우리들의 삶은 부끄러운 것밖에 없습니다. 주님의 마음은 순결하신데 우리의 마음은 탐욕으로 가득하며, 주님의 손은 우리를 위하여 피를 흘리셨는데 우리의 손에는 아벨의 피가 흐릅니다. 주님의 입술은 사랑을 말씀하시는데 우리의 입술은 원망과 불평으로 더러워져 있습니다. 주님의 눈은 아름답게 내일을 바라보시는데 우리는 어두운 지난날에서 우리의 시선을 떼지 못합니다.

우리의 구원이 되신 주님! 이제 우리의 모든 허물과 연약한 것과 부정적인 것들을 제거하시고 온전히 새롭게 하소서. 주님 외에는 아무 소망이 없는 우리들을 긍휼히 여기시고, 오늘도 우리가 죄를 버리고자 하는 마음으로 우리의 죄를 주께 고백하며 나아갈 때 우리의 모든 죄를 도말하시며, 하나님의 사랑의 품에 안겨 그 위로하심 안으로, 풍성하심 안으로 들어가는 놀라운 은총을 허락하소서. 이제 아뢰올 때에 우리의 모든 죄를 소멸하여 주소서. 예수 그리스도의 이름으로 기도합니다. 아멘.

[신년주일]

사랑과 은혜의 주님! 아름다운 기회 속에서 은혜로 우리가 주님을 바라보며 기쁘고 즐거운 걸음으로 한 걸음씩 내디딜 수 있도록 은혜를 허락하여 주시니 감사드립니다. 새해가 되었습니다. 새로운 시작이 우리들의 마음에 있게 하시고, 감격스러운 내일을 바라보는 은혜가 우리들에게 있게 하신 것 감사드립니다.

하지만 이 예배를 드리며 우리가 혹시라도 주님께 합당치 못한 모습으로 있을까 염려하여 우리를 살피며 주님 앞에 섭니다. 날은 새로워졌는데 혹시 우리들의 마음이 옛날에 묶여 있지는 않은지요? 하나님이 새 은혜로 우리를 축복하여 주고 계신데 아직도 지난날의 위용, 지난날의 다툼과 억울함과 원통함을 풀지 못하는 과거에 묶여 살아가고 있지는 않은지요?

하나님! 이 시간 우리들의 마음을 엽니다. 묶인 것이 있으면 풀어 주소서. 죄악에 젖어 있는 것이 있으면 주님의 빛으로 정결하게 하소서. 하나님! 새로운 은혜로 주님을 바라보게 하시며, 하나님의 은총을 사모하는 내일을 맞이하기에 부족함 없는 우리들 되게 하여 주소서. 하나님! 새 술은 새 부대에 담으라 말씀하셨습니다. 우리의 마음이 이제 주님의 은혜로 온전히 새 부대가 되게 하시고, 하나님의 은혜로 정결케 하시며, 주의 거룩하신 은혜로 새롭게 하여 주소서. 조금도 우리의 연약함을 책망치 아니하시고 용서해 주시는 아버지 하나님, 이제 우리가 그 용서하심을 바라보며 주께서 깨닫게 해 주시는 것들을 새해의 벽두에 고백할 때에 지나간 시대와 같이 우리의 죄도 모두 다 지나가 버리게 하시고, 우리 안에 새롭게 세워지는 하나님의 은혜와 영광이 임하게 하여 주소서. 이제 하늘의 아버지께 아뢸 때에 하늘에서 들으시고 우리의 모든 죄를 제거하여 주소서. 예수 그리스도의 이름으로 기도합니다. 아멘.

[사순절기]

우리의 죄를 대신 지시고, 고난 받으신 주님! 그 크신 사랑을 감당할 길 없어 눈물로 십자가를 바라봅니다. 주님을 고난의 가시밭길로 걸어가게 한 것은 바로 우리들이었습니다. 그릇 행하여 각기 제멋대로 갔던 우리를 주님은 사랑으로 품으셨습니다. 주님의 품이 따뜻하고, 너무나도 부드럽지만 우리가 누리는 이 은총은 주님의 보혈의 대가로 지불된 것이기에 부끄럽습니다.

주님, 우리의 교만한 마음을 고백하며 용서를 구합니다. 주님만이 우리의 생명임에도 불구하고 주님만을 의지하지 못하고 살았습니다. 주님의 명령에만 순종해야 함에도 불구하고 우리 마음은 두 주인을 섬길 때가 많았습니다. 우리가 가난한 사람을 멸시하고, 나보다 부유한 사람을 시기하며, 나보다 낮은 위치에 있는 사람을 조롱했던 것을 용서하여 주소서. 내 신앙이 이 정도면 경건하다고 여기면서 스스로 만족하며 살았습니다. 주님을 따라 십자가를 지고 참된 제자로 살아야 함에도 불구하고 우리는 영광과 편한 삶을 추구하며 살았습니다. 사순절기가 시작되었지만 은혜에 대한 간절한 사모함이 없이 늘 찾아오는 절기로만 여겼습니다. 사랑의 주님! 잠시라도 주님의 곁을 떠나면 곧 유혹에 빠지는 우리를 긍휼히 여기소서. 이제 머리 숙여 입술을 열어 은밀한 죄를 고백할 때에 우리의 죄를 사하여 주소서. 예수 그리스도의 이름으로 기도합니다. 아멘.

4) 사죄의 말씀

"너희 중에 이와 같은 자들이 있더니 주 예수 그리스도의 이름과 우리 하나님의 성령 안에서 씻음과 거룩함과 의롭다 하심을 받았느니라"(고전 6 : 11). 하나님, 오늘도 우리를 씻으심을 감사드립니다. 우리를 거룩케 하심을 감사드립니다. 하나님 앞에 나올 수 있는 자로 의롭다 인정하심을 감사드립니다. 이제 주께서 우리를 의롭다 하셨으니, 주님의 보좌 앞으로 담대히 나아가 영과 진리의 예배를 드리게 하소서. 아멘.

"내가 진실로 진실로 너희에게 이르노니 내 말을 듣고 또 나 보내신 이를 믿는 자는 영생을 얻었고 심판에 이르지 아니하나니 사망에서 생명으로 옮겼느니라"(요 5 : 24). 오늘도 죽을 수밖에 없는 죄인들을 용서하시고, 어둡고 습한 무덤과 같은 이들을 생명의 자리로, 영생의 자리로 옮겨 주시니 감사드립니다. 이제 주께서 우리를 의롭다 하셨으니, 주님의 보좌 앞으로 담대히 나아가 영과 진리의 예배를 드리게 하소서. 아멘.

[추수감사주일]

"그 때에 여호와께서 자기의 땅을 극진히 사랑하시어 그의 백성을 불쌍히 여기실 것이라"(욜 2 : 18). 오늘도 우리를 긍휼히 여기시며, 뜨거운 중심으로 우리를 받으시고, 변화시켜 주시는 하나님! 은혜를 감사드립니다. 우리를 감사드릴 수 있는 자로 삼으실 뿐 아니라 우리의 삶에 감사가 넘치게 하심에 더욱 감사드립니다. 이제 주께서 우리를 의롭다 하셨으니, 주님의 보좌 앞으로 담대히 나아가 영과 진리의 예배를 드리게 하소서. 아멘.

[신년주일]

"그런즉 누구든지 그리스도 안에 있으면 새로운 피조물이라 이전 것은 지나갔으니 보라 새 것이 되었도다"(고후 5 : 17). 우리를 새것으로 만드시고 새것이라 말씀하시며, 새 생활과 새 시간과 새 공간들을 누리도록 허락하시는 하나님! 은혜에 감사드립니다. 이제 주께서 우리를 새것이라 칭하시고 의롭다 인정하셨으니, 주님의 보좌 앞으로 담대히 나아가 영과 진리로 예배케 하소서. 아멘.

"오라 우리가 여호와께로 돌아가자 여호와께서 우리를 찢으셨으나 도로 낫게 하실 것이요 우리를 치셨으나 싸매어 주실 것임이라"(호 6 : 1). 오늘도 회개하는 자에게 은혜를 베푸시며, 중심에 통회하는 자의 마음을 받으시며, 주님 앞에 나와 간구하는 모든 영혼들에게 거룩함을 부어 주시는 하나님의 은혜에 감사드립니다. 이제 그리스도의 보혈로 우리를 씻으시고 주님 앞에 의로운 자라 인정하셨으니, 주님의 보좌 앞으로 담대히 나아가 영과 진리로 예배케 하소서. 아멘.

[사순절기]

"그런즉 누구든지 그리스도 안에 있으면 새로운 피조물이라 이전 것은 지나갔으니 보라 새 것이 되었도다"(고후 5 : 17). 십자가의 죽음을 통하여 우리에게 영원한 생명을 주셨음을 다시 기억하게 하시고, 누리게 하심을 감사드립니다. 우리를 거룩하게 하신 주님의 뜻대로 옛것은 버리고, 주님 주신 힘으로 살아가게 하소서. 우리의 영을 고치신 주님처럼 이 땅에서 평화의 선포자로서 살아가게 하소서. 이제 죄인을 의롭다 칭하시고, 거룩한 삶으로 인도하신 주님의 보좌 앞에 담대히 나아가 영과 진리로 예배하게 하소서. 아멘.

"너희는 이전 일을 기억하지 말며 옛날 일을 생각하지 말라 보라 내가 새 일을 행하리니 이제 나타낼 것이라 이 백성은 내가 나를 위하여 지었나니 나를 찬송하게 하려 함이니라"(사 43:18-19a, 21). 하나님, 오늘도 그리스도의 보혈로 씻으시고 창조의 목적으로 우리를 인도하시며, 하나님 앞에 나아와 예배하고 찬양하며 주님을 뵈올 수 있는 자로 여겨 주시고 인쳐 주시니 감사드립니다. 보혈로 씻어 주신 주님, 그 정결함으로 주님 나라를 보게 하소서. 은혜로 구원하신 주님! 세상 생각 내려놓고 주님만 생각하게 하시며, 이 예배 가운데 주님의 보좌 앞으로 나아가 영으로 진리로 주님이 기뻐 받으시는 예배를 드리게 하소서. 아멘.

5) 봉헌기도

우리들의 손을 복되게 하셔서 주 앞에 예물 드리게 하시고, 마음을 모아 우리의 삶을 주님께 의탁할 수 있도록 허락하신 사랑의 하나님! 감사드립니다. 사랑하는 마음으로 드리오니 우리의 예물을 받으시고, 부족한 것이 있으면 은혜로 우리들의 예물이 온전케 하여 주소서. 십일조를 드렸사오니 우리의 헌신을 받아 주시고, 감사의 예물을 드렸사오니 넘치는 감사로 흘러가게 하여 주소서. 또한 구제헌금으로, 선교헌금으로 드리는 모든 예물들 위에 열매들이 맺히게 하소서. 하나님! 꽃꽂이로, 봉사로, 성미로 감사와 헌신의 예물을 드렸습니다. 각양 아름답고 향기로운 제목의 예물들을 받으시고, 이제 우리들이 주님 앞에서 예물 되게 하시며, 드려진 자로서 살아가는 은혜가 있게 하여 주소서. 우리 구주 예수 그리스도의 이름으로 기도합니다. 아멘.

모든 것의 아름다운 근원 되시는 하나님, 오늘도 전능하시며 모든 존재하는 것의 주인이 되심을 감사드립니다. 하나님, 우리에게 이미 풍족히 주신 것에 감사드리며 구하는 자에게 또 주시겠다고 약속하시니 감사드립니다. 계절이 변하듯 세상도 변하고, 때로는 우리들의 삶이 어려움에 처하기도 합니다. 하지만 변함없는 하나님의 은총에 감사드리고, 불 기둥과 구름 기둥의 인도하심에 감사드립니다.

오늘도 주님의 은혜에 감사하며 예물과 하나님 앞에 아름답고 향기로운 제물을 드리는 손길을 받으소서. 드리는 헌금과 간절한 마음과 숨겨진 수고와 주 앞에 드려진 기도와 아름다운 마음의 봉헌들을 다 받으시고, 하나님의 능력의 손으로 붙잡아 주셔서 이 세상의 일로 낙심하지 않게 하소서. 하나님, 오늘도 우리가 주님 앞에 봉헌합니다. 주님의 이름에 드립니다. 그 이름의 영광으로 우리를 인도하소서. 예수 그리스도의 이름으로 기도합니다. 아멘.

사랑과 은혜가 풍성하신 아버지 하나님! 오늘도 저희들의 삶을 사랑하시고 복을 주시어 우리가 이렇게 주님 앞에 예물 드릴 수 있도록 허락하시니 감사드립니다. 주님을 사랑하며, 그 사랑을 표현할 수 있도록 은혜 베푸심을 감사드립니다. 주께서 우리의 삶을 보고 아시며 이해해 주심을 감사드립니다. 주의 백성들이 주님 앞에 예물을 드립니다. 이 예물이 쓰고 남아 드리는 것이 아님을 주님이 아십니다. 우리의 마음을 받으소서. 우리의 생명을 받으소서. 우리의 가정을 받으소서. 우리의 일터를 붙잡아 주시며, 이 민족을 긍휼히 여겨 주소서.

오늘 함께 서서 우리의 삶을 주께 의탁하는 저희들의 손을 붙드셔서, 저희로 인하여 이 땅에 빛이 있게 하시고, 악한 것으로 가득한 이 땅이 생명의 빛으로, 보혈의 빛으로 가득하도록 축복하소서. 우리가 주님 앞에 드려진 자로 서기를 소원합니다. 온전히 바쳐지게 하여 주셔서 머리끝부터 발끝까지 그리스도의 영광만이 나타나게 하소서. 주님께 봉헌하오니 기쁘게 받으소서. 우리 구주 예수님의 이름으로 기도합니다. 아멘.

[추수감사주일]

오늘도 우리를 감사의 자리로 불러 주시고, 감사할 수밖에 없는 자로 축복하신 아버지 하나님! 은혜에 감사드립니다. 우리에게 주신 풍성한 열매들로 인하여 감사드리고, 우리에게 허락하셨던 좋은 햇빛과 평탄했던 길들과 마음을 편안하게 했던 모든 아름다운 일들로 인하여 주께 감사드립니다. 때로는 어두웠던 하늘과, 우리의 마음을 어둡게 했던 아픔과, 우리의 마음에 동요가 일어났던 고통스러웠던 일들로 인해서도 주님께 감사드립니다. 모든 것을 사랑과 은혜로 베풀어 주신 아버지의 은혜에 감사드리며 이 시간 우리가 주께 감사드립니다.

한 해를 우리가 감사로 마무리하며, 주님 앞에 봉헌하오니 받으소서. 주님 앞에 자원하여 드리는 모든 예물들을 주께서 받으소서. 주님의 전을 위하여 애쓴 모든 일들을 기억하소서. 십분의 일을 받으시고, 감사의 예물을 받으시고, 꽃꽂이를 받으시고, 주님 앞에 드린 향기로운 과일들을 받으시고, 열매들을 받으시고, 수고한 땀방울들을 받으시고, 성미를 받으시고, 숨겨진 노력과 주님 앞에 섬김으로 드려졌던 모든 기도를 받으소서. 우리의 삶을 받으시고, 감사의 영역에 다시 한 번 견고히 세워 주시며, 오늘을 감사하게 함으로, 내일 더 넘치는 감사가 열리게 하시는 하나님의 은혜 안에 걸어가게 하소서. 주께 감사드리며, 우리 구주 예수님의 이름으로 기도합니다. 아멘.

[성탄절]

사랑과 은혜가 풍성하시며 놀랍고도 한량없는 자비하심으로 우리에게 복을 주시는 아버지 하나님! 은혜를 감사드립니다. 하나님의 아름다운 은혜를 사모하는 마음으로, 주님의 거룩하신 은총을 앙망하는 마음으로 주님 앞에 예물 드리며, 우리의 사랑과 우리의 헌신을 주 앞에 표현할 수 있도록 허락하심에 감사드립니다.

주의 백성들의 예물을 주께서 받으소서. 하나님! 우리의 모든 간구와 봉헌이 주 앞에 있기를 소원하오니 주의 이름으로 받으소서. 그래서 우리가 주님의 이름으로 일컬어지게 하시고, 이 어두운 땅에 참된 아름다운 빛으로 빛나신 그리스도의 영광이 우리를 통하여 증거되게 하소서. 우리의 봉헌하는 손을 잡으시고 이 어둡고 요동하는 세상 가운데 아름답고 힘 있게 인도하소서. 우리 구주 예수 그리스도의 이름으로 기도합니다. 아멘.

[마지막 주일]

하나님, 한 해의 마지막 주일도 우리가 주님 앞에 나와 예배하게 하시니 감사합니다. 이제 아버지의 사랑의 손길로 채우시는 우리 인생에 대하여 감사하며 예물을 드립니다. 헌신하는 우리의 삶을 주의 은혜 안에 붙잡아 주시고, 구별하여 주소서. 하나님, 이 예물과 함께 우리의 삶을 드립니다. 우리가 주의 뜻대로 올바로 서게 하시고, 은혜로 주의 손 안에서 변화되게 하소서. 삶의 세미한 부분을 돌보시며, 요동하는 세상 가운데 찾아오는 어려움들을 우리가 밟고 일어서 내일의 영광을 노래하는 아름다운 믿음의 사람들이 되도록 축복하시고, 그 노래가 세상에 가득하게 하심으로 이 세상이 구원을 얻게 하소서. 우리 주 예수 그리스도의 이름으로 기도합니다. 아멘.

교회력에 의한 예배

1 절기이해

　교회력은 초기 교회 때부터 성도들과 교회가 지켜 오던 것으로서 예수 그리스도의 탄생, 사역, 수난, 죽으심, 부활, 영으로 임하심, 그리고 재림 안에서 완성되어진 우리의 구원역사를 매년 재현한다. 즉, 교회력은 예수 그리스도의 구속사를 중심으로 이루어진 것으로서 성도들이 예수 그리스도 안에서 받은 바 은혜를 계속적으로 기억하게 하는 은총의 수단들 가운데 하나이다. 그렇기 때문에 예배는 교회력을 따라 다양한 형식으로 구성하여 드릴 때 더 풍성한 은혜와 감사를 전달할 수 있다.

1) '주간 주기'(The Weekly Cycle)

　초기 교회 교인들은 예수 그리스도께서 죽음에서 부활하신 주일을 중심으로 모여 하나님께 기쁨으로 예배를 드렸다. 기독교 예배는 이렇게 초대교인들이 안식 후 첫날, 즉 주님께서 부활하신 주일에 모여 말씀을 들으며 떡을 떼는 것에서부터 시작되었다. 신약성경은 매주일의 첫날이라는 표현을 사용한다. 그 예로 바울은 고린도교회 교인들에게 매주일 첫날에 각 사람이 자기가 얻은 대로 저축해 두라고 말하고 있는데(고전 16:2), 이는 초기 교회 교인들이 한 주간의 첫날에 모여 예배드렸음을 보여 준다. 또한 바울은 드로아에서 자정이 될 때까지 강론을 계속하고 떡을 떼었는데(성찬), 이날은 "그 주간의 첫날"(행 20:7), 즉 주일이었다. 또한 사도 요한은 이날을 가리켜 "주의 날"(계 1:10)이라고 말한다. 이렇게 초기 교회 교인들은 안식 후 첫날, 즉 주님께서 부활하신 날에 모여서 부활을 축하하면서 기쁨으로 떡을 떼며 예배를 드렸다. 그러므로 초기 교회 교인들에게 주일은 한 주간의 가장 중요한 날이요, 매주 주님의 부활을 축하하는 날이었다. 따라서 한 주일의 첫날인 주님의 날은 전체 교회력 구조의 기초이고 핵심이다.

2) '연 주기'(The Annual Cycle)

시간이 흐르면서 초기 교회 그리스도인들은 매주일이 부활하신 예수 그리스도를 증거하는 것처럼, 일 년도 주님의 부활을 기념하는 한 단위로 생각하기 시작했다. 즉 초기 교인들은 매일, 매주 예수 그리스도를 증거하는 것처럼 일 년도 주님을 기념하는 한 단위로 생각했던 것이다. 따라서 초기 교인들에게 있어서 주일이 한 주간의 중심이었던 것처럼, 일 년의 중심은 부활절이었다. 그리고 처음 2~3세기까지 그리스도인들은 이렇게 연례행사로 부활절을 지키고 있었다. 그리고 시간이 흐르면서 부활절을 전후로 수난절기와 부활절기, 그리고 오순절 성령강림주일이 등장하고, 4세기 전반에 이르러 하나님을 증거하는 예수 그리스도의 사역의 시작과 관련된 주현절이 등장하며, 이것은 후에 성탄절과 구별되게 된다. 그리고 마지막으로 성탄절을 맞이하기 위한 대림절기가 등장하게 됨으로써 주후 4세기 말에는 오늘 우리가 가지고 있는 교회력의 틀이 갖추어지게 되었다. 결국 주후 4세기까지 이루어진 교회력은 초기 교회의 삶과 믿음의 내용을 거의 모두 반영하고 있으며, 그것은 곧 예수님의 오심과 수난, 죽으심, 부활, 성령의 임재, 그리고 주님의 다시 오심 등을 극적으로 표현하고 있다.

❶ 대림절기(Advent)

교회력의 시작인 대림절기는 예수 그리스도의 초림을 감사하고, 그가 다시 오실 것(재림)을 선포하며 기다리는 절기이다. 이 절기는 성 안드레 기념일인 11월 30일이나 이날에 가장 가까운 주일부터 시작되며, 성탄절 전야까지 4주간 계속된다.

❷ 성탄절기(Christmas)

성탄절기는 12월 24일 성탄절 전야에서 시작하여 1월 5일까지 계속되는 12일간 성육신의 신비를 기념하는 절기이다.

❸ 주현절(Epiphany)

주현절은 1월 6일 하루 동안 지키는 축일로서 예수님께서 세례를 받으심으로 그의 공생애를 시작하심을 기념하는 날이다. 예수님은 이날 세례를 받으심으로 그의 사역의 시작을 모두에게 공식적으로 나타내 보이셨다. 그래서 교회는 주현절 때 예수님의 세례와 가나의 혼인잔치에서 하나님의 영광을 처음으로 나타내심, 그리고 이방인들에게 그의 빛이 임하심을 상징하는 동방박사들의 방문 등을 기념한다. 즉, 주현절은 예수님께서 그의 공생애를 시작하시면서 놀라운 기적과 가르침으로 하나님을 우리에게 나타내 보이셨음을 기념하는 절기이다.

❹ 사순절기(Lent)

사순절은 예수님의 마지막 예루살렘 여행 및 그리스도의 수난과 죽음에서 보이신 사랑의 자기희생적 성격을 기억하는 절기이다. 40일을 의미하는 사순절은 재의 수요일(Ash Wednesday)로부터 시작되며, 수난/종려주일(Passion/Palm Sunday)로 시작되는 거룩한 한 주간(고난주간)에 절정을 이루고, 부활주일 전 토요일까지 지속된다. 그러나 사순절기에 주님의 부활을 경축하는 주일은 포함되지 않으므로 실제로는 46일간의 기간이 된다.

❺ 부활절기(Easter)

부활절은 325년 니케아 종교회의 때 결정되었는데, 이때 부활절은 봄의 첫 날(춘분) 이후에 오는 첫 만월 후 첫째 주일이며, 그 만월이 주일인 경우에는 그 다음 주일로 결정되었다. 부활절기는 부활절 전야에 시작되어 부활주일을 거쳐 오순절 성령강림주일까지 계속되는 50일간의 기쁨의 절기이다. 부활절기 40일째 되는 날은 주님께서 승천하신 승천일이다.

❻ 성령강림절(The Day of Pentecost)

이날은 오순절 성령강림주일로서 부활주일 후 50일째 되는 날이다. 오순절 성령강림주일은 성령께서 오순절에 마가의 다락방에 임하신 것을 기념하는 절기로서 부활절기의 절정이다.

3) 평상시기

연중 교회력은 크게 둘로 나뉘는데, 먼저는 앞서 소개한 예수 그리스도의 구속사를 중심으로 이루어진 절기기간과 그리스도 안에서의 성숙과 성장의 평상적 삶을 주제로 하는 평상시기로 이뤄진다. 평상시기는 주현절 이후부터 참회의 수요일 전까지 기간과 오순절 성령강림주일 이후부터 대림절 전까지 기간을 가리킨다. 평상시기는 예수님께서 영광으로 다시 오시는 그날까지 새 언약의 교회가 걸어가는 신앙적 삶의 여정을 뜻하는 기간이다.

4) 특별한 날들

❶ 주님의 수세주일(Baptism of the Lord)

주님의 수세주일은 예수님의 공생애의 시작과 깊은 관련이 있는 날이다. 하나님의 통치를 가져오는 예수 그리스도의 사역은 그의 세례에서 시작되었다(마 3:13-17). 교회는 이날 예수님의 세례와 성도들의 세례를 축하하며 기념한다. 현재 전 세계의 개혁교회는 주현절(1월 6일) 후 첫 주일을 예수님의 수세주일로 지킨다.

❷ 산상변모주일(Transfiguration)

산상변모주일은 사순절이 시작되는 재의 수요일 직전에 오는 주일로서 주님의 변모를 축하하는 주일이다. 교회는 십자가를 바로 앞에 두고, 그의 영광을 비추셨던 산상변모주일에 예수님의 신적 위엄을 축하한다.

❸ 삼위일체주일(Trinity Sunday)

오순절 성령강림주일 이후 첫 번째 주일에 지키는 삼위일체주일은 다른 축일들과는 달리 사건보다는 교회의 교리에 초점을 두는 축일이다. 이날은 거룩한 삼위일체로서의 하나님의 존재에 대한 측량할 수 없는 신비를 표현한다.

❹ 왕이신 그리스도 주일(Christ the King Day)

왕이신 그리스도 주일은 오순절 성령강림주일 이후의 마지막 주일로 교회력의 마지막 주일이다. 교회는 이날을 그리스도의 왕권의 축하와 그리스도의 통치권과 그리스도의 다시 오심에 대한 기대 사이에서 보낸다.

2 대림절기

집례 : 목사
* 가능한 분은 일어서서

모임 예전

대림절기 촛불 점화 ·· 맡은이

* 입례송 ······················· "영원한 문아 열려라"(102장) ············· 찬양대 또는 회중

* 예배로 부름 ··· 집례자

* 응답송 ·· 찬양대 또는 반주자

대림절 기원 ·· 집례자와 회중

집례자 : 세상의 모든 것을 지으시고 지혜로 다스리시는 하나님,
회　중 : 오소서. 우리에게 분별하는 법을 가르치소서.
집례자 : 이스라엘의 인도자, 불타는 나무 속에서 모세에게 나타나시어 시내산
　　　　 의 율법을 주신 하나님,
회　중 : 오소서. 주님의 긴 팔로 우리를 구원하소서.
집례자 : 모든 이방인들이 그 앞에 탄원하며 모든 왕들이 그 앞에서 침묵하는
　　　　 왕이신 예수님,
회　중 : 오소서. 우리를 해방시키소서. 지체하지 마소서.
집례자 : 열면 닫을 자가 없고, 닫으면 열 자가 없는 다윗의 열쇠이신 하나님,
회　중 : 오소서. 죽음의 그림자와 어두움 속에 앉아 있던 포로들이 감옥에서
　　　　 나오게 하소서.
집례자 : 정의의 태양, 영원한 빛의 밝음이신 예수님,
회　중 : 오소서. 어두움과 죽음의 그림자 가운데 앉아 있는 이들을 비추소서.
집례자 : 모든 족속의 왕, 모든 이가 기다리는 예수님,
회　중 : 오소서. 지구의 흙으로부터 만들어져 나온 우리를 구원하소서.
집례자 : 우리를 다스리시고, 율법을 주시는 분, 온 나라들이 고대하는 구원자,

　　　　　임마누엘이신 예수님,
　회　중 : 우리 주 하나님, 속히 오소서. 우리를 구하기 위하여 오소서.

말씀 예전

성령조명을 위한 기도 ·· 집례자

구약의 말씀 ······················· 사무엘하 7 : 1~11, 16 ····························· 맡은이

시편의 말씀 ····················· 시편 89 : 1~4, 19~26 ················· 교독 또는 교창

서신서의 말씀 ·························· 로마서 16 : 25~27 ····························· 맡은이

찬송 ···························· "곧 오소서 임마누엘"(104장) ···················· 다함께

복음서의 말씀 ·························· 누가복음 1 : 26~38 ····························· 맡은이

찬송 ··· 찬양대

　(찬양대가 없을 경우 찬송가 637장을 다 함께 부른다.)

설교 ··· 설교자

신앙고백 ·· 다함께

참회와 고백의 기도 ··· 집례자와 회중

　집례자 : 선지자 이사야는 하나님 앞에 섰을 때 이렇게 고백하였습니다. "화
　　　　　로다 나여 망하게 되었도다 나는 입술이 부정한 사람이요 나는 입술
　　　　　이 부정한 백성 중에 거주하면서 만군의 여호와이신 왕을 뵈었음이
　　　　　로다"(사 6 : 5). 하나님 앞에 선 사람은 자신의 죄를 통회하게 됩니다.
　　　　　"나는 죄가 없다."고 말하는 사람은 하나님을 속이는 사람이요, 또한
　　　　　자신을 속이는 사람입니다. 이제 겸손히 참회하는 마음으로 하나님
　　　　　의 자비하심과 선하심에 힘입어 우리의 죄를 고백하겠습니다.
　다함께 : 우리가 하찮은 일에서 경험하는 절망과, 주님의 사랑을 항상 잊어버
　　　　　리는 망각과, 악의 유혹을 떨쳐 버리지 못하는 약함과, 주님을 찬양하

는 일에 대한 소홀함과, 감사하는 일에 대한 야박함을, 그리고 주님의 약속을 온전히 믿지 못하는 불신과, 좋은 일을 할 수 있는 기회들을 모두 소진해 버린 게으름과, 우리가 능동적으로 저지른 죄악들과, 수동적으로 지그시 눈을 감아 버림으로 우리를 지나가게 한 죄악들과, 우리의 삶 속에 있는 허망함과 열매 없음을 고백하오니 주여, 우리의 이 모든 죄를 사하여 주소서.

사죄의 말씀 ·· 집례자

이사야가 하나님 앞에서 자신의 죄를 보고 통회하며 애통해 할 때에 하나님께서는 천사를 통하여 그 죄악된 부분에 숯불을 대고 사죄를 선언하여 주셨습니다. "보라 이것이 네 입에 닿았으니 네 악이 제하여졌고 네 죄가 사하여졌느니라"(사 6:7).

평화의 인사 ·· 다함께

성찬 예전

(떡과 포도즙을 미리 앞에 차려 두거나, 마련해 둔 떡과 잔을 앞으로 가지고 와서 성찬대 위에 올린다. 자리에 앉아서 받는 방법과 한 사람씩 앞으로 나와서 성찬을 받는 방법이 있다. 성찬을 받는 이는 "아멘"으로 응답한다.)

봉헌 ·················· "오 나의 주님 친히 뵈오니"(228장) ·················· 다함께

성찬 감사기도 ·· 집례자와 회중

집례자 : 주님께서 여러분과 함께하시기를 원합니다.
회　중 : 목사님과도 함께하시기를 원합니다.
집례자 : 여러분의 마음을 하나님을 향해 활짝 여십시오.
회　중 : 주님께 우리의 마음을 활짝 엽니다.
집례자 : 우리 주님, 우리 하나님께 감사를 드립시다.
회　중 : 주님께 우리의 감사와 찬양을 드림이 마땅합니다.
집례자 : 만물의 창조자이시며 섭리자이신 하나님, 우리를 하나님의 형상대로 지으시고 우리에게 하나님의 숨결을 불어넣어 주셨으며 이 세상에서 하나님의 자녀로 화목하게 살아가게 하심에 감사드립니다. 하나님의

뜻을 저버리고 우리가 자기의 길을 감으로 하나님의 품에서 벗어났을 때에도 하나님은 우리를 사랑으로 붙드시고 자유와 공의의 삶을 향한 언약을 우리와 맺으셨습니다. 전능하신 주 하나님이시여, 주님의 일은 얼마나 놀랍고 아름다운지요. 홀로 거룩하신 주님께 우리의 마음을 올려 드립니다.

회　중 : 거룩, 거룩, 거룩하신 권능의 주님, 하늘과 땅은 주님의 영광으로 가득 찼습니다. 높은 곳에서 호산나! 주의 이름으로 오시는 이가 복 있을지어다.

(또는 회중이 참고자료의 예전 찬송 중 "거룩송"을 부를 수도 있다.)

집례자 : 은혜로우신 하나님, 하나님의 아들 주 예수님을 보내 주시고, 기쁨과 슬픔 가운데서 우리와 함께 살게 하셨습니다. 주님은 하나님 나라에 대해서 말씀하여 주셨고, 병든 자를 고치셨으며, 죄인의 친구가 되어 주셨습니다. 주님께서는 하나님께 순종하시어 십자가를 지시고 주님이 사랑하시는 사람들에 의해 죽임을 당하셨습니다. 그러나 주님은 죽은 자들 가운데 계시지 않고, 다시 사셔서 이 세상을 다스리고 계시며, 지금도 죄인의 친구가 되어 주시는 것에 감사하며 예식을 행합니다. 이제 주님께서 약속하신 나라가 임할 때 우리는 주님과 함께 승리를 축하할 것입니다.

　　　　고린도전서 11장 23-25절의 말씀입니다. "주 예수께서 잡히시던 밤에 떡을 가지사 축사하시고 떼어 이르시되 이것은 너희를 위하는 내 몸이니 이것을 행하여 나를 기념하라 하시고 식후에 또한 그와 같이 잔을 가지시고 이르시되 이 잔은 내 피로 세운 새 언약이니 이것을 행하여 마실 때마다 나를 기념하라" 하셨습니다.

　　　　주 예수님을 기념하여 이제 떡과 잔을 나누려고 합니다. 온 세상을 구원하시려 아들을 보내신 하나님을 찬양하며 세상에 전하겠습니다. 거룩하신 하나님, 성령을 우리에게 보내 주시고, 이 떡을 뗌으로써 그리스도이신 우리 주님께 붙어 있게 하시고, 새 생명을 공급받게 하시며, 영광 가운데 주님과 함께 잔치 자리에 참여할 때까지 우리를 주님의 백성으로 살게 하소서.

회　중 : 사망에서 생명으로 불러 주신 하나님, 우리의 모든 것을 주님께 드립니다. 우리 모두가 모든 세대의 교회와 함께 예수 그리스도 안에서 하나님께 영광을 올려 드립니다. 아멘.

주기도 ··· 다함께

(찬송가 635-636장을 다 함께 부를 수도 있다.)

분병분잔 ·· 집례자와 회중

(성찬을 받는 동안 찬송가 228장을 부르거나 기도로 참여한다.)

성찬 후 기도 ··· 집례자

오 하나님, 몸 된 교회를 기억하시어 악에서 교회를 구하시고 교회를 주의 사랑으로 완전케 하소서. 죄 가운데 있는 우리를 구원하소서. 속히 오셔서 우리 죄를 사하시고 우리를 구원하여 주소서. 마라나타 주 예수여, 어서 오시옵소서. 아멘.

파송 예전

* 찬송 ···················· "오랫동안 기다리던"(105장) ···················· 다함께

* 축도 ··· 집례자

3 성탄절 전야

예배로 부름 ·· 인도자
경배찬송 ······················· "곧 오소서 임마누엘"(104장) ····················· 다함께
참회와 고백의 기도 ··· 집례자
사죄의 말씀 ··· 인도자
신앙고백 ······························· 사도신경 ································· 다함께
성시교독 ································ 115번 ··································· 다함께
영광송 ···························· "목소리 높여서"(6장) ························· 다함께
공동기도 ·· 다함께

　　인도자 : 세상의 모든 것을 지으시고 지혜로 다스리시는 하나님,
　　회　중 : 오소서. 우리에게 창조의 지혜를 가르치소서.
　　인도자 : 시내산에서 모세에게 나타나시어 율법을 주신 하나님,
　　회　중 : 오소서. 우리에게 말씀으로 구원을 이루어 주소서.
　　인도자 : 모든 왕들의 왕이신 예수님,
　　회　중 : 오소서. 지체하지 마시고 우리를 해방시키소서.
　　인도자 : 열면 닫을 자가 없고, 닫으면 열 자가 없는 예수님,
　　회　중 : 오소서. 속박과 굴레에 매인 이들에게 자유의 문을 열어 주소서.
　　인도자 : 정의의 태양, 영원한 빛이신 예수님,
　　회　중 : 오소서. 어둠과 암흑 가운데 앉아 있는 이들을 비추소서.
　　인도자 : 온 세상의 모든 이가 기다리는 예수님,
　　회　중 : 오소서. 흙으로 빚어진 우리를 구원하소서.
　　인도자 : 우리에게 말씀을 주시며 구원자이시며 임마누엘이신 예수님,
　　회　중 : 오소서. 속히 오셔서 우리와 함께하소서. 아멘.

찬송 ······························· "참 반가운 성도여"(122장) ······················· 다함께

성령조명을 위한 기도와 주기도 ·· 다함께

거룩하신 하나님,
이천 년 전 천사들의 음성을 다시 듣기 위해,
목자들이 예수님을 뵈러 달려가던 그 마음으로
동방박사들이 예수님을 경배하려고 별을 찾던 믿음으로
저희가 마음을 정결하게 준비하고 모였습니다.
이 시간 우리의 몸과 마음이 베들레헴으로 향하여
구유에 뉘이신 예수님을 뵙고 하나님의 사랑을 다시 확인하게 하옵소서.
이제 거룩한 말씀을 열어 봉독할 때 성령으로 밝히 깨닫게 하옵소서.
선지자들의 예언과 구주 예수 그리스도의 탄생 이야기,
하나님의 말씀을 순종한 사람들의 이야기를 통해 우리의 이야기를 읽게 하옵소서.

이 기도와 예수 그리스도께서 친히 가르쳐 주신 기도를 함께 드리오니,

하늘에 계신 우리 아버지
아버지의 이름을 거룩하게 하시며
아버지의 나라가 오게 하시며
아버지의 뜻이 하늘에서와 같이 땅에서도 이루어지게 하소서.
오늘 우리에게 일용할 양식을 주시고
우리가 우리에게 잘못한 사람을 용서하여 준 것같이
우리 죄를 용서하여 주시고
우리를 시험에 빠지지 않게 하시고 악에서 구하소서.
나라와 권능과 영광이 영원히 아버지의 것입니다. 아멘.

예수님의 오심 ···················· 누가복음 3 : 23~38 ································ 맡은이

캐롤 ·· 맡은이

(참고 : "예수 인류의 소망" - 바흐 Cantata BWV 147)

사가랴에게 알림 ··············· 누가복음 1 : 8~17, 24~25 ··················· 맡은이

캐롤 ··· 맡은이

    (참고 : "주님 앞에 떨며 서서"<99장>)

마리아에게 알림················· 누가복음 1 : 26~33 ························ 맡은이

캐롤 ··· 맡은이

    (참고 : "곧 오소서 임마누엘"<104장>)

마리아의 엘리사벳 방문 ·········· 누가복음 1 : 39~45 ······················ 맡은이

캐롤 ··· 맡은이

    (참고 : "고요한 밤 거룩한 밤"<109장>)

마리아의 찬가 ···················· 누가복음 1 : 46~56 ······················· 맡은이

캐롤 ··· 맡은이

    (참고 : "미리암과 여인들이"<100장>)

베들레헴에서의 탄생 ············· 누가복음 2 : 1~7 ························ 맡은이

캐롤 ··· 맡은이

    (참고 : "천사들의 노래가"<125장>)

성탄찬가 ·· 다함께

    인도자 : 하나님이 인간이 되셨습니다.
    회   중 : 할렐루야, 할렐루야.
    인도자 : 베들레헴에서 아기로 탄생하셨습니다.
    회   중 : 할렐루야, 할렐루야.
    인도자 : 하나님의 아들, 영원한 빛이신 예수,
    회   중 : 오! 주여, 주께 영광을 돌립니다.
    인도자 : 영광의 왕, 의의 왕, 만왕의 왕이신 예수,
    회   중 : 오! 주여, 주께 영광을 돌립니다.
    인도자 : 기묘자, 모사, 전능자, 영원하신 예수,

회　　중 : 오! 주여, 주께 영광을 돌립니다.
　　인도자 : 평화의 왕, 영혼의 목자, 거룩하신 예수,
　　회　　중 : 오! 주여, 주께 영광을 돌립니다.
　　인도자 : 우리의 친구, 신실하신 벗이신 예수,
　　회　　중 : 오! 주여, 주께 영광을 돌립니다.
　　인도자 : 우리의 길, 우리의 진리, 우리의 생명이신 예수,
　　회　　중 : 오! 주여, 주께 영광을 돌립니다.
　　인도자 : 하늘에는 영광, 땅에는 기쁨으로 오신 예수,
　　회　　중 : 오! 주여, 주께 영광을 돌립니다.
　　인도자 : 그리스도께서 탄생하셨습니다. 그분에게 영광을 돌립니다.
　　　　　　그리스도께서 하늘에서 내려오셨습니다. 그분을 영접합니다.
　　　　　　그리스도께서 우리와 함께 계십니다. 그분을 찬양합니다.
　　회　　중 : 땅이여, 노래하라. 하늘이여, 찬양하라.
　　　　　　예수 그리스도가 영광의 주님이십니다. 아멘.

목자들에게 선포 ·················· 누가복음 2 : 8~14 ························ 맡은이

캐롤 ··· 맡은이

　　(참고 : "저 들 밖에 한밤중에"<123장>)

봉헌과 기도 ·· 맡은이

교회소식 ··· 인도자

찬송 ··· 다함께

축도 ··· 인도자

4 성탄절

집례 : 목사
* 가능한 분은 일어서서

모임 예전

* 입례송 ·················· "참 반가운 성도여"(122장) ·················· 회중과 찬양대

　(찬양대가 가운데 통로로 입장을 하고 양쪽의 회중은 입장하는 찬양대를 바라보며 마주
　서서 찬송을 부른다. 찬양대는 이 찬송가가 다 불릴 때까지 천천히 입장하며 후렴을 회중
　과 함께 찬양하고, 후렴을 제외한 1-4절의 앞부분은 회중만이 찬양하도록 한다.)

* 예배로 부름 ··· 집례자와 회중

　집례자 : 천사가 이르되 무서워하지 말라. 보라 내가 온 백성에게 미칠 큰 기쁨
　　　　　의 좋은 소식을 너희에게 전하노라.
　회　중 : 오늘 다윗의 동네에 너희를 위하여 구주가 나셨으니 곧 그리스도 주
　　　　　시니라.
　(이외에도 요 1 : 1,14 ; 딛 2 : 11 ; 사 9 : 6 ; 미 5 : 2-4 ; 고후 9 : 15 ; 요일 1 : 5-7 ; 계
　21 : 23-24 등을 사용할 수 있다.)

　집례자 : 아들을 이 땅에 보내신 하나님의 은혜가 여러분과 함께하시기를 빕
　　　　　니다.
　회　중 : 또한 목사님과 함께하시기를 빕니다.

응답송 ··· 찬양대 또는 반주자

　(찬양대가 응답송을 부르는 동안 대림절기 화관<Advent Wreath>에 4개의 보라색 초를
　밝힌 후 마지막으로 가운데 놓인 흰 초에 불을 붙인다.)

촛불 점화 ··· 맡은이

성탄 기도시 ·················· "주 나신 날의 노래" ·················· 집례자와 회중

　집례자 : 예수 그리스도는 세상의 빛이십니다.
　회　중 : 우리의 어두운 영혼을 비춰 주소서.

다함께 : 이날은 화해의 밤입니다. 어느 누구도 화를 내거나 우울해하지 맙시다.
모든 평화가 깃든 이 밤에 어느 누구도 위협하지 말고 떠들지 맙시다.
이날은 감미로우신 그분의 밤입니다. 어느 누구도 쓴소리 내거나 거칠지 맙시다.
겸손하신 이의 이 밤에 어느 누구도 교만하지 말고 거만하지 맙시다.
용서의 이날에 대적자들에게 복수하지 맙시다.
즐거운 이날에 슬픔을 삼키지 맙시다.
달콤한 이날에 격노하지 맙시다.
침착한 이날에 격동하지 맙시다.
하나님이 죄인들에게 현존하시려 오신 이날에 한낱 인간이 죄인보다 낫다 우쭐대지 맙시다.
모든 주의 주께서 하인들 가운데 오신 이날에 주인들이라도 자신의 하인들에게 사랑스레 굽힙시다.
이날에 그 부요한 이가 우리를 위해 가난하게 되셨으니 부자들도 또한 자신의 탁자에 가난한 이와 함께 앉읍시다.
이날에 우리가 구하지 않은 한 선물이 주어졌으니 우리도 달라고 간구하며 비는 자들을 위해 구제금을 줍시다.
이날은 높은 문이 우리의 기도를 위해 열린 날이니 용서를 구하며 찾는 이들에게 우리 또한 문들을 엽시다.
오늘 (변하지 않는 본성을 지닌) 그분이 자신의 본성을 거슬러 변화된 날이니 우리 역시 우리의 죄악 된 의지를 거슬러 끊는 것이 그다지 어렵지 않습니다. 본성상 그 몸은 더 크거나 더 작아지거나 할 성질의 것이 아니지만 모든 크기에까지 이르게 할 수 있음은 그 의지가 더 강력하기 때문입니다.
오늘 그 신성이 인류에 새겨진 날이니 인류 또한 신성의 봉함을 깨치고 들어갈 수 있게 된 그날입니다.[25]

성탄 연도 ··· 집례자와 회중

집례자 : 말씀이 육신이 되셨습니다.

---

25) 4세기 에프렘의 "주 나신 날의 노래"(St. Ephrem, The Hymn of the Nativity 1 : 88)

회   중 : 할렐루, 할렐루야!
집례자 : 그리하여 우리 가운데 거하셨습니다.
회   중 : 할렐루, 할렐루야!
집례자 : 살아 계신 하나님의 아들, 성부의 광채, 영원한 빛이신 예수!
회   중 : 할렐루, 할렐루야!
집례자 : 영광의 왕, 의의 태양, 동정녀 마리아에게서 나신 예수!
회   중 : 할렐루, 할렐루야!
집례자 : 기묘자, 모사, 전능하신 하나님, 영원하신 주 예수!
회   중 : 할렐루, 할렐루야!
집례자 : 평화의 왕, 영혼의 목자, 온전히 거룩하신 예수!
회   중 : 할렐루, 할렐루야!
집례자 : 모든 이의 친구, 가난한 자의 보호자, 신실한 자의 보배 예수!
회   중 : 할렐루, 할렐루야!
집례자 : 선한 목자, 다함이 없는 지혜, 우리의 길, 우리의 진리, 우리의 생명 예수!
회   중 : 할렐루, 할렐루야!
집례자 : 천사들의 기쁨, 모든 성도의 면류관 예수!
회   중 : 할렐루, 할렐루야!

찬송 ·················· "고요한 밤 거룩한 밤"(109장) ·················· 다함께

말씀 예전

성령조명을 위한 기도 ··· 집례자

구약의 말씀 ···················· 이사야 62 : 6~12 ···················· 맡은이

시편의 말씀 ···················· 시편 97편 ···················· 교독 또는 교창

   집례자 : 여호와께서 다스리시나니 땅은 즐거워하며 허다한 섬은 기뻐할지어다
   회   중 : 구름과 흑암이 그를 둘렀고 의와 공평이 그의 보좌의 기초로다
   집례자 : 불이 그의 앞에서 나와 사방의 대적들을 불사르시는도다
   회   중 : 그의 번개가 세계를 비추니 땅이 보고 떨었도다
   집례자 : 여호와를 사랑하는 너희여 악을 미워하라

회　　중 : 그가 그의 성도의 영혼을 보전하사 악인의 손에서 건지시느니라
집례자 : 의인을 위하여 빛을 뿌리고 마음이 정직한 자를 위하여 기쁨을 뿌리시는도다
회　　중 : 의인이여 너희는 여호와로 말미암아 기뻐하며 그의 거룩한 이름에 감사할지어다
다함께 : 아멘

서신서의 말씀 ·················· 디도서 3 : 4~7 ················맡은이

찬송 ················ "저 들 밖에 한밤중에"(123장) ········ 찬양대 또는 회중

* 복음서의 말씀 ················ 누가복음 2 : 8~20················맡은이

찬송 ··· 찬양대

설교 ··· 설교자

성찬 예전

봉헌 ··· 맡은이

(예배 전에 성찬물을 미리 준비해 두거나, 이 순서에서 앞으로 가져온다.)

성찬초대와 제정 ·· 집례자

여기 이천 년 전 하나님의 아들로 세상에 오셔서 우리를 위해 베푸셨던 사랑과 생명의 식탁이 다시 준비되었습니다. 하나님께서 그 자녀들을 이 식탁으로 부르십니다. 이 식탁은 주님께서 친히 베푸시고 명하신 것입니다.

　　고린도전서 11장 23~25절의 말씀입니다. "주 예수께서 잡히시던 밤에 떡을 가지사 축사하시고 떼어 이르시되 이것은 너희를 위하는 내 몸이니 이것을 행하여 나를 기념하라 하시고 식후에 또한 그와 같이 잔을 가지시고 이르시되 이 잔은 내 피로 세운 새 언약이니 이것을 행하여 마실 때마다 나를 기념하라" 하셨습니다.

　　이 시간 주님이 우리와 함께하시니, 우리의 마음을 활짝 열고 하나님께 감사드립시다.

성찬 감사기도 ·· 집례자

　모든 생명의 근원이신 하나님! 우리를 지으시고, 이 땅과 우주에 속한 모든 것을 만드신 하나님께 감사와 찬양을 드림이 마땅한 일이며, 또한 우리의 최고의 기쁨입니다. 우리가 하나님을 멀리 떠났을 때에도 하나님은 우리를 변함없이 사랑해 주시고, 우리를 구원하시려고 이 땅에 독생자 예수 그리스도를 보내 주셨고, 우리가 하나님의 나라를 소망하며 살아가게 해 주셨습니다. 이 모든 구원의 역사를 계획하시고 주관하시는 거룩하신 하나님을 찬양합니다.

　특별히 이 시간 이천 년 전 가난한 자, 병든 자, 억눌리고 소외된 자, 외롭고 고독한 자들의 벗이 되시고, 그들에게 화해와 평화의 복음을 선포하시며, 우리 모두에게 참 자유를 주시기 위해 이 땅에 오신 주님께 감사드립니다. 우리가 교회를 통해 세상에 오신 주님을 영원히 전하겠습니다.

　예수 그리스도 안에서 행하신 하나님의 구원의 역사들을 기억하며, 주님의 피조물로 빚은 이 떡과 포도즙을 가져왔습니다. 우리의 죄를 대신하여 죽으시고 부활하신 것에 감사를 드리고, 다시 오실 것을 기쁨으로 고대하며 주님을 기념합니다.

　은혜로우신 하나님, 우리에게 그리고 하나님의 선물인 이 떡과 포도즙 위에 거룩한 성령을 부어 주시옵소서. 성령으로 이 떡과 잔에 참여하는 것이 그리스도의 몸과 피에 참여하는 것이 되게 하옵소서. 성령으로 우리를 그리스도와 하나 되게 하시고, 이 식탁에 참여하는 자들과, 또한 주님의 나라와 의를 위해 일하는 이 땅의 모든 사람들과도 연결되게 하옵소서. 모든 믿는 자들이 부활하신 그리스도와 함께 천국잔치에 기쁨으로 참여할 때까지 우리를 지켜 주시며 맡겨진 사명에 충실하게 하옵소서. 그리스도를 통하여, 그리스도와 함께, 그리스도 안에서, 그리고 거룩한 성령 안에서, 모든 영광과 존귀가 전능하신 하나님께 지금부터 영원까지 있사옵니다. 아멘.

주기도 ·· 다함께

분병분잔 ·· 집례자와 회중

성찬 후 기도 ·· 집례자

　크신 능력의 하나님, 우리 죄로부터 우리를 구원하러 오신 예수 그리스도로 말미암아 하나님을 찬양합니다. 예언자들의 소망과 천사들의 노래와 베들레

헴에 나신 예수로 말미암아 하나님께 영광과 찬양을 드립니다. 주께서 육신이 되셨고, 우리 가운데 거하셨으며, 인간의 아픔과 기쁨을 나누셨음을 인하여 주께 감사드립니다. 만군의 주이시며 만왕의 왕이신 예수 그리스도의 이름으로 기도합니다. 아멘.

* 찬송 ························· "천사 찬송하기를"(126장) ························· 다함께

* 파송과 위탁의 말씀···집례자

  평화 가운데 이 땅에 진정한 평화로 오신 예수 그리스도를 사랑하고, 그 평화와 사랑으로 연약한 자를 섬기기 위하여 세상으로 나아가십시오. 아멘.

* 축도···집례자

  "여호와는 네게 복을 주시고 너를 지키시기를 원하며 여호와는 그의 얼굴을 네게 비추사 은혜 베푸시기를 원하며 여호와는 그 얼굴을 네게로 향하여 드사 평강 주시기를 원하노라"(민 6 : 24-26).

5 주현절

집례 : 목사
* 가능한 분은 일어서서

모임 예전

* 인사 ·· 집례자와 회중

  집례자 : 주 예수 그리스도의 평안과 은혜가 여러분과 함께하길 빕니다.
  회 중 : 또한 목사님과도 함께하길 빕니다.
  집례자 : 그리스도의 찬란한 빛이 우리를 비추길 기원합니다.
  회 중 : 주님을 찬양합니다.

* 기원 ··· 집례자

  온 천지를 다스리시는 하나님, 하나님께서는 어둠을 깨치고 온 땅에 밝은 빛을 드러내셨습니다. 우리에게 하나님의 거룩한 지혜를 더하사 밝고 놀라운 말씀의 신비를 깨달아 알게 하소서. 그리하여 세상에 널리 하나님의 영광을 드러내게 하소서. 참 빛이신 예수 그리스도 이름으로 기도하나이다. 아멘.

찬송 ···························· "찬란한 주의 영광은"(130장) ························ 다함께

주현절 기도 ·· 집례자와 회중

  집례자 : 태초에 하나님이 천지를 창조하시니라. "빛이 있으라" 하시매 빛이 있었더라. 빛 되신 주님!
  회 중 : 생명의 샘이 주께 있사오니, 주의 빛 안에서 빛을 봅니다.
  집례자 : 태초에 말씀이 하나님과 함께 계시니, 말씀이 육신이 되어 우리가 곧 그 말씀을 보니 하나님의 아들이라. 빛 되신 주님!
  회 중 : 생명의 샘이 주께 있사오니, 주의 빛 안에서 빛을 봅니다.
  집례자 : 하나님은 그리스도를 이 땅에 보내사 구원을 이루셨나니, 곧 묶인 자가 풀려나고, 포로 된 자가 놓임을 입고, 눌린 자가 자유를 얻나니, 이는 곧 만방에 끼칠 구원의 소식이라. 빛 되신 주님!
  회 중 : 생명의 샘이 주께 있사오니, 주의 빛 안에서 빛을 봅니다.

집례자 : 주변인과 소외된 이들을 향해 눈 감았던 우리 죄를 용서하여 주소서.
　　　　빛 되신 주님!
회　　중 : 생명의 샘이 주께 있사오니, 주의 빛 안에서 빛을 봅니다.
집례자 : 그리스도를 닮고자 애쓰는 우리에게 힘을 더하소서. 빛 되신 주님!
회　　중 : 생명의 샘이 주께 있사오니, 주의 빛 안에서 빛을 봅니다.
집례자 : 오 주님, 하나님의 자녀 된 우리에게 힘을 주시고 평화를 이루도록 복
　　　　을 내리소서. 빛 되신 주님!
회　　중 : 생명의 샘이 주께 있사오니, 주의 빛 안에서 빛을 봅니다.

말씀 예전

성령조명을 위한 기도 ·· 집례자

구약의 말씀 ···························· 이사야 60 : 1~5 ···································· 맡은이

시편 ······································· 시편 72 : 1~14 ······································ 다함께

서신서의 말씀 ························ 에베소서 3 : 1~12 ································· 맡은이

찬송 ································· "주의 영광 빛나니"(132장) ······················· 다함께

복음서의 말씀 ························ 마태복음 2 : 1~12 ································· 맡은이

찬송 ·· 찬양대

설교 ·· 설교자

성찬 예전

성찬 감사기도 ··· 집례자와 회중
　집례자 : 주님께서 여러분과 함께하시기를 원합니다.
　회　　중 : 목사님과도 함께하시기를 원합니다.
　집례자 : 여러분의 마음을 하나님을 향해 활짝 여십시오.

회　　중 : 주님께 우리의 마음을 활짝 엽니다.

집례자 : 우리 주님, 우리 하나님께 감사를 드립시다.

회　　중 : 주님께 우리의 감사와 찬양을 드림이 마땅합니다.

집례자 : 만물의 창조자이시며 섭리자이신 하나님, 우리를 당신의 형상대로 지으시고 우리에게 당신의 숨결을 불어넣어 주셨으며 이 세상에서 당신의 자녀로 화목하게 살아가게 하심에 감사드립니다. 당신의 뜻을 저버리고 우리가 자기의 길을 감으로 하나님의 품에서 벗어났을 때에도 당신은 우리를 사랑으로 붙드시고 자유와 공의의 삶을 향한 언약을 우리와 맺으셨습니다. 전능하신 주 하나님이시여, 주님의 일은 얼마나 놀랍고 아름다운지요. 홀로 거룩하신 주님께 우리의 마음을 올려드립니다.

회　　중 : 거룩, 거룩, 거룩하신 권능의 주님, 하늘과 땅은 주님의 영광으로 가득 찼습니다. 높은 곳에서 호산나! 주의 이름으로 오시는 이가 복 있을지어다.

(또는 회중이 참고자료의 예전 찬송 중 "거룩송"을 부를 수도 있다.)

집례자 : 은혜로우신 하나님, 하나님의 아들 주 예수님을 보내 주시고, 기쁨과 슬픔 가운데서 우리와 함께 살게 하셨습니다. 가나의 혼인잔치에서 하나님의 아들이심을 드러내시고 세상을 향한 구원의 포도주를 쏟아 주심에 감사드립니다. 이후 우리 가운데 늘 계시며 다시 오실 날을 소망하게 하시는 주님을 통해 우리가 새 생명을 마십니다. 이제 주님께서 약속하신 나라가 임할 때 우리는 주님과 함께 승리를 축하할 것입니다.

고린도전서 11장 23-25절의 말씀입니다. "주 예수께서 잡히시던 밤에 떡을 가지사 축사하시고 떼어 이르시되 이것은 너희를 위하는 내 몸이니 이것을 행하여 나를 기념하라 하시고 식후에 또한 그와 같이 잔을 가지시고 이르시되 이 잔은 내 피로 세운 새 언약이니 이것을 행하여 마실 때마다 나를 기념하라" 하셨습니다.

주 예수님을 기념하여 이제 떡과 잔을 나누려고 합니다. 온 세상을 구원하시려 아들을 보내신 하나님을 찬양하며 세상에 전하겠습니다. 거룩하신 하나님, 성령을 우리에게 보내 주시고, 이 떡을 뗌으로써 그리스도이신 우리 주님께 붙어 있게 하시고, 새 생명을 공급받게 하시며, 영광 가운데 주님과 함께 잔치 자리에 참여할 때까지 우리를 주님의 백성으로 살게 하소서.

회　중 : 사망에서 생명으로 불러 주신 하나님, 우리의 모든 것을 주님께 드립니다. 우리 모두가 모든 세대의 교회와 함께 예수 그리스도 안에서 하나님께 영광을 올려 드립니다. 아멘.

주기도 ··· 다함께

분병분잔 ·· 다함께

성찬 후 공동기도 ·· 집례자와 회중

[예문1]

집례자 : 주님, 우리에게 주님 자신을 주셨습니다.
회　중 : 이제 우리들을 다른 이들에게 주겠습니다.
집례자 : 주님의 사랑이 우리들을 새로운 백성들로 만들어 주셨습니다.
회　중 : 사랑의 백성들로서 이제 우리는 기쁨으로 주님을 섬기겠습니다.
집례자 : 주님의 영광이 우리들의 마음에 충만케 하소서.
회　중 : 우리로 하여금 모든 일을 통해서 주님께 영광을 돌리게 도와주소서. 아멘.

[예문2]

집례자 : 이 땅의 모든 사람들과 모든 나라들을 인도하소서. 정의와 평화의 방법으로 인도하사, 우리가 서로를 존경하게 하시며, 공동의 선을 위하여 봉사하게 하소서.
회　중 : 빛 되신 주님, 우리의 기도를 들으소서.
집례자 : 우리로 하여금 하나님께서 지으신 모든 창조세계를 존중하게 하시며, 그래서 우리들이 다른 사람들과 하나님의 명예와 영광을 위하여 그 모든 자원들을 올바로 사용할 수 있게 하소서.
회　중 : 빛 되신 주님, 우리의 기도를 들으소서.
집례자 : 육체적으로, 정신적으로, 그리고 영적으로 고통받고 있는 모든 이들을 위로하시고 치료하여 주소서. 그리고 역경 가운데 있을 때 그들에

게 용기와 소망을 주소서.
회　중 : 빛 되신 주님, 우리의 기도를 들으소서. 우리 주님 예수 그리스도의 이름으로 기도합니다. 아멘.

파송 예전

* 찬송 ······················"다 나와 찬송 부르세"(131장) ······················ 다함께

* 축도 ···집례자

6 사순절기

집례 : 목사
* 가능한 분은 일어서서

모임 예전

* 예배로 부름 ··집례자

[예문1]
"하나님이여 주는 나의 하나님이시라 내가 간절히 주를 찾되 물이 없어 마르고 황폐한 땅에서 내 영혼이 주를 갈망하며 내 육체가 주를 앙모하나이다 내가 주의 권능과 영광을 보기 위하여 이와 같이 성소에서 주를 바라보았나이다"(시 63 : 1-2).

[예문2]
너희는 옷을 찢지 말고 마음을 찢고 너희 하나님 여호와께로 돌아올지어다 그는 은혜로우시며 자비로우시며 노하기를 더디하시며 인애가 크시도다(욜 2 : 13).

* 응답송 ······················· "주여 주여 우리를"(632장)························· 찬양대

(또는 참고자료의 예전 찬송 중 "자비송"을 부른다.)

* 기원 ··집례자

[예문1]
창조주 하나님, 하나님은 흙으로 사람을 빚으시고 생기를 불어넣어 생령이 되게 하셨습니다. 우리의 본성이 성령의 뜻 안에 거하도록 은총을 내려 주소서. 그리하여 하나님의 선하심과 거룩하심 안에 머물게 하소서. 영광과 권능이 성부와 성령과 함께 하나이신 예수 그리스도의 이름으로 기원하나이다. 아멘.

[예문2]
전능하신 하나님, 하나님은 동서남북 흩어져 있던 우리를 이 자리에 한 회중으로 불러 모으셨습니다. 이제 우리로 주님과 믿음과 세례 안에 하나가 되게

하소서. 그리하여 온 땅 만물이 하나님이 주시는 평화를 누리게 하소서. 하나님과 함께 성령과 더불어 살아 계시고 다스리시는 주 예수 그리스도를 통하여 기원하나이다. 아멘.

사순절기 연도 ·· 집례자와 회중

(엡 5 : 8-14을 기초로 작성된 기도를 드린다.)

인도자 : 오라, 하나님께 돌아오라. 오늘 다 함께 와서 주를 경배하자.

회　중 : 우리가 오늘 하나님께 나아옵니다. 하나님께 다시 돌아옵니다.

인도자 : 죄로 무너진 자들아, 빛 가운데 나아오라.

회　중 : 빛 가운데 나옵니다. 하나님께 돌아옵니다.

인도자 : 누추함과 어리석은 말이나 희롱의 말이 너희에게 마땅치 아니하니

회　중 : 오 주님, 우리를 구하소서.

인도자 : 오직 감사하는 말을 하라.

회　중 : 주님, 우리를 구하소서.

인도자 : 너희가 전에는 어둠이더니 이제는 주 안에서 빛이라.

회　중 : 빛의 자녀들처럼 행하게 하소서.

인도자 : 빛의 열매는 모든 착함과 의로움과 진실함에 있느니라.

회　중 : 열매 없는 어둠의 일에 참여하지 않겠나이다.

인도자 : 잠자는 자여, 깨어 일어나라. 죽은 자들 가운데서 일어나라.

회　중 : 그리스도, 참 빛 되신 주님, 주의 얼굴을 우리에게 비추소서. 아멘.

참회와 고백의 기도 ·· 다함께

(침묵 가운데 자신의 죄를 고백하고 잠시 후 아래 기도 중 하나를 택하여 한목소리로 기도한다.)

[예문1]
자비하신 하나님, 우리의 생각과 말과 행동으로 지은 죄를 고백합니다. 마땅히 해야 할 바를 하지 않은 죄를 고백합니다. 어둠 가운데 거하면서 빛의 자녀로서 삶을 드러내지 못했고, 이웃과 화목하지 않았으며, 하나님으로부터 멀리 떠나 있었습니다. 진실로 회개하오니 우리의 잘못과 허물을 용서하여 주소서. 하나님의 긍휼을 바라며 다시 주께 돌아오니, 주님, 용서하여 주소서. 예수님의 이름으로 기도합니다. 아멘.

[예문2]

은혜로우신 하나님, 우리의 죄가 너무 무거워 스스로 질 수 없고, 너무 확실하여 숨길 수 없으며, 너무 깊어 돌이킬 수 없나이다. 해서는 안 되는 언행과 마음에 품어서는 안 되는 생각들로 인해 죄악 가운데 놓인 우리를 용서하여 주소서. 지워 버릴 수 없는 과거의 행적들로부터 우리를 놓아주시고, 새롭게 바꿀 수 있는 미래를 열어 주소서. 주님의 모범과 형상을 따르는 은총을 허락하소서. 예수 그리스도의 이름으로 기도하나이다. 아멘.

[예문3]

하찮은 일에 절망하고 주님의 사랑을 망각한 죄를 용서하여 주소서. 악의 유혹을 떨쳐내지 못하는 우리의 연약함을 용서하여 주소서. 주님을 찬양함에 소홀하였고 감사함에 야박했습니다. 주님의 약속을 신뢰하지 않고, 선한 일을 할 수 있었으나 게으름으로 그 기회를 소진해 버린 죄를 용서하여 주소서. 능동적으로 저지른 죄악들과 수동적으로 지그시 눈 감아 버린 죄악들을 용서하여 주소서. 지나친 방종과 우리 삶에 열매 없음을 용서하여 주소서. 오 주님, 우리의 이 모든 죄를 용서하여 주소서. 예수 그리스도의 이름으로 기도합니다. 아멘.

사죄의 말씀 ··· 집례자

[예문1]

"하나님이 그 아들을 세상에 보내신 것은 세상을 심판하려 하심이 아니요 그로 말미암아 세상이 구원을 받게 하심이라"(요 3:17). 자비로운 하나님께서 그의 아들 주 예수 그리스도로 말미암아 우리 죄를 사하시고 그의 죽음과 부활로써 온 세상을 그와 화목하게 하셨느니라. 아멘.

[예문2]

이제 누구든지 그리스도 안에 있으면 새로운 피조물입니다. 옛 생활은 지나가고 새로운 삶이 시작되었습니다(고후 5:17). 아멘.

찬송 ······················· "나 같은 죄인 살리신"(305장) ······················· 다함께

말씀 예전

성령조명을 위한 기도 ·· 집례자

구약의 말씀 ··················· 요엘 2 : 12~15 ··················· 맡은이

(성서정과에 따른 사순절 주일 말씀을 참고하여, 구약, 시편, 서신서, 복음서의 말씀을 읽는다. 교회 상황에 따라 성서정과의 네 본문 중 하나의 본문만 택할 수 있다.)

시편 ······················ 시편 32편 ······················ 집례자와 회중

(교독 또는 교창한다. 교창으로 할 경우 찬송가 636장 곡조에 맞춰 부를 수 있다.)

인도자 : 허물의 사함을 받고 자신의 죄가 가려진 자는 복이 있도다. 마음에 간사함이 없고 여호와께 정죄를 당하지 아니하는 자는 복이 있도다.

회　중 : 내가 입을 열지 아니할 때에 종일 신음하므로 내 뼈가 쇠하였도다. 주의 손이 주야로 나를 누르시오니 내 진액이 빠져서 여름 가뭄에 마름 같이 되었나이다.

인도자 : 내가 이르기를 내 허물을 여호와께 자복하리라. 주께 내 죄를 아뢰니 주께서 내 죄악을 사하셨나이다.

회　중 : 모든 경건한 자는 주를 만날 기회를 얻어서 주께 기도할지라. 진실로 홍수가 범람할지라도 그에게 미치지 못하리이다.

인도자 : 주는 나의 은신처이오니 환난에서 나를 보호하시고 구원의 노래로 나를 두르시리이다.

회　중 : 내가 네 갈 길을 가르쳐 보이고 너를 주목하여 훈계하리로다. 너희는 무지한 말이나 노새 같이 되지 말지어다.

인도자 : 그것들은 재갈과 굴레로 단속하지 아니하면 너희에게 가까이 가지 아니하리로다. 악인에게는 많은 슬픔이 있으나 여호와를 신뢰하는 자에게는 인자하심이 두르리로다.

회　중 : 너희 의인들아 여호와를 기뻐하며 즐거워할지어다. 마음이 정직한 너희들아 다 즐거이 외칠지어다.

서신서의 말씀 ··············· 요한일서 1 : 5~10 ··············· 맡은이

찬송 ··· 찬양대

복음서의 말씀 ·························· 마태복음 5 : 21~26 ······························· 맡은이

설교 ································ "하나님께 다시 돌아오라" ·························· 설교자

(사순절기에 적합한 회개와 하나님께 돌아옴을 주제로 설교한다.)

사순절기 교회의 기도 ··· 집례자와 회중

  인도자 : 세계에 있는 모든 주님의 교회를 위하여
  회 중 : 새 생명을 구합니다.
  인도자 : 주님의 교회를 섬기는 모든 사람을 위하여
  회 중 : 은혜와 지혜를 구합니다.
  인도자 : 영적인 수양을 받아들인 사람을 위하여
  회 중 : 영적인 제자직을 구합니다.
  인도자 : 온 땅의 그리스도인을 위하여
  회 중 : 주님 이름 안에서 새롭게 하나님을 구합니다.
  인도자 : 믿지 못하는 사람을 위하여
  회 중 : 주님의 신실하신 사랑을 구합니다.
  인도자 : 온 땅의 위정자와 권세자들을 위하여
  회 중 : 주님의 인도하심을 구합니다.
  인도자 : 고통당하고 슬퍼하는 사람을 위하여
  회 중 : 주님의 치유하시는 평화를 구합니다.
  인도자 : 거룩하신 하나님, 하나님의 말씀이신 예수 그리스도께서 죄로 가득한 세상에 평화를 전하셨고, 고통과 죽임을 당하심으로 인류에게 화해의 선물을 가져다 주셨습니다. 예수님의 이름을 지니고 있는 사람들을 가르치셔서 예수께서 보여 주신 모범을 따르게 하여 주소서. 우리의 믿음과 소망과 사랑으로 증오를 사랑으로, 싸움을 평화로, 죽음을 영생으로 바꾸게 하소서. 우리 주 예수 그리스도의 이름으로 기도합니다.
  회 중 : 아멘.

찬송 ······························· "귀하신 예수"(152장) ·························· 다함께

성찬 예전

봉헌 ·· 다함께

(봉헌을 하는 동안 찬양대가 찬양을 부르거나 회중 찬송을 부른다.)

성찬 감사기도 ··· 집례자와 회중

집례자 : 주님께서 여러분과 함께하시기를 원합니다.

회　중 : 목사님과도 함께하시기를 원합니다.

집례자 : 여러분의 마음을 하나님을 향해 활짝 여십시오.

회　중 : 주님께 우리의 마음을 활짝 엽니다.

집례자 : 우리 주님, 우리 하나님께 감사를 드립시다.

회　중 : 주님께 우리의 감사와 찬양을 드림이 마땅합니다.

집례자 : 창조의 하나님! 하나님은 우주 만물의 주님이시기에, 이 시간 주님께 감사와 찬양을 드림이 우리의 마땅한 의무이며 최고의 기쁨입니다. 주님께서는 주님의 지혜로 세상 만물을 창조하셨고, 지금도 그 능력으로 만물을 지키십니다. 주님은 죄로 물든 우리를 구원하시기 위하여 독생자 예수 그리스도를 보내셔서 우리를 구원하시고 우리의 상처를 고치시며 놀랍고 위대한 일을 하셨습니다. 그러므로 이 시간 땅에 있는 우리가 하늘에 있는 예언자, 사도들, 그리고 순교자들과 함께 거룩한 노래로 하나님의 영광을 영원히 찬양합니다.

회　중 : 거룩, 거룩, 거룩하신 주님! 능력과 권세의 하나님! 하늘과 땅이 주님의 영광으로 가득 차 있나이다. 호산나, 호산나! 가장 높은 곳에 계신 분께 호산나! 주님의 이름으로 오시는 분이시여, 복되신 분이시여! 가장 높은 곳에 계신 분께 호산나 찬양을 돌립니다.

집례자 : 오! 거룩하신 하나님, 이 시간 하나님의 독생자 우리 주 예수 그리스도에게도 찬양을 돌립니다. 동정녀 마리아를 통해 이 땅에 오신 예수님 안에서 하나님의 말씀이 육신이 되어 우리와 함께 거하셨습니다. 예수님은 이 땅에서 우리처럼 사시며 기쁨과 슬픔을 경험하셨고, 병든 자를 고치시며, 주린 자를 먹이시고, 눈먼 자를 보게 하셨으며, 죄인과 소외된 자들과 함께 잡수시며 가난한 자들에게 하나님 나라의 복음을 전하셨습니다. 십자가에서 돌아가실 때, 세상에 생명을 주기

위해 자신의 생명을 내어 주셨으며, 죽음을 이기시고 무덤에서 일어나시어 부활생명의 보증이 되셨습니다. 하나님의 우편에 앉아 계시며 지금도 우리를 영원한 생명으로 인도하십니다. 그리하여 우리는 그리스도께서 지금은 영광 중에 하나님과 함께 다스리시다, 모든 만물을 새롭게 하시기 위해 다시 오실 것을 감사하며 찬양합니다.

고린도전서 11장 23~25절의 말씀입니다. "주 예수께서 잡히시던 밤에 떡을 가지사 축사하시고 떼어 이르시되 이것은 너희를 위하는 내 몸이니 이것을 행하여 나를 기념하라 하시고 식후에 또한 그와 같이 잔을 가지시고 이르시되 이 잔은 내 피로 세운 새 언약이니 이것을 행하여 마실 때마다 나를 기념하라" 하셨습니다.

예수 그리스도의 십자가를 통해 하나님의 구원의 역사를 기억하면서, 우리는 피조물로 빚은 이 떡과 포도즙과 더불어 우리 자신을 하나님께 거룩한 산 제물로 드립니다. 오늘 이곳에 모인 우리 모두가 함께 그리스도의 수난과 구원의 은혜를 찬양하며 외칩니다.

회　중 : 이 신앙의 신비가 크도다! 그리스도께서 죽으심으로 우리의 사망을 이기셨도다! 그리스도가 다시 사심으로 우리의 생명을 회복하셨도다! 주 예수여! 영광 중에 오시옵소서!

집례자 : 은혜로우신 하나님, 우리에게, 그리고 하나님의 선물인 이 떡과 포도즙 위에 주님 위에 임하셨던 거룩한 성령을 부어 주시옵소서. 그리하여 우리가 이 떡을 떼고 이 잔에 참여하는 것이 그리스도의 몸과 피에 참여하는 것이 되게 하옵소서. 성령 안에서 우리를 그리스도와 하나 되게 하시고, 이 식탁에 참여하는 모든 자와도 하나 되게 하시며, 이 땅에서 주님을 위해 사역하는 모든 사람들과도 연결되게 하소서. 그리스도께서 최후 승리하시고 우리가 모든 성도들과 함께 하늘 기쁨으로 천국잔치에 참여할 때까지 우리를 인도하시고 하나님의 사역에 충실하게 하소서. 그리스도를 통하여, 그리스도와 함께, 그리스도 안에서, 그리고 거룩한 성령 안에서, 모든 영광과 존귀가 전능하신 하나님께 지금부터 영원까지 있사옵니다.

회　중 : 아멘.

주기도 ··· 다함께

분병분잔 ··· 집례자와 성찬위원

성찬 후 기도 ··· 집례자
　주님, 이 시간 하나님의 아들과 성령 안에 나누어 주신 성찬으로 우리의 가난한 마음을 채워 주심을 감사드립니다. 주님은 오늘 하나님의 아들로 이 세상에 입성하셨으며 수난으로 구원의 길을 가셨으며 부활로 우리를 구원하셨습니다. 세세토록 영광 받으실 예수 그리스도의 이름으로 기도합니다. 아멘.

파송 예전

* 찬송 ···················· "속죄하신 구세주를"(298장) ···················· 다함께

* 승리의 확신 ················ 로마서 8 : 31~35, 38~39 ················ 집례자

* 축도 ··· 집례자

7 종려/고난주일

- 예배 공간은 사순절의 절기 색과 보라색을 중심으로 한 시각적 요소들로 구성한다.
- 가시관과 못 등의 상징물을 함께 두고 성경 구절을 적어둔다.
- 종려주일에 회중은 예배당 밖에서부터 종려나무 가지를 흔들며 "호산나" 찬송을 입례송으로 부르며 예배당 안으로 들어온다.

* 가능한 분은 일어서서

모임 예전

* 예배로 부름 ·· 인도자

"앞에서 가고 뒤에서 따르는 무리가 소리 높여 이르되 호산나 다윗의 자손이여 찬송하리로다 주의 이름으로 오시는 이여 가장 높은 곳에서 호산나 하더라"(마 21 : 9).
(어린이와 함께 예배드릴 경우, 어린이들이 종려나무 가지를 흔들며 예배당 건물을 한 바퀴 돌며 입장하고 그 뒤를 찬양대와 예배위원이 따른다.)

* 응답송 ··· 찬양대

* 기원 ·· 인도자

우리의 소망 되신 하나님, 오늘 우리가 기쁘게 예수 그리스도를 우리의 메시야요 왕으로 선포하나이다. 우리로 항상 주를 경외케 하소서. 그리하여 성부, 성자, 성령이 다스리는 새 예루살렘에서 주님의 통치를 영원토록 누리게 하소서. 예수 그리스도의 이름으로 기원하나이다. 아멘.

찬송 ···························· "호산나 호산나"(141장) ························· 다함께

기도 ··· 인도자

거룩하신 하나님, 하나님은 예수 그리스도를 통하여 세상을 구원하셨습니다.

주님은 예루살렘의 도성에 들어가셨고, 사람들은 그들의 옷과 종려나무 가지를 주님의 길 앞에 펼치며 왕으로 선포하였습니다. 우리에게 이 가지들이 주님의 승리의 상징이 되게 하소서. 그리고 그것들을 몸에 지니고 있는 우리들로 주님의 고난과 십자가의 길을 걸어감으로써 예수님을 메시야로 항상 선포하게 하소서. 주님과 함께 죽고 다시 살아남으로 우리로 주님의 나라에 들어가게 하소서. 예수 그리스도의 이름으로 기도하나이다. 아멘.

말씀 예전

예루살렘 입성의 선포 ··· 인도자와 회중

(시 118 : 19-29을 읽은 후 모든 회중이 말이나 노래로 화답한다. 그리고 행진이 시작된다.)

인도자 : 주님의 이름으로 오시는 분을 송축합니다!
회　중 : 높은 곳에서 호산나!

찬송 ··· 다함께

성령조명을 위한 기도 ··· 인도자

자비로우신 하나님, 우리 구주 예수 그리스도께서 우리를 위해 골고다의 십자가를 향한 고난의 길을 걸으실 때 가지셨던 그 크신 사랑과 헌신의 마음을 깨닫게 하여 주소서. 이 시간 주님의 말씀이 읽혀지고 선포되어질 때 성령의 인도하심으로 주님의 마음과 뜻을 깨닫게 하시고, 구원의 감격 속에 하나님을 향한 찬양이 터져 나오게 하소서. 예수님의 이름으로 기도합니다. 아멘.

구약의 말씀 ························ 이사야 50 : 4~9a ························ 맡은이

시편 ································· 시편 31 : 9~16 ··························· 맡은이

서신서의 말씀 ··················· 빌립보서 2 : 5~11 ····················· 맡은이

찬송 ························· "주 달려 죽은 십자가"(149장) ················ 다함께

* 복음서의 말씀 ················ 마태복음 26 : 14~28 ···················· 맡은이

찬송 ··· 찬양대

설교 ··· 설교자

평화의 인사 ··· 다함께

    인도자 : 주님께서 말씀하셨습니다. "평안을 너희에게 끼치노니 곧 나의 평안
          을 너희에게 주노라 내가 너희에게 주는 것은 세상이 주는 것과 같지
          아니하니라 너희는 마음에 근심하지도 말고 두려워하지도 말라"(요
          14 : 27). 그리스도께서 자신을 희생하여 평화를 이루셨으니 우리도
          하나님 안에서 하나가 됩시다. 주의 평화가 여러분과 함께하시길 빕
          니다.
    회   중 : 목사님과도 함께하시길 빕니다.
    인도자 : 서로 평화의 인사를 나눕시다.

* 찬송 ··· 다함께

* 축도 ··· 인도자

8 성금요일

1) 성금요일-1

> 이 예배는 8세기에 시작된 테네브레(Tenebrae) 예배이다. 이 예배는 성금요일에 주로 드리는 예배로서 예수님의 가상 칠언을 낭독해 가면서 촛불을 하나씩 끄고 마침내 어둠 속에서 돌아가는 예배이다. 여기서 어둠은 주님께서 십자가에 못 박혀 돌아가실 때 온 땅을 덮었던 어둠을 상징한다. 촛불은 그리스도를 상징하는 것으로서 예수님이 이 세상을 떠나시면서 세상이 어두워짐을 상징적으로 나타낸다.

인도 : 목사
* 가능한 분은 일어서서

모임 예전

촛불 점화 ··· 맡은이

   (7개의 촛불을 점화한다.)

* 입례송 ························ "예수 나를 위하여"(144장) ···················· 예배위원들

* 예배로 부름 ···················· 베드로전서 2 : 21~24 ······················ 인도자

응답송 ·· 찬양대

기원 ·· 인도자

찬송 ·························· "거기 너 있었는가"(147장) ·························· 다함께

참회와 용서

십계명 교독 ··· 인도자와 회중

    인도자 : 하나님이 이 모든 말씀으로 말씀하여 이르시되 나는 너의 하나님이라.
    회   중 : 너는 나 외에는 다른 신들을 네게 두지 말라.
    인도자 : 너를 위하여 새긴 우상을 만들지 말라.
    회   중 : 너는 네 하나님 여호와의 이름을 망령되게 부르지 말라.
    인도자 : 안식일을 기억하여 거룩하게 지키라.
    회   중 : 네 부모를 공경하라.
    인도자 : 살인하지 말라.
    회   중 : 간음하지 말라.
    인도자 : 도둑질하지 말라.
    회   중 : 네 이웃에 대하여 거짓 증거하지 말라.
    인도자 : 네 이웃의 집을 탐내지 말라(출 20 : 1-17).
    다함께 : 예수께서 이르시되 네 마음을 다하고 목숨을 다하고 뜻을 다하여 주 너의 하나님을 사랑하라 하셨으니 이것이 크고 첫째 되는 계명이요 둘째도 그와 같으니 네 이웃을 네 자신 같이 사랑하라 하셨으니 이 두 계명이 온 율법과 선지자의 강령이니라(마 22 : 37-40).

참회와 고백의 기도 ·· 다함께

    전능하신 하나님! 우리는 죄악 중에 잉태되고 태어났음을 자복합니다. 또한 모든 악한 일에 쉽게 빠지고 선을 행함에 더딘 우리 자신을 고백합니다. 주의 계명을 어기고 하나님의 법을 지키지 않았습니다. 이제 지난 악한 일에서 돌이켜 다시 하나님 앞에 나아옵니다. 은혜로우신 하나님, 우리 구주 예수 그리스도를 통하여 우리에게 자비를 베풀어 주소서. 성령을 허락하시고 우리 마음과 생각이 중심으로부터 변화되어 지난날의 악을 떨쳐내고 회개하며 돌이키게 하소서. 하나님의 은혜로 새롭게 되게 하소서. 예수님의 이름으로 기도합니다. 아멘.

사죄의 말씀 ·· 인도자

영광송 ······························· "찬양 성부 성자 성령"(2장) ··························· 다함께

말씀 묵상

성령조명을 위한 기도		인도자
구약의 말씀	이사야 53 : 4~6	맡은이
시편송	시편 22 : 1~18	다함께
서신서의 말씀	히브리서 10 : 19~25	맡은이
찬송	"갈보리 산 위에"(150장)	다함께
* 복음서의 말씀	마가복음 10 : 45	맡은이

주님의 가상칠언 묵상

"아버지 저들을 사하여 주옵소서. 자기들이 하는 것을 알지 못함이니이다."
(첫 번째 촛불을 끈다.)

성경봉독	누가복음 23 : 32~34	맡은이
응답송	"예수 나를 위하여"(144장)의 후렴	다함께

["주여 주여 우리를"(632장)]

"내가 진실로 네게 이르노니 오늘 네가 나와 함께 낙원에 있으리라."
(두 번째 촛불을 끈다.)

성경봉독	누가복음 23 : 39-43	맡은이
응답송	"예수 나를 위하여"(144장)의 후렴	다함께

["주여 주여 우리를"(632장)]

"여자여 보소서 아들이니이다. 보라 네 어머니라."
(세 번째 촛불을 끈다.)

성경봉독	요한복음 19 : 25~27	맡은이

응답송 ·················· "예수 나를 위하여"(144장)의 후렴 ················· 다함께

["주여 주여 우리를"(632장)]

"엘리 엘리 라마 사박다니."

(네 번째 촛불을 끈다.)

성경봉독 ························ 마가복음 15 : 33~34 ························· 맡은이

응답송 ·················· "예수 나를 위하여"(144장)의 후렴 ················· 다함께

["주여 주여 우리를"(632장)]

"내가 목마르다."

(다섯 번째 촛불을 끈다.)

성경봉독 ························· 요한복음 19 : 28 ························· 맡은이

응답송 ·················· "예수 나를 위하여"(144장)의 후렴 ················· 다함께

["주여 주여 우리를"(632장)]

"다 이루었다."

(여섯 번째 촛불을 끈다.)

성경봉독 ························ 요한복음 19 : 29~30 ························· 맡은이

응답송 ·················· "예수 나를 위하여"(144장)의 후렴 ················· 다함께

["주여 주여 우리를"(632장)]

"아버지 내 영혼을 아버지 손에 부탁하나이다."

(일곱 번째 촛불을 끈다.)

성경봉독 ························· 누가복음 23 : 44~49 ························· 맡은이

응답송 ·················· "예수 나를 위하여"(144장)의 후렴 ················· 다함께

["주여 주여 우리를"(632장)]

* 신앙고백·····························니케아 신경·························· 인도자와 회중

  다함께 : 우리는 한 분밖에 안 계시는 하나님 아버지를 믿습니다.
  인도자 : 그는 전능하셔서 하늘과 땅과 이 세상의 보이지 않는 모든 것을 지으
      신 분입니다.
  회 중 : 우리는 한 분밖에 안 계시는 주 예수 그리스도를 믿습니다.
  인도자 : 그는 모든 시간 이전에 아버지에게서 나온 하나님의 외아들이십니다.
  회 중 : 그는 빛 가운데 빛이요, 참 하나님에게서 나온 참 하나님으로 아버지
      와 같으신 분으로, 낳음과 지으심을 받은 분이 아닙니다.
  인도자 : 이분을 통해서 모든 만물이 지음을 받게 되었습니다.
  회 중 : 우리 인간과 우리의 구원을 위하여 하늘로부터 내려오셔서 성령의 능
      력으로 동정녀 마리아에게서 한 인간으로 태어나셨습니다.
  인도자 : 우리 때문에 본디오 빌라도 밑에서 십자가의 형을 받아 죽임을 당하
      고 무덤에 묻히게 되었지만, 사흘 만에 성경의 말씀대로 부활하시어
      하늘에 올라가셨습니다.
  회 중 : 그분은 하나님의 오른편에 앉아 계시다가 산 자와 죽은 자를 심판하
      러 영광 가운데 다시 오실 것입니다.
  인도자 : 그때부터 그분의 나라는 영원히 계속될 것입니다.
  회 중 : 우리는 아버지로부터 나오시어 우리의 생명의 주가 되시는 성령을 믿
      습니다.
  인도자 : 그분은 아버지와 아들과 더불어 예배와 영광을 받으시고 예언자를
      통해서 말씀하신 분입니다.
  회 중 : 우리는 하나의 거룩하고 세계적이며 사도적인 교회를 믿습니다.
  다함께 : 우리는 죽은 자의 부활과 오고 있는 세계에서의 삶을 믿고 기다립니
      다. 아멘.

교회와 이웃을 위한 기도 ··· 인도자와 회중

* 주기도 ·······················"하늘에 계신(주기도문)"(636장) ················· 다함께

  (후에 회중은 조용히 앉아서 더 기도하거나 침묵 가운데 퇴장한다. 이 예배에는 축도가 없
  다. 왜냐하면 예배가 여기서 끝나는 것이 아니라 부활주일 새벽으로 이어지기 때문이다.)

2) 성금요일-2

- 가운데 큰 촛불 하나를 켜고 그 양 옆으로 12개의 초를 켜고 진행한다. 큰 촛불은 예수 그리스도를 상징하며, 12개의 초는 예수님의 열두 제자를 상징한다. 이는 또한 우리 자신을 상징한다.
- 마지막 이사야 53장의 말씀이 어둠 속에서 봉독되면 성도들은 절대 침묵한다. 어둠 속에서 주님의 죽으심과 무덤에 묻히심을 묵상하며 개별적으로 기도드린다. 기도 후 대화를 삼가며 집으로 돌아간다.
- 성경봉독자들은 미리 모여 해당 본문을 읽어 본다. 진행 시간에 따라 말씀의 길이를 조절한다.

찬송 ················· "갈보리 산 위에"(150장) ················· 다함께

서언 ········ 요한복음 12 : 23~26, 44~48, 13 : 33~35, 14 : 1~4, 16 : 32~33 ······ 맡은이

유월절 준비 ·················· 마태복음 26 : 17~25 ·················· 맡은이

제자들의 발을 씻기심 ············· 요한복음 13 : 3~15 ············· 맡은이

최후의 만찬 ·················· 마태복음 26 : 26~28 ·················· 맡은이

겟세마네 동산에서 ·············· 마태복음 26 : 36, 46 ·············· 맡은이

체포당하심 ·················· 마태복음 26 : 47~56 ·················· 맡은이

가야바의 법정 ················ 마태복음 26 : 57~68 ················ 맡은이

베드로와 가룟 유다 ········ 마태복음 26 : 69~75, 27 : 3~10 ········ 맡은이

빌라도의 법정 ··············· 마태복음 27 : 1~2, 11~26 ··············· 맡은이

십자가에 못 박히심 ··· 마태복음 27 : 27~44; 누가복음 23 : 27~31 ········ 맡은이

주님의 가상칠언 묵상

(십자가 상의 일곱 말씀이 하나씩 낭독될 때마다 양쪽 끝에서부터 촛불이 두 개씩 꺼진다. 이것은 제자들이 다 예수님을 버리고 달아남으로, 예수님 홀로 십자가의 길을 가셨음을 나타낸다.)

제1언 "아버지 저들을 사하여 주옵소서 자기들이 하는 것을 알지 못함이니이다"(눅 23 : 34).

(양쪽 끝에서부터 촛불이 두 개씩 꺼진다.)

제2언 "내가 진실로 네게 이르노니 오늘 네가 나와 함께 낙원에 있으리라"(눅 23 : 43).

(양쪽 끝에서부터 촛불이 두 개씩 꺼진다.)

제3언 "여자여 보소서 아들이니이다. 보라 네 어머니라"(요 19 : 26-27).

(양쪽 끝에서부터 촛불이 두 개씩 꺼진다.)

제4언 "엘리 엘리 라마 사박다니. 나의 하나님, 나의 하나님, 어찌하여 나를 버리셨나이까"(마 27 : 46).

(양쪽 끝에서부터 촛불이 두 개씩 꺼진다.)

제5언 "내가 목마르다"(요 19 : 28).

(양쪽 끝에서부터 촛불이 두 개씩 꺼진다.)

제6언 "아버지 내 영혼을 아버지 손에 부탁하나이다"(눅 23 : 46).

(양쪽 끝에서부터 촛불이 두 개씩 꺼진다.)

제7언 "다 이루었다"(요 19 : 30).

(마지막으로 가운데 촛불이 제7언과 함께 꺼지는데, 이것은 주님의 운명하심을 나타낸다. 이때 강단 위에 놓인 십자가를 흰 천으로 덮음으로써 주님의 죽으심을 상징한다. 또한 주님의 운명과 함께 있었던 땅의 진동, 바위의 터짐, 성전의 휘장이 위에서부터 아래로 갈라짐 등을 나타내기 위해 음향을 사용할 수도 있다.)

종언 ····················· 이사야 53 : 1~12 ····················· 맡은이

어둠 속에서의 기도 ·· 다함께

(후에 회중은 조용히 앉아서 더 기도하거나 침묵 가운데 퇴장한다.)

9 부활절

집례 : 목사
* 가능한 분은 일어서서

* 예배로 부름 ··· 집례자

"태초에 말씀이 계시니라 이 말씀이 하나님과 함께 계셨으니 이 말씀은 곧 하나님이시니라 그 안에 생명이 있었으니 이 생명은 사람들의 빛이라 빛이 어둠에 비치되 어둠이 깨닫지 못하더라"(요 1:1, 4-5). 사랑하는 성도 여러분, 바로 오늘 새벽에 주님께서는 죽음에서 생명으로 옮기셨습니다. 우리는 그분의 승리와 부활을 다시 한번 분명히 보고 기념하기 위하여 여기에 모였습니다. 이제 하늘의 천사들과 이 땅의 모든 백성이 죽음을 이기시고, 죄의 사슬을 끊어 내시고, 어두움에서 영원한 빛으로 환히 비추어 주신 그리스도이신 예수님을 찬양하고 경배합시다.

* 기원 ··· 집례자

생명의 주, 영원하신 하나님! 아들을 통하여 온 세상에 생명의 빛을 선물로 주신 하나님! 여기 암흑 속에 있는 우리에게 새로운 불씨를 주시고, 우리의 마음을 주님의 빛으로 밝혀 주소서. 물과 성령으로 거듭난 우리가 하늘 양식으로 배부르게 하소서. 우리의 죄를 사하시고 우리를 먹여 주소서. 우리 구주 예수님의 이름으로 기도합니다. 아멘.

* 찬송 ····················· "하늘에 가득 찬 영광의 하나님"(9장) ················ 다함께

성시교독 ···································· 133번 ································ 다함께

말씀 예전

성령조명을 위한 기도 ··· 집례자

하나님, 우리를 거룩한 부활의 새벽으로 이끄심에 감사드립니다. 이제 성령의 도우심으로 말씀을 통해 부활의 사건에 참여하겠습니다. 성령께서 우리의 마

음에 오셔서 말씀을 들을 때에 우리의 마음과 생각을 밝혀 주소서. 예수 그리스도의 이름으로 기도합니다. 아멘.

구약의 말씀 ··맡은이

(다음의 말씀들 중에서 몇 개의 본문을 선택하여 읽을 수 있다. 하지만 적어도 출애굽기 14장을 포함한 3개 이상의 말씀을 읽는 것이 좋다. 낭독할 사람을 미리 정하되 가능한 다양한 사람들이 말씀을 낭독하도록 배려하는 것이 좋다. 각각의 말씀 이후에는 '침묵기도' '찬송', 또는 '교독문 낭독' 등의 순서를 갖는다. 집례자는 순서가 끝날 때마다 간단한 기도를 드린다.)

창조 ·································· 창세기 1 : 1~2 : 2 ·····································맡은이

(찬송가 478장을 부르거나 시편 33편을 교독한다. 예배 시간을 단축해야 할 경우 찬송가 163장 1절로 대신한다.)

전능하신 하나님, 천지를 아름답게 창조하시고, 모든 것을 새롭게 하시는 창조의 주님, 이 땅에 오셔서 한없이 낮아지시고, 우리에게 생명을 나누어 주신 주님의 삶을 깨닫게 하소서. 예수 그리스도의 이름으로 기도합니다. 아멘.

언약 ································· 창세기 9 : 8~13 ··맡은이

(찬송가 384장을 부르거나 시편 46편을 교독한다. 예배 시간을 단축해야 할 경우 찬송가 163장 2절로 대신한다.)

하늘과 땅을 다스리시는 능력의 하나님, 노아에게 무지개를 약속으로 주셨으며, 언제나 모든 창조의 질서 가운데서 주님의 약속을 확인하시는 주님, 그리스도이신 예수님을 통하여 우리에게 주신 주님의 은혜를 따라 충성된 종으로 주님께서 우리에게 맡겨 주신 일들을 수행하도록 인도하여 주소서. 그리스도이신 예수님의 이름으로 기도합니다. 아멘.

아브라함의 순종 ···················· 창세기 22 : 1~18 ·································맡은이

(시편 16편을 교독하거나 침묵의 기도를 한다. 예배 시간을 단축해야 할 경우 찬송가 163장 3절로 대신한다.)

모든 믿는 자에게 참으로 은혜로우신 하나님, 하나님께서는 아브라함의 순종을 통하여 주님의 신실하신 사랑을 확증하여 주셨습니다. 그리스도의 희생의 제사를 통하여 주님의 교회와 모든 창조물들이 새로워지게 하셨습니다. 이제

우리에게 주님의 약속과 새로운 언약이 주는 기쁨이 충만케 하소서. 그리스도 이신 예수님의 이름으로 기도합니다. 아멘.

홍해가 갈라짐 ·················· **출애굽기 14 : 10~15 : 18** ························· 맡은이

(출애굽기 15 : 1-18까지의 모세와 이스라엘의 노래를 함께 교독한다. 예배 시간을 단축해야 할 경우 찬송가 163장 4절로 대신한다.)

이스라엘을 홍해에서 건져 내신 구원의 주 하나님, 주님께서 능력의 팔로 택하신 백성을 바다에서 보호하시고 종 되었던 애굽 땅으로부터 참 해방을 주셨음을 상기하며 주님께 간구합니다. 이 시간, 주님의 교회와 이 땅의 모든 백성들을 속박과 압제로부터 해방시켜 주소서. 주님께서 주신 해방으로 인하여 우리의 기쁨이 충만케 하시고 참다운 해방의 즐거움을 가지고 주님을 섬기게 하소서. 그리스도이신 예수님의 이름으로 기도합니다. 아멘.

사랑의 확인 ························· **이사야 54 : 5~14** ····························· 맡은이

(시편 30편을 교독하거나 찬송가 393장을 함께 부른다. 예배 시간을 단축해야 할 경우 찬송가 163장 5절로 대신한다.)

거룩하신 이스라엘의 하나님, 주님의 사랑은 언제나 끝이 없으시며, 주님의 언약은 흔들림이 없습니다. 우리가 우리의 죄 때문에 주님을 멀리 떠나 있을 때에도 주님은 여전히 우리를 사랑하십니다. 우리를 다시 한번 긍휼히 여기사, 우리 가운데 주님의 의로움을 세워 주소서. 또한 우리의 세례를 통하여 우리가 주님의 사랑의 안전한 곳에 머물 수 있도록 인도하소서. 그리스도이신 예수님의 이름으로 기도합니다. 아멘.

값없는 은혜 ························· **이사야 55 : 1~11** ····························· 맡은이

(찬송가 526장을 함께 부르거나 침묵의 기도를 한다. 예배 시간을 단축해야 할 경우 찬송가 163장 1절로 대신한다.)

만물을 창조하신 하나님, 주님께서는 목마른 자에게 값없이 물을 주셨으며, 배고픈 자에게 먹을 것을 주셨습니다. 이 시간 주님의 세례의 물로 우리를 해갈시켜 주시고, 주님의 식탁에 놓인 떡과 잔으로 우리를 먹여 주소서. 주님의 말씀을 통하여 우리의 삶이 아름다운 열매를 맺게 하시고, 마침내 주님의 영광스런 나라에 이르도록 인도하여 주소서. 그리스도이신 예수님의 이름으로

기도합니다. 아멘.

새 마음과 새 영 ················· 에스겔 36 : 24~28 ························· 맡은이

(교독문 38번을 교독하거나 찬송가 410장을 함께 부른다. 예배 시간을 단축해야 할 경우 찬송가 163장 2절로 대신한다.)

그리스도이신 예수님의 죽음과 부활을 통하여 새로운 계약을 설립하시고, 우리에게 참다운 회복과 사죄를 허락하신 거룩하신 하나님! 우리의 마음을 깨끗케 하시고, 주님의 모든 백성들에게 새로운 영을 허락하여 주소서. 그리하시면 모든 백성이 주님의 구원을 찬양하고, 고백하며, 온 세상이 주님을 알게 될 것입니다. 그리스도이신 예수님의 이름으로 기도합니다. 아멘.

새 생명 ························· 에스겔 37 : 1~14 ····························· 맡은이

(교독문 32번을 교독하거나 찬송가 242장을 함께 부른다. 예배 시간을 단축해야 할 경우 찬송가 163장 3절로 대신한다.)

영원하신 하나님, 주님께서는 그리스도이신 예수님을 성령을 통하여 죽음에서 일으키시고 새로운 생명을 주님의 교회에 부여하여 주셨습니다. 다시 한번 우리에게 주님의 생기를 불어넣어 주시고, 주님의 백성들에게 새로운 생명을 허락하여 주소서. 그리스도이신 예수님의 이름으로 기도합니다. 아멘.

백성을 모으심 ······················ 스바냐 3 : 14~20 ························· 맡은이

(교독문 23번을 교독하거나 침묵의 기도를 드린다. 예배 시간을 단축해야 할 경우 찬송가 163장 4절로 대신한다.)

영원하신 하나님, 생명과 빛이신 주님, 주님의 자비하심으로 주님의 교회가 온전한 구원을 이루어 가도록 인도하소서. 온 세상을 만드신 주님의 능력 안에서 옛것이 새로워지고, 죽은 것이 새롭게 살아나며, 모든 것이 온전하여지게 하셔서 온 세상이 주님을 찬송케 하소서. 주님의 나라와 권세와 영광이 영원히 있음을 믿사오며, 예수 그리스도의 이름으로 기도합니다. 아멘.

* 영광송 ···················· "성부 성자와 성령"(4장) ························· 다함께

서신서의 말씀 ······················ 로마서 6 : 3~11 ··························· 맡은이

(시편 114편을 함께 교독한다. 예배 시간을 단축해야 할 경우 찬송가 163장 5절로 대신

한다.)

복음서의 말씀 ·················· 마태복음 28 : 1~10 ························· 맡은이

(교독문 62번을 함께 교독하거나 찬송가 160장을 부른다. 만약 찬양대의 찬양이 준비되어 있다면 이때 하는 것도 좋다.)

설교 ·· 설교자

(설교가 끝나면 찬송가 167장을 부르며 세례를 준비한다. 이때 세례를 받을 사람은 앞자리에 차례로 나와 앉도록 한다.)

세례 예전

예식선언 ·· 집례자

주님께서 세우신 세례 예전은 바로 그리스도와 함께 죽고, 함께 새로운 생명을 얻게 되는 예식입니다. "그러므로 우리가 그의 죽으심과 합하여 세례를 받음으로 그와 함께 장사되었나니 이는 아버지의 영광으로 말미암아 그리스도를 죽은 자 가운데서 살리심과 같이 우리로 또한 새 생명 가운데서 행하게 하려 함이라"(롬 6 : 4). 특별히 주님의 부활을 기뻐하고 찬양하는 이 시간, 그리스도와 함께 죽고 그리스도와 함께 새 생명을 얻는 세례예식을 거행함을 감사드립시다.

호명 ··· 집례자 또는 맡은이

(집례자 또는 회중의 대표가 세례 후보자의 이름을 부르면 대상자는 앞으로 나온다. 세례 후보자들이 앞으로 나올 때 찬송가 226장을 부르거나 연주한다.)

우리 교회에 새 지체를 허락하신 하나님께 감사드립니다. 오늘 저는 세례예식 집례자로서(회중을 대표하여) 하나님이 사랑하시는 자녀 ○○○을 세례예식의 자리에 초대합니다. 초대받은 자녀는 이 자리로 나와 주시기 바랍니다.

(호명되어 나올 세례 후보자가 많을 때 집례자는 아래 성경 구절 중 택하여 읽는다.)

[예문1]

"무릇 그리스도 예수와 합하여 세례를 받은 우리는 그의 죽으심과 합하여 세례를 받은 줄을 알지 못하느냐 그러므로 우리가 그의 죽으심과 합하여 세례

를 받음으로 그와 함께 장사되었나니 이는 아버지의 영광으로 말미암아 그리스도를 죽은 자 가운데서 살리심과 같이 우리로 또한 새 생명 가운데서 행하게 하려 함이라 만일 우리가 그의 죽으심과 같은 모양으로 연합한 자가 되었으면 또한 그의 부활과 같은 모양으로 연합한 자도 되리라 우리가 알거니와 우리의 옛 사람이 예수와 함께 십자가에 못 박힌 것은 죄의 몸이 죽어 다시는 우리가 죄에게 종 노릇 하지 아니하려 함이니"(롬 6 : 3-6).

[예문2]
"그러나 너희는 택하신 족속이요 왕 같은 제사장들이요 거룩한 나라요 그의 소유가 된 백성이니 이는 너희를 어두운 데서 불러 내어 그의 기이한 빛에 들어가게 하신 이의 아름다운 덕을 선포하게 하려 하심이라"(벧전 2 : 9).

악의 거부와 서약 ··· 집례자와 세례 후보자

문 : 여러분은 악한 사단의 권세와 유혹을 거부합니까?
답 : 예, 거부합니다.

문 : 여러분은 그리스도를 구주로 고백하며 그 은총 안에 살며 교회와 연합하여 그리스도를 섬기기로 서약합니까?
답 : 예, 서약합니다.

신앙고백 ·· 집례자와 세례 후보자

문 : 여러분은 천지의 창조주 하나님 아버지를 믿습니까?
답 : 예, 믿습니다.

문 : 여러분은 하나님의 아들이신 예수 그리스도께서 성령으로 잉태되어 동정녀 마리아에게 나셨고, 본디오 빌라도에게 고난을 받으사 십자가에 못 박혀 죽으셨으며, 장사된 지 사흘 만에 죽은 자 가운데서 다시 살아나셔서 하늘에 오르시어 하나님 우편에 앉아 계시다가 거기로부터 살아있는 자와 죽은 자를 심판하러 오실 것을 믿습니까?
답 : 예, 믿습니다.

문 : 여러분은 성령을 믿으며, 거룩한 공교회와 성도의 교제와 죄를 용서받는 것과 몸의 부활과 영생을 믿습니까?

답 : 예, 믿습니다.

세례수에 대한 감사기도 ···집례자

전능의 주 하나님, 하나님은 모든 만물을 새롭게 하시나이다. 생명의 샘이 주께 있사오니 주의 빛 안에서 빛을 보나이다.

(세례수에 손을 대며)

세례수 위에 하나님의 영을 보내사 구원의 진리와 은총의 기쁨이 가득하게 하소서. 이 거룩한 물로 세례 받는 이들이 하나님의 신비에 참여하게 하심에 감사드립니다. 하나님의 자녀가 되도록 구별하여 택하신 이들이 세례의 물을 받음으로 거룩함을 덧입게 하시고, 증인된 우리 모두에게도 성령이 함께하사 자신의 세례를 기억하며 주님의 은혜에 감사하는 시간이 되게 하소서. 하나님의 영광과 권능이 그리스도를 통하여 성령 안에서 지금부터 영원토록 함께하길 예수 그리스도 이름으로 기도합니다. 아멘.

세례와 안수 ··집례자

(세례 후보자는 가능한 무릎을 꿇는다. 집례자는 세례 구문 후 세례 후보자의 머리에 물을 뿌리거나, 붓거나, 손에 물을 적셔 얹는다. 또는 성부, 성자, 성령의 각 구문에 맞춰 세 번 행할 수도 있다. 회중은 한 명씩 세례를 줄 때마다 "할렐루야"를 부르거나, 찬양대가 찬송가 226장 1절을 부른다.)

[예문1]
주 예수를 믿는 이 ○○○에게 내가 성부와 성자와 성령의 이름으로 세례를 주노라. 아멘.

[예문2]
주 예수를 믿는 이 ○○○은 성부와 성자와 성령의 이름으로 세례를 받노라. 아멘.

(세례 후 이어서 머리에 손을 얹고 기도한다. 이마에 기름을 바를 수도 있다.)

[예문1]
주님, ○○○을 성령으로 지켜 주셔서 영원토록 주님의 소유가 되게 하시고, 영생에 이르기까지 날마다 새롭게 살아가게 하소서. 아멘.

[예문2]
성령이시여, ○○○에게 임하셔서 영원토록 주님을 경외하고 지혜와 분별의 영을 갖게 하소서. 아멘.

선포 ···집례자

(세례 받은 이들의 이름을 다 부른 후 아래와 같이 선포한다.)

오늘 세례 받은 ○○○은 ○○교회 세례교인이 되었음을 성부와 성자와 성령의 이름으로 선포하노라. 아멘.

회중과 서약 ···집례자와 회중

문 : 그리스도의 몸 된 교회의 지체 여러분, 죄를 거부하고 그리스도에 대한 신앙을 다시 묻습니다. 여러분은 그리스도가 우리의 구주이심을 믿습니까?
답 : 예, 믿습니다.

문 : 여러분은 세례를 받은 이들이 신앙 안에 성숙해지고 교회에 덕을 세우는 일에 힘쓰며 선을 이룰 수 있도록 기도와 사랑으로 인도하며 서로 사랑할 것을 서약합니까?
답 : 예, 서약합니다.

세례 후 기도 ··집례자

자비하신 하나님, 하나님은 감사와 영광과 찬양을 받으시기에 합당하나이다. 오늘 세례 받은 이들 위에 하나님의 축복과 보호하심이 항상 함께하셔서 모든 위험과 시험에 빠지지 않게 하시고, 선을 행함으로써 믿음의 장성한 분량에 이르게 하소서. 또한 주님의 평화와 기쁨이 늘 이들 위에 머물게 하소서. 예수님의 이름으로 기도합니다. 아멘.

부활절 인사와 평화의 인사 ····································· 집례자와 회중

집례자 : 그리스도께서 부활하셨습니다.
회　중 : 정말 부활하셨습니다.

(서로 흩어져서 인사를 나눈다. 이때 한 사람이 "그리스도께서 부활하셨습니다."라고 말하면, 인사를 받는 사람은 "정말 부활하셨습니다."라고 화답한다.)

성찬 예전

* 봉헌찬송 ················ "정한 물로 우리 죄를"(224장) ················ 다함께

　(이때 성물과 봉헌물이 입장하고 성찬상이 차려진다.)

성찬초대와 제정사 ··· 집례자

　여기 부활하신 예수 그리스도께서 우리를 위해 베푸시는 기쁨과 생명의 식탁이 준비되어 있습니다. 하나님께서 우리들을 이 식탁으로 부르십니다. 이 식탁은 주님께서 친히 베푸시고 명하신 것입니다.

　　고린도전서 11장 23-25절의 말씀입니다. "주 예수께서 잡히시던 밤에 떡을 가지사 축사하시고 떼어 이르시되 이것은 너희를 위하는 내 몸이니 이것을 행하여 나를 기념하라 하시고 식후에 또한 그와 같이 잔을 가지시고 이르시되 이 잔은 내 피로 세운 새 언약이니 이것을 행하여 마실 때마다 나를 기념하라" 하셨습니다.

　　이 시간 주님이 우리와 함께하시니, 우리의 마음을 활짝 열고 하나님께 감사드립시다.

성찬 감사기도 ·· 집례자

　모든 생명의 근원이신 하나님! 우리를 지으시고, 이 땅과 우주에 속한 모든 것을 만드신 하나님께 감사와 찬양을 드림이 마땅한 일이며, 또한 우리의 최고의 기쁨입니다. 하나님은 우리를 구원하시려고 이 땅에 독생자 예수 그리스도를 보내셨고 구원의 역사를 통해 주님은 부활하셔서 하나님과 함께하십니다. 그러므로 이제 땅에 있는 우리가 하늘에 있는 모든 예언자들과 사도들, 그리고 순교자들과 함께 하나님의 거룩하심을 찬양합니다.

　　하나님의 계획 안에서 우리에게 영생의 약속을 이어가신 주님의 부활을 기억하며 우리가 우리의 삶과 함께 피조물로 빚은 이 떡과 포도즙을 가져왔습니다. 우리의 죄를 대신하여 죽으시고 부활하신 것에 감사를 드리고, 다시 오실 것을 기쁨으로 고대하며 주님을 기념합니다.

　　은혜로우신 하나님, 우리에게 그리고 하나님의 선물인 이 떡과 포도즙 위에 거룩한 성령을 부어 주시옵소서. 성령으로 이 떡과 잔에 참여하는 것이 그리스도의 몸과 피에 참여하는 것이 되게 하옵소서. 성령으로 우리를 부활하

신 그리스도와 하나 되게 하시고, 이 식탁에 참여하는 자들과, 또한 주님의 나라와 의를 위해 일하는 이 땅의 모든 사람들과도 연결되게 하옵소서. 모든 믿는 자들이 부활하신 그리스도와 함께 천국잔치에 기쁨으로 참여할 때까지 우리를 지켜 주시며 맡겨진 사명에 충실하게 하옵소서. 그리스도를 통하여, 그리스도와 함께, 그리스도 안에서, 그리고 거룩한 성령 안에서, 모든 영광과 존귀가 전능하신 하나님께 지금부터 영원까지 있사옵니다. 아멘.

주기도 ·· 다함께

분병분잔 ··· 집례자와 회중

    (집례자와 성찬위원이 떡과 잔을 들고 성찬대 앞에 서면 이날 세례를 받은 사람이 먼저 받고, 그 후에 다른 세례교인들이 받는다.)

성찬 후 기도 ··· 집례자

파송 예전

* 찬송 ······················ "할렐루야 우리 예수"(161장) ······················ 다함께

* 축도 ·· 집례자

10 성령강림주일(절)

> 강단을 빨간색으로 장식하고, 비둘기나 화살이 내려오는 상징 등 성령강림절과 관련된 상징물로 배너(banner)를 만들어 장식한다. 이때 빨간색 장미 꽃잎을 바닥에 뿌리거나 벽에 붙여서 성령의 임재를 표현하기도 한다. 목회자는 빨간색 스톨을 착용하고, 하나님 나라의 임재를 상징하기 위해 황금색 장식을 함께 사용할 수도 있다.

집례 : 목사
* 가능한 분은 일어서서

모임 예전

* 예배로 부름 ··· 집례자와 회중

    집례자 : 나의 도움이 어디서 올까.
    회   중 : 나의 도움은 천지를 지으신 여호와에게서로다(시 121 : 1).
    집례자 : 할렐루야 주님을 찬양하라.
    회   중 : 내 영혼아 주님을 찬양하라.
    집례자 : 귀인들을 의지하지 말라.
    회   중 : 구원할 능력이 없는 인간을 의지하지 말라.
    집례자 : 야곱의 하나님께로부터 도움을 받는 자는 복이 있도다.
    다함께 : 주 하나님께 희망을 두는 자는 복이 있도다(시 146 : 1, 3, 5).

* 기원 ··· 집례자

    전능하신 하나님, 주님께서는 우리의 믿음에 성령의 능력을 더하여 주십니다. 이제 우리가 예배드릴 때 그리스도의 은총을 통하여 성령의 능력을 받아 마침내 영원한 기쁨에 이를 수 있도록 은혜를 베풀어 주소서. 하나님과 성령과 한 분이시고, 이제와 영원히 사시며 다스리시는 우리 주 예수 그리스도의 이름으로 기도합니다. 아멘.

* 찬송 ···························· "성령이여 강림하사"(190장) ························· 다함께

참회와 고백의 기도 ·· 집례자와 회중

집례자 : 하나님께서는 이 세상을 극진히 사랑하셔서 외아들을 보내 주시어 그를 믿는 사람은 누구든지 멸망치 않고 영원한 생명을 얻게 하여 주셨습니다. 이제 하나님을 공경하고 이웃을 사랑하며 살기로 결심하면서 다 함께 회개하는 마음으로 우리의 죄를 고백합시다.

다함께 : 전능하신 하나님, 우리는 약하고 게을러서 우리의 생각과 말과 행실로 하나님과 이웃에게 많은 죄를 지었습니다. 이제 우리가 저지른 모든 잘못을 뉘우치며, 그 죄를 고백합니다. 그리스도이신 예수님께서 우리의 모든 죄를 사하시고, 우리를 새 사람으로 축복하시어 세상사는 동안에 하나님께 영광을 돌리고 주님과 이웃을 섬기며 살아가도록 은혜를 내려 주십시오.

집례자 : 전능하신 하나님께서 우리들의 모든 잘못을 사죄하시고 풀어 주시며 착하게 살아갈 힘과 용기를 주시어 영원한 생명에 이르도록 은혜 내려 주시기를 우리 주 예수 그리스도의 이름으로 기도합니다. 아멘.

말씀 예전

성령조명을 위한 기도 ·· 집례자와 회중

집례자 : 오소서, 성령! 우리의 영혼에 영감을 주시고
회　중 : 천상의 불로 밝히소서.
집례자 : 주님은 기름 붓는 영이시니
회　중 : 귀한 은사를 나누어 주십니다.
집례자 : 위에서 부어 주시는 성스러운 기름은
회　중 : 위로와 생명이며, 사랑의 불입니다.
집례자 : 우리의 눈이 감겨 보지 못하는 어리석음을
회　중 : 영원한 빛으로 깨우쳐 주소서.
집례자 : 주님의 풍성한 은혜로
회　중 : 우리의 더럽혀진 얼굴에 기름을 부으시고 활기를 주소서.
집례자 : 원수로부터 우리를 지키시고, 가정에 평화를 주소서.
회　중 : 주님이 인도자가 되시면 어떤 악마도 가까이 못합니다.

집례자 : 아버지와 아들과 성령의 하나 됨을 깨닫도록
회　　중 : 우리를 가르치소서.
집례자 : 이것은 우리가 세세토록 부를 찬송이오니
회　　중 : 성부, 성자, 성령께 영광을 올립니다. 아멘.

성경봉독 ······················· 사도행전 2 : 1~21 ······················· 맡은이

찬송 ·· 찬양대

설교 ·· 설교자

성찬 예전

* 봉헌 ··· 다함께

성찬 감사기도 ··· 집례자와 회중

집례자 : 주님께서 여러분과 함께하시기를 원합니다.
회　　중 : 목사님과도 함께하시기를 원합니다.
집례자 : 여러분의 마음을 하나님을 향해 활짝 여십시오.
회　　중 : 주님께 우리의 마음을 활짝 엽니다.
집례자 : 우리 주님, 우리 하나님께 감사를 드립시다.
회　　중 : 주님께 우리의 감사와 찬양을 드림이 마땅합니다.
집례자 : 창조의 하나님! 하나님은 우주 만물의 주님이시기에, 이 시간 주님께 감사와 찬양을 드림이 우리의 마땅한 의무이며 최고의 기쁨입니다. 주님께서는 주님의 지혜로 세상 만물을 창조하셨고, 지금도 그 능력으로 만물을 지키십니다. 하나님은 독생자 예수 그리스도를 우리에게 보내셔서 우리를 구원하시고, 성령을 보내셔서 우리가 가야 할 길을 보여 주시고 인도하게 하셨습니다. 그러므로 이 시간 땅에 있는 우리가 하늘에 있는 예언자, 사도들, 그리고 순교자들과 함께 거룩한 노래로 하나님의 영광을 영원히 찬양합니다.
회　　중 : 거룩, 거룩, 거룩하신 주님! 능력과 권세의 하나님! 하늘과 땅이 주님의 영광으로 가득 차 있나이다. 호산나, 호산나! 가장 높은 곳에 계신

분께 호산나! 주님의 이름으로 오시는 분이시여, 복되신 분이시여! 가장 높은 곳에 계신 분께 호산나 찬양을 돌립니다.

집례자 : 오! 거룩하신 하나님, 이 시간 하나님의 독생자 우리 주 예수 그리스도에게도 찬양을 돌립니다. 동정녀 마리아를 통해 이 땅에 오신 예수님 안에서 하나님의 말씀이 육신이 되어 우리와 함께 거하셨습니다. 주님은 세상에 생명을 주기 위해 자신의 생명을 내어 주셨으며, 죽음을 이기시고 무덤에서 일어나시어 부활생명의 보증이 되셨습니다. 하나님은 성령을 보내셔서 우리가 다시 오실 주님을 소망을 품고 기다리며 악을 물리치고 승리하며 살아가도록 인도하십니다.

고린도전서 11장 23-25절의 말씀입니다. "주 예수께서 잡히시던 밤에 떡을 가지사 축사하시고 떼어 이르시되 이것은 너희를 위하는 내 몸이니 이것을 행하여 나를 기념하라 하시고 식후에 또한 그와 같이 잔을 가지시고 이르시되 이 잔은 내 피로 세운 새 언약이니 이것을 행하여 마실 때마다 나를 기념하라" 하셨습니다.

예수 그리스도 안에서 행하신 하나님의 은혜로우신 역사들을 기억하면서, 우리는 피조물로 빚은 이 떡과 포도즙을 가져왔습니다. 주님이 약속하신 성령이 함께하심에 감사하며 우리 자신을 하나님께 거룩한 산 제물로 드립니다. 오늘 이곳에 모인 우리 모두가 함께 그리스도의 크신 은혜를 찬양하며 크게 외칩시다.

회　중 : 이 신앙의 신비가 크도다! 그리스도께서 죽으심으로 우리의 사망을 이기셨도다! 그리스도가 다시 사심으로 우리의 생명을 회복하셨도다! 주 예수여! 영광 중에 오시옵소서!

집례자 : 은혜로우신 하나님, 우리에게, 그리고 하나님의 선물인 이 떡과 포도즙 위에 거룩한 성령을 부어 주시옵소서. 그리하여 우리가 이 떡을 떼고 이 잔에 참여하는 것이 그리스도의 몸과 피에 참여하는 것이 되게 하옵소서. 성령 안에서 우리를 그리스도와 하나 되게 하시고, 이 식탁에 참여하는 모든 자와도 하나 되게 하시며, 이 땅에서 주님을 위해 사역하는 모든 사람들과도 연결되게 하소서. 그리스도께서 최후 승리하시고 우리가 모든 성도들과 함께 하늘 기쁨으로 천국잔치에 참여할 때까지 우리를 인도하시고 하나님의 사역에 충실하게 하소서. 그리스도를 통하여, 그리스도와 함께, 그리스도 안에서, 그리고 거룩

　　　　　한 성령 안에서, 모든 영광과 존귀가 전능하신 하나님께 지금부터 영
　　　　　원까지 있사옵니다.
　　　회　중 : 아멘.

주기도 ·· 다함께

분병분잔 ··· 세례교인

성찬 후 기도 ··· 집례자

　　　생명의 하나님, 오늘 생명의 떡과 구원의 잔으로 우리를 먹이시고, 성령을 통
　　　해 그리스도와 한 몸이 되게 해 주시며, 참여한 우리 모두를 하나 되게 해 주
　　　심에 감사드립니다. 이제 성령의 능력 안에서 우리가 세상으로 나아가 세상을
　　　향한 주님의 사랑과 예수 그리스도의 부활을 전하게 하소서. 우리 주 예수 그
　　　리스도의 이름으로 기도합니다. 아멘.

파송 예전

* 찬송 ···················· "주 예수여 은혜를"(368장 1, 5절) ···················· 다함께

* 축도 ·· 집례자

V

성례

1 세례 예전

1) 세례 예전 이해

❶ 세례 신학

신약성경은 다양한 세례 이미지들과 상징들을 통해 세례 신학의 근거들을 제시한다. 기본적으로 세례는 부정한 것들을 물로 씻어내는 유대 정결 예식의 전통(막 7:4 ; 눅 11:38)을 넘어 하나님의 은혜로 인간이 죄를 고백하고 주님을 영접함으로 죄를 씻음 받은 영적인 예식으로 확장된다. 즉, 세례는 구원의 약속이고(막 16:16), 나아가 세례 받은 성도가 예수 그리스도의 죽음과 부활에 참여함으로 하나님의 자녀가 되는 보증이다(롬 6:3-11 ; 골 2:12). 그렇기에 성도는 세례를 통해 하나님이 주시는 선물을 은혜로 받으며, 그리스도의 몸인 교회 공동체의 지체가 되는 확증을 얻는다.

또한 세례의 물은 십자가의 보혈과 천지창조, 노아 홍수, 출애굽 때의 물을 상징함으로써 보혈로 죄를 씻음과 창조의 아름다움과 하나님이 노아와 이스라엘과 맺으신 계약과 관련된다. 세례의식에서 물을 뿌릴 때 성령의 역사하심으로 그리스도 안에서 하나님의 은혜와 새로운 계약을 보증하게 된다(고후 1:22 ; 요 4:7-14 ; 고전 10:1-2). 세례는 죄에 대해 죽고 새 생명으로 다시 산다는 뜻이다(골 2:9-13). 세례는 구원의 표로서 오직 선한 양심이 하나님을 향하여 찾아가는 것이다(벧전 3:21).

이 중에서 세례 신학의 근거가 되는 가장 뚜렷한 이미지는 요한복음 3장과 로마서 6장에 나온다. 요한복음 3장에 따르면 "사람이 어떻게 거듭날 수 있나"라고 의아해 하는 니고데모를 향해 예수님은 "물과 성령"으로 다시 태어남을 말씀하심으로써 세례가 지닌 "모태"의 이미지를 드러내셨다. 로마서 6장은 이보다 훨씬 직접적인 방법으로 세례를 언급한다. 바울은 "우리가 그의 죽으심과 합하여 세례를 받음으로 그와 함께 장사되었나니"라는 말로 세례가 지닌 "무덤"의 이미지를 강조한다. 따라서 가장 대조적인 두 개의 세례 이미지는 모태(womb,

거듭남, 태어남)와 무덤(tomb, 죽음, 부활)이다. 어떤 식으로 세례를 이해하느냐에 따라 세례는 다양하게 발전한다.

❷ 세례 예전의 실제

세례는 교회(개신교의 경우 목사가 집례)가 물을 사용하여 성부와 성자와 성령의 이름으로 베푸는 기독교 성례전이다. 전통적으로 세례는 사순절 기간의 집중 훈련 기간을 거쳐서 부활절에 행하여졌다. 세례 예전은 주일에 거행하는 것이 원칙이나 사람들이 모인 어떠한 공적인 예배에서도 시행할 수 있다. 교회의 절기와 관련해서는 부활절, 성령강림절, 그리고 주현절이 세례의 의미를 잘 살릴 수 있는 절기이지만 교회 형편에 따라 적절히 행해질 수 있다. 세례는 침수(immersion or submersion), 머리에 3번 붓기(pouring), 머리에 흩뿌리기(sprinkling), 또는 손에 물을 적셔 머리에 얹기의 네 가지 방법으로 행해질 수 있다.

세례 순서는 전통적으로 세례에 관련된 성경봉독, 성령 임재를 구하는 기도, 악을 거부함, 성삼위 하나님에 대한 신앙고백, 물에 대한 감사기도, 세례 받은 사람들이 하나님의 자녀로 교회의 일원이 되었음을 선언하는 순서 등을 포함한다.

세례에 있어서 성령의 인침(성령세례)을 상징하는 기름부음의 도유예식(anointing)을 더할 수 있다. 이는 예전을 더욱 풍요롭게 할 뿐만 아니라 회중의 적극적이고 능동적인 참여를 수반한다. 세례는 교회 공동체와의 연합을 의미하므로 교회의 공적 예배에서 시행되는 것이 마땅하다. 특별한 경우(임종 및 환자 방문 등)에 당회의 결의를 거쳐 개별적인 세례를 시행할 수 있다. 초기 교회에서 세례는 세례 후보자와 집례자가 철야와 금식을 하면서 준비할 만큼 매우 중요한 의식이었다. 디다케(2세기 초 문헌)에 따르면 세례 받는 이들과 공동체가 함께 금식했다는 기록이 있다.

오늘날에는 적절한 의례 준비와 기도로 세례를 준비함과 동시에 이미 세례 받은 회중을 위한 예식도 행해진다. 이 예식을 가리켜 세례를 새롭게 기억하는 예식 또는 세례 언약을 새롭게 하는 예식이란 의미로, 세례 재확인 예식(baptismal reaffirmation) 또는 세례 갱신 예식(baptismal renewal)이라 부른다. 세례의 물에 들어감은 단 한 번의 사건이지만 세례 받은 기독교인의 삶은 그날 하나님의 자녀로 새롭게 태어남과 동시에 이후에도 계속되는 하나님의 자녀로서의 삶이다. 그러기에 세례는 한순간에 일어난 사건이면서 동시에 하나님의 자녀로서 세례의 성례전적 삶을 계속 살아가야 하는 사건이다. 따라서 세례 재확인 예식은 우리가 세례 받은 그리스도인임을 공동체적으로 다시 한번 기억하면서 온전한 성도의 삶을 살기로 다짐하는 예식이다.

2) 유아[26]

예식선언 ·· 집례자

"그러나 너희는 택하신 족속이요 왕 같은 제사장들이요 거룩한 나라요 그의 소유가 된 백성이니 이는 너희를 어두운 데서 불러 내어 그의 기이한 빛에 들어가게 하신 이의 아름다운 덕을 선포하게 하려 하심이라"(벧전 2:9). 우리 주 예수 그리스도의 말씀에 순종하여 택함을 입은 주의 자녀들에게 세례를 베풉니다. 이 예전을 행할 때 우리도 기쁨으로 우리가 받은 세례를 기억합시다.

호명 ·· 집례자 또는 맡은이

(집례자 또는 회중의 대표가 유아의 이름을 부르고, 유아의 부모는 세례 받을 유아를 안고 앞으로 나와 선다.)

우리 교회에 새 지체를 허락하신 하나님께 감사드립니다. 오늘 저는 세례예식 집례자로서(회중을 대표하여) 하나님이 사랑하시는 성도 ○○○과 ○○○(부모의 이름)의 자녀 ○○○을 유아세례예식의 자리에 초대합니다. 초대받은 자녀와 부모는 나와 주시기 바랍니다.

세례의사 확인 및 서약 ·· 집례자와 부모

문 : 여러분은 ○○○(유아 이름)이 세례 받기를 원합니까?
답 : 예, 원합니다.

문 : 여러분은 신앙의 본을 보이고 ○○○이 하나님의 은혜 안에 기독교 신앙을 전수받아 참된 기독교인으로 자랄 수 있도록 가르치고 양육할 것을 약

---

26) 유아세례는 세례교인(입교인)의 6세 이하의 자녀에게 주어진다(『총회헌법』 2편, 3장, 14조).

속합니까?

　답 : 예, 약속합니다.

악의 거부와 서약 ··· 집례자와 부모

　(집례자의 질문에 유아를 대신하여 부모가 답한다.)

　문 : 여러분은 악한 사단의 권세와 유혹을 거부합니까?

　답 : 예, 거부합니다.

　문 : 여러분은 그리스도를 구주로 고백하며 그 은총 안에 살며 교회와 연합하여 그리스도를 섬기기로 서약합니까?

　답 : 예, 서약합니다.

신앙고백 ·· 집례자와 부모

　문 : 여러분은 천지의 창조주 하나님 아버지를 믿습니까?

　답 : 예, 믿습니다.

　문 : 여러분은 하나님의 아들이신 예수 그리스도께서 성령으로 잉태되어 동정녀 마리아에게서 나셨고, 본디오 빌라도에게 고난을 받으사 십자가에 못 박혀 죽으셨으며, 장사된 지 사흘 만에 죽은 자 가운데서 다시 살아나셔서 하늘에 오르시어 하나님 우편에 앉아 계시다가 거기로부터 살아있는 자와 죽은 자를 심판하러 오실 것을 믿습니까?

　답 : 예, 믿습니다.

　문 : 여러분은 성령을 믿으며, 거룩한 공교회와 성도의 교제와 죄를 용서받는 것과 몸의 부활과 영생을 믿습니까?

　답 : 예, 믿습니다.

세례수에 대한 감사 기도 ·· 집례자

　전능의 주 하나님, 하나님은 모든 만물을 새롭게 하시나이다. 생명의 샘이 주께 있사오니 주의 빛 안에서 빛을 보나이다.

　(세례수에 손을 대며)

　세례수 위에 하나님의 영을 보내사 구원의 진리와 은총의 기쁨이 가득하게 하소서. 이 거룩한 물로 세례 받는 이들이 하나님의 신비에 참여하게 하심에 감

사드립니다. 하나님의 자녀가 되도록 구별하여 택하신 이들이 세례의 물을 받음으로 거룩함을 덧입게 하시고, 증인된 우리 모두에게도 성령이 함께하사 자신의 세례를 기억하며 주님의 은혜에 감사하는 시간이 되게 하소서. 하나님께 영광과 권능이 그리스도를 통하여 성령 안에서 지금부터 영원토록 함께하시길 예수 그리스도의 이름으로 기도합니다. 아멘.

세례와 안수 ··· 집례자

(부모 중 한 사람이 유아를 안고 집례자 앞에 선다. 집례자는 유아의 머리에 성부, 성자, 성령의 이름으로 세례반의 물을 한 번 또는 세 번 뿌리거나, 붓거나, 손에 물을 적셔 얹을 수 있다.)

[예문1]
주 예수를 믿는 이의 자녀 ○○○에게 내가 성부와 성자와 성령의 이름으로 세례를 주노라. 아멘.

[예문2][27]
주 예수를 믿는 이의 자녀 ○○○은 성부와 성자와 성령의 이름으로 세례를 받노라. 아멘.

(세례 후 바로 이어서 머리에 손을 얹고 기도한다. 이때 이마에 기름을 바를 수도 있다.)
[예문1]
주님, 예수를 믿는 이의 자녀 ○○○을 성령으로 지켜주셔서 영원토록 주님의 소유가 되게 하시고, 영생에 이르기까지 날마다 새롭게 살아가게 하소서. 아멘.

[예문2]
성령이시여, 예수를 믿는 이의 자녀 ○○○에게 임하셔서 영원토록 주님을 경외하고 지혜와 분별의 영을 갖게 하소서. 아멘.

선포 ··· 집례자

(세례에 참여한 유아의 이름을 부른 후 아래와 같이 선포한다.)

오늘 세례 받은 유아 ○○○은 본 ○○교회의 유아세례교인이 되었음을 성부

---

27) 본 수동태 형식의 세례 구문은 초기 세례 전통(안디옥) 중에서 사용된 것으로 집례자보다 하나님의 직접적인 주권을 강조한다.

와 성자와 성령의 이름으로 선포하노라. 아멘.

회중과 서약 ··· 집례자와 회중

문 : 그리스도의 몸 된 교회의 지체 여러분, 죄를 거부하고 그리스도에 대한 신앙을 다시 묻습니다. 여러분은 그리스도가 우리의 구주이심을 믿습니까?
답 : 예, 믿습니다.

문 : 여러분은 그리스도의 신앙 안에 살며 유아세례를 받은 이 자녀들이 신앙 안에 자라고 믿음의 장성한 분량에 이르기까지 기도와 사랑으로 돌볼 뿐만 아니라 서로 간에도 돌볼 것을 서약합니까?
답 : 예, 서약합니다.

세례 후 기도 ··· 집례자

자비하신 하나님, 하나님은 감사와 영광과 찬양을 받으시기에 합당하나이다. 성도의 가정에 자녀의 축복을 주셨고, 부모들로 하여금 자녀들의 신앙을 위하여 힘쓰게 하심을 감사하나이다. 오늘 세례 받은 유아에게 하나님의 축복과 보호하심이 항상 함께하셔서 모든 위험과 시험에 빠지지 않게 하시고, 믿음의 장성한 분량에 이르게 하소서. 또한 주님의 평화와 기쁨이 늘 이들 가정 위에 머물게 하셔서 온 가족이 기도로 자녀를 양육하고 사랑으로 보살필 수 있게 하소서. 예수님의 이름으로 기도합니다. 아멘.

환영 ·· 다함께

(세례증명서 또는 선물을 줄 때 교회의 형편에 따라 세례 받은 유아와 가족을 환영한다. 이후 주일예배 순서에 따른 예배가 계속 진행된다. 앞에서 평화의 인사를 하지 않았다면 여기서 할 수 있다.)

3) 아동[28]

예식선언 ·· 집례자

---

[28] 아동세례는 7~12세의 아동에게 주어진다(『총회 헌법』 2편, 3장, 14조). 교회는 세례 전 교리 교육을 위해 『아동세례문답집』(총회 교육자원부)을 사용할 수 있다.

세례예식은 세례 후보자가 하나님과 교회 앞에서 믿음을 고백하고 확인받는 예식입니다. 오늘 세례를 받을 7-12세의 아동세례 후보자들은 각자의 학습 수준에 맞춰 말씀과 교리를 성실하게 배웠고 이제 하나님과 백성 앞에서 서약과 세례의 과정만을 남겨두었습니다. 이에 당회는 아동들의 신앙을 살펴보아 "너희는 가서 모든 민족을 제자로 삼아 아버지와 아들과 성령의 이름으로 세례를 주라" 하신 주님의 분부대로 세례를 베풀도록 허락하였습니다. 새 지체를 맞이하는 감사와 기쁨이 넘치는 예식이 되길 소망합니다.

호명 ·· 집례자 또는 맡은이

(집례자 또는 회중의 대표가 세례 후보자의 이름을 부르면 대상자는 앞으로 나온다. 세례 후보자들이 앞으로 나올 때 찬송가 226장을 부르거나 연주한다.)

우리 교회에 새 지체를 허락하신 하나님께 감사드립니다. 오늘 저는 세례예식 집례자로서(회중을 대표하여) 하나님이 사랑하시는 자녀 ○○○을 아동세례 예식의 자리에 초대합니다. 초대받은 아동은 이 자리로 나와 주시기 바랍니다.

악의 거부와 서약 ·· 집례자와 세례 후보자

[예문1]
문 : 여러분은(○○○ 어린이는) 악한 사단의 권세와 유혹을 거부합니까?
답 : 예, 거부합니다.

문 : 여러분은(○○○ 어린이는) 그리스도를 구주로 고백하며 그 은총 안에 살며 교회와 연합하여 그리스도를 섬기기로 서약합니까?
답 : 예, 서약합니다.

[예문2][29]
문 : 여러분은(○○○ 어린이는) 하나님 말씀을 따르는 착한 사람이 되기 위해 나쁜 마음과 행동을 버리겠습니까?
답 : 예, 버리겠습니다.

---

29) 아동세례 후보자가 [예문1]의 내용을 이해하기 어려울 때 사용할 수 있다.

문 : 여러분은(○○○ 어린이는) 예수님이 우리를 사랑하신다는 기쁜 소식을 믿고 친구들에게 전하며 예수님처럼 가족과 친구들을 사랑하겠습니까?
답 : 예, 약속합니다.

신앙고백·· 집례자와 세례 후보자

[예문1]
문 : 여러분은(○○○ 어린이는) 천지의 창조주 하나님 아버지를 믿습니까?
답 : 예, 믿습니다.

문 : 여러분은(○○○ 어린이는) 하나님의 아들이신 예수 그리스도께서 성령으로 잉태되어 동정녀 마리아에게서 나셨고, 본디오 빌라도에게 고난을 받으사 십자가에 못 박혀 죽으셨으며, 장사된 지 사흘 만에 죽은 자 가운데서 다시 살아나셔서 하늘에 오르시어 하나님 우편에 앉아 계시다가 거기로부터 살아있는 자와 죽은 자를 심판하러 오실 것을 믿습니까?
답 : 예, 믿습니다.

문 : 여러분은(○○○ 어린이는) 성령을 믿으며, 거룩한 공교회와 성도의 교제와 죄를 용서받는 것과 몸의 부활과 영생을 믿습니까?
답 : 예, 믿습니다.

[예문2][30]
문 : 여러분은(○○○ 어린이는) 하나님께서 이 세상 모든 것들을 만드신 분이심을 믿습니까?
답 : 예, 믿습니다.

문 : 여러분은(○○○ 어린이는) 예수님이 하나님의 아들이시고, 우리를 사랑하시려 성령의 인도하심으로 세상에 오셨으나 사람들의 괴롭힘을 받아 십자가에서 죽으셨고, 삼일 만에 다시 살아나셔서 아버지 하나님의 곁으로 올라가셨으며, 하나님이 원하시는 날에 다시 오셔서 우리가 한 일들에 대해 물으실 것을 믿습니까?

---

30) 아동세례 후보자가 [예문1]의 내용을 이해하기 어려울 때 사용할 수 있다. 아동세례는 유아세례와 달리 자기의 신앙고백이기 때문에 사도신경의 기본적인 주제들에 대해 최대한 이해하기 쉬운 전달이 필요하다.

답 : 예, 믿습니다.

문 : 여러분은(○○○ 어린이는) 성령님이 우리를 도와주시는 것과 우리가 하나님의 자녀가 되어 교회에 모인 것과 우리는 서로 사랑하고 도와주어야 하는 것과 하나님이 우리의 잘못을 용서해 주시는 것과 우리가 예수님처럼 하나님과 함께 살 것을 믿습니까?

답 : 예, 믿습니다.

세례수에 대한 감사기도 ···집례자

세상을 만드신 하나님, 하나님은 세상의 모든 것들을 새롭게 하시며, 우리는 주님이 비춰 주시는 밝은 빛을 봅니다.

(세례수에 손을 대며)

세례를 베푸는 물 위에 하나님의 영을 보내 주셔서 새로운 삶의 선물을 받는 기쁨이 넘치게 하소서. 이 거룩한 물로 오늘 세례를 받는 아동들이 예수님을 믿는 자녀들로 구별되게 하시며, 자신이 하나님의 세례 받은 자녀임을 기억하게 하소서. 증인된 우리 모두에게도 성령이 함께하사 자신의 세례를 기억하며 주님의 은혜에 감사하는 시간이 되게 하소서. 하나님의 영광과 권능이 그리스도를 통하여 성령 안에서 지금부터 영원토록 함께하길 예수 그리스도의 이름으로 기도합니다. 아멘.

세례와 안수··집례자

(세례 후보자는 가능한 한 무릎을 꿇는다. 집례자는 세례 후보자의 머리에 성부, 성자, 성령의 이름으로 세례반의 물을 한 번 또는 세 번 뿌리거나, 붓거나, 손에 물을 적셔 얹을 수 있으며, 세례 후보자를 흐르는 물에 잠글 수도 있다.)

[예문1]
주 예수를 믿는 자녀 ○○○에게 내가 성부와 성자와 성령의 이름으로 세례를 주노라. 아멘.

[예문2]
주 예수를 믿는 자녀 ○○○은 성부와 성자와 성령의 이름으로 세례를 받노라. 아멘.

(세례 후 이어서 머리에 손을 얹고 기도한다. 이마에 기름을 바를 수도 있다.)

[예문1]
주님, ○○○을 성령으로 지켜 주셔서 영원토록 주님의 소유가 되게 하시고, 영생에 이르기까지 날마다 새롭게 살아가게 하소서. 아멘.

[예문2]
성령이시여, ○○○에게 임하셔서 영원토록 주님을 경외하고 지혜와 분별의 영을 갖게 하소서. 아멘.

선포 ·· 집례자

(세례 받은 이들의 이름을 다 부른 후 아래와 같이 선포한다.)

오늘 세례 받은 ○○○은 ○○교회의 아동세례교인이 되었음을 성부와 성자와 성령의 이름으로 선포하노라. 아멘.

회중과 서약 ··· 집례자와 회중

문 : 그리스도의 몸 된 교회의 지체 여러분, 죄를 거부하고 그리스도에 대한 신앙을 다시 묻습니다. 여러분은 그리스도가 우리의 구주이심을 믿습니까?

답 : 예, 믿습니다.

문 : 여러분은 아동세례를 받은 이들이 신앙 안에 성숙해지고 교회에 덕을 세우는 일에 힘쓰며 선을 이룰 수 있도록 기도와 사랑으로 인도하며 서로 사랑할 것을 서약합니까?

답 : 예, 서약합니다.

세례 후 기도 ·· 집례자

자비하신 하나님, 하나님은 감사와 영광과 찬양을 받으시기에 합당하나이다. 오늘 세례 받은 이들 위에 하나님의 축복과 보호하심이 항상 함께하셔서 모든 위험과 시험에 빠지지 않게 하시고, 선을 행함으로써 믿음의 장성한 분량에 이르게 하소서. 또한 주님의 평화와 기쁨이 늘 이들 위에 머물게 하소서. 예수님의 이름으로 기도합니다. 아멘.

환영 ··· 다함께

(이후 주일예배 순서에 따른 예배가 계속 진행된다. 앞에서 평화의 인사가 없었다면 여기서 할 수도 있다.)

4) 성인

예식선언···집례자

세례예식은 세례 후보자가 하나님과 교회 앞에서 믿음을 고백하고 확인받는 예식입니다. 세례 후보자들은 그동안 말씀과 교리를 성실하게 배웠고 이제 하나님과 백성 앞에서 서약과 세례의 과정만을 남겨두었습니다. 이에 당회는 그 신앙을 살펴보아 "너희는 가서 모든 민족을 제자로 삼아 아버지와 아들과 성령의 이름으로 세례를 주라" 하신 주님의 분부대로 세례를 베풀도록 허락하였습니다. 새 지체를 맞이하는 감사와 기쁨이 넘치는 예식이 되길 소망합니다.

호명 ·· 집례자 또는 맡은이

(집례자 또는 회중의 대표가 성인세례 후보자의 이름을 부르면 대상자는 앞으로 나온다. 세례 후보자들이 앞으로 나올 때 찬송가 226장을 부르거나 연주한다.)

우리 교회에 새 지체를 허락하신 하나님께 감사드립니다. 오늘 저는 세례예식 집례자로서(회중을 대표하여) 하나님이 사랑하시는 자녀 ○○○을 세례예식의 자리에 초대합니다. 초대받은 세례 후보자들은 이 자리로 나와 주시기 바랍니다.

(호명되어 나올 세례 후보자가 많을 때 집례자는 아래 성경 구절 중 택하여 읽는다.)

[예문1]
"무릇 그리스도 예수와 합하여 세례를 받은 우리는 그의 죽으심과 합하여 세례를 받은 줄을 알지 못하느냐 그러므로 우리가 그의 죽으심과 합하여 세례를 받음으로 그와 함께 장사되었나니 이는 아버지의 영광으로 말미암아 그리스도를 죽은 자 가운데서 살리심과 같이 우리로 또한 새 생명 가운데서 행하게 하려 함이라 만일 우리가 그의 죽으심과 같은 모양으로 연합한 자가 되었으면 또한 그의 부활과 같은 모양으로 연합한 자도 되리라 우리가 알거니와 우리의 옛 사람이 예수와 함께 십자가에 못 박힌 것은 죄의 몸이 죽어 다시는 우리가 죄에게 종 노릇 하지 아니하려 함이니"(롬 6 : 3-6).

[예문2]
"누구든지 그리스도와 합하기 위하여 세례를 받은 자는 그리스도로 옷입었느니라"(갈 3 : 27).

[예문3]

"그러나 너희는 택하신 족속이요 왕 같은 제사장들이요 거룩한 나라요 그의 소유가 된 백성이니 이는 너희를 어두운 데서 불러 내어 그의 기이한 빛에 들어가게 하신 이의 아름다운 덕을 선포하게 하려 하심이라"(벧전 2 : 9).

악의 거부와 서약 ··· 집례자와 세례 후보자

문 : 여러분은 악한 사단의 권세와 유혹을 거부합니까?
답 : 예, 거부합니다.

문 : 여러분은 그리스도를 구주로 고백하며 그 은총 안에 살며 교회와 연합하여 그리스도를 섬기기로 서약합니까?
답 : 예, 서약합니다.

신앙고백 ··· 집례자와 세례 후보자

문 : 여러분은 천지의 창조주 하나님 아버지를 믿습니까?
답 : 예, 믿습니다.

문 : 여러분은 하나님의 아들이신 예수 그리스도께서 성령으로 잉태되어 동정녀 마리아에게서 나셨고, 본디오 빌라도에게 고난을 받으사 십자가에 못 박혀 죽으셨으며, 장사된 지 사흘 만에 죽은 자 가운데서 다시 살아나셔서 하늘에 오르시어 하나님 우편에 앉아 계시다가 거기로부터 살아있는 자와 죽은 자를 심판하러 오실 것을 믿습니까?
답 : 예, 믿습니다.

문 : 여러분은 성령을 믿으며, 거룩한 공교회와 성도의 교제와 죄를 용서받는 것과 몸의 부활과 영생을 믿습니까?
답 : 예, 믿습니다.

세례수에 대한 감사기도 ··· 집례자

전능의 주 하나님, 하나님은 모든 만물을 새롭게 하시나이다. 생명의 샘이 주께 있사오니 주의 빛 안에서 빛을 보나이다.

(세례수에 손을 대며)

세례수 위에 하나님의 영을 보내사 구원의 진리와 은총의 기쁨이 가득하게 하

소서. 이 거룩한 물로 세례 받는 이들이 하나님의 신비에 참여하게 하심에 감사드립니다. 하나님의 자녀가 되도록 구별하여 택한 이들이 세례의 물을 받음으로 거룩함을 덧입게 하시고, 증인된 우리 모두에게도 성령이 함께하사 자신의 세례를 기억하며 주님의 은혜에 감사하는 시간이 되게 하소서. 하나님의 영광과 권능이 그리스도를 통하여 성령 안에서 지금부터 영원토록 함께하길 예수 그리스도의 이름으로 기도합니다. 아멘.

세례와 안수 ··· 집례자

(세례 후보자는 가능한 한 무릎을 꿇는다. 집례자는 세례 후보자의 머리에 성부, 성자, 성령의 이름으로 세례반의 물을 한 번 또는 세 번 뿌리거나, 붓거나, 손에 물을 적셔 얹을 수 있으며, 세례 후보자를 흐르는 물에 잠글 수도 있다.)

[예문1]
주 예수를 믿는 이 ○○○에게 내가 성부와 성자와 성령의 이름으로 세례를 주노라. 아멘.

[예문2]
주 예수를 믿는 이 ○○○은 성부와 성자와 성령의 이름으로 세례를 받노라. 아멘.

(세례 후 이어서 머리에 손을 얹고 기도한다. 이마에 기름을 바를 수도 있다.)

[예문1]
주님, ○○○을 성령으로 지켜 주셔서 영원토록 주님의 소유가 되게 하시고, 영생에 이르기까지 날마다 새롭게 살아가게 하소서. 아멘.

[예문2]
성령이시여, ○○○에게 임하셔서 영원토록 주님을 경외하고 지혜와 분별의 영을 갖게 하소서. 아멘.

선포 ··· 집례자

(세례 받은 이들의 이름을 다 부른 후 아래와 같이 선포한다.)

오늘 세례 받은 ○○○은 ○○교회의 세례교인이 되었음을 성부와 성자와 성령의 이름으로 선포하노라. 아멘.

회중과 서약 ·· 집례자와 회중

> 문: 그리스도의 몸 된 교회의 지체 여러분, 죄를 거부하고 그리스도에 대한 신앙을 다시 묻습니다. 여러분은 그리스도가 우리의 구주이심을 믿습니까?
> 답: 예, 믿습니다.

> 문: 여러분은 세례를 받은 이들이 신앙 안에 성숙해지고 교회에 덕을 세우는 일에 힘쓰며 선을 이룰 수 있도록 기도와 사랑으로 인도하며 서로 사랑할 것을 서약합니까?
> 답: 예, 서약합니다.

세례 후 기도 ·· 집례자

> 자비하신 하나님, 하나님은 감사와 영광과 찬양을 받으시기에 합당하나이다. 오늘 세례 받은 이들 위에 하나님의 축복과 보호하심이 항상 함께하셔서 모든 위험과 시험에 빠지지 않게 하시고, 선을 행함으로써 믿음의 장성한 분량에 이르게 하소서. 또한 주님의 평화와 기쁨이 늘 이들 위에 머물게 하소서. 예수님의 이름으로 기도합니다. 아멘.

환영 ·· 다함께

> (이후 주일예배 순서에 따른 예배가 계속 진행된다. 앞에서 평화의 인사가 없었다면 여기서 할 수도 있다.)

5) 입교(견신)[31]

입교예식 선언 ·· 집례자

> "사람이 마음으로 믿어 의에 이르고 입으로 시인하여 구원에 이르느니라"(롬 10:10). 입교예식은 부모의 서약으로 유아세례를 받은 이들이 자신의 결단으로 교회 앞에 신앙을 고백하고 믿음의 장성함에 이르는 예식입니다. 이 시간을 허락하신 하나님께 감사드리며 기쁜 마음으로 하나님의 백성 됨을 확인하

---

[31] 『총회 헌법』 4편, 2장에 의하면, "입교는 유아세례를 받은 사람이 장성해서 스스로 예수 그리스도를 구주로 고백하고 하나님의 은총에 대한 개인적인 응답을 하도록 하는 예식이다". 한국 개신교회의 여러 교단들은 이 예식을 '믿음을 굳게게 한다'는 뜻에서 견신(堅信) 예식이라 부른다.

는 예식이 되기를 소망합니다.

호명 ··· 집례자 또는 맡은이

(집례자 또는 회중 대표는 입교 후보자의 이름을 불러 제단 앞으로 초대한다.)

우리 교회에 믿음의 지체를 더해 주신 하나님께 감사드립니다. 오늘 저는 입교예식의 집례자로서(회중을 대표하여) 하나님이 사랑하시는 자녀 ○○○을 입교예식의 자리에 초대합니다. 초대받은 자녀는 이 자리로 나와 주시기 바랍니다.

(입교 후보자가 나오는 동안 집례자는 다음의 성경본문을 읽을 수 있다.)

"그러면 무엇을 말하느냐 말씀이 네게 가까워 네 입에 있으며 네 마음에 있다 하였으니 곧 우리가 전파하는 믿음의 말씀이라 네가 만일 네 입으로 예수를 주로 시인하며 또 하나님께서 그를 죽은 자 가운데서 살리신 것을 네 마음에 믿으면 구원을 받으리라 사람이 마음으로 믿어 의에 이르고 입으로 시인하여 구원에 이르느니라"(롬 10 : 8-10).

(또는 딤전 4 : 12 ; 딤후 1 : 3-10 등을 읽을 수 있다.)

서약 ··· 집례자와 입교후보자

문 : 여러분은 유아세례를 받을 때에 부모님들이 대신하였던 서약과 신앙고백을 이제는 자기의 것으로 받아들이십니까?
답 : 예, 받아들입니다.

문 : 여러분은 전능하사 천지를 창조하신 하나님을 믿으며, 그 독생자 우리 주 예수 그리스도와 그의 구원하여 주심을 믿고 성령을 믿음으로 삼위일체 되신 하나님을 확실히 믿습니까?
답 : 예, 믿습니다.

문 : 여러분은 교인으로서의 의무와 권리를 바르게 행사하며, 교회의 관할과 치리에 복종하고, 교회에 덕을 세우는 데 힘쓰기로 서약합니까?
답 : 예, 서약합니다.

선포 ··· 집례자

(입교인을 호명한다.)

하나님과 온 회중 앞에서 자신의 믿음을 서약한 이들이 본 ○○교회 입교인이 되었음을 성부와 성자와 성령의 이름으로 선포하노라. 아멘.

회중과 서약···집례자

> 목사 : 주님께서 명하신 입교예식에 참여한 성도 여러분! 여기에 선 ○○○은 이제 입교인이 되었습니다. 여러분은 이들이 주님 안에서 성령님의 인도하심에 따라 거룩한 하나님의 백성으로 그 나라에 들고자 하는 선한 의지와 희망을 지니며 살 수 있도록 기도로 돕고 사랑으로 돌보아 주시겠습니까?
>
> 회중 : 예, 기도로 돕고 사랑으로 돌보겠습니다.

입교 후 기도···집례자

> 생명의 주관자요 왕이신 하나님, 하나님께서는 ○○○을 택하여 거룩한 백성 삼으시고 지혜와 키가 자람과 동시에 하나님에 대한 믿음도 더욱 성숙하도록 지켜 주셨습니다. 이제 순을 틔웠으니 더욱 과실이 영글어질 수 있도록 이들에게 선한 의지와 열망을 더해 주소서. 그리하여 하나님을 사랑하는 자에게는 모든 것이 합력하여 선을 이룸을 증거하게 하소서. 주 예수 그리스도의 이름으로 기도합니다. 아멘.

환영···다함께

(입교증명서 또는 선물을 줄 수 있으며 이후 주일예배 순서에 따른 예배가 진행된다.)

6) 지적장애인

예식선언···집례자

> "그러나 너희는 택하신 족속이요 왕 같은 제사장들이요 거룩한 나라요 그의 소유가 된 백성이니 이는 너희를 어두운 데서 불러 내어 그의 기이한 빛에 들어가게 하신 이의 아름다운 덕을 선포하게 하려 하심이라"(벧전 2 : 9). 우리 주 예수 그리스도의 말씀에 순종하여 택함을 입은 주의 자녀들에게 세례를 베풉니다. 이 예전을 행할 때 기쁨으로 우리가 받은 세례를 기억합시다.

호명···집례자 또는 맡은이

(집례자 또는 회중대표가 세례 후보자의 이름을 부르면 부모 또는 보호자는 후보자와 함께 앞으로 나온다.)

우리 교회에 새 지체를 허락하신 하나님께 감사드립니다. 오늘 저는 예식의 집례자로서(회중을 대표하여) 하나님이 사랑하시는 자녀 ○○○을 세례예식의 자리에 초대합니다. 초대받은 받은 자녀와 보호자(중개인)는 이 자리로 나와 주시기 바랍니다.

악의 거부와 서약 ··· 집례자와 보호자(중개인)

(언어 표현이 가능한 장애인은 그대로 대답하고, 신체 표현이 가능한 장애인은 그가 표현할 수 있는 방식으로 대답한다. 이때 의사소통을 위해 중개인이 도와줄 수 있다. 표현을 할 수 없는 경우, 장애인의 의사를 읽을 수 있는 보호자가 대신하여 답할 수도 있다.)

거룩한 하나님의 교회를 대신하여 여러분에게 묻습니다.
문 : 여러분은 ○○○이 세례 받기를 원합니까?
답 : 예, 원합니다.

문 : 여러분은 ○○○이 세례 받기를 원하는 이 자리에서 악한 사단의 권세와 유혹을 거부할 것을 약속합니까?
답 : 예, 약속하겠습니다.

문 : 여러분은 ○○○이 하나님의 자녀로서 예수 그리스도의 신실한 제자가 되고 성령의 열매를 맺게 하기 위하여, 여러분의 욕망과 자만의 덫과 돈을 사랑하는 것과 폭력에 지배당하는 것을 거절하겠습니까?
답 : 예, 거절하겠습니다.

문 : 여러분은 ○○○이 세례 받기를 원하는 이 자리에서 예수 그리스도를 구원의 주님으로 고백하며 그분만을 섬길 것을 약속하겠습니까?
답 : 예, 약속하겠습니다.

문 : 여러분은 ○○○을 그리스도 안에서 믿음으로 양육하고 ○○○에게 신앙의 모범을 보이며, 이들이 참다운 하나님의 백성으로 성장하도록 도울 것을 약속하겠습니까?
답 : 예, 약속하겠습니다.

신앙고백·· 집례자와 세례 후보자(보호자)

문 : 여러분은 천지의 창조주 하나님 아버지를 믿습니까?
답 : 예, 믿습니다.

문 : 여러분은 하나님의 아들이신 예수 그리스도께서 성령으로 잉태되어 동정녀 마리아에게서 나셨고, 본디오 빌라도에게 고난을 받으사 십자가에 못박혀 죽으셨으며, 장사된 지 사흘 만에 죽은 자 가운데서 다시 살아나셔서 하늘에 오르시어 하나님 우편에 앉아 계시다가 거기로부터 살아있는 자와 죽은 자를 심판하러 오실 것을 믿습니까?
답 : 예, 믿습니다.

문 : 여러분은 성령을 믿으며, 거룩한 공교회와 성도의 교제와 죄를 용서받는 것과 몸의 부활과 영생을 믿습니까?
답 : 예, 믿습니다.

세례수에 대한 감사기도 ···집례자

전능의 주 하나님, 하나님은 모든 만물을 새롭게 하시나이다. 생명의 샘이 주께 있사오니 주의 빛 안에서 빛을 보나이다.

(세례수에 손을 대며)

세례수 위에 하나님의 영을 보내사 구원의 진리와 은총의 기쁨이 가득하게 하소서. 이 거룩한 물로 세례 받는 이들이 하나님의 신비에 참여하게 하심에 감사드립니다. 하나님의 자녀가 되도록 구별하여 택하신 이들이 세례의 물을 받음으로 거룩함을 덧입게 하시고, 증인된 우리 모두에게도 성령이 함께하사 자신의 세례를 기억하며 주님의 은혜에 감사하는 시간이 되게 하소서. 하나님께 영광과 권능이 그리스도를 통하여 성령 안에서 지금부터 영원토록 함께하시길 예수 그리스도의 이름으로 기도합니다. 아멘.

세례와 안수 ···집례자

(세례 후보자는 가능한 한 무릎을 꿇는다. 집례자는 세례 후보자의 머리에 성부, 성자, 성령의 이름으로 세례반의 물을 한 번 또는 세 번 뿌리거나, 붓거나, 손에 물을 적셔 얹을 수 있으며, 세례 후보자를 흐르는 물에 잠글 수도 있다.)

[예문1]

주 예수를 믿는 이 ○○○에게 내가 성부와 성자와 성령의 이름으로 세례를

주노라. 아멘.

[예문2]
주 예수를 믿는 이 ○○○은 성부와 성자와 성령의 이름으로 세례를 받노라. 아멘.

(세례 후 이어서 머리에 손을 얹고 기도한다. 이때 이마에 기름을 바를 수도 있다.)

[예문1]
주님, ○○○을 성령으로 지켜 주셔서 영원토록 주님의 소유가 되게 하시고, 영생에 이르기까지 날마다 새롭게 살아가게 하소서. 아멘.

[예문2]
성령이시여, ○○○에게 임하셔서 영원토록 주님을 경외하고 지혜와 분별과 영을 갖게 하소서. 아멘.

선포 ··· 집례자

(세례에 참여한 이들의 이름을 다 부른 후 아래와 같이 선포한다.)

오늘 세례 받은 ○○○은 ○○교회 세례교인이 되었음을 성부와 성자와 성령의 이름으로 선포하노라. 아멘.

회중과 서약 ··· 집례자와 회중

문 : 그리스도의 몸 된 교회의 지체 여러분, 죄를 거부하고 그리스도에 대한 신앙을 다시 묻습니다. 여러분은 그리스도가 우리의 구주이심을 믿습니까?
답 : 예, 믿습니다.

문 : 여러분은 세례를 받은 이들이 신앙 안에 자라고 교회에 덕을 세우는 일에 힘쓰며 선을 이룰 수 있도록 기도와 사랑으로 돌볼 뿐만 아니라 서로 간에도 돌볼 것을 서약합니까?
답 : 예, 서약합니다.

세례 후 기도 ··· 집례자

자비하신 하나님, 하나님은 감사와 영광과 찬양을 받으시기에 합당하나이다. 오늘 세례 받은 이들 위에 하나님의 축복과 보호하심이 항상 함께하셔서 모든 위험과 시험에 빠지지 않게 하시고, 선을 행함으로써 믿음의 장성한 분량

에 이르게 하소서. 또한 주님의 평화와 기쁨이 늘 이들 위에 머물게 하소서. 예수님의 이름으로 기도합니다. 아멘.

환영 ·· 다함께

○○○은 오늘 우리의 신앙 안에서 세례 받음으로 거룩한 교회의 일원이 되었습니다. 하나님께서 이들을 주님의 지체로 삼아, 우리와 함께 그리스도의 거룩한 직분에 동참하게 하셨습니다. 세례 받은 이들을 환영합시다.

(찬송가 224장을 회중이 함께 부르며 환영한다.)

7) 세례 재확인[32]

예식선언 ·· 집례자

(집례자는 예식 대상자를 초대하고, 대상자는 가능한 한 일어선다.)

[예문1]
"몸은 하나인데 많은 지체가 있고 몸의 지체가 많으나 한 몸임과 같이 그리스도도 그러하니라 우리가 유대인이나 헬라인이나 종이나 자유인이나 다 한 성령으로 세례를 받아 한 몸이 되었고 또 다 한 성령을 마시게 하셨느니라 너희는 그리스도의 몸이요 지체의 각 부분이라"(고전 12 : 12-13, 27).

[예문2]
"그런즉 너는 알라 오직 네 하나님 여호와는 하나님이시요 신실하신 하나님이시라 그를 사랑하고 그의 계명을 지키는 자에게는 천 대까지 그의 언약을 이행하시며 인애를 베푸시되"(신 7 : 9).

악의 거부와 서약 ·· 집례자와 대상자

집례자 : 여러분은 하나님의 자비로우신 은혜를 의지하여 죄의 길에서 돌이키

---

32) 본 예식은 성례 예전은 아니나 세례교인이 자신의 세례를 되새기며 그리스도인으로서의 삶을 향한 믿음을 다짐하는 예식으로 공동체적 회복이나 다른 교회에서 이명해 온 성도가 자신의 신앙을 공언하는 경우 또는 헌신의 특별한 상황에서 부활절 세례 예식 이후 거행될 수 있다. 이 예식은 목회적으로 유익하지만, 주님과 연합하고 그 은혜를 경험하는 성례전이 아니기에 성례전으로 오해되지 않도록 주의를 기울여야 한다.

　　　　고, 세상의 악과 그 권세를 버리겠습니까?
　　대상자 : 예, 버리겠습니다.
　　집례자 : 여러분은 예수 그리스도께로 돌아와 그를 주님으로 모시고, 그의 은
　　　　혜와 사랑을 의지하겠습니까?
　　대상자 : 예, 의지하겠습니다.
　　집례자 : 여러분은 그리스도의 신실한 제자가 되어 그의 말씀에 순종하며 그
　　　　의 사랑을 나타내겠습니까?
　　대상자 : 예, 나타내겠습니다.

신앙고백 ·· 다함께

세례에 대한 감사기도 ··· 집례자

[예문1]
오! 하나님, 세례 받았음을 인하여 감사합니다. 우리가 그 물에 잠김으로 죽으신 예수 그리스도와 함께 묻혔고, 그 물로부터 일으키심을 받아 그의 부활에 동참했으며, 그 물로 말미암아 성령의 능력으로 다시 태어났습니다. 그러므로 우리가 성자 예수님께 기쁨으로 순종하여 믿음 안에서 그와 사귐을 기념합니다. 기도하오니 세례를 받은 모든 성도들이 영원토록 우리 구주 예수 그리스도의 부활의 삶을 살게 하소서. 삼위일체 되신 성부, 성자, 성령께 모든 존귀와 영광을 드립니다. 예수 그리스도의 이름으로 기도합니다. 아멘.

[예문2]
예수 그리스도께서 우리를 위해 요단강에서 세례를 받으시고, 성령으로 말미암아 그리스도로서 기름 부음 받으시니 주님을 찬양합니다. 그의 죽음과 부활의 세례로 인하여 주께서 우리를 죄와 사망의 멍에에서 구원하시고, 우리에게 정결함과 부활함을 허락하셨습니다. 또한 세례를 통하여 우리에게 성령을 보내셔서 모든 진리로 우리를 가르치며 인도하게 하시고, 온갖 은사로 우리를 충만케 하심으로 우리로 온 민족에 복음을 선포하게 하시며, 주님을 섬기게 하시니 주님을 찬양합니다. 하나님께서 세례로 말미암아 우리를 주장하시고, 은혜로 우리를 거듭나게 하시니 기뻐합니다. 성령으로 우리를 새롭게 하셔서 주님의 뜻을 행할 능력을 가지게 하시고, 영원토록 그리스도의 부활의 삶을 살게 하소서. 삼위일체 되신 성부, 성자, 성령께 모든 존귀와 영광을 드립니

다. 예수 그리스도의 이름으로 기도합니다. 아멘.
(양손을 펼치며, 또는 세례반에 종려나무 가지를 담아 대상자들을 향하여 뿌리며)
여러분의 세례를 기억하며 구원의 하나님을 찬양합시다. 아멘.

성찬 예전

1) 성찬 예전 이해

기독교 예배는 기본적으로 말씀 예전과 성찬 예전으로 구성된다. 성찬 예전은 예수 그리스도께서 친히 제정하신 예전이며 말씀 예전과 함께 예배의 핵심을 이룬다. 이 예전을 통해 그리스도인들은 부활하신 주님과 연결되고 신앙공동체와 연결되며, 그리스도인으로서의 정체성을 확인하며 성장해 간다.

❶ 성찬 신학

성찬 예전은 예수 그리스도께서 잡히시던 밤에 친히 제정하시고 제자들에게 기념할 것을 명하신 성경적 기원을 갖지만 초기 교회의 성찬 자체가 단지 예수가 제자들과 나눈 마지막 만찬의 답습만을 의미하는 것은 아니다. 초기 기독교의 공동의 식사는 유대인 유월절 식사 전통과 헬라적인 만찬의 전통을 융합시켜 모든 인류가 예수 그리스도 안에서 연합하는 기독교적 가치를 실현하고 경험하는 사건 그 자체였다. 기독교 성찬은 주님의 죽음과 부활을 기념하며 생명을 기념하고 전파하는 기독교 고유의 의례이다. 초기 그리스도인들은 매일 또 매주일 성찬을 기념하며 성령 안에서 부활하신 예수님을 만나 새 힘을 얻었고, 그 힘으로 주님께서 다시 오실 그날을 기다릴 수 있었다. 지금도 세계 모든 곳의 그리스도인들이 성찬을 기념하며 구속의 은혜와 부활에 대한 소망을 경험하고 있다.

오랫동안 교회는 예수와 제자들이 함께 나누었던 마지막 만찬에서만 성찬의 신학적 근거를 찾으려고 하였다. 그러다 보니 예수님의 희생적 죽음과 성찬에 임하는 자의 개인적 참회만을 강조해 왔고, 예수님의 부활하신 몸과 피에 대한 신학적 의미를 망각해 왔다. 성찬 예전은 성령 안에서 부활하신 주님을 다시 만나는 시간이다. 그래서 성찬은 감사와 기쁨의 축제이다. 성찬에 대한 가장 보편적인 신학용어는 "유카리스트"(Eucharist)이며 주님의 마지막 만찬 구문의 "축사"(감사, 찬미)와 연관된다(고전 11:24). 즉, 성찬 예전은 먹는 행위에 앞서 감사와 찬미의 예전이다.

초기 기독교인들은 성찬 예전을 통해 우리를 창조하신 하나님께서 죄로 말미암아 죽을 운명에 처한 우리를 구원하시기 위해 독생자를 이 땅에 보내신 것에 대한 감사와 예수님께서 우리를 구속하시기 위해 무엇을 하셨는지에 대한 기억, 그리고 우리가 믿음으로 주님의 몸과 피를 가리키는 떡과 포도즙을 마실 때에 성령이 우리에게 임하시는 성령의 임재를 여러 기도문들을 통해 표현하였다. 또한 성찬 예전은 기도를 통해 감사하는 마음들을 합하고, 먹는 행위를 통해 예배자 상호 간의 연대를 경험하는 공동체, 즉 교회를 세우고 유지했으며, 성찬 후에 음식을 나눔으로 세상을 향한 교회의 의무를 실현했다. 마지막으로 성찬 예전은 하나님 나라에서 맛보게 될 예수 그리스도의 차별 없는 사랑과 환대의 식탁을 재현함으로 종말론적인 영생의 소망을 강화시켰다.

과거의 성찬 신학은 떡과 포도주가 어떻게 주님의 몸과 피로 변하는지에 집중했다면, 현대의 성찬 신학은 생명을 주는 주님의 떡과 포도즙에 참여한 우리가 어떻게 이웃과 그 생명을 나누며 세상을 향해 그 생명의 증인이 될 것인지에 더 큰 관심을 기울인다. 즉 현대 성찬 신학은 성찬을 일상의 삶과 연결하고 적용하려고 노력한다. 집례자는 이러한 성찬 신학이 예전 안에서 균형 있게 잘 드러날 수 있도록 성찬 예문을 비롯한 모든 요소들을 신중하게 준비하여야 한다.

❷ 성찬 예전의 실제

개혁교회 전통은 매주 성찬을 권하지만, 지역교회가 그 횟수를 조정할 수 있도록 자율권을 준다. 매월 성찬이 일반적인데, 교회력을 반영하는 다양한 예문을 활용해야 지루하지 않고 그날의 예배의 주제와 부합하는 감동적인 성찬 예전이 될 수 있다. 또한 교회는 성찬에 대해 미리 공지를 하고 회중이 한 주 동안 성찬을 위해 기도하고 말씀을 묵상하는 준비 시간을 갖게 하는 것이 좋다.

성찬 예전에서 집례자는 하나님께 드리는 감사의 식탁임을 기억하며, 성령의 임재에 대한 확신을 갖고 부활하신 주님을 믿음으로 바라보며 신중하되 담대하게 집례해야 한다. 성찬 (대)감사기도를 드릴 때는 각 낱말이 분명하고 진정성 있게 들리도록 하고, 예문을 그대로 읽어 내려가기보다는 가능한 암송하여 보다 자연스럽게 드리는 것이 좋다. 집례자는 교단이 제공하는 성찬 감사기도문을 사용할 수도 있지만, 그 핵심 신학주제들을 모두 반영하여 직접 작성한 기도문을 사용하는 것도 좋다. 그렇게 한다면 그 지역교회의 실제 상황들을 반영하는 보다 생동감 넘치는 성찬 예전이 될 것이다.

교회는 떡과 포도즙을 준비할 때 하나님의 풍성한 은혜와 사랑을 느낄 수 있는 크기와 모양을 선택하고, 수찬자들에게 나누어 줄 때는 적절한 크기로 잘라서 주는 것이 좋다. 우리가 그리스도 안에서 한 몸임을 강조하기 위해 하나의 떡(빵) 덩어리를 준비하여 보여 주는 것이 좋으며, 혹시 떡(빵)이 제대로 나누어지지 않을까 염려가 되면, 멀리서는 보이지 않는 작은 절단선 또는 구멍을 만들어 떡이 쉽게 나뉠 수 있도록 준비한다. 너무 딱딱하고, 반대로 너무 부드럽거나 부스러지는 떡은 예식에 방해가 되기에 주의해야 하며 교회에서 직접 성찬에 적절한 성찬용 떡(빵)을 만드는 방법도 좋다. 포도즙은 시중에서 쉽게 구할 수 있는 상업용 제품들을 피하고 성찬용으로 만들어진 것을 구입하거나 교회가 직접 담근 것을 사용하는 것이 좋다.

떡과 포도즙을 나누어 줄 때, 효율적인 참여를 위해 성찬위원의 동선을 주의 깊게 준비해야 하며 미리 예행연습을 하는 것도 좋다. 가능한 주님의 식탁 앞으로 나와 성찬에 임하도록 권하되, 몸이 불편하여 회중석에서 받기를 원하는 사람들에게는 직접 그곳까지 전달해 줄 위원을 세우는 것이 좋다.

성찬을 받는 순서는 집례자, 성찬위원, 회중의 순서로 함이 일반적이며 개혁교회도 이 전통을 따르고 있다. 다만 지금까지는 집례자가 자신의 성찬을 자신이 직접 먹었지만, 떡과 포도즙에 참여하는 그 순간만큼은 예수 그리스도의 생명의 떡을 필요로 하는 평범한 신자의 한 사람이기에, 집례자도 미리 지정해 둔 성찬위원으로부터 떡과 포도즙을 받는 것이 좋다.

성찬에 쓰고 남은 성물은 집례자와 성찬위원들이 예배가 끝난 후 일정한 장소에 모여 함께 나누어 먹을 수 있다. 그러나 성물 전용 냉장고에 보관하였다가 건강이나 기타 이유로 예배에 참석하지 못한 사람들에게 전달하는 방법도 목회적으로 더 유익할 수 있다. 이때 목회자는 수찬자에게 제정사만 들려주고 간단한 감사기도만 드린 후에 성물을 전달한다. 실제로 고대 교부들의 문헌에서 이러한 실행을 찾아볼 수 있다. 일정한 시간이 흐르면 보관된 성물을 정해진 장소에 묻거나, 몇몇 나무의 거름으로 준다. 그 나무들이 자라면 그것을 예배의 집기들을 만드는 데 사용할 수 있다. 어떤 교회는 땅으로 통하는 성물 전용 배수관을 예배 준비실 한쪽에 설치하여, 남은 성물들이 모두 땅으로 흘러들어 가게 하고 있다.

코로나 19와 같은 감염병의 확산으로 온라인 성찬을 시도하는 교회들이 있었으나, 감염병 상황에서는 긴급한 상황이 아니라면 실행하지 않는 것이 옳다. 또한 팬데믹 상황에서 성물을 가정마다 전달하는 것은 더더욱 감염의 위험을 높이는 일이다. 역사적으로 기독교 교회는 성찬에서 반드시 물질을 취해야 할 것을 강조해 왔고, 그래서 상상이나 이미지 등을 활용하지 못하도록 하였다. 로마 가톨릭은 감염병 상황과 같은 특별상황에서 신영성체(spiritual communion)와 같은 대안을 활용해 왔으나, 개혁전통은 반드시 떡을 취하고(take), 축복하며(bless), 떼고(break), 나누어 주는(give) 기본 원리를 유지해 왔다. 이러한 성찬의 사중 행위는 성찬의 신학적 의미를 유지하고 역사적 실행을 보존하는 데 매우 중요한 행위들이다. 성찬의 또 다른 목적은 다음세대에 성찬 예전의 의식을 통해 변하지 않는 동일한 기독교 신앙을 전수하는 데 있다.

2) 성찬 예전의 구성

❶ 봉헌

봉헌의 순서는 기독교 예전 가운데 중요한 의미를 갖는 부분이다. 오늘의 예배 속에서는 봉헌이란 단순히 돈을 바치는 행위를 지칭하는 데 그치고 있다. 그러나 역사적으로 볼 때 이 봉헌의 의미는 '예물의 드림'만을 뜻하는 것이 아니라 원칙적으로는 하나님의 은총 앞에 성도들이 드리는 응답의 행위를 총칭하는 말이다. 봉헌은 하나님의 말씀이 선포될 때 정성을 다하여 경청한 무리들이 스스로 우러나는 감사의 응답으로 내어놓는 모든 마음과 정성의 표현이다.

❷ 성찬 감사기도

역사적이고 세계적인 성찬성례전은 "성찬 감사기도"(The Eucharist Prayer)

혹은 "성찬 대감사기도"(the Great Thanksgiving)라는 고유한 기도를 포함한다. 성찬 감사기도 전에는 "평화의 인사"와 "성물 준비"의 순서가 있고, 성찬 감사기도 후에는 "주기도"와 "성찬 후 기도"로 성찬성례전을 맺는다. "성찬 감사기도"의 신학적이고 예배학적인 원리를 이해한다면, 그날의 예배 주제를 반영하며 자유롭고 풍성한 성찬 감사기도문을 만들 수 있다.

성찬성례전에 포함된 "성찬 감사기도"는 집례자가 기도하는 "고유문"과 회중이 환호하며 찬양하는 "통상문"으로 구성된다. 집례자와 회중이 서로 화답하며 성찬 감사기도를 드리는 형식은 4세기 기독교 문헌들에도 나타난다. 20세기에 들어서면서부터 회중의 통상문이 재조명되며 활발히 복원되고 있다. 집례자와 회중이 서로 화답하는 형식이라도 성찬 감사기도라는 명칭 아래 드려지는 하나의 기도이다. 성찬 감사기도를 구성하는 요소들의 의미는 다음과 같다.

성찬 감사기도의 첫 번째 구성요소는 "마음을 드높여"(Sursum Corda, 수르숨 코르다)라는 성찬 감사기도의 시작을 여는 부분이다. 내용과 형식이 기도가 아니라 감사를 드리자는 집례자의 권유와 회중의 응답이지만, 사실상 성찬 감사기도의 시작이라 할 수 있다.

두 번째는 "서문"(Preface)이라는 감사기도의 머리말 부분이다. 성찬 감사기도의 본론에 해당하는 예수님의 구속사역에 대한 감사를 드리기 전에 하나님께서 행하신 창조의 위업과 인간을 구원하기 위해 독생자를 이 땅에 보내신 신실한 사랑에 대한 감사를 드리는 내용이다. 이 부분이 교회력을 반영하여 만들어질 수 있기에, 다양하고 풍성한 성찬 감사기도문이 가능하다. 서문의 핵심은 하나님의 창조와 예수님을 보내신 사랑에 대한 감사이다.

세 번째 구성요소는 "삼성송"(Santus, 쌍투스)이라는 회중 찬양이다. 삼성송은 '거룩'이란 단어를 세 번 사용하는 찬양으로 이사야 6장 1~5절의 비전을 반영한다. 이것은 요한계시록 4장의 열린 천국 문에서 본 광경과도 유사하다. 이 삼성송은 우리가 성찬을 기념하려고 모였을 때 하나님의 천국 보좌 앞에서 찬양하는 천군천사의 무리와 합류하게 된다는 것을 상상하도록 만든다. 그래서 성찬은 현재적이며 종말론적이다. 이 삼성송은 회중이 함께 외치거나 노래로 표현할 수 있다.

삼성송에 이어 집례자는 성찬 감사기도의 본론에 해당하는 "감사"(Thanksgiving)의 기도를 드린다. 이 감사는 예수 그리스도를 통한 하나님의 구속사역에 대한 감사와 찬양이다. 그리하여 예수님의 탄생, 사역, 죽음, 부활, 승천, 재림의 내용을 다룬다.

구속사역에 대한 감사가 끝나면, "제정사"(The Word of Institution)가 이어질 수 있다. 그러나 성찬 감사기도 전 혹은 후에 제정사가 들려졌다면 여기서는 제정사를 생략하고 곧바로 "기념과 드림"에 해당하는 기도를 드린다. 전통적인 성찬 감사기도에서 제정사는 이 자리에 오지만, 현대 기독교 예배는 제정사가 기도 형식이 아니기에 성찬초대나 분병분잔의 순서에서 제정사를 함께 들려주는 것을 선호한다. 이렇게 제정사의 위치는 크게 세 군데 정도이며, 목회자가 필요에 따라 변화를 줄 수 있다.

이어지는 내용은 지금까지의 하나님의 창조와 사랑의 역사, 그리고 예수님의 인류 대속을 위한 여정을 기념(anamnesis, 아남네시스)하며 성물을 드리는 "기념과 드림"(oblation)의 기도이다. 만일 제정사를 다른 곳에서 들려준다면, 예수님의 구속사역에 대한 감사 후에 이 부분을 바로 이어간다. 드림은 우리 자신을 바친다는 뜻으로 로마서 12장 1절을 반영한다.

다음은 회중의 "기념의 환호"(memorial acclamation)라는 요소인데, 신앙의 신비를 선포하는 내용이다. 감사와 찬양의 대상이 하나님에게서 예수님에게로 바뀌지만, 짧은 환호 속에 구원의 이야기가 함축되어 있어 회중이 한목소리로 크게 외칠 때에 복음의 기쁨과 종말론적 소망이 넘치는 활기찬 성찬 감사기도가 된다. 이 부분 역시 회중의 노래로 표현될 수 있다.

성찬 감사기도의 가장 핵심적인 부분 중 하나는 "성령임재를 위한 기도"(Epiclesis)이다. 헬라어 에피클레시스는 "청원"(invocation)의 뜻으로 성령의 임재를 부르는 기도이다. 성령께서 떡과 포도즙, 그리고 그 떡과 포도즙에 참여하는 우리 위에 임해 달라는 간청이다. 신학적으로 이 순간이 인간의 손으로 빚은 떡과 포도즙이 주님의 몸과 피가 되는 시점으로 간주된다. 물리적이고 화학적인 변화가 아니라 성령 안에서 주님의 몸과 피로 변화되는 존재론적인 변화이다. "성령임재를 위한 기도"는 성찬을 통한 변화가 우리에게서 시작되는 것이 아니라 하나님으로부터 시작되는 것임을 상기시킨다. 이 기도에서 우리가 더욱 주목해야 할 것은 성찬에 참여하며 성령 안에서 변화된 우리가 이제는 세상을 위한 주님의 몸이 되어 세상을 섬기게 해 달라는 내용이다. 한편, 말씀의 예전을 시작하며 드리는 "성령조명을 위한 기도"와 혼돈하거나 용어를 혼용하지 않도록 주의해야 한다.

성찬 감사기도의 마지막은 "송영"(Doxology)으로 성삼위 하나님께 드리는 찬양과 영광이다. 사실 송영은 성찬 감사기도의 앞부분인 삼성송에서 이미 행해졌지만, 우리의 기도가 결론에 이르렀을 때 우리는 다시 송영으로 돌아온다. 송영으로 성찬 감사기도를 마치는 것은 모든 성찬 감사기도의 공통적인 특징이다.

❸ 주기도

주님이 가르쳐 주신 기도는 모든 기도의 모범이며 우리가 언제나 계속하여 하나님께 드려야 할 기도이다. 그러므로 기독교 예배의 전통에서 주기도는 매우 중요한 순서이다. 17세기 경 스코틀랜드 장로교회는 주기도가 너무 형식화된 주문처럼 변질되어 가는 것을 보면서 한때 예배에서 금하기도 했으나 바로 회복되었고 현대 모든 개혁교회 예배에서는 예배의 중요한 기도순서로 드리고 있다. 주기도의 위치는 성찬 예전이 있는 예배에서는 성찬 감사기도 안에 포함시키는 것이 적절하며 일반예배에서는 교회기도나 봉헌기도에 이어서 드리도록 함이 좋다. 성찬 감사기도나 교회기도 또는 봉헌기도 다음에 이어질 때는 다음과 같은 이음말을 넣는 것에 주의한다. "예수님의 이름으로 기도드리오며 이제 주님이 가르쳐 주신 기도를 함께 드립니다."

❹ 떡을 뗌

칼빈과 같은 개혁자들은 떡과 잔을 나누어 주기 전에 떡을 들어 주님이 하신 대로 축사하고 성물(떡)을 쪼개는 의식(Breaking the Bread)을 매우 중요하게 시행하였다. 그리고 잔을 들어 축사한 후, 주님이 하신 말씀을 반복하는 것을 원칙으로 하였다. 여기서 회중은 자신을 위하여 주님의 그 귀하신 살이 찢기고 상하였음을 회상하고, 그 보혈이 자신과 어떤 관계가 있는지를 확인하는 엄숙한 의미를 전달받는다. 이 순간은 성찬 예전의 절정을 이루는 시간으로서 개혁교회의 전통을 이어받은 목사들에 의하여 이어져 내려온 순서이다.

❺ 분병분잔

주님이 떡과 잔을 진지하고 엄숙하게 축사하시고 제자들에게 주셨던 것과 같이 회중이 집례자가 성물을 축사한 후에 주는 떡과 잔을 받으면서 주님의 희생에 감격하고 주님의 지체가 되는 신비한 역사에 참여하게 되는 순서이다. 이 순서가 요식적인 행위가 되지 않고 예전의 절정에 이르는 순서가 되도록 집례자와 회중은 최선을 기울여야 한다. 여기서 다음의 몇 가지 참여의 형태를 지켜야 한다. 먼저, 집례자가 먼저 성물을 먹은 후에 분병분잔 위원들에게 주어 받아 먹게 한다. 그 다음에 세례 받은 회중만이 받게 한다. 개혁교회 전통에서 회중의 참여 방법은 다음 세 형태가 있다. 첫째, 성찬위원들이 성물을 회중에게 가져다 준다. 둘째, 세례교인들이 일어서서 받게 한다. 셋째, 회중이 앞으로 나와서 받아 가게 한다.

❻ 성찬 후 기도

이 순서는 성찬 예전의 전체 과정을 마무리하는 기도이다. 성찬 (대)감사기도가 성찬 예전을 시작하며 떡과 잔을 앞에 두고 하는 기도라면, 이 기도는 떡과 잔을 통해 주님의 몸과 피에 참여한 것에 대해 감사하는 기도이다. 이는 성찬의 신비를 맛본 자가 마땅히 드려야 할 감사이기에 생략될 수 없는 순서이다. 초기 기독교 예배의 문헌에서도 발견되는 이 기도는 지금도 그 고유한 명칭과 함께 성찬 예전의 중요한 일부이다. 떡과 잔에 참여하며 부활하신 예수님과의 만남을 경험한 자들의 감사와 소망이 이 기도의 핵심 내용이다. 짧고 간결한 형태이지만, 성찬에 참여한 자의 감사가 충분히 표현되어야 한다.

3) 분병분잔에 사용되는 찬송과 성경 구문

회중이 떡과 잔에 참여하기 위해 성찬대 앞으로 이동하거나 회중석에서 기다리는 동안, 집례자는 별도의 의식을 진행할 필요가 없다. 이 시간은 회중이 주님의 은혜를 맛보고 느끼는 시간이기 때문이다. 이때 회중은 묵상하며 조용히 참여하거나 성찬과 관련된 찬송을 부르며 참여할 수 있다. 성찬이 주님의 죽으신 몸과 피가 아니라 부활하신 몸과 피를 기념하는 예식이기에, 성찬에 참여하며 부르는 찬송은 엄숙하지만 기쁨과 소망과 감사가 넘치는 찬송이 적절하다.

한편, 회중이 성찬에 참여하는 동안에 집례자가 성찬과 관련된 성경 구절들을 읽어주기도 하는데, 회중의 묵상을 돕기 위한 것이니 짧고 간결하게 전달하는 것이 좋다. 이때에도 주님의 죽음을 강조하는 구절보다는 주님의 부활과 성찬에서의 임재를 상기시키는 구절들이 더 적절하다. 이 시간에 사용될 수 있는 찬송과 성경 구절들은 다음과 같다.

❶ 찬송

분병분잔 동안 회중이나 찬양대가 부를 찬송은 "주 앞에 성찬 받기 위하여"(227장), "오 나의 주님 친히 뵈오니"(228장), "우리의 참되신 구주시니"(230장), "우리 다 같이 무릎 꿇고서"(231장), "유월절 때가 이르러"(232장) 등이다. 특별히 231장은 성찬을 받기 위해 회중이 성찬대 앞으로 이동할 때 부르기에 적합하다. 그 외에도 성찬 찬송으로 분류되지 않았지만 성찬 신학을 잘 반영하고 있는 "위에 계신 나의 친구"(92장), "주 예수 해변서"(198장), "사랑하는 주님 앞에"(220장), "내 주의 보혈은"(254장), "귀하신 친구 내게 계시니"(434장) 등도 있다. 또한 본서 참고자료의 예전 찬송 31~35장은 수난, 감사, 성령임재, 성도 교제의 각 주제들을 표현하는 성찬 찬송들이다.

❷ 성경 구절

예수께서 이르시되 나는 생명의 떡이니 내게 오는 자는 결코 주리지 아니할 터이요 나를 믿는 자는 영원히 목마르지 아니하리라(요 6 : 35).

예수께서 이르시되 내가 진실로 진실로 너희에게 이르노니 인자의 살을 먹지 아니하고 인자의 피를 마시지 아니하면 너희 속에 생명이 없느니라 내 살을 먹고 내 피를 마시는 자는 영생을 가졌고 마지막 날에 내가 그를 다시 살리리니 내 살은 참된 양식이요 내 피는 참된 음료로다(요 6 : 53-55).

내 살을 먹고 내 피를 마시는 자는 내 안에 거하고 나도 그의 안에 거하나니 살아 계신 아버지께서 나를 보내시매 내가 아버지로 말미암아 사는 것 같이 나를 먹는 그 사람도 나로 말미암아 살리라 이것은 하늘에서 내려온 떡이니 조상들이 먹고도 죽은 그것과 같지 아니하여 이 떡을 먹는 자는 영원히 살리라(요 6 : 56-58).

우리가 축복하는 바 축복의 잔은 그리스도의 피에 참여함이 아니며 우리가 떼는 떡은 그리스도의 몸에 참여함이 아니냐 떡이 하나요 많은 우리가 한 몸이니 이는 우리가 다 한 떡에 참여함이라(고전 10 : 16-17).

너희가 알거니와 너희 조상이 물려 준 헛된 행실에서 대속함을 받은 것은 은이나 금 같이 없어질 것으로 된 것이 아니요 오직 흠 없고 점 없는 어린 양 같은 그리스도의 보배로운 피로 된 것이니라(벧전 1 : 18-19).

VI
일반예배와 기도회

1 예배

1) 한국전통[33]

집례 : 목사
* 가능한 분은 일어나서

준비 마당[34]

예배 소개···맡은이

(본 예배의 취지와 각 순서의 의미를 간략하게 설명하여 예배드림에 더욱 집중하도록 한다. 특히 이때 예배에 사용되는 국악 찬송을 미리 불러 본다. 예배 시에는 국악 찬양의 악보가 영상이나 인쇄물로 제공되는 것이 좋다.)

* 예배 알림··· 징 3타[35]

이제 우리 모두 다 함께 자리에서 일어나서 위대하신 하나님을 예배합시다.
(예배 선언 후 징 3타가 울린다. 간격은 최소 1초 이상, 최대 2초 이내로 타징한다.)

* 입례 ··· 다함께

(이때 "수제천," "대취타"[36] 등의 전통음악을 배경으로 사용하거나, 찬양대가 "주께서 왕위에 오르신다" "평화의 왕 임하소서"[37]를 부른다.)

---

33) '한국전통적 예배'는 예배에 '한(恨)'과 '흥(興)'과 '공동체성(共同體性)'의 한국전통적 요소를 반영하거나 결합시킨 예배로서 이는 예배의 전통적, 신학적 요소와 예배의 형식적 요소를 모두 함의한다. 한국전통적 예배에는 최대한 국악찬양을 사용한다. 국악찬양은 찬송가에 있는 곡을 우선적으로 활용하되 찬송가 외의 찬양을 사용할 수도 있는데 개사한 국악곡도 포함된다.
34) 한국전통문화에서 마당은 주인과 손님이 만나는 항상 열려있는 재회의 장소이다.
35) 세 번의 징 소리는 삼위일체 하나님을 상징하며 그의 임재하심을 알린다.
36) 수제천은 우리나라 궁중음악의 백미로 국악의 대표적인 관현악곡이다. 수제천의 직접적인 언어학적 의미는 '하늘과 같은 영원한 생명'을 의미하고 있다. 대취타는 전통적인 행진곡이자 왕의 행차 시에 사용한 음악으로 예배에 하나님의 오심을 상징하여 사용할 수 있다. 이 곡들을 채택할 때는 회중의 반응을 세심하게 고려해야 한다.
37) 문성모, 『우리가락찬송가와 시편교독송』 (서울 : 가문비, 2012), 194장.

부름 마당

* 예배로 부름 ·· 집례자

   "새 노래로 여호와께 노래하라 온 땅이여 여호와께 노래할지어다 여호와께 노래하여 그의 이름을 송축하며 그의 구원을 날마다 전파할지어다"(시 96 : 1-2). 이제 우리의 마음과 의지와 지혜와 열정으로 하나님께 예배합시다.

* 기원 ·· 집례자

* 경배찬송 ························· "거룩하신 주 하나님"(48장) ······················· 다함께

   (이 외에 "주의 전에 나올 때에"[38]를 사용할 수 있다)

참회와 고백의 기도 ··· 다함께

   이제 우리의 죄와 연약함을 하나님 앞에 고백합시다. 다 함께 무릎을 꿇고 우리가 취할 수 있는 가장 겸손한 자세로 주님 앞에 참회와 고백의 기도를 드립시다.

   (무릎을 꿇고 기도를 드리며 사죄의 말씀이 끝나면 다시 제자리에 앉는다.)

   (이때 찬송가 632장이 연주된다.[39] 기도 마지막 부분에 이 찬송을 함께 부르면 더 좋다.)

사죄의 말씀 ·· 집례자

영광송 ······················· "영광은 주님 홀로"(596장) ······················· 다함께

   (이 외에 "하늘에 가득 찬 영광의 하나님"[40]을 사용할 수 있다.)

회중기도 ··· 맡은이

---

38) 『우리가락찬송가와 시편교독송』, 1장.
39) 찬송가 632장은 3/4박자이지만 12/8박자로 편곡하여 사용하며 이때 국악장단은 굿거리장단을 사용하면 된다.
40) 『우리가락찬송가와 시편교독송』, 7장.

말씀 마당

성령조명을 위한 기도	설교자
구약의 말씀	맡은이
아멘송[41]	다함께
서신서의 말씀	맡은이
아멘송	다함께
* 복음서의 말씀	맡은이
찬송	찬양대
설교	설교자
응답송 … "꽃이 피는 봄날에만"(541장)	다함께

(응답송은 그날 선포된 설교와 연동하여 말씀에 순복하고 이를 결단하는 곡으로 선택하는 것이 좋다.)

어울림 마당

봉헌/봉헌기도	집례자
성찬찬송 … "예수님 오소서"(98장)[42]	다함께

(이 외에 "이 떡과 이 잔을 받을 때에"[43]를 사용할 수 있다.)

---

41) 『우리가락찬송가와 시편교독송』, 221장.
42) 이 곡을 다음과 같이 개사하여 사용할 수 있다. 1. 성령님 오소서 보혜사 우리 주 이곳에 오셔서 기도 들어 주소서 능하신 주께서 크신 일을 행하사 간구하는 우리의 기도를 들어 주소서 2. 성령님 오소서 보혜사 우리 주 보좌를 떠나서 우리 곁에 계시네 높은 자 낮추고 비천한 자 높였네 만민 위해 오셔서 사슬을 풀어 주소서 3. 성령님 오소서 보혜사 우리 주 연약한 세상을 치유하러 오시네 주린 자 먹이며 병든 자를 고쳤네 천하 만민 돌보사 빛의 길 가게 하소서 아멘.
43) 『우리가락찬송가와 시편교독송』, 181장.

성찬초대 ·· 집례자

여기 예수 그리스도께서 우리를 위해 베푸시는 사랑과 생명의 식탁이 준비되어 있습니다. 하나님께서 그 자녀들을 이 식탁으로 부르십니다. 이 식탁은 주님께서 친히 베푸시고 명하신 것입니다.

성찬제정사 ·· 집례자

고린도전서 11장 23-25절의 말씀입니다.

(인도자는 손을 모으고 손바닥을 떡 위로 향하게 하거나, 떡을 살짝 만지거나, 약간 들어올린다.)

주 예수께서 잡히시던 밤에 떡을 가지사 축사하시고 떼어 이르시되 이것은 너희를 위하는 내 몸이니 이것을 행하여 나를 기념하라 하시고,

(두 손바닥이 잔 위로 향하게 하거나 잔을 가볍게 만지거나 약간 들어올린다.)

식후에 또한 그와 같이 잔을 가지시고 이르시되 이 잔은 내 피로 세운 새 언약이니 이것을 행하여 마실 때마다 나를 기념하라 하셨습니다.

이 시간 주님이 우리와 함께하시니, 우리의 마음을 활짝 열고 하나님께 감사드립시다.

성찬 감사기도 ·· 집례자

모든 생명의 근원이신 하나님! 우리를 지으시고, 이 땅과 우주에 속한 모든 것을 만드신 하나님께 감사와 찬양을 드림이 마땅한 일이며, 또한 우리의 최고의 기쁨입니다. 하나님의 형상을 따라 우리를 지으시고, 이 땅을 돌보는 청지기로 세우셨습니다. 우리가 불순종하여 맡기신 사명을 온전히 감당하지 못했음에도 불구하고, 하나님은 우리를 변함없이 사랑해 주시고 우리를 구원하시려고 이 땅에 독생자 예수 그리스도를 보내 주셨습니다. 그러므로 이제 하늘에 있는 모든 예언자들과 사도들, 그리고 순교자들과 함께 하나님의 거룩하심을 찬양합니다. 높은 곳에 계신 전능하신 하나님께 찬양을 돌립니다.

　　　　이 시간 우리 주 예수 그리스도에게도 감사와 찬양을 돌립니다. 친히 인간이 되시어, 이 땅의 사람들과 함께 거하시며 가난한 자, 병든 자, 억눌리고 소외된 자, 외롭고 고독한 자들의 벗이 되시고, 그들에게 화해와 평화의 복음을 선포하시며 참 자유를 주셨습니다.

예수 그리스도 안에서 행하신 하나님의 구원의 역사들을 기억하며, 주님의 피조물로 빚은 이 떡과 포도즙을 가져왔습니다. 우리의 죄를 대신하여 죽으시고 부활하신 것에 감사를 드리고, 다시 오실 것을 기쁨으로 고대하며 주님을 기념합니다.

(계속해서 성령의 임재를 위한 기도를 드린다. 이때 두 손을 모으고 손바닥이 떡과 잔을 향하도록 한다.)

은혜로우신 하나님, 우리에게 그리고 하나님의 선물인 이 떡과 포도즙 위에 거룩한 성령을 부어 주시옵소서. 성령으로 이 떡과 잔에 참여하는 것이 그리스도의 몸과 피에 참여하는 것이 되게 하옵소서. 성령으로 우리를 부활하신 그리스도와 하나 되게 하시고, 이 식탁에 참여하는 자들과, 또한 주님의 나라와 의를 위해 일하는 이 땅의 모든 사람들과도 연결되게 하옵소서. 또한 이 떡을 먹은 우리가 세상으로 나아가 예수 그리스도의 생명을 전하는 또 다른 주님의 몸이 되게 하옵소서. 하늘과 땅의 모든 교회들과 한마음이 되어 기도하오니, 하나님의 뜻이 우리와 이 땅 위에서 온전히 이뤄지게 하옵소서. 모든 믿는 자들이 부활하신 그리스도와 함께 천국잔치에 기쁨으로 참여할 때까지 우리를 지켜 주시며 맡겨진 사명에 충실하게 하옵소서. 그리스도를 통하여, 그리스도와 함께, 그리스도 안에서, 그리고 거룩한 성령 안에서, 모든 영광과 존귀가 전능하신 하나님께 지금부터 영원까지 있사옵니다.

주기도 ·· 다함께

(찬양으로 부를 수 있다.[44])

분병분잔 ··· 성찬위원

("사랑의 나눔 있는 곳에"[45]를 맡은 이가 부르거나 연주할 수 있다.)

성찬 후 찬송 ················ "이전에 주님을 내가 몰라"(597장) ················ 집례자

---

44) 『우리가락찬송가와 시편교독송』, 228장.
45) 『우리가락찬송가와 시편교독송』, 187장.

보냄 마당

교회소식··집례자

파송과 위탁의 말씀··집례자

* 파송의 찬송 ············· "날마다 주님을 의지하는"(556장)⁴⁶⁾ ············· 다함께

* 축도 ··집례자

2) 애통과 회복

- 애통과 회복예배는 예배 참여자로서 개인과 공동체가 스스로의 연약함과 아픔을 깨닫고, 하나님의 신실하심이 드러나기를 바라며 드리는 예배이다.
- 특별히 배제되고 무시되어 온 목소리들을 예배의 주체적 참여자가 될 수 있도록 주의 깊게 초대한다.
- 개인의 주체성을 존중하면서도 예전의 공동체성에 초점을 두기 위해 일인칭 단수보다는 일인칭 복수형을 사용하는 것이 좋다.

모임 예전

예배로 부름·· 인도자

"주 여호와의 영이 내게 내리셨으니 이는 여호와께서 내게 기름을 부으사 가난한 자에게 아름다운 소식을 전하게 하려 하심이라"(사 61:1a).

---

46) 이 곡을 다음과 같이 개사하여 사용할 수 있다. 1. 날마다 주님을 의지하는 우리 ○○교회 복되어라 다 함께 모여서 예배하니 하늘의 위로가 넘쳐나네 2. 하나님 예수님 사랑하고 형제와 자매들 우애하니 세상의 풍파가 밀려와도 주 사랑 안에서 두려움 없네 3. 말씀과 기도가 풍성하고 기쁨과 감사가 가득하니 하나님 우리를 생각하사 대대로 복되게 하시도다 [후렴] 할렐루야 우리 교회 사랑과 행복의 안식처 할렐루야 우리 교회 주님만 모시고 살아가리.

응답송 ··· 반주자 또는 찬양대

간구기도 ·· 인도자

　상한 갈대를 꺾지 않으시고 꺼져 가는 등불을 끄지 않으시는 긍휼과 정의의 하나님, 하늘을 창조하여 펴시고 땅과 그 소산을 내시며 땅 위의 백성에게 호흡을 주시는 하나님, 땅에서 예배하는 자들에게 영을 주시고, 의로 부르시고, 이 예배를 통해 이미 시작하신 새 일을 보게 하소서. 예수님의 이름으로 기도합니다. 아멘.

찬송 ······················· "너 예수께 조용히 나가"(539장) ····················· 다함께

애통과 위로의 선포

참회와 고백의 기도 ················ 시편 32 : 3~5 ··················· 인도자와 회중

　다윗은 이렇게 고백합니다. "내가 입을 열지 아니할 때에 종일 신음하므로 내 뼈가 쇠하였도다 주의 손이 주야로 나를 누르시오니 내 진액이 빠져서 여름 가뭄에 마름 같이 되었나이다 (셀라) 내가 이르기를 내 허물을 여호와께 자복하리라 하고 주께 내 죄를 아뢰고 내 죄악을 숨기지 아니하였더니 곧 주께서 내 죄악을 사하셨나이다 (셀라)". 하나님은 우리의 신음을 들으시는 분이십니다. 하나님은 우리의 연약함을 외면하지 않으십니다. 우리가 애통할 때 우리와 함께 애통하는 분이십니다. 이제 우리의 아픔을 아시는 주님께 우리의 죄와 연약함을 진실되게 고백합시다.

　(회중은 자유롭게 자신의 죄와 연약함을 고백할 수 있다.)

사죄의 말씀 ··· 인도자

　성령께서 우리의 약함을 도와주십니다. 성령께서 이루 다 말할 수 없는 탄식으로 우리와 함께 그리고 우리를 위하여 간구하여 주십니다. 사망이나 생명이나 천사들이나 권세자들이나 현재 일이나 장래 일이나 능력이나 높음이나 깊음이나 다른 어떤 피조물이라도 우리를 우리 주 그리스도 예수 안에 있는 하나님의 사랑에서 끊을 수 없습니다(롬 8 : 26-27, 38-39). 아멘.

정의를 구하는 기도 ············· 예레미야애가 3 : 48~51 ············ 인도자와 회중

우리의 눈에는 눈물이 시내처럼 흐릅니다. 우리의 눈에 흐르는 눈물은 그치지 않고 쉬지 않을 것입니다. 하나님께서 하늘에서 살피시고 돌아보실 때까지 그치지 않을 것입니다. 우리의 이웃과 세상에는 너무 많은 슬픔이 있습니다.

(집례자는 현재 우리의 주변에 일어나는 고통의 이야기들을 이 부분에 추가할 수 있다.)

하나님께서는 세상의 정의롭지 못한 행동과 차별과 배척과 모욕과 폭력과 욕심으로부터 오는 세상의 눈물을 아십니다. 우리는 하나님께서 이 슬픔들을 보시고, 들으시고, 기억하시기를 간구합시다.

위로의 선포 ·· 인도자

"산들이 떠나며 언덕들은 옮겨질지라도 나의 자비는 네게서 떠나지 아니하며 나의 화평의 언약은 흔들리지 아니하리라"(사 54 : 10a). 하나님께서는 세상에 흐르는 눈물을 보시고 상처받은 하나님의 피조물들을 긍휼히 여기시며 고치십니다. 그리고 슬퍼하는 자들에게 위로를 얻게 하십니다. 아멘.

찬송 ················· "주 날개 밑 내가 편안히 쉬네"(419장) ················ 다함께

말씀 예전

성령조명을 위한 기도 ·· 인도자

우리의 찢어진 마음보다 더 먼저 마음을 찢으신 주님의 마음을 말씀을 통해 경험하고자 귀를 기울입니다. 우리를 이끄시고, 인도하시며, 깨닫게 하시고, 우리를 위해 애통하시는 그리스도의 영인 성령이 절망적인 이때에 상처 난 자들과 함께하시고, 말씀하시며, 돌보심을 고백합니다. 우리의 슬픔과 고통 가운데로 오시는 하나님의 임재를 경험하게 하소서. 예수님의 이름으로 기도합니다. 아멘.

성경봉독 ························· 예레미야애가 1 : 12 ························ 맡은이

(본문 선정 시 치유를 선포하기 이전에 더 포괄적인 고통의 이해를 제시하는 것이 중요하다. 또한 본문을 인간의 신체적 아픔이나 죄와 관련된 부분으로만 한정하지 말아야 한다. 고통을 설교에서 다룰 때 하나님과 개인의 관계뿐만 아니라, 사람과 사람 사이, 나아가 사회적 어려움 및 자연의 아픔까지 복합적이고 포괄적으로 말씀에 포함되어야 한다.)

찬송 ··· 찬양대

설교 ····························· "이 슬픔은 아무것도 아닙니까?" ····················· 설교자

찬송 ····························· "빈 들에 마른 풀같이"(183장) ····················· 다함께

성찬과 치유 예전

회복을 구하는 기도 ························· 시편 38편 ······························· 다함께

"여호와여 주의 노하심으로 우리를 책망하지 마시고 주의 분노하심으로 우리를 징계하지 마소서 주의 화살이 우리를 찌르고 주의 손이 나를 심히 누르시나이다 주의 진노로 말미암아 우리 살에 성한 곳이 없사오며 우리의 죄로 말미암아 우리 뼈에 평안함이 없나이다 우리 죄악이 우리의 머리에 넘쳐서 무거운 짐 같으니 내가 감당할 수 없나이다 우리의 상처가 썩어 악취가 나오니 우리가 우매한 까닭이로소이다 우리가 아프고 심히 구부러졌으며 종일토록 슬픔 중에 다니나이다 우리 허리에 열기가 가득하고 우리 살에 성한 곳이 없나이다 우리가 피곤하고 심히 상하였으매 마음이 불안하여 신음하나이다 주여 우리의 모든 소원이 주 앞에 있사오며 우리의 탄식이 주 앞에 감추이지 아니하나이다"(1-9절). "여호와여 우리를 버리지 마소서 우리의 하나님이여 우리를 멀리하지 마소서 속히 우리를 도우소서 주 우리의 구원이시여"(21-22절).

회복의 고백 ·· 다함께

우리가 아플 때 하나님은 우리의 치료자가 되십니다.
우리가 도움이 필요할 때 하나님은 우리의 힘이십니다.
우리가 죽음의 두려움 가운데 있을 때
하나님은 바로 우리의 생명이 되십니다.
하나님은 우리가 하나님의 나라에까지 이를 때까지 나와 함께하시고 나의 길이 되실 것입니다.
모든 것이 어려울 때 하나님은 빛이십니다.
우리가 새로워져야 할 필요가 있을 때
하나님은 영적 양식이 되십니다(Ambrose of Milan).

(성찬이 없을 때, 회복의 고백으로 예배를 마칠 수 있다.)

(치유의 예전에 성찬이 포함될 때, 회복의 가시적이고 주요한 언어이자 참여적 행위로서 성찬이 제시될 수 있다. 따라서 회중의 회복의 고백에 응답하는 회복의 확신 또는 회복의 말씀으로써 성찬의 초대를 구성할 수 있다.)

회복으로의 초대 ·· 집례자

우리는 하나님께 우리가 당한 것을 기억하시고 우리의 아픔을 살펴보시라고 간구했습니다. 우리는 은을 주고 물을 마시며 값을 주고 나무들을 가져오며 우리를 뒤쫓는 자들이 우리의 목을 눌렀사오니 우리가 기진하여 쉼을 얻을 수 없다고 울었습니다. 우리의 마음과 삶이 온통 상하여 우리를 건져낼 자가 도저히 없어 보인다고 슬퍼했습니다. 우리 마음에는 기쁨이 그쳤고 우리의 춤은 변하여 슬픔이 되었습니다(애 5 : 1-15). 그런 우리를 하나님은 부르십니다. "오호라 너희 모든 목마른 자들아 물로 나아오라 돈 없는 자도 오라 너희는 와서 사 먹되 돈 없이, 값 없이 와서 포도주와 젖을 사라 너희는 귀를 기울이고 내게로 나아와 들으라 그리하면 너희의 영혼이 살리라 내가 너희를 위하여 영원한 언약을 맺으리니"(사 55 : 1, 3a). 하나님은 모든 상처받은 영혼과 삶을 오늘 그분의 치유의 식탁으로 초대하십니다.

찬송 ······················· "오 나의 주님 친히 뵈오니"(228장) ···················· 다함께

(이때 성물 <떡과 잔>과 헌금을 봉헌할 수 있다.)

성찬제정사 ························· 고린도전서 11 : 23~25 ························· 집례자

주 예수께서 잡히시던 날 밤, 떡을 가지사 축사하시고 떼어 주시면서 "이것은 너희를 위하는 내 몸이니 이것을 행하여 나를 기념하라"고 하셨습니다. 주님은 이 땅에서 부서진 자들을 보시고 마음이 상하셨습니다. 주님의 몸도 우리의 아픔을 위해 찢겨지고 부서지셨습니다. 주님의 마음을 기억합니다.

또한 주님께서는 이후에 잔을 드시고 축사하신 후 "이 잔은 내 피로 세운 새 언약이니 이것을 행하여 마실 때마다 나를 기념하라"고 하셨습니다. 그리스도의 눈물과 피가 예배 안에 그리고 이 땅에 흐릅니다. 부서진 피조물의 연약함을 위한 주님의 피와 눈물을 기억합시다.

성찬 감사기도 ··· 집례자

약하고 상한 자들의 하나님, 우리를 주님의 식탁으로 초대하시니 감사합니다. 우리가 떡을 떼고 잔을 나누는 이 시간에 주님의 영의 위로와 치료가 깊이 임하시기를 기도합니다. 그리스도의 몸과 피를 받을 때에 우리의 상하고 깨어진 영혼과 삶이 새로워지게 하시고 세상의 잘못된 것들이 바로 세워질 수 있게 하여 주소서. 죄로 인해 슬퍼하는 사람들, 예상치 못한 상실, 정신적 또는 신체적 아픔, 자연재해, 전쟁, 실패, 두려움, 경제적 문화적 어려움 등으로 고통당하는 세상의 아픔 속에 임하셔서 위로와 회복을 허락해 주소서. 예수 그리스도의 이름으로 기도합니다. 아멘.

분병분잔 ··· 다함께

치유를 위한 안수[47] 및 탄식기도······························· 집례자와 회중

(성찬의 여부와 상관없이 안수를 받기를 원하는 참여자들에게 다양한 방식으로 치유를 위한 안수기도를 행할 수 있다.)

인도자 : 여호와 치료의 하나님, 하늘이 땅보다 높음같이 하나님의 길은 우리의 길보다 높고 하나님의 생각은 우리의 생각보다 높습니다(사 55 : 9). 그래서 우리는 우리의 외로움과, 아픔과, 두려움과, 불확실함을 가지고 우리가 기대하지 못한 방식으로 우리 삶에 일하고 계시는 하나님 앞에 나아갑니다.

회　중 : 주여, 우리를 불쌍히 여기소서.

인도자 : 우리 중 많은 이들이 주님의 치료가 필요합니다. 우리의 날들을 방해하는 육체적 고통과 마음의 고통, 영적인 고통이 있습니다. 과거의 상처들을 여전히 삶에 가지고 있기도 하고, 현재의 아픔에 휩싸여 있기도 하고, 미래에 대한 불안감으로 인해 분노하고 씨름하고 있습니다.

회　중 : 주여, 우리를 불쌍히 여기소서.

인도자 : 주님은 우리를 잘 아십니다. 주님은 우리의 모든 것을 알고 계시며 우리의 자고 깸과 생각도 알고 계십니다. 우리 삶의 모든 필요를 구하라는 주님의 말씀을 따라 우리가 치유를 바라고 나아갑니다. 주님

---

47) 치유를 위한 안수기도는 사람들의 일로서의 예전의 의미, 하나님 사랑의 가시적 사건으로서의 예전의 의미, 하나님의 은혜의 통로로서의 대표성, 현대문화 등을 고려해서 진행되어야 한다. 특별히 예배의 상황에 따라 유연하게 적용될 수 있다.

이 어떤 방식으로 우리를 치유하시든지 주님이 주시는 치유는 항상 기적과 같습니다. 주님, 우리의 모든 삶의 영역에서 우리를 치료하소서.

회　　중 : 주여, 우리를 고치소서. 그리하시면 낫겠나이다.

인도자 : 우리가 하고자 하는 모든 것을 새롭게 하여 주시기를 구합니다. 우리의 믿음을 더 굳건하게 해 주시기를 기도합니다. 주님의 사랑이 우리에게 족함을 고백합니다. 주님의 치유를 통해 우리가 더 큰 영광을 드릴 수 있게 되기를 원합니다.

회　　중 : 주여, 우리를 치료하소서.

안수기도로 부름 ·· 집례자

성경은 신앙의 사람들이 서로에게 안수할 때 그리스도의 능력이 드러나는 것을 증언하고 있습니다. 우리도 이 시간 성경과 교회의 전통에 따라 고통받는 우리의 지체들을 위해 함께 손을 들어 기도할 수 있기를 바랍니다.

(이때 상황에 따라 목회자에게 안수 받을 수 있고, 그룹별<구역, 셀 등>로 함께 손을 얹고 기도할 수 있다.)

파송 예전

찬송 ····················· "기쁠 때나 슬플 때나"(418장) ······················· 다함께

파송의 말씀 ··· 다함께

우리 주님의 사랑과 능력의 경이로움이 우리의 삶의 모든 영역을 새롭게 채우실 것입니다. 신실하시고 공급하시는 하나님은 우리의 삶을 통해 그분의 능력을 나타내실 것입니다. 자유와 평안 가운데 걸을 수 있는 믿음을 주실 것입니다.

축도 ·· 인도자

여호와께서 우리에게 복을 내리시고, 우리를 지켜 주시고, 여호와께서 우리에게 자비를 베푸시며, 우리에게 은혜를 내려 주시기를 빕니다. 여호와께서 우리를 내려다보시고, 우리에게 평화 주시기를 간구합니다(민 6 : 24-26).

3) 부흥회

> • 헌금은 예배 전에 교역자들이 성도에게 받아 미리 강대상에 올려놓는다.
> • 설교자가 외부 목사인 경우, 부흥회 예배인도는 주관 교회의 목사가 한다.

찬양과 경배 ··· 다함께
    (찬양 인도자와 찬양팀이 4-5곡을 인도한다.)
신앙고백 ·· 다함께
찬송 ··· 다함께
기도 ·· 맡은이
성경봉독 ·· 인도자
찬송 ·· 찬양대
설교 ·· 설교자
    (설교자가 설교 전에 드려진 헌금을 위해 기도할 수도 있다.)
합심기도 ·· 인도자
교회소식 ·· 인도자
찬송 ··· 다함께
축도 ·· 설교자

4) 새 세대(유·청소년)

(1) 찬양 중심으로 드릴 때

> - 설교자와 찬양팀, 예배위원, 영상준비팀 등이 사전에 모여 성경본문과 설교 주제 등을 나누며 예배 전체가 하나의 주제 가운데 통일성 있게 구성되도록 준비한다.
> - 예배는 사회자 없이, 그리고 순서 간의 간격 없이 진행하도록 한다.
> - 예배 공동체가 예배에 함께 참여한다는 것을 경험하기 위해서, 예배 공동체 구성원에게 예배위원 순서가 골고루 돌아가도록 구성하고, 다 함께 참여하는 순서도 다수 편성한다.

환영인사와 예배로 부름 ·· 맡은이

찬송 ··· 다함께

(찬양팀의 인도로 10-30분 동안 찬양을 부른다.)

기도 ··· 다함께

(마지막 찬양을 마친 후, 찬양팀 리더가 예배를 위한 기도제목을 주어 다 함께 기도한다. 마침기도는 찬양팀 리더나 맡은 이가 한다.)

신앙고백 ····················· 사도신경 ···························· 다함께

성경봉독 ··· 맡은이

설교 ··· 설교자

(설교 시에 시청각 자료, 실물, 영상, 스킷 드라마 등을 활용할 수 있다.)

봉헌 ··· 다함께

(봉헌 시 설교의 주제와 연관된 찬양을 찬양팀의 인도로 함께 부른다.)

봉헌기도···맡은이

교회소식 및 새 친구 소개···맡은이

    (이때 서로 인사하는 친교시간 또는 평화의 인사를 나누는 시간을 가질 수 있다.)

파송찬송 ··· 다함께

    (일상에서 하나님의 말씀을 실천할 것을 다짐하도록 설교 주제와 연관된 찬양을 함께 부른다.)

축도(마침기도) ···맡은이

(2) 절기에 드릴 때

- 유·청소년 절기예배는 성인예배를 위한 준비과정으로 주일예배 형식을 따르며, 공인찬송가를 사용하여 익히도록 한다.
- 절기예배는 유·청소년이 교회력에 관한 지식을 습득하고, 기독교적 가치를 체화할 수 있도록 돕는다. 이를 위해 절기예배 시 절기색과 상징으로 환경을 꾸밀 수 있다.
- 유아세례교인부터 성찬식에 참여할 수 있게 됨에 따라, 절기예배에서는 성찬식이 수행된다. 성찬식은 해당 절기의 의미를 부각시킬 수 있는 성찬의 이미지로 수행될 수 있다. 단, 성찬식은 집례할 수 있는 목사가 있을 경우에 가능하다.
- 본서에서는 유·청소년 예배에서 사용하도록 교회력에 따른 절기뿐만 아니라 특별한 날들에 관한 예문도 일부 포함하였다.

                                                              * 가능한 분은 일어서서

* 입례 ··································· 조용한 찬양곡 ································· 다함께

    (순서를 맡은 예배인도자, 예배위원, 찬양대 또는 찬양팀이 입장한다.)

* 예배로 부름 ··· 인도자

> 오늘은 교회력으로 ○○○주일입니다. 우리의 마음과 뜻과 정성을 모아 하나님께 예배드립시다. "하나님은 영이시니 예배하는 자가 영과 진리로 예배할지니라"(요 4 : 24).

* 기원 ··· 집례자

> 사랑의 하나님, 저희를 거룩한 성전으로 인도하여 주셔서 감사합니다. 저희는 한 주간 동안 세상의 가치로 가득한 일상을 살았습니다. 그러는 동안 하나님의 말씀대로 살아가지 못했고, 하나님의 사랑을 잊고 있었습니다. 하나님, 이 시간 주님의 품 안에서 위로와 평안을 얻게 하여 주시길 원합니다. 성삼위 하나님, 저희가 함께 모인 이곳에 임하셔서 홀로 영광 받으소서. 예수 그리스도의 이름으로 기원합니다. 아멘.

* 성시교독 ··· 다함께

> (절기에 따른 교독문을 교독한다.)

* 신앙고백 ··· 사도신경 ··················· 다함께

 찬송 ··· 다함께

> (성부, 성자, 성령 삼위일체 하나님께 영광 돌리는 내용의 찬송가 또는 CCM을 선곡한다.)

 성경봉독 ··· 맡은이

> 봉독자 : 오늘 우리에게 주시는 하나님의 말씀은 ○○○○, ○○장 ○○절입니다. 하나님의 말씀을 귀 기울여 들으십시오.
>
> (읽은 후)
>
> 봉독자 : 하나님의 말씀입니다.
> 다함께 : 하나님, 감사합니다. 아멘.

 설교 ·· 맡은이

 봉헌 ·· 다함께

 봉헌송 ··· 맡은이

봉헌기도··맡은이

 사랑의 하나님, 저희가 가진 모든 것이 하나님께서 주신 것임을 믿고 감사하며 예물을 드립니다. 이 예물과 함께 저희의 삶도 하나님께 드리오니 받아 주시길 원합니다. 그리고 이 예물이 쓰이는 곳마다 하나님의 영광이 나타나게 하소서. 예수 그리스도의 이름으로 기도합니다. 아멘.

성찬 감사기도[48] ··· 집례자와 회중

 집례자 : 하나님께서 여러분과 함께하시기를 원합니다.
 회 중 : 목사님과도 함께하시기를 원합니다.
 집례자 : 여러분의 마음을 하나님을 향해 활짝 여십시오.
 회 중 : 하나님께 우리의 마음을 활짝 엽니다.
 집례자 : 우리 하나님께 감사를 드립시다.
 회 중 : 우리는 당연히 하나님께 감사해야 합니다. [수르숨 코르다]
 집례자 : 모든 것을 만드신 하나님! 하나님은 세상 모든 것의 주인이시기에 우리는 기뻐하며 이 시간 하나님께 감사로 노래합니다. 하나님은 지혜로 모든 것을 만드셨고 지금까지 지켜 주셨으며, 우리는 하나님의 사랑 안에서 보살핌을 받으며 살아왔습니다. 하나님은 아들이신 예수님을 우리에게 보내셔서 우리가 힘들 때 도와주시고 우리가 하나님을 잊지 않고 바라보도록 하셨습니다. 그동안 교회를 섬기셨던 모든 거룩한 분들과 함께 우리도 하나님을 영원히 노래합니다. [서문]
 회 중 : 거룩, 거룩, 거룩하신 주님! 모든 것을 하실 수 있으신 하나님! 하늘과 땅이 하나님의 이름으로 아름다워졌습니다. 호산나, 호산나! 가장 높은 곳에 계신 분께 호산나! 하나님의 이름으로 오시는 분이시여, 감사 받으실 분이시여! 호산나 찬양을 올려 드립니다. [삼성송]
 집례자 : 오! 거룩하신 하나님, 이 시간 하나님의 아들이신 예수님께도 기쁨으로 감사드립니다. 성령님의 도우심으로 이 땅에 오신 예수님 안에서 하나님의 말씀이 우리와 함께하십니다. 예수님은 이 땅에서 우리처럼 사시며 기쁨과 슬픔을 경험하셨고, 병든 사람을 고치시며, 배고픈 사

---

48) 본 기도문은 아동들의 수준에 맞도록 구성되었다. 기도문 중 [푸른 글씨]는 기도의 주제 이해를 돕기 위해 첨부되었다. 주제들의 구체적 의미는 본서 5장 성찬 예전의 구성을 참조.

람을 먹이시고, 보지 못하는 사람을 보게 하셨으며, 외로운 사람들과 함께 식사를 하셨고, 가난한 사람들에게 하나님 나라의 기쁜 소식을 전하셨습니다. 예수님은 불쌍한 우리를 위해 십자가에서 돌아가셨지만, 다시 살아나셔서 우리 모두에게 생명을 주셨습니다. 예수님은 지금 하나님과 함께하시며 우리가 가야 할 곳으로 길을 인도하십니다. 그리고 예수님은 세상을 새롭게 하시기 위해 꼭 다시 오실 것입니다. 예수님, 감사합니다. [감사]

고린도전서 11장 23-25절의 말씀입니다. "주 예수께서 잡히시던 밤에 떡을 가지사 축사하시고 떼어 이르시되 이것은 너희를 위하는 내 몸이니 이것을 행하여 나를 기념하라 하시고 식후에 또한 그와 같이 잔을 가지시고 이르시되 이 잔은 내 피로 세운 새 언약이니 이것을 행하여 마실 때마다 나를 기념하라" 하셨습니다. [제정사]

예수님을 통해 보여 주신 하나님의 크신 사랑을 기억하면서, 우리는 이 떡과 포도즙을 가져왔습니다. 또한 우리 자신도 하나님께 드립니다. 오늘 이곳에 모인 여러분, 예수님이 하신 일을 기억하며 감사함으로 크게 외칩시다. [기념과 드림]

회　중 : 예수님을 믿는 것이 놀랍고 신기합니다! 예수님께서 죽으심으로 우리가 힘차게 살아갑니다! 예수님! 우리 모두가 다시 만날 날을 기다립니다! [기념의 환호]

집례자 : 하나님, 우리에게, 그리고 하나님의 선물인 이 떡과 포도즙 위에 성령님을 보내주소서. 그래서 우리가 이 떡을 떼고 이 포도즙을 먹을 때 성령 안에서 우리를 예수님과 하나 되게 하시고, 함께하는 친구들과도 하나 되게 하시며, 예수님을 사랑하는 모든 사람들과도 하나 되게 하소서. 예수님, 다시 오실 때까지 우리를 인도하시고, 우리가 예수님을 세상에 알리게 하소서. 예수님과 성령님 안에서, 모든 영광과 존귀가 하나님께 지금부터 영원까지 있습니다. [성령임재와 송영]

회　중 : 아멘.

주기도 ··· 다함께

이제 예수님께서 우리에게 주신 음식을 먹기 전 예수님의 가르침을 따라 기도합시다.

(찬송가 635-636장으로 주기도를 드릴 수도 있다.)

떡을 뗌 ·· 집례자

(집례자는 떡을 들어 올린 후 찢으며 다음과 같이 말한다.)

예수님께서 나는 생명의 떡이라고 말씀하셨습니다.

(잔을 높이 들어 올린 후 다음과 같이 말한다.)

이것은 우리를 위한 생명의 음료입니다.

예수님의 살과 피에 참여하는 우리 모두는 한 몸, 한 가족입니다. 하나님의 자녀인 여러분, 하나님께서 우리에게 주신 이 음식을 감사하며 먹읍시다.

분병분잔 ·· 세례교인

(떡을 주며, 성찬위원은 다음과 같이 말한다.)

성찬위원 : 여러분을 위한 그리스도의 몸입니다.

세례교인 : 아멘.

(잔을 주며, 성찬위원은 다음과 같이 말한다.)

성찬위원 : 여러분을 위한 그리스도의 피입니다.

세례교인 : 아멘.

성찬 후 기도 ·· 집례자

하나님, 이 시간 저희가 주님의 사랑을 기억하며 주님의 몸과 피를 함께 나누게 하여 주시니 감사합니다. 이제 저희가 주님의 몸과 피를 함께 나눈 믿음의 공동체로서 서로 사랑하고 섬기며 주께서 맡겨 주신 사명을 감당하도록 하나님께서 인도하여 주소서. 예수 그리스도의 이름으로 기도합니다. 아멘.

* 감사찬송 ··· 다함께

* 위탁과 파송의 말씀 ·· 집례자

평화로운 마음으로 세상을 향해 나아가십시오. 악으로 악을 갚지 말고, 항상 선한 일을 도모하십시오. 이웃의 아픔에 공감하고 함께하십시오. 불의에 타협하지 말고 하나님의 정의를 드러내십시오. 성령의 능력 안에서 항상 기뻐하십시오.

* 축도 ···집례자

"여호와는 네게 복을 주시고 너를 지키시기를 원하며 여호와는 그의 얼굴을 네게 비추사 은혜 베푸시기를 원하며 여호와는 그 얼굴을 네게로 향하여 드사 평강 주시기를 원하노라"(민 6 : 24-26).

* 축복송 ···찬양대 또는 찬양팀

교회소식··맡은이

5) 고령자[49]

(1) 교회에서 드릴 때

- 본 예배는 지역 교회에서 고령자(노인)를 중심으로 진행되는 예배이다.
- 고령자(노인)를 고려하여 모든 예배는 앉아서 진행한다.
- 참여하는 이들의 영적인 훈련과 신앙 전수를 위해 성찬을 함께하는 예배를 권장한다.

예배로 부름 ·· 인도자

"오라 우리가 굽혀 경배하며 우리를 지으신 여호와 앞에 무릎을 꿇자"(시 95 : 6).

응답송 ··· 반주자 또는 찬양대

찬송 ································· "만유의 주재"(32장)································· 다함께

참회와 고백의 기도 ··· 다함께

---

[49] UN에서 정한 기준에 따르면 한국은 65세 이상 인구가 14% 이상을 차지하는 고령사회이며, 농어촌 교회의 예배 연령은 40% 이상, 기관 목회지의 상황에서는 100%가 65세 이상 노인으로 구성되어 있다. 이에 교회는 노인 예배와 노년부를 신설하여 연령대에 맞는 예배와 교육을 진행하고 있다. 교회는 고령자(노인)를 삶의 지혜와 신앙의 유산을 물려 줄 예배자로 바라보며 예배를 준비해야 한다.

사죄의 말씀 ··· 인도자

"그런즉 누구든지 그리스도 안에 있으면 새로운 피조물이라 이전 것은 지나갔으니 보라 새 것이 되었도다"(고후 5 : 17).

신앙고백 ························· 사도신경 ···················· 다함께

기도 ··· 맡은이

성경봉독 ················· 다니엘 6 : 10 ························ 인도자

찬송 ·· 찬양대

(찬송가 430-447장 중에서 선곡하여 부른다.)

설교 ·· 설교자

(고령자 회중을 고려하여 간단명료한 주제와 구성으로 진행한다.)

다니엘 6장은 사자굴에 들어갔다가 살아난 다니엘을 소개하고 있습니다. 이 당시 다니엘은 80세가 넘은 노인이었습니다. 그는 청소년 시기에 바벨론에 포로로 끌려와서 60년이 넘도록 타지에서 신앙을 지켰습니다. 위기 앞에서 다니엘은 어떤 행동을 하고 있을까요? 첫째, 신앙 습관을 지켰습니다. '전에 하던 대로' 행하는 다니엘을 봅니다. 그는 거룩한 신앙의 습관을 위기 앞에서도 계속 지켰습니다. 늘 예배하고, 늘 찬양하고, 늘 기도하던 다니엘은 사자굴 앞에서도 기도합니다. 둘째, 하나님만 의지했습니다. 다니엘이 했던 거룩한 습관 중 하나는 '기도'입니다. 본문의 전후 맥락을 보면 다리오 왕도 신하들의 계략을 막지 못했습니다. 다니엘은 위기 가운데 이 문제를 해결할 유일한 분, 하나님을 의지합니다. 셋째, 하나님께 감사했습니다. 다니엘의 거룩한 습관 가운데 또 다른 하나는 '감사'입니다. 지금의 상황은 위기이지만 지금까지의 모든 일은 감사입니다. 하나님께서 행하신 많은 기적이 현재의 다니엘을 만들었습니다. 하나님을 바라보면 감사를 할 수 있습니다. 이러한 다니엘의 세 가지 행동 후에 다니엘은 하나님께서 주시는 기적을 경험합니다. 어떤 상황에서도 흔들림 없이, 어떤 나이에서도 두려움 없이 우리는 하나님의 기적을 경험할 수 있습니다. 오늘 이 하루도 거룩한 신앙의 습관을 가지고 하나님만 바라보고 기도하며 감사하는 우리 모두가 되기를 바랍니다.

| 성찬 예전(선택) |

찬송·························"나의 갈 길 다 가도록"(384장)······················ 다함께

봉헌·· 다함께

봉헌기도··맡은이

축도·· 인도자

교회소식··맡은이

(2) 기관에서 드릴 때

- 본 예배는 기관 목회에서 고령자(노인)를 중심으로 진행되는 예배이다.
- 요양 시설의 예배, 노인 전문 병원의 예배 등 거동이 매우 불편한 고령자(노인)를 중심으로 진행되는 예배에서 활용할 수 있다.
- 모든 예배는 앉아서 진행한다.
- 고령자(노인)의 질병에 대한 치유기도를 진행한다.
- 연주와 찬송은 고령자(노인)들의 상황에 고려하여 생략할 수 있다.

예배로 부름··· 인도자

 "하나님은 영이시니 예배하는 자가 영과 진리로 예배할지니라"(요 4 : 24).

찬송······························ "복의 근원 강림하사"(28장)······················ 다함께

참회와 고백의 기도··· 다함께

사죄의 말씀··· 인도자

 "만일 우리가 우리 죄를 자백하면 그는 미쁘시고 의로우사 우리 죄를 사하시

며 우리를 모든 불의에서 깨끗하게 하실 것이요"(요일 1 : 9).

사도신경 ·· 다함께

기도 ··· 맡은이

성경봉독 ······························ 잠언 16 : 31 ································ 다함께

설교 ··· 설교자

하나님 앞에 예배하는 우리 자신은 어떤 존재일까요? 이제 노인이 되어 가치를 평가할 수 없는 존재일까요? 성경은 정반대의 진리를 선포하고 있습니다. "백발은 영화의 면류관이라". 우리의 백발이 영광을 상징하는 값진 것이라고 선포하고 있습니다. 우리의 흰 머리는 가치 있는 상, 올림픽의 금메달과 같은 의미를 가진 '면류관'입니다. 성경은 면류관을 받는 이유를 설명합니다. "공의로운 길에서 얻으리라". 우리가 걸었던 공의로운 길, 의로우신 하나님을 따르는 신앙의 길에서 얻는 영광이 우리가 가진 면류관입니다. 하나님께서 주시는 면류관을 소유한 우리는 하나님께, 그리고 사람들 앞에 소중하고 존귀한 자들입니다. 이 진리를 기억하며 감격하는 우리 모두가 되기를 소망합니다.

찬송 ························· "주 안에 있는 나에게"(370장) ···················· 다함께

봉헌 ··· 다함께

치유를 위한 기도 ·· 인도자

(참여한 회중에게 안수하며 기도할 수 있다.)

아버지 하나님, 이 시간 우리의 연약함을 아뢰며 주님께 간구합니다. 우리의 연약함을 모두 알고 계시는 주님, 치료의 은혜를 허락하여 주옵소서. 믿음의 기도는 병든 자를 구원한다고 하셨습니다. 함께 기도하며 간구하는 이 시간, 주님의 기적을 누리게 하옵소서. 육신의 질병으로 고통받고 있습니다. 노화로 인해 거동이 불편합니다. 마음과 생각에 혼란함이 있습니다. 영적인 어려움과 상처가 있습니다. 우리를 창조하신 주님, 우리 몸의 모든 부분을 다 아시오니 우리를 창조의 아름다운 형상으로 회복시켜 주옵소서. 육신의 모든 기관이 잘 작동하게 하시며, 손상을 당한 기관을 회복시켜 주옵소서. 질병을 가져다 주

는 모든 세균, 바이러스 등을 제거하여 주옵소서. 악한 세포들도 소멸하게 하
옵소서. 이 시간 주님의 치료, 기적을 경험하는 시간이 되게 하옵소서. 예수님
의 이름으로 기도합니다. 아멘.

축도 ··· 인도자

교회소식 ··맡은이

6) 세대통합[50]

(1) 함께 시작하고 나눌 때

- 구약의 말씀, 신약의 말씀, 설교 1, 2, 응답송은 주제의 흐름이 같아야 한다.
- 설교 1의 경우 다음세대와 회중이 함께 준비하는 내용이라면 더욱 좋다. 준비의 과정이 공동체의 상호작용과 세대 간의 관계 형성을 통해 신앙 전통이 전수되고 신앙의 문화화가 이루어지는 장이 되기 때문이다. 또 하나님의 구원 이야기가 다음세대의 삶의 자리에서 재현되고 기억되며, 기념된다는 것을 구체적으로 경험하게 된다.
- 응답송은 하나의 찬송을 1, 2절은 다음세대, 3, 4절은 회중이 부르게 할 수 있다.

---

50) 성경적으로 예배는 그리스도 안에서 나이, 성별, 인종 등의 구별이 없이 모든 지체가 함께하는 것을 의미한다. 그런 의미에서 세대통합예배(Intergenerational Corporate Worship)는 현대사회에서 절실히 요구된다. 이 예배는 모든 세대가 함께 드리는 예배로서 가족예배의 성격을 가지고 있으나 가족예배는 혼자 나오는 어린이나 결혼하지 않은 독신들에게 소외감을 줄 수 있기에 세대통합예배라는 용어가 적절하다. 세대통합예배는 어린이, 청소년들을 예배 순서에 참여시킴으로써 어린 시절부터 공동체 신앙을 경험케 한다. 이 예배는 주일 저녁, 각 가정의 가족모임과 병행할 수도 있다. 즉, 낮에는 온 가족이 함께 예배하고, 주일 오후에는 교회학교 각 부서별로 교육과 훈련을 실시하며, 저녁에는 각 가정에서 온 가족이 함께 시간을 갖는다. 이때 가족모임을 위한 프로그램은 교회에서 제공한다. 세대통합예배는 매주 드리는 교회도 있겠으나, 교회의 형편에 따라 매월 1회 "월을 잇는 세대통합예배"로 함께 하나님 앞에 나아가거나, "네 하나님 여호와 앞에서 즐거워할지니라"(신 16:11)라는 말씀처럼 교회 절기(부활절, 성탄절 등) 때마다 모든 세대와 이웃이 함께 모여 예배드릴 수 있다.

- 예배실 자리는 가족별, 부서별, 학년별 등 교회의 형편에 맞게 배치한다.
- 예배 순서 맡은 이는 반드시 준비한 순서에 대한 리허설을 한다.

예배로 부름 ··· 인도자

"그러므로 형제들아 내가 하나님의 모든 자비하심으로 너희를 권하노니 너희 몸을 하나님이 기뻐하시는 거룩한 산 제물로 드리라 이는 너희가 드릴 영적 예배니라"(롬 12 : 1).

신앙고백 ··· 다함께

찬송 ···························· "만복의 근원 하나님"(1장) ···························· 다함께

성시교독 ································ 67번 ································ 다함께

 회 중 : 지혜를 얻은 자와 명철을 얻은 자는 복이 있나니
 다음세대 : 이는 지혜를 얻는 것이 은을 얻는 것보다 낫고 그 이익이 정금보다 나음이니라
 회 중 : 지혜는 진주보다 귀하니 네가 사모하는 모든 것으로도 이에 비교할 수 없도다
 다음세대 : 그의 오른손에는 장수가 있고 그의 왼손에는 부귀가 있나니
 회 중 : 그 길은 즐거운 길이요 그의 지름길은 다 평강이니라
 다음세대 : 지혜는 그 얻은 자에게 생명 나무라 지혜를 가진 자는 복되도다
 회 중 : 여호와께서는 지혜로 땅에 터를 놓으셨으며 명철로 하늘을 견고히 세우셨고
 다음세대 : 그의 지식으로 깊은 바다를 갈라지게 하셨으며 공중에서 이슬이 내리게 하셨느니라
 회 중 : 내 아들아 완전한 지혜와 근신을 지키고 이것들이 네 눈앞에서 떠나지 말게 하라
 다 함 께 : 대저 여호와는 네가 의지할 이시니라 네 발을 지켜 걸리지 않게 하시리라

찬송	"다 찬양하여라"(21장)	다함께
기도		다음세대/회중

　(다음세대 한 명과 회중 가운데 한 명)

구약의 말씀	잠언 1 : 7~9	회중
응답송	"나의 사랑하는 책"(199장)	다음세대
응답송	"달고 오묘한 그 말씀"(200장)	회중
신약의 말씀	디모데후서 3 : 16~17	다음세대
설교 1		교육 담당 교역자

　(애니메이션, 영상, 인형극 등 다양한 매체를 활용하여 간단하게 설교한다.)

찬송	"주의 말씀 듣고서"(204장)	회중

　(이때 다음세대는 안내 교사의 인도로 퇴장하여 각 부서로 돌아가 이후 예배 순서를 계속한다.)

설교 2		설교자
봉헌송	"나 주의 도움 받고자"(214장)	다함께
봉헌기도		맡은이
찬송	"네 맘과 정성을 다하여서"(218장)	다함께
축도		인도자

(2) 끝까지 함께 할 때

　• 끝까지 함께 드리는 세대통합예배를 처음 드릴 경우 다음세대와 회중이 각각 예배 순서와 진행에 대해 숙지하도록 담당 교역자가 안내해 주어

- 끝까지 함께 드리는 세대통합예배는 예배 안내위원, 찬양대, 헌금위원, 성경봉독 등의 순서를 다음세대와 회중 가운데 각각 한 명씩 선정하여 (또는 필요한 인원) 함께 담당한다.
- 구약의 말씀, 신약의 말씀, 설교 1, 2, 응답송은 주제의 흐름이 같아야 한다.
- 설교 1의 경우 다음세대와 회중이 함께 준비하는 내용이라면 더욱 좋다. 준비의 과정이 공동체의 상호작용과 세대 간의 관계 형성을 통해 신앙 전통이 전수되고 신앙의 문화화가 이루어지는 장이 되기 때문이다.
- 응답송은 하나의 찬송을 1, 2절은 다음세대, 3, 4절은 회중이 부르게 할 수 있다.
- 세대통합 찬양대는 세대통합예배를 위해 특별히 구성된 찬양대이며, 다음세대와 회중이 함께 참여하는 찬양대이다. 찬송가 외의 곡 선정 시 총회 홈페이지-통합자료실-목회자료-예배용 현대성가 300곡 선정 리스트를 참고한다.
- 예배실 자리는 가족별, 부서별, 학년별 등 교회의 형편에 맞게 배치한다.
- 예배 순서 맡은 이는 반드시 준비한 순서에 대한 리허설을 한다.

예배로 부름 ··· 인도자

"하나님은 영이시니 예배하는 자가 영과 진리로 예배할지니라"(요 4 : 24).

신앙고백 ··· 다함께

찬송 ······················"찬양하라 내 영혼아"(621장)······················ 다함께

(이때의 찬송은 경배와 찬양의 뜻이 담긴 내용으로 한다.)

성시교독 ························· 79번 ························· 다함께

회　　중 : 나는 포도나무요 너희는 가지라 그가 내 안에, 내가 그 안에 거하면
다음세대 : 사람이 열매를 많이 맺나니 나를 떠나서는 너희가 아무 것도 할 수 없음이라

회　　중	: 사람이 내 안에 거하지 아니하면 가지처럼 밖에 버려져 마르나니
다음세대	: 사람들이 그것을 모아다가 불에 던져 사르느니라
회　　중	: 너희가 내 안에 거하고 내 말이 너희 안에 거하면 무엇이든지 원하는 대로 구하라
다음세대	: 그리하면 이루리라
회　　중	: 너희가 열매를 많이 맺으면 내 아버지께서 영광을 받으실 것이요
다음세대	: 너희는 내 제자가 되리라
회　　중	: 아버지께서 나를 사랑하신 것같이 나도 너희를 사랑하였으니
다음세대	: 나의 사랑 안에 거하라
회　　중	: 내가 아버지의 계명을 지켜 그의 사랑 안에 거하는 것같이
다음세대	: 너희도 내 계명을 지키면 내 사랑 안에 거하리라
다 함 께	: 내가 이것을 너희에게 이름은 내 기쁨이 너희 안에 있어 너희 기쁨을 충만하게 하려 함이라

찬송 ·· "나는 예배자입니다" ·································· 다함께

구약의 말씀 ································ 신명기 6 : 4~9 ································· 회중

응답송 ······················ "사랑의 하나님 귀하신 이름은"(566장) ········· 다음세대/회중

(1, 2절 다음세대, 3, 4절 회중)

신약의 말씀 ·························· 마태복음 22 : 34~40 ······························· 다음세대

설교 1 ··· 교육 담당 교역자

(애니메이션, 영상, 인형극 등 다양한 매체를 활용하여 간단하게 설교한다.)

응답송 ··························· "주님만 주님만 주님만 사랑하리" ········· 세대통합 찬양대

설교 2 ································ "하나님을 사랑하라" ································ 설교자

(신앙 계승의 중요성을 주제로 이야기식 설교를 할 수 있으며, 15분 이내의 메시지를 전한다.)

응답송 ······························· "사랑하는 나의 아버지" ······························· 다함께

기도 ··· 다음세대를 위해 ································· 다함께

(세대통합의 중요성과 관련된 기도 제목으로 합심기도를 한다.)

- 마음을 다하고 목숨을 다하고 뜻을 다하여 하나님을 사랑하는 다음세대가 되게 하소서.
- 다음세대가 이 시대의 풍조를 본받지 말고 하나님의 선하시고 기뻐하시고 온전하신 뜻이 무엇인지를 분별하게 하소서.
- 다음세대가 택하신 족속이요 왕 같은 제사장들이요 거룩한 나라요 하나님의 소유가 된 백성임을 잊지 않고 신앙의 대를 잇는 거룩한 세대가 되게 하소서.

찬송 ·· 다음세대

(결단과 다짐의 마음을 담은 찬양으로 워십 댄스를 한다.)

봉헌 ························· "나의 생명 드리니"(213장) ························· 다함께

봉헌기도 ·· 맡은이

(다음세대 한 명과 회중 가운데 한 명이 한다.)

성찬 감사기도[51] ·· 집례자와 회중

  집례자 : 하나님께서 여러분과 함께하시기를 원합니다.
  회   중 : 목사님과도 함께하시기를 원합니다.
  집례자 : 여러분의 마음을 하나님을 향해 활짝 여십시오.
  회   중 : 하나님께 우리의 마음을 활짝 엽니다.
  집례자 : 우리 하나님께 감사를 드립시다.
  회   중 : 우리는 당연히 하나님께 감사해야 합니다. [수르숨 코르다]
  집례자 : 모든 것을 만드신 하나님! 하나님은 세상 모든 것의 주인이시기에 우리는 기뻐하며 이 시간 하나님께 감사로 노래합니다. 하나님은 지혜로 모든 것을 만드셨고 지금까지 지켜 주셨으며, 우리는 하나님의 사랑 안에서 보살핌을 받으며 살아왔습니다. 하나님은 아들이신 예수님을 우리에게 보내셔서 우리가 힘들 때 도와주시고 우리가 하나님을 잊지 않고 바라보도록 하셨습니다. 그동안 교회를 섬기셨던 모든 거

---

[51] 본 기도문은 아동들의 수준에 맞도록 구성되었다. 기도문 중 [푸른 글씨]는 기도의 주제 이해를 돕기 위해 첨부되었다. 주제들의 구체적 의미는 본서 5장 성찬 예전의 구성을 참조.

록한 분들과 함께 우리도 하나님을 영원히 노래합니다. [서문]

회　중 : 거룩, 거룩, 거룩하신 주님! 모든 것을 하실 수 있으신 하나님! 하늘과 땅이 하나님의 이름으로 아름다워졌습니다. 호산나, 호산나! 가장 높은 곳에 계신 분께 호산나! 하나님의 이름으로 오시는 분이시여, 감사 받으실 분이시여! 호산나 찬양을 올려 드립니다. [삼성송]

집례자 : 오! 거룩하신 하나님, 이 시간 하나님의 아들이신 예수님께도 기쁨으로 감사드립니다. 성령님의 도우심으로 이 땅에 오신 예수님 안에서 하나님의 말씀이 우리와 함께하십니다. 예수님은 이 땅에서 우리처럼 사시며 기쁨과 슬픔을 경험하셨고, 병든 사람을 고치시며, 배고픈 사람을 먹이시고, 보지 못하는 사람을 보게 하셨으며, 외로운 사람들과 함께 식사를 하셨고, 가난한 사람들에게 하나님 나라의 기쁜 소식을 전하셨습니다. 예수님은 불쌍한 우리를 위해 십자가에 돌아가셨지만, 다시 살아나셔서 우리 모두에게 생명을 주셨습니다. 예수님은 지금 하나님과 함께하시며 우리가 가야 할 곳으로 길을 인도하십니다. 그리고 예수님은 세상을 새롭게 하시기 위해 꼭 다시 오실 것입니다. 예수님, 감사합니다. [감사]

　　　　　　고린도전서 11장 23-25절의 말씀입니다. "주 예수께서 잡히시던 밤에 떡을 가지사 축사하시고 떼어 이르시되 이것은 너희를 위하는 내 몸이니 이것을 행하여 나를 기념하라 하시고 식후에 또한 그와 같이 잔을 가지시고 이르시되 이 잔은 내 피로 세운 새 언약이니 이것을 행하여 마실 때마다 나를 기념하라" 하셨습니다. [제정사]

　　　　　　예수님을 통해 보여 주신 하나님의 크신 사랑을 기억하면서, 우리는 이 떡과 포도즙을 가져왔습니다. 또한 우리 자신도 하나님께 드립니다. 오늘 이곳에 모인 여러분, 예수님이 하신 일을 기억하며 감사함으로 크게 외칩시다. [기념과 드림]

회　중 : 예수님을 믿는 것이 놀랍고 신기합니다! 예수님께서 죽으심으로 우리가 힘차게 살아갑니다! 예수님! 우리 모두가 다시 만날 날을 기다립니다! [기념의 환호]

집례자 : 하나님, 우리에게, 그리고 하나님의 선물인 이 떡과 포도즙 위에 성령님을 보내 주소서. 그래서 우리가 이 떡을 떼고 이 포도즙을 먹을 때 성령 안에서 우리를 예수님과 하나 되게 하시고, 함께하는 친구들과

도 하나 되게 하시며, 예수님을 사랑하는 모든 사람들과도 하나 되게 하소서. 예수님, 다시 오실 때까지 우리를 인도하시고, 우리가 예수님을 세상에 알리게 하소서. 예수님과 성령님 안에서, 모든 영광과 존귀가 하나님께 지금부터 영원까지 있습니다. [성령임재와 송영]

회　중 : 아멘.

주기도[52] ··· 다함께

이제 예수님께서 우리에게 주신 음식을 먹기 전 예수님의 가르침을 따라 기도합시다.

(찬송가 635-636장으로 주기도를 드릴 수도 있다.)

떡을 뗌 ··· 집례자

(집례자는 떡을 들어 올린 후 찢으며 다음과 같이 말한다.)

예수님께서 나는 생명의 떡이라고 말씀하셨습니다.

(잔을 높이 들어 올린 후 다음과 같이 말한다.)

이것은 우리를 위한 생명의 음료입니다.

예수님의 살과 피에 참여하는 우리 모두는 한 몸, 한 가족입니다. 하나님의 자녀인 여러분, 하나님께서 우리에게 주신 이 음식을 감사하며 먹읍시다.

분병분잔 ··· 세례교인

(떡을 주며, 성찬위원은 다음과 같이 말한다.)

성찬위원 : 여러분을 위한 그리스도의 몸입니다.

세례교인 : 아멘.

(잔을 주며, 성찬위원은 다음과 같이 말한다.)

성찬위원 : 여러분을 위한 그리스도의 피입니다.

세례교인 : 아멘.

성찬 후 기도 ··· 집례자

---

52) 전통적으로 주기도는 성찬 예전에서 떡을 떼고 나누기 직전에 드려졌다.

찬송	"주 이름으로 모였던"(55장)	다함께
축도		인도자

② 기도회

1) 새벽 기도회

> - 신앙고백 또는 간단한 인도자의 기원으로 시작하거나, 바로 찬송을 드림으로 시작할 수도 있다.
> - 설교는 말씀의 해석에 치중하기보다 말씀을 통해 기도의 방향을 잡아주고 더 깊은 기도와 묵상을 이끄는 내용이 바람직하다.
> - 설교 후에는 바로 기도의 시간으로 들어갈 수도 있고, 긴급한 기도의 제목을 위해서 합심기도를 드린 후 설교자가 마무리한다.

기원(신앙고백)	인도자(다함께)
찬송	다함께
기도	맡은이
성경봉독	맡은이
설교	설교자
합심기도	다함께
찬송	다함께
축도(주기도)	인도자(다함께)

개인기도···자유롭게

2) 수요 기도회

(1) 말씀 중심

> - 기도회 내의 다양한 기도는 사전에 성도들로부터 기도제목을 받아 인도자가 진행하거나 담당 기도자가 진행할 수 있다.
> - 설교의 형태는 성서정과에 따라 강해설교로 할 수 있다.
> - 강해와 해석에 이은 적용 부분을 충분하게 고려하여 이를 중심으로 함께 기도하도록 한다.

입례송 ··맡은이

감사기도 ···맡은이

참회와 고백의 기도 ···맡은이

찬송 ··다함께

성경봉독 ···맡은이

설교 ··설교자

공동체를 위한 기도 ···맡은이

찬송 ··다함께

주기도 ···다함께

(2) 주제 중심

> 주제 중심 기도회는 "소망"(첫째 주), "감사"(둘째 주), "회개"(셋째 주), "축복"(넷째 주), "자유 주제"(다섯째 주)로 구성될 수 있다.

시작기도·· 찬양인도자

"일을 행하시는 여호와, 그것을 만들며 성취하시는 여호와, 그의 이름을 여호와라 하는 이가 이와 같이 이르시도다 너는 내게 부르짖으라 내가 네게 응답하겠고 네가 알지 못하는 크고 은밀한 일을 네게 보이리라"(렘 33 : 2-3). 우리의 기도를 언제나 넉넉히 들어주시는 하나님, 오늘 여기에 주님과의 깊은 영적 교제를 위하여 기도자들이 주님의 거룩하신 보좌 앞으로 나아왔습니다. 주여, 기도자들의 기도 광주리마다 가득가득 담긴 고단한 삶의 이야기들을 보소서. 세상의 현자의 지혜를 찾지 아니하고, 유력한 자의 힘을 의지하지 아니하며, 인생의 연륜과 재력을 사모하지 아니하고, 오직 아버지 되신 하나님의 힘과 성령의 따스한 도우심과 예수 그리스도의 가르침과 지혜를 갈망하며 기도의 자리로 나왔습니다. 이 시간 기필코 우리에게 살아 역사하시는 주님의 현존을 목도하게 하시고, 우리의 영혼을 전율케 하시는 또렷한 주의 뜻을 깨닫게 하여 주소서. 예수님의 이름으로 기도합니다. 아멘.

기도의 자리로 나아가는 찬송·· 다함께

("천부여 의지 없어서"<280장>, "내 모든 시험 무거운 짐을"<337장>, "넘지 못할 산이 있거든", "왜 나만 겪는 고난이냐고" "보혈을 지나", "따스한 성령님" 중에서 2-3곡 선곡)

기도 ··· 맡은이

신앙고백··· 사도신경

소망의 찬송·· 다함께

("마음속에 근심 있는 사람"<365장>, "너 근심 걱정 말아라"<382장>, "슬픈 마음 있는 사람"<91장>, "기도할 수 있는데", "나의 등 뒤에서", "아버지 기다립니다", "야베스의 기도" 중에서 2-3곡 선곡)

소망의 말씀··············· "오직 주를 앙망하라"(시 145 : 14-21)···················· 설교자

소망의 선언 ··· 설교자

　이제 스스로를 향해(또는 옆의 성도들을 향해) 신실한 마음으로 선포합시다.
　내 영혼아, 오직 하늘 위의 주님을 앙망하라.
　내 영혼아, 우리의 간구에 응답하시는 하나님을 신뢰하라.
　내 영혼아, 하나님의 평화와 은혜의 나라가 임하기를 갈망하라.

합심기도 ······························· "소망에 관하여" ································· 다함께

- 교회 공동체의 영적 회복과 치유를 위해
- 교회 공동체의 부흥과 영적인 풍요로움을 위해
- 교회 공동체의 환우들과 고난당한 자를 위해
- 교회 공동체의 구체적인 사역들을 위해

마침기도 ··· 인도자

개인기도 ··· 자유롭게

　(모든 순서가 끝난 후에는 개인기도 시간을 갖도록 한다. 예배실의 조명을 조절해 주어 더욱 깊은 기도의 분위기를 조성하면 더 좋다.)

3) 금요 기도회

> - 금요 기도회는 저녁 기도회, 심야 기도회, 철야 기도회로 시행할 수 있으며 찬송과 함께 기도를 엮어 가는 것이 효과적이다.
> - 설교는 함께 기도할 수 있는 주제와 내용으로 시행하는 것이 좋으며 이후 합심기도가 이어지면 좋다.
> - 다양한 형식의 기도들을 기도회에 도입하여 시행할 수 있으며 기도의 주제 또한 다양하게 선택할 수 있다.

시작기도 ··· 인도자

경배와 찬양 ··· 다함께

합심기도 ·· 다함께

성경봉독 ·· 맡은이

설교 ··· 설교자

합심기도 또는 개인기도 ··· 다함께

결단의 찬송 ··· 다함께

축도(주기도) ··· 인도자(다함께)

개인기도 ·· 자유롭게

4) 구역 기도회

- 구역 기도회는 지금까지 '구역예배'라는 명칭으로 불린 소그룹 성경공부 및 친교 모임을 기도회 성격으로 묶은 이름이다.
- 총회교육자원부는 매년 인도자용과 구역원용 『구역예배교재』를 편찬하고 구역 활동을 할 수 있도록 배려하고 있다. 따라서 그 교재의 기본적 틀을 유지하며 기도회의 성격을 보충한 순서를 사용할 수 있다.
- 구역 기도회 인도자는 기도로 준비하고, 말씀 나눔을 위해 목회자의 도움을 받도록 한다.

(1) 교재 중심

사랑의 인사/한 주간의 나눔 ·· 다함께

사도신경 ·· 다함께

찬송 ·· 다함께

기도 ·· 맡은이

성경봉독···맡은이

말씀 나눔··· 인도자

성찰하기·· 인도자

결단하기·· 인도자

봉헌/봉헌찬송··· 다함께

기원··· 다함께

공동체 소식 및 축복의 인사··· 다함께

(2) 기도 중심

사랑의 인사/한 주간의 나눔··· 다함께

시작기도·· 인도자

> 세상의 모든 사람을 창조하신 하나님, 오늘 주의 형제와 자매들이 주님의 이름으로 사랑의 교제를 나누려고 모였습니다. 우리가 한마음으로 기도할 때, 성령께서 이 시간 이 가정에 친히 찾아와 주셔서 따스하게 위로해 주소서. 우리가 찬양할 때에 하나님의 큰 기쁨을 부어 주셔서 주님의 마음을 품게 하여 주소서. 우리가 말씀을 나눌 때에 지식뿐 아니라 삶의 결단에 이르는 지혜가 나눠지도록 섭리하여 주소서. 이 작은 모임의 시작을 성령의 손에 의지하오며 예수님의 이름으로 기도합니다. 아멘.

사도신경·· 다함께

찬송··· 다함께

> (찬송가를 기본으로 선곡하되, 구역모임의 특성에 따라 은혜로운 CCM곡을 선곡할 수도 있다.)

기도··맡은이

(가급적 구역모임을 주제로 하여 기도를 드린다. 특별히 구역 가족들을 위해 기도한다.)

성경봉독··맡은이

말씀 나눔··· 인도자

(『구역예배교재』를 중심으로 말씀의 내용을 나눈다. 전문적인 말씀의 강해나 설교의 시행보다 성경말씀 자체가 우리의 삶과 접촉되는 점에 대한 경험을 중심으로 나눈다. 인도자의 삶을 통해 실제로 경험하였던 말씀의 은혜를 나누는 것이 매우 좋다.)

성찰하기 ··· 인도자

(『구역예배교재』에 있는 내용을 나누며, 이후 교재에 제시된 실천적인 질문을 함께 생각해 본다. 교과서적인 대답보다는 구체적이고 실존적인 대답을 유도한다.)

봉헌/봉헌찬송·· 다함께

기도제목 나눔·· 다함께

합심기도·· 다함께

- 말씀 나눔을 통해 얻은 깨달음으로 기도하는 시간을 갖는다. 말씀의 도전에 대해 순종할 수 있도록, 받은 은혜를 잘 간직할 수 있도록, 삶을 통해 말씀의 교훈이 꽃을 피우고 열매 맺을 수 있도록 결단의 기도를 드린다.
- 구역 가족들이 나눈 각 가정별 기도제목을 위해 한마음으로 기도한다.
- 기도회 인도자가 마무리기도로 마치는데, 봉헌기도를 겸한다.

(필요하다면 기도를 돕는 은혜로운 찬양을 부를 수 있다.)

공동체 소식 및 축복의 인사·· 다함께

(준비한 간식과 다과를 함께 나누면 더 좋다.)

5) 이웃을 위한 기도회

- 예수 그리스도는 하나님과 인간 사이에 있는 단 한 분의 중보자이시기

> 에(딤전 2:5) '중보 기도회' 대신 '이웃을 위한 기도회'라는 명칭이 적절하다.
> - 기도회 인도자가 반드시 목회자일 필요는 없다. 그러나 인도자는 성경 봉독과 나눔, 기도의 제목을 잘 준비하여 인도에 최선을 다해야 하므로 목회자의 도움과 사전 지도가 요청된다.
> - 기도회는 7명 정도의 소그룹이 함께 모여 나누는 방법으로 진행하는 것이 바람직하다. 그 이상의 숫자가 되면 모임을 나누는 것이 좋다.

기도 ··· 인도자

사랑의 하나님, 하나님께서는 저희를 구원하시기 위해 예수 그리스도를 이 땅에 보내 주셨습니다. 그리고 십자가 사건을 통해 저희를 구원하셨습니다. 이제 하나님의 사랑을 먼저 경험한 저희가 고통과 외로움 속에서 힘겨워하는 가족과 이웃과 사회를 위해 기도하고자 합니다. 그들에게 주님의 사랑과 위로가 닿기를 기도하려고 하오니, 성령께서 오셔서 주관하여 주소서. 예수 그리스도의 이름으로 기도합니다. 아멘.

찬송 ····················· "외롭게 사는 이 그 누군가"(291장) ····················· 다함께

(찬송가와 복음성가를 각각 선정하여 2-3곡 정도로 이어 부른다.)

성경봉독과 나눔 ······················ 마가복음 2:1~12 ······························ 인도자

(기도회에서는 설교보다 기도제목과 관련된 성경말씀을 찾아 읽는 것이 좋다. 성경봉독과 나눔은 성경말씀과 기도회의 주제를 연결하되 5분가량으로 짧게 한다.)

네 사람은 인파로 인해 예수님을 볼 수 없게 되자 지붕을 뚫어서 중풍병자가 누운 상을 달아 내렸습니다. 네 사람은 예수님께서 중풍병자를 낫게 하실 수 있을 것이라는 믿음을 가지고 있었기 때문입니다. 예수님은 네 사람의 믿음을 보시고 이렇게 말씀하셨습니다. "작은 자야 네 죄 사함을 받았느니라". 이제 우리 함께 이웃의 아픔에 공감하며 그 아픔을 예수님께서 치유해 주실 것이라는 믿음을 가지고 기도합시다.

합심기도 ··· 다함께

(성령의 임재와 도움을 구하는 기도를 함께 드리고, 성령을 훼방하는 것들을 물리치도록 기도한다. 다 함께 통성으로 기도한 후 인도자는 통성기도의 끝에 마침기도를 한다.)

하나님, 이 시간 저희가 이웃을 위해 기도하려고 합니다. 성령께서는 저희의 마음을 살피시고, 저희의 생각과 상황을 잘 알고 계십니다. 성령께서 저희로 하여금 기도할 바를 알게 하시고, 하나님께서 원하시는 간구를 할 수 있도록 인도하여 주소서. 저희가 기도하는 가운데 악한 세력이 틈타지 못하도록 지켜 주소서. 예수 그리스도의 이름으로 기도합니다. 아멘.

기도제목 나눔 ··· 인도자와 회중

(회중이 준비한 기도의 제목을 모으고 기도할 순서를 정한다. 기도회로 모일 때마다 세 개 정도의 기도제목을 정한다. 인도자가 일방적으로 정하지 않고 회중의 바람을 듣고 나서 유사한 것들을 한 묶음으로 정리하여 나눔을 갖는다.)

- 이웃을 위한 기도 - 가족이나 지인이 가진 바람이나 문제해결을 위한 기도
- 회중을 위한 기도 - 교우가 가진 바람이나 문제해결을 위한 기도
- 사회를 위한 기도 - 사회적 문제해결이나 사회적 바람을 위한 기도

이웃을 위한 기도 ··· 다함께

(함께 나눈 기도제목으로 통성기도를 한 후, 인도자나 맡은 이가 마침기도를 한다.)

삶의 주관자이신 하나님, 이 시간 저희가 이웃을 위해 함께 기도했습니다. 주님의 위로와 도움이 필요한 곳에 주님께서 찾아가 주셔서 치유하시고 회복시켜 주소서. 하나님, 저희의 때와 저희 방법을 고집하지 않게 하시고, 주님의 때와 주님의 방법으로 이루어 주시길 바라고 기다리는 믿음을 주소서. 예수 그리스도의 이름으로 기도합니다. 아멘.

주기도 ·· 다함께

6) 소그룹 기도회

- 소그룹 기도회는 열 명 미만의 인원이 모인 기도회다.
- 소그룹은 공통된 기도제목을 가진 모임이거나 같은 연령대나 같은 지

> 역에 거주하는 모임 등 다양한 형태일 수 있다. 기도를 시작하기에 앞서 삶을 나누면서 자연스럽게 마음을 여는 시간을 갖는다.
> - 소그룹 기도회의 인도자는 목회자일 수도 있지만, 평신도일 수도 있다. 그러므로 성경봉독과 말씀 나눔으로 진행한다. 여기서 말씀 나눔은 인도자에 의한 것이 아니라, 소그룹 구성원들이 돌아가면서 말씀의 내용을 자신의 삶과 연결하여 나눌 수 있도록 한다. 그리고 이 과정에서 기도제목을 함께 나눈다.

기도 ··· 인도자

전능하신 하나님, 저희는 저희의 삶이 어디로 가는지 알지 못하지만, 하나님께서 저희의 길을 예비하시고 그 길로 인도하십니다. 이 시간 저희가 하나님의 능력을 의지하며 기도하고자 모였습니다. 성령께서 오셔서 주관하여 주소서. 예수 그리스도의 이름으로 기도합니다. 아멘.

찬송 ··························· "기도하는 이 시간"(361장) ···························· 다함께

(찬송가와 복음성가를 각각 선정하여 2-3곡 정도를 이어 부른다.)

성경봉독 ··· 인도자

(기도회에서는 소그룹의 특성과 관련된 성경말씀을 찾아 읽는 것이 좋다.)

말씀 나눔 ·· 인도자

(소그룹 구성원이 돌아가며 성경말씀을 읽고 느낀 점을 함께 나눈다. 이때 인도자는 구성원이 말씀을 자신의 삶과 연결하도록 돕는다. 그러는 과정에서 자연스럽게 자신의 고민과 바람을 나누며 기도제목을 내어놓을 수 있도록 한다.)

이웃을 위한 기도 ·· 다함께

(말씀 나눔에서 나눈 기도제목을 가지고 함께 기도한다. 인도자가 기도제목을 제시하기보다는 각자 자유롭게 기도하도록 한다. 마침기도는 인도자나 맡은 이가 한다.)

인도자이신 하나님, 이 시간 저희가 삶을 나누면서 각자의 바람과 해결되어야

할 문제를 내어놓고 기도했습니다. 그리고 저희 모임을 통해 하나님께서 이루실 일을 기대하며 함께 기도했습니다. 주님, 저희의 기도를 들어주셔서 가장 선한 방법으로 이루어 주소서. 예수 그리스도의 이름으로 기도합니다. 아멘.

주기도 ·· 다함께

7) 입시 기도회

- 입시 기도회는 입시를 준비하는 기간에 학부모를 중심으로 이루어지는 기도회다.
- 입시 기도회는 입시에 관한 전반적인 기도뿐만 아니라, 입시생과 입시생 학부모의 기도제목을 나누어 함께 기도한다.

기도 ·· 인도자

찬송 ······················· "너 근심 걱정 말아라"(382장) ····················· 다함께

(하나님의 인도하심을 간구하는 내용의 찬송가 또는 CCM으로 2-3곡 선곡하여 찬양한다.)

성경봉독 및 설교 ······················ 사사기 6 : 11~18 ······················ 설교자

(입시생에게 비전을 품게 하고, 하나님의 인도하심을 신뢰하게 하는 성경본문을 중심으로 간단하게 설교한다.)

기드온은 이스라엘의 사사로서 이스라엘을 미디안의 압제로부터 구원한 군대 지휘관입니다. 그런데 기드온이 처음부터 용맹하거나 믿음이 좋은 것은 아니었습니다. 하나님께서 기드온을 부르실 때, 기드온은 미디안의 눈을 피해 밀을 포도주 틀에서 타작하고 있었습니다. 그런데 여호와의 사자는 기드온에게 이렇게 말했습니다. "큰 용사여 여호와께서 너와 함께 계시도다". 사사로 부름 받은 후에도 기드온은 하나님의 말씀에 주저하며 표징을 구하기 바빴습니다. 하나님께서는 기드온에게 표징을 보여 주시고 그에게 적합한 방식으로 인도하셨습니다. 하나님의 인도하심으로 인해 결국 기드온은 위대한 사사, 큰 용사가 될 수 있었습니다. 지금 하나님께서는 비전을 품고 입시를 준비하는

자녀들에게 말씀하십니다. "큰 용사여, 내가 너와 함께 한다." 입시의 과정이 하나님께서 주신 비전을 이룰 수 있도록 우리의 자녀를 인도하시는 과정이라 믿고 함께 기도합시다.

기도제목 나눔 ··· **인도자와 회중**

(기도회에 참석한 입시생과 학부모, 회중과 함께 입시와 관련된 기도제목들을 나눈다.)

- 하나님께서 주신 비전을 이룰 수 있는 대학과 전공을 선택하여 진학할 수 있도록
- 입시를 준비하는 동안 건강과 마음과 환경을 지켜 주시길
- 입시의 전 과정을 통해 하나님의 사랑과 인도하심을 경험할 수 있길
- 입시와 관련된 개인적인 기도

합심기도 ··· **다함께**

(인도자가 기도제목을 하나씩 알려준다. 회중은 그 기도제목에 맞춰 다 함께 기도한다. 하나의 기도제목이 끝날 때마다 찬양을 한 곡씩 부를 수 있다. 마침기도는 인도자나 맡은 이가 한다.)

전능하신 하나님, 입시를 준비하는 자녀들을 기억하시고, 그들의 길을 인도하여 주시길 원합니다. 하나님, 입시를 준비하는 과정이 주님께서 주신 비전을 발견하고, 이루어 나가는 과정이 되게 하여 주소서. 그리고 그 과정에서 자신의 삶을 인도하시는 하나님의 은혜를 경험하게 하셔서 더욱 굳건한 믿음을 가지게 하여 주소서. 예수 그리스도의 이름으로 기도합니다. 아멘.

주기도 ··· **다함께**

목회예식

1 삶의 신학적 의미

1) 삶과 공동체

　전도서 3장은 사람은 날 때가 있고 죽을 때가 있고(전 3:2), 울 때가 있고 웃을 때가 있으며 슬퍼할 때가 있고 춤출 때가 있다고 기록한다(전 3:4). 하나님은 인생들에게 노고를 주사 애쓰게 하셨고, 모든 것을 지으시되 때를 따라 아름답게 하셨고 영원을 사랑하는 마음을 주셨다(전 3:10-11). 하나님은 사람을 공동체 안에서 어울려 살도록 지으셨다. 하나님은 인간을 하나님의 형상으로 창조하시고 인격적으로 관계를 가지시며, 인간에게 사고할 힘과 선택할 자유를 주셨다. 또한 하나님의 창조 세계를 돌볼 책임과 누릴 수 있는 기쁨을 주셨다. 따라서 삶은 개인과 공동체의 애씀을 통해 보존되며 상호 돌봄을 통해 풍성해진다. 그러나 삶에는 기쁨과 누림만 있는 것이 아니다. 하나님이 모든 눈물을 씻기고 모든 슬픔이 사라지게 하실 때까지 삶 안에는 고통과 아픔이 함께 있다(계 21:4). 따라서 교회 공동체는 삶을 축하하는 것뿐만 아니라 삶이 지니는 무게와 아픔까지 함께 다루고 공유해야 할 사랑의 책임이 있다.

❶ 생의 주기와 감사

　태어남의 복잡한 과정과 다양한 환경적 요인들로 인해서 한 생명의 탄생은 결코 자연스러운 일이거나 당연한 일이 아니다. 삶의 출발로서의 탄생과, 이어지는 삶의 여정 속에 축하되는 돌, 생일, 성년, 회갑, 칠순 등은 축하되어야 할 뿐 아니라 그 가치와 소중함으로 인해 하나님뿐 아니라 함께해 온 이들에게 감사하는 시간이어야 한다. 이러한 삶의 주기를 공동체 안에서 축하하는 것은 삶의 공동체성을 확인하는 것이며, 한 인간의 삶의 연한을 넘어 모든 이들의 삶에서 연속되는 생의 신비를 인식하는 것이다. 이로 인해 우리는 공동체 안에서 친밀감을 느낄 수 있으며 삶의 가치를 깨닫게 된다.

❷ 생의 주기와 언어

우리는 생의 주기에 중요한 날들을 축하하고 감사하는 것과 더불어, 그날들을 누리지 못하는 이들이 있음을 기억해야 한다. 특별히 예식 참석자들의 삶 역시 배려되어야 한다. 목회자는 설교와 기도를 구성할 때 축복 혹은 감사의 언어들이 참석자들을 충분히 배려하고 있는지 고려해야 한다. 예를 들어, 출산예식에서는 아기를 잃은 가족 혹은 아기를 갖지 못하는 가족을 배려할 수 있다. 또한, 어떤 특정한 상황에 대해(그것이 좋은 일이라 할지라도) 신학적으로 확언하거나 판단하는 것을 피하는 것이 좋다.

2) 생의 주기 의미의 인식

생의 여정 속에 출생, 돌, 생일, 성년, 회갑 등의 중요한 마디들은 다양한 의미를 가질 수 있다. 첫째로 이 마디들은 개인적인 차원을 넘어서 가족과 공동체의 연결을 표시하는 사건이다. 우리는 삶의 중요한 순간들을 축하할 때마다 모임을 가지게 되고, 연대와 결속을 재확인하며 기쁨을 나눌 수 있기 때문이다. 또한 우리는 가족과 공동체가 모이는 가운데 질서와 효를 확인하고, 지켜야 할 전통을 받아들이며 오는 새로움을 즐거워할 수 있다. 이는 개인뿐만 아니라 가족과 공동체, 나아가 사회에 생동감을 줄 수 있다. 둘째로 생의 주기를 축하하는 것은 삶을 맛보고 확인하는 기회를 준다. 삶의 중요한 순간들을 하나의 시점으로 이해하지 않고 인생의 여정을 잇는 연속성의 개념으로 이해할 때, 우리의 삶은 성숙해지고, 우리는 책임감을 지니는 삶을 살 수 있다. 셋째로 생의 주기를 축하하는 것은 생에 대한 경탄과 감사, 그리고 생명의 귀함을 생각하게 한다. 현재의 생에 대한 축하는 영원을 꿈꾸게 하신 하나님의 의도대로, 우리가 살아있음을 깨닫고 감사하는 동시에 생명의 근원이시고 영원한 생명을 약속하신 하나님의 사랑을 확인하고 찬송하게 하는 하나의 방법이 될 수 있다.

가족과 공동체 안에서 생의 주기를 축하한다는 것은, 우리가 이러한 여정을 통과하는 동안 어떻게 살아야 할지 생각하고 실천하는 것을 포함한다. 우리는 삶을 통해 창세전에 그리스도 안에서 우리를 택하시고 그 기쁘신 뜻대로 우리의 삶을 이끌어 가시며, 그 사랑 안에서 기업이 되게 하신 하나님을 찬양할 수 있다(엡 1:4-14). 삶은 지나가는 것이 아니라 그리스도 안에서 날로 새로워지는 것임을 기억할 때, 우리는 지나간 삶을 돌아보고 또 앞으로 살아갈 오는 날들을 기대하며 생명을 주신 하나님께 감사할 수 있다. 그러므로 생의 주기를 축하하고 그 축하에 참여하는 것은 우리 각자에게 주어진 삶의 의미를 새롭게 발견하며 그리스도인으로서 아름답고 풍성한 삶을 살 수 있게 하는 하나의 방법이 될 수 있다.

2 생일

1) 백일 감사

- 백일 감사예식은 생애 주기와 관련된 예식으로 새로운 생명의 탄생에 대한 기쁨과 더불어 신생아와 부모(특히 산모)의 건강에 대한 걱정도 수반되는 때에 행해지는 예식이다.
- 백일 동안의 아기의 자람에 대해 감사하며 아기를 맞이하는 공동체가 함께 읽을 수 있는 공동 감사기도가 유용하다. 이 공동 감사기도를 부모와 목회자가 함께 미리 구성한다면 감사예식을 보다 뜻깊게 만들 것이다.
- 예배장소가 교회가 아닌 경우 아래 예식을 상황에 맞게 사용하도록 한다.
- 감사와 축복기도 및 예배 순서를 목회자와 함께 사전에 논의하여 각 가정에 맞게 함께 구성하도록 한다.

예식사 ···집례자

우리 주 예수 그리스도의 은혜와 사랑이 이곳에 모인 모든 여러분에게 함께하시기를 바랍니다. 이제부터 함께 백일 전 이 가정으로 보내주신 ○○○을 지금까지 지켜주신 하나님의 은혜에 감사하는 시간을 갖도록 하겠습니다.

찬송 ························"예수께로 가면"(565장)························· 다함께

기도 ···맡은이

사랑의 하나님, 백일 전 이 가정에 귀한 아기 ○○○을 보내 주심에 감사드립니다. 이 어린 생명으로 인해 여기에 모인 모두가 생명의 소중함을 깨닫게 하시고 하나님께서 베푸신 삶의 소중함에 감사하는 시간이 되게 하소서. 자녀를 출산하고 수고한 산모의 건강을 회복시켜 주셔서 감사합니다. 지난 백일간 하나님께서 맡기신 ○○○을 사랑과 수고로 돌본 부모님의 마음을 기억해 주소서. 주님께서는 이들의 자녀를 향한 마음과 소원을 아시오니 그 입술의 읊조림을 들어주소서. 또한 믿음 안에 모인 우리 모두가 부모와 함께 기도와 사

랑으로 ○○○을 돌보도록 우리 가운데 이 가정을 생각하는 마음을 주소서. 그리하여 이 가정을 향한 변함없는 하나님의 사랑이 우리를 통해 드러나게 하소서. 우리보다 먼저 태에서부터 돌보신 하나님의 은혜와 사랑이 앞으로도 ○○○과 함께하여 주시어 하나님의 동행하심으로 건강하고 지혜롭게 자라게 하시고 사람들과 하나님 앞에 기쁨이 되게 하소서. 우리의 참 생명 되신 예수 그리스도의 이름으로 기도합니다. 아멘.

성경봉독[53] ··· 맡은이

(마 19 : 13-15 ; 눅 2 : 40 본문 중 선택하여 읽는다.)

설교 ··· 설교자

(성경말씀에 근거하여 간단히 말씀을 전하며, 가족이 인도할 경우 간단히 앞의 성경말씀을 읽는 것으로 대체할 수 있다.)

감사와 축복기도 ·· 다함께

(모인 사람들이 자유롭게 감사와 축복의 말을 전한 후 공동의 기도를 드린다.)

백일 전 사랑하고 복된 주님의 가정에 귀한 생명을 허락하시고, 지켜 주신 하나님, 하나님의 사랑의 품 안에서 ○○○을 건강하게 자라게 해 주셔서 감사합니다. 매일의 삶 가운데 자라는 생명의 신비와 소중함을 알게 하신 하나님, 하나님의 은혜가 그 위에 함께하셔서 영과 육이 잘 성장하게 도와주소서. 이 어린 아이의 순수한 마음과 생각을 지켜 주시어, 하나님의 말씀 안에서 ○○○의 믿음이 바르게 자라게 하소서. 우리의 기도에 늘 신실하심으로 응답하신 하나님, 하나님을 의지하며 기도하는 가족들의 관심과 사랑으로 ○○○의 삶을 채우시고, 그리하여 이 아기가 자라며 강하여지고 지혜가 충만하며 하나님과 우리 모두의 기쁨이 되게 하소서. 참 생명 되신 예수 그리스도의 이름으로 기도합니다. 아멘.

찬송 ·························· "주는 나를 기르시는 목자"(570장) ···················· 다함께

축도 ································· 민수기 6 : 24~26 ································· 집례자

---

53) 본서 9장 매일기도에서 어린이 관련 성경본문 참조.

(목회자의 집례가 아닌 경우 가족 중 대표의 마침기도로 대신할 수 있다)

2) 첫돌 감사

- 예배장소가 교회가 아닌 경우 아래 예식을 상황에 맞게 사용하도록 한다.
- 감사와 축복의 기도 및 예배 순서를 목회자와 함께 사전에 논의하여 각 가정에 사정에 맞게 구성하도록 한다.
- 돌잡이를 하기 원하는 가정은 예배 이후 돌잡이 순서를 참조하도록 한다. 이 순서는 사랑하는 자녀를 향한 부모의 소망이 담긴 우리의 민속적 의례로 해석하면서 사람들과 함께 축복하고 기도하는 시간으로 마무리하도록 한다.

예식사 ·· 집례자 또는 가장

우리 주 예수 그리스도의 은혜와 사랑이 이곳에 모인 여러분에게 함께하시기를 바랍니다. 사랑하는 가족, 친지, 그리고 성도 여러분! 오늘 ○○○이 태어난 지 일 년을 맞이하여 지금까지 건강하게 지켜주신 하나님의 은혜에 감사하는 시간을 갖도록 하겠습니다.

말씀묵상[54] ······················· 예레미야 17 : 7~8 ································ 다함께

찬송 ························· "선한 목자 되신 우리 주"(569장) ····················· 다함께

기도 ··· 가족 중 맡은이

성경봉독 ······························ 누가복음 2 : 40 ································· 맡은이

설교 ··· 설교자

---

54) 본서 9장 매일기도에서 생일 관련 성경본문 참조.

(성경말씀에 근거하여 간단히 말씀을 전하며, 교역자가 집례하지 않는 경우는 가족의 대표가 간단히 앞의 성경말씀을 읽는 것으로 대체할 수 있다.)

감사와 축복의 기도 1···부모와 모인 이들이 함께

(본 기도는 부모가 일 년 동안 관찰하며 모아 온 아기의 성장 모습을 사람들 앞에서 설명하며 하나님께 감사를 드리는 내용이다. 가정별로 특이한 사항이 있는 경우는 아래의 형식에 맞추어 추가할 수 있다.)

부　모 : 생명의 근원이신 하나님, 하나님께서 ○월 ○일 ○○○을 우리 가정에 허락하여 주셨습니다.
다함께 : 생명의 근원이신 하나님, 감사합니다.
부　모 : 도우시는 하나님, 하나님께서 ○월 ○일 ○○○이 처음으로 아플 때에 낫게 하여 주셨습니다.
다함께 : 도우시는 하나님, 감사합니다.
부　모 : 힘과 능력이신 하나님, 하나님께서는 ○월 ○일 ○○○이 처음으로 뒤집기에 성공하게 해 주셨습니다.
다함께 : 힘과 능력의 하나님, 감사합니다.
부　모 : 자비로우신 하나님, 하나님께서는 ○월 ○일 ○○○이 처음으로 혼자서 앉을 수 있게 하셨습니다.
다함께 : 자비로우신 하나님, 감사합니다.
부　모 : 지혜의 하나님, 하나님께서는 ○월 ○일 ○○○이 처음으로 엄마, 아빠를 부르게 해 주셨습니다.
다함께 : 지혜의 하나님, 감사합니다.

감사와 축복의 기도 2···집례자 또는 가족 중 맡은이

생명의 근원이 되시며, 한 해 전에 이 가정에 귀한 아기 ○○○을 맡겨 주신 하나님, 지난 일 년 동안 하나님께서 이 가정에 은혜와 복을 내려 주심을 감사드립니다. 부모에게 지극한 사랑의 마음을 주셔서 이 아이를 지금까지 돌보게 하심을 감사드립니다. 여러 가지 어려운 고비마다 주님께서 불꽃같은 눈으로 보호하시고, 또한 필요한 먹을 것과 마실 것을 주시어서 아이가 하루하루 은혜 가운데 성장하게 하신 것을 감사드립니다.

　　　우리를 사랑하시며, 우리의 기도를 들으시는 주님! 이 시간 간구하오니

오늘 이 시간 이 아이와 부모에게 하늘의 복을 내려 주소서. 이 가정이 사랑이 넘치는 가정이 되게 하시고, 언제나 행복하고 기쁨이 넘쳐나는 가정이 되게 하여 주소서. 이 아이가 살아가는 동안 늘 하나님의 불 기둥과 구름 기둥이 인도하시고, 마침내 하나님의 도우심으로 약속하신 땅에 이를 때에 맡겨 주신 소명을 이루어 낼 수 있도록 언제나 함께하여 주소서. 부모에게도 필요한 모든 것을 허락하여 주시어 이 아이를 돌보는 데 부족함이 없도록 은혜를 내려 주소서. 우리 주 예수 그리스도의 이름으로 기도합니다. 아멘.

찬송 ………………………… "우리에게 향하신" ………………………… 다함께

축도 ………………………………………………………………………… 집례자

(목회자의 집례가 아닌 경우 마침기도로 대신 할 수 있다.)

(예식을 마친 후에는 다음과 같은 순서로 돌 축하 순서를 가질 수 있다.)

돌잡이 ……………………………………………………………………… 다함께

(놓인 돌잡이 물건 중 하나를 아이가 집고 난 뒤, 부모와 가족으로부터 오늘 돌을 맞이한 ○○○을 위한 기도제목을 2-3가지 나눈 뒤, 다음의 기도로 마치도록 한다.)

기도 ………………………………………………………………………… 집례자

창세전에 ○○○을 예비해 두셨다가 우리 곁에 보내 주신 하나님, 지난 일 년 간 ○○○을 지켜 주시고 건강하게 자라게 하심을 감사합니다. 오늘 자신의 손으로 돌잡이 물건을 잡고, 모인 사람들을 웃음짓게 하는 모습 속에서 하나님의 함께하심을 보게 됩니다. 놓인 돌잡이 물건에 담긴 자녀를 향한 부모의 소망을 주님께서 잘 아시오니 ○○○이 자라는 길 가운데 늘 동행해 주소서. 또한 우리의 생각보다 더 큰 하나님의 계획이 있음을 믿사오니, ○○○의 삶에 하나님의 놀라우신 뜻과 돌보심이 함께하여 무엇보다 이 세상 가운데 주님의 도구로 사용되는 인생이 되기를 소망합니다. 그동안 자녀를 위해 사랑하고 수고하고 애쓴 부모님의 기도제목을 들었습니다. 함께 이 가정을 위해 기도하는 우리가 되게 해 주시기를 바라며, 우리의 목자 되신 예수 그리스도의 이름으로 기도합니다. 아멘.

(기도 후 함께 친교하며 차린 음식을 먹는다. 상황에 맞춰 식사 중에 돌잡이 순서와 기도하는 시간을 가질 수도 있다.)

3) 생일 감사

> - 앞선 돌이 생후 1년이라는 생의 한 회기를 기념하고, 이를 잘 보내게 하신 하나님께 감사드리는 것이라면, 생일 감사예식은 이 기쁨을 반복적으로 경험하는 날이다.
> - 가까운 친척이나 회중을 초청하여 기쁨을 같이 나눈다.
> - 기도문 및 예배 구성을 목회자와 미리 상의하여 구성하도록 한다.

예식사 ·· 집례자

우리 주 예수 그리스도의 은혜와 사랑이 이곳에 모인 여러분 모두에게 함께하시기를 바랍니다. 지금부터 오늘 생일을 맞이한 하나님의 자녀 ○○○을 지금까지 지켜 주시고 믿음의 가정과 사랑하는 친지들의 관심과 사랑 안에서 성장하도록 은혜를 베풀어 주신 하나님께 감사예배를 드리겠습니다.

찬송 ····························· "예수께로 가면"(565장) ························· 다함께

기도 ·· 맡은이

생명의 근원되신 하나님, 지난 한 해 동안 ○○○을 은혜 가운데 지켜 주시고, 믿음 안에서 성장하게 해 주심에 감사드립니다. 하나님께서 이 자녀를 위해 예비하신 길을 계속해서 걸어갈 수 있도록 그의 걸음을 인도하여 주소서. 어린 아이의 마음을 칭찬하셨던 주님, 이 어린 자녀의 순전한 마음을 지켜 주시어, 하나님을 더욱 알아가는 자녀로 자라게 하시고, 우리도 아이와 같은 마음으로 하나님을 찾게 해 주소서. 하나님이 주시는 소원함이 ○○○의 마음 가운데 자라게 해 주시고, 믿음과 더불어 육신의 건강도 허락해 주소서. 또한 부모님의 사랑과 돌보심에 감사하는 마음을 배우게 하시고, 자신이 받은 사랑을 표현할 줄 아는 건강한 아이로 자라게 해 주소서. 이 가정을 통해 베푸신 하나님의 사랑을 기억하게 하시고, 더욱 하나님의 도움을 간구하며 함께 기도하는 우리가 되게 해 주소서. ○○○을 우리 곁에 보내 주시고 알게 하심에 감사합니다. 우리의 생명 되시고 참 목자 되신 예수 그리스도의 이름으로 기도합니다. 아멘.

성경봉독 ··· 맡은이

(삼상 2 : 26 ; 눅 2 : 52 ; 막 10 : 13-16 분문 중 선택하여 읽는다.)

설교 ··· 설교자

(성경말씀에 근거하여 간단히 말씀을 전하며, 가족이 인도할 경우 간단히 앞의 성경말씀을 읽는 것으로 대체할 수 있다.)

감사와 축복의 기도 ··· 다함께

(모인 사람들과 기도문을 돌아가며 읽는다. 기도문은 목회자와 아기의 부모가 함께 구성하도록 한다.)

목 사 : 복된 주님의 가정에 귀한 생명을 허락하시고, 지금까지 지켜 주신 하나님,

부 모 : 하나님의 은혜 가운데 ○○○을 건강하게 자라게 해주시고 생일을 맞게 하심에 감사합니다.

목 사 : 지난 한 해 삶의 어려운 순간마다 함께하셨던 주님,

부 모 : 졸지도 않으시고 주무시지도 않으시는 하나님께서 ○○○의 인생길에 항상 함께하여 주소서.

목 사 : 어린이를 반기시고 축복하셨던 주님,

부 모 : ○○○의 순전한 마음을 지키게 하시어, 하나님의 말씀으로 그의 마음을 채워 주소서.

목 사 : 모든 악으로부터 우리를 보호하셨던 주님,

부 모 : ○○○에게 믿음의 용기를 허락하시어, 악을 이기고, 하나님을 의지하는 자녀로 자라게 해 주소서.

목 사 : 복된 가정과 믿음의 친구들을 허락하신 하나님,

부 모 : 부모님의 사랑에 감사하는 ○○○이 되게 하시고, 주변의 친구들을 생각하고 자신의 것을 베풀 줄 아는 사람이 되게 하소서.

다함께 : 그리하여 하나님을 더욱 사랑하고 다른 이를 생각하는 마음이 해가 갈수록 더욱 깊어지게 하시고 ○○○을 통해 우리도 주님의 보호하심과 함께하심을 경험하게 하소서. 우리 주 예수 그리스도의 이름으로 기도합니다. 아멘.

찬송 ·········· "주는 나를 기르시는 목자"(570장) ··········	다함께
축도 ··	집례자

(목회자의 인도가 아닌 경우 마침기도로 대신할 수 있으며, 예식을 마친 후에는 다음과 같은 순서로 생일 축하 순서를 가질 수 있다.)

촛불점화 ··	맡은이

(케이크에 촛불을 점화한다.)

축하노래 ··	다함께

(생일 축하 노래를 함께 부른다.)

촛불끄기 ··	맡은이

(아이와 부모가 함께 촛불을 끈다.)

축복 나눔 ··	다함께

(하객들이 아이에게 축복하는 말을 한다.)

감사의 말씀 ··	맡은이

(아이의 부모가 하객들에게 감사의 인사를 한다.)

식사 ··	다함께

(대표자 또는 가족의 대표가 기도 후 함께 친교하며 차린 음식을 먹는다.)

4) 회갑, 칠순, 팔순, 구순 감사

- 회갑(61세), 칠순(70세), 팔순(80세), 구순(90세) 생일 감사예식은 하나님께서 주신 생명의 기쁨을 감사하는 시간, 가족 간의 사랑을 증대하는 장으로 진행한다.
- 교회 안에서 진행될 경우 예배적 요소(설교, 기도, 찬양, 축도)를 중심으

> 로 진행한다.
> - 교회 밖 장소에서 진행될 경우 축하의 순서를 중심으로 진행한다.
> - 예식사, 찬양, 기도 등을 생략하고 간단한 설교와 축도로 예식을 마무리할 수 있다.

예식사 ·· 집례자

이제 마음을 모으고 ○○○ 성도님을 이 땅에 보내시고 보호해 주신 하나님의 은혜에 감사하며 이 ○○ 감사예식을 진행하겠습니다.

찬송 ·················· "지금까지 지내온 것"(301장) ·················· 다함께

기도 ··· 맡은이

성경봉독 ······················ 잠언 10 : 27 ······················ 다함께

설교 ························ "장수하느니라" ························ 설교자

회갑은 우리나라에서 장수를 축하하는 첫 번째 행사였습니다. 지금은 보편적인 이 생일이 이전에는 모든 사람이 축하를 해야 할 만큼 특별한 행사였습니다. 이는 60세가 되는 연령이 전체적으로 적었던 시대에 온 가족과 마을이 모여서 함께 기쁨을 나누던 전통입니다.

  오늘 말씀은 장수가 또 다른 의미에서 중요하다고 우리에게 선포하고 있습니다. 장수는 하나님을 경외하면 누리는 복입니다. 하나님께서는 그의 백성에게 이 땅에서의 생명을 연장시켜 주시며 복을 주시는 분이십니다. 특별히 하나님을 경외하는 자에게 이 땅에서의 사명을 더 부여하시고 이 땅에서의 날들을 더 허락하십니다. 우리 그리스도인들에게 장수는 하나님께서 주시는 복입니다. 이 복을 감사하며 기뻐하는 오늘 하루가 되기를 바랍니다.

기도 ··· 맡은이

축하인사 ··· 맡은이

답사 ·· 생일 당사자

축도 ·· 집례자

    (주기도로 예식을 마무리할 수 있다.)

인사 및 알림 ··· 맡은이

식사 ··· 다함께

5) 백수 감사

예식사 ·· 집례자

  이제 마음을 모으고 ○○○ 성도님을 이 땅에 보내시고 100년 동안 보호해 주신 하나님의 은혜에 감사하며 백수(白壽) 감사예식을 진행하겠습니다.

찬송 ······················· "오 놀라운 구세주"(391장) ····················· 다함께

기도 ··· 맡은이

성경봉독 ·························· 레위기 19 : 32 ···························· 다함께

설교 ························· "노인을 공경하며" ·························· 맡은이

  오늘 백수 생일을 맞이하신 어르신은 한 세기를 살아온 특별한 은혜의 소유자입니다. 우리에게는 '노인'이라는 호칭이 있습니다. 사회에서 인식하는 '노인'이란 어떤 존재일까요? 육체적으로 나이가 많은 사람, 거동이 불편하고 도움을 받아야 할 사람, 힘이 없고 병이 있는 사람, 과연 이 표현이 적합한 말일까요? 아닙니다.

    특히 성경은 노인을 긍정적으로 표현하고 노인의 역할을 강하게 강조하고 있습니다. 오늘 레위기에서는 동일한 존재를 지칭하는 말이 반복적으로 사용되고 있습니다. 센 머리, 노인의 얼굴, 모두가 고령의 노인을 뜻하는 말입니다. 그런데 성경은 노인을 공경하라고, 그 앞에서 예의를 갖추라고 명령하고 있습니다. 더군다나 이 말을 하나님을 경외하라는 명령 앞에 사용한 것은 노인의 위치와 존재가 얼마나 가치 있는지를 알 수 있는 대목입니다. 백수를 맞이하는 성도님의 삶은 후손들에게, 또 신앙의 후배들에게 가치 있는 삶입니다.

그 삶에서 하나님께서 인정하시는 아름다운 삶의 지혜가 흘러나옵니다. 그러므로 ○○○ 어르신에게는 앞으로 다른 이들에게 이 아름다운 지혜를 전할 사명이 있습니다.

기도 ·· 맡은이

축하인사 ·· 맡은이

답사 ·· 생일 당사자

축도 ·· 집례자

(주기도로 예식을 마무리할 수 있다.)

인사 및 알림 ··· 맡은이

식사 ··· 다함께

3 성장

1) 영아 축복

> - 영아 축복예식은 아기를 선물로 주신 것에 대한 감사와 더불어 하나님의 은총과 복을 구하는 예식이다.
> - 이 예식은 아기가 태어난 후 처음으로 교회 예배에 참석하는 주일예배 중간에 베풀 수 있다. 교회의 형편에 따라 진행할 수 있지만, 예식에 참여할 대상자가 있을 경우, 수시로 진행할 수 있다. 이에 따라 담당부서와 담당자가 있어야 한다.
> - 부모의 세례 여부와 관계없이 진행할 수 있지만, 가능하면 세례교인이 될 수 있도록 권면하도록 한다.

(준비위원은 예배 전에 참석하는 아기와 부모의 이름표, 소개 영상을 준비하도록 한다.)

예식소개 ·· 집례자

○○○ (성도, 직분)님의 자녀 ○○○이 처음으로 우리 교회 예배에 참여하였습니다. 하나님께서 선물로 주신 이 아기를 축복하고 감사하는 시간을 갖도록 하겠습니다.
(이때 부모는 안내에 따라 미리 준비한다. 아기에 대한 소개는 집례자의 말과 간단한 영상을 통해서 할 수 있다.)

예식사 ·· 집례자

한 생명이 태어나는 것은 하나님의 거룩한 창조의 원리입니다. 오늘 우리는 하나님의 거룩한 창조의 원리에 따라 새 생명을 주셨음에 대해 감사하고 축복하고자 합니다. 우리 모두 간절한 마음으로 하나님께서 이 아기에게 복을 내려 주시고, 온 생애에 하나님의 통치와 인도함을 받는 은혜가 있기를 기도해야 합니다. 또한, 우리는 부모와 함께 기뻐하고 감사해야 합니다. 그분만 아니라, 이 아기가 성숙한 성인으로 자라는 동안 부모님과 함께 우리 교회 공동체

도 기도하며 노력해야 합니다. 이러한 마음으로 함께 서약하도록 하겠습니다.

축복기도 ·· 집례자

생명의 주인이 되시는 하나님 아버지, ○○○ (성도, 직분)님의 자녀 ○○○을 이 땅에 선물로 주심을 감사드립니다. 오늘 이 아기를 주님께 드리며, 이 세상 사는 날 동안 우리 주님께서 복 내려 주시기를 간구하는 예식을 드리니 임하여 주소서. 건강의 복, 지식과 지혜의 복, 만남의 복이 있게 하여 주소서. 형통의 복을 허락하여 주셔서 땅을 밟는 곳마다 샘이 솟아나는 은혜가 있게 하여 주소서. 예수 그리스도의 이름으로 축복하며 기도합니다. 아멘.

환영 ·· 회중의 축하

(축복기도 후 준비한 선물이나 꽃을 전달할 수 있다. 예배 후 준비위원들은 축복기도하는 모습을 담은 사진과 함께 기념 액자를 전달하도록 한다.)

2) 어린이 축복

- 어린이는 4~5세부터 초등학생까지의 아이를 이르는 말이기 때문에 어린이 축복예식은 그 범위를 확대하고 그 횟수도 융통성 있게 진행하는 것이 바람직하다.
- 이 예식은 어린이주일이나 어린이날 등 특별한 행사 때에 진행할 수 있다.
- 이 예식은 한 달에 한 번 또는 분기별로 드리는 세대 통합예배 형식에서 행할 수 있다.
- 축복예식이 있는 경우, 어린이들이 예배 순서에 참여할 수 있으며, 이때 어린이를 위한 설교는 교육 담당 교역자가 진행하고, 장년 설교는 축복예식이 끝나고 난 뒤 목사가 진행한다.

어린이를 위한 설교 ·· 담당 교역자

(어린이 설교는 그 주에 맞는 본문을 선택한다.)

예식사 ··· 집례자

(어린이가 적을 경우, 집례자가 혼자 안수할 수 있지만, 많은 경우 부교역자 또는 장로들이 참여하도록 한다. 더 많은 경우, 모두 앞으로 나오도록 한 뒤 전체적으로 기도할 수 있다.)
우리 교회와 미래의 한국교회 그리고 이 나라와 이 민족을 이끌어갈 다음세대 주역들이 이 자리에 섰습니다. 우리는 이 아이들이 믿음 안에서 더욱 견고한 신앙인으로 성장하여 하나님과 사람들, 그리고 이 사회에서 인정받고 사랑받는 사람으로 성장하도록 축복하고 기도해야 합니다. 우리 예수님 또한, 어린 시절, 하나님과 사람에게 사랑을 받으며 몸과 지혜가 자랐습니다. 그리고 성인이 되어서는 참 인간의 모습으로 우리에게 본을 보여 주셨습니다. 이 아이들은 어려서부터 예수님의 모습을 본받고 예수님의 도움을 받아야 합니다. 따라서 우리는 이 아이들을 축복하고 기도해야 합니다. 우리 다 함께 아이들을 축복하는 기도를 드리겠습니다.

축복기도 ··· 집례자

하나님의 나라는 어린 아이와 같은 자들의 것이라고 말씀하신 주님, 오늘 하나님 나라의 주인공인 어린 아이들이 주님 앞에 섰습니다. 주님, 이 아이들에게 하늘의 은혜와 복이 충만하게 임하길 기도합니다. 이삭에게 주신 형통의 복을 허락하셔서 가는 곳마다 막힘이 없게 하여 주소서. 또한 솔로몬에게 허락하신 지혜를 내려 주셔서 사는 날 동안 악을 분별하며 살아가게 하소서. 무엇보다 다니엘에게 주신 지식과 지혜와 총명의 은혜를 허락하여 주셔서 어느 곳에 있든지 주님을 의지하며 주님의 인도하심을 받는 삶이 되게 하여 주소서. 간절히 바라기는 이 아이들이 시냇가에 심겨진 나무들이 되어 사시사철 그 잎이 마르지 않고, 선한 영향력을 미치는 삶이 되게 하소서. 그리하여 이들을 통하여 하나님 나라가 이루어지는 은총이 있게 하여 주소서. 예수 그리스도의 이름으로 축복하며 기도합니다. 아멘.

축복의 노래 ··· 다함께

("야곱의 축복"으로 아이들을 축복한다.)

3) 성년

> - 이 예식은 5월 세 번째 주일(성년의 날은 5월 셋째 월요일)에 진행하도록 한다.
> - 예식은 법적으로 성인이 되는 만 20세를 대상으로 한다.
> - 본 예식은 주일예배 가운데 진행하는 것이 좋지만, 주일 오후나 저녁예배 때 진행해도 좋다.
> - 본 예식은 성찬식이 있는 경우와 그렇지 않은 경우로 진행할 수 있다. 또한, 세례 재확인예식이 포함된 예식으로 진행할 수도 있다.
> - 교회와 가정에서는 미리 선물을 준비하도록 한다. 예를 들어, 교회에서는 성경과 시계를 선물하고, 각 가정에서는 형편에 맞는 선물을 준비한다.

(1) 성인 서약 중심

예식선언 및 호명···집례자

오늘 우리는 너무나 귀중한 시간에 서 있습니다. 그동안 육체적으로, 인격적으로 성장했을 뿐만 아니라 신앙적으로 성장한 믿음의 자녀들이 이제 성인으로 세워지기 위한 귀한 예식 가운데 섰습니다. 이제 우리는 통과의례 중 하나인 성년을 맞이하는 우리 자녀들을 위한 성년예식에 참여하고자 합니다.

　　역사적으로 볼 때, 성인식은 한 사람이 성인이 되어 사회 구성원이 되고, 그를 사회적 책임과 의무를 다하는 사회와 공동체의 일원으로 승인하는 예식입니다. 더 나아가 신앙의 정체성을 가지고 신앙적 사명을 감당하도록 권면하는 예식입니다. 따라서 오늘 우리는 그리스도 안에서 장성한 자녀들을 교회를 세우는 교회의 구성원으로 세우고, 하나님 나라를 세우는 귀한 동역자로 세우는 귀한 예식을 가지려고 합니다. 이 귀한 예식 가운데 여러분을 초대합니다. 그리고 귀한 자리에 선 성인 되는 자녀들과 가족 여러분을 축복합니다.

　　이제 성년예식에 참여하는 대상자들을 호명하도록 하겠습니다. ○○○의 자녀 ○○○ 외 ○○명을 ○○○○년 성년예식에 초대합니다. 이들은 그동안 믿음의 부모 아래에서 육적으로, 정신적으로, 신앙적으로 성숙하여, 장성한

분량에 이르는 성인으로서 사회적 구성원과 교회 공동체의 일원이 되기를 원하며, 그리스도인의 분명한 정체성을 가진 책임 있는 성인으로 살아가고자 합니다. 호명 받은 자녀들은 자리에서 일어나 주시기 바랍니다.

(대상자의 이름을 호명한다.)

권면 ·· 집례자

○○○ 외 ○○명은 그동안 부모의 돌봄과 책임 아래 성장해 왔습니다. 이제 여러분은 성인이 되어 부모의 보호와 책임으로부터 벗어나 독립된 인격체로 살아가야 하는 첫 출발선에 서게 되었습니다. 독립된 인격체로 살아간다는 것은 모든 일을 스스로 결정하고, 본인이 행동한 일에 대한 온전한 책임을 지며 살아간다는 것을 의미합니다. 무엇보다도 어른은 더 이상 어린 아이가 아닙니다. 어른은 성숙한 생각을 합니다. 성숙한 행동을 합니다. 어른은 다른 사람을 위해 봉사하고 섬기는 삶을 살아갑니다. 자신에게 주어진 의무와 사명을 책임감 있게 감당합니다. 이제 여러분은 그런 자리에 서 있습니다. 오늘 성년예식에 참여하는 여러분들에게 들려주시는 하나님의 말씀이 있습니다. 에베소서 4장 13절에서 14절의 말씀입니다.

"우리가 다 하나님의 아들을 믿는 것과 아는 일에 하나가 되어 온전한 사람을 이루어 그리스도의 장성한 분량이 충만한 데까지 이르리니 이는 우리가 이제부터 어린 아이가 되지 아니하여 사람의 속임수와 간사한 유혹에 빠져 온갖 교훈의 풍조에 밀려 요동하지 않게 하려 함이라".

이처럼 우리는 성숙한 그리스도인으로서 사람 앞에, 하나님 앞에 부끄러움이 없이 살아가야 합니다. 그런 삶으로 여러분을 초대합니다.

서약 ·· 집례자

이제 서약하도록 하겠습니다. 성년예식에 참여하는 대상자들은 물음에 오른손을 들고 '아멘'으로 대답하시기 바랍니다.

[대상자들에게]
집례자 : 그리스도 안에서 장성한 여러분은 예수 그리스도를 주님으로 믿으며 하나님의 영광을 위하여 살겠습니까?
대상자 : 아멘. 하나님의 영광을 위하여 살겠습니다.

집례자 : 그리스도 안에서 장성한 여러분은 예수 그리스도의 피 값으로 세운 ○○교회의 성도로 부름받았음을 확신하며 교회의 구성원임을 확신하십니까?

대상자 : 아멘. 확신합니다.

집례자 : 그리스도 안에서 장성한 여러분은 교회의 비전에 동의하며 한 마음과 한 뜻으로 복음을 증거하고 하나님 나라를 위해 최선을 다해 섬기며 헌신하는 교회의 일꾼이 되겠습니까?

대상자 : 아멘. 하나님의 신실한 일꾼이 되겠습니다.

집례자 : 그리스도 안에서 장성한 여러분은 성도로서 교회의 질서를 지키며 서로 연합하고 신앙의 본을 보이며 교회를 굳게 세우는 일에 순종하겠습니까?

대상자 : 아멘. 순종하며 살겠습니다.

집례자 : 그리스도 안에서 장성한 여러분은 사회의 일원이 됨과 동시에 사회적 책임과 의무를 다하며 살겠습니까?

대상자 : 아멘. 책임과 의무를 다하며 살겠습니다.

[부모와 회중에게]

(부모와 회중은 일어선다.)

오늘 성년예식에 참여하도록 장성한 성인으로 양육하여 주신 부모님과 회중에게 묻겠습니다. 오른손을 들고 '아멘'으로 대답하시기 바랍니다.

집례자 : 여러분은 오늘 그리스도 안에서 장성한 자녀들을 한 인격의 주체자로 인정하시겠습니까?

부모와 회중 : 아멘. 인정합니다.

집례자 : 여러분은 오늘 그리스도 안에서 장성한 자녀들을 그리스도의 몸 된 교회 공동체의 일원으로 인정하겠습니까?

부모와 회중 : 아멘. 인정합니다.

집례자 : 여러분은 오늘 그리스도 안에서 장성한 자녀들과 함께 주님의 몸 된 교회를 바르게 세워가고, 교회의 모든 사역을 공유하며 연대하여 나아가겠습니까?

부모와 회중 : 아멘. 함께 연대하여 나아가겠습니다.

집례자 : 여러분은 오늘 그리스도 안에서 장성한 자녀들을 기쁨으로 환영하고

축복하시길 원하십니까?
부모와 회중 : 아멘. 환영하고 축복합니다.

신앙고백······························사도신경························· 다함께

사도신경으로 우리의 신앙을 고백하겠습니다.

축복기도 ·· 집례자와 부모

이제 성년예식에 참여한 자녀들을 위해 부모님들이 축복하는 시간을 갖겠습니다. 부모님들은 자녀들의 머리에 손을 얹는데, 어머니께서 먼저 자녀의 머리에 손을 얹으시고 그 위에 아버지께서 손을 얹어 주시기 바랍니다. 이제 사랑하는 자녀들을 위해 부모님들께서 축복기도하여 주시겠습니다.

주님의 은혜로 성인이 된 주님의 백성 ○○○을 축복합니다. 그리스도인의 분명한 정체성을 가지고 책임 있는 사회 구성원으로 살아갈 때, 성령의 은혜를 더하여 주소서. 영원한 주님의 나라에 이르기까지 장성한 분량에 이르는 믿음의 삶이 되게 하소서. 예수 그리스도의 이름으로 축복하며 기도합니다. 아멘.
(기도 후 부모는 자녀들을 포옹해 준다. 포옹이 끝나면, 교회에서 준비한 성경책과 시계를 선물한다. 또는 미리 준비가 된다면, 정착금과 여행 경비를 선물로 준다.)

평화의 인사 ··· 다함께

축도 ·· 집례자

(2) 세례 재확인예식 중심

예식선언···집례자

오늘 우리는 매우 기쁘고 감사한 예식의 자리에 섰습니다. ○○○ 외 ○○명이 오늘 이렇게 믿음 안에서 잘 자라서 성년예식에 참여하게 되었습니다. 이 시간 다 함께 ○○○ 외 ○○명이 참여하는 ○○교회 성년예식을 기쁨과 감사한 마음을 담아 하나님께 올려 드리겠습니다.

기원 ···집례자

생명의 주인 되신 하나님 아버지, 20여 년 전, 이들을 이 땅에 새로운 생명으로

보내 주시고, 믿음과 사랑으로 자라게 하셔서 이제 성인이 되게 하심을 감사드립니다. 믿음 안에서 키가 자라고 지혜가 자라서 이제 성인이 되어 하나님께 감사를 드리며 책임 있는 어른으로 살아가기를 결단하는 성년예식을 거행하고자 합니다. 주님, 이 자리 가운데 임하시고, 하나님, 영광 받으소서. 예수 그리스도의 이름으로 기도합니다. 아멘.

찬송 ·············· "주님께 귀한 것 드려"(575장) ·············· 다함께

성경봉독 ·············· 에베소서 4 : 13~16 ·············· 집례자

설교 ·············· "그리스도의 장성한 분량에" ·············· 설교자

○○○ 외 ○○명은 그동안 부모의 돌봄과 책임 아래 성장해 왔습니다. 이제 여러분은 성인이 되어 부모의 보호와 책임으로부터 벗어나 독립된 인격체로 살아가야 하는 첫 출발선에 서게 되었습니다. 독립된 인격체로 살아간다는 것은 모든 일을 스스로 결정하고, 본인이 행동한 일에 대한 온전한 책임을 지며 살아간다는 것을 의미합니다. 무엇보다도 어른은 더 이상 어린 아이가 아닙니다. 어른은 성숙한 생각을 합니다. 성숙한 행동을 합니다. 어른은 다른 사람을 위해 봉사하고 섬기는 삶을 살아갑니다. 자신에게 주어진 의무와 사명을 책임감 있게 감당합니다. 이제 여러분은 그런 자리에 서 있습니다. 오늘 성년예식에 참여하는 여러분에게 들려주시는 하나님의 말씀이 있습니다. 에베소서 4장 13절에서 14절의 말씀입니다.

"우리가 다 하나님의 아들을 믿는 것과 아는 일에 하나가 되어 온전한 사람을 이루어 그리스도의 장성한 분량이 충만한 데까지 이르리니 이는 우리가 이제부터 어린 아이가 되지 아니하여 사람의 속임수와 간사한 유혹에 빠져 온갖 교훈의 풍조에 밀려 요동하지 않게 하려 함이라".

이처럼 우리는 성숙한 그리스도인으로서 사람 앞에, 하나님 앞에 부끄러움이 없이 살아가야 합니다. 그런 삶으로 여러분을 초대합니다.

호명 ·············· 집례자 또는 맡은이

이제 성년예식에 참여하는 대상자들을 호명하도록 하겠습니다. ○○○의 자녀 ○○○ 외 ○○명을 ○○○○년 성년예식에 초대합니다. 이들은 그동안 믿음의 부모 아래서 육적으로, 정신적으로, 신앙적으로 성숙하여, 장성한 분량

에 이르는 성인으로서 사회적 구성원과 교회 공동체의 일원이 되기를 원하며, 그리스도인의 분명한 정체성을 가진 책임 있는 성인으로 살아가고자 합니다. 호명 받은 자녀들은 자리에서 일어나 주시길 바랍니다.

(대상자의 이름을 호명한다.)

세례 재확인예식

예식선언···집례자

"몸은 하나인데 많은 지체가 있고 몸의 지체가 많으나 한 몸임과 같이 그리스도도 그러하니라 우리가 유대인이나 헬라인이나 종이나 자유인이나 다 한 성령으로 세례를 받아 한 몸이 되었고 또 한 성령을 마시게 하셨느니라 너희는 그리스도의 몸이요 지체의 각 부분이라"(고전 12:12-13, 27).

악의 거부와 서약 ···집례자와 대상자

집례자 : 여러분은 하나님의 자비로우신 은혜를 의지하여 죄의 길에서 돌이키고, 세상의 악과 그 권세를 버리겠습니까?

대상자 : 예, 버리겠습니다.

집례자 : 여러분은 예수 그리스도께로 돌아와 그를 주님으로 모시고, 그의 은혜와 사랑을 의지하겠습니까?

대상자 : 예, 의지하겠습니다.

집례자 : 여러분은 그리스도의 신실한 제자가 되어 그의 말씀에 순종하며 그의 사랑을 나타내겠습니까?

대상자 : 예, 나타내겠습니다.

신앙고백·······························사도신경 ···다함께

세례에 대한 감사기도 ···집례자

[예문1]

오! 하나님, 세례받았음을 인하여 감사합니다. 우리가 그 물에 잠김으로 죽으신 예수 그리스도와 함께 묻혔고, 그 물로부터 일으키심을 받아 그의 부활에 동참했으며, 그 물로 말미암아 성령의 능력으로 다시 태어났습니다. 그러므로 우리가 성자 예수님께 기쁨으로 순종하여 믿음 안에서 그와 사귐을 기념합니

다. 기도하오니 세례를 받은 모든 성도들이 영원토록 우리 구주 예수 그리스도의 부활의 삶을 살게 하소서. 삼위일체 되신 성부, 성자, 성령께 모든 존귀와 영광을 드립니다. 예수 그리스도의 이름으로 기도합니다. 아멘.

[예문2]
예수 그리스도께서 우리를 위해 요단 강에서 세례를 받으시고, 성령으로 말미암아 그리스도로서 기름 부음 받으시니 주님을 찬양합니다. 그의 죽음과 부활의 세례로 인하여 주께서 우리를 죄와 사망의 멍에에서 구원하시고, 우리에게 정결함과 부활을 허락하셨습니다. 또한 세례를 통하여 우리에게 성령을 보내셔서 모든 진리로 우리를 가르치며 인도하게 하시고, 온갖 은사로 우리를 충만케 하심으로 우리로 온 민족에 복음을 선포하게 하시며, 주님을 섬기게 하시니 주님을 찬양합니다. 하나님께서 세례로 말미암아 우리를 주장하시고, 은혜로 우리를 거듭나게 하시니 기뻐합니다. 성령으로 우리를 새롭게 하셔서 주님의 뜻을 행할 능력을 가지게 하시고, 영원토록 그리스도의 부활의 삶을 살게 하소서. 삼위일체 되신 성부, 성자, 성령께 모든 존귀와 영광을 드립니다. 예수 그리스도의 이름으로 기도합니다. 아멘.

(양손을 펼치며, 또는 세례반에 종려나무 가지를 담아 세례 재확인 예식에 참여한 사람들을 향하여 뿌리며)

성부와 성자와 성령의 이름으로 여러분의 세례를 기억하고 감사하십시오. 아멘.

서약 ·· 다함께

이제 예수 그리스도 안에서 성인이 된 우리는 다음과 같이 서약합니다.

하나, 계속해서 믿음을 지켜 성숙한 그리스도인으로 살아갈 것을 서약합니다.
둘, 교회와 가정에서 본이 되는 그리스도인으로 살아갈 것을 서약합니다.
셋, 세상을 향한 그리스도인의 책임을 다하며 살아가기를 서약합니다.

○○○○년 ○월 ○일 서약자 ○○○.
(서약은 대표자가 선창하고 참여자들이 후창하거나, 모두 함께 선언한다.)

찬송 ················ "가슴마다 파도친다"(574장) ················ 다함께

축도 ·· 집례자

4 혼인

1) 결혼에 대한 신학적 이해

결혼은 사회학적으로는 사회의 가장 작은 구성체인 가정의 출발이고, 인류학적으로는 삶에서 가장 중요한 통과의례(the rite of passage) 중의 하나이다. 신학적으로는 아담과 하와가 에덴동산에서 쫓겨난 후, 인간이 서로에게 책임을 져야 하는 실존적 삶의 표상이며, 하나님 나라를 미리 맛보는 최소의 교회 단위이다.

초기 교회에서 기독교 공동체는 가정을 중심으로 성장했으며, 함께 떡을 떼며 하나님을 예배하는 것이었다. 결혼이 예수 그리스도의 명령이나 본보기에 의한 예식이 아니고, 구원의 본질적인 요소가 아니기 때문에, 개신교는 성례에 결혼을 포함하지 않는다. 그러나 삶에서 결혼은 실제적이고 영향력 있는 사건일 뿐 아니라 하나님의 특별한 부르심의 사건이다. 따라서 결혼은 사회적, 경제적, 문화적 조건에 의한 임의적인 계약이 아니라 신앙적인 고백에 바탕을 둔 언약의 예식이다.

그렇기 때문에 결혼은 다음과 같은 다섯 가지의 신앙적 의미를 갖는다. 첫째로 결혼은 하나님 나라의 최소 단위인 가정의 출발이기 때문에 기도 위에 세워져야 한다. 둘째로 결혼은 배우자, 자녀를 포함한 가족에 대한 책임을 약속하는 것이기 때문에 책임을 바탕으로 이루어져야 한다. 셋째로 결혼은 부모를 떠나 독립된 가정을 이루는 것이기 때문에 당사자들은 스스로 육체적, 경제적, 심리적으로 주체가 됨을 인식해야 한다. 특별히 성숙한 신앙의 주체로서 가정을 세우기 위해 노력해야 한다. 넷째로 결혼은 생물학적 출산만을 위해 있는 것이 아니라 영적인 출산을 도모함으로 하나님 나라를 확장하기 위한 장소가 될 수 있다. 다섯째로 결혼은 하나님이 허락하신 결합이므로 하나님의 뜻에 맞지 않는 주술적, 권위주의적, 그리고 인간 중심적인 관습들을 거부해야 하며, 건전한 사회 관습에 기여하기 위해 노력해야 한다.

2) 약혼

- 약혼예식은 양가 가족과 친지를 중심으로 한 소수의 인원으로 함이 좋다. 중매한 경우는 중매자도 초청하는데, 이때 중매자는 양가가 더 깊이 만날 수 있는 교량 역할을 할 수도 있다.
- 약혼예식 때의 호칭은 신랑과 신부가 아닌, '○○○ 군'과 '○○○ 양' 또는 '예비 신랑 ○○○ 군', '예비 신부 ○○○ 양'으로 한다.
- 약혼예식 때 양가 가족 소개 시간은 예식 전이나 후에 가질 수 있다. 식 전에 하는 경우에는 친숙해진 상태에서 예식을 드릴 수 있다.

예식사 ··집례자

지금부터 ○○○ 군과 ○○○ 양의 약혼예식을 시작하도록 하겠습니다.

기원 ··집례자

모든 인간을 창조하시고 친히 다스리시는 하나님 아버지, 주님께서 사랑하시고 기뻐하시는 ○○○ 군과 ○○○ 양의 약혼예식을 거행하는 거룩한 자리에 섰습니다. 우리 주님께서 이 자리 가운데 임하여 주시고, 친히 약속의 보증이 되어 주소서. 예수 그리스도의 이름으로 기원합니다. 아멘.

찬송 ························ "성부님께 빕니다"(602장) ························ 다함께

기도 ··집례자

약속의 보증이 되시는 하나님 아버지, 주님이 사랑하시는 자녀 ○○○ 군과 ○○○ 양이 주님의 언약 안에서 혼인을 약속하는 약혼예식을 주님 앞에 올려드립니다. 아브람에게 "나는 네 방패요 너의 지극히 큰 상급"이라고 말씀하시면서 하늘의 뭇별과 같이 많은 자손을 약속하신 하나님을 기억합니다. 이 시간 말씀 앞에서 신실하게 혼인을 약속하는 이 예식 가운데 임하셔서, ○○○ 군과 ○○○ 양이 이 거룩한 언약을 잊지 않게 하소서. 그리하여 이들이 아름다운 가정을 이루어 하나님 앞에 큰 영광을 돌리는 삶을 살게 하여 주소서. 예수 그리스도의 이름으로 기도합니다. 아멘.

성경봉독·····················창세기 15 : 17~21······················집례자

설교···집례자

우리가 살아가면서 가장 중요하게 여겨야 할 것 중에 하나는 바로 '약속'입니다. 약속은 앞으로 반드시 이 일을 행하겠다는 것을 미리 정하는 것입니다. 그렇게 행하기로 정한 그 약속에는 그것을 반드시 지켜야 하는 의무와 책임이 있습니다. 그래서 약속을 지키지 않는 것은 신뢰를 깨뜨리는 행위입니다. 신뢰가 깨진다는 것은 약속을 한 당사자와의 관계가 깨지고 멀어진다는 의미이기도 합니다.

성경은 약속에 관한 이야기라고 해도 과언은 아닙니다. 하나님께서 처음으로 약속을 하신 것은 에덴 동산에서부터였습니다. 하나님은 이 세상을 창조하시고 약속을 하셨습니다. 아담과 하와, 너희들은 이 동산에 있는 모든 것을 누릴 수 있지만, 동산 중앙에 있는 선악을 알게 하는 나무의 열매만은 따 먹지 말아야 한다는 것이었습니다. 이것은 하나님이 인간과 맺으신 처음 언약이었습니다. 이 언약을 깨뜨린 아담과 하와는 하나님으로부터 신뢰를 받지 못하고, 결국 하나님과의 관계가 깨지게 되었습니다.

하지만 하나님은 신실하신 분이시기 때문에 어떻게 하든 그 약속이 이어지기를 바라셨습니다. 그래서 많은 시간이 지난 후 아브람을 택하시고, 그 백성을 구원하시기 위한 언약을 맺으십니다. 약속을 이어가길 원하셨던 하나님은 아브람에게 나타나셔서 "아브람아 두려워하지 말라 나는 네 방패요 너의 지극히 큰 상급이니라"(창 15 : 1)라고 말씀하시면서 하늘의 뭇별처럼 너의 자손이 많아질 것(창 15 : 5)이라고 약속하셨습니다. 그 언약의 표시로 아브람이 삼 년 된 암소와 삼 년 된 암염소와 삼 년 된 숫양과 산비둘기와 집비둘기 새끼를 가져다가 쪼갠 그 사이로 횃불이 지나갔습니다(창 15 : 9, 17). 이것을 우리는 횃불 언약이라고 말합니다. 이렇게 하나님은 자기 백성을 구원하시고 의로운 길로 인도하시기 위해 친히 약속을 하시는 분이십니다. 이처럼 오늘 장차 혼인을 약속하는 이 약혼예식 가운데 성령의 불로 임하여 주십니다. 두 사람 사이를 지나가십니다. 우리 주님께서 친히 약속의 증인이 되어 주십니다. 그리고 두 사람 사이에 삶의 아름다운 결실을 맺도록 인도하여 주시겠다고 말씀하십니다. 오늘 약혼을 하는 ○○○ 군과 ○○○ 양은 이 사실을 기억하고 서로의 약속을 지키고, 하나님 앞에서 거룩하고 흠이 없는 아름다운 가정

을 이루는 은혜가 있기를 축복합니다.

서약 ··당사자들

오늘 말씀을 기억하며 서로 서약하는 시간을 갖도록 하겠습니다.

먼저 양가 부모에게 묻겠습니다.
문 : ○○○ 군의 가정과 ○○○ 양의 가정은 이 두 사람의 약혼을 기쁘게 허락하고, 아름다운 가정을 이룰 수 있도록 축복해 주실 것을 약속하십니까?
답 : 예, 약속합니다.

이제 약혼하는 두 사람에게 묻겠습니다.
문 : 오늘 약혼을 하는 ○○○ 군과 ○○○ 양은 이 약속을 깨뜨리지 않고 앞으로 혼인할 것을 서약하십니까?
답 : 예, 서약합니다.

예물교환 ···약혼자

(집례자가 남자의 가정으로부터 예물을 받아 여자에게 전할 때)
이것은 ○○○ 군의 약속의 표시입니다.
(여자의 가정에서 예물을 받아 남자에게 전할 때)
이것은 ○○○ 양의 약속의 표징입니다.

축복기도 ···주례자

복의 근원이 되시는 하나님 아버지, 오늘 주님께서 사랑하시는 ○○○ 군과 ○○○ 양이 하나님과 양가 부모님, 그리고 일가친척들 앞에서 약혼예식을 거행하게 하시니 감사드립니다. 두 사람이 서로 사랑하는 한마음, 한 뜻이 되어 혼인할 것을 많은 증인들 앞에서 약속하였습니다. 이 약속을 가볍게 여기지 않게 하시고, 그 약속을 신실하게 이행하는 은혜가 있게 하여 주소서. 또한, 서로 신뢰하며 하나님을 경외하는 신앙으로 혼인예식을 치루는 그날까지 이 약속이 변치 않게 하소서. 예수 그리스도의 이름으로 기도합니다. 아멘.

약혼 선언 ···집례자

성부와 성자와 성령의 이름으로 ○○○ 군과 ○○○ 양의 약혼이 이루어졌음을 선언합니다. 아멘.

찬송 ·· "나의 갈 길 다 가도록"(384장) ························· 다함께

축도 ··· 집례자

인사 ·· 가족대표

(두 사람이 일어나서 양친과 내빈을 향해 인사한다.)

3) 결혼

- 결혼 일자는 양가의 사정을 고려하여 주례자와 함께 정한다. 이때 교회 절기 중 사순절 기간은 피하는 것이 좋으며, 무속적인 권고는 따르지 않도록 한다.
- 예식 장소는 공개된 곳이면 어디든 무관하나 신자일 경우 예배당이 적절하다. 예배당에서 결혼예식을 거행할 경우, 교회가 정해 놓은 규정에 따라야 한다.
- 기독교 예식일지라도 주례자는 누구든 상관없으나 목사를 모시는 것이 권고된다. 목사가 주례자일 경우, 사회자가 따로 필요하지 않다.
- 주례자는 결혼식 전(늦어도 15일 전)에 신랑, 신부와 만나 결혼에 대한 신앙적 지도 및 상담, 결혼예식을 준비하는 마음가짐과 예식 순서에 대한 안내를 해 주는 것이 좋다.
- 주례자는 그 나라의 결혼법과 지방의 풍속을 알아야 하고, 주례 후에는 교회 혼인명부에 부부의 이름을 명기해 주어야 한다.
- 목사가 비신자에게 주례 의뢰를 받은 경우, 앞으로 신앙생활을 하겠다는 약속을 받고 주례를 진행하는 것이 좋다.
- 주례자는 예식 시간이 되면 등단하여 오늘의 결혼예식이 단순한 의식이 아니라 하나님 앞에서 갖는 예식임을 강조한다.
- 예배당에서 하는 예식에서는 가능한 성찬식을 거행하도록 한다.

(1) 예배당에서(성찬식 포함)

예식사 ··· 주례자

오늘은 복되고 거룩한 날입니다. 하나님께서 구별하시고 예비하신 한 가정이 이 땅에 세워지는 날입니다. 하나님은 에덴 동산에서 결혼 제도를 만드셨고, 주님은 첫 사역으로 갈릴리 가나에서 결혼 잔치를 축복하셨습니다. 결혼은 두 사람이 마음과 삶을 연합하여 소망을 같이하고, 사랑과 신뢰와 인내 가운데 영위하는 복된 삶의 결정체입니다. 이 복된 삶을 시작하는 이들이 입장할 때, 진심어린 축하의 박수로 맞아 주시기 바랍니다.

입장 ··· 신랑과 신부

(신랑과 신부는 차례로 또는 동시에 입장할 수 있다. 이때 전통적인 결혼행진곡 대신 적절한 축복송을 부를 수도 있다.)

기도 ··· 주례자

할렐루야, 영원히 찬양받으실 우리 주 하나님, 오늘의 결혼예식을 통해 신랑 ○○○ 군과 신부 ○○○ 양이 주 안에서 거룩한 가정을 이루게 하심에 감사를 드립니다. 주님께서 그 형상을 따라 지으시고 견실히 성장하게 하신 두 사람이 이제 한 몸을 이루어 사랑의 본체이신 주님을 닮아 서로 사랑하게 하시고, 세상을 따스하게 비추고 밝히는 사랑의 공동체가 되게 하소서. 주님께서 첫 기적을 베푸셨던 가나 혼인 잔치에 임한 기쁨이, 오늘 혼례의 자리에 함께 한 모든 이들에게 충만하게 하소서. 예수 그리스도의 이름으로 기도합니다. 아멘.

찬송 ······························· "완전한 사랑"(604장) ····························· 다함께

성경봉독 ··· 주례자

(창 2 : 18-25 ; 시 67, 95 : 1-7a, 100, 117, 121 ; 전 4 : 9-12 ; 마 19 : 4-5 ; 막 10 : 6-9 ; 요 2 : 1-11, 15 : 1-17 ; 고전 13 : 3-7 ; 엡 5 : 28-33 ; 벧전 3 : 1-7 등을 참고한다.)

주례사 ··· 주례자

(주례자가 간단히 기독교의 결혼관 및 가정관에 대해 설명하고 참된 기독교 가정의 실현을

권면한다.)

서약 ··· 신랑과 신부

이제 두 사람은 하나님과 여기 모인 증인들 앞에서 진실한 마음으로 서약하시기 바랍니다.

(주례자를 따라 서약한다.)

신랑: 나 ○○○는 ○○○을 하나님께서 맺어 주신 아내로 맞이하여, 한평생 길이 사랑하고 귀히 여기며, 기쁠 때나 슬플 때나 변함없이 부부의 신의를 지키며 남편 된 도리를 다할 것을 하나님과 여러 증인들 앞에서 서약합니다.

신부: 나 ○○○는 ○○○을 하나님께서 맺어 주신 남편으로 맞이하여, 한평생 길이 사랑하고 귀히 여기며, 기쁠 때나 슬플 때나 변함없이 부부의 신의를 지키며 아내 된 도리를 다할 것을 하나님과 여러 증인들 앞에서 서약합니다.

성혼기도 ··· 주례자

(성경 위에 신랑, 신부가 손을 얹고, 그 위에 주례자가 손을 얹고 기도한다)

거룩하신 하나님, 하나님의 섭리 가운데 ○○○ 군과 ○○○ 양이 하나님과 여러 증인들 앞에서 혼인 서약을 했습니다. 이 세상의 첫 부부인 아담과 하와에게 '부모를 떠나라' 말씀하신 하나님, 이제 두 사람이 서로를 의지하며 남편과 아내라는 새로운 관계로 나아가오니, 이들에게 다함이 없는 주님의 은총과 복락을 내려 주소서. 이들이 사랑의 감정 위에 사랑의 지식과 수고를 더하게 하시고, 사랑의 서약이 영원히 변치 않도록 붙들어 주시며, 하나님과 동행하는 가운데 세월이 갈수록 더욱 아름다운 믿음의 가정을 이루게 하소서. 예수 그리스도의 이름으로 기도합니다. 아멘.

성혼선포 ··· 주례자

이제는 내가 ○○○ 군과 ○○○ 양이 부부가 된 것을 성부 성자 성령의 이름으로 선포하노라. 하나님이 짝지어 주신 것을 결코 사람이 나누지 못할지니라. 아멘.

성찬초대 ··· 집례자

(당사자들이 세례교인인 경우 성찬식을 거행하는 것이 권장된다. 성찬은 모든 회중보다는 결혼 당사자들에게, 그리고 세례교인 양가 부모에게 베푸는 것이 좋다.)

이 시간 부부가 된 두 사람을 주님의 성찬으로 초대합니다. ○○○ 양과 ○○○ 군은 이제 부부로서 한 식탁에서 평생 함께 먹고 마실 것입니다. 이 성찬은 부부를 위해 주님께서 베풀어 주시는 첫 번째 식탁입니다.

성찬제정사·····················고린도전서 11 : 23~26·····················집례자

성찬 감사기도 ··집례자

하나님, ○○○, ○○○ 부부에게 주님의 살과 피인 거룩한 떡과 포도즙을 허락하심에 감사드립니다. 성령님 이곳에 임하시어, 이들이 부부가 되어 받는 첫 음식이 하나님께서 이 가정에 주시는 영원한 생명 양식이 되게 하소서. 이들이 장차 하나님 나라에서 주님과 함께 먹고 마실 그날까지, 하나님만 갈망하고 하나님만 모시며 하나님으로 인해 만족한 삶을 살게 하소서. 예수 그리스도의 이름으로 기도합니다. 아멘.

분병분잔 ···집례자

집례자 : 그리스도의 몸, 생명의 양식입니다.
신랑과 신부 : 아멘.
집례자 : 그리스도의 보혈, 목마르지 않는 음료입니다.
신랑과 신부 : 아멘.

성찬 후 기도 ··집례자

아름다운 가정을 탄생시키신 하나님, 이들로 주의 식탁에 참여케 하여 주시니 감사드립니다. 생명의 영이신 하나님, 이들 부부에게 친히 첫 양식을 베풀어 주셨듯, 백년해로하며 긴 인생길 가는 동안 하늘의 만나와 일용할 양식을 풍족히 내려 주소서. 부활하신 주님께서 제자들에게 조반을 먹이신 후에 "네가 나를 사랑하느냐" 물으시고, "내 양을 먹이라" 말씀하신 것을 기억합니다. 주님의 몸과 피를 받은 이 부부가 주님을 사랑하고 또한 교회와 일터와 세상에서 생명을 살리고 나누는 자들로 살아가게 하소서. 우리 주 예수 그리스도의 이름으로 기도합니다. 아멘.

찬송 또는 축가 ················ "다 감사드리세"(66장) ············ 다함께 또는 맡은이

축도 ·· 목사

인사 ··· 양가대표

새 출발 ··· 신랑과 신부

> (예배당에서 부적절한 축하 행위는 삼가는 것이 좋으며, 축복송으로 축하할 수 있다. 양가 부모도 신랑 신부에 이어 퇴장할 수 있다.)

(2) 교회 밖에서

예식사 ·· 주례자

결혼식은 하나님의 사랑을 배우고 실천하는 사랑학교 입학식입니다. 오늘 우리는 하나님 안에서 사랑으로 하나 되는 두 사람을 축복하고 그들이 복된 가정을 이루도록 격려하고자 이 자리에 모였습니다. 이 시간 ○○○ 군과 ○○○ 양의 결혼식은 기독교 예식으로 진행되오니, 신성한 예식이 될 수 있도록 내빈 여러분의 협조를 바랍니다.

화촉 점화 ·· 양가 부모(어머니)

양가 부모님(어머니)들께서 나오셔서, 새롭게 탄생하는 자녀들의 가정을 축복하며 그 앞날을 환하게 밝혀 주시겠습니다.

입장 ·· 신랑과 신부

기도 ·· 주례자

온 우주 만물을 창조하시고 이 땅에 가정을 탄생시키신 하나님, 하나님의 은혜로 혼인예식을 통해 부부가 되고자 하는 ○○○ 군과 ○○○ 양이 이 자리에 섰습니다. 이 예식이 하나님께서 주관하시는 신비롭고 거룩한 혼례식이 되게 하시며, 모든 하객들과 더불어 기쁨을 누리는 아름다운 잔치가 되게 하소서. 우리 주 예수 그리스도의 이름으로 기도합니다. 아멘.

찬송 ································· "오늘 모여 찬송함은"(605장) ························· 다함께

성경봉독 ································ 에베소서 3 : 14~21 ································ 주례자

주례사 ……………………………………………………………………… 주례자

서약 …………………………………………………………………… 신랑과 신부

이제 하나님과 증인들 앞에서 두 사람이 진실한 마음으로 결혼 서약을 하겠습니다.

문 : 신부 ○○○ 양은 그대 곁의 ○○○ 군을 하나님께서 짝 지어 주신 남편으로 맞이하여 한평생 변함없이 사랑하고 내 몸처럼 아끼며 희로애락을 함께하고 신실하게 동행하며 하나님께서 기뻐하시는 가정을 일구는 아내가 될 것을 서약하겠습니까?

답 : 예, 서약합니다.

문 : 신랑 ○○○ 군은 그대 곁의 ○○○ 양을 하나님께서 짝 지어 주신 아내로 맞이하여 한평생 변함없이 사랑하고 내 몸처럼 아끼며 희로애락을 함께하고 신실하게 동행하며 하나님께서 기뻐하시는 가정을 일구는 남편이 될 것을 서약하겠습니까?

답 : 예, 서약합니다.

축복기도 ………………………………………………………………… 주례자

(신랑과 신부가 서로 손을 잡거나, 성경에 손을 얹게 한 후에 기도한다.)

사랑의 하나님, ○○○ 양과 ○○○ 군이 하나님과 증인들 앞에서 사랑을 고백하고 결혼 서약을 하였습니다. 우리 주 예수 그리스도의 이름으로 축복하며 기도하오니, 두 사람 위에 참으로 하나 되는 연합의 은총이 부어지게 하소서. 하나님의 나라가 이 가정에 임하고, 하늘에서 이미 이루어진 하나님의 뜻이 이들의 삶 가운데 펼쳐지게 하소서. 주님께서 ○○○과 ○○○ 가정에 내주하시어 이들이 그리스도의 사랑의 너비와 길이와 높이와 깊이를 알고 그것을 전하는 복된 삶 살게 하소서. 이들에게 하나님의 전신갑주를 입혀 주시고, 하나님을 거스르는 모든 유혹과 시험을 성령의 능력으로 이기게 하소서. 예수 그리스도의 이름으로 기도합니다. 아멘.

성혼선포 ………………………………………………………………… 주례자

이제 하나님께서 ○○○ 군과 ○○○ 양 두 사람의 진실한 서약을 받으시고 이들이 부부로서 작은 하나님 나라인 가정을 이루게 하셨음을 선포합니다. 하

나님께서 짝 지어 주셨으니, 그 무엇도 그 누구도 두 사람을 나누지 못할 것입니다. 아멘.

축가 ·· 맡은이

찬송 ···················· "만복의 근원 하나님"(1장) ···················· 다함께

축도 ·· 목사

인사와 알림 ··· 맡은이

　(양가 대표가 나와 감사의 말과 이후 일정에 대해 전한다.)

인사 ······················· 부모와 하객에게 ······················· 신랑과 신부

새출발 ··· 신랑과 신부

(3) 서약 중심

예식사 ·· 주례자

하나님께서는 인간을 남성과 여성으로 지으시고 사랑 안에서 한 몸이 되게 하셨습니다. 주님께서는 가나 혼인 잔치에서 물로 포도주를 만드는 첫 이적을 행하심으로 잔치의 기쁨이 끊이지 않게 하셨습니다. 성령께서는 이 시간 혼례의 주인공들과 함께 증인인 우리 모두가 그 기쁨을 맛보길 원하십니다. 이제 신랑 신부의 입장으로 오늘의 혼인 잔치가 시작될 때 가능하시면 일어서서 이들을 축복해 주시기 바랍니다.

입장 ·· 신랑과 신부

찬송 ···················· "성부님께 빕니다"(602장) ···················· 다함께

기도 ·· 맡은이

사랑의 하나님, 하나님께서 정하신 이날에 우리가 즐거워하고 기뻐합니다. 오늘의 예식이 신랑과 신부가 하나 되는 축복의 시간이 되게 하시고, 미래에 가정을 이루게 될 이들에게는 자신의 혼인을 기대하는 시간이 되게 하시며, 또한

현재 가정을 이루고 살아가는 이들에게는 그들의 거룩한 혼인 서약을 되새기는 귀한 시간이 되게 하소서. 예수 그리스도의 이름으로 기도합니다. 아멘.

성경봉독·································· 고린도전서 13 : 1~7, 13 ·························· 주례자

주례사 ··· 주례자

서약 ·· 신랑과 신부

결혼은 거룩한 언약이며, 감정이나 본능을 뛰어넘는 의지적인 서약에 근거합니다. 결혼예식의 절정은 바로 서약 순서에 있습니다. 오늘 우리는 이 아름다운 언약의 현장을 목격하고 축복하고자 공동체로 모였습니다. 두 사람은 하나님 앞과 여러 증인 앞에서, 준비한 서약문을 진실한 마음으로 낭독하시기 바랍니다.

(일정한 기간을 주고 신랑 신부가 직접 서약문을 작성하도록 한 후, 주례자가 미리 확인하고 부족한 부분이 있으면 수정하도록 권한다. 서약 시 신랑 신부는 가능하면 마주보거나 손을 잡도록 한다.)

나 ○○○은 ○○○을 신랑(신부)로 맞으며 하나님과 사람 앞에서 당신에게 다음과 같이 서약합니다. 나 자신의 가능성과 한계를 알고, 하나님의 눈으로 나를 바라보며 자신을 사랑하되, 현재의 모습에 안주하지 않고 그리스도의 성품에 이르고자 늘 주님과 함께 걸으며 성숙해 가겠습니다. 또한 당신이 가진 가능성과 한계를 온전히 수용하고, 하나님의 눈으로 그대를 바라보며 당신의 존재 자체를 사랑하되, 주님 안에서 더욱 성숙해 가도록 합력하겠습니다.

이 땅에 우리를 보내시고 부부로 삼으신 하나님의 뜻을 이루어가기 위해, 언제나 하나님 앞에 엎드리겠습니다. 은혜가 주어질 때면 감사하고, 은혜가 필요할 때면 간구하며, 삼위일체 하나님을 나의 주인이요, 우리 가정의 주인으로 모시고 늘 경외하며 송축하겠습니다.

당신과 나누는 사랑이 우리 담장을 넘어 타인과 피조 세계에까지 확장되고 우리 가정이 하나님의 복을 누리는 가정, 하나님의 복을 세상 가운데 나누는 가정이 되도록 성령의 능력을 힘입어 수고하겠습니다.

나는 약속합니다. 죽음이 우리를 갈라놓을 때까지, 그리스도께서 교회를 사랑하신 그 사랑을 본받아 당신을 사랑하겠습니다. 당신을 나에게 허락하신 하나님께 감사와 영광을 돌립니다.

예물교환 ··· 신랑과 신부

(서약의 증표로서 반지 등을 교환할 수 있으며, 약혼예식에서 이미 전달한 경우는 생략한다.)

(주면서)

나 ○○○은 변치 않는 믿음과 영속적인 사랑의 표시로서, 성부와 성자와 성령의 인도하심에 따라 이 예물을 당신에게 드립니다.

(받으면서)

나 ○○○은 성부와 성자와 성령의 인도하심에 따라 이 예물을 우리의 언약의 표시로 받겠습니다.

축복기도 ··· 주례자

성혼선포 ··· 주례자

(온 회중이 일어나서 선포의 증인이 될 수 있다. 이때 신랑과 신부는 돌아서서 회중을 바라본다.)

신부 ○○○ 양과 신랑 ○○○ 군이 하나님과 여러 증인들 앞에서 서로에게 사랑의 서약을 했습니다. 그리고 언약의 증표로 반지를 주고받으며 진실한 약속을 확인했습니다. 그러므로 나는 성부와 성자와 성령의 이름으로 이제 두 사람이 부부가 되었음을 선포합니다. 하나님이 이들을 부부로 짝지어 주셨으므로 둘이 아니요 한 몸이니 사람이 저들을 나누지 못할 것입니다. 아멘.

축가 ··· 맡은이

찬송 ··························· "어디든지 예수 나를 이끌면"(440장) ···················· 다함께

축도 ··· 목사

인사 ································· 부모와 하객에게 ································ 신랑과 신부

새 출발 ··· 신랑과 신부

(4) 국제결혼

- 다문화 사회로 이미 접어든 한국 사회에서 서로 다른 문화와 언어를 사용하는 남자와 여자가 결혼하는 국제결혼은 이미 일상화되었다.
- 각 나라의 결혼 전통에 따른 결혼 풍습이 있다면 사전에 논의하여 그에 맞게 다듬어 사용하도록 한다.
- 원활한 진행을 위해 영어 지문 부분은 결혼 예식 주보와 스크린을 함께 사용하여 제공하도록 한다.

Prelude(전주)·· Accompanist(반주자)

Opening Words & Introduction(예식사)······················· Pastor(주례자)[55]

(The officiating pastor greets the people and introduces the service of Christian marriage. Even if the attendees of this service are not Christian believers, the officiant asks for their cooperation and understanding so that the ceremony goes well with the heartfelt congratulations to the bride and groom. The officiant announces that today's service will proceed in both Korean and English. 주례 목사는 하객에게 인사한 뒤, 본 결혼식이 기독교 예식임을 안내하고, 기독교 신자가 아닌 참석자들도 신랑 신부를 축하하는 마음으로 예식에 참여할 수 있도록 협조와 양해를 구하도록 한다. 또한 한국어와 영어로 동시에 진행되는 예식임을 알린다.)

Today is a blessed day. According to God's special will and plan, today is a time to establish a new family on the earth. Today's wedding ceremony for N. and N. is a Christian marriage service. We ask for your understanding and cooperation to join in a loving and gracious service.

---

[55] This marriage service is led by a pastor who is the officiant. If there is a special wedding host, please insert the host's name in the bulletin to distinguish them from the pastor. 이 예식은 사회자가 없이 주례를 맡은 목회자의 인도로 진행되는 예식이다. 사회자가 따로 있는 경우 이 순서에 사회자를 넣도록 한다.

오늘은 복된 날입니다. 하나님께서 정하신 특별한 뜻과 계획에 따라 한 가정을 이 땅에 세우는 날입니다. 오늘 ○○○ 군과 ○○○ 양의 결혼예식은 기독교 예식으로 하나님의 축복 가운데 진행됩니다. 정숙하고 은혜로운 예식이 될 수 있도록 여러분의 참여와 이해를 부탁드립니다. 이제 예식을 시작합니다.

(There would be a time to have a candle lighting by the bride's mother and groom's mother. 이때 양가 어머니가 화촉 점화를 하는 시간을 가질 수 있다.)

Entrance(입장) ·· Groom and Bride(신랑과 신부)

(Either the groom and bride process in separatedly. 신랑 신부가 따로 입장하는 경우)

Now the bride will process. Please stand and welcome her with warm applause when N. enters.

먼저 신랑 ○○○ 군의 입장이 있겠습니다. 하객 여러분께서는 신랑 ○○○ 군이 입장할 때, 뜨거운 박수로 환영해 주시면 감사하겠습니다. 신랑, 입장.

Now the bride will process. Please stand and welcome her with warm applause when N. enters.

이제 신부 ○○○ 양의 입장이 있겠습니다. 신부가 입장할 때는 모두 자리에서 일어나셔서 힘찬 박수로 맞이해 주시기 바랍니다. 신부, 입장.

(or the groom and bride process in together. 신랑 신부가 함께 입장하는 경우)

Now it is time for the groom and bride to march together. Please stand and welcome them with warm applause when N. and N. enter.

신랑 신부의 입장이 있겠습니다. 하객 여러분께서는 신랑 신부가 입장할 때, 뜨거운 박수로 환영해 주시면 감사하겠습니다. 입장.

Prayer(기도) ·· Pastor(주례자)

Hymn(찬송) ·· Together(다함께)

Scripture Reading(성경봉독) ·· Mark(마가복음) 10 : 6~9 ················· Pastor(주례자)

The Word of God, for N. and N.

"But at the beginning of creation God 'made them male and female.' 'For this reason a man will leave his father and mother and be united to his wife, and the two will become one flesh.' So they are no longer two, but one. Therefore what God has joined together, let man not separate." Amen.

○○○ 군과 ○○○ 양에게 주시는 하나님의 말씀입니다.

"창조 때로부터 사람을 남자와 여자로 지으셨으니 이러므로 사람이 그 부모를 떠나서 그 둘이 한 몸이 될지니라 이러한즉 이제 둘이 아니요 한 몸이니 그러므로 하나님이 짝 지어 주신 것을 사람이 나누지 못할지니라". 아멘.

Sermon or Officiant's message(주례사) ·················· Pastor(주례자)

(After the Scripture is read, a brief sermon may be given. 성경을 읽고 난 후, 간단히 설교한다.)

Exchange of Vows(혼인 서약) ·················· Groom and Bride(신랑과 신부)

Now it is the time to exchange marriage vows. Please make an oath with a sincere heart in front of God and these witnesses. Here is the Word of God concerning vows : "LORD, who may dwell in your sanctuary? Who may live on your holy hill? He whose walk is blameless and who does what is righteous, who speaks the truth from his heart. who despises a vile man but honors those who fear the LORD, who keeps his oath even when it hurts"(Psalm 15 : 1-2, 4).

이제 혼인 서약을 하겠습니다. 두 사람은 하나님과 여러 증인 앞에서 진실한 마음으로 서약하시기를 바랍니다. 여기, 서약에 관한 하나님의 말씀이 있습니다. "여호와여 주의 장막에 머무를 자 누구오며 주의 성산에 사는 자 누구오니이까 정직하게 행하며 공의를 실천하며 그의 마음에 진실을 말하며 여호와를 두려워하는 자들을 존대하며 그의 마음에 서원한 것은 해로울지라도 변하지 아니하며"(시 15 : 1-2, 4).

First, the groom N. makes an oath to the bride N. Please follow me in your vows.

먼저 신랑 ○○○ 군이 신부 ○○○ 양에게 서약합니다. 저를 따라 서약해 주시기 바랍니다.

I, N., take you, N., to be my wife ; and I promise, before God and these witnesses, to be your loving and faithful husband by walking with you in sincere faith and deep affection ; in plenty and in want ; in joy and in sorrow ; in sickness and in health ; as long as we both shall live.

나 ○○○은 ○○○ 양을 하나님께서 맺어 주신 아내로 맞이하여 한평생 사랑하고 존중하며, 진실한 믿음과 애정으로 동행하고, 기쁠 때나 슬플 때, 건강하거나 병들 때, 부요하거나 빈궁할 때도 변치 않는 부부의 신의를 지켜 남편 된 자로서의 도리를 다할 것을 하나님과 이 자리에 함께한 신앙의 증인들 앞에서 서약합니다.

Now, the bride N. makes an oath to the groom N. Please follow me in your vows.

이제 신부 ○○○ 양이 신랑 ○○○ 군에게 서약합니다.

I, N., take you, N., to be my husband ; and I promise, before God and these witnesses, to be your loving and faithful wife by walking with you in sincere faith and deep affection ; in plenty and in want ; in joy and in sorrow ; in sickness and in health ; as long as we both shall live.

나 ○○○은 ○○○ 군을 하나님께서 맺어 주신 남편으로 맞이하여 한평생 사랑하고 존중하며, 진실한 믿음과 애정으로 동행하고, 기쁠 때나 슬플 때, 건강하거나 병들 때, 부요하거나 빈궁할 때도 변치 않는 부부의 신의를 지켜 아내 된 자로서의 도리를 다할 것을 하나님과 이 자리에 함께한 신앙의 증인들 앞에서 서약합니다.

Exchange of Rings(예물교환)·························· 신랑과 신부(Groom and Bride)

(Giving, 주면서)

N. I give you this ring as a sign of our covenant, in the name of the

Father, and of the Son, and of the Holy Spirit.

나 ○○○는 성부 성자 성령의 인도하심에 따라 이 예물을 우리의 언약의 표시로 드립니다.

(Receiving, 받으면서)

N. I receive this ring as a sign of our covenant, in the name of the Father, and of the Son, and of the Holy Spirit.

나 ○○○는 성부 성자 성령의 인도하심에 따라 이 예물을 우리의 언약의 표시로 받겠습니다.

Blessing of the Marriage(축복기도) ·· Pastor(주례자)

God blessed Adam and Eve as partners to help each other. May God bless their marriage and grant them wisdom to understand their different hearts and minds so they can live their journey of faith to become one. When a difficult time of conflict approaches, may they remember God's grace and help for them previously, and seek God's will and help first. May those who gather to celebrate this marriage pray for the new couple together, so they may experience God's grace and blessing through the new family. In the name of Jesus Christ our Lord. Amen.

아담과 하와를 서로 돕는 배필로 세우시고 축복하신 하나님, 하나님께서 이들의 결혼을 축복해 주소서. 이 두 사람의 마음과 생각을 지켜 주시어, 서로를 이해하고 하나가 되어가는 믿음의 여정을 살아가도록 도와주소서. 어렵고 갈등하는 시간이 다가올 때, 이 만남을 위해 준비하시고 지금까지 도우신 하나님의 은혜를 기억하게 하시고, 하나님의 지혜와 도움을 먼저 구하는 가정이 되게 하소서! 이들을 사랑하고 축하하기 위해 모인 우리가 함께 이 가정을 위해 기도하게 하시고, 하나님의 은혜와 복을 이 가정을 통해 경험하기를 원하오며 우리 주 예수 그리스도의 이름으로 기도합니다. 아멘.

Declaration of Marriage(성혼선포) ·· Pastor(주례자)

Before God and in the presence of this congregation, N. and N. have professed their love for each other and accepted the vow of sacred marriage. Therefore I announce to you that they are now husband and wife, in the name of the Father and of the Son and of the Holy Spirit. Those whom God has joined together, let no one separate.

이제 신랑 ○○○ 군과 신부 ○○○ 양이 모든 증인들과 하나님 앞에서 서로의 사랑을 고백하고 신성한 결혼을 받아들였으니, 신랑 ○○○ 군과 신부 ○○○ 양이 지금부터 부부가 된 것을 성부와 성자와 성령의 이름으로 선포합니다. 하나님께서 짝 지어 주셨으므로 그 무엇도 두 사람을 나누지 못할 것입니다.

Hymn(찬송)·· Together(다함께)

(If there is a nuptial song instead of hymn, this order can be replaced with the nuptial song. 찬송 대신 축가로 대체할 수 있다.)

Benediction(축도)············ Numbers(민수기) 6 : 24~26··············· Pastor(주례자)

"The LORD bless you and keep you; the LORD make his face shine upon you and be gracious to you; the LORD turn his face toward you and give you peace".

"여호와는 네게 복을 주시고 너를 지키시기를 원하며 여호와는 그의 얼굴을 네게 비추사 은혜 베푸시기를 원하며 여호와는 그 얼굴을 네게로 향하여 드사 평강 주시기를 원하노라".

Greeting and Announcement(인사와 알림)········ A representative of family(가족)

Procession(행진)································· 신랑과 신부(groom and bride)

Completing the wedding service in front of God and the church, the groom and the bride who have now formed a family will march together on their new journey. Please stand and join in congratulating the new couple.

이제 하나님과 교회 앞에서 거룩한 결혼예식을 마치고 가정을 이룬 신랑과 신부가 새로운 가정을 향해 출발하겠습니다. 내빈들께서는 모두 기립하셔서 새 가정을 이룬 신랑과 신부를 축하해 주시기 바랍니다.

4) 결혼기념

- 결혼기념일은 연차에 따라 지혼(紙婚, 1년), 목혼(木婚, 5년), 석혼(錫婚, 10년), 자기혼(磁器婚, 20년), 은혼(銀婚, 25년), 진주혼(眞珠婚, 30년), 벽옥혼(碧玉婚, 40년), 금혼(金婚, 50년), 회혼(回婚, 60년), 금강혼(金剛婚, 70년)으로 일컬어진다.
- 위의 특별한 결혼기념일에는 당사자들이 회중과 함께 기쁨을 나눌 수 있도록 목회적 배려가 필요하다. 기념예식을 예배의 한 부분으로 삽입할 수도 있는데, 그 경우에는 간단한 권고와 선물 증정, 축복기도의 내용으로 구성한다.
- 결혼 1주기는 부부가 주례자를 방문하여 감사 인사를 드리고 자신들의 결혼 생활을 돌아보기 좋은 시기로서 그 기념의 의미와 중요성이 크며, 은혼식으로 일컬어지는 25주년 이후에는 지인들 및 장성한 자녀가 있는 경우 그들과 함께 감사와 축하의 예식을 드릴 수 있다.

(1) 지혼

(지혼기념예식은 혼인 1주년을 맞아 부부를 하나 되게 하신 하나님께 감사드리며 혼인 서약을 갱신하는 예식으로 진행될 수 있다. 이 예식은 주례를 담당하였던 목사가 결혼기념일에 부부의 가정에 방문하여 심방예배로 드리거나, 부부끼리 가정예배 형태로 드릴 수 있다.)

예식사 ·· 목사 또는 맡은이

○○○ 님과 ○○○ 님의 결혼 1주년을 맞은 오늘, 하나님과 여러 증인들 앞에서 행했던 그날의 서약을 다시금 마음에 새기고, 이전과 같이 앞으로도 여러분의 가정 가운데 함께하실 하나님께 감사함으로 예배하고자 합니다.

찬송 ······················· "주의 사랑 비칠 때에"(293장) ······················· 다함께

감사기도 ……………………………………………………………… 목사 또는 맡은이

    그리스도 안에서 ○○○ 님과 ○○○ 님을 부부로 맺어 주신 사랑의 하나님, 지난 한 해, 하나님의 돌보심 가운데 이들이 가정의 복락을 누리게 하심에 감사드립니다. 오늘의 지혼기념예식을 통해 두 사람의 사랑과 헌신이 더욱 깊어지고 견고해지게 하소서. 남편과 아내가 서로를 더욱 귀히 여기고 사랑으로 서로 종노릇하며 하나님 안에서 진정한 연합과 친교를 이루게 하소서. 우리 주 예수 그리스도의 이름으로 기도합니다. 아멘.

성경봉독 …………………………… 아가서 7 : 10~13 ……………… 목사 또는 맡은이

설교 ………………………… "내가 속한 사람, 내게 속한 사람" ………………… 설교자

    남편 ○○○와 아내 ○○○의 결혼 1주년을 맞이한 이 특별한 날, 두 사람을 한 몸 되게 하시고 한 길 걷도록 인도하신 하나님께 감사를 드립니다. 두 사람에게 축하의 마음을 전하며, 함께해 온 날보다 함께할 시간이 더 많은 여러분을 향하여 말씀을 나눕니다.

    봉독한 아가서 본문은 신랑의 사랑에 화답하는 신부의 고백을 담고 있습니다. 혼인예식을 통해 신랑과 신부는 한 몸, 곧 한 쌍의 부부가 되었습니다. 신랑 없이 신부가 있을 수 없고, 신부가 있기에 신랑이 존재합니다. 이때 아가서 본문의 표현처럼 내가 사랑하는 그대에게 '속하였다'고 인식하고 고백함으로써 부부의 연합은 더욱 강력해지고 깊어집니다. ○○○의 남편, ○○○의 아내라는 정체성은 내가 사랑하는 이가 누구인지, 내가 누구에게 속하였는지를 말해 줍니다. 이것은 여러분에게 기쁨과 자랑이며, 또한 고귀하게 지켜가야 할 사명임을 잊지 마십시오. 서운하거나 속상한 일도 있기 마련입니다만, 부디 사랑으로 갈등을 이기는 경험을 쌓아 가시길 권면 드립니다. 두 사람의 결혼 1주년을 다시금 축하드리며 하나님의 사랑 안에서 서로를 향한 사랑이 날마다 더욱 깊어지길 축복합니다.

혼인 서약 갱신 ……………………………………………………………… 남편과 아내

    (남편과 아내가 미리 서약문을 준비한다.)

    이제 결혼 1주년을 맞이하여 혼인 서약을 재확인하는 시간을 갖겠습니다. 준비한 서약 갱신문을 통해 ○○○, ○○○ 부부가 서로를 더욱 사랑하며 책임을

다할 것과, 서로에게 온전히 헌신하겠다는 약속을 하겠습니다. 두 사람은 하나님 앞에서, 갱신된 혼인 서약문을 진실한 마음으로 낭독하시기 바랍니다.

[남편]
나 ○○○은 나의 아내 ○○○에게, 그대와 함께 살아온 지난 1년에 감사드립니다. 하나님 품에 안기는 그날까지 나의 아내 ○○○만을 바라보며 아끼고 사랑하겠습니다. 아내의 몸과 영혼이 살아있는 하나님의 성전임을 알고 ○○○의 생각과 행동, 인격을 늘 존중하겠습니다. 그리스도께서 우리를 사랑하시어 자신의 목숨까지 내어 주신 것처럼 아내 ○○○을 온 몸과 마음을 다해 사랑하고 지켜주며 가정에 헌신하겠습니다. 그 누구보다도 배우자에게 인정받는 남편이 되도록 노력하겠습니다. 아내를 외롭게 하지 않는 남편, 아내의 눈빛과 말투만으로도 마음을 읽을 줄 아는 사려 깊은 남편, 아내가 신뢰할 만한 든든하고 믿음직스러운 남편이 되겠습니다. ○○○의 남편 나 ○○○은, 주님 안에서 아내 ○○○을 평생토록 사랑하고 귀히 여길 것을 하나님 앞에서 서약합니다.

[아내]
나 ○○○은 나의 남편 ○○○에게, 그대와 함께 살아온 지난 1년에 감사드립니다. 하나님께서 당신을 나의 남편으로 짝 지어 주셨음을 믿고 감사하며, 호흡이 다하는 그 순간까지 당신과의 사랑을 소중히 키워 가겠습니다. 남편 ○○○의 있는 모습 그대로를 사랑하겠습니다. 많은 것을 바라고 기대하기보다 ○○○의 존재에 날마다 기뻐하겠습니다. 거친 길을 헤쳐 나가야 할 때도 있겠지만 그럴 때에도 당신을 최고의 남편으로 지지하고 신뢰하며 함께 걷는 아내가 되겠습니다. 당신 홀로 힘겹게 삶의 무게를 감당하지 않도록, 당신의 몸과 마음을 보살피겠습니다. 우리가 함께하는 삶의 자리를 부지런히 돌보며 기도하는 지혜로운 아내가 되겠습니다. ○○○의 아내 나 ○○○은, 주님 안에서 남편 ○○○을 평생토록 사랑하고 귀히 여길 것을 하나님 앞에서 서약합니다.
(결혼 1주년 기념 선물을 준비한 경우, 전달하며 사랑을 표현한다.)

축복기도 ···목사 또는 맡은이

사랑의 하나님, 하나님의 섭리에 따라 한 몸을 이룬 두 사람이 결혼 1주년을 맞아 혼인 서약을 갱신하며 마음을 새롭게 합니다. 거룩하신 하나님, 남편 ○

○○과 아내 ○○○에게 강복하시어 더욱 아름답고 견실한 부부가 되게 하시고 하나님을 기쁘시게 하는 가정을 이루게 하소서. 서로를 보며 하나님이 짝지어 주신 배우자임을 날마다 확신케 하시고, 사랑을 고백하고 표현하는 가운데 부부의 연합이 더욱 깊어지게 하소서. 그 영혼과 육체가 늘 강건케 하시고 하나님의 때에 생명을 허락해 주시며, 두 사람으로 인하여 그들이 속한 모든 공동체가 복되고 거룩하여지게 하소서. 우리 주 예수 그리스도의 이름으로 기도합니다. 아멘.

찬송 ·········· "완전한 사랑"(604장) ·········· 다함께

축도(주기도) ·· 목사(다함께)

(2) 은혼, 금혼, 회혼, 금강혼

예식사 ·· 목사

결혼은 하나님이 인간에게 허락하신 선물과 같은 제도이자 소명입니다. ○○년 동안 부부 된 기쁨을 나누며 하나님의 기업을 사명을 다해 사랑으로 일구어 오신 ○○○, ○○○ 님, 그리고 그의 가족들이 여기 모였습니다. 오늘의 결혼기념예식을 통해 하나님께 감사드리며 서로를 축복하는 시간이 되기를 바랍니다.

입장 또는 인사 ······································· 남편과 아내

(남편과 아내가 함께 입장하거나, 자리에서 일어나 하객들에게 인사한다.)

감사기도 ·· 목사 또는 맡은이

두 분을 하나 되게 하시어 오늘까지 인도해 주신 하나님, 지나온 시간을 돌아보며 그 모든 것이 하나님의 은혜였음을 고백합니다. 이 시간 ○○감사예식을 통해 우리 모두가 한마음으로 하나님께 영광 돌려드리기 원합니다. 하나님의 사랑 안에서 한 가정을 이루게 하시고 이처럼 아름다운 사랑의 공동체가 되게 하심에 감사드립니다. 이 가정을 통하여 이 땅에 하나님의 사랑과 생명이 넘쳐나도록 축복하여 주소서. 우리 주 예수 그리스도의 이름으로 기도합니다. 아멘.

찬송 ·········· "사철에 봄바람 불어 잇고"(559장) ·········· 다함께

성경봉독 ··· 목사 또는 맡은이

(벧전 3 : 1-7 ; 렘 31 : 31-34 ; 계 19 : 5-10 ; 갈 5 : 22-25 ; 엡 3 : 14-19 ; 잠 5 : 18-19 등을 참고한다.)

설교 ······················· "네 샘으로 복되게 하라" ························· 설교자

남편 ○○○ 님과 아내 ○○○ 님의 결혼 ○○주년을 맞이하여 지금까지 두 사람을 인도해 주신 신실하신 하나님께 감사드립니다. 하나님이 주인 되시는 가정을 이루기 위해 성심을 다해 헌신해 오신 두 분에게도 격려와 축하의 마음을 전합니다. 감격스러운 이날, 하나님께서 주시는 말씀을 들으며 서로를 향한 마음이 다시 한번 새로워지길 축복합니다.

   봉독한 잠언 5장 18-19절 말씀은 부부간의 책임에 대해 말합니다. 젊어서 취한 아내, 젊어서 취한 남편을 즐거워하며 서로를 복되게 하라는 것입니다. 성경은 화목한 가정의 비결로서 부부가 서로로 인하여 즐거워하기를 권면합니다. 서로의 품에 만족하고 배우자의 사랑을 연모하라고 하면서, 어느 한때가 아니라 '항상' 그러할 것을 말씀합니다. 부부로서 첫 발을 내딛는 허니문 시기에는 서로를 향한 사랑의 감정으로 충만하지만, 샘솟는 사랑의 감정에 의지가 결합될 때에야말로 성숙한 사랑이 됩니다. ○○년간 서로에게 충실하며 성숙한 사랑을 나누어 오셨을 두 분을 축복합니다. 바라기는, 주신 말씀처럼 앞으로의 시간 역시 내 반쪽, 아니 내 전부인 배우자로 인하여 기뻐하며 살아가시길 바랍니다. 그리고 내 남편의 기쁨, 내 아내의 기쁨을 위하여 살아가시길 바랍니다. 그의 기쁨을 내 기쁨으로 여기며 그리스도 안에서 사랑으로 하나 되는 가정은 곧 하나님께 기쁨이자 영광이 될 것입니다.

감사의 나눔 ··· 남편과 아내

오늘 두 사람이 좋은 것은 이어가고 부족한 부분은 채우기로 다짐하는 약속의 글을 함께 나누며 선물을 교환하는 시간을 갖겠습니다.

(부부 각자가 준비한 약속의 글을 읽은 후에 준비한 선물을 교환하며 사랑을 다짐한다.)

이어서, 그동안 사랑으로 길러 주신 부모님께 감사한 마음을 담아 자녀(중 대표자)가 인사를 전하겠습니다.

(자녀가 감사의 글을 읽은 후에 준비한 선물을 드리며, 본이 되시는 부모님처럼 살겠다는 약속을 전한다.)

감사기도 ·· 다함께

    목   사 : 사랑이 무한하신 하나님을 찬양합니다. 두 사람을 부부로 맺어 주시고 ○○년 동안 인도해 주심에 감사를 드립니다. 서로를 향한 사랑과 감사를 기쁘게 받아 주시길 원합니다.

    부   부 : 지난 ○○년 동안 서로를 사랑하게 하신 하나님께 감사를 드립니다. 하나님의 사랑과 은혜 없이는 불가능한 일이었습니다. 다함없으신 하나님의 사랑을 닮아 서로에게 더욱 신실하며 자녀와 이웃에게 이를 전하는 삶을 살겠습니다.

    회   중 : 두 분과 함께하시는 하나님께 찬양을 드립니다. 본이 되어 살아가시는 두 분을 통하여 우리 또한 사랑하며 살겠습니다.

  다함께 : 이곳에 모인 모두에게 사랑과 은혜의 역사를 이어 가시는 하나님께 영광을 올려 드립니다. 이 가정을 하나님이 주인 되시는 거룩한 기업으로 세워 주소서. 우리 주 예수 그리스도의 이름으로 기도합니다. 아멘.

찬송 ·························· "오 신실하신 주"(393장) ···························· 다함께

축도 ·· 목사

인사와 교제 ··· 다함께

    (축하객들에게 인사하고 함께 다과나 식사를 나눈다.)

5 생업

1) 생업에 대한 신앙적 이해

생업과 관련하여 우리나라에서는 전통적으로 풍년제, 기우제, 출선제 등 다양한 제의가 드려졌고, 현대에서도 개업 때 고사제가 드려진다. 교회는 성경적인 관점에서 생업의 각 시점에 필요한 예식을 제공함으로 하나님의 섭리에 감사하는 신앙을 가르쳐야 한다. 성경에서 생업은 일과 관련된 용어로 사용되었는데, "영원한 기업" 또는 "영원한 언약"이라는 개념과 관련되어 있다. 성도들이 새로운 사업을 시작하는 것은 하나님의 은총이며 이 땅에서 정직하고 성실하게 살아가는 것은 매우 중요하다. 하지만 그리스도인의 기업은 이 땅에서의 의미에만 국한되는 것이 아니라, 영원한 기업으로 나아가는 믿음에 기초해야 한다.

주생활은 인간 생활의 3대 필수 조건인 의식주의 하나로서 주생활의 용기인 주택은 태고의 움집에서부터 현대의 주택에 이르기까지 끊임없이 변천되어 왔다. 주택은 인간 생활에 필요불가결한 것이기에 예로부터 사람들은 집을 짓는 데 여러 가지 의식을 행해 왔다. 그러나 그리스도인은 천지만물을 창조하시고 역사를 섭리하시는 하나님께서 우리의 주거생활의 안전을 섭리할 것을 확신하고, 하나님의 거룩한 섭리를 따라야 한다. 우리는 성경에서 집을 새로 건축하는 일에 관한 성구를 다음과 같이 찾아볼 수 있는데, 새집을 짓고 낙성식을 할 것(신 20 : 5), 새집을 건축할 때에 주의할 일(신 22 : 8), 악행하는 자는 집을 건축해도 살 수 없음(신 28 : 30), 여호와의 전을 건축함(왕상 6 : 1-10), 여호와께서 집을 세우시면 견고함(시 127 : 1), 왕궁을 건축함(왕상 7 : 1), 다듬은 돌로 건축한 집(암 5 : 11), 반석 위에 세운 집(마 7 : 24-25), 모래 위에 세운 집(마 7 : 26-27), 망대를 지음(막 12 : 1), 집 모퉁이의 요긴한 돌(벧전 2 : 7), 집 지은 자가 집보다 존귀함(히 3 : 3) 등이 그것이다.

또한 우리는 살기 위하여 직업을 가져야 한다. 옛날 이스라엘 사람들의 생업은 비교적 단순하였으니 목축(창 13 : 2-7)을 비롯하여 농업(창 26 : 12 ; 신 11 : 10-11), 과수의 재배(창 9 : 20 ; 출 27 : 20), 공예(출 26 : 1 ; 삼하 5 : 11), 상업(사 55 :

1 ; 약 4 : 13), 어업(막 1 : 16-20) 등이 대표적이었다. 성경에 근거하여 직업은 신성한 것으로 귀천이 있을 수 없다. 생업은 하나님의 소명에 근거하므로 기독교인은 생업을 통하여 하나님께 영광을 돌려야 한다.

2) 개업 감사

- 허례허식은 삼가야 하고, 미신적 행위는 하지 않도록 한다.
- 가능하면 이웃과 친지 등과 함께 예배드리는 것이 좋겠다.
- 예식을 마친 후, 간단히 자축하는 연회를 가져도 무방하다.

예식사 ···집례자

이제 ○○○ (성도, 직분)님의 개업 감사예식을 시작하도록 하겠습니다.

찬송 ························ "복의 근원 강림하사"(28장) ························ 다함께

기도 ···맡은이

생과 사 그리고 화복을 주관하시는 전능하신 하나님 아버지, 오늘 ○○○ (성도, 직분)님의 ○○ 사업을 시작하도록 인도하여 주신 은혜에 감사드립니다. 일찍이 우리에게 일할 수 있는 특권을 주시고, 그 일을 통하여 하나님의 창조하신 능력을 깨닫게 하시고, 수확의 열매로 인하여 기쁨을 주셨음을 깨닫습니다. 비록 우리는 연약하고 부족하지만, 우리 하나님께서 이 ○○ 사업 위에 함께하여 주소서. 지혜와 총명의 은혜로 함께하여 주소서. 그리하여 행하는 모든 사업마다 샘물이 솟아나는 은혜가 있게 하여 주소서. 이 기업을 통하여 많은 사람이 소망을 보게 하시고, 영원한 기업에 참여하는 축복의 통로가 되게 하여 주소서. 그분만 아니라, 오늘 말씀을 통하여 다시 한번 일터 사역자로서의 사명을 깨닫는 시간이 되게 하여 주소서. 예수 그리스도의 이름으로 기도합니다. 아멘.

성경봉독 ························· 창세기 26 : 12~18 ·························맡은이

설교 ·················· "하나님께서 주시는 형통의 복" ·················· 설교자

오늘 새롭게 사업을 시작하는 ○○○ (성도, 직분)님께 하나님께서 주시는 형통의 복이 함께하시길 바랍니다. 성경에 나오는 형통의 복을 누린 사람 중에 가장 대표적인 사람이 있다면, 바로 이삭입니다. 이삭은 아버지 아브라함과 어머니 사라가 늦은 나이에 얻은 언약의 자녀였습니다. 하나님께서 언약의 씨로 주셨지만, 하나님의 번제로 드리라는 명령에 번제로 드려질 뻔한 사람이기도 합니다. 이 사건을 통해서 하나님은 아브라함의 믿음을 확인하셨습니다. 그 믿음의 자녀로 태어난 이삭은 그 믿음만큼이나 온순한 성격이었던 것 같습니다. 동시에 이삭은 하나님께서 아브라함에게 주신 언약의 복을 그대로 받은 사람이었습니다. 4절을 보면, "네 자손을 하늘의 별과 같이 번성하게 하며 이 모든 땅을 네 자손에게 주리니 네 자손으로 말미암아 천하 만민이 복을 받으리라"라고 말씀하고 있습니다. 이삭은 이 복을 받은 사람이었기에 12절은 "이삭이 그 땅에서 농사하여 그 해에 백 배나 얻었고 여호와께서 복을 주시므로"라고 말씀합니다. 사실 이삭이 받은 복은 하나님께서 주신 것이었습니다. 또한 이삭은 아버지 때에 막았던 우물을 다시 팠을 때 샘의 근원을 얻기도 하였습니다. 이렇게 이삭은 샘을 파는 곳마다 물이 나오는 역사를 경험했습니다.

이삭이 받아 누린 형통의 복을 우리 또한 받기 위해서는 무엇보다도 하나님 앞에 의로운 사람이 되어야 합니다. 하나님께서 의로 여기시는 것은 하나님의 뜻에 어떻게 순종하느냐에 달려 있습니다. 아브라함은 하나님의 뜻에 항상 순종하는 사람이었습니다. 하나님은 이러한 아브라함을 보시고 의로 여기셨습니다. 아버지의 의로움을 보시고 하나님께서 언약해 주셨고, 그 언약에 따라 이삭이 복을 받는 은혜를 얻게 되었습니다.

둘째는 하나님의 섭리를 인정할 수 있어야 합니다. 이삭은 우물을 파고 물이 솟아날 때마다, 하나님께 영광을 돌렸습니다. 어떻게 보면, 자기의 수고로 인해서 물이 솟아났다고 할 수도 있지만, 이삭은 철저하게 하나님의 은혜였음을 고백합니다. 이와 같이 우리 또한 내가 수고하고 땀을 흘린다 할지라도 열매 맺게 하시는 분은 오직 하나님이라는 믿음의 고백을 할 수 있어야 합니다.

셋째는 평화를 만들어가는 삶이 되어야 합니다. 사업을 하다 보면, 시기하고 적대적인 감정을 가지는 사람들이 많이 있을 수 있습니다. 그럼에도 불

구하고 어떻게 평화를 만들어가야 할지에 대해서 고민하는 삶이 되어야 합니다. 이삭은 우물을 파고 다툼이 생겨서 비록 손해를 보는 듯 했지만, 모든 일을 평화롭게 만들어 갔습니다. 하나님은 이러한 이삭을 보시고 형통의 복을 주셨습니다. 간절히 바라기는 이삭에게 주신 복이 오늘 새롭게 사업을 시작하는 ○○○ (성도, 직분)님의 사업 위에도 함께하시길 간절히 바랍니다.

축복기도 ·· 맡은이

복의 근원이 되시는 하나님 아버지, 오늘 주님께서 사랑하시는 ○○○ (성도, 직분)님의 사업을 시작하게 하시니 감사를 드립니다. 무엇보다도 하나님의 뜻에 순종하는 삶이 되게 하시고, 믿음으로 반응하는 삶이 되게 하여 주소서. 이 사업을 통하여 평화를 만들어가게 하시고, 많은 사람을 위로하고 영원한 기업을 바라보게 하는 축복의 통로가 되게 하여 주소서. 기도하며 하는 모든 일들이 샘물이 터져 나오듯 좋은 결과를 맺을 수 있도록 은혜 내려 주소서. 그리하여 계속해서 믿음의 기업을 이어가게 하여 주소서. 예수 그리스도의 이름으로 기도합니다. 아멘.

찬송 ····················· "내 주 하나님 넓고 큰 은혜는"(302장) ················· 다함께

축도(마침기도) ·· 집례자

인사 및 알림 ·· 맡은이

3) 마무리(폐업) 감사

예식사 ··· 집례자

여기까지 인도하신 하나님의 인도하심을 기억하며 마무리 감사예식을 시작하겠습니다.

찬송 ························ "어두움 후에 빛이 오며"(487장) ······················· 다함께

기도 ·· 맡은이

알파와 오메가가 되시는 하나님 아버지, 시작하게 하신 것도 하나님의 은혜요, 끝나게 하신 이도 하나님이심을 고백하며, 주님의 사랑하는 자녀 ○○○

(성도, 직분)님의 사업을 정리하는 마무리 감사예식을 드립니다. 비록 사업을 마무리해야 하는 아쉬움이 있지만, 주님께서 예비하여 놓으신 새로운 길로 인도받는 은혜가 있게 하여 주소서. 이 시간 우리는 모두가 주님의 섭리 안에 있음을 고백합니다. 주신 이도 여호와시요, 거두신 이도 여호와이심을 분명하게 고백하게 하시고, 항상 주님의 섭리 가운데 살아가게 하여 주소서. 그리하여 이 시간이 실패와 끝이 아닌 새로운 시작의 길이 되게 하여 주소서. 오늘 전하여 주시는 말씀을 통하여 새로운 결단과 결심을 하는 은혜가 있게 하여 주소서. 예수 그리스도의 이름으로 기도합니다. 아멘.

성경봉독·························· 베드로전서 1 : 3~12 ··························맡은이

설교 ····················"고난 속에서 피어나는 소망"···················· 설교자

사람들은 누군가의 실패나 재난을 볼 때, 그것이 어떤 죄악 때문이 아닌가 하는 생각을 하곤 합니다. 그래서 하나님 앞에 뭔가 회개할 것이 있는지 살펴보라고 말할 때가 있습니다. 그런데 그리스도인이 당하는 실패나 재난은 죄 때문이 아니라, 하나님께서 행하시는 연단입니다. 하나님께서 그리스도인을 연단하시는 이유는 믿음으로 반응하는 사람으로 새롭게 태어나게 하기 위함입니다. 예를 들면, 욥이 고난을 당한 것은 자신의 죄 때문이 아니라, 하나님께서 서로 정죄하는 사람들의 잘못을 지적하시고, 하나님만을 의지하는 믿음의 사람으로 세우시기 위함이었습니다. 이처럼 오늘 본문에서도 그리스도인이 당하는 고난에 대해서 말씀하고 있습니다. 6절을 보면, "이제 여러 가지 시험으로 말미암아 잠깐 근심하게 되지 않을 수 없으나"라고 기록하고 있습니다. 주님을 따르고, 주님의 복음을 증언하는 참된 그리스도인이라 할지라도 여러 가지 시험을 받으면서 고난을 당할 수 있습니다. 그러나 그리스도인들이 당한 고난은 그들을 잠시 근심하게 할 수 있지만, 그들을 지배하지 못합니다. 이어지는 말씀은 분명하게 선언합니다. "오히려 크게 기뻐하는도다".

그 이유가 무엇일까요? 그것은 바로 우리에게 산 소망을 주시는 분이 계시기 때문입니다. 그리스도인의 참 소망은 썩어질 것에 있지 않습니다. 하나님께서 우리가 썩지 않고, 더럽지 않고, 쇠하지 않는 유업을 잇도록 하신다는 그 사실에 우리의 소망이 있습니다. 그리스도인은 이 사실을 분명하게 인식하고 있기 때문에 잠시 오는 환난이나 고난으로 인해서 낙망하지 않습니다. 오히려 새롭게 행하실 주님을 기대하는 마음으로 소망을 갖습니다. 이것이 바로 오늘

우리에게 주시는 주님의 위로입니다.

　또한 우리가 근심하지 않고 기뻐하는 이유는 우리의 궁극적인 목표가 영혼을 구원하는 일에 있기 때문입니다. 오늘 말씀 7절을 보면, "너희 믿음의 확실함은 불로 연단하여도 없어질 금보다 더 귀하여"라고 말씀하고 있습니다. 하나님께서 우리에게 원하시는 것은 바로 금보다 더 귀한 믿음입니다. 금보다 귀한 믿음은 바로 불로 연단하는 그 연단 속에서도 흔들리지 않는 믿음입니다. 이 믿음은 결국, 영혼의 구원입니다. 하나님은 연단을 통해서 내 영혼이 구원을 받는 길에 서기를 원하십니다. 우리의 시선은 사업의 성공과 실패에 있을지 모르지만, 우리 하나님의 관심은 내 영혼이 구원을 받는 것에 있습니다. 그렇기 때문에 우리가 다른 것은 포기하더라도 결코 포기할 수 없는 것은 영혼의 구원입니다. 이것을 깨닫는 것이 바로 우리 하나님께서 우리를 위로하시는 사건입니다.

　오늘 ○○○ (성도, 직분)님의 ○○ 사업을 정리하는 자리에 서 있습니다. 비록 인간적으로는 아쉽고 섭섭하지만, 우리가 분명하게 취해야 할 것이 무엇인지를 바르게 깨닫는 은혜가 있기를 바랍니다. 그리하여 하나님의 인도하심 가운데 새로운 출발을 하시길 바랍니다. 앞으로 새롭게 열어 가는 과정 가운데 하나님이 형통의 복으로 함께하시길 바랍니다.

찬송 ·························· "너 근심 걱정 말아라"(382장) ····················· 다함께

축도(마침기도) ··· 집례자

4) 기공 감사

- 건축 공사를 시작하게 해 주신 하나님께 감사한 마음을 갖는다.
- 건물이 완성될 때까지 하나님께서 도와주실 것을 확신하는 마음을 갖는다.
- 하나님께서 이 일에 종사하는 사람들을 지켜 주시기 바라면서 기도하는 가운데 준비한다.
- 건축 현장에 건물 투시도와 평면도를 세워 놓으면 좋다.
- 기공식에 필요한 흙과 삽, 가위, 장갑 등을 마련해 놓는다.

• 예배 후에 흙을 쌓아 둔 장소에 둘러서서 삽을 잡고 기도한 후 첫 삽을 뜬다.

예식사 ·· 집례자
지금부터 〇〇〇 (성도, 직분)님의 주택/건물 기공 감사예식을 시작하겠습니다.

찬송 ······················· "주의 말씀 듣고서"(204장) ······················ 다함께

성경봉독 ························ 시편 127 : 1~5 ···························· 맡은이

설교 ························ "하나님께서 세우시는 집" ························ 설교자

우리는 일생 수고하며 사는 존재입니다. 인간은 죄로 인하여 수고해야 그 열매를 맺을 수 있습니다. 그렇지만 그보다 더 중요한 사실은 우리가 아무리 수고하고 노력한다고 할지라도, 우리는 우리의 능력 밖의 일이 다가올 때 어떻게 할 수 없는 나약한 존재라는 것입니다. 그래서 오늘 시인은 노래합니다. "여호와께서 집을 세우지 아니하시면 세우는 자의 수고가 헛되며"라고 말입니다. 그뿐만 아니라, 밤새도록 졸지 않고 성을 지키는 파수꾼의 노력에도 불구하고, 하나님께서 성을 지키지 않으시면 그 모든 수고가 헛되고 헛된 것이라고 말씀합니다. 그래서 우리는 무엇보다도 하나님께서 기초를 놓으시고 이 주택/건물을 세우셔야 한다는 사실을 인정해야 합니다. 이러한 믿음의 반응을 보일 때 우리 주님께서 주시는 은혜가 있습니다.

첫째는 평안함을 주십니다. 2절을 보면, "너희가 일찍이 일어나고 늦게 누우며 수고의 떡을 먹음이 헛되도다"라고 말씀하고 있습니다. 이 말씀은 아무리 부지런하게 일하고 노력해도 그 모든 것이 헛되다는 말씀입니다. 그 이유는 하나님께서 세우신다는 믿음을 가진 사람에게만 평안이 있기 때문입니다. 그 내용이 바로 "여호와께서 그의 사랑하시는 자에게는 잠을 주시는도다"라는 말씀입니다. 근심과 걱정에서 해방되어 하나님께서 지키시고 보호하여 주실 것이라는 믿음을 가진 사람은 평안을 누릴 수 있습니다. 오늘 기공을 하는 〇〇〇 (성도, 직분)님, 이 건물을 지으시고 지키시는 분은 오직 하나님이라는 사실을 인정하시길 바랍니다. 그리하여 평안의 은혜가 넘치기 바랍니다.

두 번째는 든든한 은혜를 주십니다. 3절과 4절을 보면, "보라 자식들은 여호와의 기업이요 태의 열매는 그의 상급이로다 젊은 자의 자식은 장사의 수

중의 화살 같으니"라고 기록하고 있습니다. 이 말씀은 당시 사회에서 장수처럼 늠름하게 장성한 자녀들이 있음으로 불이익을 당하지 않는 모습을 그리고 있습니다. 세상에서 믿을 것은 없습니다. 세상은 서로 빼앗고 죽이는 살벌한 전쟁터와 같습니다. 이러한 세상에서 우리 주님께서 지키시고 보호하여 주실 때, 장수가 지킴 같이 안전하고 든든하다는 것입니다. 그리하여 세상을 향하여 담대하게 살아갈 수 있습니다. 이것이 바로 우리 주님께서 주시는 은혜입니다.

간절히 바라기는 오늘 이 주택/건물 기공예식을 드리는 ○○○ (성도, 직분)님은 이 건물을 지으시고 세우시는 분이 바로 우리 하나님이라는 사실을 인정하시길 바랍니다. 그리하여 하나님께서 평안의 복을 주시고, 든든한 은혜를 받아 누리는 삶이 되시길 바랍니다.

건축개요 설명 ·· 맡은이

인사 및 알림 ·· 맡은이

찬송 ····························· "너 근심 걱정 말아라"(382장) ······················ 다함께

축도(마침기도) ··· 집례자

5) 준공 감사

> • 공식적인 준공 검사를 마치고, 준공 감사예식을 갖도록 해야 한다.
> • 여러 가지 어려운 여건 속에서도 공사를 마칠 수 있게 하신 하나님께 감사한다.

예식사 ·· 집례자

(건물의 목적과 성격에 따라)

지금부터 ○○○ (성도, 직분)님의 ○○ 주택/건물 준공 감사예식을 시작하겠습니다.

찬송 ························· "지금까지 지내온 것"(301장) ······················· 다함께

성경봉독 ······································ 느헤미야 4 : 1~6 ································· 맡은이

설교 ································· "건축이 완성되기까지" ···························· 설교자

건물은 어느 한 사람의 힘으로만 완성되는 것이 아니고 많은 사람, 재료, 시간을 필요로 합니다. 이것은 이스라엘 백성들이 귀환하여 하나님의 성전을 짓고, 그들의 성을 건축한 기록에서도 볼 수 있습니다.

첫째, 건축을 하는 데는 많은 사람이 필요하였습니다. 각양각색의 사람이 적재적소에 있지 않으면 일이 지연되거나 중단됩니다. 건축을 위해 많은 사람들이 몸의 지체처럼 협력하여 일함으로써 이 건물이 완성되었습니다. 앞으로 어떠한 일도 이렇게 협력하면 이루어질 수 있을 것입니다.

둘째, 많은 재료가 필요하였습니다. 여러 가지 재료들이 사용됨으로 이렇게 건축이 완성되었습니다. 아무리 좋은 재료라고 해도 한 가지만으로는 집을 지을 수 없습니다. 우리의 삶도 하나님의 역사 속에 어느 한 부분이 되더라도 가장 요긴하게 쓰이는 재료가 되기를 원합니다.

셋째, 하나님이 지켜 주셔서 준공된 것입니다. 하나님은 집을 세우시는 분이며 지키시는 분입니다. 그는 건축자이며 보호해 주시는 분입니다. 하나님의 도움을 항상 구하고 찬양합시다. 이스라엘 백성이 성전과 성벽을 세울 때 하나님이 놀랍게 역사하셨음을 기억합시다.

넷째, 건물이 목적에 합당하게 쓰이도록 하여야 합니다. 이 건물이 많은 사람에게 유익이 되고, 하나님의 뜻을 이루는 것이 되게 해야 하겠습니다.

경과보고 ··· 맡은이

감사패 증정 ·· 맡은이

찬송 ···························· "태산을 넘어 험곡에 가도"(445장) ····················· 다함께

축도(마침기도) ·· 집례자

인사 및 알림 ·· 맡은이

6 목양

1) 가정축복심방

- 심방을 가는 목회자는 미리 준비된 기도제목과 말씀으로 심방을 가고, 심방을 맞이하는 성도들도 고넬료와 같이 준비된 마음으로 심방을 받는다.
- 심방자는 심방 중 나눈 대화나 개인의 인격에 대한 내용은 비밀로 해야 함을 필히 명심해야 한다.
- 미리 집안 사정을 파악한 구역장이나 권찰의 안내를 받으며 들어가 인사하고 그리스도의 평강을 빈다.
- 설교자가 빛이 들어오는 환한 쪽에 앉게 한다. 설교자 정면에는 심방 받는 사람을 앉히고 심방대원들이 그 주위에 둘러앉는다.
- 미리 받은 기도제목(신년 초에, 또는 사전에 구역장을 통해서)을 확인하고 또 다른 기도제목도 받아 기록해 둔다.
- 성경봉독과 설교는 가능한 이야기식으로 하는 것이 좋으며 시간은 10분 이내로 한다.
- 가정을 위한 기도는 제목에 따라 합심하여 가정을 위해 기도하고 설교자가 마무리한다.
- 예식을 간단하게 드린 후, 자유로운 대화를 나누면서 교제한다. 다과와 교제 시간을 예배 전이나 후에 가질 수 있지만 각각의 장단점을 고려한다.

사도신경 ·· 다함께

찬송 ························· "날마다 주님을 의지하는"(556장) ····················· 다함께

　(그 가정이 즐겨 부르는 찬송을 하는 것도 좋다.)

성경봉독 ······························· 시편 112 : 1~10 ································· 다함께

설교 ·················· "그의 집에 복이 있음이여" ·················· 집례자

   1. 하나님을 즐거워하는 자는 복이 있습니다.
   2. 그 축복은 후손(2절)에게 부와 재물이 있다고 하십니다(2-3절).
   3. 베풀며 꾸어 주어 더욱 잘 되는 복을 누립니다(5절).

합심기도 ························· 가정 기도제목 ························· 다함께

축도 ··· 집례자

2) 출산

> • 출산 후 50일을 전후로 하여 산모가 일상으로 복귀하기 전에 드려지는 것이 좋다.
> • 산모와 미리 상의하여 예배의 주된 목적을 결정한다.
> • 아기를 어떻게 키울 것이냐 하는 윤리적 또는 권위적 지침을 전하기보다 공동체의 지지와 사랑을 보여준다.

(1) 아기와 함께

예식사 ··· 집례자

너희는 아기처럼 젖을 빨며 내 품에 안길 것이고 내 무릎 위에서 귀여움을 받을 것이다. 어머니가 자식을 위로하듯 내가 너희를 위로하겠다. 너희가 이것을 보고 기뻐할 것이며 너희의 몸과 마음이 건강해질 것이다(사 66:12b-14a).

감사기도 ··· 맡은이

새 생명을 낳게 하시는 하나님, 이 가정에 새로 태어난 아기가 안전하게 세상으로 오게 해 주셔서 감사합니다. 해산하기까지 수고한 산모와 산모를 돌보는 가족들을 지켜 주셔서 감사합니다. 앞으로 회복하는 과정 속에서 그 몸과 마음이 주님이 맡기신 ○○○을 기르기에 충분한 건강과 힘을 얻게 하여 주소서.

이 아기가 자라가면서 삶의 모든 걸음 속에서 하나님과 주변 사람들이 공급하는 지원과 사랑을 경험하기를 원합니다. ○○○이 자라갈수록 하나님을 알아가고 하나님을 사랑하는 마음이 커지기를 축복합니다. 이 아기가 평화롭게 자고 그 삶의 길에 해를 입지 않기를 원합니다. 어떤 삶의 어려움 속에서도 ○○○이 든든한 상급이자 방패가 되시는 하나님을 경험하기를 원합니다.

찬송 ·················· "실로암 샘물가에 핀"(225장) ················· 다함께

성경봉독 ················ 민수기 6 : 24~27 ················ 맡은이

설교 ················ "이미, 그 이름으로" ················ 설교자

누군가의 자녀였던 우리는 이제 새 생명의 부모로 이 자리에 있습니다. ○○○이 우리에게 처음 온 날을 기억하면 그 경이로움과 압도적인 기쁨 한편에 두려움과 걱정 그리고 막연함이 우리 안에 있음을 발견하게 됩니다. 우리는 종종 내가 이 아기를 마주할 준비가 되어 있을까 하는 의문에 쌓이기도 합니다. 혹시 우리의 연약함이, 우리의 모난 부분이, 우리의 트라우마가 아이에게 좋지 않은 영향을 끼치면 어떻게 할까 하는 등의 걱정을 합니다. 아기와 함께하면서 겪어야 하는 수면 질의 악화, 건강의 문제, 신경이 날카로워지고 늘 피곤해지는 것, 자신으로서의 삶이 점점 줄어드는 것, 포기해야 할 것들이 늘어나는 것, 특히 아기를 낳은 지 얼마 되지 않은 부모들이 겪는 고립감과 다양한 제약들을 경험합니다. 이러한 삶의 실질적인 어려움들은 우리가 분노를 조절하기 힘들게 하고 때로는 이유 없는 깊은 우울감에 빠지게도 합니다. 그럴 때 우리는 스스로 부모로서의 자격이 있나 하는 의심을 하게 되기도 합니다.

그러나 오늘 말씀과 같이 축복은 하나님으로부터 옵니다. ○○○이 누리는 사랑과 축복은 하나님의 이름이 그 아이의 삶 위에 축복으로 주어진 것입니다. 우리의 부모로서의 어떠함이 아니라 하나님의 어떠하심으로 ○○○의 축복이 되신다는 것에 우리는 안도할 수 있습니다. 이 생명을 하나님의 팔 위에 놓는다는 것은 이 생명 위에 하나님의 이름이 놓여 있음을 인정하는 것과 같습니다. 하나님의 이름은 하나님의 능력이자, 영화로움이자, 의지할 것이며, 그리고 구원입니다. 이 아기는 그 놀라운 이름의 축복 안에서 하나님의 이름이 거하실 처소로 자라가는 것입니다.

그런데 더 놀라운 것은 아이의 평생에 하나님께서 하나님의 선하심과 인

자하심과 그 사랑과 자비의 풍성하심을 허락하시는 방식입니다. 하나님은 아기가 태에 있을 때부터 양육자를 통해서 하나님의 축복을 흐르게 하십니다. 그래서 아기를 맞이한다는 것은 책임이지만 또한 커다란 기쁨입니다. 하나님은 우리가 부모로서, 그리고 양육자로서 무력하기를 원하지 않으십니다. 적극적으로 아이에게 하나님의 이름의 축복을 선포하는 것을 통해 우리 역시 그분이 거하실 처소로서 복의 통로가 되기를 원하십니다. 또한 우리를 향해서 우리의 부모이신 하나님께서도 이렇게 축복해 주십니다. 우리가 이 아기를 돌보기 전에 하나님은 이미 우리를 돌보셨고 우리의 얼굴이 이 아기를 향하기 전에 하나님의 얼굴은 이미 우리를 향해 있었습니다. 우리가 이 아기를 안아 보기 전에 하나님은 이미 우리를 안고 계셨습니다. 그러므로 어려운 순간에도, 기쁜 순간에도 그 이름의 축복을 기억합시다. 그 하나님이 우리의 복이요, 안전함이요, 그리고 평강입니다.

공동기도 ··· 다함께

집례자 : ○○○(산모) 씨가 그녀의 아기를 품에 안았습니다. 그녀가 어머니로서 살아가고 ○○○(아기)을 양육하는 나날 동안 하나님께서 ○○○(산모) 씨의 어머니가 되셔서, 그녀의 삶을 품에 안으시고, 그녀의 마음을 평안하게 하시고, 그녀가 아기를 양육하며 지치고 어려운 순간을 만날 때, 그녀를 품어 주소서.

다함께 : 하나님 같은 이가 없습니다. 주님의 영원하신 팔이 우리 아래에 있습니다(신 33 : 26-27).

집례자 : ○○○(아기의 아버지 또는 아기의 조부모와 같은 공동 양육자) 씨가 새로 태어난 아기를 품에 안았습니다. ○○○(아기)의 눈과 웃음을 바라볼 때의 그 감격과 기쁨이 ○○○(아기의 아버지 또는 공동 양육자) 씨의 삶에서 떠나지 않게 하소서. ○○○(산모) 씨에게 친절하고 따뜻한 양육의 파트너로써 최선을 다하게 하시고, ○○○(산모) 씨가 육체적으로 정신적으로 산후 회복의 기간을 헤쳐 나갈 때, ○○○(아기의 아버지 또는 공동 양육자) 씨가 주님께서 우리에게 그렇게 하신 것처럼 인내와 사랑과 이해와 지지로 그녀에게 든든한 힘이 되어 줄 수 있도록 ○○○(아기의 아버지 또는 공동 양육자) 씨를 준비시켜 주십시오. 아기에게 따뜻하지만 강한 마음과 의롭고 긍휼한 마음의 본보

	기가 되게 하시고, 가정의 새로운 변화 속에서 가장 좋은 삶의 방식을 발견하는 눈과 지혜를 주소서.
다함께 :	하나님 같은 이가 없습니다. 주님의 영원하신 팔이 우리 아래에 있습니다.
집례자 :	○○○(아기)의 삶을 하나님께 맡겨 드립니다. ○○○의 속사람을 튼튼하게 해 주십시오. 그리스도께서 ○○○의 마음 가운데 살아 계시게 해 주십시오. 그래서 ○○○의 삶이 사랑 안에서 강해지고 또 깊게 뿌리내려 그리스도의 사랑이 얼마나 깊고 또 높은지 알게 되기를 기도합니다. 그리고 그 사랑을 ○○○의 인생 속에서 경험함으로 인하여 하나님의 충만함이 ○○○의 마음속에 가득하게 하소서(엡 3:16-19).
다함께 :	하나님 같은 이가 없습니다. 주님의 영원하신 팔이 우리 아래에 있습니다.

찬송 ························· "주의 친절한 팔에 안기세"(405장) ···················· 다함께

축도 ··· 집례자

(2) 고통 속에 있는 산모와 가족을 위해

- 이 예식은 산후우울증 및 정신적인 돌봄이 필요한 산모들을 위한 예식이다.
- 이 예식은 경우에 따라 유산과 사산 또는 불가피한 낙태를 경험한 산모들을 위해 활용될 수 있다. 추가적인 기도문은 본서 9장, 삶의 정황별 기도의 고난과 소망 부분을 참고할 수 있다.
- 이 예식의 설교 부분은 산모의 마음을 돌보고 위로하는 것을 우선으로 해야 한다.
- 세족예식을 포함하고자 한다면 예식이 시작되기 전에 세족례가 행해질 자리를 마련하고 그릇, 수건 등의 물품 준비를 모두 마쳐야 한다.

예식사 ··· 집례자

우리는 오늘 몹시 상한 마음 가운데 모였습니다. 우리로 고통 안에서 우리와

함께 계신 하나님을 보게 하시고 슬픔 안에서 하나님으로 인해 위로를 찾게 하시고 죽음 안에서 부활을 보게 하소서.

찬송 ························· "당신이 힘들다는 걸 알아요" ················· 다함께

성경봉독 ···················· 예레미야애가 2 : 11~13 ················· 맡은이

설교 ························· "누가 너를 위로할까" ····················· 설교자

[산후우울증 및 돌봄이 필요한 산모를 위하여]
하나님께서는 우리 삶의 혼란을 꾸짖지 않으십니다. 오히려 하나님은 그 혼란 속에 임재하십니다. 우리는 우리의 자녀에게 좋은 것을 주고 싶습니다. 신앙의 사람으로 성장할 수 있도록 우리가 할 수 있는 것들을 하고 싶습니다. 그러나 아기가 사랑스럽고 아기의 웃음으로 모든 어려움이 다 사라질 것 같다가도, 잠을 잘 수 없고, 피곤함에 지치고, 많은 인간관계로부터 단절되고, 외롭고, 우리 스스로의 감정을 조절할 수 없을 때 스스로를 자책하고 때로는 우울해지기도 합니다.

　　하나님은 그러한 우리의 연약함을 아십니다. 하나님은 그분의 몸에서 우리의 상실을 느끼십니다. 그리고 우리의 슬픔과 분노에 함께하십니다. 하나님은 산파이십니다. 그분의 손은 땀과 피로 뒤덮여 있고 그분의 치유와 도움의 여부는 우리와 아기의 삶과 죽음의 차이를 만들어 냅니다. 하나님은 구원자이심과 동시에 우리가 인내하고 또 즐거워하도록 우리와 함께하시고 우리를 도우시는 분이십니다.

[아기를 잃은 산모를 위하여]
누가 찢어지는 어미의 마음을 위로할 수 있겠으며 무엇으로 그 부서짐에 비교할 수 있겠으며 어떻게 그 처절함을 위로할 수 있겠습니까. 그 아픔이 바다와 같이 크니 누가 그 아픔을 고쳐줄 수 있겠습니까. 우리의 두 눈으로 어미의 살과 피를 나눈 아기가 어미의 태 안에서 그 생명이 사그라졌음을 목격합니다. 아기를 그 품에 안은 이들의 행복한 웃음이 우리에게는 슬픔이요, 눈물이 됩니다.

　　우리는 하나님께 찢어지는 가슴으로 부르짖습니다. 우리의 눈물은 밤낮으로 흐르고 강물처럼 흐릅니다. 우리의 눈동자는 쉴 틈이 없습니다. 우리는 자식을 잃은 예루살렘의 어미들처럼 머리에 재를 뒤집어쓰고 몸에 베옷을 입고

머리를 땅에 숙입니다. 물을 쏟아내듯 우리의 마음을 하나님께 쏟아 놓읍시다. 우리는 오늘 아기를 그 품에 안지 못한 이의 괴로움을 기억해 달라고 호소할 수 있습니다.

그러나 우리는 또 기억할 수 있습니다. 우리와 슬픔을 그 품에 안으시고, 우리와 눈이 짓무르도록 함께 우시는 하나님은 우리의 눈이 눈물로 상하고, 우리의 간과 심장이 녹는 듯한 고통을 아십니다. 우리의 가슴이 부서지기 전에 그분의 가슴이 먼저 부서지셨습니다. 왜냐하면 하나님이 그렇게 예수를 품으셨고, 그 예수가 우리를 위하여 그 품에서 사그라지셨기 때문입니다. 왜냐하면 하나님이 그렇게 우리를 품으셨고, 그 예수가 우리의 아기를 위하여 그 품에서 사그라지셨기 때문입니다.

공동기도 ··· 다함께

[산후우울증 및 돌봄이 필요한 산모를 위하여]
집례자 : 세상의 모든 아기들의 창조자이신 하나님, ○○○ 씨의 아기가 건강하게 우리에게 온 것을 감사드립니다. 하지만 아기를 얻은 감사에도 불구하고, 때때로 아기를 돌보는 과정에서 찾아오는 어려움과 우리의 생각과 감사를 마비시킬 만큼 복잡하고 어려운 감정들을 우리는 스스로 해결할 수가 없습니다. 하나님, 우리를 도우소서.
다함께 : 우리의 눈물이 그치지 않고 쉼 없이 흐릅니다(애 3:49).
집례자 : 우리의 슬픔의 시간에 고통당하신 그리스도께서 우리와 함께하심을 믿습니다. ○○○ 씨의 낮아지고 부서진 마음을 불쌍히 여겨 주소서. 그녀의 견고한 절망과 도움 없는 눈물에 주님의 위로의 손길을 더하소서. 이 가족의 슬픔과 우리의 슬픔에 우리의 부모이신 하나님의 따스한 보살핌이 필요합니다. 주여! 주님의 위로를 상한 영혼의 삶과 고통 위에 물과 같이 부으소서.
다함께 : 여호와께서 하늘에서 살피시고 돌아보시기를 기다립니다(애 3:50).

[아기를 잃은 산모를 위하여]
집례자 : 세상의 모든 아기들의 창조자이신 하나님, 오늘 우리는 하나님 품에 우리가 품어 보지 못한 우리의 아기를 올려 드립니다. 우리는 ○○○ 아기가 너무 빨리 우리의 곁을 떠난 슬픔 속에 있습니다. 때때로 우리의 삶에 찾아오는 고통은 우리가 견딜 수 없을 만큼 아프고 우리를 집

어삼킬 만큼 커다랗습니다.

다함께: 우리의 눈물이 그치지 않고 쉼 없이 흐릅니다(애 3:49).

집례자: 우리의 슬픔의 시간에 고통당하신 그리스도께서 우리와 함께하심을 믿습니다. ○○○ 아기의 어머니를 오래도록 당신의 품에 품으소서. 그녀가 죄책감, 좌절, 실망, 그리고 헤아릴 수 없는 고통 속에 있음을 기억하소서. 당신의 한이 없는 치료와 회복의 힘을 사랑하는 아기를 품에서 떠나보낸 ○○○ 씨와 그녀의 가족에게 부어 주시고, 이들이 서로를 비난하지 않고 서로의 아픔을 보듬고 서로의 외로움을 이해하고 함께 울고 함께 위로하고 함께 살아가게 도우소서.

다함께: 여호와께서 하늘에서 살피시고 돌아보시기를 기다립니다(애 3:50).

세족례로의 부름 ·· 집례자

(세족식은 그 자격에 개방적일 수 있다. 반드시 목사에 의해 수행될 필요가 없고, 세례를 받은 사람만을 위한 것도 아니다. 여성으로서의 아픔을 위한 예식이므로 여성 목사나 여성 장로 또는 여성 리더십을 통해 집례되는 것이 권장된다.)

그리스도는 그가 십자가의 고난을 받기 위해 잡히시기 전날 밤에 수건을 허리에 두르시고 제자들의 발을 씻기셨습니다(요 13:1-20). 그 사랑과 헌신은 주의 사람들을 끝까지 사랑하시겠다는 확언이자 그리스도의 십자가의 사랑과 맞닿아 있습니다. 그리스도는 우리의 고난을 보시고 들으시고 자기를 내어 주심으로 응답하셨으며, 우리가 서로 발을 씻기며 서로의 고난에 참여하고 서로의 삶을 사랑으로 섬기기를 원하셨습니다. 제자들의 발을 씻겨 주신 그리스도는 오늘 우리의 발을 씻기시길 원하십니다. 우리의 고통을 그리스도와 함께하는 그 밤으로 가져갑시다.

세족례로의 초대 ·· 맡은이

이제 저는 여러분들을 세족의 밤으로 초청합니다. 다른 사람의 발을 씻기는 것은 일반적이지 않으며 때로는 불편한 감정이 들 수도 있습니다. 그러나 우리가 오늘 하고자 하는 것은 단순히 발을 씻기는 것이 아니라 우리 안에 그리스도가 행하신 사랑과 환대, 그리고 받아들여짐을 경험하기 위해서입니다. 오늘 우리는 제자들이 앉았던 자리에 앉습니다. 그리고 우리의 발을 그리스도 앞에 내려놓습니다. 그리고 고백할 수 있습니다. "주여, 내 발뿐만이 아니라 내

마음의 무거운 짐과 슬픔과 분노도 씻어 주소서."

주님, 우리는 우리의 발을 기억합니다. 출산의 고통과 우리의 무너진 자궁에서 흘러나오는 피가 발끝까지 흘러 내렸습니다. 밤낮으로 계속되는 슬픔이 우리의 발을 묶어 둡니다. 상실감, 고립감, 슬픔, 나약함, 죄책감이 눈물로 넘쳐흐르다가 마침내 발끝까지 내려옵니다. 주님, 우리의 발은 상처와 눈물과 슬픔으로 얼룩져 있습니다.

세족례를 위한 기도 ··· 집례자

허리를 굽혀 우리에게 오시는 주님, 그 사랑에 기대어 간구합니다. 발을 씻을 때 우리의 고통도 씻겨지기를 원하고, 우리의 복잡하고 어지러운 부정적인 감정들이 주의 사랑 안에서 주님에게, 그리고 우리가 속한 공동체 안에 완전히 포용 되기를 원합니다. 발을 씻을 때 그리스도의 사랑으로 우리가 나음을 얻고 주님과 연결됨으로 절망에서 해방되게 하소서.

특별히, ○○○ 씨와 그녀의 가족들이 이 커다란 슬픔에 압도되지 않도록 당신의 사랑 가운데 돌봄 받게 하소서. 그리고 다가올 날들을 맞이할 수 있는 용기를 주소서. 가족, 친구, 사회의 도움 속에서 진정한 환대와 위로와 사랑을 경험하게 하소서.

(이때, 참여자들이 한 마디씩 간구의 기도를 자발적으로 드릴 수 있도록 초청할 수 있다.)

사랑과 위로의 입맞춤 ·· 참여자

(세족례 준비를 하는 동안 동참한 이들이 침묵 속에서 산모의 어깨를 두드려 주거나, 손을 잡아 주거나, 친분이 있는 사이라면 포옹해 준다. 말이 의도치 않게 산모의 마음을 상하게 할 수 있으니, 말을 자제하고 그녀의 슬픔을 안아 주는 방식으로 진행한다. 특별히 예식에 참여한 가족이 먼저 산모를 안아 줄 수 있도록 배려한다.)

하나님께서 위로를 부어 주시기를 바랍니다.

(완전히 침묵으로 진행하고자 하는 경우 생략 가능하다.)

세족례 ··· 집례자

회복을 위한 기도 ··· 집례자

발에 닿는 물의 감각은 발에서 머리끝까지 올라와 어머니의 자궁처럼 우리를 감쌉니다. 우리는 그리스도의 변함없고 자신을 내어 주는 환대에서 안전함을

느낍니다. 주님, 매일 우리의 삶에서 우리의 발을 씻어 주시고 우리를 환영해 주소서. 앞으로 나아가기 위해 서 있는 당신이 사랑하는 이들의 마음에 힘을 더하소서.

찬송 ·················· "눈을 들어 산을 보니"(383장) ·················· 다함께

축도 ··· 집례자

3) 고난

- 고난은 여러 가지 이유가 얽혀 있으며 매우 복잡하기 때문에 그 원인과 결과를 이해하거나 받아들이기 어렵다. 예식의 참여자들은 이미 그들의 고난의 과중함으로 인해 지치고 상처받은 상태이다. 따라서 신학적인 판단 또는 고난의 이유를 찾고 해결책을 제시하려는 시도는 극도로 지양되어야 한다.
- 목회적으로 고난을 다룰 때 성급한 희망의 선언은 반드시 피해야 한다. 고난에 대한 충분한 애통과 공감의 시간을 가진 후 희망, 치료, 화해, 정의 등이 선포되어야 한다.
- 고난에 대한 다양한 유형들의 기도문은 본서 9장, 삶의 정황별 기도를 참고할 수 있다.

예식사 ··· 집례자

여호와께서 말씀하셨습니다. "너희는 잘 생각해 보고 곡하는 부녀를 불러오며 또 사람을 보내 지혜로운 부녀를 불러오되 부녀들이여 여호와의 말씀을 들으라 너희 귀에 그 입의 말씀을 받으라 너희 딸들에게 애곡하게 하고 각기 이웃에게 슬픈 노래를 가르치라"(렘 9:17b, 20).

찬송 ·················· "너 예수께 조용히 나가" (539장) ·················· 다함께

공동기도 ··· 집례자

집례자 : 하나님, 두려움과 불안이 우리의 마음을 점점 압도합니다. 내 마음이 심하게 흔들리며 하나님에게 집중할 수 없으며 파괴적인 생각들이 우리의 마음을 뒤덮습니다. 내 영혼은 거친 바다와 같습니다. 주님, 우리의 신음에 응답하시고 우리의 아픔에 개입하소서. 주님, 우리의 마음과 우리가 사랑하는 이들의 마음을 돌아보소서. 우리 안에 있는 모든 소란을 속히 그치게 하소서. 하나님, 강박적인 사고의 악순환에 빠지지 않게 하소서. 고통으로 인해 어그러진 생각들을 회복시키소서.

다함께 : 우리의 마음에는 기쁨이 그쳤고 우리의 춤은 변하여 슬픔이 되었습니다.

집례자 : 우리의 몸이 견뎌낸 육체적 고통이 또다시 반복될 것이라는 두려움이 우리 안에 자라납니다. 그 두려움은 우리의 삶을 예민하게 만들고 삶을 온전히 살아갈 수 없게 만듭니다. 육체의 연약함은 우리의 영혼까지 무겁게 짓누릅니다. 우리의 지속되는 고통은 우리의 눈물을 마르게 하고, 우리의 삶을 사막과 같이 만듭니다. 우리가 고통 가운데 부르짖을 때, 놋문을 부수고, 쇠빗장을 깨뜨려 우리를 어둠 속에서 이끌어 내시고 우리의 아픔을 끊어 내소서.

다함께 : 이 일이 하나님에게 상관이 없습니까? 주님, 오셔서 우리의 고통을 보십시오. 우리를 위로해 줄 사람이 없고 우리에게 다시 힘을 북돋아 줄 사람이 없습니다.

집례자 : 하나님, 우리가 사랑하는 사람들은 우리의 고통에 기꺼이 참여합니다. 하나님, 고통받는 이들을 돌보는 사랑하는 이들이 다양한 상실, 실망, 절망을 헤쳐 나갈 수 있도록 도우소서. 사랑하는 이들의 삶이 고통으로 인해 부서지지 않도록 주께서 지키소서. 슬픔이 끝이 아니라는 것을 기억하게 하소서. 비극 속에서도 하나님의 선하심을 발견하게 하소서. 우리가 사랑하는 이들을 하나님의 팔로 붙들어 매소서.

다함께 : 여호와여, 제발 멀리 떠나가지 마소서. 오 우리의 힘이시여, 어서 오셔서 우리를 도우소서.

성경봉독·····················예레미야애가 5 : 20~22······················맡은이

설교 ······················"아주 버리셨나이까"·······················집례자

삶의 혼돈에 휘말리고 우리가 어둠 속으로 가라앉기 시작할 때 희망을 잃는 것은 너무나 쉬운 일입니다. 어느 것도 우리에게 명료함을 주지 않고, 문제는

더욱 두드러지게 우리에게 다가옵니다. 우리의 간절한 간구에도 불구하고 변하지 않는 상황은 하나님에 대한 신뢰를 상실하게 하기도 하고 하나님을 의심하게 하기도 합니다. 건강하고 또 잘되는 이들을 보면서 시기와 질투 그리고 자기 비하에 빠지기도 합니다. 그렇게 우리의 영혼과 마음과 몸은 건조해지고 위로받기를 거부하여 절망 속으로 빠져 들어갑니다.

예상치 못한 우리 삶의 변화들, 특별히 우리의 삶에 갑자기 닥쳐오는 고통들은 우리의 삶 전체에 걸쳐서 우리에게 고통을 가져다 주기도 하고, 아픔의 기억과 경험들은 우리에게 희망, 치유, 그리고 평화가 절실하게 필요함을 깨닫게 합니다.

그래서 많은 성서의 기자들도 하나님께 부르짖었습니다. 주님, 어느 때까지입니까? 어느 때까지 잠잠하실 겁니까? 주님, 나의 고통을 보소서! 하나님이여, 우리의 고난과 우리의 괴로움을 기억하소서. 우리를 위로할 자가 없습니다. 이러한 처절한 고통의 목소리들은 오늘 우리의 삶에서 공명합니다. 우리의 삶은 하나님의 약속과 같지 않아 보이고, 우리의 하나님은 강하고 모든 것이 가능하고 또 치료하는 하나님과는 멀어 보이기 때문입니다. 우리의 하나님은 정의와 사랑과 자비를 위해 움직이지 않는 것처럼 보이기 때문입니다. 그래서 우리는 예레미야애가 공동체처럼 부르짖습니다. 하나님이여 우리를 아주 버리셨나이까(애 5:22).

그런데 우리는 이 아픔의 고백 앞에서 또 하나의 공명하는 목소리를 만납니다. 그 목소리는 질고를 아는 자, 슬픔을 아는 자, 그 모든 질고와 슬픔을 품으시는 자, 그리고 그 아픔을 지고 홀로 죄인으로서 죽는 자, "내 하나님이여 내 하나님이여 어찌 나를 버리셨나이까"(시 22:1)라고 슬피 우는 자, 사람들의 조롱, 수치, 모욕, 핍박, 침 뱉음, 온갖 멸시와 무시, 고통을 당한 우리들의 신, 가장 비참한 그리스도, 우리의 연약한 하나님입니다. 구원은 그 연약한 하나님으로부터 시작되었습니다. 구원은 우리가 전혀 예상하지 못하는 곳에서 시작되었습니다. 그 죽음 안에서 죽을 수밖에 없는 운명을 가진 인간과 거룩하신 하나님과의 완전한 연대가 일어났습니다. 그 죽음 안에서 인간의 탄식과 하나님의 탄식이 만났습니다. 그 죽음 안에서 삶이 연결되어 있습니다. 그 하나님은 우리의 어둠으로 들어오시기 위해 그분의 모든 빛을 버리셨습니다. 그래서 인간의 눈물이 흐르는 모든 길에서, 인간의 고통이 흐르는 곳곳이 그리스도의 눈물과 합쳐질 수 있는 것입니다. 우리는 그 주님을 만납니다. 그 주님은 고통당하시는 주, 우시는 주, 연약한 주, 그리고 생명의 주, 부활의 주이십니다.

합심기도 ··· 다함께

"우리가 일어나 벧엘로 올라가자 내 환난 날에 내게 응답하시며 내가 가는 길에서 나와 함께 하신 하나님께 내가 거기서 제단을 쌓으려 하노라"(창 35 : 3). 우리의 고통을 그 삶과 생명에 품으신 우리의 구원자 하나님, 우리의 삶을 돌아볼 때 우리의 환난의 때에 하나님은 응답하셨고 우리와 함께하셨습니다. 여전히 우리의 환경은 변한 것이 없어 보이고 여전히 우리의 고통은 우리 삶 안에 지속되고 있지만, 우리는 우리의 고통을 품으시고 우리의 모든 슬픔을 품으시는 주님을 알기에, 고난 중에도 주님의 팔에 의지하고 그 품 안에서 숨 쉴 수 있습니다. 주님의 공급하심과 선하심의 증인이 될 수 있도록 우리의 삶을 인도하시고 우리에게 담대히 이겨 나갈 힘과 사랑함으로 버틸 용기를 주소서. ○○○ 씨가 하나님의 소유이고, ○○○ 씨의 첫 숨부터 마지막 숨까지 일어나는 모든 일들이 하나님의 손에 있음을 믿습니다. ○○○ 씨와 ○○○ 씨를 돌보는 가족들이 하나님의 사랑에 휩싸이게 하소서. 모든 이해를 뛰어넘는 위로와 평화를 주소서.

[수술을 앞두고 있는 경우]
하나님, 우리는 당신을 신뢰합니다. 하나님은 우리가 도와 달라고 하나님을 찾았을 때, 무덤에서 들어올리시고 구덩이 속으로 내려가지 않게 하셨습니다. ○○○ 씨를 수술할 의사와 의료진을 축복하여 주십시오. 그들의 손길이 하나님의 치유를 확장할 수 있게 그들을 준비시켜 주십시오. 진통제와 마취제가 주는 두려움 속에 함께해 주십시오. 우리가 자고 깰 때 하나님의 임재를 느끼게 하시고 우리와 항상 함께하시는 신실하신 하나님을 보게 해 주십시오.

(정신적 외상이나, 마음의 어려움이 있는 경우, 자녀의 질병이나 성폭력과 같은 고통에 대해서는 본서 9장, 삶의 정황별 기도를 참고할 수 있다.)

사랑과 위로의 입맞춤 ··· 참여자

(동참한 이들이 침묵 속에서 또는 간단한 위로의 말과 함께 참석자를 안아 주거나 그들의 개인적인 이야기를 듣고 함께 기도하는 방식으로 진행한다.)

(서로를 향해)

하나님께서 다함없는 위로와 견딜 수 있는 힘을 날마다 넘치도록 부어 주시기를 바랍니다.

찬송 ······················ "내 모든 시험 무거운 짐을" (337장) ···················· 다함께

축도 ·· 집례자

4) 구직

- 이 예식은 구직에 어려움을 겪고 있는 이들을 위한 것이다.
- 실직을 경험하거나 계속되는 거절을 경험한 이들이 대부분이므로 모호한 희망을 말하는 것보다 위로와 공동체적 지지를 보여주는 것을 목표로 하는 것이 좋다.
- 끊임없는 자기 평가, 재정적 악화, 미래의 불확실성에 대한 극도의 스트레스와 불안에 놓여 있기 때문에 그 절망감을 신앙 안에서 다루는 방식으로 예식을 구성하는 것이 좋다.
- 구직의 실패와 신앙을 연결 지어 예식을 구성하는 것을 피하고 하나님의 위로하심, 도우심, 그리고 힘 주심을 중심으로 예식을 구성할 수 있다.

예식사 ·· 집례자

"나는 가난하고 궁핍하오니 하나님이여 속히 내게 임하소서 주는 나의 도움이시요 나를 건지시는 이시오니 여호와여 지체하지 마소서"(시 70:5).

기도 ·· 집례자

하나님, 오늘 우리는 우리의 마음의 가난함과 갈급함을 가지고 모였습니다. 우리의 삶의 상황이 주는 불안함과 두려움이 우리의 마음을 무겁게 합니다. 우리 스스로를 바라볼 때 만족스럽지 못하고 작게만 느껴집니다. 하나님, 우리의 마음이 미래에 대한 불확실성에 압도당할 때, 우리의 상황에 낙담할 때, 기회가 희박해 보일 때, 우리가 할 일은 우리의 주권자이신 예수 그리스도의

발 앞에 우리의 모든 스트레스와 낙담과 조급함을 내려놓는 것임을 고백합니다. 하나님은 우리의 아픔에 공감하시며 우리의 힘든 순간에 우리의 말을 듣고 계시는 분이심에 감사합니다. 우리가 하나님을 신뢰함으로 앞으로 나아가게 하소서.

하나님, 오는 어떤 날들 안에서든지 하나님께서 베푸시는 강함과 용기로 가득 차게 하시고, 새로운 시작에 대한 두려움보다 성취되지 않은 잠재력에 대해 생각하게 하소서. 새로운 날을 자신 있게 바라보게 하소서. 하나님의 빛과 사랑이 ○○○ 씨의 삶에서 빛나고, 하나님의 지혜가 ○○○ 씨의 마음을 인도하고, 하나님의 평화가 ○○○ 씨를 평화로 채우고, 하나님의 힘이 ○○○ 씨의 삶을 인도하고 있다는 것을 누리며 살게 하소서.

찬송 ……………………… "오 놀라운 구세주"(391장) ……………………… 다함께

성경봉독 ………………… 시편 17 : 6~7 ; 이사야 40 : 26~31 ……………… 맡은이

설교 ……………………… "피곤하며, 곤비하며, 쓰러지되" ………………… 집례자

우리는 우리의 상황이 경제적으로 연약해지고 충분한 지원을 우리 자신의 삶과 우리의 가족들에게 공급할 수 없을 때, 좌절에 빠집니다. 우리가 열심히 살아가고 있음에도 불구하고 과소평가되고 있다는 느낌이 들 때도 그렇습니다. 때때로 우리는 다른 이들의 성취를 보면서 질투를 느낍니다. 때때로 희박해 보이는 기회 때문에 다 포기해 버리고 싶기도 합니다. 원하는 결과가 오랫동안 나오지 않을 때 낙담이 됩니다. 조급함, 성공에 대한 갈망, 사랑하는 사람들을 넉넉하게 지원하고자 하는 열망 등이 우리를 더욱 힘들게 만듭니다. 무엇보다 우리를 더 힘들게 만드는 것은 우리 삶에 변화를 가져 오시기는커녕 아무것도 하시지 않는 것 같은 하나님을 만날 때입니다.

성서에서 말하는 도우시는 하나님, 길을 만드시는 하나님, 신실하게 인도하시는 하나님은 우리가 정말 필요할 때 없어 보입니다. 그럼에도 불구하고 그분을 신뢰해야 한다는 그 사실이 우리를 더 절망하게 할 수 있습니다. 그러나 우리는 우리의 삶이 사막에서 물을 찾는 것과 같은 갈급함을 가지고 있을 때 하나님밖에 우리의 도움이 없음을 발견합니다. 새로운 기회의 문이 열리기를 원할 때, 우리가 한걸음 더 나아가기 위해 필요한 지식, 기술, 그리고 지혜가 필요할 때, 이력서를 작성하고 지원서를 제출할 때, 그리고 우리가 일할 새

로운 장소를 찾고 잠재적 동료들과 고용주들을 만날 때, 이 모든 순간마다 하나님을 의지할 수밖에 없습니다. 우리에게 하나님밖에 다른 도움이 없기 때문입니다. 하나님이 주시는 용기와 자신감과 겸손은 그 누구도 줄 수 없는 귀한 것이기 때문입니다. 그리고 그분은 우리의 필요를 가장 잘 아시기 때문입니다.

우리는 하나님께서 우리가 우리의 상황을 보는 방식과 간구하는 방식을 변화시키신다는 것을 경험해 왔습니다. 우리가 기도의 언어를 찾지 못하고 힘들어할 때마다 그분의 영이 우리의 마음을 아시고, 우리를 위해 기도하고 계시다는 것을 경험해 왔습니다. 그러기에 우리는 다시 우리의 상황을 말씀 앞으로 가져올 수 있습니다. 그리고 그 말씀이 우리의 삶을 휘감으며 우리를 다시 일어서서 걸어가게 할 것임을 고백할 수 있습니다. 우리의 길과 송사는 여호와 앞에 숨김이 없으며, 여호와는 피곤한 자에게 능력을 주시고 무능한 자에게 힘을 더하는 분이십니다. 우리의 상황과 삶이 지치고, 피곤하고, 넘어지며, 쓰러질지라도, 지치지도 피곤하지도 않으신 하나님이 우리에게 지혜와 새 힘을 주십니다.

공동기도 ·· 다함께

집례자 : 하나님의 인도하심을 간구합니다. 우리가 하나님의 인도하심을 바라볼 때 선한 목자이신 하나님을 경험하게 하소서. 우리의 삶이 어떤 분에게 붙들려 있는가를 기억하게 하소서. 우리가 목적을 향해 나아갈 때, 우리의 크고 작은 결정에 지혜를 허락해 주소서. 우리 자신이 모든 상황을 조정할 수 있다는 조급함과 오만함을 내려놓고 주님의 지혜가 우리를 좋은 곳으로 인도할 것임을 기억하게 하소서. 우리의 의지가 하나님의 마음과 생각과 뜻에 합당하게 하소서.

다함께 : 하나님은 우리보다 높으시고, 하나님의 계획은 우리보다 크며, 하나님에게는 불가능한 것이 없습니다.

집례자 : 하나님, 우리는 삶의 불확실성 속에서 고통받고 있습니다. 하나님, 우리를 강하게 하여 주소서. 우리가 어려운 선택과 상황에 직면할 때 우리의 두려움을 하나님께 맡기게 하시고 그 상황을 헤쳐나갈 수 있는 힘을 허락하소서. 우리가 당신의 강한 팔에 붙들려서 우리의 상황과 관계없이 매일의 삶에서 쉼과 평화를 누리게 하소서.

다함께 : 하나님, 우리의 마음이 방황하지 않게 하시고 하나님이 주시는 안정

　　　　　과 자유를 누리게 하소서.
　집례자: 하나님, 주의 길을 우리에게 보이시고 주님의 길을 우리에게 가르쳐
　　　　　주소서. 주님의 진리로 우리를 인도하시고 우리를 가르쳐 주소서(시
　　　　　25:4-5). 우리가 부의 축적, 권력, 승진 등을 우리의 행복으로 삼지 않
　　　　　게 하시고 우리의 삶이 세상의 작은 구석에서, 우리의 재능과 기술을
　　　　　개발하고, 하나님의 말씀의 진리를 부지런히 추구하고, 하나님의 사
　　　　　랑으로 다른 이들을 축복하고 섬기는 삶이 되게 하소서. 주를 신뢰하
　　　　　는 가운데 비교와 실패와 좌절을 다룰 수 있게 하소서.
　다함께: 주는 우리의 구원의 하나님이시니 우리의 소망이 종일 주께 있습니다.
　　　　　우리는 그 안에서 그를 믿음으로 말미암아 담대함과 확신을 가지고
　　　　　하나님께 나아갑니다.

사랑과 위로의 입맞춤 ·· 참여자

(동참한 이들이 침묵 속에서 또는 간단한 위로의 말과 함께 참석자를 안아주거나 그들의 개인적인 이야기를 듣고 함께 기도하는 방식으로 진행한다.)

(서로를 향해)
하나님께서 다함없는 위로와 힘을 날마다 부어 주시기를 바랍니다.

찬송 ······················ "주 예수님 내 맘에 오사"(286장) ················· 다함께

축도 ··· 집례자

5) 이사

> • 가족이 거하게 될 새로운 장소와 새로운 날들을 축복하고 하나님의 지속적인 도우심을 바라는 방식으로 예식을 구성한다.
> • 아이들이 예식에 함께하고 있다면 아이들의 연령을 고려하여 예식의 내용과 순서를 세심하게 조정할 필요가 있다. 아이들을 예식에서 배제시키지 않아야 한다.

예식사 ···집례자

> 하나님 여호와의 말씀을 청종하면 모든 복이 우리에게 찾아올 것입니다. 우리의 자녀와 땅의 열매가 복을 받고, 우리의 짐승의 새끼도 복을 받아 소와 양이 늘어날 것이고, 우리의 광주리와 반죽 그릇이 복을 받을 것입니다. 우리는 들어가거나 나가거나 어디를 가든지 복을 받을 것입니다(신 28 : 1-6).

기도 ··집례자

> 가정을 세우시고 이끌어 가시는 하나님, 오늘 한 가정이 새로운 장소에서 새로운 날을 맞이합니다. 우리는 하나님이 우리의 모든 전환과 변화에서 함께하심을 믿습니다. 삶의 그림자 속에서도 우리에게 열심을 다해 살아가게 하셨음에 감사드립니다. 이 가정의 새날들 속에, 그리고 오는 어떤 날들에서든지 하나님께서 베풀어 주시는 강함과 용기로 가득차게 하시고, 내일이라는 새로운 날을 자신 있게 바라보게 하소서.
>
> [자녀가 있는 경우]
> 이 가정의 자녀들을 위해 특별히 기도합니다. 하나님의 따뜻한 사랑의 손에 자녀들을 올려놓습니다. 자녀들의 속사람이 강건하게 하시고 넘치는 그리스도의 사랑을 알고 경험하며 살아갈 수 있게 축복하여 주소서. 자녀들이 그 사랑을 경험함으로 인해서 하나님의 충만함이 그들의 마음 안에 가득 채워지게 하소서.

찬송 ·························· "예수님의 사랑은"(561장) ·························· 다함께

성경봉독 ························· 창세기 48 : 15~16 ·························맡은이

설교 ·························· "빈 집의 기억" ··························집례자

> 이사를 떠나기 전, 이삿짐이 다 나간 뒤 비어 있는 집을 돌아보면 아쉬움이 남고 힘들었던 기억도 떠오릅니다. 그러나 그곳에서 우리의 삶 속에 있었던 하나님의 신실하심과 돌보심 또한 발견할 수 있습니다. 그 집에는 우리의 눈물과 웃음이 있었고, 성공과 실패가 있었고, 다툼과 사랑이 있었지만 우리는 그 어떤 상황에서도 주님은 우리와 함께 계셨다는 것을 고백할 수밖에 없습니다. 하나님이 함께하신 그 기억들은 우리가 새로운 삶의 자리에서 앞으로 나아갈

때, 우리가 우리 가족뿐만 아니라 이 가정을 거쳐 가는 모든 사람들에게 하나님이 주시는 사랑과 은혜를 확장하는 데 헌신하도록 해 줍니다. 주님께서 우리에게 주시는 안전함과 환대 안에서 우리는 외로운 사람들, 아픈 사람들, 정의에 목마른 사람들을 섬길 수 있습니다. 그리고 우리의 가족 공동체는 보다 크고 넓은 것임을 기억하고 그들과 함께 더불어 살아갈 수 있게 됩니다.

하나님께서는 아브라함과 이삭과 야곱의 집을 축복하실 때 그들의 혈연 공동체만을 축복하신 것이 아니라 그들과 그들의 자손을 통하여 천하 만민이 복을 받게 될 것이라는 뜻을 드러내셨습니다. 하나님은 이 가정을 향해서도 그러한 뜻을 가지고 계십니다. 이 새로운 터전은 복의 통로가 될 것이며 하나님은 이 집의 구석구석을 그분의 사랑으로 덮으시고 이 가정의 사람들을 보호하실 것입니다.

이제 이 가정은 새로운 터전에서 하나님과 함께 새로운 땅으로 걸어가게 될 것입니다. 하나님은 믿음의 조상들에게 그렇게 하셨던 것처럼 우리가 취약하고 연약할 때 우리를 보호하시고 우리의 모든 걸음에 함께하십니다. 오늘 본문은 야곱이 자신의 마지막 때에 자신의 아버지의 날들과 자신의 지난날들을 기억하면서 아들 요셉과 손자들을 축복하는 말씀입니다. 야곱은 그와 그의 조상들에게 주셨던 하나님의 약속과 신앙의 고백들이 자신의 자손들에게도 유업으로 이어지기를 기원합니다. 이러한 야곱의 기원은 요셉이 낯선 장소인 애굽으로 팔려가 불안하고 굴곡진 삶을 살았음에도 불구하고 하나님이 분명히 요셉이 들어오고 나갈 때 그와 함께 하시고, 그의 터전에 함께 하셨다는 고백에서 비롯된 것입니다.

하나님께서는 아브라함의 자손들이 겪은 모든 어려움들을 바꾸셔서 축복의 근원이 되게 하셨습니다. 또한 우리가 옛집에서 경험한 복잡한 문제들을 강력하게 감싸고 섬세하게 매만지셔서 그 모든 것이 축복의 근원이 되도록 하셨습니다. 그러니 이제 이곳에서 만날 새로운 기억, 새로운 공간, 새로운 사람들, 그리고 새로운 소명을 기대합시다. 앞으로 우리는 우리의 거할 곳을 몇 번이고 옮길 수 있지만, 어쩌면 그 상황들이 모두 긍정적이지는 않을 것이지만, 우리는 하나님이 여전히 우리를 인도하시고 우리 앞에 길을 여시는 분임을 신뢰할 수 있습니다. 우리의 옛집의 기억이 그리고 오는 영원한 집에 대한 갈망이 우리를 그 평화와 희망의 약속으로 인도하기 때문입니다.

공동기도 ··· 다함께

집례자:	하나님, 지난 시간 동안 이 가정에게 주신 은혜의 선물들을 기억합니다. 불확실한 삶 속에서도 하나님께서 이 가정을 위한 좋은 계획들을 가지고 계시다는 것을 알고 감사합니다. 이 가정이 내딛는 모든 삶의 단계를 인도해 주시고, 이 가정이 하나님의 공급과 보호를 알게 되기를 기도합니다. 이 가정이 부드러움과 인내와 존중과 사랑으로 서로를 마주보게 하여 주소서. 이 가정이 함께 기꺼이 웃고, 춤추고, 꿈을 꾸고, 감사함으로 다가올 풍성한 날들을 고대하면서, 기쁜 마음으로 새 장소에서의 시간을 마주하게 하여 주소서.
다함께:	우리를 둘러싼 모든 것이 변할지라도, 주님은 한결같고, 신실하시고, 진실하십니다.
집례자:	하나님, 이 가정이 거할 곳을 주셔서 감사합니다. 우리가 가정 안에서 쉼을 얻는다는 것에 감사드립니다. 화재, 홍수, 바람, 침입, 도난 등으로부터 이 가정을 보호해 주시고, 이 가정이 하나님이 주시는 복의 유산을 이어가는 가정 될 수 있게 하소서.
다함께:	이 가정을 하나님께 드립니다. 하나님의 영광과 찬양을 위해 이 집을 사용하소서.
집례자:	하나님, 이 가정이 환영의 장소가 되게 하소서. 이 가정을 통해 하나님의 사랑과 축복이 흘러가게 하시고, 변함없는 축복의 손길이 머물게 하여 주소서. 상실한 마음들이 있다면 회복할 수 있는 장소가 되게 해 주소서.
다함께:	하나님의 은혜와 사랑, 그리고 완전한 평화가 이곳에 머무는 모든 이들에게 위안이 되게 하소서.

찬송 ························· "우리 주님 모신 가정"(555장) ······················· 다함께

축도 ··· 집례자

6) 군 입대

> • 본 예배는 군 입대자와 회중이 함께 드리는 예배이다. 예배자들은 본 예배를 통하여 하나님 앞에 나아가 하나님의 말씀을 듣고 이에 응답하는

시간을 갖는다. 특별히 군 입대자가 하나님의 계획하심을 기억하고, 하나님의 인도하심을 굳게 의지하며, 그 믿음의 소망과 비전으로 가득할 수 있도록 공동체 지체들은 다 함께 한마음으로 예배한다.
- 본 예배에서 먼저 군대 생활을 경험한 사람의 신앙 간증 순서를 가질 수 있으며, 성도들이 합심하여 군 입대자를 위하여 기도하는 순서를 가질 수 있다.
- 온 회중은 예배의 마지막 부분에 축복송을 부르며 군 입대자를 축복한다.

예식사 ·················· 요한복음 14 : 18 ·················· 집례자

(수 1 : 9 ; 딤후 2 : 3를 참고할 수 있다.)

이 시간 군 입대를 하는 ○○○ 형제/자매와 함께, 하나님께 예배를 드리겠습니다.

신앙고백 ·················· 사도신경 ·················· 다함께

찬송 ·················· "빛의 사자들이여"(502장) ·················· 다함께

기도 ·················· 맡은이

살아 계신 하나님 아버지, 언제나 우리와 함께하시고 우리를 푸른 초장으로 인도하시는 주님의 손길에 감사드립니다. 영접하는 자, 그 이름 예수 그리스도를 믿는 자에게 하나님의 자녀가 되는 권세를 주셨으니, 우리가 이 믿음 변치 않고 늘 하나님 아버지의 인도하심을 받으며 평안히 거하게 하여 주소서. 이 시간 ○○○이 군 입대를 앞두고 하나님께 예배드립니다. 우리가 어디에 있든지 하나님께서는 우리를 고아와 같이 버려두지 않으시고 늘 우리 곁에 계심을 믿습니다. 이처럼 우리에게 늘 찾아오시는 주님께서 ○○○에게 오시고 그 주님을 늘 의지하는 복된 믿음을 ○○○에게 굳건히 세워 주소서. 군대에서 어떤 상황에 처하더라도 주님 의지하는 그 믿음으로 늘 승리하도록 ○○○을 붙잡아 주소서. ○○○이 군에서 만나는 모든 사람들 가운데 있을 때, 예수 그리스도와 함께 있는 그 빛 가운데 거하게 하시고, 하나님의 자녀로서 소금과 빛

이 되어 선한 영향력을 끼치게 하여 주소서. 늘 하나님께서 눈동자 같이 지켜주셔서 하나님께서 언제나 곁에서 보호하시고 역사하여 주심을 믿음으로 고백하며 경험하는 군 생활이 되도록 성령 하나님 아버지, 주장하여 주소서. 우리를 구원하여 주신 예수 그리스도의 이름으로 기도합니다. 아멘.

신앙간증 ·· 맡은이

(군대에 다녀온 경험자가 군대에서 만난 하나님, 군대에서 역사하신 하나님에 대해서 간증하는 시간을 갖는다.)

성경봉독 ··························· 로마서 8 : 28 ························· 맡은이

(요 14 : 1 ; 시 18 : 1-3을 참고할 수 있다.)

설교 ····················· "모든 것을 합력케 하시는 하나님" ····················· 집례자

이스라엘 백성들이 광야생활을 할 때 하나님께서 아무것도 없는 광야에 만나를 내려 주셨습니다. 고기가 먹고 싶을 때는 메추라기를 주셨습니다. 광야의 밤은 매우 춥습니다. 이 추위를 불 기둥으로 막아 주시고, 낮의 뜨거운 더위는 구름 기둥으로 피하게 하셨습니다. 광야에서 아말렉과 전쟁이 나서 싸워야 했을 때는 모세를 통하여 기도의 능력이 무엇인지 보여 주셔서, 기도로써 그 전쟁에서 승리하게 하셨습니다. 기도하는 모세의 손이 떨어지지 않도록 양 옆에서 도운 아론과 훌은 협력기도의 능력을 우리에게 잘 보여 줍니다(출 17 : 10-16).

하나님은 우리를 위하여 준비하고 계십니다. 아무것도 없는 것 같은 곳에서도 미리 우리를 위하여 대비하고 계십니다. 하나님께서는 때가 되면 준비된 것을 보내 주시고, 우리가 불평하고 불안해하는 순간에도 준비하고 대비하고 계십니다. 이 같은 주님을 의지하기 바랍니다. 하나님은 우리 곁에 늘 계십니다. 그리고 모든 상황의 주관자가 되어 주십니다. 사람은 어렵고 힘겨울 때 불평할 수 있으나, 그 모든 상황을 조율하셔서 합력하여 선을 이루어 주시는 분은 하나님이십니다. 군 입대를 앞두고 마음속에 염려가 있다면 그 모든 것을 주님께 맡기고 우리 주님을 의지하기 바랍니다. "너희는 마음에 근심하지 말라 하나님을 믿으니 또 나를 믿으라"(요 14 : 1). 하나님께서 불 기둥과 구름 기둥으로 지켜주시고 모든 군 생활을 통하여 늘 함께하시며, 모든 것이 합력하여 선을 이루게 하실 것입니다. 광야 한 가운데 있을 때는 외롭게 느껴지고, 언

제 이 생활이 끝나나 하는 염려가 앞설지 모르지만, 우리가 믿음 위에 굳게 서 있을 때, 우리는 고백하게 될 것입니다. '주님께서 이루셨다! 여러 가지 난관과 고난들이 있었지만, 주님께서 함께하셔서 모든 것이 합력하여 선을 이루었다!'고 감사 찬송하게 될 것입니다.

그렇습니다. 우리의 모든 시간들, 기쁜 날, 슬픈 날, 고난의 날, 인내의 날 가운데 주님은 우리를 떠나지 않으시고 우리 곁에 늘 함께 계십니다. 그 주님을 믿음으로 의지하고, 모든 시간들을 통해, 모든 것을 합력해 선을 이루어 주시는 하나님을 언제나 고백하는 복된 군 생활이 되기를 바랍니다.

찬송 ·················· "믿는 사람들은 주의 군사니"(351장) ················ 다함께

합심기도 ·· 다함께

(모든 회중은 군 입대자를 위하여 하나님께 간절히 합심하여 기도한다. 때에 따라서 군 입대자의 몸에 손을 얹고 기도할 수 있다.)

축복송 ················ "때로는 너의 앞에 어려움과 아픔 있지만" ············· 다함께

(군 입대자를 향하여 손을 펴서 축복송을 부른다.)

축도(주기도) ·· 집례자(다함께)

7) 독거노인

- 본 예배는 신앙공동체가 독거노인과 함께 "임마누엘"의 하나님을 기억하면서 하나님께 나아가는 시간이다.
- 본 예배를 통해서 하나님께 예배드림과 동시에 독거노인을 위로하고, 신앙 공동체는 독거노인의 가족임을 재확인하는 시간을 가진다.
- 예배 중 독거노인을 위한 합심기도 순서를 가진다. 독거노인의 기도제목을 미리 받을 수도 있고, 예배 중 간단히 기도제목을 듣고 함께 기도하는 시간을 갖는다.

| 예식사 | 시편 23 : 1~6 | 집례자 |

(시 34 : 18을 참고할 수 있다.)

| 신앙고백 | 사도신경 | 다함께 |

| 찬송 | "주 없이 살 수 없네"(292장) | 다함께 |

| 기도 | | 맡은이 |

살아 계신 하나님 아버지, 우리에게 주님의 은혜와 사랑을 베풀어 주셔서 날마다 살아갈 수 있는 힘을 허락하여 주시고, 늘 성령의 은혜로 하나님 나라 소망을 가지고 살게 하시니 감사합니다. 모든 근심과 걱정을 홀로 감당하지 않게 하시고 우리의 무거운 짐과 염려를 주님께서 감당하여 주시니 하나님께 감사 찬송 드립니다. "너희 염려를 다 주께 맡기라 이는 그가 너희를 돌보심이라"(벧전 5 : 7). 주님께서 우리 곁에 계시고 주님의 날개 그늘 아래 우리를 지켜 주시니, 그 은혜 잊지 않고 살아가도록 우리에게 주님의 은혜를 더하여 주소서. 주님께서 우리의 친구가 되어 주신다고 말씀하셨사오니, 우리가 그 말씀 의지하여 날마다 찬송하고 기도하면서 하늘로부터 오는 위로와 주님께서 베푸시는 그 끝없는 사랑으로 날마다 승리하는 삶을 살아가도록 인도하여 주소서. 언제나 임마누엘의 주님으로 우리와 늘 함께하시고, 우리의 위로자요, 보호자로 우리 곁에 계시는 하나님을 높여드리며, 우리를 모든 죄에서 구원하여 주신 우리 주 예수 그리스도의 이름으로 기도합니다. 아멘.

| 성경봉독 | 고린도후서 1 : 2~4 | 맡은이 |

(시 6 : 1-10 ; 사 41 : 10 ; 롬 8 : 35-39, 11 : 33-36을 참고할 수 있다.)

| 설교 | "위로하시고 함께하시는 하나님" | 집례자 |

예수님은 하나님의 아들이십니다. 예수님이 하나님의 아들이시라는 것은 우리와 같이 육신을 입으신 하나님에 대한 믿음의 고백입니다. 예수님은 이 세상을 창조하신 높은 분이지만 우리를 고치시고 위로하기 위해 '임마누엘' 하나님으로 우리에게 오셨습니다. 예수님은 언제나 우리와 함께하시는 '임마누엘' 하나님으로 우리 곁에 계십니다. 예수님을 마음에 영접한 사람은 하나님의 자녀가 됩니다(요 1 : 12). 하나님의 자녀는 하나님께서 가만히 두지 않으십니다. 하

나님은 그의 자녀를 늘 지켜 주시기 때문에 우리에게 든든한 힘이 됩니다. "나의 힘이신 여호와여 내가 주를 사랑하나이다"(시 18 : 1). 그렇습니다. 하나님은 우리 곁에서 우리의 힘이 되어 주십니다. 하나님은 그의 자녀를 홀로 두지 않으십니다(요 14 : 8). 하나님은 우리를 모든 환난 중에서 위로하시고 우리가 하나님께 받은 위로로 모든 환난 중에 있는 다른 지체들을 위로하게 하십니다(고후 1 : 4).

　　우리는 일상생활을 하면서 우리에게 생명의 호흡을 허락하여 주신 하나님께 감사합니다. 하나님은 우리가 "항상 기뻐하라 쉬지 말고 기도하라 범사에 감사하라"(살전 5 : 16-18a) 하신 주님의 뜻대로 살아가라 말씀하십니다. 우리가 우리 주님을 믿는 신앙 안에서 감사하는 은혜와 평강의 삶을 살아간다면 평강의 하나님이 우리를 지켜 주시고 늘 가까이에서 우리의 보호자로, 우리의 목자가 되어 주실 것입니다. "아무 것도 염려하지 말고 다만 모든 일에 기도와 간구로, 너희 구할 것을 감사함으로 하나님께 아뢰라 그리하면 모든 지각에 뛰어난 하나님의 평강이 그리스도 예수 안에서 너희 마음과 생각을 지키시리라"(빌 4 : 6-7). 우리의 마음을 주님께 드립시다. 우리의 믿음을 통하여서 우리의 육신과 혼과 영이 '임마누엘' 주님 안에서 온전하게 될 것입니다(살전 5 : 23). 우리 주님 안에서 참 소망과 마음 속 깊은 평강이 늘 충만하기를 주님의 이름으로 축복합니다.

기도제목 나눔 및 소망의 기도 ·· 맡은이

　　(이 기도는 대표자, 또는 함께 예배드리는 공동체가 합심으로 드릴 수 있다.)

찬송 ························· "내가 늘 의지하는 예수"(86장) ··············· 다함께

축도(주기도, 마침기도) ·· 집례자(맡은이)

8) 환자돌봄

- 본 예식은 병원이나 집, 또는 요양원 등에서 치료를 받고 있어서 교회의 주일예배에 정상적으로 참여할 수 없는 세례교인들이 성찬 예전을

> 비롯한 목회적 돌봄을 받을 수 있도록 구성된 예식이다.
> - 이 예식은 성찬 예전에 참여한 교우들과 목회자가 환자를 방문하여 성찬을 함께 나누었던 초기 교회의 공동체적 돌봄의 실천을 따른다.
> - 환자돌봄예식에서의 성찬은 임종을 앞둔 사람이나 선교지에서의 응급 상황 또는 전염병의 창궐과 같은 특수한 상황과는 구별되어, 가능한 교회 공동체의 대표 몇 명이 함께 환자를 위한 성찬에 참여하는 것이 좋다.
> - 환자에게 손을 얹는 행위와 기름을 바르는 행위를 포함하여 환자를 위해 기도하는 것은 초기 교회에서부터 치료를 위해서 널리 사용되던 방식이다(약 5:14-16).

예식사 ··· 집례자

"수고하고 무거운 짐 진 자들아 다 내게로 오라 내가 너희를 쉬게 하리라 나는 마음이 온유하고 겸손하니 나의 멍에를 메고 내게 배우라 그리하면 너희 마음이 쉼을 얻으리니 이는 내 멍에는 쉽고 내 짐은 가벼움이라"(마 11:28-30).

기원 ·· 집례자

하나님, 상한 것에서 온전한 것으로, 썩어질 것에서 영원히 썩지 않는 것으로, 부정한 것에서 정한 것으로, 불의한 것에서 의로운 것으로, 영원한 슬픔에서 영원한 안식으로 우리를 놀랍게 사랑하심을 봅니다. 하나님은 우리의 약함과 실수를 비난하거나 꾸짖거나 부끄럽게 하지 않으십니다. 하나님은 숨이 턱까지 차오른 우리의 삶에 숨을 쉬게 하시고, 우리가 멈추어 서 있다가도 다시 뛸 수 있도록 힘을 돋우어 주십니다. 하나님, 이 예배를 통해 우리 불쌍한 영혼들을 품으시고 우리의 불균형과 불확실과 불가능한 삶에 하나님의 역사를 보여 주소서. 예수 그리스도의 이름으로 기도합니다. 아멘.

애통의 기도 ·· 다함께

집례자 : 하나님, 우리는 병들고 고통에 지쳤습니다. 우리는 오늘 당신의 옷에
    손을 댄 여인의 간절함으로 당신 앞에 나아옵니다. 오늘 우리는 우리

의 고통, 나약함, 슬픔을 가지고 옵니다. 하나님, 우리는 건강해지고 싶습니다. 비록 우리는 무력하고 연약하지만, 주님은 이 상황 속에서 우리의 기도를 들으시고 우리를 낫게 하실 수 있음을 믿습니다. 주님, 우리의 마음과 영혼에 휴식을 주시고 상처를 싸매소서. 우리 안에서, 그리고 우리를 통해 주님의 일을 행하소서. 우리를 온전하게 하소서. 우리의 능력을 넘어 당신을 신뢰하게 하소서. 우리의 삶에서 당신의 부르심을 볼 수 있도록 도우소서.

다함께: 고통당하는 자가 마음이 상하여 여호와께 근심을 털어 놓습니다. 여호와여 우리의 기도를 들어주소서. 도와 달라는 우리의 부르짖음이 주께 이르게 해 주소서. 우리가 고통스러워하고 있을 때 주의 얼굴을 우리에게서 숨기지 마소서. 우리에게 귀를 기울여 주소서. 우리가 부르짖을 때에 어서 빨리 대답해 주소서(시 102:1-2).

찬송·····················"너 근심 걱정 말아라"(382장)··················다함께

성경봉독···············예레미야 8:21~22··························집례자

권면과 위로··집례자

우리는 우리의 육체의 연약함을 만날 때, 우리가 예상하지 못했던 고통에 처할 때, 그리고 사랑하는 사람의 아픔을 오래도록 바라볼 때 종종 의문에 사로잡힙니다. 하나님이 우리의 기도를 듣고 계시는 것인지, 하나님은 왜 침묵하시는 것인지, 그리고 이 고통은 무엇 때문인지에 대한 것들입니다. 우리는 이 싸움이 길어지면 길어질수록 더 깊은 슬픔과 의문과 아픔 속에서 고립되어 지쳐갑니다. 하나님께서 이 슬픔을 우리에게 허락하신 것인지, 아니면 우리의 어떤 죄악으로 말미암은 것인지 우리는 알 수 없는 죄책감과 두려움에 사로잡히기도 합니다. 우리의 근심은 어딘가로 위로를 찾아 헤매게 합니다. 우리의 주변에서는 우리의 고통을 가볍게 여기며 말하기를 평강하다, 평강하다 하나 평강이 없습니다(렘 8:11). 우리는 평강을 바라나 좋은 것은 하나도 오지 않았으며 우리를 고쳐주실 때를 기다렸으나 찾아온 것은 슬픔뿐이었습니다(렘 8:15).

그러나 하나님은 치유와 회복에 대한 약속을 말하고 계시고 그 치유를 계속해서 행하고 계십니다. 그리고 우리는 그 치유가 우리에게 임하기까지 함께 서로를 돌볼 수 있습니다. 서로의 아픔을 바라보고 그 아픔에 마음 다해 함께

할 수 있습니다. 우리는 공동체이기에 한 사람이 아파함으로 우리도 아파하고 슬퍼하며 놀랍니다(렘 8:21). 서로 의지하고, 서로 돌보고, 치유하시는 하나님의 손길과 은총이 그분의 때에 임하기를 기다리면서, 우리는 하나님이 끊임없이, 강력하게, 완전히 일하고 계심을 기억할 수 있습니다. 우리는 하나님의 일하심을 완전히 보거나 완전히 이해할 수 없지만, 우리는 그분의 존재로 인해 자유할 수 있습니다. 우리가 상상했던 것보다 훨씬 더 많은 일을 할 수 있습니다. 그리고 고백할 수 있습니다. '예, 길르앗에는 유향이 있습니다.'

찬송 ·················· "내 맘의 주여 소망 되소서"(484장) ················· 다함께

성찬초대 ··· 집례자

여기 예수 그리스도께서 우리를 위해 베푸시는 사랑과 생명의 식탁이 준비되어 있습니다. 하나님께서 그 자녀들을 이 식탁으로 부르십니다. 이 식탁은 주님께서 친히 베푸시고 명하신 것입니다.

성찬제정사 ··· 집례자

주 예수께서 잡히시던 날 밤, 떡을 가지사 축사하시고 떼어 주시면서 "이것은 너희를 위하는 내 몸이니 이것을 행하여 나를 기념하라"고 하셨습니다. 또한 주님께서는 이후에 잔을 드시고 축사하신 후 "이 잔은 내 피로 세운 새 언약이니 이것을 행하여 마실 때마다 나를 기념하라"고 하셨습니다.

(이때 집례자는 떡과 잔을 들어 환자가 볼 수 있도록 한다.)

성찬 감사기도 ··· 집례자

우리의 아픔을 위해 매 맞고 고통당하신 하나님, 거룩한 주님의 식탁을 통해 그 사랑을 기억하게 하시고 무너진 우리의 삶과 영혼을 위로하여 주시니 감사합니다. 간청하오니 주님의 식탁 위에 거룩한 성령을 보내시어 우리가 떼는 이 떡과 나누는 이 잔을 통해 우리의 몸과 영혼과 마음이 하나님의 사랑 안에 온전해지고 서로의 사랑 안에 굳건해지게 하소서. 병든 사람들, 고통당하는 사람들, 연약한 사람들에게 주님의 평화를 내려 주시고 매인 자들에게 자유를 허락하소서. 특별히 이 시간 ○○○ 씨와 그를 돌보는 손길들에게 긍휼함과 위로를 허락하시고 주님을 신뢰하는 가운데 위로와 강건함을 얻게 하소서.

주기도 ··· 다함께

분병분잔 ··· 다함께

(집례자는 미리 준비한 떡과 잔을 제일 먼저 환자에게 나누어 주고, 이어서 환자의 가족들과 참석자들에게 나누어 준다. 그리고 마지막에 집례자가 받는다. 이러한 순서는 가장 힘들고 어려운 사람들을 먼저 배려하는 의미가 있다. 만약에 환자가 스스로 떡과 잔을 받을 수 없는 경우라면 집례자가 떡을 포도즙에 적신 후에 환자의 입에 대어 주도록 한다. 떡과 잔을 나누어 주면서 집례자는 다음과 같이 말한다.)

집례자 : 그리스도의 몸, 생명의 떡입니다.
세례교인 : 주님, 감사합니다.
집례자 : 그리스도의 피, 언약의 피입니다.
세례교인 : 주님, 감사합니다.

치유를 위한 기도 ·· 집례자

(성찬을 나눈 후에 목회자는 환자를 위해 다음의 말을 하며 안수기도를 할 수 있다. 이때 기름을 이마 또는 가능한 곳에 바르며 기도할 수도 있다.)

힘을 내고 용기를 가져라. 두려워하지 마라. 네가 가는 곳마다 네 하나님 여호와가 너와 함께할 것이다(수 1:9).

이스라엘아 내가 너를 만들었다. 내가 너를 구원하였으니 두려워하지 마라. 내가 너희 이름을 불렀으니 너희는 내 것이다(사 43:1).

예수께서 모든 병과 모든 약한 것을 고치십니다(마 4:23).

여호와께서 상심한 자들을 고치시며 그들의 상처를 싸매십니다(시 147:3).

여호와여 저를 고치소서. 그리하면 제가 나을 것입니다(렘 17:14).

여호와여 제가 수척하였사오니 저에게 은혜를 베푸소서. 여호와여 저의 뼈가 떨리오니 저를 고치소서(시 6:2).

확신과 평안을 위한 기도 ··· 집례자

(이 기도는 임종이 가까워 왔을 때, 또는 호스피스 병동에서 치유를 위한 안수기도 대신 사용할 수 있다.)

하늘에 있는 영원한 집이 우리에게 있는 줄 압니다(고후 5:1). 이 생이 끝이 아

니라는 확신과 ○○○ 씨가 천국에서 당신과 함께 영원을 소유하게 될 것이라는 약속이 우리에게 주어졌음에 감사합니다. 다만, ○○○ 씨와 가족들에게 남은 고통을 견뎌낼 수 있는 힘을 허락하시고 ○○○ 씨와 가족들의 마음을 안심시켜 주시고 그 고통 속에 함께해 주소서. ○○○ 씨가 천국이 그의 영원한 집이라는 진리를 잊지 않고 기억하게 하소서. ○○○ 씨가 마침내 그의 눈에서 모든 눈물을 닦으실 그리스도를 보게 하소서. ○○○ 씨의 삶의 남은 순간들을 지탱해 주셔서 그가 당신의 신실하심 안에서 흔들리지 않게 하소서.

응답의 기도 ·· 다함께

하나님, 우리에게 주님의 마음과 우리를 위한 주님의 행동을 알게 하시니 감사합니다. 우리의 모든 고통, 모든 짐, 모든 분노, 모든 걱정을 십자가 앞에 내려놓습니다. 우리에게 우리 스스로를 포기하지 않는 끈기와 당신께서 하시는 일들을 바라볼 수 있는 눈을 주소서. 예수 그리스도의 이름으로 기도합니다. 아멘.

찬송 ····················· "귀하신 주여 날 붙드사"(433장) ·················· 다함께

파송과 위탁의 말씀············ 데살로니가전서 5 : 23~24 ························집례자

우리의 첫 숨부터 마지막 숨까지 하나님의 손에 있습니다. 하나님이 선을 위해 일하시는 것을 신뢰합시다. 우리와 함께하시고, 우리가 상처와 좌절, 그리고 우리를 약하게 만드는 것에서 벗어나 강하고 자유롭게 치료의 과정에 임할 수 있게 도우시는 하나님을 바라봅시다.

축도 ··집례자

7 상례

1) 죽음의 신학적 의미

❶ 자연적인 죽음

구약성경은 인간의 삶은 고귀한 것이지만 죽음은 마치 곡식단을 제 때에 들어올림 같다고 말하며(욥 5 : 26), 사람은 장수하여 노년의 행복한 때를 마치면 그의 "조상에게로" 돌아간다고 기록한다(창 15 : 15). 사람은 그에게 정해진 삶의 연한에 달하게 되면 땅에서 사는 모든 피조물이 가는 길로 가야 한다(수 23 : 14). 신약성경에도 이와 같은 생각이 이어지고 있다. 죽음은 창조물의 운명(요 6 : 49-58)이며, 인간의 몸은 죽음을 피할 수 없다(롬 6 : 12, 8 : 11). 신약성경에서 죽음은 공포의 대상이자(계 6 : 8) "맨 나중에 멸망 받을 원수"(고전 15 : 26)라고 표현되며, 종국적으로 멸절되는 것으로 기록된다(계 20 : 14).

❷ 죽음의 기원

성경은 죽음의 기원이 아담과 하와의 범죄의 결과라고 말한다(창 3 : 1-19). 아담에 속한 낡은 인류는 처음부터 죽음에 굴복하게 되었고, 그리스도 안에서 거듭난 새 인류는 그리스도의 죽음과 부활로 말미암은 생명으로 살게 된다(고전 15 : 22). 죽음이 아담의 범죄로 인해 이 세상에 들어왔다고 해도(롬 5 : 12, 17-18) 우리는 죄에 대한 책임에서 예외가 될 수 없고(롬 3 : 23), 죄의 결과인 죽음을 면할 수도 없다(롬 5 : 12). 따라서 모든 사람은 그리스도에 의해서만 죄와 죽음에서 구원을 받을 수 있다. 하나님에 의해서가 아니라 자기 자신에 의해서 존재하려는 육신을 따르는 삶의 방식은 자기의 노력으로 죽음을 해결하려고 하고 자신의 의로움으로 생명을 얻으려 하기 때문에 사망에 이르게 된다(롬 8 : 5-6).

❸ 죽음의 상태

육체적 죽음 후에는 최후의 심판이 있다(히 9 : 27). 모든 죽은 자들에게는 부활이 있는데, 믿는 자들은 심판에 이르지 않고 사망에서 생명으로 옮겨진다(요 5 : 24-29). 죽은 자들에게는 낙원 또는 음부가 주어진다(눅 23 : 43, 16 : 23). 성경에서는 죽음을 자는 것으로도 표현한다(살전 4 : 13-15). 또한 성경에 죽은 사람이 사후의 심판에 의하여 최후의 죽음에 이르는 일이 기록되어 있는데, 이 죽음은 "둘째 사망"이다(계 20 : 11-14). 죽음은 그리스도를 믿고 따르는 사람에게 그 힘을 행사하지 못하는 반면, 믿지 않는 사람에게는 현재의 생명을 지배하고 그 본래의 생명에 있지 못하게 한다(히 2 : 15). 생명에 이르게 할 계명이 도리어 사망에 이르게 하는 것이 되었기에(롬 7 : 10), 그 몸은 "사망의 몸"(롬 7 : 24)이며 그 행실은 "죽은 행실"이다(히 9 : 14). 또한 성경은 사랑이 없는 사람은 사망에 머물러 있으며(요일 3 : 14), 그리스도의 말씀을 믿지 않는 사람도 죽음에서 생명으로 올 수 없고 심판에 이른다(요 5 : 24-25)고 기록한다.

❹ 그리스도의 죽음과 부활

그리스도의 죽음은 거룩하고 흠 없는 이의 자기 주심이다. 그리스도는 스스로 죄인 되시고, 심판 아래 서시고, 죽으셨다(고후 5 : 19-21). 그리스도의 죽음을 자신의 죽음으로 받아들이는 이들은 그리스도와 함께 죽고, 그리스도와 함께 산다(롬 6 : 3-10). 하나님은 예수님을 죽은 자 가운데서 일으키심으로 하나님 자신이 생명과 죽음의 주가 되심을 계시하셨다. 제자들은 생명과 죽음의 주가 되시는 하나님을 믿는 신앙 안에서 부활의 능력을 알게 된다. 부활하신 주님은 부활 후 40일간 제자들에게 나타나셨고, 하나님께로 돌아가셨다. 그리스도인의 구원의 희망은 그리스도의 죽음과 부활에 근거한다(고전 15 : 17). 그리스도인들은 종말의 날에 예수님의 부활에 참여하게 되며, 예수님의 십자가와 부활 사건은 그리스도인들에게 영원한 소망이고 보증이 된다. 모든 종교가 사후의 생명을 약속하나, 그리스도의 죽음과 부활만이 참되고 영원한 생명을 보증한다. 그러므로 주 안에서 죽는 자는 복이 있다(계 14 : 13). 주님 안에서의 죽음은 종말이 아니라 영원한 생명의 시작이다.

2) 임종

- 불의의 사고나 급병에 의한 죽음이 아닌 경우, 목회자와 가족들은 임종 전 당사자가 애창하던 찬송이나 원하는 성구를 준비하도록 한다.
- 임종 장소가 집이 아니고 병원일 경우, 간호사나 관련 직원들에게 양해를 구하고 예식을 진행하도록 한다.
- 위중한 상황에 있는 임종자의 경우 집례자는 임종자의 귀에 입을 가까이 대고 예식을 진행하도록 한다.
- 불신자의 경우 신앙고백을 유도하기보다는 위로와 평안 가운데 죽음을 맞이하도록 돕는다.

(1) 임종 전

예식사 ··· 집례자

(임종자의 상황에 따라 예식사를 생략하고 곧바로 기원의 말씀으로 시작할 수도 있다.)

우리 주 예수 그리스도의 위로가 이곳에 모인 여러분에게 함께하시기를 바랍니다. 지금부터 하나님의 부르심 앞에 있는 ○○○ 씨(성도, 직분)의 임종예식을 드리겠습니다.

기원 ··· 집례자

"수고하고 무거운 짐 진 자들아 다 내게로 오라 내가 너희를 쉬게 하리라 나는 마음이 온유하고 겸손하니 나의 멍에를 메고 내게 배우라 그리하면 너희 마음이 쉼을 얻으리니 이는 내 멍에는 쉽고 내 짐은 가벼움이라 하시니라"(마 11 : 28-30).

"평안을 너희에게 끼치노니 곧 나의 평안을 너희에게 주노라 내가 너희에게 주는 것은 세상이 주는 것과 같지 아니하니라 너희는 마음에 근심하지도 말고 두려워하지도 말라"(요 14 : 27).

[신자의 경우]
생명의 근원이신 하나님! 이 땅에서 수고하고 애쓴 우리를 향하여, 참 쉼을 약

속하신 우리 주님, 그 말씀대로 주님을 따라 이 땅에서 열심히 살아온 ○○○ 씨(성도, 직분)의 임종예식을 주님께 드립니다. 이 시간 우리의 참 목자 되신 주님 앞에 모든 인생의 수고를 내려놓고, 주님과 함께 믿음의 여정을 떠나기 위해 준비하는 ○○○ 씨(성도, 직분)에게 주님의 안식을 허락하여 주소서. 남겨질 가족들의 애통함을 위로하시고, 주님이 약속하신 영원한 나라를 함께 소망하는 시간이 되도록 모든 예식 가운데 우리 주님이 함께하여 주소서. 우리 주 예수 그리스도의 이름으로 기도합니다. 아멘.

[불신자의 경우]
은혜의 하나님! 이 땅에서 수고하고 애쓴 우리 모두를 향하여, 쉼을 약속하신 우리 주님, 이 땅에서 열심히 살아온 ○○○ 씨의 임종예식을 주님께 드립니다. 하나님께서 약속하시는 평안이 ○○○ 씨와 이 예식을 드리는 우리 가운데 임하기를 원하오며, 이 모든 예식 순서가 잘 진행될 수 있도록 주님께서 인도하여 주소서. 우리 주 예수 그리스도의 이름으로 기도합니다. 아멘.

찬송 ························ "내 영혼이 은총 입어"(438장) ······················· 다함께

["내 주를 가까이 하게 함은"(338장), "나 가나안 땅 귀한 성에"(246장)]

(인도와 보호, 천국, 믿음과 확신에 관련된 찬송을 부르도록 한다. 미리 가족과 상의된 경우 임종자가 즐겨 부르던 찬송을 부를 수 있고 상황에 따라 찬송을 생략할 수 있다.)

1. 내 영혼이 은총 입어 중한 죄 짐 벗고 보니
   슬픔 많은 이 세상도 천국으로 화하도다
2. 주의 얼굴 뵙기 전에 멀리 뵈던 하늘나라
   내 맘 속에 이뤄지니 날로날로 가깝도다
3. 높은 산이 거친 들이 초막이나 궁궐이나
   내 주 예수 모신 곳이 그 어디나 하늘나라
[후렴] 할렐루야 찬양하세 내 모든 죄 사함 받고
   주 예수와 동행하니 그 어디나 하늘나라

성경봉독[56] ··· 다함께

---

56) 본서 9장, 매일 기도에서 임종자를 위한 성경 구문 참조.

(불신자의 경우 시편 23편을 사용하도록 한다. 미리 가족과 의논한 경우 임종자가 평소 좋아했던 성경 구절을 함께 읽도록 한다.)

권면과 위로 ··· 집례자

(성경말씀에 근거하여 간단히 권면과 위로의 말씀을 전하도록 하고, 상황에 따라 성경 구절만 읽고 생략할 수 있다.)

기도 ··· 집례자

(시편 23편을 읽은 경우, [기도1]을, 요한복음 14장을 읽은 경우는 [기도2]를 사용하도록 한다. 불신자에 경우 아래 불신자를 위한 기도문을 사용하도록 한다.)

[기도 1]
생명의 주인 되시고 참 목자 되신 하나님, 하나님의 사랑 가운데 살아온 ○○○ 씨(성도, 직분)를 지금까지 인도하심 같이 이 땅에서의 삶의 마지막 시간에도 함께해 주시기를 간구합니다. ○○○ 씨(성도, 직분)의 믿음의 수고와 주님을 의지하여 살아온 삶을 아시오니, 참 목자 되신 주께서 이제 그의 슬픈 눈물을 친히 닦아 주시고, 그 영혼을 쉴 만한 물가로 인도하여 주소서. 남겨질 가족의 삶을 염려하는 그 마음을 아시오니, 하나님께서 가족들을 돌보아 주소서. 또한 이 땅에서의 삶이 끝이 아니고 부활의 소망이 있음을 우리가 믿사오니 그의 연약해진 육신과 마음을 하나님 나라를 소망하는 마음으로 평안케 하시고, 다시 하나님 나라에서 만날 날을 기대하는 참 소망이 가족들 가운데 있기를 간구합니다. 우리의 목자 되시고, 삶의 주관자 되신 예수 그리스도의 이름으로 기도합니다. 아멘.

[기도 2]
참 생명의 길과 진리 되신 하나님, 하나님의 은혜 가운데 살아온 ○○○ 씨(성도, 직분)의 믿음의 여정을 기억해 주소서. 그가 이 땅에서 한 수고와 애씀을 아시는 주님, 그의 이름을 기억해 주시고, 그에게 영원한 하나님 나라를 허락해 주소서. 친히 우리가 거할 곳을 예비하신다는 주님의 말씀을 의지하오니 그의 연약해진 육신과 마음을 평안하게 하시고, 부활의 소망을 가지게 하소서. 사랑하는 이들을 두고 떠나야 하는 그의 마음의 어려움과 걱정을 아시오니 주님께서 남겨질 가족들을 지켜 주소서. 또한 사랑하는 ○○○ 씨(성도, 직

분)를 이제 주님께 맡기는 가족의 마음을 위로하여 주소서. 많은 시간을 함께 하지 못한 아쉬움과 미안함으로 인해 애통해하는 그들의 마음 가운데 참 생명 되신 예수 그리스도의 이름을 더욱 의지하는 믿음을 주소서. 그리하여 하나님 나라에서 다시 만날 날을 기대하게 하소서. 우리 주 예수 그리스도의 이름으로 기도합니다. 아멘.

(기도를 마친 뒤, 임종자의 머리맡에 성경책을 놓고 임종자의 이마에 손을 얹거나, 손을 잡아 주거나, 또는 가까이에 가서 다음의 성경 말씀을 읽어 주며 부활과 영원한 생명의 약속을 누리게 될 것임을 말해 준다.)

"예수께서 이르시되 나는 부활이요 생명이니 나를 믿는 자는 죽어도 살겠고 무릇 살아서 나를 믿는 자는 영원히 죽지 아니하리니"(요 11:25-26). 우리 주님께서 약속하신 말씀을 붙잡고 부활의 새 생명의 길로 나아가려는 ○○○ 씨의 손을 주님께서 굳게 잡아 주소서. 주님이 주시는 평안이 있기를 간구하며, 이 시간 부활의 첫 열매 되시고 우리 소망 되신 예수 그리스도의 이름으로 기도합니다. 아멘.

[불신자의 경우]
생명의 주인 되신 하나님, ○○○ 씨를 이 땅에서 함께 알게 하시고, 사랑할 수 있는 시간을 허락해 주셔서 감사합니다. 이 시간 지쳐 있는 그의 육신과 걱정하는 마음을 우리 주님께서 위로해 주소서. 남겨질 가족을 걱정하는 ○○○ 씨의 마음을 아시오니, 우리 주님께서 이들을 돌보아 주소서. 남겨질 가족들의 애통함을 위로하시고, 우리 주님이 약속하신 영원한 쉼을 ○○○ 씨에게도 허락해 주소서. 우리의 참 목자 되시는 예수 그리스도의 이름으로 기도합니다. 아멘.

(신앙고백을 원하지 않는 불신자의 경우에도 기도 이후 다음의 성경 구절을 읽어 주어 임종자가 편히 죽음을 맞이하도록 한다.)

"낮의 해가 너를 상하게 하지 아니하며 밤의 달도 너를 해치지 아니하리로다 여호와께서 너를 지켜 모든 환난을 면하게 하시며 또 네 영혼을 지키시리로다"(시 121:6-7). 이 약속의 말씀이 ○○○ 씨 가운데 함께하기를 간구드리며, 우리 주 예수 그리스도의 이름으로 기도합니다. 아멘.

[신앙고백을 할 경우]
우리의 참 목자 되신 여호와 하나님, 이 시간 주님을 믿고 따르기로 작정한 ○

○○ 씨의 기도를 들어 주시고, 함께 이 고백의 기도를 드릴 때 그의 연약해져 있는 마음과 육신 가운데 우리 주님이 주시는 구원의 기쁨과 평안이 이 시간 임하기를 간구드립니다.

(다음 아래의 영접기도문을 임종자와 함께 읽도록 한다. 임종자가 함께 읽지 못하는 경우 임종자의 귀에 가까이 다가가 영접기도문을 읽도록 하고, 입으로 의사표현이 어려운 경우라면 눈을 깜빡이는 등의 몸짓을 사용하여 임종자의 신앙고백을 돕도록 한다.)

나의 주 되신 하나님, 지금까지 주님을 모른 채 제 인생의 주인으로 살아온 저의 잘못을 고백합니다. 긍휼이 많으시고, 은혜로우시며 노하기를 더디 하시는 우리 주 하나님의 부름 앞에 이제야 나오는 저를 불쌍히 여겨 주소서. 이제 제 마음의 문을 열고 우리 주 예수 그리스도를 나의 삶의 주인 되신 주님으로 고백하오니 저의 모든 잘못을 용서하시고 영원한 하나님 나라에 우리 주님과 함께 거하도록 해 주소서. 나의 생명 되신 예수 그리스도의 이름으로 기도합니다. 아멘.

(영접기도가 끝난 뒤 함께 모인 사람들과 사도신경으로 신앙을 함께 고백하도록 한다.)

찬송 ·························· "내 영혼의 그윽히 깊은 데서"(412장) ···················· 다함께

1. 내 영혼의 그윽히 깊은 데서 맑은 가락이 울려 나네
   하늘 곡조가 언제나 흘러나와 내 영혼을 고이 싸네
2. 내 맘 속에 솟아난 이 평화는 깊이 묻히인 보배로다
   나의 보화를 캐내어 가져갈 자 그 아무도 없으리라
3. 내 영혼에 평화가 넘쳐남은 주의 큰 복을 받음이라
   내가 주야로 주님과 함께 있어 내 영혼이 편히 쉬네
4. 이 땅 위의 험한 길 가는 동안 참된 평화가 어디 있나
   우리 모두 다 예수를 친구 삼아 참 평화를 누리겠네
[후렴] 평화 평화로다 하늘 위에서 내려오네
   그 사랑의 물결이 영원토록 내 영혼을 덮으소서

축도 ··· 집례자

(2) 임종 후

- 유족들의 마음을 안정시키고 예식을 시작한다.
- 임종 장소가 집이 아닌 병원일 경우, 간호사나 관련 직원들에게 양해를 구하고 예식을 진행하도록 한다.
- 목회자와 유족들이 미리 고인의 죽음을 준비하고 있었다면, 평소 고인이 애창하던 찬송이나 원하는 성구를 준비하여 예식에 사용하도록 한다.

예식사 ··· 집례자

(임종자의 상황에 따라 예식사를 생략하고 곧바로 기원의 말씀으로 시작할 수 있다.)

우리 주 예수 그리스도의 위로가 이곳에 모인 여러분에게 함께하기를 바랍니다. 지금부터 하나님의 부르심을 받은 ○○○ 씨(성도, 직분)의 임종예식을 드리겠습니다.

기원 ·· 집례자

"모든 눈물을 그 눈에서 닦아 주시니 다시는 사망이 없고 애통하는 것이나 곡하는 것이나 아픈 것이 다시 있지 아니하리니 처음 것들이 다 지나갔음이러라"(계 21:4).

[신자의 경우]
위로의 하나님, 사랑하는 이를 갑자기 떠나보내고 슬픔에 잠긴 유족들에게 하늘의 위로와 도움을 구합니다. 나사로의 죽음 앞에 우는 자들과 함께 눈물을 흘리셨던 주님, 애통하는 유족들과 함께하여 주소서. 고인과 미처 함께하지 못한 시간 때문에 마음 아파하는 이들을 위로하시고, 믿음의 여정을 떠난 ○○○ 씨(직분, 성도)가 지금 하나님 나라에 주님과 함께 있음을 믿사오니, 남은 이들의 눈물을 닦아 주시고, 주님 안에 다시 만날 날을 소망하는 시간이 되도록 이 모든 예식 가운데 함께하여 주소서. 우리 주 예수 그리스도의 이름으로 기도합니다. 아멘.

[불신자의 경우]
우는 자들 가운데 함께 계시는 하나님! 사랑하는 이를 갑자기 떠나보내고 슬픔에 잠긴 유족들에게 하늘의 위로와 도움을 구합니다. 은혜의 하나님께서 오

늘 세상을 떠난 ○○○ 씨를 불쌍히 여기시고 우리 주님이 약속하신 영원한 쉼을 ○○○ 씨에게도 허락해 주소서. 슬퍼하는 자들을 위로하시고, 이 모든 예식 가운데 주님의 인도하심이 함께하기를 우리 주 예수 그리스도의 이름으로 기도합니다. 아멘.

찬송 ·················· "저 높은 곳을 향하여"(491장) ·················· 다함께

(미리 가족과 상의된 경우 임종자가 평소 즐겨 불렀던 찬송을 부르도록 한다. 상황에 따라 찬송을 생략할 수 있다.)

1. 저 높은 곳을 향하여 날마다 나아갑니다
   내 뜻과 정성 모아서 날마다 기도합니다
2. 괴롬과 죄가 있는 곳 나 비록 여기 살아도
   빛나고 높은 저곳을 날마다 바라봅니다
3. 의심의 안개 걷히고 근심의 구름 없는 곳
   기쁘고 참된 평화가 거기만 있사옵니다
4. 험하고 높은 이 길을 싸우며 나아갑니다
   다시금 기도하오니 내 주여 인도하소서
5. 내 주를 따라 올라가 저 높은 곳에 우뚝 서
   영원한 복락 누리며 즐거운 노래 부르리
[후렴] 내 주여 내 맘 붙드사 그곳에 있게 하소서
   그곳은 빛과 사랑이 언제나 넘치옵니다

성경봉독[57] ·· 다함께

(미리 가족과 의논한 경우 임종자가 평소 좋아하던 성경 구절을 함께 읽도록 한다.)

권면과 위로 ·· 집례자

(성경말씀에 근거하여 간단히 권면과 위로의 말씀을 전할 수 있고, 상황에 따라 성경 구절만 읽고 생략할 수 있다.)

기도 ·· 집례자

---

[57] 본서 9장, 매일기도에서 임종자를 위한 성경 구문 참조.

[신자를 위해]

우리의 창조자이시며, 구원자 되신 하나님, ○○○ 씨(성도, 직분)를 이 땅에서 함께 알게 하시고, 사랑할 수 있는 시간을 허락해 주셔서 감사합니다. 남겨진 가족들의 슬픔을 주님께서 잘 아시오니, 우리 주님께서 이들의 목자가 되어 주소서. 사랑하는 이와 더 많은 시간을 보내지 못하고 이제는 정말 그의 손을 놓아 주어야 하는 이들의 섭섭함을 우리 주님께서 위로하여 주소서.

(기도 이후 임종자의 머리맡에 성경책을 놓고 임종자의 이마에 손을 얹거나, 또는 가까이에 서서, 가족들에게 다음의 성경의 말씀을 읽어 주며, 임종자가 지금 주님께서 약속하신 영원한 생명의 삶을 누리고 있음을 말하며 위로하도록 한다.)

"예수께서 이르시되 나는 부활이요 생명이니 나를 믿는 자는 죽어도 살겠고 무릇 살아서 나를 믿는 자는 영원히 죽지 아니하리니"(요 11:25-26). 우리 주님께서 약속하신 말씀을 붙잡고 주님을 섬기며 살았던 ○○○ 씨(성도, 직분)가 주님의 부르심을 받아 이 세상을 떠났습니다. 그의 손을 주님께서 지금 굳게 잡고 계심을 우리는 믿습니다. 오늘 우리 가운데도 이 평안과 위로가 임하기를 간구하며, 부활의 첫 열매 되시고 우리 소망 되신 예수 그리스도의 이름으로 기도합니다. 아멘.

[불신자를 위해]

긍휼이 많으신 하나님, 사랑하는 이의 갑작스러운 죽음 앞에 황망해하고 있는 이들의 마음을 위로하여 주소서. 아직도 체온이 남겨져 있는 그 손을 잡고 싶고, 더 많은 말들을 함께 나누지 못해 섭섭하고 그리워하는 이들의 마음을 잘 아시오니 하늘이 주시는 위로로 이들의 애통해하는 마음을 위로해 주시기를 우리 주 예수 그리스도의 이름으로 기도합니다. 아멘.

찬송······················"우리 다시 만날 때까지"(222장)····················· 다함께

1. 우리 다시 만날 때까지 하나님이 함께 계셔
   훈계로써 인도하며 도와주시기를 바라네
2. 우리 다시 만날 때까지 하나님이 함께 계셔
   간 데마다 보호하며 양식 주시기를 바라네
3. 우리 다시 만날 때까지 하나님이 함께 계셔
   위태한 일 면케 하고 품어 주시기를 바라네

    4. 우리 다시 만날 때까지 하나님이 함께 계셔
       사망 권세 이기도록 지켜 주시기를 바라네
    [후렴] 다시 만날 때 다시 만날 때 예수 앞에 만날 때
       다시 만날 때 다시 만날 때 그때까지 계심 바라네

축도 ·· 집례자

3) 입관

예식사 ·· 집례자

지금부터 고 〇〇〇 씨(성도, 직분)의 몸에 새 옷을 입히고, 관에 고이 모시는 입관예식을 거행하겠습니다.

신앙고백 ······················· 사도신경 ··························· 다함께

찬송 ······················· "천국에서 만나보자"(480장) ··············· 다함께

   1. 천국에서 만나보자 그날 아침 거기서
      순례자여 예비하라 늦어지지 않도록
   2. 너의 등불 밝혀 있나 기다린다 신랑이
      천국 문에 이를 때에 그가 반겨 맞으리
   3. 기다리던 성도들과 그 문에서 만날 때
      참 즐거운 우리 모임 그 얼마나 기쁘랴
   [후렴] 만나보자 만나보자 저기 뵈는 저 천국 문에서
      만나보자 만나보자 그날 아침 그 문에서 만나자

기도 ·· 맡은이

자비로우신 하나님, 주님의 섭리에 순종하여 엄숙히 머리를 숙였습니다. 모든 인생은 풀과 같고, 그 영광은 풀의 꽃과 같아서 시들고 말라 버리고 말 존재임을 알지만, 막상 그 생명이 떠난 유해 앞에 서니 슬픔을 금할 수 없나이다. 영원하신 하나님, 우리는 고인의 시신을 장사하기 위하여 이 관을 모시오니 그의 영혼을 주의 품속에 고이 품어 주소서. 위로의 하나님이시여, 슬퍼하는 유족들과 여기 모인 무리를 위로해 주시고, 긍휼과 자비를 베풀어 주소서. 예수

님의 이름으로 기도합니다. 아멘.

성경봉독·····················고린도후서 5 : 1~9·····················집례자

"만일 땅에 있는 우리의 장막 집이 무너지면 하나님께서 지으신 집 곧 손으로 지은 것이 아니요 하늘에 있는 영원한 집이 우리에게 있는 줄 아느니라 참으로 우리가 여기 있어 탄식하며 하늘로부터 오는 우리 처소로 덧입기를 간절히 사모하노라 이렇게 입음은 우리가 벗은 자들로 발견되지 않으려 함이라 참으로 이 장막에 있는 우리가 짐진 것 같이 탄식하는 것은 벗고자 함이 아니요 오히려 덧입고자 함이니 죽을 것이 생명에 삼킨 바 되게 하려 함이라 곧 이것을 우리에게 이루게 하시고 보증으로 성령을 우리에게 주신 이는 하나님이시니라 그러므로 우리가 항상 담대하여 몸으로 있을 때에는 주와 따로 있는 줄을 아노니 이는 우리가 믿음으로 행하고 보는 것으로 행하지 아니함이로라 우리가 담대하여 원하는 바는 차라리 몸을 떠나 주와 함께 있는 그것이라 그런즉 우리는 몸으로 있든지 떠나든지 주를 기쁘시게 하는 자가 되기를 힘쓰노라".

설교···························"영원한 집"···························집례자

우리 육체의 장막이 무너질 때 하나님이 예비하신 영원한 집이 예비되어 있습니다. 첫째, 영원한 집은 하나님이 예비하신 집입니다. 예수님도 이 집을 예비하고 계십니다(요 14 : 2-3). 둘째, 영원한 집은 소망 중에 바라던 집입니다. 하늘에 있는 집이 우리에게 있는 줄 압니다(고후 5 : 1). 셋째, 영원한 집은 믿음으로 가는 집입니다(히 11 : 13-14). 영원한 집은 예수를 통해서만 갈 수 있고, 그를 믿음으로써만 갈 수 있습니다. 우리도 머지않아 고인을 따라 주님이 예비하신 영원한 집에 갈 것입니다.

기도···집례자

사랑의 하나님, 우리는 죄의 사죄와 몸의 부활과 영원한 삶을 믿으면서 고 ○○○ 씨(성도, 직분)의 몸을 이 관에 고이 모십니다. 육신의 장막이 무너질 때 하나님께서 지으신 하늘의 영원한 집에 들어갈 것을 믿습니다. 이제 우리가 고 ○○○ 씨(성도, 직분)의 얼굴을 마지막으로 대하오니 영원한 나라에서 다시 상면할 소망을 갖게 하소서. 우리 모두에게 하늘의 위로를 내려 주시고, 특별히 그 유족들에게 큰 위로를 허락하여 주사 마음의 아픈 상처를 어루만져 주시고, 그 눈에서 눈물을 씻어 주소서. 예수님의 이름으로 기도합니다. 아멘.

(관 뚜껑을 덮기 전에 유족들이 한 줄로 서서 관두 쪽으로 와 마지막으로 고인의 얼굴을 보게 한다. 관 뚜껑을 덮고 못을 친다. 예배 후에 해도 무방하다.)

찬송·····················"하늘 가는 밝은 길이"(493장)·····················다함께

1. 하늘 가는 밝은 길이 내 앞에 있으니
   슬픈 일을 많이 보고 늘 고생하여도
   하늘 영광 밝음이 어둔 그늘 헤치니
   예수 공로 의지하여 항상 빛을 보도다
2. 내가 염려하는 일이 세상에 많은 중
   속에 근심 밖에 걱정 늘 시험하여도
   예수 보배로운 피 모든 것을 이기니
   예수 공로 의지하여 항상 이기리로다
3. 내가 천성 바라보고 가까이 왔으니
   아버지의 영광 집에 나 쉬고 싶도다
   나는 부족하여도 영접하실 터이니
   영광 나라 계신 임금 우리 구주 예수라

축도···집례자

4) 장례(발인)

- 장례 또는 발인예식은 고인을 하나님의 품으로 떠나보내는 예식이다. '영원히 보지 못한다'라는 의미의 '영결식'이라는 용어는 사용하지 않는다.
- 장례는 3일장을 원칙으로 하고, 장례일이 주일이 되지 않게 2일장 또는 4일장으로 조절할 수 있다.
- 장례식장은 형편이 허락하면 예배당이 좋으나 가정이나 병원도 무방하다. 특별히 목회자나 직분자의 장례일 경우 교회에서 행하는 것이 바람직하다.
- 예배당에서 장례예식을 행하는 경우, 성찬대의 위치에 구를 모시도록 준비한다. 구가 교회 밖에 오면 목사가 구를 맞이하여, 그 구를 모실 자

리까지 인도한다. 구가 교회 안으로 들어올 때 조문객들은 정중히 일어나 맞이한다. 또는 영정이 구를 대신할 수도 있다.
- 구를 정한 자리에 모시고, 구 옆에 장례 순서를 맡은 이와 유가족의 자리를 정해야 한다. 형편에 따라 호상, 운구 위원, 찬양대, 조문객의 위치를 적절히 배치한다.
- 장례예식 순서를 맡은 이들은 미리 정해서 알리고, 가급적 순서지를 작성해서 조문객에게 나누어 주는 것이 좋다.
- 장례예식은 정중하고 엄숙해야 한다.
- 검정 리본을 준비해서 조문객에게 부착하도록 한다.
- 운구 위원들은 가급적 교인으로 하고, 운구 행렬은 사진(영정), 집례자, 영구, 상제, 친족, 조문객 순으로 구성한다.
- 운상 시 운구 위원 외의 교인들은 가급적 운구 행렬의 양쪽에 서서 찬송을 부르며 고인을 보낸다.
- 상여를 사용할 때에는 간결하게 꽃으로 장식한다.

(1) 신자-1

예식사 ··· 집례자

　지금부터 고 ○○○ 씨(성도, 직분)의 장례예식을 거행하겠습니다. 조객 여러분은 정중한 조의와 엄숙한 마음으로 이 식에 임해 주시기 바랍니다.

기원 ··· 집례자

　생명의 근원이 되신 하나님, 우리의 형제 고 ○○○ 씨(성도, 직분)의 장례예식을 위해 이 자리에 모였사오니 부활의 주님께서 임재하시어 우리를 위로해 주소서. 오늘 이 자리의 장례예식이 하늘나라로 이어지는 출발식이 되게 하시고, 영원과 이어지는 순간이 되게 하소서. 그리하여 여기 모인 우리 모두에게 넘치는 위로와 희망과 용기를 주소서. 예수님의 이름으로 기도합니다. 아멘.

찬송 ···················· "고생과 수고가 다 지난 후"(610장) ···················· 다함께

1. 고생과 수고가 다 지난 후 광명한 천국에 편히 쉴 때
   주님을 모시고 나 살리니 영원히 빛나는 영광일세
2. 주님의 한없는 은혜로써 예비한 그 집에 나 이르러
   거기서 주님을 뵈옵는 것 영원히 빛나는 영광일세
3. 앞서간 친구를 만나 볼 때 기쁨이 내 맘에 차려니와
   주께서 날 맞아 주시리니 영원히 빛나는 영광일세
[후렴] 영광일세 영광일세 내가 누릴 영광일세
   은혜로 주 얼굴 뵈옵나니 지극한 영광 내 영광일세 아멘

성경봉독······················ 요한계시록 21 : 1~4, 23~27 ·····················집례자

"또 내가 새 하늘과 새 땅을 보니 처음 하늘과 처음 땅이 없어졌고 바다도 다시 있지 않더라 또 내가 보매 거룩한 성 새 예루살렘이 하나님께로부터 하늘에서 내려오니 그 준비한 것이 신부가 남편을 위하여 단장한 것 같더라 내가 들으니 보좌에서 큰 음성이 나서 이르되 보라 하나님의 장막이 사람들과 함께 있으매 하나님이 그들과 함께 계시리니 그들은 하나님의 백성이 되고 하나님은 친히 그들과 함께 계셔서 모든 눈물을 그 눈에서 닦아 주시니 다시는 사망이 없고 애통하는 것이나 곡하는 것이나 아픈 것이 다시 있지 아니하리니 처음 것들이 다 지나갔음이러라 그 성은 해나 달의 비침이 쓸 데 없으니 이는 하나님의 영광이 비치고 어린 양이 그 등불이 되심이라 만국이 그 빛 가운데로 다니고 땅의 왕들이 자기 영광을 가지고 그리로 들어가리라 낮에 성문들을 도무지 닫지 아니하리니 거기에는 밤이 없음이라 사람들이 만국의 영광과 존귀를 가지고 그리로 들어가겠고 무엇이든지 속된 것이나 가증한 일 또는 거짓말 하는 자는 결코 그리로 들어가지 못하되 오직 어린 양의 생명책에 기록된 자들만 들어가리라".

설교 ··집례자

죽음은 삶의 종말입니다. 사랑이 넘친 삶이든, 삭막한 삶이든 죽음으로써 종지부를 찍습니다. 사람은 태어나서 언젠가는 반드시 죽게 마련입니다. 죽음은 어느 날 갑자기 젊은 목숨을 잔인하게 빼앗아 가는가 하면 천수를 다 누린 늙은이를 평안하게 그 품속으로 받아들이기도 합니다. 죽음이란 생리적으로 볼 때 호흡이 그치고, 동공이 벌어지고, 맥박이 멎고, 심장이 고동을 멈추는 상태를 말합니다. 하지만 '나에게 있어서 죽음이란 무엇인가?'라는 물음은 결국 살

아 있는 나에게 있어서 죽음은 무엇을 의미하는가를 묻는 것입니다. 결국 죽음에 대한 물음은 곧 삶에 대한 물음인 것입니다. 현대문명은 오락, 취미, 물질에 대한 욕구 등을 총동원하여 되도록 죽음을 잊어버리라고 가르치고 있으나 현대인들은 중세 수도사들의 표어처럼 '죽음을 기억하라'는 말을 더욱 가치있게 기억해야 합니다. 다윗은 죽음에 임박해서 그의 아들 솔로몬에게 세상 모든 사람이 가는 길로 나도 간다고 증언했습니다(왕상 2:2). 우리가 영원을 준비하고, 죽음 저 건너편에서 주님을 만날 준비를 하고, 하늘나라에 대한 확신과 위대한 소망을 간직할 수 있다면, 죽음은 그리스도인들에게 있어서 가장 위대한 소망이 됩니다.

빌립보서 1장 22~23절에서 사도 바울은 "그러나 만일 육신으로 사는 이것이 내 일의 열매일진대 무엇을 택해야 할는지 나는 알지 못하노라 내가 그 둘 사이(삶과 죽음)에 끼었으니 차라리 세상을 떠나서 그리스도와 함께 있는 것이 훨씬 더 좋은 일이라 그렇게 하고 싶으나"라고 말했습니다. 바울은 죽음이란 육체를 버리고 나를 구원하신 주님께로 가는 것, 즉 예수 그리스도를 만나게 해 주는 사건인 것을 알았습니다. 죽음은 내가 찬양하는 그 주님 앞에 얼굴을 맞대고 영광스럽게 서게 되는 만남입니다. 그래서 죽음은 마침표가 아니라 다른 존재 양식입니다.

기도 ·· 집례자

사랑의 하나님, 하나님은 우리의 힘이시며 우리의 피난처이십니다. 하나님은 어려운 고비마다 항상 우리를 구해 주셨습니다. 은혜의 주님, 주는 우리의 대제사장이십니다. 우리에게 은혜를 베푸시어 고 ○○○ 씨(성도, 직분)와 우리로 하여금 주의 은혜의 보좌 앞에 담대히 서게 하소서. 영원한 인도자이신 성령이시여, 변함없는 희망으로 이끄사 우리에게 헤아릴 수 없는 위로를 베풀어 주시며, 특별히 유족들의 앞날을 인도하여 주소서. 예수님의 이름으로 기도합니다. 아멘.

고인약력 소개 ·· 맡은이

조사 ··· 맡은이

인사 ··· 호상

찬송 ························ "해보다 더 밝은 저 천국"(606장) ···················· 다함께

1. 해보다 더 밝은 저 천국 믿음만 가지고 가겠네
   믿는 자 위하여 있을 곳 우리 주 예비해 두셨네
2. 찬란한 주의 빛 있으니 거기는 어두움 없도다
   우리들 거기서 만날 때 기쁜 낯 서로가 대하리
3. 이 세상 작별한 성도들 하늘에 올라가 만날 때
   인간의 괴롬이 끝나고 이별의 눈물이 없겠네
4. 광명한 하늘에 계신 주 우리도 모시고 살겠네
   성도들 즐거운 노래로 영광을 주 앞에 돌리리
   [후렴] 며칠 후 며칠 후 요단강 건너가 만나리
   며칠 후 며칠 후 요단강 건너가 만나리 아멘

축도 ·· 집례자

(2) 신자-2

예식사 ·· 집례자

지금부터 고 ○○○ 씨(성도, 직분)의 장례예식을 거행하겠습니다. 조객 여러분은 정중한 조의와 엄숙한 마음으로 식에 참여해 주시기 바랍니다.

기원 ··· 집례자

[예문1]
사망의 음침한 골짜기에서도 우리의 삶을 돌보시며 밝은 곳으로 인도하신 하나님을 찬양합니다. 사랑하는 고 ○○○ 씨(성도, 직분)의 장례예식을 위해 이 자리에 모인 우리가 생명에 대한 섭리가 하나님에게 있음을 깨닫게 하시고, 이 예식이 슬픔이 위로가 되며, 절망이 소망이 되는 시간이 되게 하소서. 예수 그리스도의 구원의 사건이 고인분만 아니라 우리 모두에게도 온전히 회복되는 시간이 되게 하소서. 성령의 인도하심을 통해 이 자리가 끝이 아닌, 영생의 새로운 시작이 되게 하소서. 예수 그리스도의 이름으로 기도합니다. 아멘.

[예문2]
나는 부활이요 생명이니 나를 믿는 자는 죽어도 살겠고 무릇 살아서 나를 믿는 자는 영원히 죽지 아니하리라 말씀하신 주님, 주님만이 우리의 부활과 생

명 되심을 믿고 찬양합니다. 외아들을 통해 구원의 사건을 이루신 하나님, 그동안 생명의 매 순간들을 사랑과 은혜로 보살펴 주심에 감사드립니다. 이 시간, 죽음 앞에서 낙망한 사람들에게 소망을 주시고, 죽음 앞에서 당황한 사람들에게 평안을 허락하시며, 죽음 앞에서 슬픔을 가누지 못하는 사람들을 위로해 주소서. 이 예식이 죽은 예배가 아니라 성령의 인도하심으로 하나님이 기뻐하실 거룩한 산 예배가 되게 하소서. 예수 그리스도의 이름으로 기도합니다. 아멘.

찬송 ·················· "내 본향 가는 길"(607장) ·················· 다함께

  1. 내 본향 가는 길 보이도다 인생의 갈 길을 다 달리고
     땅 위의 수고를 그치라 하시니 내 앞에 남은 일 오직 저 길
  2. 주 예수 예비한 저 새 집은 영원히 영원히 빛나는 집
     거기서 성도들 즐거운 노래로 사랑의 구주를 길이 찬송
  3. 평생에 행한 일 돌아보니 못다 한 일 많아 부끄럽네
     아버지 사랑이 날 용납하시고 생명의 면류관 주시리라 아멘

기도 ··· 맡은이

성경봉독 ··· 맡은이

  (욥 14 : 1-2 ; 사 40 : 6-8 ; 전 1 : 2, 8 : 8 ; 요 11 : 21-26 ; 살전 4 : 13-14 등을 참고한다.)

설교 ··· 집례자

찬송 ··· 다함께

  (장례와 관련된 찬송 또는 고인이 즐겨 부르던 찬송으로 한다.)

고인약력 소개 ··· 맡은이

  (세상적인 내용보다는 신앙생활과 교회에서의 섬김에 대해 기록 또는 영상을 통해 소개한다.)

조사 ··· 맡은이

  (먼저, 맡은 이가 고인에 대한 기억들을 추려서 전달한다. 상황이 허락된다면, 자유롭게 일어서서 고인에 대한 의미 있는 기억들을 나눌 수 있다.)

찬송 ······················· "저 좋은 낙원 이르니"(245장) ······················· 다함께

  1. 저 좋은 낙원 이르니 내 기쁨 한이 없도다
     그 어둔 밤이 지나고 화창한 아침 되도다
  2. 이곳과 저곳 멀잖다 주 예수 건너오셔서
     내 손을 잡고 가는 것 내 평생 소원이로다
  3. 저 묘한 화초 향기는 바람에 불려 오는데
     생명수 강가 초목은 언제나 청청하도다
  4. 청아한 음악 소리는 내 귀에 들려오는데
     흰 옷을 입은 무리들 천사와 노래하도다
  [후렴] 영화롭다 낙원이여 이 산 위에서 보오니
     먼 바다 건너 있는 집 주 예비하신 곳일세
     그 화려하게 지은 것 영원한 내 집이로다

축도 ··· 집례자

  (축도 전에 하나님께 고인을 맡기는 간단한 기도를 올릴 수 있다.)

인사 ··· 맡은이

  (호상 또는 유가족의 대표가 나와서 감사 인사를 하고, 남은 절차에 대해 광고한다.)

(3) 불신자

> - 불신자 장례예식을 진행하면서 구원에 대한 신학적 판단이나 확신을 언급하지 않는다.
> - 유족과의 만남을 통해 고인의 삶에 대한 기억을 듣는 것은 세심하게 예식의 언어를 준비하는 데 도움을 준다.

예식사 ··· 집례자

  하나님은 모든 것을 제때에 아름답게 지으셨고 사람의 마음에 영원에 대한 감각을 주셨지만 사람은 하나님께서 처음부터 마지막까지 행하실 일을 다 깨달

을 수 없습니다. 하나님께서 무엇을 하시든지 그것은 영원합니다. 그것에 아무것도 더하거나 뺄 수가 없으니 하나님께서 그렇게 하신 것은 사람이 그분을 경외하도록 하기 위함입니다(전 3:11-14).

기원 ··· 집례자

모든 만물을 지으시고 때를 따라 아름답게 하시는 하나님, 오늘 이 시간 우리는 고 ○○○ 씨의 장례예식을 위해서 이 자리에 모였습니다. 이 세상을 운행하시는 하나님의 영의 도우심을 간절히 바라며 모였습니다. 사랑하는 가족을 떠나보내는 애통함이 여기에 있습니다. 슬픔에 잠겨 주님의 위로를 구하는 영혼들이 있습니다. 주님, 위로하여 주소서.

생명의 주관자이신 하나님, 우리의 생명을 주신 분이 주님이시기에 거두어 가시는 분도 주님이심을 고백합니다. 한 생명이 이 땅에 왔다가 떠나는 모든 일들이 하나님의 긍휼 안에서 이뤄짐을 믿습니다. 이 자리에 모인 모든 이들이 모든 상황 속에서 우리에게 베풀어 주시는 주님의 긍휼에 의지할 수 있게 하소서.

시간의 주관자이신 하나님, 하나님께서 우리에게 때를 주셨음을 고백합니다. 태어날 때와 죽을 때가 있고, 울 때와 웃을 때가 있고, 사랑할 때와 미워할 때가 있다는 하나님의 말씀을 기억합니다. 이 시간 하나님의 때를 맞아 울고 있는 우리의 마음을 위로해 주시고 모든 절차 속에 함께해 주소서. 이 예배를 통해 모두가 하나님의 은혜를 경험하게 하소서.

찬송 ···························· "나의 갈 길 다 가도록"(384장) ···················· 다함께

1. 나의 갈 길 다 가도록 예수 인도하시니
   내 주 안에 있는 긍휼 어찌 의심하리요
   믿음으로 사는 자는 하늘 위로 받겠네
   무슨 일을 만나든지 만사형통하리라
   무슨 일을 만나든지 만사형통하리라
2. 나의 갈 길 다 가도록 예수 인도하시니
   어려운 일 당한 때도 족한 은혜 주시네
   나는 심히 고단하고 영혼 매우 갈하나
   나의 앞에 반석에서 샘물 나게 하시네
   나의 앞에 반석에서 샘물 나게 하시네

3. 나의 갈 길 다 가도록 예수 인도하시니
　　그의 사랑 어찌 큰지 말로 할 수 없도다
　　성령 감화 받은 영혼 하늘나라 갈 때에
　　영영 부를 나의 찬송 예수 인도하셨네
　　영영 부를 나의 찬송 예수 인도하셨네 아멘

성경봉독·························· 누가복음 19 : 41 ··························맡은이

"가까이 오사 성을 보시고 우시며".

권면과 위로 ···················· "임재 안의 부재" ····················집례자

　　우리는 오늘 고 ○○○ 씨의 삶과 죽음 앞에 있습니다. 우리는 우리가 사랑하는 사람들의 숨을 하나님께서 거두어 가실 때 그리고 그로 인한 마음의 아픔으로 극심하게 고통받을 때, 하나님께 질문하게 됩니다. 왜 이런 일들을 일어나게 하셨습니까? 왜 이런 일들을 겪어야 합니까? 왜 우리 기도에 응답하지 않으십니까? 더 안타까운 것은 우리는 이 처절하고 치열한 질문 속에 하나님의 침묵을 맞이하게 된다는 것입니다. 상황이 호전되기를, 주님을 영접하기를, 가족들이 평안을 얻게 되기를 간구하지만 하나님은 침묵 속에 계시는 것 같습니다. 수많은 이들을 고치시고 수많은 이들을 하나님께로 인도하신 그 주님을 우리는 기대하고 바랐기에 그 상실감은 더 커다랗고 아프게 다가옵니다.

　　그러나 우리는 여기에서 하나님의 침묵이 정말로 우리의 고통에 대한 외면이나 거절이나 또는 무시인지 생각해 볼 필요가 있습니다. 성전이 무너지고 이스라엘의 많은 백성들이 포로로 잡혀가게 되었을 때, 불타고 부서진 예루살렘에 남은 자들은 잿더미 위에 앉아 하나님께 부르짖습니다. 그들의 하루는 자녀를 먹어야 할 만큼 비참하기 그지없는 상황이었습니다. 그러나 이때 하나님의 침묵은 하나님의 눈물이었습니다. 하나님은 우는 자들과 함께 앉아 그들의 고통을 온몸과 영혼으로 받아들이시며 울고 계셨습니다. 그 우는 하나님은 오늘 우리의 고통과 고 ○○○ 씨의 삶 속에 계신 하나님이십니다.

　　고인을 이 땅에 보내시고 민족과 사회에 중요한 한몫을 담당케 하신 것을 하나님께 감사드립니다. 고인이 이 땅에서 최선을 다해 이웃을 섬기고 보람되고 유익한 삶으로 모두를 풍요롭게 했던 모든 일들을 생각하며 감사를 드립니다. 특별히 가족 간의 우애와 뜨거운 사랑으로 모두를 감동시켰던 일들은 내내 잊지 못할 것입니다. 고 ○○○ 씨가 이 땅에 남긴 아름다운 업적과 유산들이 남아

있는 가족과 그의 이웃과 이 사회에 큰 열매로 맺어지게 하여 주십시오.
(가족들과의 사전 만남을 통해 고인의 삶에 대한 이야기를 짧게 포함할 수 있다.)

    고인의 지난 삶을 돌아볼 때, 하나님의 크고 넓으신 품 안에 그리고 한없는 자비와 긍휼의 팔 안에 우리가 고 ○○○ 씨를 올려 드리는 것을 하나님은 반대하지 않으실 것입니다. 우리 모두는 그분의 긍휼과 인내와 사랑에 기대야 하는 연약한 사람들이기 때문입니다. 그 하나님은 지금 울고 계시기에 침묵하시고, 우리의 고통을 들으시고, 종국에 우리에게 평강을 가져다 주실 것입니다. 우리의 힘을 돋우어 주셔서 그 어떤 상황에서도 하나님을 붙들게 하십니다. 당장 마음이 아프고 힘들어 아무것도 할 수 없을 때, 조심스럽고 연약한 마음 그대로 하나님 말씀하신 바를 행합시다. 하나님 앞에 우리의 마음을 토해 놓읍시다. 하나님의 평강이 상하고 무너진 우리의 삶과 영혼을 주장하실 것입니다. 고통당하는 그리스도의 공감과 위로를 경험할 수 있을 것입니다. 세상의 모든 것은 변하나 삼위 하나님의 정의와 사랑의 정점에서 우리는 죽기까지 우리를 사랑하시고 우리를 위해, 그리고 우리와 함께 우시는 하나님의 신실하심을 볼 수 있습니다.

기억의 나눔 ··· 맡은이

(고인에 대한 사소한 기억부터 본받아야 할 행위 등을 다양하게 나눈 후, 상황이 허락된다면 참석자들이 고인에 대한 의미 있는 기억들을 자유롭게 일어서서 나눌 수 있도록 초대할 수 있다.)

찬송 ···················· "내 구주 예수를 더욱 사랑"(314장) ···················· 다함께

  1. 내 구주 예수를 더욱 사랑 엎드려 비는 말 들으소서
     내 진정 소원이 내 구주 예수를 더욱 사랑 더욱 사랑
  2. 이전엔 세상 낙 기뻤어도 지금 내 기쁨은 오직 예수
     다만 내 비는 말 내 구주 예수를 더욱 사랑 더욱 사랑
  3. 이 세상 떠날 때 찬양하고 숨질 때 하는 말 이것일세
     다만 내 비는 말 내 구주 예수를 더욱 사랑 더욱 사랑 아멘

축도 ··· 집례자

(4) 자살자

- 자살자의 나이나 직분에 따라 예식의 내용이 달라질 수 있다. 본 예식은 십대를 비롯하여 비교적 이른 나이에 생을 마감한 (부모보다 먼저 삶을 마감한) 사람들을 고려하여 제시되었다.
- 목회자의 지식을 넘어서는 대답은 피하고 목회적 신중함을 가지고 죄책감과 슬픔에 고통당하는 유가족들을 보살핌에 집중하여 예식을 진행하기를 권고한다.

예식사 ·· 집례자

오, 하나님의 지혜와 지식의 부유함은 참으로 깊습니다! 하나님의 판단은 헤아릴 수 없으며, 그분의 길은 아무도 찾을 수가 없습니다. 이는 모든 것이 하나님께로부터 나왔고, 하나님의 보살핌으로 보존되며, 하나님의 영광을 위해 존재하기 때문입니다(롬 11:33-36).

기원 ·· 집례자

하나님의 지혜와 지식의 풍성함은 우리가 감히 측량할 수 없습니다. 우리는 하나님께서 온 세상의 주관자이시며 온 역사를 운행하시는 분이라는 것을 믿으며, 하나님의 섭리를 고백합니다. 우리가 감히 이해할 수 없지만, 하나님의 뜻이 있다는 것을 믿기 때문입니다. 그것은 바로 십자가 위에서 드러난, 우리를 향하신 무한한 하나님의 사랑과 자비입니다. 우리가 의지해야 할 것은 이 사랑과 자비밖에 없습니다. 예수 그리스도의 이름으로 기도합니다. 아멘.

옷을 찢음 ··· 집례자

(성서적 전통에 따라 <삼하 1:11; 욥 1:20 참고> 집례자는 블라우스, 간단한 의복, 넥타이, 스카프, 또는 애도자의 의복에 있는 검은 리본 등을 준비하여 적어도 한 손 너비 정도를 칼로 절개하고 애도하는 이들은 이것을 심장에 가장 가까운 쪽에 상징적으로 단다.)

"눈을 들어 멀리 보매 그가 욥인 줄 알기 어렵게 되었으므로 그들이 일제히 소리 질러 울며 각각 자기의 겉옷을 찢고 하늘을 향하여 티끌을 날려 자기 머리에 뿌리고 밤낮 칠 일 동안 그와 함께 땅에 앉았으나 욥의 고통이 심함을 보므

로 그에게 한마디도 말하는 자가 없었더라"(욥 2 : 12-13).

공동기도 ··· 다함께

　집례자 : 우리의 마음이 찢기기 전에 하나님의 마음이 가장 먼저 찢기셨습니다. 우리는 마음을 찢고 옷을 찢으며 하늘을 향해 함께 기도합니다.
　다함께 : 이 세상의 모든 슬픔을 아시고 모든 고통을 품으시는 하나님, 우리는 여기 헤아릴 수 없는 슬픔을 가지고 나아왔습니다. 도저히 감당할 수 없는 아픔이기에 창자가 끊어지는 마음으로 여기 있습니다. 우리 눈에 흐르는 눈물이 그치지 않고 쉬지 않습니다. 여호와께서 하늘에서 살피시고 돌아보실 때까지 그러할 것입니다(애 3 : 49-50).
　집례자 : 이제 침묵함으로 이 고통 안에 함께 머무릅시다.

애도와 침묵 ··· 다함께

(욥 2 : 13 참고)

찬송 ···················· "나의 맘에 근심 구름"(83장) ···················· 다함께

　1. 나의 맘에 근심 구름 가득하게 덮이고 슬픈 눈물 하염없이 흐를 때
　　 인자하고 부드러운 음성으로 부르사 나를 위로할 이 누가 있을까
　2. 무거운 짐 등에 지고 인생길을 가는 자 힘이 없어 쓰러지려 할 때에
　　 능력 있는 팔을 펴서 나의 손을 붙들어 나를 구해줄 이 누가 있을까
　3. 지은 죄를 돌아보니 부끄럽고 괴로워 자나깨나 맘에 평안 없을 때
　　 추한 죄인 용납하사 품에 안아 주시고 깨끗하게 하실 이가 누굴까
　4. 요단 강을 건너가서 시온 성을 향할 때 나와 항상 동행할 이 누굴까
　　 두려움의 검은 구름 모두 헤쳐 버리고 나의 갈 길 인도할 이 누굴까
　[후렴] 주 예수 주 예수 주 예수밖에 누가 있으랴
　　　　슬퍼 낙심될 때에 내 친구 되시는 구주 예수밖에 다시 없도다

성경봉독 ····························· 시편 139 : 8~10 ····························· 맡은이

"내가 하늘에 올라갈지라도 거기 계시며 스올에 내 자리를 펼지라도 거기 계시니이다 내가 새벽 날개를 치며 바다 끝에 가서 거주할지라도 거기서도 주의 손이 나를 인도하시며 주의 오른손이 나를 붙드시리이다".

권면과 위로 ······················ "거기서도 주의 손이" ······················ 집례자

우리가 오늘 만난 슬픔은 결코 빨리 사라지지 않을 것입니다. 아니, 우리는 그 슬픔을 빨리 사라지게 두지 않을 것입니다. 성경은 때때로 우리에게 소망이 있기 때문에 슬퍼하지 말라고 말합니다. 그러나 사랑하는 이를 갑작스럽게 잃어버린 우리의 슬픔은 그 어떤 기쁨으로도 덮을 수 없습니다. 오직 세상의 모든 슬픔을 품으신 예수 그리스도 안에서 나타난 삼위 하나님의 끝나지 않는 사랑만이 우리의 슬픔을 매만질 수 있습니다.

하나님은 사랑하시는 사람들을 위해 끊임없이, 강력하게, 그리고 완전하게 일하고 계십니다. 하나님의 은혜는 매우 넓고 우리가 측량할 수 없습니다. 하나님께서는 우리가 완전히 이해할 수 없는 것을 아시고, 보지 못하는 곳을 보십니다. 하나님께서는 우리가 짊어진 고통의 거대한 중력을 느끼고 계십니다. 그리고 우리가 그것으로부터 자유로워지기를 원하십니다. 하지만 자유롭기 전에 우리가 충분히 그 슬픔 안에서 슬퍼하시는 주와 함께 머물기를 원하십니다.

오늘 본문은 그저 어디에나 거하시는 하나님에 대한 이야기가 아닙니다. 이 말씀은 우리가 어디에 있든지, 주의 영을 떠나서 스올에 있든지, 하늘에 있든지 바다 끝에 있든지, 주의 손이 우리와 그리고 우리가 사랑하는 사람들과 함께하실 것이라는 변함없고, 끈질기고, 절대 포기하지 않으시는 하나님의 놀라운 사랑에 대한 이야기입니다. 시편 기자가 시편 139편 6절에서 언급하듯이 이 놀라움이 너무 기이하여 우리는 이것을 알지 못합니다. 우리가 다만 볼 수 있는 것은 모든 부서진 곳을 덮으시는 십자가의 사랑입니다. 모든 상처, 모든 고통, 우리가 상상할 수도 없는 수많은 것들을 품으시는 사랑을 보는 것입니다. 그 십자가에서 하나님은 사랑하시는 피조물들에게 필요한 모든 것을 행하셨습니다. 오늘 우리는 그 사랑으로 우리를 덮으시고 우리의 슬픔과 함께 앉아 계시는 피 묻고 찢기고 고통당한 그리스도를 봅니다. 가져지지 않는 소망과 희망을 억지로 받아들이려 하지 않아도 괜찮습니다. 왜냐하면 사랑이자 소망이자 평안 그 자체이신 그리스도의 영이 우리와 우리가 사랑하는 이들이 그 어디에 자리를 펼지라도 함께하시기 때문입니다.

기도 ···집례자

인간의 생과 사뿐만 아니라 영원한 존재의 전체를 품으시는 하나님, 유한한 우리는 하나님의 생각을 짐작할 수 없습니다. 하나님의 절대적인 주권과 하나님의 실패 없는 사랑의 깊이와 너비를 측량할 수 없습니다. 그러니, 우리의 할 일

은 그 크신 주님의 품 안에 오늘 사랑하는 이의 영혼을 내려놓는 것뿐입니다.

[자살이 외부에 알려진 경우]
우리의 시간은 너무나 덧없지만, 예수님에 대한 믿음은 영원합니다. 주님이 마지막에 주실 날들은 고통이 없고 평화로 가득 차 있습니다. 우리가 오늘 슬픔과 불안전함과 죄책감 그리고 낙심에 가득 차 있을지라도, 이 상실 안에서 우리가 겪는, 모든 과정에서 결코 쉽지 않은 우리의 마음과 영혼의 고통에도 불구하고, 평화를 목격하게 하시고 그것이 당신에게서 오는 것임을 모두가 보아 알게 하소서. 특별히 주님이 사랑하시는 유가족들을 위로하시고, 이들이 ○○○ 씨에게 최선의 사랑을 주었고, 이들의 사랑의 손에 맡겨졌던 것이 이제 하나님의 사랑의 손으로 옮겨졌으니 죄책감이나 우울함이 이들을 너무 많이, 그리고 너무 오래도록 아프게 하지 않도록 지켜 주소서.

[자살이 외부에 알려지지 않은 경우]
갑작스러운 죽음 앞에 모든 장기가 녹아내리는 듯한 고통을 주님 앞에 가져왔습니다. 우리에게 평화를 주실 수 있는 분은 오직 주님뿐이십니다. 삶의 매 순간 상실의 슬픔이 우리를 해일과 같이 덮쳐 올 때마다 우리와 함께 슬퍼하시는 주님의 위로의 손이 우리와 우리가 사랑하는 사람들의 삶과 죽음 위에 있기를 기도합니다.

하나님, 우리가 깊은 상실 속에서 하나님의 신비를 찾게 하소서. 지금, 하나님의 영원이 우리의 상실 안에 경험되어지게 하소서. 하나님의 침묵은 하나님의 눈물임을, 하나님의 임재임을 우리가 경험하게 하소서. 예수 그리스도의 이름으로 기도합니다. 아멘.

기억의 나눔 ……………………………………………………………… 맡은이

(고인에 대한 사소한 기억부터 본받아야 할 행위 등을 다양하게 나눈 후, 상황이 허락된다면 참석자들이 고인에 대한 의미 있는 기억들을 자유롭게 일어서서 나눌 수 있도록 초대할 수 있다.)

찬송 ……………… "내 구주 예수를 더욱 사랑"(314장) ……………… 다함께

1. 내 구주 예수를 더욱 사랑 엎드려 비는 말 들으소서
내 진정 소원이 내 구주 예수를 더욱 사랑 더욱 사랑

2. 이전엔 세상 낙 기뻤어도 지금 내 기쁨은 오직 예수
      다만 내 비는 말 내 구주 예수를 더욱 사랑 더욱 사랑
   3. 이 세상 떠날 때 찬양하고 숨질 때 하는 말 이것일세
      다만 내 비는 말 내 구주 예수를 더욱 사랑 더욱 사랑 아멘

축도 ·· 집례자

인사 ·· 맡은이

   (호상 또는 유가족의 대표가 나와서 감사 인사를 하고 남은 절차에 대해 광고를 한다.)

(5) 어린이

예식사 ·· 집례자

   하나님께서 우리가 사랑하는 ○○○ 어린이를 하나님 나라로 부르셨습니다.
   이제 ○○○ 어린이의 육신을 위한 장례예식을 진행하겠습니다.

찬송 ···················· "외롭게 사는 이 그 누군가"(291장) ··············· 다함께

   1. 외롭게 사는 이 그 누군가 맘 아파 헤매는 그대로다
      십자가 형틀에 너 위해 상하신 하나님 독생자 왜 잊었나
   2. 외로워 우는 이 그 누군가 친구를 잃은 이 그대로다
      모두 널 버려도 네 죄를 속하신 주 예수 참 친구 왜 잊었나
   3. 사망을 이기신 능력의 주 네 곁에 늘 계심 왜 모르나
      주 말씀 따라서 사는 이 누구나 외롭지 않으며 즐거우리
   [후렴] 오직 주 예수님 널 돌보신다 오직 주 예수님 널 사랑해
      손잡아 네 길 인도하시는 사랑의 주 예수 오 하나님

기도 ·· 맡은이

   사랑이 많으신 하나님 아버지, 우리는 지금 이해할 수 없고 이해되지도 않는
   현장에 있습니다. 누구보다도 밝게 믿음 안에서 자라야 할 귀한 생명이, 창창
   한 앞날을 앞에 두고 세상을 떠나 장례를 치르고 있습니다. 무엇보다도 자식
   을 먼저 보내는 어머니와 아버지의 마음에 하늘의 위로와 소망으로 함께하여
   주소서. 비록 우리는 알 수 없어도 하나님이 선하게 인도하실 줄 믿고 기도하

오니 이제 남은 가족들 모두가 더욱더 서로 사랑하고 하늘의 위로로, 하늘의 소망으로 살게 하소서. 우리의 영원한 소망이신 예수님의 이름으로 기도합니다. 아멘.

성경봉독·································사무엘하 12 : 22~23·································맡은이

"이르되 아이가 살았을 때에 내가 금식하고 운 것은 혹시 여호와께서 나를 불쌍히 여기사 아이를 살려 주실는지 누가 알까 생각함이거니와 지금은 죽었으니 내가 어찌 금식하랴 내가 다시 돌아오게 할 수 있느냐 나는 그에게로 가려니와 그는 내게로 돌아오지 아니하리라 하니라".

설교··집례자

찬송·····················"우리 다시 만날 때까지"(222장)······················ 다함께

  1. 우리 다시 만날 때까지 하나님이 함께 계셔
     훈계로써 인도하며 도와주시기를 바라네
  2. 우리 다시 만날 때까지 하나님이 함께 계셔
     간 데마다 보호하며 양식 주시기를 바라네
  3. 우리 다시 만날 때까지 하나님이 함께 계셔
     위태한 일 면케 하고 품어 주시기를 바라네
  4. 우리 다시 만날 때까지 하나님이 함께 계셔
     사망 권세 이기도록 지켜 주시기를 바라네
  [후렴] 다시 만날 때 다시 만날 때 예수 앞에 만날 때
     다시 만날 때 다시 만날 때 그때까지 계심 바라네

축도··집례자

5) 하관

예식사··집례자

  이제 고 ○○○ 씨(성도, 직분)의 하관예식을 거행하겠습니다.

찬송························ "만세 반석 열리니"(494장)························ 다함께

1. 만세 반석 열리니 내가 들어갑니다
　　창에 허리 상하여 물과 피를 흘린 것
　　내게 효험 되어서 정결하게 하소서
2. 내가 공을 세우나 은혜 갚지 못하네
　　쉼이 없이 힘쓰고 눈물 근심 많으나
　　구속 못할 죄인을 예수 홀로 속하네
3. 빈손 들고 앞에 가 십자가를 붙드네
　　의가 없는 자라도 도와주심 바라고
　　생명 샘에 나가니 나를 씻어 주소서
4. 살아생전 숨 쉬고 죽어 세상 떠나서
　　거룩하신 주 앞에 끝날 심판 당할 때
　　만세 반석 열리니 내가 들어갑니다 아멘

기도 ·· 집례자

사랑이 풍성하신 하나님, 우리가 지금 고 〇〇〇 씨(성도, 직분)의 하관예식을 거행합니다. 그는 일찍이 세상에 와서 하나님을 믿고 자기의 본분을 다하다가 하나님께로 돌아갔습니다. 사람이 세상에 왔다가 세상을 떠나가는 것을 누가 피할 수 있겠습니까? 그의 시신을 땅에 장사하는 지금, 육신의 섭섭함을 금할 수 없으나 그의 영은 하나님께로 간 것을 믿고 위로받습니다. 흙은 흙으로 돌아가고, 영은 하나님 앞에 가는 것을 다시 기억하게 하여 주소서. 이 시간에 둘러서 있는 고인의 유족들에게 함께하시고, 위로하시고, 소망을 주소서. 고인이 살았을 때보다 더욱 마음과 뜻과 힘을 합하여 하나님을 공경하며, 모범적 가정이 되며, 믿음과 소망과 사랑으로 사는 가정이 되게 하시고, 이 자리에 있는 우리들도 예수님이 재림하실 때에 부활할 것을 믿게 하여 주소서. 예수님의 이름으로 기도합니다. 아멘.

성경봉독 ······················· 요한복음 5 : 24~29 ······························ 집례자

"내가 진실로 진실로 너희에게 이르노니 내 말을 듣고 또 나 보내신 이를 믿는 자는 영생을 얻었고 심판에 이르지 아니하나니 사망에서 생명으로 옮겼느니라 진실로 진실로 너희에게 이르노니 죽은 자들이 하나님의 아들의 음성을 들을 때가 오나니 곧 이 때라 듣는 자는 살아나리라 아버지께서 자기 속에 생명이 있음 같이 아들에게도 생명을 주어 그 속에 있게 하셨고 또 인자됨으로 말

미암아 심판하는 권한을 주셨느니라 이를 놀랍게 여기지 말라 무덤 속에 있는 자가 다 그의 음성을 들을 때가 오나니 선한 일을 행한 자는 생명의 부활로, 악한 일을 행한 자는 심판의 부활로 나오리라".

권면과 위로 ··· 집례자

사람은 세상에 왔다가 떠나가게 됩니다. 세상에서 오래 살기를 원하지만 자기 생명을 자기 마음대로 하지 못합니다. 높은 사람도 가고 낮은 사람도 갑니다. 부유한 사람도 가고 가난한 사람도 갑니다. 다 세상을 떠나갑니다. 세상을 떠난 이는 땅에 장사됩니다. 우리는 장사한 그를 세상에서 다시 만나지 못합니다. 세상 사람들은 이것을 '영결'이라고 합니다. 영원한 작별이라는 뜻입니다. 그러나 예수님이 재림하시게 되면 죽었던 사람이 다시 살아난다고 성경은 우리에게 가르쳐 주셨습니다.

다시 사는 사람의 길은 두 가지입니다. 하나는 생명의 부활입니다. 다른 하나는 심판의 부활입니다. 믿는 사람은 생명의 부활을 하게 됩니다. 여러분에게 이 신앙이 있습니까? 하나님을 믿다가 하나님의 뜻대로 생명의 부활에 참여합시다. 이제 우리가 성도의 관을 땅에 내려놓았습니다. 우리는 그의 죽음을 섭섭히 여겨 슬픈 얼굴로 서 있습니다. 그러나 우리도 얼마 후에는 이와 같이 죽음을 맞이하게 될 것입니다. 이미 가신 이가 믿음을 지키고 달려갈 길을 다 갔으므로 하나님께로 돌아간 것을 생각하며, 여러분도 하나님의 뜻대로 살도록 힘쓰시기 바랍니다. 하나님께서 그의 유족들과 함께하시기를 빕니다.

취토 ··· 집례자와 유족 및 친지

(횡대를 다 덮은 후 주례자, 상주, 또는 장례식에 참여한 친지가 흙을 조금씩 횡대 위에 던진다. 그 후 주례자가 다음과 같이 말한다.)

전능하신 하나님께서 사랑하는 형제(자매)의 영혼을 부르사 하나님께로 돌아가게 하셨으므로 우리가 그 시체를 땅 속에 안장합니다. 흙은 흙으로 돌아가고 영은 하나님께로 돌아갑니다. 성경말씀대로 예수님께서 재림하실 때에 모든 사람들이 죽음의 자리에서 부활하게 될 것입니다. 우리는 이제 장사지낸 형제(자매)가 영화로운 몸으로 부활할 것을 확신합니다. 아멘.

기도 ··· 집례자

자비로우신 하나님, 고 〇〇〇 씨(성도, 직분)를 장사하고 돌아가고자 합니다.

우리가 다시는 세상에서 사랑하는 고인의 얼굴을 보지 못하게 됩니다. 사람의 정으로는 섭섭함을 감출 길이 없습니다. 그러나 믿음으로 위로를 받습니다. 이후 부활할 것을 믿습니다. 그의 몸을 땅에 장례하고 돌아가오니 그의 유족들의 눈에서 눈물을 거두어 주시고, 이 자리에 서 있는 모든 사람의 마음에 위로를 내려 주소서. 예수님의 이름으로 기도합니다. 아멘.

찬송 ································ "이 천지간 만물들아"(5장) ······················· 다함께

    이 천지간 만물들아 복 주시는 주 여호와
    전능 성부 성자 성령 찬송하고 찬송하세 아멘

축도 ·· 집례자

(취토 때 집례자만 흙을 횡대 위에 덮고, 축도 후에 유족과 친지 또는 참여한 사람들이 흙을 덮어도 무방하다. 취토가 끝난 다음에 일꾼들이 성분한다.)

6) 화장

- 화장은 현대 사회에서 가장 많이 이용되는 장례 방식이다. 다만 화장장 상황이 개별적으로 달라 화장예식을 행하기 어려운 경우가 종종 있다.
- 상황에 맞추어서 화장예식을 진행하되, 화장 후 납골을 하거나 수목장이나 매장으로 이어지는 경우가 많으므로 상황에 잘 맞추어 이루어져야 한다.
- 화장장에 들어가면서 고인의 시신을 향해 절을 하지 않는다.

예식사 ·· 집례자

    하나님께서 우리가 사랑하는 ○○○ 씨(성도, 직분)를 하나님 나라로 부르셨습니다. 이제 ○○○ 씨(성도, 직분)의 육신을 위한 화장예식을 진행하겠습니다.

찬송 ································ "구름 같은 이 세상"(483장) ·················· 다함께

    1. 구름 같은 이 세상 모든 부귀영화 나는 분토와 같이 내어 버리고서
       오직 천국의 복을 사모하며 사니 구원받은 내 이름 기억하옵소서

2. 주여 보배 피로써 모든 죄 씻으사 나의 부정한 것을 씻어 맑히소서
　흰 눈보다 더 희게 죄를 씻었으니 구원받은 내 이름 기록하옵소서
3. 죄가 하나도 없고 아무 병도 없는 영화롭고도 밝은 천국 올라가서
　주와 함께 그곳에 길이 살겠으니 이런 소망의 삶은 참된 행복이라
　[후렴] 주가 나의 이름 보좌 앞에 놓인 어린 양 생명책에 기록하옵소서

기도 ……………………………………………………………………… 맡은이

　은혜로우신 하나님, 하나님이 생명을 주셔서 이 세상에 왔다가 그 생명과 수를 다하고 이제 육신의 마지막 장례 순서에 와 있습니다. 생명이 있으면 무엇보다 귀한 존재이지만 생명이 떠난 존재는 본래 흙으로 돌아감을 깨닫게 하소서. 인간의 창조 목적이 무엇인지 알게 하시고 우리가 돌아갈 모습 또한 기억하게 하소서. 유가족들 위에 한없는 위로와 소망으로 함께하시고 생각날 때마다, 보고 싶을 때마다, 만나보고 싶을 때마다 더욱더 가족이 하나 되게 하소서. 예수 그리스도의 이름으로 기도합니다. 아멘.

성경봉독 ………………………… 창세기 3 : 19 ……………………… 맡은이

　"네가 흙으로 돌아갈 때까지 얼굴에 땀을 흘려야 먹을 것을 먹으리니 네가 그것에서 취함을 입었음이라 너는 흙이니 흙으로 돌아갈 것이니라 하시니라".

　(욥 14 : 1-2 ; 사 40 : 6-8 ; 전 1 : 2, 8 : 8 ; 요 11 : 21-26 ; 살전 4 : 13-14 등을 참고한다.)

설교 ……………………………………………………………………… 집례자

찬송 ………………… "후일에 생명 그칠 때"(608장) …………… 다함께

1. 후일에 생명 그칠 때 여전히 찬송 못하나
　성부의 집에 깰 때에 내 기쁨 한량 없겠네
2. 후일에 장막 같은 몸 무너질 때는 모르나
　정녕히 내가 알기는 주 예비하신 집 있네
3. 후일에 석양 가까워 서산에 해가 질 때에
　주께서 쉬라 하리니 영원한 안식 얻겠네
4. 그날을 예비하면서 내 등불 밝게 켰다가
　주께서 문을 여실 때 이 영혼 들어가겠네
　[후렴] 내 주 예수 뵈올 때에 그 은혜 찬송하겠네

내 주 예수 뵈올 때에 그 은혜 찬송하겠네 아멘

축도 ·· 집례자

7) 시신 기증

> 시신 기증예식은 고인이 생전에 시신 기증 서약서를 작성하여 이미 시신 기증 등록증을 가지고 있는 경우에 행한다. 다만 고인이 시신 기증을 서약한 경우에도 고인 사후에 가족 동의가 없으면 이루어지지 못하는 경우가 많으므로 목회자는 이를 미리 살펴서 준비하여야 한다.

예식사 ·· 집례자

하나님께서 우리가 사랑하는 ○○○ 씨(성도, 직분)를 하나님 나라로 부르셨습니다. 고인이 살아생전 시신을 기증하기로 하였기에 이제 시신 기증예식을 진행하겠습니다.

찬송 ······················ "나의 생명 드리니"(213장) ······················ 다함께

  1. 나의 생명 드리니 주여 받아 주셔서 세상 살아갈 동안 찬송하게 하소서
  2. 손과 발을 드리니 주여 받아 주셔서 주의 일을 위하여 민첩하게 하소서
  3. 나의 음성 드리니 주여 받아 주셔서 주의 진리 말씀만 전파하게 하소서
  4. 나의 보화 드리니 주여 받아 주셔서 하늘나라 위하여 주 뜻대로 쓰소서
  5. 나의 시간 드리니 주여 받아 주셔서 평생토록 주 위해 봉사하게 하소서 아멘

기도 ·· 집례자

자비로우신 하나님, 죽음이라는 위대한 사건 앞에서 이 시간 우리는 또 다른 생명의 사건을 접하고 있습니다. 생명을 살리는 의학의 발전을 위해 자신의 시신을 기증한 고인의 뜻을 기억합니다. 자신은 죽지만 타인에게 도움을 주고, 어려운 병을 극복할 밑거름이 되고자 한 고인의 뜻을 잘 받들어 나아가도록 도와주소서. 그리하여 고인의 희생이 여러 생명을 구하는 밑거름이 되게 하소서. 예수님의 이름으로 기도합니다. 아멘.

성경봉독·····················데살로니가전서 4 : 16~17 ·····················맡은이

"주께서 호령과 천사장의 소리와 하나님의 나팔 소리로 친히 하늘로부터 강림하시리니 그리스도 안에서 죽은 자들이 먼저 일어나고 그 후에 우리 살아남은 자들도 그들과 함께 구름 속으로 끌어 올려 공중에서 주를 영접하게 하시리니 그리하여 우리가 항상 주와 함께 있으리라".

(롬 5 : 17-21 ; 요일 4 : 7-11 등을 참고한다.)

설교 ···집례자

시신 기증···유족 대표

(유족의 대표가 먼저 고인의 유지를 간단하게 설명한 후, 기증서를 낭독하고 기관 인수자에게 전달한다.)

찬송··················"네 맘과 정성을 다하여서"(218장)··················다함께

  1. 네 맘과 정성을 다하여서 주 너의 하나님을 사랑하라
     네 몸을 아끼고 사랑하듯 형제와 이웃을 사랑하라
     주께서 우리게 명하시니 그 명령 따라서 살아가리
  2. 널 미워 해치는 원수라도 언제나 너그럽게 사랑하라
     널 핍박하는 자 위해서도 신실한 맘으로 복을 빌라
     주께서 우리게 명하시니 그 명령 따라서 살아가리
  3. 나 항상 주님을 멀리하고 형제를 사랑하지 못하였다
     이러한 죄인을 사랑하사 주께서 몸 버려 죽으셨다
     속죄의 큰 사랑 받은 이 몸 내 생명 다 바쳐 충성하리 아멘

축도 ···집례자

8) 유해 안치

- 유해 안치예식은 화장이나 이장 후 이루어지는데 선산이 있거나 매장지가 있는 경우에는 하관예식에 근거하면 된다.
- 유족의 입장에서 실제적인 마지막 장례 순서이므로 고인과의 헤어짐에

> 대한 위로와 부활에 대한 소망을 함께 전할 수 있어야 한다.
> - 취토는 집례자와 참여한 교역자들이 먼저 하고, 이후 가족들은 항렬 순으로 한다. 취토 전 빈소에서 가져온 꽃을 먼저 뿌린다면 더욱 아름다울 것이다.

예식사 ··· 집례자

하나님께서 우리가 사랑하는 ○○○ 씨(성도, 직분)를 하나님 나라로 부르시어 이제 고인의 유해를 안치하는 예식을 진행하겠습니다.

기도 ·· 집례자

소망이신 하나님, 이제 인생의 마지막 단계인 죽음 앞에서 이 시간 흙에서 취함을 받은 몸이 흙으로 돌아가는 예식을 거행합니다. 비록 우리의 육신은 흙으로 돌아갈지라도 우리의 생명은 하나님께 있으니 다시 만날 소망을 굳건하게 하여 주소서. 고인이 우리에게 남겨준 소중한 유산을 잘 이어가게 하시고 가족이 이 일로 더욱더 하나 되게 하시며 고인이 일생 주님께 기도한 것을 기억하사 이제부터 그 기도가 다 이루어지게 하소서. 우리 모두가 주님 오시는 날 부활하여 다시 만날 소망을 주시고, 그때 우리가 기쁜 얼굴로 서로 대하게 하소서. 예수님의 이름으로 기도합니다. 아멘.

찬송 ························· "주 예수 넓은 품에"(417장) ···················· 다함께

1. 주 예수 넓은 품에 나 편히 안겨서 그 크신 사랑 안에 나 편히 쉬겠네
 영광의 들을 지나 저 푸른 바다 건너 천사의 노랫소리 내 귀에 들리네
2. 주 예수 넓은 품에 나 편히 안기니 이 세상 악한 세력 날 해치 못하네
 슬픔과 근심 걱정 이후에 없으리니 시험이 닥쳐와도 나 염려 없겠네
3. 주 예수 죄인 위해 십자가 졌으니 이 만세 반석 위에 나 굳게 서겠네
 밤 지나가기까지 나 참고 기다리며 새 아침 동터올 때 주 만나 뵙겠네
 [후렴] 주 예수 넓은 품에 나 편히 안겨서 그 크신 사랑 안에 나 편히 쉬겠네

성경봉독 ························· 창세기 3 : 17~19 ···························· 맡은이

"아담에게 이르시되 네가 네 아내의 말을 듣고 내가 네게 먹지 말라 한 나무의

열매를 먹었은즉 땅은 너로 말미암아 저주를 받고 너는 네 평생에 수고하여야 그 소산을 먹으리라 땅이 네게 가시덤불과 엉겅퀴를 낼 것이라 네가 먹을 것은 밭의 채소인즉 네가 흙으로 돌아갈 때까지 얼굴에 땀을 흘려야 먹을 것을 먹으리니 네가 그것에서 취함을 입었음이라 너는 흙이니 흙으로 돌아갈 것이니라 하시니라".

(창 50 : 24-26 ; 시 146 : 1-5 등을 참고한다.)

설교 ··집례자

찬송 ······················"나의 갈 길 다 가도록"(384장) ······················ 다함께

　1. 나의 갈 길 다 가도록 예수 인도하시니
　　내 주 안에 있는 긍휼 어찌 의심하리요
　　믿음으로 사는 자는 하늘 위로 받겠네
　　무슨 일을 만나든지 만사형통하리라
　　무슨 일을 만나든지 만사형통하리라
　2. 나의 갈 길 다 가도록 예수 인도하시니
　　어려운 일 당한 때도 족한 은혜 주시네
　　나는 심히 고단하고 영혼 매우 갈하나
　　나의 앞에 반석에서 샘물 나게 하시네
　　나의 앞에 반석에서 샘물 나게 하시네
　3. 나의 갈 길 다 가도록 예수 인도하시니
　　그의 사랑 어찌 큰지 말로 할 수 없도다
　　성령 감화 받은 영혼 하늘나라 갈 때에
　　영영 부를 나의 찬송 예수 인도하셨네
　　영영 부를 나의 찬송 예수 인도하셨네 아멘

축도 ··집례자

9) 수목장

• 수목장은 인간이 흙에서 비롯되어 흙으로 돌아가 하나님의 창조의 일

> 부가 됨을 보여 준다. 더불어 전통적인 무덤 양식에서 벗어나 자연의 일부로 돌아가는 재창조의 과정과 생명을 보여 주는 예식이다.
> - 유골을 담은 함이 도자기일 경우에는 반드시 풀어서 유골을 산골(散骨)하여 땅에 흩음으로써 흙으로 돌아감을 분명히 하고, 도자기는 그 옆에 묻거나 수목 앞에 둔다.

예식사 ··· 집례자

하나님께서 우리가 사랑하는 ○○○ 씨(성도, 직분)를 하나님 나라로 부르시어 이제 고인의 유해를 안치하는 예식을 진행하겠습니다. 특별히 고인의 뜻에 따라 흙에서 온 우리가 흙으로 돌아가 새 생명으로 이어지는 수목장예식을 시작하겠습니다.

기도 ·· 집례자

사랑의 하나님, 이제 ○○○ 씨(성도, 직분)의 육신은 흙으로 돌아가지만 이 흙의 양분을 접한 나무는 새로운 생명으로 잘 자라날 것입니다. 이제 ○○○ 씨(성도, 직분)의 육신은 산골하여 다 흩어지지만 또다시 이 자연의 일부가 되어 새로운 생명으로 태어날 것입니다. 주님, 주님만이 생명의 주인이시며, 생명의 주관자 되심을 믿고 오늘 수목장을 하는 이 가정에 다시 한번 생명으로 역사해 주소서. 예수님의 이름으로 기도합니다. 아멘.

찬송 ······················ "주 날개 밑 내가 편안히 쉬네"(419장) ···················· 다함께

1. 주 날개 밑 내가 편안히 쉬네 밤 깊고 비바람 불어쳐도
   아버지께서 날 지켜 주시니 거기서 편안히 쉬리로다
2. 주 날개 밑 나의 피난처 되니 거기서 쉬기를 원하노라
   세상이 나를 위로치 못하나 거기서 평화를 누리리라
3. 주 날개 밑 참된 기쁨이 있네 고달픈 세상길 가는 동안
   나 거기 숨어 돌보심을 받고 영원한 안식을 얻으리라
   [후렴] 주 날개 밑 평안하다 그 사랑 끓을 자 뉘뇨
   주 날개 밑 내 쉬는 영혼 영원히 거기서 살리

성경봉독·························· 시편 80 : 8~10 ································맡은이

"주께서 한 포도나무를 애굽에서 가져다가 민족들을 쫓아내시고 그것을 심으셨나이다 주께서 그 앞서 가꾸셨으므로 그 뿌리가 깊이 박혀서 땅에 가득하며 그 그늘이 산들을 가리고 그 가지는 하나님의 백향목 같으며".

설교 ··집례자

찬송 ···························· "위에 계신 나의 친구"(92장)························· 다함께

　1. 위에 계신 나의 친구 그의 사랑 지극하다
　　　이는 예수 그리스도 나의 구주 나의 친구
　2. 나를 위해 죽으시고 나를 구원하셨으니
　　　기쁨으로 경배하며 찬양하리 나의 친구
　3. 내 맘 속에 늘 계시고 영원토록 함께하네
　　　가지 되어 하나 되리 포도나무 나의 친구
　4. 그날이 와 황금 길에 그의 영광 바라보며
　　　그의 팔로 날 안을 때 만나 보리 나의 친구
　[후렴] 사랑하는 나의 친구 늘 가까이 계시도다
　　　그의 사랑 놀랍도다 변함없는 나의 친구

축도 ··집례자

산골 ··참석자들

　(유골을 나무 주위에 뿌리고 흙으로 덮는다.)

10) 납골

- 납골은 최근 많이 이루어지는 장례 방식으로 납골당은 공동 납골당과 개인 납골당, 가족 납골당으로 구분이 된다.
- 공동 납골당은 유족이 상의하여 적당한 곳을 정하고, 이미 가족 납골당을 만들어 놓은 경우 그곳을 사용한다.
- 납골 후 정기적으로, 또는 부정기적으로 방문하는 이들을 위하여 교

> 회에서 예식지를 준비하는 것이 좋다. 단순한 꽃과 작은 사진 액자 등
> 으로 꾸민 안치단 앞에서 조용히 가족이나 개인이 예식을 행할 수 있
> 도록 도와주면 좋다.

예식사 ···집례자

하나님께서 우리가 사랑하는 ○○○ 씨(성도, 직분)를 하나님 나라로 부르시어 이제 고인의 납골예식을 진행하겠습니다.

기도 ···집례자

자비로우신 하나님, 이제 ○○○ 씨(성도, 직분)의 육신이 흙으로 돌아가 이 한 단지에 모였습니다. 비록 육신은 타고 재만 남았지만 우리가 사랑하는 ○○○ 씨(성도, 직분)의 모습과 형상은 우리 마음에 아직도 가득합니다. 이제 납골을 하고, 앞으로 우리가 때때로 찾아와서 고인을 추억할 때마다 다시 만날 소망을 굳건하게 하시고, 주님 안에서 행복한 천국 잔치에 들어갈 믿음을 주소서. 그리고 가정이 서로서로 사랑으로 하나 되게 하소서. 예수님의 이름으로 기도합니다. 아멘.

찬송 ························· "하나님은 외아들을"(294장) ························· 다함께

 1. 하나님은 외아들을 주시는 데까지 세상 사람 사랑하니 참사랑이로다
 2. 하나님을 배반하고 멀리 떠난 우리 원수같이 대적하나 사랑하여 주네
 3. 세상 죄를 사하시려 우리 죽을 대신 성자 예수 십자가에 고난 받으셨네
 4. 이 사랑에 감사하여 곧 주께 나오라 곤한 영혼 주께 맡겨 구원을 얻으라
 [후렴] 하나님은 사랑이라 죄악에 빠졌던 우리까지 사랑하니 참사랑 아닌가

성경봉독·························· 고린도전서 15 : 48~54 ························맡은이

"무릇 흙에 속한 자들은 저 흙에 속한 자와 같고 무릇 하늘에 속한 자들은 저 하늘에 속한 이와 같으니 우리가 흙에 속한 자의 형상을 입은 것 같이 또한 하늘에 속한 이의 형상을 입으리라 형제들아 내가 이것을 말하노니 혈과 육은 하나님 나라를 이어 받을 수 없고 또한 썩는 것은 썩지 아니하는 것을 유업으로 받지 못하느니라 보라 내가 너희에게 비밀을 말하노니 우리가 다 잠 잘 것

이 아니요 마지막 나팔에 순식간에 홀연히 다 변화되리니 나팔 소리가 나매 죽은 자들이 썩지 아니할 것으로 다시 살아나고 우리도 변화되리라 이 썩을 것이 반드시 썩지 아니할 것을 입겠고 이 죽을 것이 죽지 아니함을 입으리로 다 이 썩을 것이 썩지 아니함을 입고 이 죽을 것이 죽지 아니함을 입을 때에는 사망을 삼키고 이기리라고 기록된 말씀이 이루어지리라".

설교 ··집례자

찬송 ······················· "주가 맡긴 모든 역사"(240장)······················ 다함께

  1. 주가 맡긴 모든 역사 힘을 다해 마치고 밝고 밝은 그 아침을 맞을 때
     요단 강을 건너가서 주의 손을 붙잡고 기쁨으로 주의 얼굴 뵈오리
  2. 하늘나라 올라가서 주님 앞에 절하고 온유하신 그 얼굴을 뵈올 때
     있을 곳을 예비하신 크신 사랑 고마워 나의 주께 기쁜 찬송드리리
  3. 이 세상을 일찍 떠난 사랑하는 성도들 나를 맞을 준비하고 있겠네
     저희들과 한소리로 찬송 부르기 전에 먼저 사랑하는 주를 뵈오리
  4. 영화로운 시온 성에 들어가서 다닐 때 흰 옷 입고 황금 길을 다니며
     금 거문고 맞추어서 새 노래를 부를 때 세상 고생 모두 잊어버리리
  [후렴] 나의 주를 나의 주를 내가 그의 곁에 서서 뵈오며
     나의 주를 나의 주를 손의 못자국을 보아 알겠네

축도 ··집례자

11) 이장

예식사 ···집례자

하나님께서는 우리가 사랑하는 ○○○ 씨(성도, 직분)를 먼저 하나님 나라로 부르시고 이 땅에서 장례예식을 행하게 하셨습니다. 이제 특별히 이장을 하게 되었기에 이장예식을 진행하겠습니다.

기도 ··집례자

영원하신 하나님, 우리가 생명을 가지고 있었을 때는 소리치고, 장난하고, 찬양하고, 기도할 수 있는 존재이지만 이제 이장하려고 보니 아무것도 할 수 없

는 단지 몇 조각 뼈로 남아 있을 뿐입니다. 주님, 이 시간 우리가 인생의 무상함과 사람의 허무함을 깨닫게 하시고 영원한 하늘나라의 소망을 굳건하게 하소서. 그리하여 먼저 이 세상을 하직한 이들을 우리 모두가 주님 오시는 날에 기쁨으로 천국 문 앞에서 다시 만나게 하소서. 예수님의 이름으로 기도합니다. 아멘.

찬송 ························· "이 세상 험하고"(263장) ························· 다함께

  1. 이 세상 험하고 나 비록 약하나 늘 기도 힘쓰면 큰 권능 얻겠네
  2. 주님의 권능은 한없이 크오니 돌 같은 내 마음 곧 녹여 주소서
  3. 내 맘이 약하여 늘 넘어지오니 주 예수 힘 주사 굳세게 하소서
  4. 죄 사함 받은 후 새 사람 되어서 주 앞에 서는 날 늘 찬송하겠네
  [후렴] 주의 은혜로 대속 받아서 피와 같이 붉은 죄 눈 같이 희겠네 아멘

성경봉독 ····················· 창세기 50 : 24~26 ····················· 맡은이

"요셉이 그의 형제들에게 이르되 나는 죽을 것이나 하나님이 당신들을 돌보시고 당신들을 이 땅에서 인도하여 내사 아브라함과 이삭과 야곱에게 맹세하신 땅에 이르게 하시리라 하고 요셉이 또 이스라엘 자손에게 맹세시켜 이르기를 하나님이 반드시 당신들을 돌보시리니 당신들은 여기서 내 해골을 메고 올라가겠다 하라 하였더라 요셉이 백십 세에 죽으매 그들이 그의 몸에 향 재료를 넣고 애굽에서 입관하였더라".

설교 ·· 집례자

찬송 ························· "천국에서 만나보자"(480장) ························· 다함께

  1. 천국에서 만나보자 그날 아침 거기서 순례자여 예비하라 늦어지지 않도록
  2. 너의 등불 밝혀 있나 기다린다 신랑이 천국 문에 이를 때에 그가 반겨 맞으리
  3. 기다리던 성도들과 그 문에서 만날 때 참 즐거운 우리 모임 그 얼마나 기쁘랴
  [후렴] 만나보자 만나보자 저기 뵈는 저 천국 문에서
  만나보자 만나보자 그날 아침 그 문에서 만나자

축도 ·· 집례자

8 추모

1) 장례 후 위로

- 본 예배는 슬픔에 있는 유족들을 위로하며 하나님께 나아가는 시간으로, 장례 후 일정 기간 안에 드린다.
- 유족의 가정 또는 교회에서 드릴 수 있다.
- 고인의 사진을 사용할 수 있다.

예배로 부름·······················고린도후서 1 : 2~4······························· 인도자

이 시간 장례 후 슬픔 가운데 있는 유족과 함께 위로예배를 하나님께 드리겠습니다.

신앙고백···························사도신경··································· 다함께

기도 ···맡은이

우리를 사랑하시고 늘 위로하시는 하나님, 고 ○○○ 씨(성도, 직분)의 장례 후 그 유족들과 함께 이곳에 모였습니다. 사랑하는 가족을 먼저 보내고 슬픔에 잠긴 남은 가족들에게 이 시간 친히 찾아 오셔서 위로하시고, 영원한 하나님 나라 소망을 허락해 주소서. 세상이 주는 그 어떤 마음이 아니라, 하나님께서 베푸시는 위로와 삶의 용기와 믿음의 역사로서 크신 하나님의 사랑을 부어 주소서. 고인이 남긴 신앙의 유산과 삶의 지혜를 기억하고 하나님께서 기뻐하시고 원하시는 하나님 나라 자녀들로 살아가도록, 성령 하나님 아버지께서 우리를 인도하여 주소서. 우리를 구원하여 주시고, 끝까지 사랑하여 주시는 우리 주 예수 그리스도의 이름으로 기도합니다. 아멘.

찬송······················ "내 영혼이 은총 입어"(438장) ························ 다함께

성경봉독······················ 에스겔 37 : 13~14 ·····························맡은이

(시 121 : 1-8 ; 사 26 : 19, 40 : 1 ; 고후 1 : 3-7을 참고할 수 있다.)

설교	"어둠을 깨고 새 소망으로"	설교자

사랑하는 고 ○○○ 씨(성도, 직분)가 이 세상을 떠났습니다. 장례 후 우리는 이 자리에 모였습니다. 이 시간 하나님의 위로와 베푸시는 부활의 소망이 우리 모두에게 함께하시기를 바랍니다. 사람은 이 세상에 태어나서 떠나는 순간이 있습니다. 사람은 잠시 세상에 왔다가 하나님의 부르심에 따라서 그 길을 가는 것입니다. 만약 인생이 허무하다고 말하는 이가 있다면 그는 죽음 뒤에는 아무것도 없다고 생각하는 사람일 것입니다. 하지만 예수 그리스도께서 죽은 후 부활하셨듯이 그를 믿는 자는 구원을 받으며 부활의 소망 가운데 허무하지 않은 인생에 거할 수 있습니다. 또한 그를 믿는 자는 천국에 이르며 우리는 천국에서 다시 만날 것을 믿음과 소망 가운데 기대할 수 있는 것입니다. 이것이 예수 그리스도 안에서 바라보는 우리의 믿음이며 천국의 소망입니다. 예수 그리스도 안에서는 결코 정죄함이 없고(롬 8 : 1-2), 공허함도 없습니다.

하나님께서 우리에게 말씀하십니다. "내가 또 내 영을 너희 속에 두어 너희가 살아나게 하고 내가 또 너희를 너희 고국 땅에 두리니 나 여호와가 이 일을 말하고 이룬 줄을 너희가 알리라 여호와의 말씀이니라"(겔 37 : 14). 하나님께서는 우리 모두에게 새 소망을 주십니다. 하나님은 우리가 어둠을 깨고 새 소망으로 나아가게 하십니다. 우리 인생이 죽음으로 끝나지 않고, 우리를 부활 소망으로 인도하시는 하나님의 섭리를 믿음으로 고백하길 바랍니다. "만일 죽은 자가 다시 살아나는 일이 없으면 그리스도도 다시 살아나신 일이 없었을 터이요 그리스도께서 다시 살아나신 일이 없으면 너희의 믿음도 헛되고 너희가 여전히 죄 가운데 있을 것이요"(고전 15 : 16-17). 죽음은 어둠 같지만 예수 그리스도를 믿는 자들은 그 안에 부활의 소망이 있기 때문에 결코 낙심의 자리에 머물러 있지 않습니다. 우리는 그 믿음 안에서 새 소망을 기대할 수 있습니다.

그러므로 지금 믿음과 소망 가운데 크신 하나님의 위로를 받는 모든 주님의 백성 되시기를 바랍니다. 하나님은 우리를 사랑하시고 우리의 참 위로가 되어 주십니다. 현재의 암담함과 어둠을 깨고 새 소망으로 다시금 인도하시는 주님을 믿음으로 바라보십시오. 그리고 참 믿음 가운데 승리하는 주님의 자녀 되시기를 바랍니다.

찬송	"나 가나안 땅 귀한 성에"(246장)	다함께

축도(주기도, 마침기도) ·· 인도자(다함께)

위로와 나눔 ··· 맡은이

(고인에 대한 좋은 기억들과 위로를 나눈다.)

2) 성묘

(1) 첫 성묘-가족과 함께하는 경우

예배로 부름 ···························· 히브리서 11 : 6 ···························· 인도자

거룩하신 하나님 아버지, 우리들이 이 시간 예수 그리스도의 부활을 믿음 가운데 바라보며 살아 계신 하나님께 예배하고자 모였습니다. 우리의 예배를 받아 주시고 우리와 이 시간 함께하여 주소서. 우리를 모든 죄에서 구원하여 주신 예수 그리스도의 이름으로 기도합니다. 아멘.

신앙고백 ···························· 사도신경 ···························· 다함께

찬송 ·· 다함께

(고인이 즐겨 부르던 찬송을 부른다.)

기도 ·· 맡은이

(가족들이 모두 함께 돌아가면서 짧은 기도를 하고, 마지막 기도를 "예수 그리스도의 이름으로 기도합니다. 아멘."으로 마무리한다.)

성경봉독 ···························· 마태복음 28 : 1~10 ···························· 맡은이

(고인이 애송하던 구절이나 장례 시 봉독했던 구절을 다시 읽을 수 있다.)

찬송 ···························· "주 없이 살 수 없네"(292장) ···························· 다함께

주기도(마침기도) ·· 다함께(인도자)

(장례의 모든 절차는 첫 성묘로서 끝나는 것을 원칙으로 한다.)

사랑과 축복의 인사 ··· 다함께

(참여한 모든 이들과 함께 다음과 같이 인사할 수 있다. "주님의 은혜와 평강을 기원합니다. 샬롬." 또는 "주님의 이름으로 축복합니다. 샬롬.")

(2) 첫 성묘-목회자가 인도하는 경우

예배로 부름 ······························· 이사야 26 : 19 ······························· 인도자

이 시간 하나님께 장례 후 첫 성묘예배를 드리겠습니다.

기도 ··· 인도자

살아 계신 하나님 아버지, 우리들이 이 시간 예수 그리스도의 부활을 믿음 가운데 바라보며 거룩하신 하나님께 예배하고자 모였습니다. 우리의 예배를 받아 주시고 이 시간 우리와 함께하여 주소서. 우리를 모든 죄에서 구원하여 주신 예수 그리스도의 이름으로 기도합니다. 아멘.

신앙고백 ···································· 사도신경 ···································· 다함께

찬송 ··· 다함께

(고인이 즐겨 부르던 찬송을 부른다.)

기도 ··· 맡은이

거룩하시고 살아 계신 하나님 아버지, 하나님께서는 이 세상을 창조하셨고 우리에게 생명을 주시는 하나님이십니다. 이 시간 생명을 주관하시는 하나님을 고백하며, 얼마 전 사랑하는 ○○○ 씨(성도, 직분)의 장례를 마치고 오늘 첫 성묘예배를 하나님께 드립니다. 우리 주님께서는 세상의 모든 죄를 지시고 십자가에 달려 죽으시고 부활하셨습니다. 그 주님을 믿는 자마다 하나님 나라의 소망 가운데 영생을 얻고, 영원한 하나님 나라의 자녀로서 살아가는 믿는 자의 권세를 얻습니다. 우리에게 이 같은 믿음의 소망을 주시니 감사합니다. 그리고 주님이 부활하셨듯이 그 부활의 주님을 믿는 자도 부활의 영광으로 인도하시니 감사 찬송을 하나님께 드립니다. 이 시간 우리에게 이 소망을 잃

지 않는 굳센 믿음을 허락하여 주소서. 우리 주 그리스도 안에는 결코 정죄함이 없고, 하나님께서는 그의 자녀를 결코 포기하지 않으십니다. 우리의 슬픔을 뒤로하고 영원하신 하나님의 사랑과 부활 승리하신 거룩하신 주 예수 그리스도의 소망 가운데 거하도록 우리를 친히 인도하여 주소서. 우리를 사랑하시되 끝까지 사랑하시는 우리 주 예수 그리스도의 이름으로 기도합니다. 아멘.

성경봉독······························에스겔 36 : 26~28····························맡은이

찬송························ "구주와 함께 나 죽었으니"(407장) ···················· 다함께

설교······················· "부드러운 마음으로의 회복"······················· 인도자

하나님은 이 세상을 창조하셨습니다. 하나님은 이 세상의 처음을 시작하셨고 마지막에 심판을 예고하셨습니다. 아담이 처음에 창조된 인간인 동시에 하와와 함께 범죄한 최초의 인간이 되었지만, 하나님께서는 그들에게 가죽옷을 입혀 주심으로 용서와 화해를 성취해 주셨습니다. 하나님은 이처럼 죄인 된 인간들에게 늘 찾아오십니다. 인간은 늘 하나님의 말씀을 멸시하고 죄악으로 향하기를 즐기지만 하나님은 늘 우리에게 찾아오셔서 용서와 화해의 손길을 내밀어 주시고, 굳어진 마음에 부드러운 삶의 회복을 선사해 주시는 사랑과 평화의 하나님이십니다.

하나님은 지금도 그 사랑과 화해로서 우리를 회복시켜 주십니다. 하나님께서는 아담과 하와에게 가죽옷을 입혀 주시고, 가인에게 한 표를 주시고, 노아의 때 물의 심판 후 무지개로 더 이상의 물 심판이 없을 것을 화평으로 말씀해 주셨습니다. 이렇듯 하나님께서는 우리에게 참 회복과 위로로 찾아오십니다. 이 같이 하나님께서 우리에게 오셔서 우리와 함께하신다면 우리의 굳어진 마음이 부드러운 마음으로 회복될 것입니다. 만약 지금 슬픔과 절망에 휩싸여 있을지라도, 우리에게 참 위로와 회복으로 찾아오시는 하나님을 믿음으로 맞이하십시오. 하나님은 이 시간 우리에게 사랑으로 오시어 부드러운 마음으로 우리를 다스리시고 우리의 삶을 온전히 회복시켜 주실 것입니다. 이 시간 함께하는 우리 모두가, 이 같은 사랑과 화평의 하나님 앞과 그 넓은 하나님 품 안에서 언제나 머물러 거하는 축복을 누릴 수 있기를 바랍니다.

찬송························"나의 갈 길 다 가도록"(384장)······················ 다함께

사랑과 축복의 인사··· 다함께

(참여한 모든 이들과 함께 다음과 같이 인사할 수 있다. "주님의 은혜와 평강을 기원합니다. 샬롬." 또는 "주님의 이름으로 축복합니다. 샬롬.")

축도(주기도)··· 인도자(다함께)

(3) 성묘

- 부활을 믿는 기독교인에게는 죽음이 인생의 끝이 될 수 없다. 몸은 비록 묘지에 묻혀 있으나 부활의 믿음은 영원한 소망이다. 그러므로 부모 형제와의 관계는 죽음으로서 끝나는 것이 아니다. 사후라도 부모를 사모하고 형제의 사랑을 기리는 것은 더 없이 아름다운 일이다.
- 그리스도인들도 전통적인 절기인 설날, 한식, 추석 또는 기일을 맞이할 때 부모의 산소에 성묘하는 것은 추모의 표현으로 이해할 수 있을 것이다. 성묘하며 하나님께 예배드리는 것은 교육적으로도 뜻깊은 일이다.
- 묘소를 찾을 때, 몸과 마음을 단정하게 하고, 묘소를 돌보되, 묘소에 절하는 것은 금한다.

예배로 부름 ················· 요한복음 11 : 25~27 ······················· 인도자

기원 ·· 인도자

살아 계신 하나님 아버지, 이 시간 우리가 마음과 정성을 모아 성묘예배로 하나님 앞에 나아갑니다. 우리의 예배를 받으시고 크신 은총으로 함께하여 주소서. 우리를 사랑으로 구원하여 주신 예수 그리스도의 이름으로 기도합니다. 아멘.

찬송 ··· 다함께

(고인이 즐겨 부르던 찬송을 부른다.)

신앙고백··························사도신경··································· 다함께

기도 ·· 맡은이

　(가족들이 모두 함께 돌아가면서 짧은 기도를 하고, 마지막 기도를 "예수 그리스도의 이름
　으로 기도합니다. 아멘."으로 마무리한다.)

성경봉독 ································· 시편 23 : 1~6 ···························· 맡은이

설교 ································ "광야에서 푸른 초장으로" ···························· 설교자

　우리 인생은 광야와 같습니다. 낮에는 너무 더워서 힘들고, 밤에는 너무 추워서 힘든 우리의 인생입니다. 너무 춥거나 더우면 불평하기 쉽습니다. 더 나아가서 두려움에 휩싸이기도 합니다. 그러나 그 광야를 홀로 걸어가지 않고 든든한 동행자, 안전과 평안을 약속한 든든한 안내자와 함께한다면 우리의 걱정과 근심은 사라질 것입니다. 지금 우리의 마음에 쓸쓸함과 외로움과 두려움이 있다면 우리를 푸른 초장으로 인도하시고, 우리를 쉴 만한 물가로 인도하시는 여호와 하나님을 든든한 안내자로 모시기를 바랍니다. 하나님은 그를 믿는 자가 광야와 같은 길을 홀로 걷게 하지 않으십니다. 우리의 목자가 되어 주셔서 든든한 동행자가 되어 주시고, 안전과 평안을 약속하는 안내자가 되어 주십니다.

　우리 인생이 끝없는 광야처럼 보이지만 여호와 하나님께서는 친히 우리의 안내자요, 목자가 되셔서 우리를 쉴 만한 물가로 인도하십니다. 사망의 음침한 골짜기를 다녀도 해를 두려워하지 않는 것은 하나님께서 우리와 함께하시기 때문입니다. "내가 너희를 고아와 같이 버려두지 아니하고 너희에게로 오리라"(요 14 : 18). 그렇습니다. 우리는 주님의 인도하심에 따라 푸른 초장, 쉴 만한 물가로 나아갈 것입니다. 따라서 주 예수 그리스도를 믿는 하나님의 자녀들은 그 영혼과 육신이 모두 구원을 받고 천국에 이르게 될 것입니다. 그 약속의 말씀 가운데 하나님의 인도하심을 따라 '광야에서 푸른 초장으로' 나아가는 모든 하나님 나라 백성들 되시기를 바랍니다.

찬송 ······················· "사철에 봄바람 불어 잇고"(559장) ···················· 다함께

　("어머니의 넓은 사랑"<579장> 참고)

사랑과 축복의 인사 ··· 다함께

(참여한 모든 이들과 함께 다음과 같이 인사할 수 있다. "주님의 은혜와 평강을 기원합니다. 샬롬." 또는 "주님의 이름으로 축복합니다. 샬롬.")

축도(주기도) ·· 목사(다함께)

3) 추모

- 추모예배를 통해 유족들이 고인의 믿음의 발자취를 더듬고, 그를 회상하는 가운데 고인이 남긴 교훈과 신앙의 흔적을 되돌아보며 새로운 결심을 할 수 있도록 한다.
- 고인이 별세한 날 하는 것이 좋고, 시간과 장소는 가족의 합의하에 하는 것이 좋다. 추모일이 주일과 겹치면 전날이나 다음날 하는 것이 좋다.
- 본 예배 참여자는 직계에 한하는 것이 좋다.
- 추모예배는 고인의 자녀 생존 시까지만 드린다.
- 고인의 가까운 친척들이나 친지들에게 추모예배가 있음을 알릴 수 있다.
- 고인의 사진, 신앙적 유품(성경, 찬송)과 약력을 준비하고, 생전에 녹음해 놓은 육성이나 녹화 파일이 있으면 사용할 수 있다.
- 음식을 준비하되 진상(상차림)해서는 안 되며, 추모예배 후에 함께 나눈다.

(1) 고인의 약력과 유언, 유물을 소개하는 경우

추모 ·· 맡은이
  1. 고인의 약력 소개
  2. 고인의 유언 및 유물 소개

예배로 부름 ····························· 이사야 26 : 19 ····························· 인도자
  이 시간 고 ○○○ 씨(성도, 직분)의 추모예배를 하나님께 드리겠습니다.
  (인도자가 짧게 기도할 수 있다.)

신앙고백···사도신경 ······································· 다함께

    사도신경으로 우리의 신앙을 고백하겠습니다.

찬송 ····························"내 영혼이 은총 입어"(438장)························· 다함께

기도 ···맡은이

    사랑과 은혜가 풍성하신 하나님 아버지, 우리에게 생명을 주시고 이 세상을 하나님과 함께 믿음의 역사로 살아가게 하시니 감사합니다. 인간의 생명과 모든 삶의 주관자 되시는 하나님, 이 시간 하나님 나라의 소망을 바라봅니다. 성령의 위로하심과 우리를 이끄시는 그 은혜를 사모하고 하나님께만 나아갑니다. 하나님 아버지께서 영원히 찬송 받으시고, 어디로 갈지 몰라 방황하는 우리들을 올바른 길로 인도하여 주시기를 기도합니다. 지금껏 자기 소견에 옳게만 살았던 우리의 죄와 그 교만을 용서하여 주소서. 삶의 주관자 되시고 우리의 생명을 이끄시는 주님의 손길과 그 은혜를 늘 의지하면서 살아가는 여기 모인 모든 주님의 자녀들 되게 하여 주소서.

    이 시간 고 ○○○ 씨(성도, 직분)의 추모예배를 하나님께 드립니다. 우리가 하나님 앞에서와 사람들 사이에서 잘못한 모든 것들을 용서하여 주소서. 죄를 사하여 주시는 주님, 우리가 예수 그리스도 안에서 더욱 사랑으로 하나 되게 하시고 "하나님이 보시기에 좋았더라" 말씀하신 그 모습대로, 창조 질서에 어울리는 그 모습대로 살아갈 수 있도록 친히 우리를 인도하여 주소서. 이 시간 고인이 남긴 신앙의 흔적들과 신앙의 모습을 기억합니다. 그 믿음의 유산을 잘 이어가게 하시고, 이 시간 오직 하나님 한 분만 높임 받으소서. 이 시간 추모예배로 하나님께 나아갈 때, 하나님께서 각자에게 들려 주시는 그 음성을 듣게 하시고, 이 예배를 통해서 하나님의 뜻을 깨달으며, 우리 모두에게 은혜의 시간이 되도록 인도하여 주소서. 우리를 모든 죄에서부터 구원하여 주신 예수 그리스도의 이름으로 기도합니다. 아멘.

찬송 ························"구주와 함께 나 죽었으니"(407장)···················· 다함께

성경봉독······························ 신명기 8 : 11~20 ······························맡은이

설교 ······················ "광야에서 함께하시는 하나님"···························· 설교자

    여행에서 누구와 함께하는가는 매우 중요합니다. 누구와 함께하는가에 따라

서 여행이 즐거울 수도, 불행할 수도 있기 때문입니다. 사람은 각자의 목적을 가지고 인생이라는 여행을 합니다. 어떤 이는 인생을 즐기기 위해서, 어떤 이는 세상에 어떤 중요한 가치를 실현하기 위해서, 어떤 이는 타인을 위하여 자신의 삶을 헌신하기 위해서 인생을 살아갑니다. 이 모든 인생의 여정에 필수적인 것은 누군가와 함께하는 것입니다. 혼자 하는 여행은 위험에 노출될 수도 있고 어려움이 닥칠 때 어떻게 하지 못하는 경우도 있습니다. 이처럼 누군가와 함께 여행한다는 것은 중요합니다.

여러분은 지금 인생이라는 여행을 어떤 이와 함께하고 있습니까? 우리는 광야를 걸어가는 나그네와 같습니다. 하나님께서는 이스라엘 백성들이 광야를 지날 때 구름 기둥과 불 기둥으로 늘 함께하셔서 낮의 해의 뜨거움과 밤의 무서운 추위를 막아 주셨습니다. 하나님은 이스라엘의 목자가 되어 주셔서 그들을 지켜 주셨습니다. 다윗은 여호와 하나님께서 자신의 목자가 되어 주신다고 고백합니다.

이와 같이 하나님 아버지께서는 우리가 홀로 우리의 인생을 살지 않도록 우리와 동행하시고 늘 함께하여 주십니다. 우리의 목자 되시는 주님을 의지하시기 바랍니다. 하나님께서는 사망의 음침한 골짜기를 다닐지라도 우리를 지켜 보호해 주십니다(시 23:1-6). 따라서 우리가 광야를 지날 때도 외롭지 않고, 늘 힘이 있고, 희망 가운데 있는 것은 우리와 언제나 함께하시는 하나님 아버지께서 우리를 지켜 주시고 계시기 때문이라는 사실을 언제나 기억하시기를 바랍니다.

찬송·····························"나의 갈 길 다 가도록"(384장)······················ 다함께

사랑과 축복의 인사··· 다함께

(참여한 모든 이들과 함께 다음과 같이 인사할 수 있다. "주님의 은혜와 평강을 기원합니다. 샬롬." 또는 "주님의 이름으로 축복합니다. 샬롬.")

축도(주기도)·· 목사(다함께)

(2) 고인의 약력과 영상을 활용하는 경우

예배로 부름·························· 에스겔 36 : 26~28····························· 인도자

이 시간 고 ○○○ 씨(성도, 직분)의 추모예배를 하나님께 드리겠습니다.

(인도자가 짧게 기도할 수 있다.)

찬송 ························· "나 어느 날 꿈속을 헤매며"(134장) ···················· 다함께

기도 ··· 맡은이

거룩하신 하나님 아버지, 우리에게 예배할 수 있는 믿음과 하나님께 나아가는 이 축복의 시간을 허락하신 큰 은혜에 감사드립니다. 이 시간 고 ○○○ 씨(성도, 직분)의 추모예배를 주님의 백성들과 함께 하나님께 드리오니 기쁘게 받으소서. 고 ○○○ 씨(성도, 직분)를 추모하면서 가족들이 한 자리에 모였사오니 우리가 그의 생전의 모습을 기억하면서 좋은 신앙의 모습을 본받고 더욱더 하나님 아버지 앞에 가까이 나아가는 시간 되게 하여 주소서.

인생은 들의 풀과 꽃 같아서 안개처럼 사라집니다. 이 사실을 우리가 기억하고 영원히 살아 있는 하나님 말씀만을 마음속에 새기며 그 믿음으로 참 소망 삼고 살아가는 주님의 자녀들 되게 하여 주소서. 세상의 것에 소망을 두는 것이 아니라, 영원한 하나님 말씀 안에서 기쁨과 감사를 늘 고백하게 하시고, 다시 오실 예수 그리스도를 소망 가운데 기다리며, 언제나 영원한 하나님 나라의 큰 축복을 바라보고 승리하며 살아가게 하여 주소서. 이 시간이 하나님께서만 홀로 영광 받으시고, 말씀하시는 주님의 음성을 들으며 우리가 하나님께 성실히 응답하는 복된 시간 되도록 주장하여 주소서. 우리를 모든 죄악에서부터 구원하여 주신 예수 그리스도의 이름으로 기도합니다. 아멘.

성경봉독 ···················· 요한복음 11 : 25~27 ····························· 맡은이

설교 ················· "부활과 주님의 나라를 바라보며" ···················· 설교자

예수님을 신뢰하고 따르는 믿음은 부활을 약속받습니다. 주님께서는 사망 권세를 이기시고 부활하셨습니다. 그리고 그 부활의 소망을 우리에게 주십니다. 고 ○○○ 씨(성도, 직분)는 믿음 가운데 이 땅에서 그의 삶을 성실하게 살아갔습니다. 주님 앞에 믿음의 확신이 있는 사람에게 하나님께서 약속해 주시는 말씀이 있습니다. 하나님께서는 그를 믿는 자마다 멸망치 않고 영생을 얻게 하신다고 약속하십니다(요 3:16). 그를 믿는 자는 예수님의 부활에 동참하는 사람입니다. 예수님을 믿는 자에게는 언제나 소망이 있습니다. 믿는 자

는 죽음으로 그의 인생이 모두 끝나는 것이 아니라, 하나님 나라의 삶이 약속되어 있기 때문에 하나님께서 말씀하시는 부활의 소망 가운데 거할 수 있습니다. 따라서 우리는 자신의 모습을 보며 낙담하지 않을 수 있습니다. 이 세상의 삶은 잠깐이요, 우리는 잠시 있다가 사라지는 안개이기 때문입니다(약 4:14). 이 세상의 삶은 하나님께서 잠시 우리에게 허락하여 주신 하나님의 시간 안에 있습니다. 우리는 영원한 하나님 나라를 바라보는 가운데 이 세상에서 믿음의 삶을 살아갈 수 있습니다. 우리는 이 세상에서 하나님의 말씀으로 말미암은 하나님의 통치하심을 경험하며 하나님 나라를 살아갑니다. 그리고 우리에게 다가오는 하나님 나라를 소망 가운데 바라봅니다. 주님께서 다시 이 땅에 오실 때 우리 믿는 자는 모두 하늘로 들림 받게 될 것입니다(살전 4:15-17). 이와 같은 소망 가운데 늘 승리하는 우리의 삶이 되길 바랍니다. 부활과 주님의 나라를 바라보며, 지금 현재의 시간에 낙담하는 것이 아니라, 하나님 나라를 향한 거룩한 발걸음과 다시 새롭게 되는 부활의 소망 안에서 승리하는 주님의 자녀들 되시기를 바랍니다.

찬송 ·························· "구주 예수 의지함이"(542장) ······················· 다함께

고인의 약력 또는 영상 ··· 맡은이

   (장례식 때 읽은 약력을 다시 읽어 기념하거나 또는 고인의 녹음 및 영상을 함께 보고 들으면서 고인에 대한 기억을 회상하게 할 수 있다.)

사랑과 축복의 인사 ··· 다함께

   (참여한 모든 이들과 함께 다음과 같이 인사할 수 있다. "주님의 은혜와 평강을 기원합니다. 샬롬." 또는 "주님의 이름으로 축복합니다. 샬롬.")

축도(주기도) ··· 목사(다함께)

(3) 고인에 대한 약력과 소개가 없는 경우

예배로 부름 ···························· 히브리서 11:1~3 ······························· 인도자

   이 시간 고 ○○○ 씨(성도, 직분)의 추모예배를 하나님께 드리겠습니다.

   (인도자가 짧게 기도할 수 있다.)

신앙고백·····················사도신경·························다함께

    사도신경으로 우리의 신앙을 고백하겠습니다.

찬송··············"나의 기쁨 나의 소망 되시며"(95장)···········다함께

기도···맡은이

    우리의 삶을 주관하시는 하나님 아버지, 우리에게 하늘나라의 소망을 주시고, 예수 그리스도를 믿음으로 하나님 나라의 자녀 삼아 주심을 감사드립니다. 우리가 날마다 살아갈 수 있는 것은 하나님의 은혜와 그 힘 때문임을 고백합니다. 우리에게 슬픔과 절망의 순간이 있어도 일어설 수 있는 이유 또한 하나님께서 우리의 참 소망 되시기 때문입니다.

    이 시간 하나님께서 일찍이 부르신 고 ○○○ 씨(성도, 직분)의 추모예배를 하나님께 드리며 유족들이 함께 모였습니다. 거룩하신 주님, 하나님의 크신 은혜와 큰 뜻을 깨닫지 못한 우리의 무지함을 용서하여 주소서. 우리가 예수 그리스도 안에서 참 사랑과 하나님 나라의 아름답고 진실한 교제를 나누게 하여 주소서. 우리가 고인에게 성실하게 대하지 못한 죄들도 모두 용서하여 주소서.

    살아 계신 주님, 우리에게 참 지혜를 주셔서 이 세상 살아가는 동안에 세상의 지혜가 아니라 하늘의 지혜요, 거룩하신 하나님 아버지의 인도하심 가운데 있는 참 지혜로서 승리하며 살아가도록 친히 우리를 인도하여 주소서. 무엇보다 우리의 의지가 우선되는 것이 아니라, 성령 하나님의 지도하심을 겸허히 인정하고 순종하면서 하나님 말씀 따라 하늘나라 소망을 품고 살아가는 복된 주님의 자녀들이 되게 하여 주소서.

    우리를 모든 죄악에서부터 구원하여 주신 살아 계신 예수 그리스도의 이름으로 기도합니다. 아멘.

성경봉독·················고린도전서 15 : 16~19·····················맡은이

설교···············"예수 그리스도 안에서 다시 사는 삶"············설교자

    예수 그리스도의 부활은 과거나 지금이나 충격적인 사건입니다. 동시에 기쁨과 감사와 감격의 사건입니다. 예수 그리스도의 부활은 이 세상에 대변화를 가져왔습니다. 예수님의 가족인 형제 야고보와 유다는 예수님의 열두 제자에

속하지 않았으나, 예수 그리스도의 부활 이후, 이를 지켜보고 부활의 증인이 된 인물들입니다. 예수님의 형제 야고보와 유다는 예수님의 부활을 통해서 그들의 인생에 큰 도전을 받았습니다. 이들은 각각 신약성서의 야고보서와 유다서의 저자가 되었습니다. 예수님 당시 예수님의 부활 사건이 소문나지 못하도록 방해했던 사람들은 예수님의 제자들이 십자가에 못 박혀 죽은 그 시체를 훔쳐간 후 예수가 부활했다고 거짓을 퍼트린다고 말했습니다. 그러나 예수님의 제자들은 모두 예수님의 부활과 승천, 그리고 다시 오심에 대한 약속을 증거하고 전하는 사명을 다하다가 순교하였습니다. 이 같은 역사적인 사건은 예수님의 부활 사건이 사실이라는 것을 다시금 증거합니다.

예수님의 부활을 믿는 자들은 예수 그리스도와 같이 부활을 약속받습니다. 그리고 그 부활은 영광스러운 부활입니다. 믿는 자에게 부활이 없다면 참 소망이 없는 것과 같습니다. 죽은 자가 다시 살아나는 일이 없으면 그리스도도 다시 살아나는 일이 없을 것입니다(고전 15:16). 그리고 예수님의 부활이 없다면 우리의 믿음도 헛되고 우리는 여전히 죄 가운데 머물러 있을 것입니다(고전 15:17). 우리는 이 세상의 절망과 슬픔과 낙망에서 끝나 버리거나 그것에 머물러 있지 않습니다. 우리의 소망도 이 세상의 삶에 머물러 있지 않습니다. 우리가 바라는 것은 예수님의 부활처럼 저 높은 곳을 향하여 있습니다. 예수님이 부활하시어 사망 권세를 모두 이기시고 우리를 구원하여 주셨듯이, 우리 믿는 자는 하나님 나라의 영원한 백성들이며 영원한 생명을 약속 받음으로 밝은 미래가 우리 가운데 있다는 것을 기억하길 소망합니다. 더 나아가서, 우리는 죽은 자와 산 자가 영원히 헤어져 있는 것이 아니라 다시 주님의 나라에서 다 함께 만나고, 하나님을 영원히 찬양하는 그 한자리에 다 함께 있게 될 것을 소망 가운데 기대합니다. 이 같은 승리가 예수님의 부활을 믿는 모든 주님의 백성들에게 있기를 바랍니다.

찬송 ················· "저 높은 곳을 향하여"(491장) ················· 다함께

축도(주기도) ··· 목사(다함께)

사랑과 축복의 인사 ··· 다함께

(참여한 모든 이들과 함께 다음과 같이 인사할 수 있다. "주님의 은혜와 평강을 기원합니다. 샬롬." 또는 "주님의 이름으로 축복합니다. 샬롬.")

VIII 특별예배와 예식

1 감사 및 기념예배

1) 송구영신

> - 본 예배는 하나님께 지나간 시간에 대한 감사와 회개를 드리고, 새로운 시간을 허락하시는 하나님을 찬양하며 소망 가운데 비전을 바라보는 예배이다.
> - '참회와 고백의 기도'에는 용서받고 싶은 죄를 쪽지에 적어 한 사람씩 나와 태우는 순서를 포함할 수 있다. 예배 봉사자는 예배가 시작되기 전에 미리 쪽지를 나누어 주어 기도문을 준비하도록 한다. 또한 성단에 촛불 두 개를 밝히고, 그 옆에 기도문을 태울 수 있는 철로 된 통(box)을 준비하고, 환풍 시설 및 화재 대비 물품을 철저하게 준비한다. 또는 십자가 그림이나 나무 십자가 상에 기도문을 붙이거나 핀으로 꽂아 예수 그리스도의 십자가 보혈의 피로 죄 사함 받았음을 고백할 수 있다.
> - 모든 상징 행위가 끝난 후 목회자는 기도문을 거두고, 안전하고 완전하게 폐기한다.

* 가능한 분은 일어서서

감사

* 예배로 부름 ······················· 사무엘상 7:12 ························· 인도자

* 응답송 ··· 찬양대

찬송 ···················· "지금까지 지내온 것"(301장) ················· 다함께

감사기도 ··· 다함께

    사랑과 은혜가 풍성하신 하나님, 지금 이 시간까지 우리를 인도하시고 기쁜

날과 슬픈 순간에도 변함없이 우리 곁에서 우리를 돌보아 주심을 감사드립니다. 무엇보다 우리를 하나님 나라에 속한 구원받은 주님의 자녀로 삼아 주시고 믿음과 소망 가운데 우리의 삶을 주장하여 주심을 감사드립니다. 주님, 우리의 비전과 꿈, 그리고 주님께서 주신 사명이 하나님의 인도하심 가운데 있음을 늘 기억하게 하여 주소서. 우리의 가정과 자녀와 우리가 속한 하나님 나라 공동체가 믿음 가운데 감사의 제목들이 언제나 넘치도록 인도하여 주시기를 간구합니다. 죄인 된 인간을 구원하시고 우리 삶의 주관자 되어 주시는 하나님 아버지께 감사드리며, 이 모든 기도를 우리를 구원하여 주신 예수 그리스도의 이름으로 기도합니다. 아멘.

회개

십계명 교독 ·· 인도자와 회중

    인도자 : 너는 나 외에는 다른 신들을 네게 두지 말라.

    회　중 : 너를 위하여 새긴 우상을 만들지 말고 또 위로 하늘에 있는 것이나 아래로 땅에 있는 것이나 땅 아래 물 속에 있는 것의 어떤 형상도 만들지 말며 그것들에게 절하지 말며 그것들을 섬기지 말라.

    인도자 : 너는 네 하나님 여호와의 이름을 망령되게 부르지 말라.

    회　중 : 안식일을 기억하여 거룩하게 지키라.

    인도자 : 네 부모를 공경하라.

    회　중 : 살인하지 말라.

    인도자 : 간음하지 말라.

    회　중 : 도둑질하지 말라.

    인도자 : 네 이웃에 대하여 거짓 증거하지 말라.

    다함께 : 네 이웃의 것을 탐내지 말라.[58]

찬송 ·························· "여러 해 동안 주 떠나"(278장) ·························· 다함께

기도 ··· 다함께

---

[58] 여기서 사용된 십계명은 칼빈(Calvin)이 말한 율법의 "제2 사용"을 적용한 내용이다.

거룩하신 하나님 아버지, 이 시간 우리의 허물과 죄악을 회개합니다. 하나님께서 이 세상을 창조하시고 우리에게 생명을 주셔서 이 세상을 아름답게 가꾸는 사명을 주셨지만 그 말씀대로 살지 못했음을 용서하여 주소서. 나 자신의 안위만을 위하여 살면서 다른 이들에게 상처를 주었고, 이웃에게 도움의 손길로 따뜻하게 다가서지 못했음을 회개합니다. 용서하여 주소서. 교회를 섬긴다고 열심을 내면서도 겉으로 비춰지는 나 자신을 가꾸는 데 집중했고 진실하고 겸손한 모습으로 하나님 말씀과 그 믿음 안에 거하지 못했음을 용서하여 주소서. 우리 인생의 목적이 하나님을 영화롭게 하며 그 안에서 즐거워하는 것임에도 불구하고 나의 기쁨이 우선되었던 저의 모습을 회개하오니 용서하여 주소서. 하나님께서 우리 인생의 중심으로 들어와 주소서. 주님의 뜻 가운데 우리를 친히 인도하여 주소서. 우리를 사랑하시고 구원하여 주신 예수 그리스도의 이름으로 기도합니다. 아멘.

참회와 고백의 기도 ··· 다함께

(찬송가 279, 280장을 회중이 부르는 동안 한 사람씩 앞으로 나와 각자 준비한 사죄를 구하는 기도문에 촛불의 불을 붙여 준비된 통에 넣어 태우거나, 십자가 상에 기도문을 붙인다.)

사죄의 말씀 ··· 인도자

"그러므로 이제 그리스도 예수 안에 있는 자에게는 결코 정죄함이 없나니 이는 그리스도 예수 안에 있는 생명의 성령의 법이 죄와 사망의 법에서 너를 해방하였음이라"(롬 8:1-2). 여러분은 예수 그리스도 십자가의 보혈로 모든 죄사함을 받았습니다.

신앙고백 ······················ 사도신경 ···························· 다함께

소망

* **성경봉독** ················· 고린도후서 5 : 11~17 ················· 인도자

설교 ················· "보라 새 것이 되었도다" ················· 설교자

하나님은 이 세상을 창조하셨습니다. 이 세상은 하나님의 말씀으로 시작되었습니다. 이것은 새로움의 시작입니다. 하나님은 새롭고 희망찬 미래를 향한

그분의 계획을 그분의 섭리 가운데 성취하십니다. 하지만 인간은 하나님의 은혜로 지음 받고 자유를 얻었음에도 불구하고 그 자유로 자신과 자기 성취만을 위하여 살아갑니다. 하나님 말씀을 거역하고 그 말씀 안에 거하지 않는 삶은 위험과 타락에 빠질 수 있는 죄악의 자리에 머물게 됩니다. 아담과 하와로부터 시작된 죄는 그 후손들에게도 이어져서 계속해서 인간을 멸망의 길로 가게 합니다. 하지만 하나님은 우리를 포기하지 않으십니다. 희생을 치러서 가죽옷을 아담과 하와에게 입혀 주셨습니다. 그들의 첫째 아들 가인이 동생을 죽이는 살인죄를 저질렀을 때도 가인에게 표를 주시어 그를 보호해 주셨습니다. 이처럼 인간은 부족하고 죄악에 머물러 있지만 하나님은 계속해서 그 부족한 인간, 죄악 된 인간에게 찾아오셔서 말씀하시고 사랑을 확인해 주시며 그 사랑을 확증해 주십니다. 하나님 자신이신 예수 그리스도께서 우리 죄를 위하여 십자가에 달려 죽으시고 부활하시어 생명의 삶의 소망이 되어 주셨고, 지금도 우리에게 찾아오셔서 부활의 소망으로 늘 함께하여 주십니다. 따라서 우리는 과거의 허물과 우리의 실수들에 얽매이지 않습니다. 왜냐하면 우리 주님께서 우리와 함께하시고, 늘 새롭게 우리를 고쳐 주시며, 새 소망으로 우리의 삶을 준비시켜 주시기 때문입니다.

그렇다면 우리는 어떻게 그 믿음과 소망 가운데 살아갈 수 있을까요? 우리를 지으신 분의 창조목적과 창조질서에 합당한 삶을 살아가야 합니다. 성경은 하나님께서 창조하신 이 세상이 하나님이 보시기에 좋았다고 기록하고 있습니다. 하나님 보시기에 아름다운 삶은 자신만을 위한 삶이 아닙니다. 우리는 자신을 위하여 살지 않고 우리를 대신하여 죽으신 후 다시 살아나신 우리 주 예수 그리스도를 위하여 살아가야 합니다. 누구든지 그리스도 안에 있으면 새로운 피조물입니다. 이전 것은 지나가고 이제는 새로운 피조물로서 새 희망 가운데 거닐 수 있습니다. 이와 같은 새로움의 축복, 새로운 피조물에게 주시는 새 희망 안에서, 늘 주님과 함께 즐거워하고 기뻐하는 감사한 날들이 우리 모든 믿음의 공동체 가운데 가득하기를 바랍니다.

찬송 ………………………… "나의 생명 되신 주"(380장) ………………… 다함께

기도 ……………………………………………………………………………… 다함께

(기도가 진행되는 동안 촛불과 모든 조명이 꺼지고 새로운 해가 시작될 때까지 각자 기도한다.)

새해의 첫 시간

* 새해를 알리는 소리 ·· 맡은이

    (새해의 첫 시간이 이르렀을 때 맡은 이는 차임벨, 종 또는 북을 쳐서 알릴 수 있다.)

* 빛을 받음 ··· 다함께

    (이때 인도자는 꺼져 있던 초에 다시 불을 붙이고, 회중은 한 사람씩 앞으로 나와서 자신의 초에 불을 붙이고 자리로 돌아간다.)

  빛의 찬송 ············· "시온의 영광이 빛나는 아침"(550장) ············· 다함께

파송

  파송과 위탁의 말씀 ·· 인도자

    이곳에 모인 모든 하나님 나라의 성도 여러분, 이제 하나님께서 우리에게 주신 새해가 밝았습니다. 이 한 해는 주님께서 우리에게 맡겨 주신 거룩한 시간입니다. 하나님 말씀 앞에서 더 겸손하게, 큰 사랑으로, 그리고 하나님께서 기뻐하시는 믿음으로 행하는 복된 한 해가 되기를 바랍니다.

* 축도(주기도) ·· 목사(다함께)

* 평화와 축복의 인사 ·· 다함께

    (축도 후에 모든 회중은 주변에 있는 성도들과 함께 다음과 같이 인사한다. "주님의 은혜와 평강을 기원합니다. 샬롬." 또는 "새해에 하나님의 축복이 가득하시기를 바랍니다. 샬롬.")

2) 신년 감사

* 가능한 분은 일어서서

* 예배로 부름 ················ 이사야 60 : 1~3 ················ 인도자

    새해 첫날을 맞이하여 하나님께 감사예배를 드리겠습니다.

* 찬송 ···"아침 해가 돋을 때"(552장) ························· 다함께

* 신앙고백 ································ 사도신경 ································ 다함께

기도 ··· 맡은이

　생명의 주관자 되신 하나님! 이 시간 우리에게 새해, 새날을 주심을 감사드립니다. 지난 한 해, 우리는 하나님의 사랑과 은혜를 경험하였습니다. 그 가운데 있었던 우리의 허물들을 용서하시고 예수 그리스도의 보혈의 은혜로써 이 시간 우리를 새롭게 채워 주소서. 그 은혜로 말미암아 온누리에 하나님의 은혜가 충만하도록 이 시간 우리를 이끌어 주소서. 하나님 아버지, 새롭게 시작되는 이 한 해도 영원한 하나님의 은혜와 평강으로 우리를 인도하시고, 하나님의 나라와 예수 그리스도의 십자가 은혜가 충만한 축복의 한 해가 되도록 인도하여 주소서. 우리를 구원하여 주신 살아 계신 예수 그리스도의 이름으로 기도합니다. 아멘.

성경봉독 ····························· 잠언 16 : 9 ································ 맡은이

설교 ································ "인도하시는 하나님" ························ 설교자

　사람은 모태에서 태어나 살아갑니다. 모태는 어디에서부터 왔습니까? 그리고 이 세상은 언제부터 시작되어 역사를 이루었습니까? 그렇습니다. 모태이든 이 세상이든 모두 창조주 하나님의 작품이며 역사입니다. 인간은 하나님의 역사하심 없이 존재할 수 없습니다. 새해가 되었습니다. 사람들은 새해에 떠오르는 태양을 보면서 새로운 희망을 기대합니다. 각자 지난해에 대한 아쉬움을 접어두고 새로운 한 해를 계획하고 마음으로 다짐합니다. 하지만 그 모든 계획을 이루는 힘의 근원은 어디에 있을까요? 사람이 자신의 노력으로 자신이 세운 목표와 새로운 다짐을 향해 열심히 달려갈지라도 그 모든 역사와 진행은 이 세상을 창조하신 하나님께 달려 있습니다. 이것을 믿는 것이 우리의 믿음입니다.

　우리는 믿음 없이 하나님을 기쁘시게 할 수 없습니다(히 11 : 6). 믿음이 없는 세상 사람들은 자신의 뜻대로 되지 않을 때 모든 것을 자신이나 또는 다른 사람의 탓으로 돌립니다. 하지만 믿음으로 살아가는 사람은 비록 지금은 그 뜻을 다 알 수 없을지라도 이 세상의 모든 것은 하나님의 주권 안에 있다는 사실을 인정하고 하나님을 믿는 믿음의 삶을 살아갑니다. 그렇습니다. 하나님을

의지하는 자의 마음속에는 하나님의 역사하심과 다스리심에 대한 믿음이 있습니다. 그것은 하나님께서 우리를 인도하신다는 약속의 말씀에 나타납니다. 그것은 모든 것을 합력하여 선을 이루는 하나님의 다스리심입니다(롬 8:28). 우리를 인도하시는 하나님을 바라보는 한 해 되시기를 바랍니다. 우리가 많은 것을 계획할 수 있으나 그 길을 인도하시는 분은 우리를 창조하시고, 온 세상을 다스리시며, 우리를 사랑하여 주시되 끝까지 사랑하여 주시는 하나님이심을 기억하는 한 해 되시기를 바랍니다.

우리에게 기쁘거나, 슬프고 섭섭하거나, 감격하여 행복하거나 또는 그 반대로 아쉬운 모든 순간까지도 모든 것을 합력해서 선한 길로 인도하시는 이 세상의 창조주, 삼위일체의 하나님과 함께하는 한 해 되시기를 바랍니다. 하나님은 그의 아들 예수 그리스도를 십자가에 내어주시기까지 우리를 사랑하시고 우리를 아끼시며 우리를 돌보시는 사랑의 하나님이십니다. 그 하나님의 인도하심을 바라보며 의지하는 올 한 해 되기를 바랍니다.

찬송 ·························· "시온의 영광이 빛나는 아침"(550장) ···················· 다함께

* 축도(주기도) ··· 목사(다함께)

* 평화와 축복의 인사 ··· 다함께

(축도 후에 모든 회중은 주변에 있는 성도들과 함께 다음과 같이 인사한다. "주님의 은혜와 평강을 기원합니다. 샬롬." 또는 "새해에 하나님의 축복이 가득하시기를 바랍니다. 샬롬.")

3) 설 감사

(1) 목회자가 인도하는 경우

예배로 부름 ······························ 잠언 3:5~6 ····························· 인도자

오늘은 설 명절입니다. 이 즐겁고 희망찬 날에 하나님께 감사드리며 설 감사 예배를 드리겠습니다.

신앙고백 ······························ 사도신경 ································ 다함께

찬송 ·························· "시온의 영광이 빛나는 아침"(550장) ·················· 다함께

기도 ··· 맡은이
> 살아 계신 하나님, 오늘처럼 기쁜 날, 설 감사예배로 하나님 앞에 나아가게 하시니 감사드립니다. 지난 한 해 동안 역사하신 주님의 은혜를 기억합니다. 지난 날 동안 하나님 말씀 앞에 순종하지 못하고 나의 유익만을 위하여 열심히 달려온 우리의 삶을 고백하고 회개합니다. 주님의 보혈로 우리를 깨끗하게 씻어 주소서. 사랑과 은혜가 많으신 하나님, 이제 우리가 새해를 맞이합니다. 하나님께서 우리에게 허락하여 주시는 이 새해는 주님이 친히 역사하시는 한 해가 되게 하시고, 우리를 향하신 지극한 사랑하심이 가득하게 하소서. 하나님 아버지께서 새 일을 행하시는 귀하고 복된 한 해가 되도록 인도하여 주소서. 다툼이 있던 곳에 화평이 자리잡게 하시고, 불안과 염려가 있던 자리에 하나님께서 비추시는 은혜와 평강으로 말미암은 새 희망과 소망이 넘치게 하소서. 우리를 모든 죄악에서부터 구원하여 주신 살아 계신 예수 그리스도의 이름으로 기도합니다. 아멘.

성경봉독 ······················· 이사야 43 : 18~21 ······························· 맡은이

설교 ···························· "내가 새 일을 행하리니" ························· 인도자
> 하나님께서는 세상을 말씀으로 창조하시고 이 세상의 '시간'을 시작하셨습니다. 하나님은 우주만물의 '시간과 공간'의 창조주이십니다. 그 시간의 흐름 가운데 우리는 작년 한 해를 보내고 이제 새로운 한 해를 맞이합니다. 우리는 지금, 하나님께서 창조하신 그 시간 안에서 새로운 한 해를 시작하는 것입니다. 지금까지 우리를 인도하신 분도 하나님이시며 앞으로 우리를 인도하실 분도 살아 계신 창조주 하나님이십니다. 이 모든 것이 하나님의 은혜입니다. 지금까지 인도하시고 도우신 '에벤에셀'의 하나님을 기억하길 바랍니다(삼상 7 : 12).
>
> 하나님은 옛것을 잊고 새날을 바라보라고 말씀하십니다. 물론 우리는 과거를 돌아보며 과거의 잘못과 우리의 과오를 깨닫고 돌이켜 회개해야 합니다. 그러나 우리가 지금까지 함께하신 하나님의 은혜를 기억할 때, 우리는 더욱 풍요로운 새해를 맞이할 수 있을 것입니다. 이스라엘 백성들은 이집트를 탈출하여 하나님께서 약속하신 새 땅을 향하면서 홍해의 기적을 경험했지만, 실질적인 광야생활에 직면하자 불평하기 시작합니다. 그러나 이스라엘 백성들이

'마라'에서 쓴물을 경험하고 불평했을 때(출 15:23-24), 하나님께서는 그 물을 고치시어 '치유하시는 하나님'을 경험하게 하셨습니다. 그리고 이어서 하나님은 '엘림'이라는 귀한 오아시스를 경험하게 하셨습니다(출 15:27). 이처럼 하나님께서 계획하시고 인도하시는 섭리는 인간이 알지 못하는 가운데 운행되고 있습니다. 이러한 은혜를 경험했음에도 불구하고 이스라엘 백성들은 모세가 하나님으로부터 십계명을 받아올 때 이를 기다리지 못하고 우상숭배라는 엄청난 죄를 짓습니다. 하나님은 귀한 것을 준비하시고 그들의 길을 예비하시며, 그들의 새 삶을 계획하심에도 불구하고 이스라엘 백성은 하나님을 멸시하는 불신앙 가운데 있었습니다. 하지만 하나님께서는 이들을 위해 언제나 준비하셨습니다. 하나님의 약속은 변함없었습니다. 하나님은 이들이 부족함에도 불구하고 약속의 땅으로 계속하여 나아가도록 날마다 만나와 메추라기로 먹이시고, 불 기둥과 구름 기둥으로 지키시고 보호하며 인도하셨던 것입니다.

 우리는 지금 새해를 맞이합니다. 하나님께서는 올 한 해 우리에게 새 일을 행하실 것입니다. 옛날 일의 아픔에 머물러 있지 마십시오. 그리고 오늘 말씀과 같이 새 일을 행하실 하나님의 섭리와 그 계획하심을 신뢰하고 기대함으로 나아가십시오. 하나님은 광야에 길을 내시고 사막에 강을 내시는 분이십니다. 여호와 하나님을 신뢰하십시오. 하나님은 그의 택한 백성을 결코 포기하지 않으십니다. 하나님께서 광야에 물을 내시고 사막에 강을 내시어 하나님의 택한 백성들이 그것을 마시게 하실 것입니다. 이 사실을 기쁨으로 받고, 하나님께서 나를 창조하신 목적대로 늘 하나님을 찬송하는 올 한 해가 되며 또한 우리 평생의 삶이 되길 간절히 바랍니다.

찬송 ·············· "참 아름다워라"(478장) ·············· 다함께

축도 ·· 인도자

평화와 축복의 인사 ·· 다함께

(축도 후에 모든 회중은 주변에 있는 성도들과 함께 다음과 같이 인사한다. "주님의 은혜와 평강을 기원합니다. 샬롬." 또는 "새해에 하나님의 축복이 가득하시기를 바랍니다. 샬롬.")

(2) 가족끼리 드릴 경우

예배로 부름 · 마태복음 5 : 13~16 · 인도자

 이 시간 설 감사예배를 하나님께 드리겠습니다.

 (인도자가 짧게 기도할 수 있다.)

신앙고백 · 사도신경 · 다함께

찬송 · · · · · · · · · · · · · · · · · · · "오 하나님 우리의 창조주시니"(68장) · · · · · · · · · · · · · · · · · 다함께

기도 · 맡은이

 (가족이 한 사람씩 짧은 기도를 이어간 후 마지막 순번 사람이 "예수 그리스도의 이름으로 기도합니다. 아멘."으로 마칠 수 있다.)

성경봉독 · 시편 23 : 1~6 · 맡은이

설교 · · · · · · · · · · · · · · · · · · · "여호와는 나의 목자시니" · · · · · · · · · · · · · · · · · · · 맡은이

 (가족끼리 말씀을 한 절씩 돌아가며 읽고 그 은혜를 나눈다.)

합심기도 · 다함께

찬송 · · · · · · · · · · · · · · · · · · · "나의 갈 길 다 가도록"(384장) · · · · · · · · · · · · · · · · · · 다함께

마침기도 · 인도자

평화와 축복의 인사 · 다함께

 (참여한 모든 이들과 함께 다음과 같이 인사한다. "주님의 은혜와 평강을 기원합니다. 샬롬." 또는 "새해에 하나님의 축복이 가득하시기를 바랍니다. 샬롬.")

4) 추석 감사

(1) 목회자가 인도하는 경우

예배로 부름 · 에스겔 37 : 14 · 인도자

오곡이 무르익는 풍성한 계절을 주신 하나님의 은혜를 생각하며 감사예배를 드리겠습니다.

찬송 ························· "넓은 들에 익은 곡식"(589장) ························ 다함께

["공중 나는 새를 보라"(588장) "저 밭에 농부 나가"(591장)]

신앙고백 ····························· 사도신경 ····························· 다함께

기도 ··· 맡은이

사랑과 은혜의 하나님, 올 한 해 때를 따라 햇빛과 비를 내려 주셔서 귀한 열매 거두게 하시니 감사합니다. 우리에게 믿음 주시고 사랑으로 인도하여 주셔서 하나님께 감사하며 예배하도록 인도하신 하나님께 감사찬송을 올려 드립니다. 하나님 아버지, 우리가 한 해를 돌이켜 보며 감사의 제목들을 찾게 하시고, 하나님 앞에서 잘못한 모든 죄들을 회개하오니 용서하시며, 주님의 손길로 친히 우리를 인도하여 주소서. 우리에게 있는 크고 작은 모든 감사의 제목들이 모두 다 하나님의 역사하심인 것을 믿음으로 고백하고, 예수 그리스도 안에서 귀한 사랑의 교제가 우리 가운데 더욱 풍성히 나누어지도록 역사하여 주소서. 그리고 복된 우리 믿음의 공동체가 주님의 말씀과 그 소망 안에서 든든히 세워지고, 모든 민족과 함께 온누리로 나아가 하나님께 감사찬송할 수 있는 주님의 공동체를 세우도록 은총 베풀어 주소서. 우리의 예배를 받으시는 하나님께 감사드리며, 우리를 구원하여 주신 예수 그리스도의 이름으로 기도합니다. 아멘.

성경봉독 ························ 시편 121 : 1~8 ························ 맡은이

설교 ······················· "하나님께 감사와 찬송을" ······················· 인도자

하나님께서는 오늘날까지 우리를 지켜 주시고 친히 인도하여 주셨습니다. 이것이 우리 믿음의 고백입니다. 우리는 나 스스로의 힘으로 이 세상에 태어나지 않았고, 나 홀로 이 세상을 살아갈 수 없습니다. 하나님께서 모든 환난 가운데서 우리를 지켜 주셨고, 이스라엘 백성들이 광야를 지나게 하셨듯이 하나님께서 우리가 이 세상의 광야를 지나서 약속의 땅, 풍성한 땅으로 들어갈 수 있도록 친히 인도하여 주십니다. 이처럼 우리가 살아갈 수 있는 이유는 천지를 지

으신 하나님께서 함께하시기 때문입니다.

　우리의 도움은 어디에 있나요? 우리의 도움은 천지를 지으신 여호와 하나님으로부터 옵니다(시 121:1-2). 여호와 하나님은 우리를 지켜 주시어 모든 환난을 면하게 하시며 또한 우리의 영혼을 지켜 주십니다(시 121:7). 하나님께서는 우리의 출입을 지금부터 영원까지 지켜 주십니다(시 121:8). 이것이 하나님의 약속의 말씀입니다. 하나님의 약속은 언제나 여전히 그대로 있습니다. 단지 인간이 기다리지 못하고 그 하나님의 말씀을 의심하고, 마음과 믿음을 한 곳에 두지 못하여 계속해서 갈팡질팡하는 것이 문제입니다. 문제의 원인은 죄인인 인간에게 있습니다. 하나님은 그의 아들 예수 그리스도를 통하여 죄 많은 우리들을 구원해 주셨습니다. 이 구원의 사실 하나만으로 우리는 감사할 수 있습니다. 이 사실 하나만으로 우리는 찬송할 수 있습니다.

　예수님께서는 잎만 무성하고 열매가 없는 무화과나무를 책망하셨습니다(막 11:12-14). 이 나무는 겉보기에 화려했으나 그 안에서 무화과 열매를 찾을 수 없었습니다. 이 모습처럼 종교의 모습은 무성하고, 종교적 행위는 많지만 그 안에 진정한 열매가 없다면 우리는 책망 받을 것입니다. 믿음이 있는 자는 성령의 열매를 바라보고 그 열매의 풍성함을 다시 하나님께 돌려드립니다. 아름다운 신앙의 열매들이 자신에게 있다고 해서 그것을 자기 자신이 열심히 노력하여 얻은 자신의 소유물로 여기면 안 됩니다. 우리가 받은 은혜가 있고, 우리에게 아름다운 성령의 열매가 있다면 그 모든 것을 허락하신 하나님께 감사로 다시 돌려드리는 것은 마땅한 일입니다.

　우리 모두 하나님께 감사찬송합시다. 풍성한 계절을 주신 하나님께 감사하고, 자신에게 맺혀진 성령의 열매가 있다면, 그것이 성령 하나님으로부터 온 성령의 열매임을 깨닫기 바랍니다. 또한 우리에게 맺혀진 아름다운 열매를 자신이 이룬 것처럼 여기는 교만한 생각을 버리고, 오직 하나님께로부터 온 열매인 것을 겸손히 기억하는 진정한 감사가 있기를 바랍니다. 우리 모두가 이 모든 것을 허락하신 하나님께 감사찬송을 올려 드리는 축복된 주님의 자녀들이 되기를 바랍니다.

찬송 ·············· "사철에 봄바람 불어 잇고"(559장) ············· 다함께

축도 ··· 인도자

평화와 축복의 인사·· 다함께

(축도 후에 모든 회중은 주변에 있는 성도들과 함께 다음과 같이 인사한다. "주님의 은혜와 평강을 기원합니다. 샬롬." 또는 "하나님의 축복이 가득하시기를 바랍니다. 샬롬.")

(2) 가족끼리 드릴 경우

예배로 부름····················· 시편 42 : 1························· 인도자

이 시간 풍성한 계절을 주신 하나님께 감사예배를 드리겠습니다.

신앙고백······················· 사도신경·························· 다함께

찬송················· "내 영혼이 은총 입어"(438장)··············· 다함께

기도···맡은이

(가족이 한 사람씩 짧은 기도를 이어간 후 마지막 순번 사람이 "예수 그리스도의 이름으로 기도합니다. 아멘."으로 마칠 수 있다.)

성경봉독···················· 시편 46 : 1~3······················맡은이

설교···············"하나님은 우리의 피난처"···················맡은이

(가족끼리 말씀의 은혜를 함께 나눈다.)

합심기도··· 다함께

찬송················· "저 높은 곳을 향하여"(491장)·············· 다함께

마침기도·· 인도자

평화와 축복의 인사·· 다함께

(참여한 모든 이들과 함께 다음과 같이 인사한다. "주님의 은혜와 평강을 기원합니다. 샬롬." 또는 "하나님의 축복이 가득하시기를 바랍니다. 샬롬.")

5) 추수 감사

- 본 예배를 통하여 하나님께 감사를 올려 드리고 모든 성도가 사랑으로 함께 축복하는 시간을 가질 수 있다.
- 예배 전 예배당에 헌물한 다양한 열매와 귀한 양식을 하나님께 믿음과 정성을 담아 올려 드리고, 예배 후 그것을 음식과 함께 나누고, 이웃을 위하여 사용할 수 있다.
- 또한 예배당 입구에 설치된 '감사의 열매 부스'에 준비된 다양한 색상의 용지에 감사 내용을 써서 '감사의 나무'에 붙인다. 이때, 열매 모양의 용지를 활용하면 좋다. 예배 후에는 그 곳을 '감사의 포토존'으로 활용할 수 있다.

* 가능한 분은 일어서서

* 예배로 부름 ························· 시편 100 : 1~5 ······························· 인도자

추수감사주일을 맞이하여 하나님께 감사예배를 드리겠습니다.

* 찬송 ····················· "저 밭에 농부 나가"(591장) ························· 다함께

* 신앙고백 ····························· 사도신경 ······························ 다함께

기도 ·· 맡은이

만물의 창조주 하나님 아버지, 감사와 찬송을 올려 드립니다. 올 한 해 주님의 은혜로 지금까지 우리를 인도하신 하나님을 찬양합니다. 한 해를 돌이켜보며 비 오는 순간에도, 가뭄의 시절에도, 바람이 불어 어려움 가운데 있을 때에도 변함없이 우리와 함께하여 주신 하나님의 인도하심을 감사찬송합니다. 그러나 우리는 연약한 믿음 가운데 있었습니다. 조금만 부족하여도 불평하였고 이웃들과 함께 나누기를 주저했습니다. 그런 우리를 용서하여 주소서. 우리의 연약함과 어려운 환경 중에서도 오늘날까지 인도하시고 이처럼 풍성한 가을을 맞이하게 하신 하나님을 늘 기억하며 살아가게 하여 주소서. 열매가 무르익어 풍성함을 이룰 때까지 많은 시련과 고비들이 있음을 깨닫고, 우리 삶에

다양한 고난과 고비들이 있을지라도 그 가운데 우리와 함께하시고, 이끌어 주시는 하나님을 기억하도록 성령께서 함께하여 주소서. 하나님 안에서 오늘과 같은 추수의 시간이 우리의 삶 속에서도 복되게 준비되고 여물고 있음을 늘 기억하며 주님을 높이는 신앙의 삶을 살아가도록 인도하여 주소서. 우리에게 풍성한 계절을 주시고, 우리를 사랑하여 주시되 끝까지 사랑하시는 예수 그리스도의 이름으로 기도합니다. 아멘.

성경봉독························· 시편 50 : 14~15 ························맡은이

감사찬송 ··· 찬양대 또는 맡은이

설교 ······················· "하나님께 드리는 믿음의 감사" ····················· 설교자

하나님께 나아가는 사람은 자신의 육신과 자신이 가진 사회적인 지위를 가지고 나아가지 않습니다. 하나님은 영이시기 때문에 하나님께 나아가는 자는 영과 진리로 하나님 앞에 나아갑니다. 구약시대의 성전이나 지금의 교회는 세상이 아름답다고 보는 미적인 예술로 장식된 공간이 아닙니다. 성전과 교회는 주의 성령께서 계시는 곳이기 때문에 눈에 보이는 화려한 모습만으로 주님의 성전이 아름답다고 말할 수 없습니다. 주님은 성전에 계시고 주님이 계시는 성전은 주의 성령이 계신 곳입니다. 우리 속에 성령이 거하시면 그곳이 주님의 성전이자 주님의 나라가 됩니다(고전 3 : 16 ; 눅 17 : 21). 우리는 어디에서든, 어떤 공간에서든 그곳에서 영과 진리로 하나님께 예배할 수 있습니다. 하나님께 영과 진리로 참된 예배(요 4 : 23-24)를 드리는 자는 세상의 모든 짐과 추한 것을 가지고 있을지라도 그 마음속에 한 가지 분명한 믿음의 사실을 가지고 있습니다. 그것은 나를 위하여 죽으신 예수 그리스도 희생의 십자가 보혈입니다. 그 피는 곧 나에게 감사가 됩니다. 그 피는 희생이며, 그 피가 없으면 우리는 하나님께로 나아갈 수 없기 때문입니다. 따라서 우리가 하나님께 나아갈 수 있고, 예배할 수 있는 이유는 예수 그리스도 십자가 희생의 보혈 때문이며, 또한 그 보혈은 우리가 구원받은 자로서 예배로 나아갈 수 있는 힘이요, 우리 감사의 기초요, 출발이 되는 것입니다.

우리는 날마다 하나님께 감사하는 삶을 살 수 있습니다. "항상 기뻐하라 쉬지 말고 기도하라 범사에 감사하라 이것이 그리스도 예수 안에서 너희를 향하신 하나님의 뜻이니라"(살전 5 : 16-18). 우리가 범사에 감사하는 것은 믿음

의 고백입니다. 늘 기쁨이 솟아나는 삶이 아닐지라도 우리는 모든 상황 가운데서 모든 것이 합력해 선을 이루게 하시는(롬 8 : 28) 하나님의 계획하심과 그 섭리 가운데 믿음으로 감사할 수 있는 것입니다. 하나님께서는 이 같은 감사를 기뻐하시며 이 믿음의 고백을 통해서 역사를 이루어 주실 것입니다. 지금 어려움 가운데 있으십니까? 그렇다면 감사와 찬송으로 주님 앞에 나아가십시오.

하나님을 향한 우리의 감사찬송은 우리를 넘어뜨리려는 악한 원수들을 무너뜨리는 강력한 주님의 역사를 일으킬 것입니다. 우리에게 있는 하나님을 향한 감사는 우리가 알지 못하는 하나님의 놀라운 일과 그 섭리를 보게 할 것입니다. 이처럼 범사에 감사하는 삶의 능력이 여러분 삶 가운데 실현되기를 소망합니다. 하나님께서 우리의 감사를 받으시고, 그 믿음의 감사를 통해 장차 큰 역사를 이루실 것입니다. 이 같은 믿음의 비전으로, 지금까지 우리를 인도하시고 이끌어 주신 하나님께 감사하고, 감사찬송을 하나님께 올려 드리는 모든 믿음의 공동체가 됩시다. 그 가운데 역사하시는 하나님에 의한 승리의 삶이 모든 주님의 성도들에게 있기를 바랍니다.

찬송 ······················ "넓은 들에 익은 곡식"(589장) ······················ 다함께

* 축도 ··· 인도자

평화와 축복의 인사 ··· 다함께

(축도 후에 모든 회중은 주변에 있는 성도들과 함께 다음의 인사를 한다. "주님의 은혜와 평강을 기원합니다. 샬롬." 또는 "새해에 하나님의 축복이 가득하시기를 바랍니다. 샬롬.")

6) 삼일절 기념[59]

인도 : 목사
* 가능한 분은 일어서서

---

[59] 삼일절은 우리 선조들이 일제의 식민 통치에 맞서 자주독립국으로서의 국가적 정체성을 선언한 날로서, 삼일절 기념예배를 통해 우리는 과거 한 세기 전에 일어났던 독립만세운동을 기억하는 동시에, 민족의 화합과 통일이라는 이 시대를 향한 새로운 사명을 확인하도록 한다. 하나님께서는 그의 백성들을 부르시고 그들과 친히 언약을 세우시며 그 약속 가운데 스스로를 구속하시고 그의 백성들에게 하나님이 되어 주시는 분이신 바, 본 예배에서는 우리 민족이 하나님의 언약 백성이 되고 여호와께서 우리 민족의 하나님이 되어 주심을 믿고 우리의 결단을 올려 드리며 하나님과의 언약을 재확인하도록 한다.

언약으로 나아감

* 입례송 ·················· "영광의 왕께 다 경배하며"(67장) ·················· 다함께

   (찬송 중에 예배위원이 입장한다. 성경책을 든 예배 인도자가 선두에 서고, 태극기와 교회기를 든 기수들, 설교자, 경우에 따라 찬양대가 뒤따라 입장하여 정해진 자리에 위치한다. 입장 후 태극기와 교회기는 강단 좌우에 세워둔다.)

* 예배로 부름 ··· 인도자

   "왕이신 나의 하나님이여 내가 주를 높이고 영원히 주의 이름을 송축하리이다 여호와여 주께서 지으신 모든 것들이 주께 감사하며 주의 성도들이 주를 송축하리이다 그들이 주의 나라의 영광을 말하며 주의 업적을 일러서 주의 업적과 주의 나라의 위엄 있는 영광을 인생들에게 알게 하리이다 주의 나라는 영원한 나라이니 주의 통치는 대대에 이르리이다"(시 145:1, 10-13). 아멘.

* 응답송 ··· 찬양대(반주자)

* 기원 ··· 인도자

   만왕의 왕이신 하나님, 하나님의 이름을 알지 못하던 흑암 중의 백성에게 복음이 전파되게 하시고, 외세의 압제 가운데 몸부림치던 이 민족에게 구원을 허락하여 주심에 감사드립니다. 우리에게 자유를 주신 하나님, 이 시간 우리가 거룩하신 하나님께 영과 진리로 참되게 예배드리오니, 존귀와 영광과 찬송을 받기에 합당하신 삼위일체 하나님께서 이곳에 오셔서 우리의 예배를 받으소서. 우리의 구원자이신 예수 그리스도의 이름으로 기도합니다. 아멘.

* 성시교독 ······················ 시편 146편 ······················ 다함께

   인도자 : 할렐루야 내 영혼아 여호와를 찬양하라
   회　중 : 나의 생전에 여호와를 찬양하며 나의 평생에 내 하나님을 찬송하리로다
   인도자 : 귀인들을 의지하지 말며 도울 힘이 없는 인생도 의지하지 말지니
   회　중 : 그의 호흡이 끊어지면 흙으로 돌아가서 그 날에 그의 생각이 소멸하리로다
   인도자 : 야곱의 하나님을 자기의 도움으로 삼으며 여호와 자기 하나님에게 자기의 소망을 두는 자는 복이 있도다

회　　중 :	여호와는 천지와 바다와 그 중의 만물을 지으시며 영원히 진실함을 지키시며
인도자 :	억눌린 사람들을 위해 정의로 심판하시며 주린 자들에게 먹을 것을 주시는 이시로다
회　　중 :	여호와께서는 갇힌 자들에게 자유를 주시는도다
인도자 :	여호와께서 맹인들의 눈을 여시며 여호와께서 비굴한 자들을 일으키시며 여호와께서 의인들을 사랑하시며
회　　중 :	여호와께서 나그네들을 보호하시며 고아와 과부를 붙드시고 악인들의 길은 굽게 하시는도다
다함께 :	시온아 여호와는 영원히 다스리시고 네 하나님은 대대로 통치하시리로다 할렐루야

찬송 ················· "큰 영화로신 주"(35장) ················· 다함께

언약의 말씀

성경봉독 ············· 이사야 42 : 1~9 ············· 맡은이

설교 ··· 설교자

찬송 ············· "시온의 영광이 빛나는 아침"(550장) ············· 다함께

언약의 갱신

초대 ··· 인도자

　성도 여러분, 우리는 3·1운동 ○○○주년이 되는 오늘을 하나님께 경배함으로써 기념합니다. 하나님께서는 일찍이 이 땅에 복음이 전해지게 하시고 우리를 하나님의 백성으로 삼아 주셨습니다. 우리로 하나님의 이름을 알게 하시고 하나님을 경배하게 하신 것은 우리 민족에게 베푸신 하나님의 가장 귀한 은혜입니다. 그리고 우리는 선조들이 그토록 염원했던 독립이 이루어진 가운데 이 날을 기념하고 있습니다. 하나님께서 이 민족을 자기 백성으로 삼으사 자유와 해방을 주신 것은 놀라운 은혜입니다.

오늘 우리는 백여 년 전 과거를 기억하며, 또한 우리 민족의 백 년 후 미래를 바라봅니다. 이제 그 미래에는 오늘 우리가 통일 조국을 염원하며 간절히 기도하였던 것을 기념하며, 한반도가 하나 되어 하나님께 경배드리게 될 것을 믿습니다. 그날이 오기까지 이 민족이 언약의 하나님 안에 있는 하나님의 백성으로 굳건히 서 있어야 할 것입니다. 그렇기에 우리는 하나님의 복된 약속을 붙잡고 다시금 언약을 굳건히 하고자 합니다. 사망에 종노릇하던 우리의 옛 사람이 장사되고, 그리스도와 함께 새 생명으로 옮겨진 세례(골 2:12)를 기억하고자 합니다. 우리는 세례를 통하여 언약의 백성으로 인침을 받았습니다. 세례는 그리스도께 접붙임 되는 표요, 우리를 구원하는 표입니다.

* 서약 문답……………………………………………………………… 인도자와 회중

이제 다 함께 자리에서 일어나, 세례예식을 통해 우리가 올려 드렸던 결단을 다시금 선언합시다. 우리는 죄에 대하여 죽고 의에 대하여 살게 된 하나님의 언약 백성입니다. 하나님께서 우리를 택하신 족속이요 왕 같은 제사장이요 그의 소유된 백성으로 불러 주셨으니, 우리 모두 악을 거부하고 하나님께만 무한한 긍정을 돌립시다. 이제 서약 문답을 할 때 백여 년 전 우리 선조들이 두 팔을 들고 당당하게 독립만세를 외쳤던 것처럼, 여러분도 만세 삼창하듯 두 손을 들어 올려 세 번 다짐하겠습니다.

인도자 : 사랑하는 성도 여러분, 여러분은 죄의 길에서 돌이키고, 하나님의 사랑과 의를 저버리게 하는 세상의 권세를 거부하시겠습니까?

(두 손 들고)

회　중 : 예, 거부합니다.

인도자 : 여러분의 주인이시요, 사망 권세를 이기고 생명을 주신 구원자가 누구입니까?

(두 손 들고)

회　중 : 예수 그리스도입니다.

인도자 : 여러분은 하나님의 말씀에 순종하며, 성령의 인도하심을 따라 이 땅 가운데서 그리스도의 신실한 제자로 살아가시겠습니까?

(두 손 들고)

회　중 : 예, 그렇게 하겠습니다.

신앙고백·························사도신경······················· 다함께

언약을 품고 나아감

* 찬송 ················ 동해물과 백두산이(찬미가 14장)⁶⁰⁾ ············ 다함께

* 축도 ··· 인도자

* 후주 ·· 찬양대(반주자)

(후주가 진행되는 동안 예배위원들은 태극기와 교회기를 들고 퇴장 행진한다.)

7) 광복절 감사[61]

인도 : 목사
* 가능한 분은 일어서서

빛으로 나아감

타종 ··· 인도자

촛불점화 ··· 맡은이

---

60) 현재의 애국가 곡조가 작곡된 시기는 1930년대로, 1919년 3·1 만세 운동 당시에는 "올드 랭 사인"(Auld Lang Syne)의 곡조에 맞춰 애국가를 불렀으며, 그 애국가 가사는 찬송가집인 『찬미가』(1905년)에 수록되어 있다. 본 예배에서는 1919년의 정황대로 애국가를 올드 랭 사인의 곡조에 맞춰 불러도 좋다.

61) 광복절은 우리 민족이 일제의 속박으로부터 해방된 구원의 날이다. 특별히 기독교인의 입장에서 광복절은 하나님의 구원의 섭리를 느낄 수 있는 의미 있는 날이다. 우리의 힘이 아닌 하나님의 은혜로 우리 민족에게 주어진 자유의 날이기 때문이다. 따라서 광복절을 맞이하며 기독교인들이 우리 민족의 역사에 개입하셔서 해방시켜 주신 하나님의 구원의 손길을 기억하면서 감사하고 축하하는 예배를 드리는 것은 합당하다. 그리고 성경적으로도 광복절은 유대인의 유월절과 상당한 유사점을 가지고 있으므로, 유월절과 관련된 시편과 교독문 등을 사용하여 감사의 예배를 드리는 것도 좋다.

* 예배로 부름 ·· 인도자

"너희는 이전 일을 기억하지 말며 옛날 일을 생각하지 말라 보라 내가 새 일을 행하리니 이제 나타낼 것이라 너희가 그것을 알지 못하겠느냐 반드시 내가 광야에 길을 사막에 강을 내리니 장차 들짐승 곧 승냥이와 타조도 나를 존경할 것은 내가 광야에 물을, 사막에 강들을 내어 내 백성, 내가 택한 자에게 마시게 할 것임이라 이 백성은 내가 나를 위하여 지었나니 나를 찬송하게 하려 함이니라"(사 43:18-21).

* 응답송 ·· 찬양대

* 기원 ·· 인도자

거룩하신 하나님, 하나님께서는 성소 높은 곳에서 굽어보시고 하늘에서 땅을 살펴보시며 갇힌 자들의 탄식을 들으시고 죽게 된 자들을 해방시켜 주셨습니다(시 102:19-20). 흑암 가운데 신음하던 우리 민족에게 다시금 빛이 돌아오게 해 주신 하나님, 그 행하신 일을 찬양합니다. 또한 앞으로 행하실 새 일을 기대하며 존귀와 영광을 돌립니다. 하나님, 우리로 이 땅의 어두움을 밝히며 빛의 자녀답게 행하도록 이 시간 광명한 빛으로 임하여 주소서. 영원토록 우리의 경배를 받기에 합당하신 예수 그리스도의 이름으로 기도합니다. 아멘.

찬송 ····················· "면류관 벗어서"(25장) ····················· 다함께

참회와 고백의 기도 ··· 다함께

인도자: 하늘의 하나님 여호와 크고 두려우신 하나님이여 주를 사랑하고 주의 계명을 지키는 자에게 언약을 지키시며 긍휼을 베푸시는 주여 간구하나이다 이제 종이 주의 종들인 이스라엘 자손을 위하여 주야로 기도하오며 우리 이스라엘 자손이 주께 범죄한 죄들을 자복하오니 주는 귀를 기울이시며 눈을 여시사 종의 기도를 들으시옵소서 나와 내 아버지의 집이 범죄하여 주를 향하여 크게 악을 행하여 주께서 주의 종 모세에게 명령하신 계명과 율례와 규례를 지키지 아니하였나이다 옛적에 주께서 주의 종 모세에게 명령하여 이르시되 만일 너희가 범죄하면 내가 너희를 여러 나라 가운데에 흩을 것이요 만일 내게로 돌아와 내 계명을 지켜 행하면 너희 쫓긴 자가 하늘 끝에 있을지라도

내가 거기서부터 그들을 모아 내 이름을 두려고 택한 곳에 돌아오게 하리라 하신 말씀을 이제 청하건대 기억하옵소서 이들은 주께서 일찍이 큰 권능과 강한 손으로 구속하신 주의 종들이요 주의 백성이니이다(느 1 : 5-10).

회　중 : 여호와여, 이제 주는 우리 아버지시니이다 우리는 진흙이요 주는 토기장이시니 우리는 다 주의 손으로 지으신 것이니이다 여호와여, 너무 분노하지 마시오며 죄악을 영원히 기억하지 마시옵소서 구하오니 보시옵소서 보시옵소서 우리는 다 주의 백성이니이다(사 64 : 8-9).

침묵 기도·· 다함께

1907년 한반도에서, 평양으로부터 눈물어린 참회의 물결이 일어났습니다. 그 참회의 물결은 이 땅에서 뜨거운 부흥의 불길이 되었고, 사회 정화 운동으로 이어졌습니다. 이 시간 성령의 인도하심을 따라, 우리의 허물과 죄악을 고백하며 다 함께 기도하시겠습니다.

사죄의 말씀·· 인도자

복된 소식을 들으십시오. "너희가 전에는 백성이 아니더니 이제는 하나님의 백성이요 전에는 긍휼을 얻지 못하였더니 이제는 긍휼을 얻은 자니라"(벧전 2 : 10). 그리스도 안에서 너희가 죄 사함을 받았으니 "이는 너희를 어두운 데서 불러 내어 그의 기이한 빛에 들어가게 하신 이의 아름다운 덕을 선포하게 하려 하심이라"(벧전 2 : 9b). 아멘.

찬송························ "어둔 밤 마음에 잠겨"(582장)······················· 다함께

빛의 조명

성경봉독····················· 출애굽기 12 : 1~14···························맡은이

찬송·· 찬양대

설교··· 설교자

빛이 되어 나아감

결단의 기도 ·· 다함께

> 인도자: 우리 민족에게 해방의 기쁨을 허락하신 하나님, 특별히 우리 민족을 사랑하셔서, 계속되는 고난 속에서도 언제나 우리의 주님이 되어 주신 능력의 하나님께 감사와 영광을 돌립니다. 또한 우리에게 그리스도이신 예수님을 통하여 부활의 소망을 주시고, 죽음의 포로에서 해방되는 참 자유를 주신 하나님께 감사를 돌립니다. 이제 우리는 우리에게 구원을 주신 하나님을 찬양하며 성령의 도우심 가운데 세상을 이겨 나갈 것을 약속합니다. 이제 하나님의 도우심 가운데 우리는 하나님 이외에 다른 신들을 우리에게 두지 않겠습니다.
> 회 중: 우리를 위하여 새긴 우상을 만들지 않겠습니다.
> 인도자: 우리는 우리의 하나님 여호와의 이름을 망령되게 부르지 않겠습니다.
> 회 중: 안식일을 기억하여 거룩하게 지키겠습니다.
> 인도자: 우리에게 주신 부모를 공경하겠습니다.
> 회 중: 살인하지 않겠습니다.
> 인도자: 간음하지 않겠습니다.
> 회 중: 도둑질하지 않겠습니다.
> 인도자: 우리의 이웃에 대하여 거짓 증거하지 않겠습니다.
> 회 중: 우리 이웃의 것을 탐내지 않겠습니다.
> 다함께: 우리는 우리의 마음을 다하고 목숨을 다하고 뜻을 다하여 부활의 소망을 주신 주 우리의 하나님을 사랑하고 부활의 소망 가운데 우리의 이웃을 우리의 몸과 같이 사랑하겠습니다.[62]

애국가 ·· 다함께

축도 ·· 인도자

"여호와는 네게 복을 주시고 너를 지키시기를 원하며 여호와는 그의 얼굴을

---

[62] 이 순서는 칼빈의 신학에 따른 것으로, 하나님의 은혜를 받은 후에 율법이 새로운 기능(제3 사용)을 수행하는 것을 반영하였다.

네게 비추사 은혜 베푸시기를 원하며 여호와는 그 얼굴을 네게로 향하여 드사 평강 주시기를 원하노라"(민 6:24-26).

8) 환경주일[63]

모임 예전

예배로 부름 ··· 인도자

"하늘은 기뻐하고 땅은 즐거워하며 바다와 거기에 충만한 것이 외치고 밭과 그 가운데에 있는 모든 것은 즐거워할지로다 그 때 숲의 모든 나무들이 여호와 앞에서 즐거이 노래하리니 그가 임하시되 땅을 심판하러 임하실 것임이라 그가 의로 세계를 심판하시며 그의 진실하심으로 백성을 심판하시리로다 하나님은 영이시니 예배하는 자가 영과 진리로 예배할지니라"(시 96:11-13; 요 4:24).

기원 ···맡은이

전능하신 하나님, 주님의 거룩하신 은혜로 오늘도 새롭게 하심을 감사합니다. 예배 가운데 주님의 자비로 믿음의 능력을 주셔서 우리의 마음이 온전히 주님을 향하게 하소서. 성경으로, 믿음으로, 그리스도로, 은총으로 이제와 영원토록 살아 계시는 성부, 성자, 성령 하나님께 영광을 돌리게 하시고 저희에게는 은총과 은혜와 말씀이 충만한 예배가 되게 하소서.

찬송 ························· "저 높고 푸른 하늘과"(78장) ························· 다함께

["샤론의 꽃 예수"(89장), "나의 기쁨 나의 소망 되시며"(95장),
"온 천하 만물 우러러"(69장), "주 하나님 지으신 모든 세계"(79장)]

참회와 고백의 기도 ···맡은이

---

[63] 환경주일은 하나님의 창조와 주권을 강조하는 주일이 되면 좋을 것이다. 환경주일예배는 하나님의 창조와 아름다움, 창조 질서의 누림을 강조하는 것이 중요하다. 또한 죄로 인한 창조의 파괴와 하나님의 재창조, 그리고 영원한 나라의 소망을 강조한다.

인자하신 주님, 우리가 주님 앞에 나왔습니다. 이 시간이 있도록 이끌어 주시고, 힘 주시고, 의롭다 하신 주님께 감사를 드립니다. 주님의 은혜를 생각하면 한 평생 찬송을 불러도 부족하지만 우리는 순간순간 은혜를 잊어버리고, 은혜를 모르는 것처럼, 은혜와 상관이 없는 것처럼, 사람에게 불평하며 원망하고, 나 자신에 대해서도 허무함과 후회 속에서 살아가고 있으니 불쌍히 여겨 주소서.

주님, 주님은 세상을 창조하시고 아름답게 운행하시며 우리 모두가 아름다운 창조 속에서 살기를 원하셨지만 우리는 주님 뜻을 따르지 못했습니다. 하나님이 자연의 주인이심을 온전히 깨닫지 못했고, 자연은 그저 마음대로 사용해도 되는 줄로 알고 함부로 대했습니다. 그리하여 자연도, 생물도, 우리 자신까지도 망가지는 줄 몰랐습니다. 주님, 용서하여 주소서. 저희들의 죄와 잘못을 용서하시고 새로운 존재로 다시 창조하여 주소서.

사죄의 말씀 …………………………………………………………… 인도자

동이 서에서 먼 것 같이 우리의 죄과를 우리에게서 멀리 옮기셨으며 아버지가 자식을 긍휼히 여김 같이 여호와께서는 자기를 경외하는 자를 긍휼히 여기시나니 그러므로 이제 그리스도 예수 안에 있는 자에게는 결코 정죄함이 없느니라(시 103 : 12-13 ; 롬 8 : 1).

영광송 ………………………… "목소리 높여서"(6장) ………………………… 다함께

성시교독 ……………………………… 113번 ……………………………… 다함께

기도 ………………………………………………………………………… 맡은이

말씀 예전

성령조명을 위한 기도 …………………………………………………… 맡은이

아름다우신 창조주 하나님, 이제 거룩한 주님의 창조의 말씀을 열어 봉독할 때 창조의 영이신 성령의 빛을 고루 비추시어 우리 마음이 주님의 말씀을 받게 하시고 우리 모두가 창조의 아름다운 말씀을 듣게 하소서. 그리하여 우리가 창조주 하나님을 찬양하고, 창조주 예수 그리스도를 기뻐하며, 창조주 성령 안에서 창조주이신 삼위일체 하나님을 영화롭게 하게 하소서. 예수님의 이

름으로 기도합니다. 아멘.

구약의 말씀	창세기 1 : 1~5	맡은이
서신서의 말씀	로마서 7 : 15~25	맡은이
찬송		찬양대
복음서의 말씀	마태복음 11 : 25~30	맡은이
설교		설교자
신앙고백		다함께

파송 예전

봉헌찬송	"참 아름다워라"(478장)	다함께
봉헌기도		인도자
교회소식		인도자
파송찬송	"오 신실하신 주"(393장)	다함께
파송의 말씀과 축도		인도자

9) 종교개혁주일[64]

---

[64] 종교개혁주일은 개혁교회의 신앙 모토인 "교회는 언제나 개혁되어야 한다"(ecclesia semper reformanda est)는 주제 아래서 이루어져야 한다. 반가톨릭 정서로 인해 종교개혁주일의 참된 의미를 잃지 않도록 한다. 종교개혁주일을 지키는 신학적 근거는 다음과 같다 : 1) 성서적 근거 : 솔로몬 성전 이후 구약성서 안에는 여러 번에 걸친 국가 주도형 종교개혁이 이뤄진다. 2) 역사적 필요 : 신앙의 개혁이 없다면 죽은 신앙이고 이미 고정화되어 변형하지 못하는 생명력 없는 신앙이다. 3) 목회적 필요 : 교회가 영적으로 정체되어 가는 이 시기에 종교개혁주일을 지키는 것은 더욱 중요하다. 4) 성찬의 필요 : 개혁교회는 성찬 이해를 달리함으로 가톨릭으로부터 분리되었지만 이제는 그리스도 안에서 모든 교회가 하나임을 강조하는 성찬이 반드시 필요하다.

집례 : 목사
* 가능한 분은 일어서서

모임 예전

* 예배로 부름 ·· 집례자

"믿음은 바라는 것들의 실상이요 보이지 않는 것들의 증거니 선진들이 이로써 증거를 얻었느니라 믿음으로 모든 세계가 하나님의 말씀으로 지어진 줄을 우리가 아나니 보이는 것은 나타난 것으로 말미암아 된 것이 아니니라 하나님은 영이시니 예배하는 자가 영과 진리로 예배할지니라"(히 11:1-3 ; 요 4:24).

* 기원 ··· 집례자

전능하신 하나님, 주님의 거룩하신 은혜로 오늘도 우리를 새롭게 하심을 감사합니다. 예배 가운데 주님의 자비로 믿음의 능력을 주셔서 우리의 마음이 온전히 주님을 향하게 하소서. 성경으로, 믿음으로, 그리스도로, 은총으로 이제와 영원토록 살아계시는 성부, 성자, 성령 하나님께 영광을 돌리게 하시고 저희에게는 은총과 은혜와 말씀이 충만한 예배가 되게 하소서.

* 찬송 ························· "영광의 왕께 다 경배하며"(67장) ····················· 다함께

참회와 고백의 기도 ··· 집례자

은혜로우신 주님, 한없이 자비로우신 주님 앞에 선 저희들은 부끄러움과 두려움뿐입니다. 후회되는 것과 뉘우칠 것이 너무 많아 차마 고개를 들기 어렵습니다. 하지만 주님께 사유함이 있고, 돌아오는 자를 언제나 용서하시고 받아 주시는 줄 알기에 이 시간 머리를 숙였습니다. 긍휼히 여겨 주소서.

　　주님, 어두운 세상에 살며 빛이 되지 못했습니다. 날마다 부패해 가고 있는 세상을 살아가면서 소금도 되지 못했습니다. 주께서 많은 사명을 맡기셨지만 사명에 충실하지도 못했습니다. 시와 때를 따라 말씀을 주셨지만 말씀대로 살아가지도 못했습니다. 너무나 쉽게 넘어지고, 너무도 쉽게 좌절하며, 너무도 자주 실족하여 알게 모르게 수많은 죄를 짓고 살았습니다. 용서해 주소서. 주님, 주의 말씀을 거역하고 주의 뜻에 반하며 살아온 일이 너무 많았습니다. 주는 사랑을 말씀하셨지만 미워할 때가 많았고 주는 밝은 소망을 보여주셨지만

어두운 실망에 빠지곤 했습니다. 모든 일의 책임이 나에게 있음에도 사람에게 불평하며, 자신에게 절망하며, 하나님을 원망하며 살아온 이 불신앙적인 소행을 용서하여 주소서. 십자가의 보혈로 속량하시고 그 크고 놀라운 능력으로 새롭게 하여 주소서.

사죄의 말씀 ··· 집례자

여호와는 긍휼이 많으시고 은혜로우시며 노하기를 더디 하시고 인자하심이 풍부하시도다 그러므로 이제 그리스도 예수 안에 있는 자에게는 결코 정죄함이 없느니라(시 103:8; 롬 8:1).

영광 ························· "만복의 근원 하나님"(1장) ····················· 다함께

성시교독 ································ 104번 ································ 다함께

기도 ·· 맡은이

말씀 예전

성령조명을 위한 기도 ··· 집례자

　전능하시고 은혜로우신 아버지 하나님,
　우리의 모든 구원이 거룩한 주님의 말씀으로 이루어짐을 압니다.
　성령으로 우리를 강건하게 하시어
　우리의 마음이 세상적 생각에서, 육체의 욕망에서 멀어지게 하소서.
　우리 모두가 주님의 동일한 말씀을 받아 듣게 하시고
　주님의 동일한 은혜를 깨닫게 하소서.
　그리하여 우리가 주님을 기쁨으로 사랑하고 봉사하게 하시고
　예수 그리스도를 영화롭게 하게 하소서. 아멘.
　- 칼빈(John Calvin)[65]

구약의 말씀 ······················ 하박국 2:1~4 ························· 맡은이

---

65) William D. Maxwell, *An Outline of Christian Worship* (London : Oxford University Press, 1958), 114.

| 서신서의 말씀 | 로마서 1 : 16~17 | 맡은이 |

| 찬송 | 찬양대 |

| 복음서의 말씀 | 마태복음 5 : 17~20 | 맡은이 |

| 설교 | "개혁, 믿음과 행함의 길" | 설교자 |

| 신앙고백 | 다함께 |

성찬 예전

| 봉헌과 기도 | "어느 민족 누구게나"(586장) | 다함께 |

(성찬 예전이 시작될 때, 봉헌찬송과 함께 맡은 이들이 떡과 포도즙을 성찬대 앞으로 가지고 나온다. 이때 헌금도 함께 봉헌한다. 떡과 포도즙, 그리고 헌금이 성찬대에 놓이면 아래의 봉헌기도를 드린다.)

사랑의 하나님, 주님께서 우리의 수고와 노동을 축복해 주시어 그 열매를 얻게 하셨습니다. 감사함으로 주님께 그중 얼마를 구별하여 가져왔으니, 이 예물과 우리를 받아 주소서. 우리 주 예수 그리스도의 이름으로 기도합니다. 아멘.

| 성찬 감사기도 | 집례자와 회중 |

집례자 : 주님께서 여러분과 함께하시기를 원합니다.
회　중 : 목사님과도 함께하시기를 원합니다.
집례자 : 여러분의 마음을 하나님을 향해 활짝 여십시오.
회　중 : 주님께 우리의 마음을 활짝 엽니다.
집례자 : 우리 주님, 우리 하나님께 감사를 드립시다.
회　중 : 주님께 우리의 감사와 찬양을 드림이 마땅합니다.
집례자 : 창조의 하나님! 하나님은 우주 만물의 주님이시기에, 이 시간 주님께 감사와 찬양을 드림이 우리의 마땅한 의무이며 최고의 기쁨입니다. 주님께서는 주님의 지혜로 세상 만물을 창조하셨고, 지금도 그 능력으로 만물을 지키십니다. 하나님의 형상을 따라 여자와 남자를 각각 창조하시고, 이 땅의 피조물들과 화평을 이루며 살아야 할 청지기의

사명을 주셨습니다. 그러나 우리는 주님의 뜻을 거역하고 불순종했던 적이 많았습니다. 그럼에도 불구하고 주님은 변함없이 우리를 사랑해 주시고, 주님의 길을 걸어가도록 도우셨습니다. 또한 주님의 귀한 독생자 예수 그리스도를 우리에게 보내셔서 우리를 구원하시고 우리의 상처를 고치시며 놀랍고 위대한 일을 하셨습니다. 그러므로 이 시간 하늘에 있는 예언자, 사도들, 그리고 순교자들과 함께, 우리도 거룩한 노래로 하나님의 영광을 영원히 찬양합니다.

회　중: 거룩, 거룩, 거룩하신 주님! 능력과 권세의 하나님! 하늘과 땅이 주님의 영광으로 가득 차 있나이다. 호산나, 호산나! 가장 높은 곳에 계신 분께 호산나! 주님의 이름으로 오시는 분이시여, 복되신 분이시여! 가장 높은 곳에 계신 분께 호산나 찬양을 돌립니다.

집례자: 고린도전서 11장 23-25절의 말씀입니다. "주 예수께서 잡히시던 밤에 떡을 가지사 축사하시고 떼어 이르시되 이것은 너희를 위하는 내 몸이니 이것을 행하여 나를 기념하라 하시고 식후에 또한 그와 같이 잔을 가지시고 이르시되 이 잔은 내 피로 세운 새 언약이니 이것을 행하여 마실 때마다 나를 기념하라" 하셨습니다.

　　오! 거룩하신 하나님, 이 시간 하나님의 독생자 우리 주 예수 그리스도에게도 찬양을 돌립니다. 동정녀 마리아를 통해 이 땅에 오신 예수님 안에서 하나님의 말씀이 육신이 되어 우리와 함께 거하셨습니다. 예수님은 이 땅에서 우리처럼 사시며 기쁨과 슬픔을 경험하셨고, 병든 자를 고치시며, 주린 자를 먹이시고, 눈 먼 자를 보게 하셨으며, 죄인과 소외된 자들과 함께 잡수시며 가난한 자들에게 하나님 나라의 복음을 전하셨습니다. 십자가에서 돌아가실 때 세상에 생명을 주기 위해 자신의 생명을 내어 주셨으며, 죽음을 이기시고 무덤에서 일어나시어 부활 생명의 보증이 되셨습니다. 하나님의 우편에 앉아 계시며 지금도 우리를 영원한 생명으로 인도하십니다. 그리하여 우리는 그리스도께서 지금은 영광 중에 하나님과 함께 다스리시다, 모든 만물을 새롭게 하시기 위해 다시 오실 것을 감사하며 찬양합니다.

　　예수 그리스도 안에서 행하신 하나님의 은혜로우신 역사들을 기억하면서, 우리는 피조물로 빚은 이 떡과 포도즙을 가져왔습니다. 예수 그리스도의 다시 오심을 기다리며 이 시간 온전히 기뻐하며 그분의 죽음과 부활을 기념합니다. 감사함으로, 우리 자신을 하나님께 거룩한 산 제물로 드립니다. 오늘 이곳에 모인 우리 모두가 함께 그리스도의 크신 은혜를 찬양하며 크게 외칩시다.

회　중 : 이 신앙의 신비가 크도다! 그리스도께서 죽으심으로 우리의 사망을 이기셨도다! 그리스도께서 다시 사심으로 우리의 생명을 회복하셨도다! 주 예수여! 영광 중에 오시옵소서!

집례자 : 은혜로우신 하나님, 우리에게, 그리고 하나님의 선물인 이 떡과 포도즙 위에 거룩한 성령을 부어 주시옵소서. 그리하여 우리가 이 떡을 떼고 이 잔에 참여하는 것이 그리스도의 몸과 피에 참여하는 것이 되게 하옵소서. 성령 안에서 우리를 그리스도와 하나 되게 하시고, 이 식탁에 참여하는 모든 자와도 하나 되게 하시며, 이 땅에서 주님을 위해 사역하는 모든 사람들과도 연결되게 하소서. 이 떡이 우리를 위한 그리스도의 몸이 되듯이, 이 떡을 먹은 우리가 세상에 생명을 전하는 또 다른 주님의 몸이 되게 하소서. 하늘과 땅의 모든 교회와 한 마음이 되어 기도하오니, 하나님의 영원한 뜻이 우리와 세상 모든 것 속에서 온전히 이루어지게 하소서. 그리스도께서 최후 승리하시고 우리가 모든 성도들과 함께 하늘 기쁨으로 천국잔치에 참여할 때까지 우리를 인도하시고 하나님의 사역에 충실하게 하소서. 그리스도를 통하여, 그리스도와 함께, 그리스도 안에서, 그리고 거룩한 성령 안에서, 모든 영광과 존귀가 전능하신 하나님께 지금부터 영원까지 있사옵니다.

회　중 : 아멘.

주기도 ··· **다함께**

이제 주님께서 베푸시는 양식을 먹기 전 다 함께 일용할 양식의 참 의미를 기억하면서 하나님의 통치가 이 땅에 임하도록 예수님의 가르침을 따라 기도합시다.

(찬송으로 주기도를 드릴 수 있다.)

떡을 뗌 ··· **집례자**

(집례자는 떡을 들어 올린 후 그 떡을 찢으며, 다음과 같이 말한다.)

예수께서 나는 생명의 떡이라고 말씀하셨습니다.

(또 잔을 들어 올린 후 다음과 같이 말한다.)

예수께서 나는 포도나무요 너희는 가지이니, 나에게 와서 먹고 마시라고 말씀하셨습니다. 예수님의 살과 피에 참여하는 우리 모두는 한 몸, 한 가족입니다. 하나님의 자녀인 성도 여러분, 하나님께서 우리에게 주신 이 선물에 참여합시다.

분병분잔 ·· 다함께

(떡을 주며, 성찬위원은 다음과 같이 말한다.)

인도자 : 성도를 위한 그리스도의 몸입니다.

세례교인 : 아멘.

(잔을 주며, 성찬위원은 다음과 같이 말한다.)

인도자 : 성도를 위한 그리스도의 피입니다.

세례교인 : 아멘.

성찬 후 기도 ·· 집례자

생명의 하나님, 오늘 생명의 떡과 구원의 잔으로 우리를 먹이시고, 그리스도와 한 몸이 되게 해 주시며, 참여한 우리 모두를 하나 되게 해 주심에 감사드립니다. 이제 성령의 능력 안에서 우리가 세상으로 나아가 세상을 향한 주님의 구속의 사랑과 예수 그리스도의 부활 생명을 전하게 하소서. 우리 주 예수 그리스도의 이름으로 기도합니다. 아멘.

파송 예전

교회소식 ··· 집례자

* 파송찬송 ······················ "내 주는 강한 성이요"(585장)[66] ················ 다함께

* 위탁의 말씀과 축도 ·· 집례자

---

66) 이 찬송은 마르틴 루터(Martin Luther)가 독일어 성서 번역을 하면서 가장 사랑한 시편 46 : 1, "하나님은 우리의 피난처시오 힘이시니 환난 중에 만날 큰 도움이시라"를 근거로 작사하였다. 곡은 1529년 요한 발터(Johann Walther, 1495-1570, 루터교회 시인)의 것을 루터가 다시 편곡한 것이다. 우리 찬송가에는 1905년 『찬셩시』에 처음으로 채택되었고, 1909년 『찬송가』에 현재 곡조로 실려 종교개혁주일에 부르는 대표 찬송이 되었다.

② 기관예배 및 예식

1) 개회

(1) 총회

인도 : 총회장 ○○○목사
* 가능한 분은 일어서서

예배위원 입장 ·· 예배위원
* 예배로 부름 ·· 인도자
* 입례송 ··· ○○교회 찬양대
* 기원 ·· 인도자
* 찬송 ································ "빛나고 높은 보좌와"(27장) ···················· 다함께
* 신앙고백 ··············· 21세기 대한예수교장로회 신앙고백서[67] ············ 다함께

> 인도자 : 우리는, 성부, 성자, 성령 삼위로 거하시며, 사랑과 생명의 근원이시요, 찬양과 예배를 영원히 받으실 한 분 하나님을 믿습니다. 성부 하나님은 창조자이시고, 섭리자이시며, 구원자이시고, 온 인류와 만물을 영원한 사랑과 생명의 교제로 부르시는 분이심을 믿습니다.
>
> 회　중 : 우리는 믿습니다.
>
> 인도자 : 우리는, 하나님의 선한 창조세계가 사탄의 유혹을 받아 죄에 빠져 타락한 인간 때문에 파괴되고, 인간과 하나님과의 교제가 깨어졌음을 믿습니다. 그 결과로 인류와 다른 모든 피조물들은 영원한 하나님의 진노와 심판 아래 있음을 믿습니다.

---

[67] 이 신앙고백서는 기존 헌법에 들어있는 사도신경, 12신조, 요리문답, 웨스트민스터 신앙고백서 및 대한예수장로회 신앙고백서(1986)에 하나 더 첨가된 것이다.

회　　중 : 우리는 믿습니다.

인도자 : 우리는, 하나님의 지혜와 말씀으로 영원히 거하시며, 성령님의 역사로 동정녀 마리아를 통하여 성육신하신 성자 예수 그리스도를 믿습니다. 예수님은 참하나님과 참인간으로서, 십자가에 달려 죽으시고 부활하심으로 인간과 모든 피조물을 구속하시고, 하나님과의 영원한 교제를 회복하신 화해자요 중보자이심을 믿습니다.

회　　중 : 우리는 믿습니다.

인도자 : 우리는, 생명의 부여자이시며 성부와 함께 천지를 창조하시고 영원히 예배와 영광을 받으실 성령님을 믿습니다. 성령님은 복음에 대하여 믿음과 소망과 사랑으로 응답하게 하시며, 하나님과의 새로운 교제를 이루게 하시고, 만물을 새롭게 하시는 분이심을 믿습니다.

회　　중 : 우리는 믿습니다.

인도자 : 우리는, 교회가 하나님의 백성이요, 이 세상에 현존하는 그리스도의 몸이요, 성령님의 전임을 믿으며, 성도의 교제 가운데 하나님이 임재하심을 믿습니다. 모든 그리스도인은 하나님의 나라를 이 땅 위에 실현하며, 하나님의 영광을 위하여 예수 그리스도의 성육신의 삶을 실현하고, 복음전도와 정의, 평화, 창조보전의 사명을 받았음을 믿습니다.

회　　중 : 우리는 믿습니다.

인도자 : 우리는, 예수 그리스도의 재림으로 새 하늘과 새 땅이 이루어질 것을 믿습니다. 그 세계는 부활한 하나님의 백성과 새롭게 된 만물이 하나님을 예배하며, 사랑과 생명의 교제를 나누는 영원한 나라가 될 것을 믿습니다.

회　　중 : 우리는 믿습니다.

기도 ·· 맡은이

성령조명을 위한 기도 ··· 인도자

구약의 말씀 ·· 맡은이

신약의 말씀 ·· 맡은이

찬송 ·· 찬양대

설교 ·· 맡은이

성찬 예전

집례 : 총회장 ○○○ 목사
성찬위원 : 총회 임원, 각 노회 성찬위원

봉헌 ··· 봉헌위원(각 노회 서기)

(구제헌금으로 드려질 수 있다.)

봉헌 찬송 ··· ○○교회 중창단

성찬 감사기도 ··· 집례자와 회중

집례자 : 주님께서 여러분과 함께하시기를 원합니다.
회　중 : 목사님과도 함께하시기를 원합니다.
집례자 : 여러분의 마음을 하나님을 향해 활짝 여십시오.
회　중 : 주님께 우리의 마음을 활짝 엽니다.
집례자 : 우리 주님, 우리 하나님께 감사를 드립시다.
회　중 : 주님께 우리의 감사와 찬양을 드림이 마땅합니다.
집례자 : 창조의 하나님! 하나님은 우주 만물의 주님이시기에, 이 시간 주님께 감사와 찬양을 드림이 우리의 마땅한 의무이며 최고의 기쁨입니다. 주님께서는 주님의 지혜로 세상 만물을 창조하셨고, 지금도 그 능력으로 만물을 지키십니다. 하나님의 형상을 따라 여자와 남자를 각각 창조하시고, 이 땅의 피조물들과 화평을 이루며 살아야 할 청지기의 사명을 주셨습니다. 그러나 우리는 주님의 뜻을 거역하고 불순종했던 적이 많았습니다. 그럼에도 불구하고 주님은 변함없이 우리를 사랑해 주시고, 주님의 길을 걸어가도록 도우셨습니다. 또한 주님의 귀한 독생자 예수 그리스도를 우리에게 보내셔서 우리를 구원하시고 우리의 상처를 고치시며 놀랍고 위대한 일을 하셨습니다. 그러므로 이 시간 하늘에 있는 예언자, 사도들, 그리고 순교자들과 함께, 우리도 거룩한 노래로 하나님의 영광을 영원히 찬양합니다.

회　　중 : 거룩, 거룩, 거룩하신 주님! 능력과 권세의 하나님! 하늘과 땅이 주님의 영광으로 가득 차 있나이다. 호산나, 호산나! 가장 높은 곳에 계신 분께 호산나! 주님의 이름으로 오시는 분이시여, 복되신 분이시여! 가장 높은 곳에 계신 분께 호산나 찬양을 돌립니다.

집례자 : 고린도전서 11장 23~25절의 말씀입니다. "주 예수께서 잡히시던 밤에 떡을 가지사 축사하시고 떼어 이르시되 이것은 너희를 위하는 내 몸이니 이것을 행하여 나를 기념하라 하시고 식후에 또한 그와 같이 잔을 가지시고 이르시되 이 잔은 내 피로 세운 새 언약이니 이것을 행하여 마실 때마다 나를 기념하라" 하셨습니다.

　　오! 거룩하신 하나님, 이 시간 하나님의 독생자 우리 주 예수 그리스도에게도 찬양을 돌립니다. 동정녀 마리아를 통해 이 땅에 오신 예수님 안에서 하나님의 말씀이 육신이 되어 우리와 함께 거하셨습니다. 예수님은 이 땅에서 우리처럼 사시며 기쁨과 슬픔을 경험하셨고, 병든 자를 고치시며, 주린 자를 먹이시고, 눈 먼 자를 보게 하셨으며, 죄인과 소외된 자들과 함께 잡수시며 가난한 자들에게 하나님 나라의 복음을 전하셨습니다. 십자가에서 돌아가실 때 세상에 생명을 주기 위해 자신의 생명을 내어 주셨으며, 죽음을 이기시고 무덤에서 일어나시어 부활 생명의 보증이 되셨습니다. 하나님의 우편에 앉아 계시며 지금도 우리를 영원한 생명으로 인도하십니다. 그리하여 우리는 그리스도께서 지금은 영광 중에 하나님과 함께 다스리시다, 모든 만물을 새롭게 하시기 위해 다시 오실 것을 감사하며 찬양합니다.

　　예수 그리스도 안에서 행하신 하나님의 은혜로우신 역사들을 기억하면서, 우리는 피조물로 빚은 이 떡과 포도즙을 가져왔습니다. 예수 그리스도의 다시 오심을 기다리며 이 시간 온전히 기뻐하며 그분의 죽음과 부활을 기념합니다. 감사함으로, 우리 자신을 하나님께 거룩한 산 제물로 드립니다. 오늘 이곳에 모인 우리 모두가 함께 그리스도의 크신 은혜를 찬양하며 크게 외칩시다.

회　　중 : 이 신앙의 신비가 크도다! 그리스도께서 죽으심으로 우리의 사망을 이기셨도다! 그리스도께서 다시 사심으로 우리의 생명을 회복하셨도다! 주 예수여! 영광 중에 오시옵소서!

집례자 : 은혜로우신 하나님, 우리에게, 그리고 하나님의 선물인 이 떡과 포도

즙 위에 거룩한 성령을 부어 주시옵소서. 그리하여 우리가 이 떡을 떼고 이 잔에 참여하는 것이 그리스도의 몸과 피에 참여하는 것이 되게 하옵소서. 성령 안에서 우리를 그리스도와 하나 되게 하시고, 이 식탁에 참여하는 모든 자와도 하나 되게 하시며, 이 땅에서 주님을 위해 사역하는 모든 사람들과도 연결되게 하소서. 이 떡이 우리를 위한 그리스도의 몸이 되듯이, 이 떡을 먹은 우리가 세상에 생명을 전하는 또 다른 주님의 몸이 되게 하소서. 하늘과 땅의 모든 교회와 한 마음이 되어 기도하오니, 하나님의 영원한 뜻이 우리와 세상 모든 것 속에서 온전히 이루어지게 하소서. 그리스도께서 최후 승리하시고 우리가 모든 성도들과 함께 하늘 기쁨으로 천국잔치에 참여할 때까지 우리를 인도하시고 하나님의 사역에 충실하게 하소서. 그리스도를 통하여, 그리스도와 함께, 그리스도 안에서, 그리고 거룩한 성령 안에서, 모든 영광과 존귀가 전능하신 하나님께 지금부터 영원까지 있사옵니다.

　회　중 : 아멘.

주기도 ·· 다함께

분병분잔 ························· "아무 흠도 없고"(229장) ········ 집례자, 성찬위원, 회중

성찬 후 기도 ··집례자

사랑하는 하나님, 자비하신 은총으로 우리들을 이 성찬에 참여하게 하시고 사죄와 구원의 은혜를 새롭게 하여 주심을 감사드립니다. 우리로 하여금 항상 복음에 합당한 자가 되게 하시고, 성령 충만함으로 은혜와 사랑과 화평이 넘치는 총회 되게 하여 주소서. 오직 하나님께 영광 돌리는 총회가 되게 하여 주소서. 예수님의 이름으로 기도합니다. 아멘.

감사찬송 ······················· "주 예수 내가 알기 전"(90장) ························ 다함께

* 찬송 ··· 다함께

* 축도 ·· 총회장 ○○○ 목사

* 총회가 ··· 다함께

(2) 노회

인도 : 노회장 또는 부노회장
* 가능한 분은 일어서서

입장 ··· 예배위원

 (노회기를 앞세우고 노회장과 예배순서 맡은 이들이 함께 입장한다.)

* 예배로 부름 ·· 인도자

 "새 노래로 여호와께 노래하라 온 땅이여 여호와께 노래할지어다 여호와께 노래하여 그의 이름을 송축하며 그의 구원을 날마다 전파할지어다 그의 영광을 백성들 가운데에, 그의 기이한 행적을 만민 가운데에 선포할지어다"(시 96 : 1-3).

* 응답송 ··· 찬양대

기도 ··· 인도자

 은혜가 풍성하신 하나님, 하나님의 사랑과 은혜에 영광과 감사를 올려 드립니다. 흩어져 있던 주의 종들을 불러 주셔서 성 노회를 은혜 가운데 시작하게 하시니 감사를 드립니다. 이 시간, 회무에 앞서 먼저 하나님께 드리는 예배를 기쁘게 받아 주소서. 주의 말씀과 보좌 앞에서 순전한 마음으로 나아가게 하소서. 모든 영광을 하나님께 올려 드리며, 예수 그리스도의 이름으로 기도합니다. 아멘.

성경봉독 ··· 맡은이

찬송 ··· 찬양대

설교 ··· 맡은이

 (상황에 따라 목사 전노회장이 할 수도 있다)

성찬 예전

집례 : 노회장 목사
성찬위원 : 노회 임원 및 맡은이

성찬초대 ··· 집례자

여기 예수 그리스도께서 우리를 위해 베푸시는 사랑과 생명의 식탁이 준비되어 있습니다. 하나님께서 그 자녀들을 이 식탁으로 부르십니다. 이 식탁은 주님께서 친히 베푸시고 명하신 것입니다.

성찬제정사 ··· 집례자

고린도전서 11장 23~25절의 말씀입니다. "주 예수께서 잡히시던 밤에 떡을 가지사 축사하시고 떼어 이르시되 이것은 너희를 위하는 내 몸이니 이것을 행하여 나를 기념하라 하시고 식후에 또한 그와 같이 잔을 가지시고 이르시되 이 잔은 내 피로 세운 새 언약이니 이것을 행하여 마실 때마다 나를 기념하라" 하셨습니다.

　이 시간 주님이 우리와 함께하시니, 우리의 마음을 활짝 열고 하나님께 감사드립시다.

성찬 감사기도 ·· 집례자

모든 생명의 근원이신 하나님! 우리를 지으시고, 이 땅과 우주에 속한 모든 것을 만드신 하나님께 감사와 찬양을 드림이 마땅한 일이며, 또한 우리의 최고의 기쁨입니다. 하나님은 하나님의 형상을 따라 우리를 지으시고, 이 땅을 돌보는 청지기로 세우셨습니다. 우리가 불순종하여 맡기신 사명을 온전히 감당하지 못했음에도 불구하고, 하나님은 우리를 변함없이 사랑해 주시고 우리를 구원하시려고 이 땅에 독생자 예수 그리스도를 보내 주셨습니다. 그러므로 이제 하늘에 있는 모든 예언자들과 사도들, 그리고 순교자들과 함께 하나님의 거룩하심을 찬양합니다. 높은 곳에 계신 전능하신 하나님께 찬양을 돌립니다.

　이 시간 우리 주 예수 그리스도에게도 감사와 찬양을 돌립니다. 친히 인간이 되시어, 이 땅의 사람들과 함께 거하시며 가난한 자, 병든 자, 억눌리고 소외된 자, 외롭고 고독한 자들의 벗이 되시고, 그들에게 화해와 평화의 복음을 선포하시며 참 자유를 주셨습니다.

예수 그리스도 안에서 행하신 하나님의 구원의 역사들을 기억하며, 주님의 피조물로 빚은 이 떡과 포도즙을 가져왔습니다. 우리의 죄를 대신하여 죽으시고 부활하신 것에 감사를 드리고, 다시 오실 것을 기쁨으로 고대하며 주님을 기념합니다.

은혜로우신 하나님, 우리에게 그리고 하나님의 선물인 이 떡과 포도즙 위에 거룩한 성령을 부어 주시옵소서. 성령으로 이 떡과 잔에 참여하는 것이 그리스도의 몸과 피에 참여하는 것이 되게 하옵소서. 성령으로 우리를 부활하신 그리스도와 하나 되게 하시고, 이 식탁에 참여하는 자들과, 또한 주님의 나라와 의를 위해 일하는 이 땅의 모든 사람들과도 연결되게 하옵소서. 또한 이 떡을 먹은 우리가 세상으로 나아가 예수 그리스도의 생명을 전하는 또 다른 주님의 몸이 되게 하옵소서. 하늘과 땅의 모든 교회들과 한 마음이 되어 기도하오니, 하나님의 뜻이 우리와 이 땅 위에서 온전히 이루어지게 하옵소서. 모든 믿는 자들이 부활하신 그리스도와 함께 천국잔치에 기쁨으로 참여할 때까지 우리를 지켜 주시며 맡겨진 사명에 충실하게 하옵소서. 그리스도를 통하여, 그리스도와 함께, 그리스도 안에서, 그리고 거룩한 성령 안에서, 모든 영광과 존귀가 전능하신 하나님께 지금부터 영원까지 있사옵니다.

주기도 ·· 다함께

분병분잔 ··· 다함께

성찬 후 기도 ··· 집례자

* 찬송 ··· 다함께

* 축도 ··· 맡은이

2) 임원 이·취임예식

(1) 총회 임원-1

사회 : 총회 서기

개식사 ·· 사회자

구 임원 등단 ·· 구 임원

총회장 이임사 ·· 총회장

꽃 증정 ·· 교회 대표

 (총회장은 강단으로 이동하고, 구 임원들은 하단한다.)

신 임원 등단 및 인사 ·· 신 임원

총회장 예복, 스톨 착의 및 십자가, 인장 반지 수여 ······················· 신·구 총회장

 (이임하는 총회장이 신임 총회장에게 예복과 스톨을 입히고, 총회장 십자가를 걸어 준 후 총회장 인장 반지를 끼워준다.)

성경, 헌법, 의사봉 인계 및 강단 의자 착석 ································ 신·구 총회장

 (총회장은 다음과 같이 말하며 성경, 헌법, 의사봉을 회중 앞에 들어 보인 후 신임 총회장에게 인계한다.)

이제 나는 신임 총회장에게 하나님의 말씀인 성경과 대한예수교장로회 헌법과 의사봉을 인계해 드립니다. 성경대로 본 교단을 이끌고 헌법을 수호하며 이 의사봉을 바르게 사용해 주실 것을 믿습니다. 전능하신 하나님께서 신 임원들을 사랑하셔서 지혜와 용기를 덧입혀 주시고 우리 교단을 발전시켜 주실 것을 믿습니다.

신임 총회장 선서 ·· 신임 총회장

 (신임 총회장은 오른손을 들고 다음과 같이 선서한다.)

나는 교회의 머리 되신 우리 주 예수 그리스도께서 친히 이 땅에 세우신 대한예수교장로회 제○○○회 총회장으로서, 하나님의 영광을 위하여 교회의 화평과 성결을 도모하고, 총회 발전을 위하여 맡겨진 책무를 성실하게 수행할 것을 하나님 앞과 전국 ○○○○여 개 교회를 대표한 총대 여러분 앞에서 엄숙한 마음으로 선서합니다.

신임 총회장 취임사 ·· 신임 총회장

신임 총회장 인사 및 꽃 증정 ··· 신임 총회장

신 임원 소개와 인사 꽃 증정 ··· 신 임원 및 총회장

   (부총회장, 서기, 부서기, 회록서기, 부회록서기, 회계, 부회계 순으로 소개한다.)

기 도 ··· 증경 총회장

공로패 증정 ··· 신·구 총회장

   (신임 총회장이 직전 총회장에게 전달하고, 공로패 문안은 서기가 낭독한다.)

축 가 ·· 맡은이

폐회사 ·· 사회자

(2) 총회 임원-2

사회: 총회 서기

개식사 ·· 사회자

   대한예수교장로회 ○○개 노회, ○○○○여 개 교회를 대표한 총회원 여러분, 우리는 지금 우리 총회의 제○○○회기를 이끌어 온 분들의 노고에 감사를 드리며, 제○○○회기를 이끌어 갈 새 임원의 취임식을 거행하겠습니다.

구 임원 등단 ··· 구 임원

이임 악수례 ··· 구 임원

   (이임하는 총회장이 구 임원과 함께 인사를 하고 악수를 교환한다.)

신 임원 등단 ··· 신 임원

   (신 임원들이 신임 총회장과 함께 등단한다.)

기 도 ··· 증경 총회장

   (증경 총회장 중 한 명이 총회와 제○○○회기를 이끌어 갈 신 임원들을 위해 기도한다.)

신 임원과 악수 ·· 총회장과 신 임원

   (총회장이 신 임원들과 악수한다.)

꽃 증정 ··· 맡은이

   (준비위원들이 신 임원들에게 축하의 꽃을 달아 주고, 총회장에게 꽃다발을 증정한다.)

예복착의 ··· 맡은이

   (직전 총회장이 신임 총회장에게 총회의 신성과 권위를 상징하는 예복과 스톨을 입혀 주고 십자가를 걸어 준 후 총회장 인장 반지를 끼워 준다.)

성경, 헌법, 의사봉 인계 ·· 총회장

   (총회장이 성경, 헌법책, 의사봉을 회중 앞에 들어 보인 후 인계하며 다음과 같이 말한다.)

   이제 나는 신임 총회장에게 하나님의 말씀인 성경과 대한예수교장로회 헌법, 그리고 의사봉을 인계해 드립니다. 성경대로 본 교단을 이끌고, 헌법을 수호하며, 이 의사봉을 바르게 사용해 주시기를 바랍니다.

이임사 ·· 총회장

선서 ·· 신임 총회장

   (신임 총회장은 신 임원들과 총대들이 기립한 가운데 다음과 같이 선서를 한다.)

   나는 교회의 머리 되신 우리 주 예수 그리스도께서 친히 이 땅에 세우신 대한예수교장로회 제○○○회 총회장으로서, 하나님의 영광을 위하여 교회의 화평과 성결을 도모하고 총회 발전을 위하여 맡겨진 책무를 성실하게 수행할 것을 하나님 앞과 전국 ○○○○여 개 교회를 대표한 총대 여러분 앞에서 엄숙한 마음으로 선서합니다.

취임사 ··· 신임 총회장

공로패 증정 ·· 신임 총회장

   (신임 총회장이 직전 총회장에게 공로패와 총회장 스톨을 증정한다.)

마침기도 ·· 사회자

(3) 노회 임원

사회 : 노회 서기

개식사 ··· 사회자

대한예수교장로회 제○○회 ○○노회 노회원, 총대 여러분, 우리는 지금 ○○노회 제○○회기를 이끌어 온 분들의 노고에 감사드리며 제○○회기를 이끌어 갈 새 임원의 이·취임식을 거행하겠습니다.

신구 임원단 등단 ··· 신·구 임원

꽃 증정 ·· 신·구 노회장

(신임 노회장 교회에서 이임하는 노회장에게, 이임 노회장 교회에서 신임 노회장에게 꽃다발을 증정한다.)

예복과 스톨 착의 ··· 신·구 노회장

성경, 헌법, 의사봉 인계 ··· 노회장

나는 이제 신임 노회장에게 하나님의 말씀인 성경과 대한예수교장로회 헌법과 의사봉을 인계해 드립니다. 성경대로 본 노회를 이끌고 헌법을 수호하며 이 의사봉을 바르게 사용해 주실 것을 믿습니다. 전능하신 하나님께서 신임 노회장님과 신임 임원들을 사랑하셔서 지혜와 용기를 덧입혀 주시고 우리 노회를 바르게 발전시켜 주실 것을 믿습니다.

이임사 ·· 노회장

악수례 ·· 노회장과 임원

지난 1년 동안 함께해 준 임원들에게 감사의 마음을 악수례로 전하겠습니다.

인사 ··· 구 임원

(노회장을 중심으로 구 임원은 한 줄로 서서 인사한다.)

신 임원 입장 ·· 신 임원

기도	전 노회장
신임 노회장 인사	신임 노회장
선서	신임 노회장

　나는 교회의 머리 되신 우리 주 예수 그리스도께서 친히 이 땅에 세우신 대한예수교장로회 ○○노회 제○○회기 노회장으로 하나님의 영광을 위하여 교회의 화평과 성결을 도모하고 노회 발전을 위하여 맡겨진 책무를 성실하게 수행할 것을 하나님 앞과 교회를 대표한 노회원, 총대 여러분 앞에 엄숙한 마음으로 선서합니다.

취임사	신임 노회장
신 임원 소개 및 인사	신임 노회장
공로패 증정	신임 노회장
폐식사	사회자

3) 기관 및 학교[68]

(1) 전통적 형태

예배로 부름	인도자
응답송	찬양대
기원	인도자

---

[68] 채플은 교회의 주일예배와 다르게 교육기관으로서의 특성에 맞는 신앙의 성장과 성숙을 목표로 하며, 학교 공동체의 교육과 삶과 비전을 묶는 자리가 될 수 있도록 계획한다. 신학 교육기관의 경우, 미래 목회현장의 다양한 예배를 준비할 수 있는 기회가 될 수 있다. 대학 채플의 경우, 전통적 예배에 현대적 요소를 가미하여 다양성 있게 드리는 것이 좋다. 전통적인 예배의 틀을 유지하더라도 예배일이나 대상에 따라 다양한 형태를 병행하여 활용하도록 한다.

경배의 찬송	다함께
기도	맡은이
성경봉독	맡은이
찬송	찬양대
설교	설교자
결단의 찬송	다함께
축도	설교자
알림	맡은이

(2) 특별순서가 있는 경우

예배로 부름	인도자
응답송	찬양대
기원	인도자
경배의 찬송	다함께
기도	맡은이
성경봉독	맡은이
찬송 또는 특별순서	찬양대 또는 맡은이
설교	설교자
결단을 위한 특별순서	맡은이

(영상, 몸 찬양, 스킷 드라마 등 다양한 형식을 활용한다.)

결단의 찬송	다함께
축도	설교자
알림	맡은이

임직 예식

1) 임직의 신학적 의미

그리스도의 몸 된 교회의 존속과 그 확장은 성령의 역사와 함께 거룩한 사역을 감당하는 사람들에 의하여 계속되어 왔다. 이러한 사역을 감당하기 위하여 성경에서는 사도와 선지자로부터 구제하는 사람에 이르기까지 그 직임을 구별하여 세운 바 있다(롬 12:6-8;고전 12:5-10, 28-30). 이러한 전통은 초기 교회를 비롯하여 오늘의 교회에 이르기까지 그대로 계승되어 왔다.

임직의 기본적인 의미는 부름 받은 자에게 거룩한 명령을 수여하는 의식이며, 그가 교회의 사역에 평생 동안 목숨을 다할 존재임을 인정하는 엄숙한 교회 예전 중의 하나이다. 이러한 임직은 단순한 서약이나 임명의 행위로 끝날 수 없으며, 성경에서 보여 준 대로 안수라는 특별한 의식을 가져야 한다(행 6:1-6, 13:1-3;딤전 4:14;딤후 1:6). 이 안수의 예식은 어떠한 경우에도 동일한 직책을 위하여 반복될 수 없으며 시한적인 것이 아니다.

그러므로 안수로 성별하여 세운 임직자가 될 대상은 자신들의 희망에 따라 이 직임이 주어진 것이 아니라 하나님으로부터 주어진 소명에 의하여 이루어진 사건임을 먼저 이해하여야 하고, 성경에 나타난 제반 사항(딤전 3:1-13)을 준수할 수 있는 사람이어야 한다. 임직의 대상은 일차적으로 자신의 생을 모두 바쳐 말씀을 전파하고 예배(성례전)를 집례하면서 교회를 섬기는 목사직을 들 수 있다. 둘째, 교인들의 대표로 선출되어 목사를 도와 교회의 행정과 권징에 동참하게 되는 장로의 직이다. 셋째, 구제와 봉사를 위하여 세우는 (안수)집사직이다. 넷째, 교인을 돌보기 위해 세우는 권사의 직이다. 그 외에도 서리집사와 같이 안수를 받지 않고 수임되는 직책들이 있다. 이상의 직분은 모두가 성별된 사명을 부여받는 것으로서 결코 명예직이 될 수 없으며, 어떠한 경우에도 자신의 유익과는 무관해야 한다. 이상의 임직 중 안수를 요하는 목사, 장로, 집사, 권사의 임직은 "아무에게나 경솔히 안수하지 말고 다른 사람의 죄에 간섭하지 말며 네 자신을 지켜 정결하게 하라"(딤전 5:22)는 말씀을 따라 교회가 엄중하게 거행해야 할 예식이다. 그러므로 먼저 목사의 직은 성별된 성직자로서의 소명의 확인과 일정한 훈련 과정의 이수가 전제되어야 하고, 장로, (안수)집사, 권사의 직도 선발된 사명의 수행을 위하여 교인들의 택함과 허락, 그리고 공식적인 검증의 과정을 거쳐야 한다.

이러한 단계를 거친 임직 후보자는 하나님 앞에서 예전을 통해 다음의 의식 절차를 가져야 한다. 먼저 임직 후보자는 서약을 통해 신앙과 교리를 확인하고 소명에 대한 공적인 약속을 해야 한다. 둘째, 목사는 노회원들에게, 그리고 장로와 (안수)집사, 권사는 교인들에게 임직자로서 안수를 하는 데 대한 동의를 받고, 교인들은 그들의 사역과 지도에 순종할 것을 서약한다. 셋째, 임직 후보자들의 머리에 손을 얹고 주어진 사역을 따라 성령의 역사 아래 하나님의 도구로서 세우는 안수례를 갖는다. 넷째, 성삼위일체의 이름으로 임직을 공포해야 하며, 임직자들과 회중에게 필요한 부탁을 하는 예전의 절차를 가져야 한다.

주님의 교회가 성실한 질서 속에서 존속하고 확장되어 나가는 데는 성령의 역사와 더불어 임직을 받은 사역자들이 필요하다. 역사적으로 전통 교회는 언제나 임직의 소중성을 깊이 인식하여 시행해 오고 있다. 이는 어떠한 역사의 변천 가운데서도 흔들리지 아니하는 참교회의 모습을 지속해야 하는 것이 우리의 사명이기 때문이다.

2) 목사 안수

(1) 목사 안수-1[69]

---

[69] 이 예식은 본 교단 총회(2018년, 103회)에서 목사 안수 예식위원회를 통해 마련되었다.

- 본 예식은 총 3부로 구성하여 진행한다. 1부 말씀 예전은 노회장(목사, 장로)이, 2부 안수 예식은 안수위원장이, 3부 선포 및 수여는 노회장(목사, 장로)이 인도 또는 집례한다.
- 노회 임원회는 다섯 명 내외의 목사로 구성된 안수위원회를 조직하여, 위원장과 서기를 선임한다. 노회 임원(노회장 포함)은 안수위원회 구성에 포함되지 않는다.
- 안수 예식을 진행하기 위해 안수 후보자 한 명당 세 명의 안수위원을 선정한다(노회 목사위원 한 명, 안수 후보자 교회 당회장 한 명, 안수 후보자의 목회적 멘토 한 명).
- 안수 후보자는 목사 예복(성의)을 착복한 상태로 예식에 참여한다.
- 안수례를 시각 매체를 사용하여 진행하기 위해 안수 후보자의 반명함판 사진을 준비한다.
- 수여와 스톨 착의를 진행하기 위해 안수증(또는 안수패)을 준비한다. 스톨은 목사 안수 후 당회장이 착의시켜 준다(안수 후보자는 미리 스톨을 준비한다).
- 권면의 세족례를 진행하기 위해 대야, 수건을 안수 후보자의 수에 맞게 준비한다.
- 사진 촬영은 개인 촬영으로 예식에 방해되지 않도록 한다. 또한 예식 순서 속에 축하 순서는 넣지 않는다.

말씀 예전

인도 : 노회장
* 가능한 분은 일어서서

* 예식사 ··· 인도자

지금부터 대한예수교장로회 ○○노회 목사 안수 예식을 시작하겠습니다.

* 찬송 ············· "나의 죄를 정케 하사"(320장) ············· 다함께

기도 ··· 맡은이

전능하신 하나님, 온 세상 만물을 지으시고, 영원한 생명으로 인도하시기 위해 교회를 세우심에 감사합니다. 교회를 통해 하나님을 예배하게 하시고, 복음의 진리를 전하게 하시는 무한하신 은총에 감사합니다. 특별히 세우신 일꾼들을 통해 하나님 나라의 복음이 전해지게 하시고, 주님의 자녀들을 목양하게 하시며, 주님의 교회를 든든히 세워 가심에 감사합니다. 외아들을 내어 주시기까지 교회를 사랑하시는 하나님, 그러나 교회의 일꾼 된 저희들이 하나님의 말씀과 뜻보다는 사람의 생각과 가르침을 따를 때가 있음을 고백합니다. 하나님의 영광과 교회를 위한다고는 하지만, 이기적인 마음에 온전히 저희 자신을 내어주지 못할 때가 있음을 고백합니다. 하나님께서 세우신 부르심의 푯대를 바라보지 못하고, 실의와 낙망 속에서 세월을 아끼지 아니함도 고백합니다. 자비로우시며 은혜가 풍성하신 주님, 저희들의 모든 허물을 용서하소서.

하나님, 오늘 ○○노회 제○○회 정기노회를 성회로 모이게 하심에 감사합니다. 특별히 오늘 성회를 통해 주님께서 쓰시고자 연단하시고 부르신 주의 종들을 목사로 안수하는 예식을 갖게 하심에 감사합니다. 안수 예식을 통해 주께서 기뻐하시는 신실한 목자들이 세워지게 하소서. 사람의 말과 행사가 아닌, 주님의 약속하신 말씀과 성삼위 하나님의 기름 부으심으로 선한 주의 종들이 세워지게 하소서. 오늘 안수 예식을 통해 이 자리에 함께하는 모든 자들이 주님의 충만한 영광을 보게 하시고, 안수 받는 자들에게는 진실한 믿음의 서약과 충성된 삶으로 순종하는 은총을 허락하소서. 무엇보다 오늘 이 예식을 인도하는 주의 종과, 말씀을 위하여 세워진 주의 종, 안수하는 안수위원들에게 주님의 성령께서 충만히 임하여 주소서. 말씀을 전하는 자의 입술과 안수하는 저들의 손을 붙들어 주시어, 성삼위 하나님의 역사를 대언하고 대신하는 신비한 은총을 나타내 주소서. 또한 안수 받는 자들의 가족들에게도 동일한 감격과 은혜를 허락하소서.

하나님, 이 예배와 예식을 온전히 주관하소서. 참여하는 모두가 한 마음과 한 뜻으로 주님의 하시는 일들을 기뻐하고, 응답하게 하소서. 오늘 예배의 모든 순서 순서를 성삼위 하나님께 의탁 드리오며 예수님의 이름으로 기도합니다. 아멘.

성경봉독 ······················· 이사야 6 : 8 ······················· 맡은이

찬송 ··· 맡은이

설교 ······················ "나를 보내소서" ······················ 맡은이

(설교 시간은 10분 이내로 한다.)

안수 예식

집례 : 안수위원장

안수 후보자 호명 ······························· 안수위원회 서기

이제 대한예수교장로회 ○○노회 제○○회 정기노회에서 목사로 안수 받을 후보자들을 소개합니다.

(안수위원회 서기가 안수 후보자들을 호명하여 자리에서 일어나게 한다.)

서약 ····································· 집례자와 안수 후보자

이제는 서약하는 시간을 갖도록 하겠습니다. 교회의 머리가 되시는 주 예수 그리스도의 이름으로 오늘 ○○○ 씨 외 ○○명을 목사로 안수하려 합니다. 이 예식은 사도신경의 고백 위에서, 사도들의 가르침을 이어받은 대한예수교장로회 ○○노회가 주님의 이름으로 시행하는 것입니다. 그러므로 우리는 그대들이 하나님의 소명에 확실한 결단을 내리고 응답함을 확인하고, 이제 하나님과 여러 증인들 앞에서 다음의 몇 가지를 묻고 서약을 받고자 합니다. 서약을 물을 때에 오른손을 들어 답하시기 바랍니다.

문 : 여러분은 예수를 구세주로 영접한 사람으로서, 지금 이 시간에도 하나님과 주님의 교회를 섬기는 종으로 부름 받았다는 사실을 확신합니까?

답 : 예, 확신합니다.

문 : 신·구약 성경은 하나님의 말씀이요, 신앙과 행위에 대하여 정확무오한 유일의 법칙임을 믿습니까?

답 : 예, 믿습니다.

문 : 본 장로회 신조와 교리는 성경에 교훈한 진리를 총괄한 것으로 알고 성실한 마음으로 믿고 따르기로 서약합니까?

답 : 예, 서약합니다.

문 : 주님 안에서 같은 회원 된 지체들과 함께 아름다운 주님의 공동체를 이루어 가기로 서약합니까?

답 : 예, 서약합니다.

문 : 목사의 성직에 부름 받음은 하나님을 사랑하는 마음과, 그 독생자 예수 그리스도의 복음을 전파하여 하나님의 영광을 나타내고자 하는 순수한 마음에서 응답한 것임을 인정합니까?

답 : 예, 인정합니다.

문 : 주님의 몸 된 교회와 사도적 정통성을 보존하기 위하여 순교의 각오로 성직을 받겠습니까?

답 : 예, 받겠습니다.

문 : 목사로서 하나님의 말씀을 선포하고 성례전을 집례하는 임무를 성실히 수행하기로 서약합니까?

답 : 예, 서약합니다.

집례자 : 하나님께서 그대들이 이 서약들을 잘 성취하도록 도우시며 힘 주시기를 기원합니다. 그리고 하나님께서 주님의 교회를 통하여 세세토록 영광 받으시기를 기원합니다.

안수 후보자 : 주여, 우리와 동행하소서.

(안수 후보자들은 집례자의 기원에 한 목소리로 응답한다. 응답 후 자리에 앉는다.)

성령임재를 위한 기도 ·· 집례자

말씀으로 온 세상을 창조하신 전능하신 하나님, 부활하신 예수께서 큰 숨을 내어 쉬시며 제자들을 향하여 성령을 받으라 말씀하신 그 명령을 기억하며 주님께 기도합니다. 구하오니, 주님께서 교회를 위하여 친히 세우신 주님의 제자들에게 약속하신 성령을 보내어 주소서. 이제 성부와 성자와 성령의 권위로

교회가 주님의 종들을 목사로 안수할 때에 저들의 머리 위에 하나님의 영이 함께하시고, 저들의 삶을 이끌어 주소서. 안수하는 모든 이들의 손을 성결하게 하시고 안수 받는 모든 이들의 마음을 정결하게 하소서. 예수님의 이름으로 기도합니다. 아멘.

등단 ·· 안수 후보자 및 안수위원

이제 안수 후보자들과 안수위원 등단이 있겠습니다.
먼저 안수 후보자들은 등단해 주십시오.
(안수 후보자들은 목사 예복을 입고 등단한 후 강단 전면 십자가를 향하여 무릎을 꿇는다.)

이제 안수위원들이 등단해 주시기 바랍니다.
(안수위원 세 명은 안수 후보자의 순서에 맞춰 노회 목사위원, 안수 후보자 교회 당회장, 안수 후보자의 목회 멘토의 순서대로 등단한다.)

(반주자는 등단시 조용한 곡을 연주한다. 안수례 때는 연주를 멈춘다.)

안수례 ·· 집례자와 안수위원

[기도]
온 세상을 창조하신 하나님, 하나님께서는 손으로 흙을 취하시어 아담과 하와를 만드시고 강복하셨습니다. 이제 간구하오니 하나님의 손으로 주님의 종들을 취하시고 새롭게 빚어 주소서. 교회가 삼위일체 하나님의 이름으로 종들의 머리 위에 안수할 때에 하나님의 손이 그들 머리 위에 임하시고 사역에 합당한 은사를 내려 주소서. 이제 이 종들을 통하여 하나님의 이름이 높임을 받으소서. 예수님의 이름으로 기도합니다. 아멘.

[안수례 초청]
이제 사도의 유래에 의하여 안수하겠습니다. 안수위원들은 오른손을 안수 받을 자의 머리에 얹어 주시기 바랍니다.

[안수례 선언]
이제 하나님의 부르심과 명령에 따라 이들을 거룩한 말씀을 선포하고, 성례를 집례하는 목사로 따로 세우노니, 우리가 성부와 성자와 성령의 이름으로 안수하노라.

[안수위원 선언]
성부와 성자와 성령의 이름으로 안수하노라.

(다함께)

아멘.

기도 ·· 집례자

예수 그리스도를 이 땅에 보내시어 교회의 머리가 되게 하신 하나님, 십자가와 부활의 기초 위에 세워진 주님의 몸 된 교회를 위하여 일할 주님의 종들을 구별하여 세우심을 감사합니다. 이들이 하나님의 말씀을 선포하고, 성례전을 집례하며, 주님의 백성들을 돌볼 때에 측량할 수 없는 성령의 은사들을 하늘로부터 내려 주시고, 강복하시며, 지혜와 권능을 내려 주소서. 겸손한 마음으로 주님을 닮아가게 하시며, 주님께서 맡기신 교회를 위해 충성을 다하는 일꾼이 되게 하소서. 모든 임무를 마치고 주님 앞에 서는 날, 우리 예수님께서 하나님 아버지께 기도하셨듯이 '주님께서 나에게 하라고 맡기신 일을 내가 이루어 아버지를 영화롭게 하였습니다.'라고 고백할 수 있는 주님의 종들이 되게 하소서. 예수님의 이름으로 기도합니다. 아멘.

악수례 ·· 집례자

(안수 후 안수 받은 목사들은 일어나 안수위원들과 악수한다. 악수할 때 안수위원은 다음과 같이 말한다.)

우리와 함께 이 성직을 받아 동역자가 되었으니 악수함으로 환영하며 격려합니다.

선포 및 수여

인도 : 노회장

선포 ··· 인도자

안수 받은 목사님들은 자리에서 일어나 주시기 바랍니다. 이제 선포하겠습니다. 나는 교회의 머리 되신 예수 그리스도의 이름과 대한예수교장로회 ○○노회의 권위로 이제 ○○○ 씨가 목사가 되었음을 선포합니다. 아멘.

수여와 스톨 착의 ·· 노회장, 당회장, 노회 서기

(이를 진행하기 위해 노회장, 당회장은 강단 왼쪽<회중석에서 바라보면 오른쪽>에서 오른쪽 방향으로 순서대로 선다.)

[노회장]
이제 수여와 스톨 착의가 있겠습니다. 순서를 맡은 분들은 등단하여 주시기 바랍니다.

[노회 서기]
이제 노회장께서 안수 받은 목사에게 안수증(또는 안수패)을 수여하겠습니다.
(안수증/안수패 수여 시 안수증/안수패 내용을 노회 서기가 대독한다. 안수증/안수패를 받은 신임 목사는 자신의 교회 당회장 앞에 마주보고 선다.)

[노회장]
이제 당회장께서 오늘 안수 받은 목사에게 스톨을 착의시켜 주시기 바랍니다.
(당회장은 안수 받은 목사에게 스톨을 입히며 다음과 같이 말한다)

[당회장]
이 스톨은 멍에를 뜻합니다. 주님께서 그 손으로 ○○○ 목사님을 친히 붙잡으시어 바른 길로 인도하여 주시기를 기도합니다.
(안수 받은 목사는 차례대로 한 명씩 등단하여 노회장에게 안수증/안수패를 받고, 당회장에게 스톨을 착의 받은 후 자리로 돌아간다. 반주자는 예식이 진행되는 동안 헌신의 찬송을 연주한다.)

헌신의 찬송 ·················· "충성하라 죽도록"(333장) ·················· 다함께

권면의 세족례 ·· 노회장, 당회장

[노회장]
목사로 구별되어 부르심을 받은 여러분, 우리 주님께서 자신을 온전히 내어주시던 그날에 제자들에게 당부하신 귀한 명령을 여러분에게 상기시켜 드리고자 합니다. 주님께서 제자들과 마지막 식사를 하시던 그날에 우리 주님께서는 먼저 대야에 물을 가져다가 손수 제자들의 발을 씻어 주시면서 특별한 당부를 하셨습니다. "내가 너희에게 행한 것을 너희가 아느냐 내가 주와 또는 선생이 되어 너희 발을 씻었으니 너희도 서로 발을 씻어 주는 것이 옳으니라 내

가 너희에게 행한 것 같이 너희도 행하게 하려 하여 본을 보였노라"(요 13 : 12b, 14-15).

(이어서 회중을 바라보고 다음과 같이 말한다)

우리 주님께서 제자들과 마지막 밤을 보내시면서 분부하신 그 명령을 따라 이제 우리는 세족의 예전을 행합니다.

(세족례를 진행하기 위해 예식 전에 미리 물을 담은 큰 그릇과 수건을 의자 밑에 준비해 둔다. 안수 받은 목사는 세족 시에 양말을 벗고 의자에 앉는다. 강단 아래에서 당회장은 안수 받은 목사 한 명씩 맡아 세족한다. 당회장은 안수 받은 목사의 발에 물을 가볍게 세 번 끼얹고, 수건으로 닦는다.)

(반주자는 세족례가 진행될 때 찬송가 311장을 반복해서 연주한다.)

[노회장]
(모든 세족 순서가 끝나면 안수 받은 목사들을 향하여 다음과 같이 권면한다.)

주께서 본을 보이신 대로 여러분도 행하시기를 바랍니다.

[안수 받은 목사들]
저희도 그렇게 하겠습니다.

* 결단의 찬송·················"부름 받아 나선 이 몸"(323장) ····················· 다함께

* 축도 ··맡은이

(안수 받은 목사 중 최고 연장자가 맡는다.)

알림 ··· 노회 서기

(2) 목사 안수-2[70]

집례 : 안수위원장
* 가능한 분은 일어서서

---

70) 이 순서는 스코틀랜드 장로교회의 예배모범과 미국장로교회, 호주 장로교회, 아일랜드 장로교회의 예식 순서를 참조하여 한국교회가 수용할 수 있는 미래지향적인 예식순서로 만든 것이다.

* 예식인사 ··· 집례자와 회중

    집례자 : 오늘 ○○노회는 하나님의 일을 위해 부름 받은 ○○○ 씨를 목사로 세우는 안수 예식을 거행하려고 합니다. 기쁨으로 이 자리에 함께하신 여러분들을 환영하오며 주님의 이름으로 문안드립니다. 우리 주님의 은혜와 하나님의 사랑과 성령의 교통하심이 여러분과 함께하시기를 기원합니다.

    회 중 : 목사님과도 함께하시기를 기도합니다.

* 기원 ·· 집례자

    (이어서 집례자는 예배를 받으실 성삼위 하나님을 경배하고 하나님의 임재와 회중을 성결하게 하셔서 영광 받으실 것을 짧게 기원한다.)

* 성시교독 ······························· 시편 100편 ····························· 집례자와 회중

    집례자 : 온 땅이여 여호와께 즐거운 찬송을 부를지어다
    회 중 : 기쁨으로 여호와를 섬기며 노래하면서 그의 앞에 나아갈지어다
    집례자 : 여호와가 우리 하나님이신 줄 너희는 알지어다
    회 중 : 그는 우리를 지으신 이요 우리는 그의 것이니 그의 백성이요 그의 기르시는 양이로다
    집례자 : 감사함으로 그의 문에 들어가며 찬송함으로 그의 궁정에 들어가서
    회 중 : 그에게 감사하며 그의 이름을 송축할지어다
    집례자 : 여호와는 선하시니 그의 인자하심이 영원하고
    회 중 : 그의 성실하심이 대대에 이르리로다

찬송 ·· 다함께

참회와 고백의 기도 ··· 다함께

    교회의 머리가 되시는 사랑의 하나님, 우리들이 말과 행실로, 그리고 생각으로 지은 모든 죄를 고백합니다. 우리는 힘을 다하고 마음을 다하여 주님을 사랑하고 섬기지 못했습니다. 우리는 부족하여 주님의 뜻을 분별하지 못했으며, 부르시는 음성도 듣지 못했습니다. 우리는 이웃의 고통에 무관심했으며, 서로 사랑으로 용서하지 못했습니다. 자비로우신 하나님, 사죄하여 주시고, 우리가 주님 안에서 하나가 되게 하시고, 기쁨으로 매일 주님을 섬기는 삶이 되게 하

소서. 예수님의 이름으로 기도합니다. 아멘.

사죄의 말씀 ··· 집례자

들으십시오! 좋은 소식이 있습니다. 주님께서 우리 죄를 사하시려고 이 세상에 오셨습니다. 그리고 말씀하십니다. "나는 의인을 부르러 온 것이 아니요 죄인을 부르러 왔노라"(막 2:17b). 이 말씀에 의지하여 우리의 죄가 사함 받았음을 확신합니다.

영광송 ································ "성부 성자와 성령"(3장) ························· 다함께

구약의 말씀 ····················· 에스겔 33:1~9 ························· 다함께

 봉독자 : 이것은 구약을 통해 주시는 하나님의 말씀입니다.
 회   중 : 하나님께 감사합니다.

서신서의 말씀 ················ 에베소서 4:1~6, 11~13 ·················· 다함께

 봉독자 : 이것은 서신서를 통해 주시는 하나님의 말씀입니다.
 회   중 : 하나님께 감사합니다.

* 복음서의 말씀 ················· 마태복음 28:16~20 ··················· 다함께

 봉독자 : 이것은 주님의 복음입니다.
 회   중 : 주 예수 그리스도께 영광을 돌립니다.

찬송 ·· 찬양대

(여기서 찬양대의 찬송은 봉독한 말씀에 대한 응답이며, 동시에 선포의 연속으로 진행되어야 한다.)

설교 ·· 설교자

(설교자는 신중하고 간결한 메시지를 준비해야 하고, 설교 제목은 순서지에 넣도록 한다.)

찬송 ·· 다함께

(설교의 내용에 부합되는 찬송으로 응답한다.)

신앙고백 ······················ 사도신경 ····························· 다함께

안수식

안수 후보자 호명 ·· 노회 서기

서약 ·· 집례자와 안수 후보자

> 교회의 머리가 되시는 주 예수 그리스도의 이름으로 ○○○ 씨를 목사로 안수하려고 합니다. 이 예식은 우리들이 고백하는 사도신경의 믿음 위에서 사도들의 가르침을 이어받은 대한예수교장로회 ○○노회가 주님의 이름으로 시행하는 것입니다. 그러므로 우리는 그대가 하나님의 소명에 확실한 결단을 내리고 응답함을 믿고, 하나님과 여러 증인 앞에서 다음의 몇 가지를 묻고 서약을 받겠습니다.

문 : 그대는 하나님의 독생자로서 성육신하신 예수 그리스도를 구주로 영접하였으며, 인류의 구세주이신 그리스도만을 신뢰하기로 서약합니까?
답 : 예, 서약합니다.

문 : 신·구약성경은 하나님의 말씀이요, 신앙과 행위의 규범임을 믿으며, 이 말씀만을 기본으로 삼아 선포하기로 서약합니까?
답 : 예, 서약합니다.

문 : 그대는 목사로서 그리스도의 몸 된 교회와 성도의 교제를 위하여 말씀에 따라 성례전을 베풀 것을 서약합니까?
답 : 예, 서약합니다.

문 : 그대는 본 장로회 교리의 내용을 그대로 받아들이고, 그에 따라 성실히 목회하기로 서약합니까?
답 : 예, 서약합니다.

문 : 그대는 이 교회는 물론 모든 하나님의 교회들과 화평을 이루며 사랑으로 진리를 전파하고, 그대에게 맡겨진 성도들을 보살피며 참된 양심으로 교회의 권위를 따라 하나님의 교회를 위하여 충실히 목회할 것을 서약합니까?
답 : 예, 서약합니다.

집례자 : 하나님께서 그대에게 이 서약들을 잘 성취하도록 힘 주시기를 기원합니다. 그리고 하나님께서 주님의 교회를 통하여 세세토록 영광 받으시기를 기원합니다.
다함께 : 아멘.

찬송 ·· "성령의 은사를"(196장) ·· 다함께

(찬송을 부르는 동안 안수 후보자는 중앙에 나와 무릎을 꿇고, 안수위원들은 나아와 안수 후보자의 머리에 손을 얹는다.)

안수기도 ·· 집례자

전능하신 하나님! 교회를 통해서 백성을 부르시고 약속을 이루어 가심을 감사합니다. 하나님께서 불러 주시고, 마음과 뜻과 정성을 다해 무릎을 꿇고 기름 부음 받는 이 종에게 성령의 충만한 능력을 주소서. 구원의 말씀을 선포하고, 성례전을 행하며, 그리스도의 이름으로 성도들을 위로하게 하시며, 하나님의 뜻에 합당한 신실한 목회자가 되게 하소서. 주님께서 섬기신 것 같이 겸손하게 섬기는 자가 되게 하시고, 신의를 지키는 제자가 되게 하시고, 성도들에게 본이 되게 하시며, 그리스도를 세계만방에 전하는 진실한 종이요, 증인이 되게 하소서. 오직 성삼위 하나님의 영광만을 위하여 살다가 죽을 수 있는 종이 되게 하소서. 우리 주님 예수 그리스도의 이름으로 기도합니다. 아멘.

축복송 ·· "주 너를 지키시고"(638장) ·· 찬양대

선포 ·· 노회장

(안수 받은 목사는 일어서서 교인들을 바라본다.)

교회의 머리 되시며 왕이신 예수 그리스도의 이름과 대한예수교장로회 ○○노회의 권위로 이제 ○○○ 씨가 본 노회의 목사가 되었음을 선포합니다.

악수례와 환영 ·· 안수위원, 노회대표

(안수위원들과의 악수례를 가진 후, 노회대표는 성경책을 준비하여 안수 받은 목사에게 주면서 다음과 같이 환영의 인사를 한다. 여기서 안수증/안수패를 줄 수 있다.)

○○○ 목사님은 이 성경책을 받아 하나님의 말씀을 선포하며 성례전을 집행

하고 교회를 섬기기 바랍니다.

(회중은 이때 다 함께 박수로 축하한다.)

권면 ··· 맡은이

(5분 이내의 간결한 내용이어야 한다. 경우에 따라서는 권면의 말씀을 생략할 수 있다.)

공동기도 ··· 집례자와 회중

    집례자 : 우리에게 귀한 동역자를 주신 하나님께 감사를 드립니다. 우리를 주님과 연합되게 하시고, 우리의 삶이 하늘 잔치를 준비하는 삶이 되게 하소서.

    회   중 : 존귀하신 하나님! 우리의 마음에서 감사의 기도가 계속되게 하시고, 우리의 입에서는 하나님을 경배하는 찬양이 쉬지 않게 하소서. 우리에게 성령을 주셔서 세상에서 일할 때에 하나님의 영광만을 생각하게 하소서.

    다함께 : 우리 주님 예수 그리스도의 이름으로 기도합니다. 아멘.

* 찬송 ······························· "다 감사드리세"(66장) ······························· 다함께

* 파송과 위탁의 말씀 ··· 집례자

    평화의 일꾼으로 세상을 향해 가십시오. 선한 용기와 하나님의 의를 굳게 잡고, 악을 악으로 갚지 말고, 선으로 악을 이기며, 약한 자들의 힘이 되고 어려움에 처한 자를 도우며 하나님을 섬기고 모든 사람을 섬기며 사랑하십시오. 성령의 능력 안에서 기쁨을 널리 전하십시오.

* 축도[71] ··· 맡은이

알림 ··· 맡은이

3) 목사 취임

---

71) 아론의 축도를 사용함으로 새롭게 출발하는 목사에게 의미 부여를 더해 줄 수 있다.

집례 : 맡은이

예식사 ·· 집례자

찬송 ·· 다함께

기도 ·· 맡은이

성경말씀 ··· 맡은이

찬송 ·· 찬양대

설교 ·· 맡은이

환영사 ·· 교회대표

감사기도 ··· 맡은이

권면과 축사 ··· 맡은이

인사 ··· 취임한 목사

찬송 ·· 다함께

축도 ·· 맡은이

4) 목사 위임

집례 : 위임국장

예식사 ·· 집례자

찬송 ······················· "어지러운 세상 중에"(340장) ······················· 다함께

기도 ·· 맡은이

성경봉독·························· 요한복음 21 : 15~17 ······························ 맡은이

찬송 ·· 찬양대

설교 ······························· "내 양을 치라" ···································· 맡은이

소개 ······························ 위임 받을 목사 ··································· 집례자

서약 ·· 집례자와 임직 후보자

[위임 받는 목사에게]

(오른손을 들고 서약한다.)

문 : 그대가 ○○교회의 목사로 위임을 받는 것은 하나님의 영광을 위하여 헌신하고자 하는 진심에서 우러난 것으로 확신합니까?

답 : 예, 확신합니다.

문 : 그대는 본 교회를 담임하여 목사의 직무를 성실히 수행할 것을 서약합니까?

답 : 예, 서약합니다.

문 : 그대는 본 교회 회중들을 진심으로 사랑하며 올바르게 교육하고, 교회의 화평을 도모하며, 교회 성장과 부흥을 위하여 노력하기로 서약합니까?

답 : 예, 서약합니다.

[회중에게]

(오른손을 들고 서약한다.)

문 : 본 교회 회중 여러분은 ○○○ 목사를 위임목사로 받기로 서약합니까?

답 : 예, 서약합니다.

문 : 회중 여러분은 목사의 교훈하는 진리를 받으며 치리에 복종하고, 목사가 수고할 때 위로하고 협력하기로 서약합니까?

답 : 예, 서약합니다.

문 : 회중 여러분은 그가 본 교회 목사로 시무하는 동안 목회생활상 지장이 없도록 그 비용을 전담하기로 서약합니까?

답 : 예, 서약합니다.

기도 ·································· 서약의 불변을 위하여 ······························· 집례자

선포 ··· 집례자

　　나는 대한예수교장로회 ○○노회의 권위로 ○○○ 목사가 대한예수교장로회
　　○○교회의 위임목사가 된 것을 성부와 성자와 성령의 이름으로 선포하노라.
　　아멘.

권면 ····················· (1) 위임 받은 목사에게 (2) 회중에게 ················· 맡은이

축사 ·· 맡은이

인사 ·· 위임 받은 목사

찬송 ······················ "십자가를 내가 지고"(341장) ······················ 다함께

축도 ·· 맡은이

알림 ·· 맡은이

5) 전도사 임직[72]

집례 : 노회장

예식사 ··· 노회장

찬송 ····················· "네 맘과 정성을 다하여서"(218장) ················· 다함께

기도 ·· 맡은이

성경봉독 ···························· 고린도전서 4 : 1~5 ······························ 맡은이

---

72) 전도사 임직예식은 노회 전도사 고시에 합격한 자에게 교회의 청빙이 있을 때 다음과 같은 순서로 진행
한다.

특송 ··· 맡은이

설교 ································· "충성된 일꾼" ································· 맡은이

소개 ··· 노회 서기

서약 ··· 집례자와 임직 후보자

　문 : 신·구약성경은 하나님의 말씀이요, 신앙과 행위에 대하여 정확무오한 유
　　　일의 법칙임을 믿습니까?
　답 : 예, 믿습니다.

　문 : 본 장로회 교리는 신·구약성경이 교훈한 도리를 총괄한 것으로 알고 성실
　　　한 마음으로 받아 믿고 따르기로 서약합니까?
　답 : 예, 서약합니다.

　문 : 전도사의 직분을 받고 하나님의 은혜를 의지하여 진실한 마음으로 본직
　　　을 힘써 감당하기로 서약합니까?
　답 : 예, 서약합니다.

　문 : 주님 안에서 본 노회의 치리에 복종하고 동역자 간에 서로 도우며 협조하
　　　기로 서약합니까?
　답 : 예, 서약합니다.

　문 : 교회의 화평과 연합과 성결함을 위하여 충성하기로 서약합니까?
　답 : 예, 서약합니다.

기도 ·· 집례자

임직과 선포 ··· 집례자

　나는 교회에 덕을 세우기 위하여 위임하신 권한과 주 예수 그리스도의 이름으
　로 하나님이 맡겨 주신 일터에서의 복음 전파를 위하여 그대(들)를 전도사로
　임직합니다. 그대(들)가 이 일을 잘 수행할 수 있도록 하나님께서 은혜를 베풀
　어 주시며 성령이 충만하시기를 기원합니다.

　이제는 내가 대한예수교장로회 ○○노회의 권위로 ○○○ 씨는 본 ○○노회

소속 전도사로 임직된 것을 선포합니다. 아멘.

증명서 수여···집례자

권면··맡은이

찬송······················· "나 맡은 본분은"(595장) ····················· 다함께

축도··맡은이

알림··맡은이

6) 선교사 파송

집례 : 맡은이

예식사······························· 이사야 6 : 8·····························집례자

찬송························ "저 북방 얼음 산과"(507장) ···················· 다함께

기도··맡은이

성경봉독··맡은이

찬송··찬양대

설교··맡은이

서약··집례자와 대상자

이제 ○○○ 목사를 ○○ 지역 선교사로 파송하고자 하여 다음과 같이 서약합니다.

(오른손을 들고 서약한다.)

문 : 그대는 ○○ 지역에 있는 사람들을 구원하기 위해 부르신 주님의 부르심에 충성을 다하여 헌신하겠습니까?

답 : 예, 헌신하겠습니다.

문 : 그대는 복음에 빚진 자의 심정으로 최선을 다해 주의 복음을 전하겠습니까?
답 : 예, 전하겠습니다.

문 : 그대는 대한민국 선교사로서의 긍지를 가지고 청빈한 생활과 경건한 생활에 힘쓸 것을 약속합니까?
답 : 예, 약속합니다.

파송기도 ··· 맡은이

파송사 ··· 맡은이

　이제 복음사역을 위하여 부름 받은 ○○○ 선교사와 그의 가족을 성부와 성자와 성령의 이름으로 파송합니다.

파송장 수여 ·· 맡은이

권면과 축사 ·· 맡은이

선교 후원 약정서 및 선교 후원금 전달 ·· 맡은이

파송 선교사 인사 ··· 맡은이

찬송 ···················· "부름 받아 나선 이 몸"(323장) ···················· 다함께

축도 ·· 맡은이

7) 장로, 안수집사, 권사 임직

집례 : 당회장

예식사 ··· 집례자

　하나님의 뜻에 의하여 우리는 지금 ○○○ 씨를 장로로, ○○○ 씨를 안수집사로, ○○○ 씨를 권사로 임직하는 예식을 시작하겠습니다.

입례송 ··· 다함께

기원 ··집례자
찬송 ····················· "성부 성자와 성령"(3장) ················· 다함께
기도 ··맡은이
성경봉독··························· 에베소서 4 : 11~12 ··················맡은이
찬송 ·· 찬양대
설교 ························ "다양한 직분과 사명" ························맡은이
소개 ·· 사회자
서약 ··· 집례자와 임직 후보자

(임직 후보자는 일어서서 오른손을 들고 대답한다.)

[장로에게]

문 : 신·구약성경은 하나님의 말씀이요, 또 신앙과 행위에 대하여 정확무오한 유일의 법칙으로 믿고 따르기로 서약합니까?
답 : 예, 서약합니다.

문 : 본 장로회 교리는 신·구약성경의 교훈한 도리를 총괄한 것으로 알고 성실한 마음으로 믿고 따르기로 서약합니까?
답 : 예, 서약합니다.

문 : 본 장로회 정치와 권징조례와 예배모범은 정당한 것으로 알고 따르기로 서약합니까?
답 : 예, 서약합니다.

문 : 이 지교회 장로의 직분을 받고 하나님의 은혜를 의지하여 진실한 마음으로 본직에 힘써 봉사하기로 서약합니까?
답 : 예, 서약합니다.

문 : 본 교회의 화평과 연합과 성결함을 위하여 충성하기로 서약합니까?
답 : 예, 서약합니다.

[안수집사에게]

문 : 신·구약성경은 하나님의 말씀이요, 또 신앙과 행위에 대하여 정확무오한 유일의 법칙으로 믿고 따르기로 서약합니까?

답 : 예, 서약합니다.

문 : 본 장로회 교리는 신·구약성경의 교훈한 도리를 총괄한 것으로 알고 성실한 마음으로 믿고 따르기로 서약합니까?

답 : 예, 서약합니다.

문 : 이 지교회 집사의 직분을 받고 하나님의 은혜를 의지하여 진실한 마음으로 교회를 위해 봉사하고 봉헌을 수납하며 구제에 관한 일을 하기로 서약합니까?

답 : 예, 서약합니다.

문 : 예수 그리스도의 청지기로서 본 교회의 화평과 연합과 성결을 위해 충성하기로 서약합니까?

답 : 예, 서약합니다.

[권사에게]

문 : 신·구약성경은 하나님의 말씀이요, 또 신앙과 행위에 대하여 정확무오한 유일의 법칙으로 믿고 따르기로 서약합니까?

답 : 예, 서약합니다.

문 : 본 장로회 교리는 신·구약성경의 교훈한 도리를 총괄한 것으로 알고 성실한 마음으로 믿고 따르기로 서약합니까?

답 : 예, 서약합니다.

문 : 본 교회 권사로 택함을 받았은즉 당회의 지도대로 목회자를 도와 성도들을 심방하고 위로하며 맡은 일에 충성하기로 서약합니까?

답 : 예, 서약합니다.

문 : 예수 그리스도의 청지기로서 본 교회의 화평과 연합과 성결을 위해 충성하기로 서약합니까?

답 : 예, 서약합니다.

[회중에게]

문 : ○○교회의 회중이여, 여러분들이 택하여 세운 ○○○ 씨를 본 교회 장로
(안수집사, 권사)로 모시고 성경과 교회정치에서 가르친 바대로 주 안에서
존경하고 위로하며 순종하기로 서약합니까?

답 : 예, 서약합니다.

장로안수기도 ·························· 안수위원, 당회원 ······························· 집례자

자비로우신 하나님, ○○○ 씨가 지금 장로의 직분을 맡기 위하여 하나님 앞에 무릎을 꿇었나이다. 주께서 쓰시기 위해서 성별한 종이오니 이 직책을 감당할 만한 능력도 더하소서. 장로직은 무겁고 큰 직책이오니 인간의 힘만으로는 감당할 수 없나이다. 위로부터 새 은혜를 내리사 성령과 믿음과 지혜와 사랑으로 충만케 하소서. 장로직은 혼자의 힘만으로 감당키 어려운 직책이니 사랑하는 가족들이 좋은 협조자가 되게 하여 주소서. 장로직은 봉사하는 직책인즉, 이들이 지배자가 아니라 봉사자로, 받는 자가 아니라 주는 자로 충성하게 하사 자신과 가정과 교회가 함께 복될 수 있게 하소서. 장로직은 항존직인즉 임직을 받는 이 순간의 감격과 결심이 일생 동안 변치 않게 하사 즐거우나 괴로우나 소임에만 충성하도록 인도하소서. 이제 후로는 ○○○ 씨에게 영적으로는 충만을, 육적으로는 건강을, 사업에는 번영을, 가정에는 평강을 더하셔서 ○○○ 씨로 말미암아 주님의 교회가 날로 흥왕케 하여 주시옵소서. 예수님의 이름으로 기도합니다. 아멘.

악수례 ··· 안수위원

집사안수기도 ·························· 안수위원, 당회원 ······························· 집례자

역사를 섭리하시는 하나님, ○○○ 씨가 지금 안수집사의 중임을 맡기 위해 하나님 앞에 무릎을 꿇었나이다. 주님께서 쓰시기 위해서 성별한 종이오니 이 직책을 감당할 수 있는 능력과 지혜와 건강을 더하소서. 안수집사의 직분은 하나님이 주신 중요한 직분으로 사람의 힘만으로는 감당할 수 없사오니 위로부터 새로운 힘과 은혜를 내려 주셔서 이 직책을 잘 감당하도록 역사하소서. 집사의 직책은 혼자의 힘만으로 감당하기 어려운 직책이오니 사랑하는 가족들이 좋은 협조자가 되도록 인도하소서. 안수집사의 직분은 봉사하는 직책이오니 사랑하는 종들이 지배자가 아니라 봉사자로, 받는 자가 아니라 주는 자로

충성하게 하사 자신과 가정과 교회가 함께 복될 수 있게 하소서. 안수집사직은 항존직인즉 임직을 받는 이 순간의 감격과 결심이 일평생 동안 변치 않게 하사 즐거우나 괴로우나 사명을 감당하는 충성된 종이 되게 하소서. 이제 후로는 주님의 종 된 ○○○ 씨에게 영적으로는 충만을, 육적으로는 건강을, 사업에는 번창을, 가정에는 평강을 더하셔서 ○○○ 씨를 통해 교회가 부흥되게 하여 주시옵소서. 예수님의 이름으로 기도합니다. 아멘.

악수례 ·· 안수위원

권사안수기도 ···················· 안수위원, 당회원 ···················· 집례자

사랑의 하나님, 이 시간 ○○○ 씨가 권사의 중임을 맡기 위해 하나님 앞에 무릎을 꿇었습니다. 주께서 이 종을 귀히 쓰시기 위해 택정하시고 귀한 직임을 맡겨 주심을 인하여 감사를 드립니다. 권사직은 주의 몸 된 교회의 중요한 직분이오니 이 시간 이 직임을 잘 감당하도록 성령의 충만한 은혜와 능력을 부어 주소서. 권사직은 목회자를 도와 궁핍한 자와 환난 당한 교우들을 심방하고 위로하는 직이오니, 온유 겸손케 하시고 인자와 긍휼로 덧입혀 주사 맡겨진 직무를 잘 감당하게 하소서. 권사직은 교회의 덕을 세우며 교회의 화평을 도모하는 데 힘써야 하는 직이오니 자신을 주님께 드리며 그리스도의 사랑의 화신이 되게 하시고 화목하게 하라는 주님의 분부하심을 몸소 실천하게 하소서. 권사직은 항존직이오니 임직 받는 이 순간의 감격과 서약한 결심이 변치 않게 하사 즐거우나 괴로우나 소임에 충성하게 하소서. 육신의 건강도 주시고, 가정에 평강과 물질의 축복도 풍성히 허락해 주소서. 예수님의 이름으로 기도합니다. 아멘.

악수례 ·· 안수위원

선포 ··· 집례자

본 ○○교회 당회장인 나는 지금 그리스도께로부터 받은 직책과 교회의 권위를 가지고 ○○○ 씨가 대한예수교장로회 ○○교회 장로(안수집사, 권사)가 된 것을 성부와 성자와 성령의 이름으로 선포하노라. 아멘.

축가 ··· 맡은이

권면	맡은이
축사	맡은이
기념품 증정	맡은이

　　(임직 받은 이가 교회에게)

　　(교회가 임직 받은 이에게)

인사	임직 받은 이들 중에서
찬송 "겸손히 주를 섬길 때"(212장)	다함께
축도	집례자
송영	찬양대
알림	맡은이

8) 공로목사 추대[73]

집례 : 노회장

예식사	집례자
찬송 "황무지가 장미꽃같이"(242장)	다함께
성경봉독 사도행전 20 : 28~35	맡은이
기도	맡은이
찬송	찬양대

---

73) 한 노회에서 20년 이상 시무한 목사가 은퇴하게 될 때에 노회의 결의로 공로목사 추대예식을 한다.

설교 ……………………………… "바람직한 감독자" ……………………………… 맡은이

약력소개 ………………………………………………………………………………… 맡은이

추대사 ……………………………………………………………………………… 노회 서기

　　○○○ 목사님은, ○○○○년에 목사 안수를 받고 ○○○○년까지 본 노회 안에서 성실히 교회에 봉사하며, 노회의 모든 일에 성심성의껏 헌신하여 노회원들의 모범이 되셨습니다. 이제 시무를 마치고 교회를 떠나게 되므로, 본 노회는 노회의 결의로 ○○○ 목사님을 공로목사로 추대합니다. 하나님의 충만한 은혜가 목사님과 가정에 함께하시기를 기원합니다.

선포 …………………………………………………………………………………… 집례자

　　○○○ 목사는 대한예수교장로회 ○○노회 공로목사가 된 것을 성부와 성자와 성령의 이름으로 선포합니다. 아멘.

기도 …………………………………………………………………………………… 집례자

축사 …………………………………………………………………………………… 맡은이

　　(노회 안에서 다년간 시무하는 동안 목사로서 아름답게 일한 것에 대해 감사의 말을 전한다.)

기념품 증정 …………………………………………………………………………… 맡은이

특순 ……………………………………………………………………………… 가족 또는 회중

답사 ……………………………………………………………………………… 추대 받은 목사

찬송 ……………………………… "하나님의 크신 사랑"(15장) ……………………… 다함께

축도 …………………………………………………………………………………… 집례자

알림 …………………………………………………………………………………… 맡은이

9) 원로목사 추대[74]

집례 : 위원장

예식사 ···	집례자
찬송 ················· "내 주 하나님 넓고 큰 은혜는"(302장) ··············	다함께
기도 ··	맡은이
성경봉독 ······················· 디모데후서 4 : 1~8 ······················	맡은이
찬송 ··	찬양대
설교 ························ "인생의 개가" ·····························	맡은이
약력소개 ··	맡은이
추대사 ··	당회 서기

○○○ 목사님은, ○○○○년에 본 교회에 위임목사로 부임하여 오늘에 이르기까지 ○○년을 하루같이 시무하며 생명의 말씀으로 설교하고, 교우를 심방하며, 교회를 치리함에 있어서 모든 신자의 본이 되며, 기도와 봉사로 쉬지 않고 전심으로 노력하셨습니다. 이제 그 시무를 마치게 되었으므로 본 교회 교인 일동은 목사님의 공을 인정하여 노회의 결의로 원로목사로 추대하는 바입니다. 하나님의 은혜가 항상 목사님과 가정에 함께하시기를 기원합니다.

선포 ···	집례자

○○○ 목사는 대한예수교장로회 ○○노회 ○○교회 원로목사가 된 것을 성부와 성자와 성령의 이름으로 선포합니다. 아멘.

기도 ··	집례자

---

[74] 한 지교회에서 20년 이상 시무한 목사는 당회, 공동의회, 노회의 규정적 절차를 통해 원로목사로 추대될 수 있다. 원로목사 추대예식은 노회가 위원을 파송하여 해당 목사가 시무하는 교회에서 한다.

축사 ···	맡은이
기념품 증정 ···	맡은이
특별순서 ··	가족 또는 회중
답사 ···	추대 받은 목사
찬송 ················ "나 캄캄한 밤 죄의 길에"(381장) ················	다함께
축도 ···	집례자
알림 ···	교회 대표

10) 원로장로 추대

집례 : 당회장

예식사 ···	집례자

   본 교회에서 20년 이상 시무한 ○○○ 장로가 정년이 되어 시무를 마치게 되었으므로 당회와 공동의회의 결의로 ○○○ 장로의 원로장로 추대식을 거행하겠습니다.

찬송 ················ "십자가를 내가 지고"(341장) ················	다함께
기도 ···	맡은이
성경봉독 ··················· 베드로전서 5 : 1~4 ···················	맡은이
찬송 ···	찬양대
설교 ······················· "영광에 참여할 자" ·······················	맡은이
기도 ···	설교자
약력소개 ··	맡은이

추대사 ··· 당회 서기

> 본 교회 ○○○ 장로는 ○○○○년에 본 교회 시무장로가 된 후 오늘까지 ○○여 년을 하루같이 충성을 다해 교회에 봉사하며 모든 교우의 본이 되었으므로 본 교회 당회의 결의로 공동의회를 열어 원로장로로 추대합니다.

선포 ··· 집례자

> 이제 내가 ○○교회 당회장의 권위로 ○○○ 장로는 ○○교회 원로장로가 된 것을 교회 앞에 선포합니다. 성삼위 하나님께서 함께하시기를 바랍니다. 아멘.

기도 ··· 집례자

축사 ··· 맡은이

기념품 증정 ·· 당회 대표

특별순서 ·· 가족 또는 회중

답사 ··· 추대 받은 장로

찬송 ······················ "나 캄캄한 밤 죄의 길에"(381장) ················ 다함께

축도 ··· 집례자

알림 ··· 맡은이

11) 항존직 은퇴[75]

집례 : 당회장

예식사 ··· 집례자

---

[75] 교회 항존직(목사, 장로, 안수집사, 권사)은 시무 중 만 70세가 되면 은퇴하게 되며, 교회는 일시와 장소를 정하여 장로(안수집사, 권사)의 은퇴예식을 거행한다. 항존직 중 목사는 노회원이므로 노회에서 예식을 치른다.

본 교회에서 시무한 ○○○ 장로(안수집사, 권사)가 정년이 되어 영광스럽게 그 직무를 마치게 되었습니다. 지금부터 은퇴식을 거행하겠습니다.

찬송 ·················· "나의 갈 길 다 가도록"(384장) ·················· 다함께

기도 ··· 맡은이

성경봉독 ················· 디모데후서 4 : 7~8 ················· 맡은이

찬송 ··· 찬양대

설교 ······················ "의의 면류관" ······················ 맡은이

약력소개 ·· 맡은이

은퇴사 ··· 당회 서기

본 교회 ○○○ 장로(안수집사, 권사)는 ○○○○년에 본 교회 시무 장로(안수집사, 권사)로 취임한 후 오늘까지 ○○여 년을 하루같이 충성을 다하여 교회에 봉사하며 모든 교우의 모범이 되었으므로 본 교회 은퇴장로(안수집사, 권사)로 모시게 되었습니다.

선포 ··· 집례자

이제 내가 ○○교회 당회장의 권위로 ○○○ 장로(안수집사, 권사)는 ○○교회의 은퇴장로(안수집사, 권사)임을 선포하노라. 성삼위 하나님께서 함께하시기를 바랍니다. 아멘.

기도 ··· 집례자

축사 ··· 맡은이

기념품 증정 ··· 당회 대표

특별순서 ·· 맡은이

답사 ··· 은퇴자

찬송 ··· 다함께

축도	집례자
알림	맡은이

12) 서리집사 임명[76]

집례 : 목사

예식사	집례자
성경봉독 ········· 사도행전 20 : 17~38	집례자
서약	집례자와 후보자

    문 : 여러분은 이 지교회의 서리집사의 직분을 받고 앞으로 1년간 하나님의 은혜를 의지하여 진실한 청지기로서 열심히 봉사하기로 서약합니까?
    답 : 예, 서약합니다.

    문 : 여러분은 교회의 화평과 부흥을 위하여 충성하기로 서약합니까?
    답 : 예, 서약합니다.

임직기도	집례자
임명장 수여	집례자

13) 협동(명예) 집사(권사) 추대[77]

집례 : 당회장

---

[76] 서리집사는 매년 임명하게 되므로 임명예식이 주일예배 때 있어야 한다. 특별히 신임 서리집사 임명예식은 반드시 있어야 한다.

[77] 『총회 헌법』 헌법시행규정 제26조 11항, "당회의 결의로 세례교인 중에서 협동(명예)집사, 협동(명예)권사를 세워 집사와 권사의 직무를 협력하게 할 수 있으나 안수는 하지 않는다. 정년까지 서리집사에 준하여 제직회원의 권리를 행사할 수 있다."

예식사 ·· 집례자

성경봉독 ···························· 로마서 12 : 1~21 ································· 맡은이

서약 ··· 집례자와 후보자

  문 : 여러분은 이 지교회의 협동(명예) 집사(권사)의 직분을 받고 하나님의 은
      혜를 의지하여 진실한 청지기로서 열심히 봉사하기로 서약합니까?
  답 : 예, 서약합니다.

  문 : 여러분은 교회의 화평과 부흥을 위하여 충성하기로 서약합니까?
  답 : 예, 서약합니다.

임직기도 ·· 맡은이

선포 ··· 당회장

  이제 내가 ○○교회 당회장의 권위로 ○○○ 씨는 교회의 협동(명예) 집사(권
  사)가 된 것을 선포하노라. 성삼위 하나님께서 함께하시기를 바랍니다. 아멘.

14) 청지기(교회학교 교사) 임명

집례 : 목사

예식사 ·· 집례자

성경봉독 ························· 마태복음 28 : 18~20 ································· 집례자

      [마가복음 16 : 15, 에베소서 4 : 11-16]

서약 ··· 집례자와 교사

  문 : 여러분은 청지기(교회학교 교사)로 임명 받은 것을 하나님의 소명으로 알
      고 맡은 책임을 충실히 수행하기로 서약합니까?
  답 : 예, 서약합니다.

  문 : 여러분은 본 교회의 청지기(신앙교육을 담당한 교사)로 성령의 인도하심

을 받아 맡겨진 사역(교회교육)에 전력을 다하여 봉사하기로 서약합니까?
답 : 예, 서약합니다.

기도 ·· 집례자

임명장 수여 ·· 집례자

 봉헌예식

1) 예배당 봉헌의 신학적 의미

봉헌은 성전의 의미와 깊은 관련이 있다. 성경 역사에서는 총 세 가지의 성전이 등장한다. 첫째는 솔로몬의 성전이고, 둘째는 스룹바벨의 성전이며, 셋째는 헤롯의 성전이다. 그러나 이러한 성전의 종류보다 더 중요한 것은 성전의 의미이다. 성전은 하나님이 계신 곳이다(합 2 : 20). 하나님께서는 영적인 존재이시기 때문에 장소의 제약을 받지 않으시지만, 하나님은 이곳에서 이스라엘과 만날 것을 약속하셨다(출 25 : 8). 하나님은 계속 이곳에서 말씀하셨고, 예배를 통하여 이스라엘과 만나주셨다.

그래서 성전은 이스라엘 백성들에게 종교적 중심이 되었고, 정신과 생활의 기초가 되었다. 또한 성전은 하나님의 백성들이 모이는 곳이고, 하나님의 영광이 나타남을 보고 하나님에게 감사하며 예배를 드렸던 곳이다. 우리는 이러한 성경적 토대 위에 예배당을 짓고, 또 헌당을 한다. 그리고 이 과정에서 세 가지 의식을 갖는다. 첫째는 기공예식, 둘째는 입당예식, 셋째는 헌당예식이다.

기공예식은 건축적으로 보면 헌당을 하기 위한 최초의 단계이다. 또 신학적으로 보면 기공예식은 하나님께서 예배당을 세우신다는 것을 알게 하는 일이다. 여호와께서 집을 세우지 아니하시면 세우는 자의 수고가 헛되기 때문이다(시 127 : 1). 그러므로 기공예식은 하나님께서 그의 자녀들과 만나기 위하여 집을 짓기 시작하신 것을 말한다. 기공예식은 예배당을 지으면서 천지를 지으신 하나님

의 도우심을 구하는 예식이다(시 121:1-2). 또한 예배당을 짓는 것을 통해 교우들의 신앙과 생활의 중심이 생기게 된 것과 신앙을 구체적으로 표현할 수 있게 된 것을 깨닫게 하고 전 교우들이 겸손하게 기도하도록 하는 예식이다.

입당예식은 하나님을 만나는 약속의 장소로 성전을 건축한 뒤, 교우들이 이 전에 들어와서 예배하고 활동하며 하나님께 감사하고 영광을 돌리는 예식이다. 이제 교우들은 더욱 성전을 사모하며 이 전에서 예배를 드리면서 하나님을 만나게 되고, 대화하게 되며, 더욱 가까이 계심을 느끼고 기도하게 된다.

헌당예식은 예배당이 다 완성되어 건축 준공 허락을 마치고 건축에 관계된 채무까지 다 해결한 후 성전을 하나님께 드린다는 뜻으로 행하는 의식이다. 솔로몬은 성전 짓는 것을 마치고 하나님께 감사와 영광을 돌리는 기도를 드린 후(대하 6:4-42) 봉헌예식을 베풀었다. 이 예식은 하나님께 드리는 예배로서 하나님의 인자하심이 영원하신 것을 감사하는 것이었다(대하 7:6-7).

오늘날에도 이와 같이 헌당예식을 드림으로 하나님께서 삶의 방향과 규범으로서의 공의와 사랑을 보여 주셨음을 확인하고, 하나님께 몸과 마음을 다 바치고 새로운 삶을 살기로 약속하고, 공의와 사랑에 따라 실천하도록 결단하게 한다. 그리고 예배당에 나와서 예배를 드릴 때마다 교우들이 새로운 힘을 얻고 지금까지 생활해 온 것을 반성하며, 이 땅에서 하나님의 공의와 사랑에 따라 살아갈 것을 결단하도록 한다.

2) 기공

(1) 예배당

- 교회의 일이지만 공사를 시작하는 것이므로 주일이 아닌 날로 정하도록 한다.
- 실제 공사 착수일의 전날이면 가장 좋다.
- 시간은 교회 형편에 따라 정할 수 있다.

- 새로 건축할 터 위에서 가지도록 한다.
- 잘 보이는 곳에 예배당 투시도를 거치한다.
- '삽 뜨기'를 위하여 굳은 땅이면 모래를 쌓아 네 기둥을 세우고 오색테이프를 쳐 놓는다.
- 책상 위에 오색테이프를 자를 가위를 준비하고, 가위 손잡이에 '○○교회 예배당 기공, ○○○○년 ○○월 ○○일'을 기입한 리본을 매어 놓는다. 이 가위는 사용한 이가 가지고 가도록 한다.
- 삽을 구입하여 '○○교회 예배당 기공, ○○○○년 ○○월 ○○일'을 손잡이에 기록하고, 손잡이를 흰 붕대로 감아 놓는다. 이 삽도 사용한 이가 가져가게 하거나, 기념으로 교회에서 보관한다. 가위와 같은 수량의 삽을 준비한다.
- 가위, 삽을 위원들에게 전달할 이를 한두 사람 준비시킨다.
- 노회, 시찰회, 타 교단 교회, 이웃 교회, 목사, 장로 및 회중은 물론, 지방 유지 및 기관장들을 초청하도록 한다.

집례 : 목사

예식사 ·· 집례자

사랑하는 성도 여러분! 일찍이 경건하고 충성된 하나님의 자녀들이 공동예배와 성례와 복음 사역을 수행하기 위하여 예배당을 건축하여 하나님의 영광을 드러내었습니다. 하나님께서 이 일을 기뻐하신 줄 믿고, 우리도 주님의 이름을 높여 그 영광을 드러내고자 이곳에 예배당을 건축할 계획을 세웠습니다. 이제 우리는 하나님이 이 일에 함께하시고, 도와주실 줄 믿고 겸손하고 충성스럽게 이 일에 참여하며, 기공예식에 주께서 복을 내려 주시기를 간구합시다. 이제부터 ○○교회 예배당 기공예식을 시작하겠습니다.

찬송 ······················ "주 예수 이름 높이어"(36장) ······················ 다함께

["교회의 참된 터는"(600장)]

기도 ·· 맡은이

전능하신 하나님, 오늘 이곳에서 주님의 백성들이 하나님이 기뻐하시는 ○○교회 예배당 건축을 위하여 기공예배를 드립니다. 우리가 주님의 영광을 위하여 마련한 이 땅을 거룩하게 구별하여 주소서. 이 땅 위에 하나님의 성전인 예배당을 건축하고자 모인 주님의 백성들에게 복을 내리사 이 일이 주님의 뜻대로 이루어지게 하소서. 이곳에서 주님을 앙망하는 성도들에게 은혜와 자비를 베푸시고 땅을 파서 성전을 건축할 때에 일하는 모든 사람들에게 지혜와 능력을 주소서. 우리 주 예수 그리스도의 이름으로 기도합니다. 아멘.

성경봉독 ································· 마태복음 7 : 24~27 ································ 맡은이

찬송 ·· 찬양대

설교 ································· "주추를 반석 위에" ································ 맡은이

공동기도 ·· 다함께

집례자 : 어린이들이 하나님의 사랑을 배우고, 은혜와 진리 안에서 자라나며, 하나님과 사람 앞에 사랑받게 할 예배당을 세우기 위하여
회　중 : 우리가 이 땅을 팝니다.
집례자 : 젊은이들이 예배하고, 기도하며, 봉사하면서 그리스도인으로 성장할 예배당을 세우기 위하여
회　중 : 우리가 이 땅을 팝니다.
집례자 : 수고하고 무거운 짐 진 자들이 세상에서 얻을 수 없는 평안을 얻게 할 예배당을 세우기 위하여
회　중 : 우리가 이 땅을 팝니다.
집례자 : 하나님의 말씀이 선포되고 해석되어 생명 있는 말씀이 되며, 성례가 집행되어 모든 생명이 성화되게 할 예배당을 세우기 위하여
회　중 : 우리가 이 땅을 팝니다.
집례자 : 무리들이 그 안에서 마음의 안식을 얻고, 모든 고통에서 해방되며, 죄에서 구속함을 받을 예배당을 세우기 위하여
회　중 : 우리가 이 땅을 팝니다.
집례자 : 하나님의 은혜가 넘치는 가정의 중심이 되는 예배당을 세우기 위하여

회　　중 : 우리가 이 땅을 팝니다.
　　집례자 : 그 안에서 겸손히 엎드려 믿음으로 순종하는 모든 사람들에게 영원한
　　　　　　생명이 주어질 예배당을 세우기 위하여
　　회　　중 : 우리가 이 땅을 팝니다.

건축준비 보고 ·· 건축위원장

　　(필요한 조항들을 인쇄물로 미리 밝혀 두는 것이 좋으며 실제 보고는 간략하게 한다.)

설계 설명 ·· 건축위원장

　　(형태, 규모, 특징 등을 투시도에 근거하여 설명한다.)

소개 ··· 맡은이

　　(설계사, 시공자, 감독, 건축위원회 위원장, 부위원장, 서기부터 위원 순으로 소개한다.)

선언 ·· 집례자

　　집례자 : 하나님의 영광을 위하여 모든 성도들 앞에서 내가 이제 대한예수교장
　　　　　　로회 ○○교회의 예배당을 기공할 것을 선언합니다.
　　회　　중 : 아멘.

축하와 인사

축사 ··· 맡은이

감사 및 알림 ··· 교회 대표

찬송 ·· 다함께

축도 ·· 맡은이

테이프 끊기와 삽 뜨기 ··· 맡은이

　　(이상의 순서는 시간과 규모에 따라 필요한 순서만 취택하고 조정할 수 있다.)

(2) 기독교 기관

집례 : 목사

예식사 ··· 집례자

이곳에 모이신 회중 그리고 내빈 여러분, 일찍이 경건하고 거룩한 사람들은 하나님의 사업을 위하여 건물을 짓고, 저속한 모든 일로부터 자신을 지키고, 큰 헌신과 봉사로 사람들의 마음을 감동시키며 하나님께 영광을 돌려왔습니다. 오늘 이 기공식이 이러한 아름다운 전통과 연결되어 있음을 확신합니다. 이제 다 함께 경건한 마음으로 ○○ 기공예식을 시작하겠습니다.

기원 ··· 집례자

"여호와는 위대하시니 우리 하나님의 성, 거룩한 산에서 극진히 찬양 받으시리로다"(시 48:1). 영원하신 하나님! 수천 년, 수만 년 동안 자연으로 남아 있던 이 땅에 주님의 뜻을 실행하기 위하여 나무를 모으고 돌을 모아 귀한 건물을 짓게 하시니 감사합니다. 창조의 은총 안에만 머물러 있던 이 땅이 구속의 은총의 도구로 더욱 값지게 사용되게 하심을 감사드립니다. 창조의 주님! 이 땅을 더욱 성별하여 주시고, 이 땅에 지어지는 건물을 통하여 하나님의 뜻이 더욱 공고해지고, 하나님의 이름이 더욱 영화롭게 되도록 역사하여 주소서. 이제 땅을 파며 드리는 이 예배가 야곱이 자신의 돌베개를 놓고 드렸던 예배와 같이 큰 꿈을 꾸며, 하나님의 함께하심을 확신하는 귀한 예식이 되게 하소서. 우리 주 예수 그리스도의 이름으로 기도합니다. 아멘.

신앙고백 ······················· 사도신경 ······················· 다함께

찬송 ······················· "목소리 높여서"(6장) ······················· 다함께

성경봉독 ······················· 시편 84편 ······················· 맡은이

[고린도전서 3:9-17 ; 베드로전서 2:1-9]

설교 ··· 맡은이

경과보고 ··· 맡은이

(건축의 경과를 보고하고 설계자, 시공자, 공헌자 등을 소개한다.)

기공을 위한 기도 ·· 맡은이

우리를 위해 세상을 창조하셨고, 지금도 세상을 새롭게 하고 계시는 하나님! 여기 주님의 도구로 사용될 이 자리에 복 주소서. 이 땅을 성별하여 주시고, 이 자리에 세워질 거룩한 ○○ 기관 위에 주님의 은총을 내려 주소서. 이제 주님과 함께 이곳에 새로운 창조를 시작하오니 주님의 영광이 이곳에 영원히 거하소서. 우리 주 예수 그리스도의 이름으로 기도합니다. 아멘.

기공선언과 테이프 끊기 ·· 집례자와 맡은이

"여호와께서 집을 세우지 아니하시면 세우는 자의 수고가 헛되며 여호와께서 성을 지키지 아니하시면 파수꾼의 깨어 있음이 헛되도다"(시 127:1). 이제 나는 하나님의 영광을 위하여 이 회중 앞에서 ○○ 기관의 건축을 위한 기공을 선언합니다. 우리를 부르시는 분은 신실하시니 이 일을 또한 이루실 것입니다. 이제 테이프를 끊습니다. 하나, 둘, 셋!
다 함께 박수로 하나님께 영광을 돌리겠습니다.

첫 삽 뜨기(개토) ··· 맡은이

내빈 여러분과 대표께서는 첫 삽 뜨기(개토)를 위하여 앞으로 나오시기 바랍니다.

집례자 : 거룩하신 하나님, 주님을 사랑하는 사람들이 주님의 이름으로 훈련받고 예배하며 기도하는 건물을 세우기 위하여 우리가 오늘 이 땅을 팝니다.

회　중 : 아멘.

집례자 : 수고하고 무거운 짐 진 자들에게 세상에서 얻을 수 없는 내적 평안을 전달할 건물을 세우기 위해 우리가 오늘 이 땅을 팝니다.

회　중 : 아멘.

집례자 : 우리를 인도하시고, 도우시는 주님께 모든 과정을 의탁하며 우리가 오늘 이 땅을 팝니다.

회　중 : 아멘.

찬송 ·························· "주의 말씀 듣고서"(204장) ·························· 다함께

축도 ··· 맡은이

3) 입당

> - 공사가 완료되고 건축 준공 허락을 받은 후에 하는 것이 좋으며, 가급적 주일예배나 주일찬양예배 때 하도록 한다. 공휴일에 이웃교회를 청해서 할 수도 있다.
> - 예배당 출입문에 테이프를 쳐 놓고 가위 등을 미리 준비해 둔다.
> - 특별히 건축을 위해 물심양면으로 협조한 분들을 초청하여 참석하게 한다.

집례 : 목사

테이프 끊기 ·· 위원

(목사, 건축위원장, 순서위원 등이 예배당 출입문에 설치된 테이프를 끊는다. 이때 회중은 기쁨의 박수를 친다.)

입당행진 ··· 위원

예식사 ··· 집례자

하나님이 우리에게 성전을 건축하게 하셔서 하나님께 은혜롭고 복된 예배를 드리게 되었습니다. 이제부터 예배당 입당예식을 거행하고자 하오니 성도 여러분은 경건하고 감사한 마음으로 예배에 임하여 주시기 바랍니다.

찬송 ······················· "내 주의 나라와"(208장) ······················· 다함께

성시교독 ······························· 19번 ······························ 집례자와 회중

기도 ··· 맡은이

은혜로우신 하나님, 하나님의 백성들이 주의 거룩한 전에 모여 예배드리는 것

을 기뻐 받으소서. 주의 이름을 영화롭게 하기 위하여 우리가 주님께 드리는 이 집을 성별하소서. 이 성소에서 우리가 평안과 기쁨을 발견하게 하시고, 주님의 영광이 빛나게 하시며, 우리와 또 이곳을 찾아오는 모든 이들이 주의 말씀으로 만족하게 하소서. 우리가 이곳에 모여 기도할 때마다 주님의 음성을 듣게 하시고, 주님의 뜻에 순종하며 헌신할 수 있는 믿음을 더하소서. 우리 주 예수 그리스도의 이름으로 기도합니다. 아멘.

성경봉독 ·················· 열왕기상 8 : 22~30 ; 역대하 6 : 1~2 ···················· 맡은이

찬송 ·· 찬양대

설교 ································· "주께서 거하실 처소" ································ 맡은이

보고 ··· 건축위원장

(건축 경과와 앞으로의 헌당 계획을 보고한다.)

입당기도 ··· 집례자

은혜로우신 하나님! 존귀와 영광과 찬송을 받으시기 원합니다. 심히 연약한 우리들이 전능하신 하나님의 은혜와 은총으로 이 예배당을 건축하게 하셨으니 감사합니다. 우리들은 이 시간부터 이 전에 모여 거룩하신 하나님께 예배드리며, 영광 돌리고자 합니다. 주께서 이 예배당을 성별하시고, 이곳에 항상 계시면서 우리의 기도를 들으시고, 회개할 때 사죄하시고, 이곳을 찾는 모든 이들이 복음의 평화를 얻고 주님의 증인이 되어 주님과 세상을 화목하게 하는 일에 힘써 봉사하게 하소서. 우리 주 예수 그리스도의 이름으로 기도합니다. 아멘.

선언 ·· 집례자

하나님의 말씀의 선교를 위하여, 성례의 집행을 위하여, 죄인들의 회개를 위하여, 성도들의 신령한 예배를 위하여, 온 세상의 구원을 위하여, 우리가 성부와 성자와 성령의 이름으로 이 건물을 성별하노라. 아멘.

축사 ·· 맡은이

특송 ·· 맡은이

찬송 ·································· "이 세상 풍파 심하고"(209장) ························· 다함께

축도 ··· 집례자

알림 ··· 맡은이

4) 헌당

- 건축 준공 허락을 받은 후, 제반 여건이 조성되었을 때 드리며, 가급적 주일예배나 주일찬양예배 때 하도록 한다.
- 예배당 열쇠를 작은 통에 넣어 예쁘게 포장하거나 또는 나무로 열쇠를 크게 만들어 금박을 입히고, 리본을 달아 그것으로 열쇠 드림을 한다.
- 본 교회 회중은 물론 타 교회 회중과 지방 유지 및 기관장도 참석하도록 한다.
- 역대 목회자, 과거 공로자와 설계사, 시공자, 기타 관련 인사도 참석하도록 한다.

집례 : 목사

입당행진 ·· 위원

(회중이 정돈된 후에 반주와 함께 순서위원, 건축위원, 당회원, 찬양대 순으로 중앙통로를 통하여 들어가 각각 제 위치에 앉는다.)

예식사 ·· 집례자

우리가 하나님을 경배하기 위하여 이 성전을 바치는 것을 하나님께서 기뻐하실 것입니다. 하나님께서 이 예배당을 받으시고 이곳에서 예배하는 사람들에게 은혜를 베풀어 주실 줄 믿습니다.

찬송 ································· "만복의 근원 하나님"(1장) ··························· 다함께

["주 우리 하나님"(14장)]

성시교독·················· 역대하 6장 ·················· 집례자와 회중

집례자 : 내가 주를 위하여 거하실 성전을 건축하였사오니
회　중 : 주께서 영원히 계실 처소로소이다
집례자 : 하나님이 참으로 사람과 함께 땅에 계시리이까?
회　중 : 하늘과 하늘들의 하늘이라도 주를 용납하지 못하겠거든 하물며 내가 건축한 이 성전이오리까
집례자 : 그러나 나의 하나님 여호와여 주의 종의 기도와 간구를 돌아보시며
회　중 : 주의 종이 주 앞에서 부르짖는 것과 비는 기도를 들으시옵소서
집례자 : 주의 종과 주의 백성 이스라엘이 이 곳을 향하여 기도할 때에
회　중 : 주는 그 간구함을 들으시되 주께서 계신 곳 하늘에서 들으시고 들으시사 사하여 주옵소서

기도··맡은이

빛나고 높은 보좌에 앉으셔서 낮고 미천한 인생들을 불쌍히 여겨, 독생자를 이 세상에 보내사 인생들을 죄에서 구원하신 사랑의 하나님, 우리가 주님의 이름을 높이고 그 은혜를 찬송합니다. 주님의 놀라우신 경륜으로 이 땅 위에 ○○교회를 설립하시고, 이 교회를 통하여 주님의 복음이 전파되게 하심을 감사합니다. 저희들을 축복하셔서 거룩한 예배당을 건축하여 전능하신 성부, 성자, 성령의 이름으로 봉헌하게 하심을 감사합니다. 이 예식을 거행할 때 주님의 성령으로 우리의 마음을 감동시켜 주셔서 우리 자신까지 봉헌하되 마음과 뜻과 정성을 바쳐 완전한 제물이 되게 하소서. 그리하여 우리 마음속에 주님이 계시는 합당한 성전을 일구게 하소서. 우리 주 예수 그리스도의 이름으로 기도합니다. 아멘.

신앙고백················· 사도신경 ················· 다함께

성경봉독··맡은이

(대하 6 : 1-2, 18-21, 40-42, 7 : 1-4 ; 왕상 8 : 12-30 ; 히 10 : 19-25 ; 엡 2 : 13-22 ; 고전 3 : 9-17을 참고하여 준비한다.)

찬송	찬양대

설교 "하나님의 성전"	맡은이

보고	건축위원장

(시간 절약을 위하여 교회 약사와 건축 관계 내용을 합해도 좋다.)

열쇠 드림	건축위원장이 목사에게

(건축위원장이 열쇠를 드릴 때 건축위원들은 일어선다.)

위원장 : 우리 교회가 하나님의 뜻을 받들어 성전건축을 결심하고, 우리 몇 사람을 건축위원으로 임명하여 건축 실무를 맡겨 주셨으므로, 부르심에 감격하여 성도들의 열심 있는 기도와 협조 속에 모든 공사를 은혜 가운데 마쳤습니다.
　　　　우리가 참으로 주님을 위하여 이 예배당을 건축하였으니 주께서 영원히 거하실 처소이며, 주님의 이름으로 건축한 이 전은 영원토록 주님의 것입니다.

회　중 : 아멘.

위원장 : 본 건축위원회는 새로 지은 이 성전의 열쇠를 교회의 책임자인 목사께 드리며, 이 집이 전능하신 하나님을 예배하는 성전으로 봉헌되어 많은 영혼을 구원하는 은혜의 자리가 되기를 간절히 바랍니다.

회　중 : 아멘.

(열쇠를 목사에게 전달하고 악수를 나눈 후, 건축위원장은 하단한다.)

목　사 : 거룩하고 진실하사 다윗의 열쇠를 가지신 이, 곧 열면 닫을 자가 없고, 닫으면 열 사람이 없게 하시는 주님이시여! 우리 성도들이 믿음으로 정성을 다하여 건축한 이 성전의 열쇠를 받으시고, 예수님의 교회를 섬기는 모든 성도들에게 영원한 천국 문이 열리게 하시고 생명의 면류관이 빛나게 하여 주소서.

회　중 : 아멘.

목　사 : 교회의 머리 되신 예수 그리스도께서 주장하시는 ○○교회의 열쇠를 맡은 그의 지체요, 청지기인 나는 이 열쇠를 오로지 하나님을 영화롭게 하는 일에만 쓸 것이며, 이 교회의 무한한 발전을 위하여 열고 닫

　　　　　겠습니다.
　　회　중 : 아멘.

봉헌 ·· 목사와 회중

　　목　사 : 거룩하신 하나님, 이 예배당을 짓도록 허락하시고 복을 내리셔서 건
　　　　　　축을 마치게 하여 주셨음을 감사하나이다.
　　회　중 : 우리는 이 집을 하나님께 드리나이다.
　　목　사 : 성자이신 하나님, 세상의 구주, 교회의 머리, 믿는 자의 선지자, 제사
　　　　　　장, 왕이신 그리스도 예수님, 우리를 주님의 몸인 교회의 지체가 되게
　　　　　　하심에 감사드립니다.
　　회　중 : 우리는 이 집과 함께 우리 삶을 드리나이다.
　　목　사 : 성령이신 하나님, 우리 안에 계셔서 가르치시고 성결케 하시고 위로
　　　　　　하시며 역사하게 하시는 능력의 성령님, 이 땅에 이웃들을 향하여 하
　　　　　　나님의 나라를 건설하게 하여 주심을 감사합니다.
　　회　중 : 우리는 우리의 전부를 드려 땅 끝까지 복음을 증거하며 전 세계 속에
　　　　　　하나님의 전을 이룩하는 데 충성하겠습니다.
　　목　사 : 영원하시며 거룩하시며 진실하신 삼위일체 하나님, 우리의 봉헌을 받
　　　　　　으시고, 그 위대하신 경륜과 뜻을 더욱 놀랍게 이루어 주소서.
　　회　중 : 아멘.

(봉헌사는 간명하게 별도의 순서지로 미리 준비하여 교독하는 것이 좋다.)

봉헌기도 ·· 집례자

(회중은 선 채로 목사가 기도한다.)

지극히 높으시고 영화로우신 하나님, 하늘과 하늘들의 하늘이라도 주님을 용납하지 못하오나 주께 구하오니 주님의 자비로우심으로 우리가 봉헌한 이 집을 받으사 주님의 영광을 삼으시고 우리로 정성된 마음으로 주님을 섬기게 하시며, 이후에 주님의 백성들이 이곳에서 주님을 예배하고 찬양할 때에 저들로 하나님의 크신 위엄을 밝히 깨닫게 하사 자기들의 미천함을 알아 겸손한 마음으로 경배하며, 주님의 성소에 나올 때에 선한 생각과 정결한 마음으로 경배하며, 주님 앞에서 그 기뻐하시는 일로 주님을 섬기게 하소서. 또 간구하오니 우리들의 기도를 들으사 이 예배당에서 주님의 성찬을 받는 성도들이 주님

의 공로를 믿고, 서로 사랑하여 주의 계명을 지키고, 참회하는 마음으로 주님의 은혜를 풍성히 받게 하소서. 또 이 예배당에 나아와서 기도하는 주님의 백성들의 기도를 들으사 저들의 죄를 사하여 주시고, 구원을 얻은 새 사람이 되어 기쁨으로 주님 안에 살게 하소서. 또 주님의 모든 성도들이 다 주님의 성전이 되어 나중에 하늘에 있는 주의 성전까지 이르게 하소서. 이 모든 것을 우리 주님 예수 그리스도의 이름으로 기도합니다. 아멘.

봉헌선언···집례자

대한예수교장로회 ○○교회의 모든 회중은 이 성전을 하나님께 온전히 봉헌한 것을 성부와 성자와 성령의 이름으로 선포하노라. 아멘.

표창·································공로, 감사··집례자

축사···맡은이

찬송··························"내 주의 나라와"(208장)·····························다함께

축도···집례자

인사 및 알림···맡은이

5) 교회 부속 건물 및 기독교 기관 건물 봉헌

집례 : 목사

예식사···집례자

찬송···다함께

기도···맡은이

성경봉독···맡은이

찬송···찬양대 또는 맡은이

설교 ·· 맡은이

기도 ·· 설교자

보고 ·· 건축위원장

열쇠 드림 ··· 건축위원장이 목사에게

건물 봉헌 ··· 다함께

    (회중은 다 함께 일어나서 교독한다.)
    집례자 : 교회를 주관하시는 하나님, ○○ 건물을 짓도록 허락하시고 완공하여
             주께 봉헌할 수 있게 하심을 감사합니다.
    회   중 : 우리는 이 건물을 하나님께 드립니다.
    집례자 : 이 건물을 통해 하나님의 백성들이 하나님을 더욱 경외하고 하나님
             나라가 든든히 서갈 수 있도록 성령께서 인도하소서.
    회   중 : 우리를 인도하소서.

봉헌기도 ··· 맡은이

봉헌선언 ··· 집례자

  대한예수교장로회 ○○교회 회중은 이 건물을 하나님께 온전히 봉헌한 것을
  성부, 성자, 성령의 이름으로 선포하노라. 아멘.

찬송 ·· 다함께

축도 ·· 맡은이

알림 ·· 맡은이

5 기타 예식

1) 교회 설립[78]

- 예수 그리스도께서 부활하신 날이라는 의미와 새 창조의 의미를 지닌 주일에 하거나 교회의 형편에 따라 날짜를 정한다.
- 시간은 예배위원과 축하객을 고려하여 정한다.
- 교회 간판에 교회 이름과 함께 대한예수교장로회 교단 로고가 들어가도록 한다.
- 교회 처소를 준비하는 과정에서부터 이웃들에게 좋은 이미지를 주기 위해 힘쓴다.
- 예식의 집례는 담임목회자가 하거나, 교회 설립이 노회로부터 비롯된 것임을 나타내기 위해서 노회에서 파송한 목사가 한다.

집례: 담임목회자 또는 노회파송목사

예식사 ·· 집례자

그리스도 안에서 형제, 자매된 성도 여러분, 오늘 우리는 ○○교회 설립예식을 드리려고 모였습니다. "주는 그리스도시요 살아 계신 하나님의 아들이시니이다"(마 16:16b)라는 베드로의 신앙고백이 우리의 고백이 되고, 오순절 성령강림으로 예루살렘교회를 세우신 성령의 역사가 이 자리에 충만하여서 ○○교회가 그리스도의 복음을 널리 증거하며 뭇 영혼을 살리는 교회가 되기를 간절히 소망합니다. 또한 ○○교회가 이 시대에 하나님께서 기뻐하시고, 하나님께

---

[78] 교회는 "그리스도의 몸"(엡 1:23)이고, 예수 그리스도를 주로 고백하고 예수 그리스도의 가르침에 순종하는 공동체이다. 그리스도인은 "그리스도의 몸이요 지체의 각 부분"(고전 12:27)이다. 교회는 하나인 교회, 거룩한 교회, 보편적 교회, 사도적 교회라는 네 가지 특성을 갖는다. 이런 교회를 세우는 교회 설립예식은 하나님에게 큰 영광이 되는 예식이다. '교회 설립'과 '교회 창립'이란 용어를 혼용하여 사용하는 경향이 있는데 가급적 '교회 설립'으로 통일하여 사용하도록 한다.

거룩하게 쓰임 받는 교회가 되기를 바라며 ○○교회 설립예식을 시작합니다.

찬송	"내 주의 나라와"(208장)	다함께
기도		맡은이
성경봉독		맡은이
찬송		찬양대 또는 맡은이
설교		설교자
기도		설교자
봉헌 및 봉헌찬송		다함께
봉헌기도		맡은이
교회 설립 보고		담임목회자
목사 소개		맡은이
설립 선포		맡은이

[담임목회자]
이제 ○○교회가 하나님의 영광과 복음 전파를 위하여 설립되었음을 성부와 성자와 성령의 이름으로 선포하노라. 아멘.

[노회장]
내가 교회의 머리이신 예수 그리스도의 이름과 노회의 권위로 ○○교회가 대한예수교장로회 ○○노회의 지교회 됨을 성부와 성자와 성령의 이름으로 선포하노라. 아멘.

권면		맡은이
축사		맡은이
찬송	"시온성과 같은 교회"(210장)	다함께

축도 ··· 맡은이

2) 전입교인(등록교인) 입회[79]

집례 : 목사

예식사 ··· 집례자
    주 예수 그리스도를 믿고 세례교인이 된 여러분이 본 교회에 세례교인으로 등록된 것을 전교인과 함께 환영하며 입회예식을 거행하겠습니다.

성경봉독 ············ 에베소서 4 : 1~16 ; 요한복음 15 : 9~17, 17 : 20~26 ············ 맡은이

    [골로새서 3 : 12-17 ; 빌립보서 3 : 12-14 ; 히브리서 10 : 19-25]

서약 ·· 집례자와 교인
    문 : 여러분은 본 ○○교회의 교인으로서 모든 정규 집회에 열심히 참여하기로 서약합니까?
    답 : 예, 서약합니다.

    문 : 여러분은 본 ○○교회에 등록된 교인으로서 주일을 성수하며 교회를 위해 책임과 의무를 성실히 이행하기로 서약합니까?
    답 : 예, 서약합니다.

    문 : 여러분이 본 ○○교회 당회의 치리에 복종하고 본 교단의 신앙노선에 따라 열심히 신앙생활을 하기로 서약합니까?
    답 : 예, 서약합니다.

기도 ··· 맡은이

선포 ··· 집례자
    여러분이 본 ○○교회의 등록교인이 된 것을 선포합니다. 아멘.

---

[79] 이사하여 새로 등록한 교인의 입회는 소개하는 것으로 끝내지 말고, 3개월간의 출석 상황을 본 후, 신중하게 입회예식을 거행하는 것이 좋다.

매일기도

1 매일기도에 대한 이해

1) 기도 생활

성경말씀(시 119 : 164 ; 눅 22 : 39 ; 행 3 : 1)에서 알 수 있듯 매일 일정한 시간을 정하여 기도하는 것은 교회의 오랜 전통이다. 비록 현대사회에서 이른 새벽 또는 특정 시간을 정해 기도하는 전통이 현대인의 생활 리듬과 맞지 않아 그 필요성을 의심하는 사람들이 있을 수 있지만, 시간을 정해 기도하는 영적 훈련은 중요하다. 왜냐하면 기도 시간은 우리로 하여금 세상 가운데 지금도 일하고 계시는 성령의 음성을 들을 수 있는 시간이며, 그의 일하심에 기도를 통해 참여하게 되기 때문이다. 종교개혁자 칼빈 역시 하나님을 뜻을 바라고 구하기 위해 쉬지 않고 기도하는 삶의 중요성을 언급하며, 인간의 연약한 본성을 돕기 위해 "일정한 시간을 지정하는(기도하는) 것이 합당하다"고 말하였다.[80] 오늘날 세계교회도 매일기도의 큰 두 줄기인 아침과 저녁기도를 강조하고 있고, 한국교회 역시 새벽 기도회를 통해 매일의 삶을 기도로 시작하는 훌륭한 전통을 갖고 있다. 무엇보다 구체적인 삶의 상황에서 주어진 말씀을 읽고, 하나님의 뜻을 찾고, 자신과 이웃 그리고 이 세상을 위하여 기도한다는 점에서 매일기도는 다음의 세 가지 신학적 중요성을 가진다.

첫째, 매일 시간을 정해 성서의 말씀을 읽고 기도함은 이 땅 가운데 살아가는 믿는 사람들에게 하나님의 백성으로 어떻게 살아갈 것인지에 대한 삶의 방향성을 제공한다. 매일기도는 일상 속에서 일어나는 사건과 인간관계를 믿음의 시각으로 바라봄으로써 분주한 삶에서 그리스도인으로서의 정체성을 잃어버리지 않고 살아가게 만드는 역할을 한다. 이는 매일기도가 단순히 정해진 성경본문과 기도문을 반복해서 읽는 종교적 습관에 머물지 않음을 의미한다. 오히려 매일기도는 우리의 시간 흐름 속에 하나님의 임재를 경험함으로 믿음의 여정을 걸어가게 만드는, 일상 가운데 주어진 하나님을 만나는 순간이며 구별된 장소이다.

---

80) 존 칼빈, 『기독교 강요』 1559 (서울 : 한국출판사, 2000), 제3권 20장 50절.

둘째, 매일기도는 이웃의 아픔과 어려움에 참여하는 시간이다. 이는 이웃을 위한 기도가 단지 그들의 삶을 동정하거나 불쌍히 여기는 일에 그치지 않음을 뜻한다. 왜냐하면 그리스도인의 이웃을 위한 기도는 지금도 이 땅 가운데 아픔과 슬픔을 당한 이들을 불쌍히 여기시고 이들의 고통을 위해 친히 간구하시는 성령의 일하심에 참여하는 사역이기 때문이다.[81] 따라서 우리의 기도는 이웃들의 구체적인 삶의 정황으로부터 시작된다. 매일기도는 비록 자신의 개인적 공간에서 홀로 드려지는 시간일지라도, 개인의 간구를 넘어 공동체의 기도로서 보다 넓은 세상을 품는 시간이 된다.

셋째, 매일기도의 시간은 이 땅 가운데 하나님 나라를 세워가는 시간이다. 믿는 사람들의 기도는 이 땅에 세워질 하나님 나라의 소망을 기대하며 드리는 기도이다. 이 소망은 막연한 꿈이 아니다. 그리스도께서 이미 이 땅 가운데 십자가와 부활 사건을 통해 성취하시고 보여 주신, 하나님의 자비와 사랑이 드러난 새로운 삶의 길이다. 따라서 매일 시간을 정해 기도함은 그리스도의 구원 사역에 우리의 책임 있는 응답을 드리는 시간이며, 그의 도움을 구하는 시간이며, 이 세상에 다시 오셔서 완성하실 하나님 나라를 소망 중에 기다리는 시간이다.

이에 본서에는 매일기도를 돕기 위한 기도문을 수록하였다. 본서에 제공되는 기도는 두 가지 큰 틀로 이루어진다. 하나는 교회력과 성서정과에 맞춘 기도문이고, 다른 하나는 삶에서 마주하는 여러 상황과 관련된 기도문이다. 이 기도문은 앞선 목회예식에서 제공된 기도와 함께 사용할 수 있으며, 매일기도 시간에 상황에 따라 이웃을 위한 기도를 위하여 활용할 수도 있다.

2) 매일기도 방법

매일기도는 기도가 그 중심이지만, 개인이 아닌 소모임 등 여러 공동체에서도 활용하도록 찬양과 성경 읽기, 묵상, 그리고 이웃을 위한 기도들을 함께 구성하였다. 전체 순서는 간략히 다음과 같다.

---

81) Don E. Saliers, *Worship as Theology : Foretaste of Glory Divine* (Nashville, TN : Abingdon Press, 1994), 126-27.

- 시작기도
- 찬송
- 시편 읽기
- 성경봉독
- 묵상
- 주간기도
- 이웃을 위한 기도
- 주기도
- 마침기도

여기에서 주간기도는 대림절기, 주현절, 사순절기, 부활절, 성령강림절을 위해 제공되는 것으로 절기 중 한 주간의 주제를 정하고, 그 주제에 맞추어 교회력에 맞는 성경을 읽고 개인 또는 소그룹에서 매일기도 시간에 활용할 수 있다. 단, 대림절과 사순절은 각 4주간, 6주간의 주간기도가 제공되고, 부활절을 비롯한 다른 절기들은 해당 주일에만 공동기도가 제공된다. 따라서 대림절과 사순절을 제외한 기간에는 교회별로 주제를 정하여 주간기도를 진행하거나 생략할 수 있다.

2 매일기도 구문

1) 절기별 매일기도

❶ 대림절기

대림절 또는 강림절이라 불리는 이 절기는 성탄절 전 4주간 우리의 구원자 되시고 이 땅의 왕 되신 예수 그리스도의 오심을 기다리고 준비하는 시간이다.

주님의 오심을 기다리는 이 절기 동안의 매일기도를 위해 4주간의 주제를 제공한다. 첫째, '성도는 어떤 존재인가?'하는 물음에서 1주간의 "기다리는 사람들"이라는 주제를, 둘째, '성도는 무엇을 기다리는가?'라는 물음에서 2주간의 "여호와의 날"을, 셋째, '성도는 무엇을 하며 기다리는가?'라는 물음에서 3주간의 "예비하라"를, 그리고 여호와의 날을 기다리는 성도들을 하나님께서 격려하신다는 "은혜를 받은 자"라는 주제로 4주간의 기도문을 작성했다.

대림 1주 - "기다리는 사람들"(눅 1 : 26-28)

시작기도 ·· 개인(맡은이)

주님, 이 시간 이곳에 오셔서 주님을 기다리는 우리와 함께하소서.

찬송 ·· 다함께

시편읽기 ··· 다함께

(총회 성서정과에 따른 시편 또는 교독문을 읽는다.)

성경봉독 ··· 다함께

(총회 성서정과에 따른 구약과 신약 두 가지 본문을 읽는다.)

묵상 ·· 다함께

주간기도 ··· 다함께

오래 참으시며, 모든 사람을 기다리시는 하나님, 주님의 사랑을 생각할 때 우리 마음은 감사와 찬양으로 충만합니다. 그 사랑 안에서 우리 곁으로 다시 오시겠다고 하신 약속을 기억합니다. 주님의 약속을 믿으며 그 약속이 이루어질 그날까지 깨어 기다리는 사람이 되게 하소서. 깨어 주님을 맞이하며 기쁨의 찬송을 부르게 하소서. 다시 오실 예수님의 이름으로 기도합니다. 아멘.

이웃을 위한 기도 ·· 다함께

주기도 ·· 다함께

마침기도 ··· 맡은이

한 해가 저물어 가는 들뜨고 어수선한 시간이지만 우리의 시선은 다시 오실 주님께 더욱 고정되게 하소서. 예수님의 이름으로 기도합니다. 아멘.

대림 2주 - "여호와의 날" (사 11 : 6-9)

[시작기도]
주님, 이곳에 오셔서 주께서 약속하신 날을 기다리는 우리와 함께하소서.

[주간기도]
우리에게 구원자를 보내신 하나님을 찬양합니다. 주님, 세상을 바라볼 때 혼란스럽고 두려운 마음이 우리 안에 있습니다. 우리의 걸음을 살피사, 다가올 하나님 나라를 바라보며 방황하지 않고 주님만 섬기며 살아가게 하소서. 주께서 약속하신대로 이 땅에 진리와 정의가 세워질 그날, 승리의 왕이신 예수 그리스도께 영광을 돌리게 하소서. 우리의 구원자 예수님의 이름으로 기도합니다. 아멘.

[마침기도]
고개를 들어 하늘을 볼 때마다 다시 오실 주님을 생각합니다. 승리의 왕이시여, 오셔서 이 땅을 다스리소서. 예수님의 이름으로 기도합니다. 아멘.

대림 3주 - "예비하라"(사 40 : 3)

[시작기도]
주님, 이곳에 오셔서 주의 길을 예비하는 우리와 함께하소서.

[주간기도]
주님의 얼굴이 가려진 어두운 세상에서 우리가 주께로 나아갑니다. 수많은 악이 우리를 해하려 하고, 넘어뜨리려 할지라도 우리를 포기하지 않으시는 하나님을 의지하며 세상으로 나아갑니다. 주님을 향한 멈추지 않는 노래를 부르며

온 땅에 생명의 복음을 전하며 나아가오니 주여, 우리에게 힘을 주소서. 언제나 우리를 도우시는 예수님의 이름으로 기도합니다. 아멘.

[마침기도]
오늘도 우리가 일어나 다시 오실 주의 길을 준비합니다. 우리의 입을 열어 주의 복음을 전파하게 하소서. 예수님의 이름으로 기도합니다. 아멘.

대림 4주 - "은혜를 받은 자"(눅 1 : 26-28)

[시작기도]
주님, 이곳에 오셔서 주께서 베푸신 큰 은혜를 받은 우리와 함께하소서.

[주간기도]
하늘에 계신 아버지, 길이요 진리요 생명이신 예수를 품고 살아가는 은혜를 우리에게 베풀어 주셔서 감사드립니다. 우리의 귀를 열어 주의 음성을 듣게 하시고, 주의 음성을 들을 때 우리 마음의 풍랑이 잠잠해지게 하소서. 우리에게 맡겨 주신 사명을 감당하도록 용기를 주시고, 우리 삶 속에서 모든 것을 주님의 뜻대로 이루소서. 언제나 우리를 지키시는 예수님의 이름으로 기도합니다. 아멘.

[마침기도]
주여, 우리에게 날마다 은혜를 베푸사, 세상을 이기는 믿음으로 항상 주님과 동행하게 하소서. 예수님의 이름으로 기도합니다. 아멘.

❷ 성탄절 - "임마누엘"(마 1 : 23)

[시작기도]
임마누엘 하나님, 우리와 함께하시는 주님을 찬양합니다.

[주간기도]
독생자 예수를 이 땅에 보내신 하나님을 찬양합니다. 여전히 흠이 많고 죄로 얼룩진 우리를 포기하지 않으시고, 찾아와 함께하시는 하나님의 사랑에 감사드

립니다. 생명의 빛으로 오신 구주 예수로 인한 기쁨과 평화와 사랑을 온 세상 모두에게 허락하소서. 오늘도 여전히 주께서 우리를 붙들고 계심을 믿으며 한 걸음 한 걸음 나아가오니 우리와 함께하시고 하늘의 기쁨으로 충만케 하소서. 귀하신 주 예수님의 이름으로 기도합니다. 아멘.

[마침기도]
지극히 높은 곳에 계신 하나님, 영광 받으소서. 우리를 기뻐하시며 함께하시는 하나님, 찬양 받으소서. 예수님의 이름으로 기도합니다. 아멘.

❸ 사순절기

사순절은 '40일간의 기념'이라는 뜻으로 재의 수요일(Ash Wednesday)로부터 부활주일 전야까지 주일을 제외한 40일을 의미한다. 사순절 동안 우리는 인간의 죄를 해결하시고 세상의 모든 잘못된 것들을 바로잡으시기 위한 성삼위 하나님 안에서 드러난 구원의 사건과 그리스도의 고난과 죽음을 기억하고 기념한다. 본서는 재의 수요일부터 고난주간(Passion week/Holy week)과 성삼일(Holy Triduum/Easter Triduum)을 위한 주별 기도문을 제시한다. 주별 기도문은 하나님의 이미지를 중심으로 주제별로 제시된다.

제1주(재의 수요일) - "사람은 사람이나 하나님은 하나님이시다"(창 3 : 19)

시작기도·· 개인(맡은이)[82]

주님, 내가 스스로 거두어들이고 티끌과 재 가운데서 회개합니다(욥 42 : 6).

찬송 ··· 다함께

시편읽기 ·· 다함께

(총회 성서정과에 따른 시편 또는 교독문을 읽는다.)

---

82) 작은 모임의 경우 재의 수요일의 의미를 깊게 묵상하기 위해 목회자의 인도 하에 재를 이마에 바르는 순서를 가질 수 있다.

성경봉독·· 다함께

    (총회 성서정과에 따른 구약과 신약 두 가지 본문을 읽는다.)

묵상·· 다함께

주간기도 ·· 다함께

    주님, 우리의 영혼이 주님을 의지하며 주님을 간절히 기다립니다. 그리스도의 십자가는 우리의 죄악을 더 밝히 보게 합니다. 우리의 영혼은 깊은 죄악 속에 부서져 있습니다. 우리의 삶은 당신의 길에서 벗어났으며 거룩함을 잃어버렸습니다. 주님, 우리의 눈물은 쉬지 않고 흐릅니다. 비참하고 연약한 우리에게 자비를 베푸소서. 당신 앞에 참회하는 이들의 가난한 마음을 불쌍히 여기소서. 그리고 회복시키소서. 예수 그리스도의 이름으로 기도합니다. 아멘.

이웃을 위한 기도·· 다함께

주기도 ·· 다함께

마침기도··· 맡은이

    사순의 날들 동안 하나님은 하나님이시고 인간은 흙에서 와서 흙으로 돌아갈 것임을 기억하게 하소서. 우리가 저지른 모든 잘못된 것들을 눈물로 뉘우치게 하소서. 우리의 약함과 유한함을 기억하게 하소서. 예수 그리스도의 이름으로 기도합니다. 아멘.

사순 1주 - 숨어 계신 하나님

    [시작기도]

    두려움과 공포, 멸망과 파괴가 우리를 덮쳤습니다. 우리의 눈에서 눈물이 시내처럼 흐릅니다. 그치지 않고 쉼 없이 흐릅니다. 여호와께서 살피시고 하늘에서 돌아보시기를 기다립니다(애 3 : 47-50).

    [주간기도]

    하나님이여, 그렇게 도와 달라고 부르짖었는데, 언제까지 들어주지 않으시

렵니까? 폭력이 일어나고 있다고 외쳤는데도 어찌 구해 주지 않으십니까? 어찌하여 악을 그대로 내버려 두십니까? 내가 호소하는 것에 주께서 어떻게 대답하실지 기다립니다(합 1:2-3, 2:1). 당신이 때로 부재해 보이고 우리를 고통에서 건지기 위해서 움직이지 않는 것처럼 보일지라도, 우리는 당신이 일하고 있음을 믿습니다. 주님의 정의가 더디게 이루어지는 것처럼 보일지라도 이루어져 가고 있음을 믿습니다. 우리가 보지 못하는 곳을 보게 하시고, 끊임없이 세상과 우리 주변의 고통으로부터 눈을 돌리려고 하는 우리를 불쌍히 여기소서. 우리의 마음에서 비겁함과 두려움을 없애고 하나님이 베풀어 주시는 강함과 용기로 가득 차게 하소서. 우리의 마음이 세상의 아픈 곳과 상처 난 곳을 향하게 하소서. 예수님의 이름으로 기도합니다. 아멘.

[마침기도]
주께서는 용서하시는 하나님이십니다. 은혜로우시며 긍휼히 여기시며 더디 노하시며 인자가 풍부하시므로 버리지 않으시는 분입니다. 주께서는 진실하게 행하시는 분이십니다(느 9:17, 33). 예수님의 이름으로 기도합니다. 아멘.

사순 2주 - "우시는 하나님"

[시작기도]
예수님은 사랑하시는 사람들이 우는 것을 보셨습니다. 예수님의 마음은 몹시 아프셨습니다. 그리고 눈물 흘리셨습니다(요 11:33, 35).

[주간기도]
깊은 어둠과 침묵 속에서 우시는 하나님을 만납니다. 배신 당하고, 모욕 당하고, 채찍질 당하고, 마침내 죽임 당한 외롭고 상처 받은 주님을 만납니다. 당신은 우리의 깨어짐을 감당하시기 위해서 흠 없는 영광을 버리셨습니다. 사람의 모양으로 자신을 낮추시고 죽기까지 복종하셨습니다. 당신은 깊은 밤 홀로 흐느끼셨습니다. 그 눈물은 우리의 상함과, 우리의 연약함과, 우리의 고통으로 인함임을 고백합니다. 당신의 아픔을 기억하고 마음을 다해 당신의 고통을 마주보고 진실하게

응답하게 하소서. 당신이 가신 그 십자가의 길 위로 우리의 눈물이 멈추지 않고 흐르게 하소서. 예수님의 이름으로 기도합니다. 아멘.

[마침기도]

예수여! 당신에게는 아름다움도 없었고, 눈길을 끌 만한 위엄도 없었습니다. 당신은 미움과 멸시를 받았고, 아픔과 고통을 많이 겪었습니다. 우리 가운데 아무도 당신을 귀하게 여기지 않았습니다. 그러나 당신이 맞음으로 우리가 평화를 얻고, 당신이 상처를 입음으로 우리가 고침을 받았습니다(사 53 : 2-3, 5). 예수님의 이름으로 기도합니다. 아멘.

사순 3주 - "들으시는 하나님"

[시작기도]

주님은 의로우시니, 우리를 도우시고, 건져 주십시오. 우리에게 귀를 기울이시고, 우리를 구원해 주십시오. 우리가 어느 때나 찾아가서 숨을 반석이 되어 주시고, 구원하는 견고한 요새가 되어 주십시오. 주님, 당신 밖에는 우리에게 희망이 없습니다(시 71 : 2-3, 5).

[주간기도]

이웃의 배고픔과 아픔을 돌보지 않았으며, 불의와 폭력에서 눈을 돌렸으며, 안락함과 안전함을 따라 살았으며, 창조물을 낭비하고 훼손하였습니다. 모든 창조물의 아픔을 들으시고 작은 신음에도 응답하시기 위해 십자가로 걸어가신 당신의 고난과 생명의 길을 기억하며 우리도 귀를 열어 듣게 하시고, 듣고 응답하여 당신의 길에 참여하게 하소서. 우리의 삶에 불만족한 것들에 매몰되지 않게 하시고, 불의에 우리의 영혼이 마비되지 않게 하소서. 아무런 보답도 할 수 없는 우리를 향해 귀 기울이시고 팔 벌리신 당신의 사랑처럼 우리도 아무런 조건 없이 우리의 귀와 품을 내어주게 하소서. 예수님의 이름으로 기도합니다. 아멘.

[마침기도]

주님, 우리를 도우소서. 상한 자들과 연약한 자들의 기도와 소원을 들으소서. 누구든지 주님을 향해 팔을 벌려 기도하면 주께서는 하늘에서 들으시고 구하는 대로 이루어 주소서(왕상 8 : 42-43). 그래서 그리스도 그 이름의 능력이 함께함을 보게 하소서. 예수님의 이름으로 기도합니다. 아멘.

사순 4주 - "힘 돋우어 주시는 하나님"

[시작기도]

성령 하나님, 당신의 피조물이 썩어짐의 굴레에서 해방되어 영광스러운 자유에 참여하게 하소서. 우리의 약함을 도우시고 말로 다 표현할 수 없는 간절함으로 우리를 위하시는 성령님의 선하심을 신뢰하게 하소서(롬 8 : 21, 26).

[주간기도]

당신을 아는 이에게 힘 주시고 생명을 주시는 하나님, 우리가 당신을 알고 경험함으로 절망에 지지 않고, 두려워하지 않고, 잠잠하고 또 담대하게 당신의 뜻을 따라 살아갈 수 있도록 힘 돋우어 주소서. 지친 이들에게 새 힘을 주시고, 당신의 이름을 위하여 바른길로 우리를 인도하소서. 당신의 순전한 헌신과 언약으로 인해 당신이 주시는 해방과 전복하는 힘이 단순한 환상이나 헛된 희망이 아니라, 오늘 그리고 지금 우리 안에서 나타나는 변화임을 믿습니다. 삶의 고난이 있더라도 하나님의 의를 사모하며 다시 오시는 주님을 기다리게 하소서. 예수님의 이름으로 기도합니다. 아멘.

[마침기도]

진정한 희망은 우리가 예상하지 못했던 어느 약함에서도 생명을 공급하시는 주님께로부터 옵니다. 주님, 그래서 우리는 바랄 수 없는 중에도 희망을 바랄 수 있습니다(롬 4 : 18). 예수님의 이름으로 기도합니다. 아멘.

사순 5주 - "새롭게 하시는 하나님"

[시작기도]

만물을 새롭게 하시는 하나님, 주님의 긍휼하심을 따라 우리를 주께로 돌이키소서. 그리하면 우리가 주께로 돌아갈 것입니다. 우리의 날들을 다시 새롭게 하소서(애 5 : 21).

[주간기도]
우리가 해로운 것에 굴복하고자 하는 마음이 생겨날 때, 우리의 마음이 이기심으로 가득 찰 때, 우리는 그것을 거절할 수 있는 용기가 필요합니다. 비겁함과 타협과 부정의에 마비된 양심이 우리의 마음의 확신을 뒤흔들 때, 우리가 정의와 진실을 포기하지 않을 힘과 올바른 것을 볼 줄 아는 눈과 당신이 주시는 확신을 따라 선택할 용기가 필요합니다. 내 삶의 연약함과 실패와 한계는 당신으로 인해서 드러나지만 당신이 주시는 새롭게 하시는 힘으로, 당신이 우리와 함께 걸어가 주시는 힘으로, 그리고 종국에 우리를 통해 이루시는 하나님의 나라를 봄으로 우리가 쇠약함 속에서 새로움을 보게 하소서. 예수님의 이름으로 기도합니다. 아멘.

[마침기도]
고통당하는 이들의 눈에서 모든 눈물을 닦아 주실 하나님, 죽음도, 슬픔도, 울음도, 아픔도 없는, 모든 것이 새롭게 되는 그곳을 바라고 기다리게 하소서(계 21 : 4). 예수님의 이름으로 기도합니다. 아멘.

사순 6주 - "자신을 내어 주시는 하나님"

[시작기도]
자신의 죽음보다 세상 죄의 짐과 모든 잘못된 것들을 홀로 지고 계시다는 것을 감당하셔야 했던 겟세마네의 그리스도, 피조물의 고통이 흐르는 곳마다 그것은 그리스도의 눈물과 합쳐집니다.

[주간기도]
겟세마네의 주님, 죽음, 거절, 고통, 상처, 버림받음, 그리고 외로움에 대한 두

려움과 씨름하신 당신의 시간을 기억합니다. 그 주님은 우리의 고통을 아시고 그 가운데 계심을 압니다. 견딜 수 없는 고통의 시간에 홀로 앉아 분투하는 당신을 볼 때, 우리는 이해할 수 없고 도저히 견디기 힘든 일들을 똑바로 마주하는 것이 곧 겟세마네의 당신 곁에 무릎 꿇는 일임을 압니다. 그 일이 가장 연약하지만 가장 강력한 그리스도의 십자가의 시작이었음을 압니다. 우리도 그리스도와 같이 세상의 아픔에 응답하라는 부르심을 받을 때, 그 부름에 땀방울과 깊은 분투로 응답하게 하소서. 온 피조세계 안에서 관계의 균열들을 메울 수 있는 힘을 주시고, 죄와 죽음의 지배를 뒤집는 영생을 가져오는 힘인 하나님의 신실하심 안에서 하나님의 의를 따라 행하게 하소서. 예수님의 이름으로 기도합니다. 아멘.

[마침기도]
주님의 자기 주심의 사랑을 기억할 때 몸과 마음과 영혼의 모든 목마름과 굶주림이 채워지게 하소서. 예수 그리스도의 고난 속에 하나님의 승리가 감추어져 있음을 붙들게 하소서. 예수님의 이름으로 기도합니다. 아멘.

❹ 성목요일 - "끝까지 사랑하시는 주님"

[시작기도]
자기 사람들을 사랑하시되 끝까지 사랑하시는 그리스도, 주와 선생으로 발을 씻기신 그리스도, 그리스도께서 우리에게 행하신대로 우리도 행하게 하소서 (요 13 : 1, 14-15).

[주간기도]
겉옷을 벗으시고 수건을 허리에 두르시고 자신의 허리와 다리를 굽혀 사랑하는 이들의 발을 씻기신 그리스도, 십자가의 겸손으로 그의 사람들에게 사랑과 존경을 표하시고 나아가 고통받는 이들과 연약한 이들의 삶에 참여하신 그리스도의 의지에 우리도 참여하게 하소서. 예수께서 그리하신 것처럼 서로의 발을 씻어 줄 수 있는 공동체가 되게 하소서. 믿음의 공동체 안에서 개인의 경험과 다양성을 인정하고, 서로의 약점을 기꺼이 드러내고, 존중하고, 나아가 허물까지 덮

어주고, 사랑하는 연대를 형성하게 하소서. 권력을 만드는 연결이 아니라 존중하고 사랑하는 방식으로 서로가 연결되게 하소서. 그리스도의 자신을 내어 주는 사랑 안에서 우리의 삶을 점검하게 하시고, 사랑으로 살라고 말씀하신 예수께서 주신 우리의 소명을 재확인하게 하소서. 예수님의 이름으로 기도합니다. 아멘.

[마침기도]
삼위 하나님의 사랑으로 서로를 돌보게 하시고, 서로 의지하게 하시고, 서로 연대하게 하소서. 예수님의 이름으로 기도합니다. 아멘.

❺ 성금요일 - "다 이루신 주님"

[시작기도]
우리가 아직 죄인 되었을 때, 우리를 위하여 죽으심으로 우리에 대한 하나님의 사랑을 확증하신 예수 그리스도, 그 사랑과 정의의 신비 안에 머물게 하소서 (롬 5:8).

[주간기도]
십자가의 주님, 우리는 배신, 두려움, 시기, 분노, 비겁함, 수군거림, 의롭지 못함, 무지함, 탐욕, 악의, 분쟁 등의 하나님 마음에 합당하지 않고 끊임없이 반복되는 어려움들과 싸웁니다. 선한 의지와 싸움에서 눈을 돌리고 자리를 피해 도망칩니다. 그러나 우리는 십자가에서 그런 우리를 위해 피 흘리신 주님을 바라봅니다. 피조물의 비극이 온 땅에 가득하여 들리는 고통의 소리와 그 대가를 우리는 감당할 수 없으나, 오직 십자가의 주님, 당신은 하십니다. 이 세상에 주님이 품지 못할 슬픔은 없으며, 주님이 감당하지 못할 슬픔도 없으며, 주님이 해결하지 못할 슬픔도 없습니다. 온 세상이 어둠에 잠기고 휘장이 찢어질 때 하나님의 마음과 몸이 찢어졌습니다. 그 찢어짐이 우리를 살게 했습니다. 예수님의 이름으로 기도합니다. 아멘.

[마침기도]

길과 진리와 생명이신 예수 그리스도, 자신의 생명으로 영원한 구원을 주신 그 이름을 찬양합니다. 예수님의 이름으로 기도합니다. 아멘.

❻ 성토요일 - "빛을 준비하시는 주님"

[시작기도]
우리는 오늘 하나님과 인류의 슬픔이 만나는 장소에 있습니다. 영혼의 어두운 밤, 완전한 내리막에서 그리스도는 죽음과 삶을 연결합니다.

[주간기도]
하나님의 음성이 닿지 않고 모든 희망이 사라진 그곳에 인간이 되어 인간의 악함과 약함을 그 가슴과 삶에 품으신 그리스도를 기억합니다. 우리는 우리의 추함과 악함으로 얼룩진 영혼이 그리스도의 그 품에 온전히 받아들여졌음을 깨닫습니다. 주님, 우리의 약한 하나님, 그 약함이 새벽빛을 가져옵니다. 죽음 없이 생명이 없습니다. 우리는 어둠과 침묵 속에 함께 계시는 주님을 느낍니다. 하나님의 끝없는 자비와 사랑 앞에 엎드립니다. 사랑과 정의의 가장 높은 곳에 삼위 하나님의 우리를 향하신 신실하심이 있습니다. 지금, 이곳에 있습니다. 예수님의 이름으로 기도합니다. 아멘.

[마침기도]
새벽이 오고 당신의 사랑이 항상 승리합니다. 예수님의 이름으로 기도합니다. 아멘.

❼ 부활절 - "첫 열매가 되신 주님"

[시작기도]
죽음의 권세를 이기시고 부활하신 주님을 찬양합니다. 주님이 보이신 부활의 능력으로 살아가게 도와주소서.

[주간기도]

믿음이 흔들리는 제자들에게 빈 무덤으로 자신의 부활을 증거하셨던 주님! 오늘 어둠과 죽음의 큰 바위에 눌려 살아가는 우리의 인생을 위해 그 돌을 친히 치우시고, 새 생명의 길을 여신 주님, 우리에게 주님이 보이신 생명의 길이 이미 주어졌음을 고백하게 하시고, 부활하신 주님을 따라 이 세상을 주님의 제자들로 살아가도록 믿음의 용기를 허락해 주소서. 예수님의 이름으로 기도합니다. 아멘.

[마침기도]
그리하여 우리의 삶이 주님의 부활을 증거하는 삶이 되게 하소서. 부활의 첫 열매 되신 예수님의 이름으로 기도합니다. 아멘.

❽ 성령강림절 - "성령이 임하시면"(행 1 : 8)

[시작기도]
우리의 기도를 도우시는 성령님, 지금 오셔서 우리를 인도하소서.

[주간기도]
하나님, 우리가 하나님의 증인으로 세상을 이길 수 있도록 성령을 보내 주소서. 우리의 노력이나 능력이 아닌 오직 성령의 권능을 힘입어 승리하게 하소서. 예수 그리스도의 삶과 십자가, 부활에 이르기까지 함께하셨던 그 능력으로 우리도 충만케 하소서. 성령으로 우리와 함께하시고 우리를 지켜 주소서. 예수님의 이름으로 기도합니다. 아멘.

[마침기도]
성령 안에서 주님과 교제하며, 하나님의 영으로 인도 받는 주의 자녀가 되게 하소서. 예수님의 이름으로 기도합니다. 아멘.

2) 삶의 정황별 기도

❶ 기쁨과 감사

[출산 전]
　생명의 하나님, 주께서 이 가정에 귀한 생명을 선물하여 주셔서 감사드립니다. 이제 태중에 품었던 아기를 마주하고자 합니다. 출산의 과정을 온전히 주장하여 주셔서, 엄마와 아기 모두에게 힘을 주시고, 안전하게 지켜 주소서. 부모가 되어 아기를 품에 안는 가장 아름답고 복된 이 순간을 통하여 우리 아버지 하나님의 크신 사랑을 기억하게 하소서. 생명과 기쁨의 예수님의 이름으로 기도합니다. 아멘.

[출산 후]
　할렐루야! 오늘 이곳에 생명의 큰 기쁨을 허락하신 주님을 찬양합니다. 주께서 엄마와 아기의 회복을 도우시며, 낯선 공간, 낯선 감각들에 불안해하지 않고 주의 날개 그늘 아래서 평안히 쉬며, 생명의 기운으로 충만케 하소서. 아기를 바라보며 품는 생각들, 소원들이 주님의 뜻이 되게 하시고, 주님을 찬양하는 것이 되게 하소서. 우리 삶의 주인 되신 예수님의 이름으로 기도합니다. 아멘.

[자녀의 생일]
　사랑의 하나님, 이 아이를 이 세상에 보내신 날을 기억합니다. 그날부터 지금까지 항상 함께하시며, 지키시고 돌보아 주신 사랑에 감사드립니다. 하나님, 앞으로도 평생토록 이 아이에게 은혜를 베푸소서. 이 아이가 살아갈 인생의 바다는 너무 넓고 깊습니다. 연약한 아이를 깊은 바다에 홀로 두지 마시고 주께서 선장 되셔서 인도해 주소서. 예수님의 이름으로 기도합니다. 아멘.

[자녀 입양]
　아버지 하나님, 우리와 같은 이도 하나님의 자녀 삼아 주시고 사랑하여 주시니 감사드립니다. 하나님께서 베풀어 주신 사랑을 기억하며, 오늘 한 아이를 우리의 품에 안습니다. 긴 외로움에 부서지고, 지쳐 버린 이 아이를 맡겨 주셨으니, 아끼고 사랑하며 최선을 다해 돌보며 살아가게 하소서. 주여, 이 가정을 아름답게 세워 주소서. 예수님의 이름으로 기도합니다. 아멘.

[자녀의 세례]
놀라운 사랑의 하나님, 우리를 하나님의 자녀 삼아 주신 크신 은혜를 찬양합니다. 이들 가정에 맡겨 주신 아이가 오늘 한 믿음 안에서 하나님의 자녀가 되어 세례를 받습니다. 하나님의 자녀들을 향하여 주신 모든 약속을 이 아이의 삶에 이루어 주시고, 하나님의 기쁨이 되고, 세상에 빛이 되는 복된 자녀가 되게 하소서. 예수님의 이름으로 기도합니다. 아멘.

[자녀의 입학]
- 초등학교
사랑의 하나님, 여전히 길을 갈 때 부모의 손을 꼭 잡고 가는 어리기만 한 아이가 초등학교에 들어갑니다. 새로운 길에 들어선 아이를 천천히 인도해 줄 수 있는 선생님과 여러 가지 기쁨을 나눌 수 있는 좋은 친구들을 만나게 하소서. 배우는 즐거움과 사귐의 기쁨을 마음껏 누릴 수 있는 학교생활이 되게 하소서. 예수님의 이름으로 기도합니다. 아멘.

- 중학교
우리의 마음과 생각을 다 아시는 하나님께 기도합니다. 이 가정에 맡겨 주신 아이가 키도 생각도 껑충 자랐습니다. 부모는 이제 그 마음을 읽을 수도 없고, 알 수도 없습니다. 주께서 다 아시오니, 그의 마음과 생각을 지켜 주소서. 악한 것을 분별하며, 선한 일을 마음에 품게 하소서. 거룩한 주의 자녀가 되게 하소서. 예수님의 이름으로 기도합니다. 아멘.

- 고등학교
전능하신 아버지 하나님, 주의 자녀가 이제 고등학교에 입학하며 인생의 중요한 진로를 찾고, 결정해야 하는 시기가 되었습니다. 우리보다 앞서 행하시며 선한 길로 인도하시는 하나님을 의지하며 항상 기도하며 나아갈 때, 주의 자녀에게 분명한 소명을 주셔서, 고민하고 방황하기보다는 뜻을 정하고 정진해 나갈 수 있도록 인도하소서. 예수님의 이름으로 기도합니다. 아멘.

- 대학교

우리를 사랑하시며 항상 함께하시는 하나님, 주의 자녀가 지난 긴 준비의 시간을 거쳐 허락해 주신 대학교에 입학합니다. 이제 부모를 의지하기보다는 스스로 많은 것을 결정하며, 자신의 삶을 가꾸어 나가야 하오니, 말씀을 더욱 가까이 하며, 하나님의 뜻 안에서 바른길로 나아가게 하소서. 겸손하되 담대한 주의 자녀로 세상 앞에 서게 하소서. 예수님의 이름으로 기도합니다. 아멘.

[자녀의 결혼]

하나님께서 사랑하시는 아름다운 두 사람이 오늘 서로의 손을 잡고 주님 앞에 섭니다. 두 사람이 서로를 사랑하는 마음이 나날이 깊어지게 하소서. 오래 참으며, 온유하게 하시고, 서로를 존중하며, 아끼며 살아가게 하소서. 한 마음으로 하나님을 사랑하게 하시고, 함께 예배하는 믿음의 가정 되게 하소서. 예수님의 이름으로 기도합니다. 아멘.

[자녀의 취업]

이른 비와 늦은 비로 은혜를 베푸시는 하나님, 주께서 정하신 때가 되어 일할 수 있는 자리를 허락하여 주시니 감사드립니다. 처음 만나는 사람들과 낯선 업무들 앞에서 마음이 불안하거나 분주하지 않게 하시고, 늘 기도하며 주님께서 주시는 생각과 지혜로 맡겨진 일들을 잘 감당해 나갈 수 있도록 도우소서. 예수님의 이름으로 기도합니다. 아멘.

[군 입대]

우리의 피할 바위이시며, 산성이신 하나님, 오늘 우리가 주를 간절히 찾습니다. 오셔서 우리 안에 있는 모든 불안과 염려를 다스려 주소서. 이 아이가 건강하게 장성하기까지 도우셨던 하나님, 이제 나라의 부름을 받아 군 복무에 임하는 아들을 붙들어 주소서. 성령의 지혜와 용기로 주어진 자리에서 칭찬받고, 곁에 있는 이들에게 힘이 되고 위로가 되는 주의 군사가 되게 하소서. 예수님의 이름으로 기도합니다. 아멘.

❷ 고난과 소망

[예상치 못한 사고]
폭풍 가운데 함께하시는 하나님, 우리는 우리를 쓰러뜨리는 폭풍우를 피할 수 없지만 다시 일어설 것인지는 선택할 수 있습니다. 우리 자신뿐 아니라 우리가 사랑하는 사람, 소중한 관계들, 그리고 우리가 누렸던 안락함에 몰아쳐 온 예기치 못한 삶의 폭풍은 우리에게 무엇이 가장 귀한 것인지를 깨닫게 합니다. 우리는 상실의 반대편에 생명이 있음을 압니다. 우리가 상실 이후의 삶을 헤쳐 나갈 때 우리와 함께 아파하시고 우리와 함께 우시고 그리고 우리를 마침내 회복시키시는 그 희망을 붙들게 하소서. 우리가 계속 살아나갈 수 있도록 힘을 돋우어 주소서. 예수님의 이름으로 기도합니다. 아멘.

[유산/사산]
하나님, 당신의 품 안에 우리의 몸을 굽혀 누입니다. 끊임없이 흐르는 눈물은 어미가 아이를 잃은 눈물이요, 그 누구도 위로할 수 없는 눈물입니다. 어찌 창자가 끊어지는 고통을 말하겠으며, 절망과 분노와 죄책감과 희망 없음에서 건짐을 받겠습니까. 하나님, 오늘 당신의 품 안에 상한 우리를 안아 주소서. 우리가 가슴이 찢겨짐으로 견딜 수 없을 때 우리에게 숨을 허락하소서. 우리에게 안식을 허락하소서. 어미의 몸을 떠난 아이가 당신의 품 안에 있는 것을 우리가 보게 하소서. 그 안락함 안에 우리도 누이는 날, 그 작은 아이의 웃음을 보게 하소서. 예수님의 이름으로 기도합니다. 아멘.

[불안]
우리의 창조주 하나님, 불안이 우리를 압도하기 시작할 때, 우리가 처한 상황을 뛰어넘을 수 있는 힘을 주소서. 불안이 우리 안에서 점점 자라나고 우리의 일상을 휘저을 때, 우리를 만드신 주님이 여전히 우리 곁에, 우리와 함께 계심을 보게 하소서. 당신이 우리를 돌보심으로 말미암아 우리가 불안에서 자유하게 하소서. 어둠 속에서도 우리를 감싸시는 당신의 팔을 느끼게 하소서. 우리를 부르는 당신의 음성을 듣게 하소서. 우리가 필요한 방식으로 우리 스스로를 돌볼 수

있도록 도와주소서. 근심 걱정을 하나님께 맡길 때 우리의 삶과 영혼이 평안을 누리게 하소서. 예수님의 이름으로 기도합니다. 아멘.

[스트레스]
우리의 영혼의 안식이신 하나님, 이 세상의 모든 근심 속에서 당신을 보게 하소서. 하나님, 스트레스와 공포 속에서 우리가 눈을 뜨게 하소서. 우리를 흔드는 그 모든 것보다 당신이 크심을 기억하게 하소서. 우리가 통제할 수 없는 삶의 상황들이 우리를 지치게 할 때 당신은 우리가 짊어지려고 애쓰는 모든 짐의 무게를 짊어지시는 분이십니다. 우리가 주님을 신뢰하고 주님이 주시는 평안을 누리는 것이 무엇인지 배우게 하시고, 내 마음의 가장 어두운 곳을 아시는 주님께서 그 안에 가두어진 것들을 당신의 기쁨으로 바꾸어 주소서. 예수님의 이름으로 기도합니다. 아멘.

[아픈 자녀]
어린아이를 사랑하시는 하나님, 우리의 아이들이 당신의 신실하심을 그들의 삶을 통해서 경험하게 하소서. 우리 아이들과 함께하시며, 당신이 아이들의 하나님이 되어 주시며, 아이들을 강하게 하실 것을 압니다. 그러기 위해 하나님, 의료진들과 어른들을 사용하여 주십시오. 주께서 아이들을 붙드시고 반드시 그들의 도움이 되시리라는 것을 아이들이 잊지 않게 하여 주십시오. 당신은 우리와 우리 아이들을 끝까지 사랑하시겠다고 약속하셨고 결코 우리를 떠나지 않을 것이라 말씀하셨습니다. 우리의 아이들이 평안을 얻고, 당신을 신뢰함으로 그 마음과 몸이 쉬게 하여 주십시오. 힘과 사랑과 용기를 가지고 매일을 걸어가게 도우소서. 예수님의 이름으로 기도합니다. 아멘.

[아픈 자녀들의 부모]
주 예수여! 우리는 이 경주가 언제 끝이 날 지 모릅니다. 그럼에도 불구하고 우리는 주께서 우리와 이 경주에 함께 계시다는 것을 압니다. 우리의 마음과 몸이 피곤하고, 우리를 약하게 만드는 것이 우리를 지배하려 할지라도 우리에게

오래 버틸 수 있는 힘을 주소서. 아픔의 때에 당신의 격려가 충만하게 하소서. 두려움과 상처에서 우리를 구하시고 이 시련이 영원히 지속되지 않을 것임을 기억하게 하소서. 어떤 것도 우리를 당신의 변함없고 굳건한 사랑에서 끊을 수 없다는 것을 믿습니다. 주께서는 지친 사람에게 힘을 주시며, 약한 사람에게 능력을 넘치도록 주십니다(사 40 : 29). 예수님의 이름으로 기도합니다. 아멘.

[선천적/후천적/지적장애인]
하나님, 우리의 힘을 새롭게 하소서. 우리의 길에 있는 모든 넘어야 할 것들을 극복하도록 당신의 힘으로 우리를 세우소서. 주님, 당신이 우리와 함께하고 계시고, 당신이 우리를 통해 일하시고자 한다면, 우리는 할 수 있습니다. 당신이 우리에게 주시기 위해 당신의 생명을 주심으로 허락하신 우리의 삶을 우리 스스로 축하하게 하시고, 사랑하는 이들을 통해 축하받게 하소서. 우리를 당신의 기쁨으로 삼으소서. 그 기쁨이 우리가 힘을 찾을 수 있는 곳입니다. 당신이 우리 곁에 계시다면 우리는 두려워할 필요가 없습니다. 우리에게 당신의 사랑과 능력을 계속해서 보여 주시기를 간구합니다. 예수님의 이름으로 기도합니다. 아멘.

[홀몸 어르신]
다양한 위험 속에서 똑바로 설 수 없을 때, 어르신에게 힘과 보호를 주소서. 어르신의 마음을 당신의 은총으로 채우시고 어르신께서 진실한 사랑으로 당신을 사랑하게 하소서. 어르신이 당신의 가장 은혜로운 보호 아래 항상 보호받을 수 있음을 믿습니다. 주님께서 우리를 무덤에 내버려 두지 않으시고, 주님께서 주님의 거룩한 자를 멸망시키지 않으실 것입니다. 주님께서 우리에게 생명의 길을 보여 주셨으니, 주님의 앞에서는 나의 기쁨이 항상 넘치고, 주님의 오른편에 있으면 언제까지나 기쁨을 맛볼 것입니다(시 16 : 10-11). 예수님의 이름으로 기도합니다. 아멘.

[외국인 노동자, 새터민, 다문화가정]
우리의 피난처요, 영원한 아버지의 집을 허락하시는 하나님, 하나님의 능력

과 사랑이 우리의 삶에 임재하심을 믿습니다. 우리가 익숙했던 삶의 자리를 떠나 새로운 땅에서 매일의 삶을 살아나갈 때 하나님, 우리의 인도자가 되어 주십시오. 우리에게 주어지는 어떤 불의, 위협, 비난, 모욕에도 눈을 돌리지 마시고 헤아려 주십시오. 우리의 아이들이 이 땅에서 마땅히 받아야 할 지지와 사랑을 받고 자라게 하여 주십시오. 우리를 아프게 하려는 어떤 것도 우리를 해할 수 없음을 고백합니다. 우리 안에 계신 주는 세상에 어떤 이보다 크시며, 우리는 우리를 대신하여 강하게 일어나실 당신을 믿습니다. 당신은 우리의 보호자이시자, 우리의 대변자이시자, 강력한 성루이자, 피할 바위이심을 고백합니다. 따뜻한 사랑의 날개 아래 우리를 품으시고, 우리의 연약함을 기쁘게 받으시고, 우리의 연약함을 마침내 하나님의 손에서 강하게 하소서. 예수님의 이름으로 기도합니다. 아멘.

[결혼 생활의 어려움]
갈라진 틈을 메우시고 굽은 길을 곧게 하시는 하나님, 우리는 깨어진 결혼과 삶의 어려움 앞에 멈추어 있습니다. 우리는 우리 자신의 결혼 생활에서 부서진 것을 고칠 수 있는 능력이 없습니다. 잃어버린 것들을 어떻게 회복해야 할지도 모르겠습니다. 우리가 미지의 길을 걸어나갈 때 당신을 신뢰하게 하소서. 우리 스스로의 연약함을 받아들이고 상함과 비탄 속에서 회복과 화해를 당신의 손에 맡깁니다. 예수님의 이름으로 기도합니다. 아멘.

[성폭력/가정 폭력의 피해자]
하나님, 우리의 몸이 짓밟히고 우리 스스로 몸의 주권을 행사할 수 없을 때, 어디에 계셨습니까? 우리의 눈이 눈물로 짓무를 때 당신은 어디에 계셨습니까? 세상의 눈들과 우리 마음의 눈들로부터 자유하기 원합니다. 우리가 이제 우리를 괴롭히는 서러움과 분노, 그리고 괴로움으로부터 벗어나게 하소서. 잠잠히 있으라는 말에 순응하지 않고 옷을 찢고 울부짖을 수 있는 용기와 함께 슬퍼할 이들을 허락하소서. 우리의 고통의 목소리가 온전하게 하나님과 사람들에게 들려지게 하소서. 우리는 위로받기를 거부합니다. 누가 우리의 목소리를 지울 수 있습니까? 하나님, 우리를 위해 우소서. 우리를 위해 움직이소서.

우리를 위해 정의롭지 못한 것들을 깨부수시고 정의를 세우소서. 예수님의 이름으로 기도합니다. 아멘.

[힘든 관계에서의 상처]
　우리의 지극히 큰 상급이자 방패이신 하나님, 우리는 관계의 어려움을 겪고 있습니다. 우리의 마음은 어지럽고 우리의 삶은 불안합니다. 우리에게 언제, 어떻게, 어디에서 이 관계를 세워 나갈지, 그리고 지켜 나갈지 분별할 수 있는 지혜를 허락해 주십시오. 순수한 마음과 선한 양심으로 그 사람을 사랑하고, 할 수 있다면 용기를 내어 그 사람을 용서하고, 나아가 우리 스스로 이 관계 안에서 하나님의 진리를 찾고 또 즐거움을 누리게 하소서. 두려움 없이 사랑으로 말하게 하시고 관계가 어그러질까 두려워하는 마음을 쫓아내게 하소서. 우리의 눈과 마음에 있는 모든 편견을 제하시고 당신의 완전한 사랑으로 우리의 어그러진 관계로부터 오는 어려움을 넉넉히 이기게 하소서. 예수님의 이름으로 기도합니다. 아멘.

[트라우마]
　마음이 상한 자들의 하나님, 상처받고 배신당한 자들의 하나님, 우리의 내면의 깊은 상처는 완전히 회복될 것 같지 않습니다. 어느 때까지 우리가 아파해야 합니까? 왜 우리는 끔찍한 일들을 겪어야 했고 여전히 그 안에 머물러 있어야 합니까? 우리가 그 고통에서 벗어날 수 있게 도와주소서. 우리를 아프게 한 모든 것들을 당신의 손에 맡기고 당신의 영 안에서 우리가 자유와 위로와 힘을 찾게 하소서. 우리 마음과 생각, 그리고 우리의 주변에서 우리를 조롱하고 과거의 상처를 반복해서 불러일으키는 목소리들을 멈추어 주시고, 우리를 아픔에 머물게 하는 것과 투쟁하게 하소서. 그리고 그 투쟁이 당신으로 인해서 더 큰 선과 목적을 이루어 갈 것을 기대하게 하소서. 예수님의 이름으로 기도합니다. 아멘.

[신체 질환]
　우리는 주님의 뜻이 무엇인지 알지 못합니다. 삶의 어려움과 우리의 육체적 고통이 도저히 해결될 것 같아 보이지 않을 때 주님의 뜻은 희미해 보입니다. 우

리는 여기, 우리 마음의 소원을 간절하게 말하기 위해 우리의 마음을 당신 앞에 쏟아 놓습니다. 우리에게 필요한 의료진을 만나게 하시고, 우리에게 그들과 유연하게 대화하고, 치료를 위한 좋은 방식을 결정할 수 있는 지혜를 주소서. 또한 우리는 당신에게 치유의 힘이 있음을 믿습니다. 당신이 이미 우리의 마음과 삶을 당신의 손에 두고 있음을 압니다. 우리는 우리의 모든 것이 당신의 것임을 고백합니다. 예수님의 이름으로 기도합니다. 아멘.

[가족 돌봄]

우리를 돌보시고 우리의 삶을 지키시는 하나님, 우리는 지금 간절한 마음으로 당신에게 우리가 사랑하는 사람들을 섬길 수 있는 힘을 달라고 손을 뻗습니다. 우리가 사랑하는 이들이 육체적인 고통과 마음의 고통에 아파하고 있습니다. 그들을 지켜보고 돌보는 우리 역시 지치고, 분투하고, 슬퍼하고, 부서진 마음으로 치유를 간절히 기다리고 있습니다.

우리의 삶과 마음을 보호하소서. 우리의 삶의 모든 영역에서 우리를 치료하시고 돌보아 주소서. 우리가 슬픔과 두려움에 사로잡힐 때 당신께서 언제나 필요한 힘을 공급하심을 알게 하소서. 폭풍우 한가운데서도 주님의 팔 안에서 쉬게 하시고 주님이 우리의 여정을 안전하게 인도하실 것을 믿게 하소서. 우리에게 있는 불안과 담대하게 싸우고, 사랑하기를 포기하지 않으며, 사랑하는 사람들의 고통에 적극적으로 참여할 용기와 힘을 주소서. 예수님의 이름으로 기도합니다. 아멘.

[게임/알코올 중독]

주님, 오늘 우리는 열린 마음으로 주님께서 우리를 도우시도록 주님께 의지하고자 나아왔습니다. 우리가 주님의 인도하심과 보호하심을 믿고 하나님 앞에 나아가게 하소서. 하나님, 우리의 마음은 계속되는 유혹과 실패에 대한 두려움으로 가득 차 있습니다. 우리의 마음이 어려울 때에도 우리를 돌보는 사람들의 조언을 따를 수 있는 힘과 용기를 주소서. 고통스러운 치료의 과정을 잘 이겨내게 하소서. 당신의 거룩한 이름에 영광 돌리는 삶을 살 수 있도록 도와주소서.

예수님의 이름으로 기도합니다. 아멘.

[재정적 어려움/실직]
하나님, 재정/일에 대한 문제들은 우리의 삶의 많은 부분을 차지하며 우리의 삶을 스트레스에 놓이게 만듭니다. 다른 이들의 성취를 보는 것이 힘들고, 우리의 삶이 과소평가되고, 우리 스스로와 사랑하는 사람들을 부양할 수 있는 기회가 희박해 보입니다. 하나님, 우리가 우리 스스로 상황을 통제하려는 조급함을 내려놓게 하시고, 축복에 대한 갈망, 사랑하는 사람을 지원하고자 하는 갈망마저 내려놓게 하소서. 우리의 아픔에 공감하시는 하나님이 계심을 기억하고 우리를 살피고 계시는 하나님을 보게 하소서. 우리의 삶의 어떤 변화에도 불구하고 우리를 가까이 붙잡아 주실 주님을 신뢰하게 하소서. 예수님의 이름으로 기도합니다. 아멘.

[마음/정신의 아픔]
우리의 세상은 무너졌고, 어둡고 깊은 구덩이에 우리는 누워 있습니다. 완전한 무력감과 두려움이 우리를 바닥으로 당겨 내립니다. 주님, 우리를 이 기가 막힌 웅덩이와 수렁에서 끌어 올리시고 우리를 견고하게 하소서(시 40 : 2). 우리는 우리 안에 다양한 마음의 아픔을 가지고 있음을 고백합니다. 마음의 아픔은 죽음, 약물 남용, 또는 심각한 위기로 우리들을 몰아넣습니다. 마음의 아픔은 우리에게서 자존감, 희망, 그리고 미래를 빼앗으려 합니다. 때때로 우리의 삶에 낙인을 찍을 때도 있습니다. 사랑과 포용의 하나님, 우리가 정신적인 고통을 하루하루 견디고 버텨 나갈 때, 하나님의 영적인 돌봄과 보살핌이 우리와, 우리와 함께 아파하는 사람들 모두에게 풍성하고 따뜻하게 임하기를 기도합니다. 우리에게 임하시는 하나님의 위로가 날마다 우리에게 경험되어지며 몸과 마음의 온전함을 위한 희망이 되게 하소서. 예수님의 이름으로 기도합니다. 아멘.

[성인 진입기의 어려움]
주님, 우리가 알지 못하는 미래에 대한 두려움이 우리를 짓누릅니다. 우리는

때때로 우리의 감정이 폭발할 것 같은 느낌이 들 때까지 스스로를 몰아붙입니다. 스스로에 대한 실망감과 싸우고, 끊임없이 더 나은 무언가를 성취하기 위해 분투합니다. 우리를 해로운 유혹으로부터 보호하시고, 진리를 분별하게 하시고, 모든 불의와 잘못된 것들을 바로잡으시는 주님의 신실하심을 믿고 어려움 앞에 담대하고 타협하지 않게 하소서. 당신의 눈을 통해 우리의 삶에 다가오는 도전을 보게 하시고 영원한 관점과 목적을 지니게 하소서. 하나님, 우리 스스로 완벽해지기 위해 훈련하지 않게 하소서. 우리의 지친 마음을 풀어 주소서. 주님의 방패 같은 사랑으로 주님의 이름을 사랑하는 자들을 지켜 보호하소서(시 5:11-12). 예수님의 이름으로 기도합니다. 아멘.

3) 하나님 나라를 위한 기도

하나님 나라를 위한 기도문은 날로 심각해지는 환경문제, 사회 양극화, 전쟁, 그리고 팬데믹 같은 전 지구적 문제들 앞에서 교회 공동체가 함께 참여하고 기도해야 한다는 분명한 인식을 갖고 공동기도에 동참하도록 돕기 위함이다.

❶ 창조질서

창조주 하나님을 찬양합니다. 세상의 모든 만물을 말씀으로 지으시고, 창조질서를 따라 많은 생명들을 생육시키시고, 번성케 하심에 감사드립니다. 그러나 우리 안에 하나님이 이 땅의 주인 되심을 잊고 함부로 사용하고 파괴한 모습이 있었음을 고백하오니, 이를 바르게 사용할 지혜를 허락해 주소서. 그리하여 하나님이 만드신 모든 것들을 바르게 사용하여 후손들을 위하여 보전하고, 하나님의 나라를 이 땅 가운데 세워가게 하소서. 하나님께서 베푸신 생명의 귀함과 창조의 질서를 깨닫게 하소서. 예수 그리스도의 이름으로 기도합니다. 아멘.

❷ 자연재해

모든 만물을 다스리시는 하나님, 자연재해 앞에 너무나도 무기력한 우리를 불쌍히 여겨 주소서. 홍수의 심판 가운데서 자신의 백성을 불쌍히 여기시고, 물의 경계를 정하여 넘치지 못하게 하시고, 땅을 덮지 못하게 하신 하나님의 돌보심을 기억하오니, 이 시간 재해로 고통받는 이들의 아픔의 소리를 들어 주소서. 또한 함께 기도하며 서로를 도울 수 있는 마음을 우리에게도 주소서. 스스로가 가진 지혜와 능력에 취하여 모든 것의 근원이신 하나님을 잊고 산 우리의 잘못을 고백하오니, 이 땅에서 모든 것을 바르게 사용하도록 하나님의 지혜를 주소서. 예수 그리스도의 이름으로 기도합니다. 아멘.

❸ 유행병

치유의 하나님, 온 인류가 눈에 보이지 않는 바이러스로 인해 고통받고 있습니다. 국경이 봉쇄되고, 일상의 삶에서 사람과의 만남을 기피하게 되고, 사랑하는 가족의 마지막 순간조차 함께하지 못하는 아픔 앞에 있는 이들의 눈물을 기억해 주소서. 주여, 우리를 불쌍히 여기소서.

우리의 도움이신 하나님, 인간의 지혜와 힘과 능력으로 무엇이든 할 수 있다고 여겼던 우리의 교만함을 내려놓고, 하나님의 도움을 구하게 하소서. 주여, 우리를 불쌍히 여기소서.

평안의 하나님, 질병의 확산으로 인해 끝이 보이지 않는 듯한 불안함과 어려움 가운데 있는 우리와 함께하여 주소서. 이 어려움 속에서 주님이 주시는 평안으로 우리의 삶을 지켜 주소서. 주여, 우리를 불쌍히 여기소서.

우리를 당신의 일꾼으로 부르시는 하나님, 백신을 제때 공급받지 못하는 다른 나라의 어려움을 모른척하지 않고, 서로를 돌보게 하시고, 도울 일을 찾게 하소서. 주여, 우리를 불쌍히 여기소서.

이 땅에 아프고 버려진 자들을 불쌍히 여기시고, 찾으시고, 또 고치기 위해 오신 우리 주님의 구원의 일하심이 오늘 우리 가운데 있기를 바라며, 참 소망 되신 예수 그리스도의 이름으로 기도합니다. 아멘.

❹ 공의

이 땅에서 공의와 정의를 찾으시는 하나님, 우리가 악을 행하는 자들로 인해 낙심하지 말게 하시고, 하나님의 사랑과 공의를 구하고 이를 이 세상 가운데 세우도록 도와주소서. 경제적으로 착취당하고 사회의 무관심으로 인해 소외당하고 기회를 잃어버린 우리 이웃들의 고통 소리에 그들을 위로하고 섬기는 손과 발이 되게 하소서. 그동안 우리의 삶이 바쁘다는 이유로 그들의 필요에 귀를 닫고 살아온 우리의 영적 게으름을 용서하여 주시고, 정의가 물 같이, 공의가 마르지 않는 강 같이 흐르는 하나님의 나라를 이 땅 가운데 세우는 일에 우리를 사용하소서. 예수 그리스도의 이름으로 기도합니다. 아멘.

❺ 평화

전능하신 하나님, 하나님의 평화가 이 땅 가운데 임하기를 기도합니다. 지금 이 시간에도 세계 곳곳에서 전쟁의 위협으로 인해 고통 가운데 있는 나라와 민족들이 있음을 기억하소서. 삶의 터전을 잃어버리고 자신의 집을 떠나는 이들의 마음을 위로하여 주시고, 그들을 위해 기도하고 돕는 일에 우리를 사용하소서. 나라를 이끌고 있는 지도자들에게 생명의 귀함을 기억하게 하사, 평화로운 방법으로 국가 간의 갈등을 해결하도록 그들에게 하나님의 지혜를 허락하여 주소서. 자신의 의지와 관계없이 전쟁으로 내몰린 모든 이들의 생명을 보호하여 주시고, 속히 하나님의 평화가 전쟁의 가운데 있기를 간구드리며, 이 땅에 평화의 왕으로 오신 예수님의 이름으로 기도합니다. 아멘.

4) 기도에 필요한 상황별 성경 구문

❶ 하나님을 부름

하나님을 부르는 표현은 우리가 기도할 때 기도를 들으시는 하나님이 어떤 분이신지를 다양하게 묵상하며 기도하도록 돕기 위해 제공된다. 예를 들면 아래와 같다.

- 나(우리)의 피할 바위이시며 방패 되신 하나님(시 18 : 1-2)
- 환난 중의 피난처 되신 하나님(시 46 : 1)
- 우리의 도움이신 하나님(시 121편)

- 어두움 가운데 있는 자의 빛이 되시는 하나님(시 27 : 1)
- 목자 되신 하나님(시 23 : 1, 80 : 1)
- 나(우리)의 노래 되신 하나님(사 12 : 2)
- 산파이신 하나님(시 22 : 9-10 ; 사 46 : 3-4)
- 나(우리)를 아시는 하나님(시 139 : 1-4)
- 고아의 아버지 되시는 하나님(시 68 : 5)
- 과부의 보호자 되신 하나님(시 68 : 5)
- 압제 당하는 자의 요새이신 하나님(시 9 : 9)
- 나의 남편 되신 하나님(사 54 : 5)
- 나(우리)의 이름을 아시는 하나님(출 33 : 17)
- 나를 고치시는 하나님(시 30 : 2)
- 들으시는 하나님(출 2 : 23-25, 3 : 7-10)
- 왕이신 하나님(시 5 : 2, 44 : 4, 74 : 12)
- 토기장이이신 하나님(사 64 : 8)
- 힘이신 하나님(사 40 : 31)
- 인내하시고 우리의 돌이킴을 기다리시는 하나님(사 55 : 1-9 ; 눅 13 : 1-9)
- 왕이신 하나님(시 145편)
- 정의의 하나님(사 30 : 18)
- 이른 비와 늦은 비로 은혜를 내리시는 하나님(신 11 : 14)
- 전능하신 하나님(창 28 : 3 ; 수 22 : 22)

❷ 치유

[싸매어 주시고 고치시는 하나님]

하나님은 아프게 하시다가 싸매시며 상하게 하시다가 그의 손으로 고치시나니 여섯 가지 환난에서 너를 구원하시며 일곱 가지 환난이라도 그 재앙이 네게 미치지 않게 하시며 기근 때에 죽음에서, 전쟁 때에 칼의 위협에서 너를 구원하실 터인즉 네가 혀의 채찍을 피하여 숨을 수가 있고 멸망이 올 때에도 두려워하지 아니할 것이라(욥 5 : 18-21).

[긍휼히 여기시는 하나님]
여호와여 내가 수척하였사오니 내게 은혜를 베푸소서 여호와여 나의 뼈가 떨리오니 나를 고치소서(시 6 : 2).

[새벽에 도우시리로다]
하나님은 우리의 피난처시요 힘이시니 환난 중에 만날 큰 도움이시라 그러므로 땅이 변하든지 산이 흔들려 바다 가운데에 빠지든지 바닷물이 솟아나고 뛰놀든지 그것이 넘침으로 산이 흔들릴지라도 우리는 두려워하지 아니하리로다 (셀라) 한 시내가 있어 나뉘어 흘러 하나님의 성 곧 지존하신 이의 성소를 기쁘게 하도다 하나님이 그 성 중에 계시매 성이 흔들리지 아니할 것이라 새벽에 하나님이 도우시리로다(시 46 : 1-5).

[응답하시는 여호와]
그리하면 네 빛이 새벽 같이 비칠 것이며 네 치유가 급속할 것이며 네 공의가 네 앞에 행하고 여호와의 영광이 네 뒤에 호위하리니 네가 부를 때에는 나 여호와가 응답하겠고 네가 부르짖을 때에는 내가 여기 있다 하리라(사 58 : 8-9).

[모든 병과 질병을 치유하시며 다니셨던 주님]
예수께서 온 갈릴리에 두루 다니사 그들의 회당에서 가르치시며 천국 복음을 전파하시며 백성 중의 모든 병과 모든 약한 것을 고치시니 그의 소문이 온 수리아에 퍼진지라 사람들이 모든 앓는 자 곧 각종 병에 걸려서 고통 당하는 자, 귀신 들린 자, 간질하는 자, 중풍병자들을 데려오니 그들을 고치시더라 갈릴리와 데가볼리와 예루살렘과 유대와 요단 강 건너편에서 수많은 무리가 따르니라 (마 4 : 23-25).

❸ 상실

[자식을 위해 애곡하는 라헬]
라마에서 슬퍼하며 크게 통곡하는 소리가 들리니 라헬이 그 자식을 위하여

애곡하는 것이라 그가 자식이 없으므로 위로 받기를 거절하였도다 함이 이루어 졌느니라(마 2 : 18).

[고난 당한 자를 긍휼히 여기시고 위로하시는 하나님]
여호와께서 이같이 이르시되 은혜의 때에 내가 네게 응답하였고 구원의 날에 내가 너를 도왔도다 내가 장차 너를 보호하여 너를 백성의 언약으로 삼으며 나라를 일으켜 그들에게 그 황무하였던 땅을 기업으로 상속하게 하리라 내가 잡혀 있는 자에게 이르기를 나오라 하며 흑암에 있는 자에게 나타나라 하리라 그들이 길에서 먹겠고 모든 헐벗은 산에도 그들의 풀밭이 있을 것인즉 그들이 주리거나 목마르지 아니할 것이며 더위와 볕이 그들을 상하지 아니하리니 이는 그들을 긍휼히 여기는 이가 그들을 이끌되 샘물 근원으로 인도할 것임이라 내가 나의 모든 산을 길로 삼고 나의 대로를 돋우리니 어떤 사람은 먼 곳에서, 어떤 사람은 북쪽과 서쪽에서, 어떤 사람은 시님 땅에서 오리라 하늘이여 노래하라 땅이여 기뻐하라 산들이여 즐거이 노래하라 여호와께서 그의 백성을 위로하셨은즉 그의 고난 당한 자를 긍휼히 여기실 것임이라(사 49 : 8-13).

[하나님 나라에서 가장 큰 자]
그 때에 제자들이 예수께 나아와 이르되 천국에서는 누가 크니이까 예수께서 한 어린 아이를 불러 그들 가운데 세우시고 이르시되 진실로 너희에게 이르노니 너희가 돌이켜 어린 아이들과 같이 되지 아니하면 결단코 천국에 들어가지 못하리라 그러므로 누구든지 이 어린 아이와 같이 자기를 낮추는 사람이 천국에서 큰 자니라 또 누구든지 내 이름으로 이런 어린 아이 하나를 영접하면 곧 나를 영접함이니 삼가 이 작은 자 중의 하나도 업신여기지 말라 너희에게 말하노니 그들의 천사들이 하늘에서 하늘에 계신 내 아버지의 얼굴을 항상 뵈옵느니라(마 18 : 1-5, 10).

[소망 가운데 우리를 구원하시는 하나님/우리를 위해 친히 간구하시는 성령]
생각하건대 현재의 고난은 장차 우리에게 나타날 영광과 비교할 수 없도

다 피조물이 고대하는 바는 하나님의 아들들이 나타나는 것이니 피조물이 허무한 데 굴복하는 것은 자기 뜻이 아니요 오직 굴복하게 하시는 이로 말미암음이라 그 바라는 것은 피조물도 썩어짐의 종 노릇 한 데서 해방되어 하나님의 자녀들의 영광의 자유에 이르는 것이니라 피조물이 다 이제까지 함께 탄식하며 함께 고통을 겪고 있는 것을 우리가 아느니라 그뿐 아니라 또한 우리 곧 성령의 처음 익은 열매를 받은 우리까지도 속으로 탄식하여 양자 될 것 곧 우리 몸의 속량을 기다리느니라 우리가 소망으로 구원을 얻었으매 보이는 소망이 소망이 아니니 보는 것을 누가 바라리요 만일 우리가 보지 못하는 것을 바라면 참음으로 기다릴지니라 이와 같이 성령도 우리의 연약함을 도우시나니 우리는 마땅히 기도할 바를 알지 못하나 오직 성령이 말할 수 없는 탄식으로 우리를 위하여 친히 간구하시느니라 마음을 살피시는 이가 성령의 생각을 아시나니 이는 성령이 하나님의 뜻대로 성도를 위하여 간구하심이니라(롬 8 : 18-27).

[너희를 위하여 기도하는 것을 쉬지 않고]
이로써 우리도 듣던 날부터 너희를 위하여 기도하기를 그치지 아니하고 구하노니 너희로 하여금 모든 신령한 지혜와 총명에 하나님의 뜻을 아는 것으로 채우게 하시고 주께 합당하게 행하여 범사에 기쁘시게 하고 모든 선한 일에 열매를 맺게 하시며 하나님을 아는 것에 자라게 하시고 그의 영광의 힘을 따라 모든 능력으로 능하게 하시며 기쁨으로 모든 견딤과 오래 참음에 이르게 하시고 우리로 하여금 빛 가운데서 성도의 기업의 부분을 얻기에 합당하게 하신 아버지께 감사하게 하시기를 원하노라(골 1 : 9-12).

[극도의 고통 속에 계셨던 주님]
예수께서 나가사 습관을 따라 감람 산에 가시매 제자들도 따라갔더니 그 곳에 이르러 그들에게 이르시되 유혹에 빠지지 않게 기도하라 하시고 그들을 떠나 돌 던질 만큼 가서 무릎을 꿇고 기도하여 이르시되 아버지여 만일 아버지의 뜻이거든 이 잔을 내게서 옮기시옵소서 그러나 내 원대로 마시옵고 아버지의 원대로 되기를 원하나이다 하시니 천사가 하늘로부터 예수께 나타나 힘을 더하더라

예수께서 힘쓰고 애써 더욱 간절히 기도하시니 땀이 땅에 떨어지는 핏방울 같이 되더라 기도 후에 일어나 제자들에게 가서 슬픔으로 인하여 잠든 것을 보시고 이르시되 어찌하여 자느냐 시험에 들지 않게 일어나 기도하라 하시니라(눅 22 : 39-46).

[우리를 위해 눈물과 애통의 마음으로 기도하신 예수 그리스도]
그는 육체에 계실 때에 자기를 죽음에서 능히 구원하실 이에게 심한 통곡과 눈물로 간구와 소원을 올렸고 그의 경건하심으로 말미암아 들으심을 얻었느니라 그가 아들이시면서도 받으신 고난으로 순종함을 배워서 온전하게 되셨은즉 자기에게 순종하는 모든 자에게 영원한 구원의 근원이 되시고 하나님께 멜기세덱의 반차를 따른 대제사장이라 칭하심을 받으셨느니라(히 5 : 7-10).

❹ 자살

[하나님이 우리를 위하시는데 누가 우리를 대적하리요]
이와 같이 성령도 우리의 연약함을 도우시나니 우리는 마땅히 기도할 바를 알지 못하나 오직 성령이 말할 수 없는 탄식으로 우리를 위하여 친히 간구하시느니라 마음을 살피시는 이가 성령의 생각을 아시나니 이는 성령이 하나님의 뜻대로 성도를 위하여 간구하심이니라 우리가 알거니와 하나님을 사랑하는 자 곧 그의 뜻대로 부르심을 입은 자들에게는 모든 것이 합력하여 선을 이루느니라 하나님이 미리 아신 자들을 또한 그 아들의 형상을 본받게 하기 위하여 미리 정하셨으니 이는 그로 많은 형제 중에서 맏아들이 되게 하려 하심이니라 또 미리 정하신 그들을 또한 부르시고 부르신 그들을 또한 의롭다 하시고 의롭다 하신 그들을 또한 영화롭게 하셨느니라 그런즉 이 일에 대하여 우리가 무슨 말 하리요 만일 하나님이 우리를 위하시면 누가 우리를 대적하리요(롬 8 : 26-31).

[비판하지 말라 모두 하나님의 심판대 앞에 서리라]
우리 중에 누구든지 자기를 위하여 사는 자가 없고 자기를 위하여 죽는 자도 없도다 우리가 살아도 주를 위하여 살고 죽어도 주를 위하여 죽나니 그러므

로 사나 죽으나 우리가 주의 것이로다 이를 위하여 그리스도께서 죽었다가 다시 살아나셨으니 곧 죽은 자와 산 자의 주가 되려 하심이라 네가 어찌하여 네 형제를 비판하느냐 어찌하여 네 형제를 업신여기느냐 우리가 다 하나님의 심판대 앞에 서리라 기록되었으되 주께서 이르시되 내가 살았노니 모든 무릎이 내게 꿇을 것이요 모든 혀가 하나님께 자백하리라 하였느니라 이러므로 우리 각 사람이 자기 일을 하나님께 직고하리라(롬 14 : 7-12).

❺ 임종

[내 백성을 위로하라]

너희의 하나님이 이르시되 너희는 위로하라 내 백성을 위로하라 너희는 예루살렘의 마음에 닿도록 말하며 그것에게 외치라 그 노역의 때가 끝났고 그 죄악이 사함을 받았느니라 그의 모든 죄로 말미암아 여호와의 손에서 벌을 배나 받았느니라 할지니라 하시니라 외치는 자의 소리여 이르되 너희는 광야에서 여호와의 길을 예비하라 사막에서 우리 하나님의 대로를 평탄하게 하라 골짜기마다 돋우어지며 산마다, 언덕마다 낮아지며 고르지 아니한 곳이 평탄하게 되며 험한 곳이 평지가 될 것이요 여호와의 영광이 나타나고 모든 육체가 그것을 함께 보리라 이는 여호와의 입이 말씀하셨느니라 말하는 자의 소리여 이르되 외치라 대답하되 내가 무엇이라 외치리이까 하니 이르되 모든 육체는 풀이요 그의 모든 아름다움은 들의 꽃과 같으니 풀은 마르고 꽃이 시듦은 여호와의 기운이 그 위에 붊이라 이 백성은 실로 풀이로다 풀은 마르고 꽃은 시드나 우리 하나님의 말씀은 영원히 서리라 하라 아름다운 소식을 시온에 전하는 자여 너는 높은 산에 오르라 아름다운 소식을 예루살렘에 전하는 자여 너는 힘써 소리를 높이라 두려워하지 말고 소리를 높여 유다의 성읍들에게 이르기를 너희의 하나님을 보라 하라 보라 주 여호와께서 장차 강한 자로 임하실 것이요 친히 그의 팔로 다스리실 것이라 보라 상급이 그에게 있고 보응이 그의 앞에 있으며 그는 목자 같이 양 떼를 먹이시며 어린 양을 그 팔로 모아 품에 안으시며 젖먹이는 암컷들을 온순히 인도하시리로다 (사 40 : 1-11).

[버리지 않으시고 긍휼히 여기시는 하나님]
　내 고초와 재난 곧 쑥과 담즙을 기억하소서 내 마음이 그것을 기억하고 내가 낙심이 되오나 이것을 내가 내 마음에 담아 두었더니 그것이 오히려 나의 소망이 되었사옴은 여호와의 인자와 긍휼이 무궁하시므로 우리가 진멸되지 아니함이니이다 이것들이 아침마다 새로우니 주의 성실하심이 크시도소이다 내 심령에 이르기를 여호와는 나의 기업이시니 그러므로 내가 그를 바라리라 하도다 기다리는 자들에게나 구하는 영혼들에게 여호와는 선하시도다 사람이 여호와의 구원을 바라고 잠잠히 기다림이 좋도다 이는 주께서 영원하도록 버리지 아니하실 것임이며 그가 비록 근심하게 하시나 그의 풍부한 인자하심에 따라 긍휼히 여기실 것임이라(애 3 : 19-26, 31-32).

[어둠에 다니지 아니하고 생명의 빛을 얻으리라]
　예수께서 또 말씀하여 이르시되 나는 세상의 빛이니 나를 따르는 자는 어둠에 다니지 아니하고 생명의 빛을 얻으리라(요 8 : 12).

[나는 부활이요 생명이니]
　예수께서 와서 보시니 나사로가 무덤에 있은 지 이미 나흘이라 베다니는 예루살렘에서 가깝기가 한 오 리쯤 되매 많은 유대인이 마르다와 마리아에게 그 오라비의 일로 위문하러 왔더니 마르다는 예수께서 오신다는 말을 듣고 곧 나가 맞이하되 마리아는 집에 앉았더라 마르다가 예수께 여짜오되 주께서 여기 계셨더라면 내 오라버니가 죽지 아니하였겠나이다 그러나 나는 이제라도 주께서 무엇이든지 하나님께 구하시는 것을 하나님이 주실 줄을 아나이다 예수께서 이르시되 네 오라비가 다시 살아나리라 마르다가 이르되 마지막 날 부활 때에는 다시 살아날 줄을 내가 아나이다 예수께서 이르시되 나는 부활이요 생명이니 나를 믿는 자는 죽어도 살겠고 무릇 살아서 나를 믿는 자는 영원히 죽지 아니하리니 이것을 네가 믿느냐 이르되 주여 그러하외다 주는 그리스도시요 세상에 오시는 하나님의 아들이신 줄 내가 믿나이다(요 11 : 17-27).

[죽음도 우리 주 예수 그리스도 안에 있는 하나님의 사랑을 끊을 수 없도다]
자기 아들을 아끼지 아니하시고 우리 모든 사람을 위하여 내주신 이가 어찌 그 아들과 함께 모든 것을 우리에게 주시지 아니하겠느냐 누가 능히 하나님께서 택하신 자들을 고발하리요 의롭다 하신 이는 하나님이시니 누가 정죄하리요 죽으실 뿐 아니라 다시 살아나신 이는 그리스도 예수시니 그는 하나님 우편에 계신 자요 우리를 위하여 간구하시는 자시니라 누가 우리를 그리스도의 사랑에서 끊으리요 환난이나 곤고나 박해나 기근이나 적신이나 위험이나 칼이랴 기록된 바 우리가 종일 주를 위하여 죽임을 당하게 되며 도살 당할 양 같이 여김을 받았나이다 함과 같으니라 그러나 이 모든 일에 우리를 사랑하시는 이로 말미암아 우리가 넉넉히 이기느니라 내가 확신하노니 사망이나 생명이나 천사들이나 권세자들이나 현재 일이나 장래 일이나 능력이나 높음이나 깊음이나 다른 어떤 피조물이라도 우리를 우리 주 그리스도 예수 안에 있는 하나님의 사랑에서 끊을 수 없으리라(롬 8 : 32-39).

[잠자는 자들 중 첫 열매가 되신 그리스도]
만일 그리스도 안에서 우리가 바라는 것이 다만 이 세상의 삶뿐이면 모든 사람 가운데 우리가 더욱 불쌍한 자이리라 그러나 이제 그리스도께서 죽은 자 가운데서 다시 살아나사 잠자는 자들의 첫 열매가 되셨도다(고전 15 : 19-20).

[위로하시는 하나님]
찬송하리로다 그는 우리 주 예수 그리스도의 하나님이시요 자비의 아버지시요 모든 위로의 하나님이시며 우리의 모든 환난 중에서 우리를 위로하사 우리로 하여금 하나님께 받는 위로로써 모든 환난 중에 있는 자들을 능히 위로하게 하시는 이시로다 그리스도의 고난이 우리에게 넘친 것 같이 우리가 받는 위로도 그리스도로 말미암아 넘치는도다 우리가 환난 당하는 것도 너희가 위로와 구원을 받게 하려는 것이요 우리가 위로를 받는 것도 너희가 위로를 받게 하려는 것이니 이 위로가 너희 속에 역사하여 우리가 받는 것 같은 고난을 너희도 견디게 하느니라 너희를 위한 우리의 소망이 견고함은 너희가 고난에 참여하는 자가 된

것 같이 위로에도 그러할 줄을 앎이라(고후 1:3-7).

[육체의 장막은 무너지나 우리에게 주어질 영원한 집]
만일 땅에 있는 우리의 장막 집이 무너지면 하나님께서 지으신 집 곧 손으로 지은 것이 아니요 하늘에 있는 영원한 집이 우리에게 있는 줄 아느니라(고후 5:1).

[긍휼이 풍성하신 하나님께서 그리스도 안에서 우리를 다시 살리시리라]
긍휼이 풍성하신 하나님이 우리를 사랑하신 그 큰 사랑을 인하여 허물로 죽은 우리를 그리스도와 함께 살리셨고 (너희는 은혜로 구원을 받은 것이라) 또 함께 일으키사 그리스도 예수 안에서 함께 하늘에 앉히시니 이는 그리스도 예수 안에서 우리에게 자비하심으로써 그 은혜의 지극히 풍성함을 오는 여러 세대에 나타내려 하심이라 너희는 그 은혜에 의하여 믿음으로 말미암아 구원을 받았으니 이것은 너희에게서 난 것이 아니요 하나님의 선물이라 행위에서 난 것이 아니니 이는 누구든지 자랑하지 못하게 함이라 우리는 그가 만드신 바라 그리스도 예수 안에서 선한 일을 위하여 지으심을 받은 자니 이 일은 하나님이 전에 예비하사 우리로 그 가운데서 행하게 하려 하심이니라(엡 2:4-10).

[산 소망되신 하나님으로 인해]
우리 주 예수 그리스도의 아버지 하나님을 찬송하리로다 그의 많으신 긍휼대로 예수 그리스도를 죽은 자 가운데서 부활하게 하심으로 말미암아 우리를 거듭나게 하사 산 소망이 있게 하시며 썩지 않고 더럽지 않고 쇠하지 아니하는 유업을 잇게 하시나니 곧 너희를 위하여 하늘에 간직하신 것이라 너희는 말세에 나타내기로 예비하신 구원을 얻기 위하여 믿음으로 말미암아 하나님의 능력으로 보호하심을 받았느니라 그러므로 너희가 이제 여러 가지 시험으로 말미암아 잠깐 근심하게 되지 않을 수 없으나 오히려 크게 기뻐하는도다(벧전 1:3-6).

[우리가 그와 같을 줄을]
사랑하는 자들아 우리가 지금은 하나님의 자녀라 장래에 어떻게 될지는 아

직 나타나지 아니하였으나 그가 나타나시면 우리가 그와 같을 줄을 아는 것은 그의 참모습 그대로 볼 것이기 때문이니(요일 3 : 2).

[우리의 눈물을 친히 닦아 주시는 주님]
이는 보좌 가운데에 계신 어린 양이 그들의 목자가 되사 생명수 샘으로 인도하시고 하나님께서 그들의 눈에서 모든 눈물을 씻어 주실 것임이라(계 7 : 17).

[다시는 애통하는 것이나 아픈 것이 있지 아니하니라]
또 내가 새 하늘과 새 땅을 보니 처음 하늘과 처음 땅이 없어졌고 바다도 다시 있지 않더라 또 내가 보매 거룩한 성 새 예루살렘이 하나님께로부터 하늘에서 내려오니 그 준비한 것이 신부가 남편을 위하여 단장한 것 같더라 내가 들으니 보좌에서 큰 음성이 나서 이르되 보라 하나님의 장막이 사람들과 함께 있으매 하나님이 그들과 함께 계시리니 그들은 하나님의 백성이 되고 하나님은 친히 그들과 함께 계셔서 모든 눈물을 그 눈에서 닦아 주시니 다시는 사망이 없고 애통하는 것이나 곡하는 것이나 아픈 것이 다시 있지 아니하리니 처음 것들이 다 지나갔음이러라 보좌에 앉으신 이가 이르시되 보라 내가 만물을 새롭게 하노라 하시고 또 이르시되 이 말은 신실하고 참되니 기록하라 하시고 또 내게 말씀하시되 이루었도다 나는 알파와 오메가요 처음과 마지막이라 내가 생명수 샘물을 목마른 자에게 값없이 주리니 이기는 자는 이것들을 상속으로 받으리라 나는 그의 하나님이 되고 그는 내 아들이 되리라(계 21 : 1-7).

[긍휼이 많으시고 은혜로우신 여호와 하나님]
여호와는 긍휼이 많으시고 은혜로우시며 노하기를 더디 하시고 인자하심이 풍부하시도다 자주 경책하지 아니하시며 노를 영원히 품지 아니하시리로다 우리의 죄를 따라 우리를 처벌하지는 아니하시며 우리의 죄악을 따라 우리에게 그대로 갚지는 아니하셨으니 이는 하늘이 땅에서 높음 같이 그를 경외하는 자에게 그의 인자하심이 크심이로다 동이 서에서 먼 것 같이 우리의 죄과를 우리에게서 멀리 옮기셨으며 아버지가 자식을 긍휼히 여김 같이 여호와께서는 자기를 경외

하는 자를 긍휼히 여기시나니 이는 그가 우리의 체질을 아시며 우리가 단지 먼지뿐임을 기억하심이로다(시 103 : 8-14).

[오늘 네가 나와 함께 낙원에 있으리라]
이르되 예수여 당신의 나라에 임하실 때에 나를 기억하소서 하니 예수께서 이르시되 내가 진실로 네게 이르노니 오늘 네가 나와 함께 낙원에 있으리라 하시니라(눅 23 : 42-43).

❻ 홀로 사시는 분

[우리의 삶을 끝까지 인도하시는 하나님]
너희는 시온을 돌면서 그 곳을 둘러보고 그 망대들을 세어 보라 그의 성벽을 자세히 보고 그의 궁전을 살펴서 후대에 전하라 이 하나님은 영원히 우리 하나님이시니 그가 우리를 죽을 때까지 인도하시리로다(시 48 : 12-14).

❼ 생일

[젖 뗀 이삭을 위한 잔치]
아이가 자라매 젖을 떼고 이삭이 젖을 떼는 날에 아브라함이 큰 잔치를 베풀었더라(창 21 : 8).

[아이 사무엘의 성장]
아이 사무엘이 점점 자라매 여호와와 사람들에게 은총을 더욱 받더라(삼상 2 : 26).

[하나님이 네게 복을 주실 것이라]
요셉은 무성한 가지 곧 샘 곁의 무성한 가지라 그 가지가 담을 넘었도다 활 쏘는 자가 그를 학대하며 적개심을 가지고 그를 쏘았으나 요셉의 활은 도리어 굳세며 그의 팔은 힘이 있으니 이는 야곱의 전능자 이스라엘의 반석인 목자의

손을 힘입음이라 네 아버지의 하나님께로 말미암나니 그가 너를 도우실 것이요 전능자로 말미암나니 그가 네게 복을 주실 것이라 위로 하늘의 복과 아래로 깊은 샘의 복과 젖먹이는 복과 태의 복이리로다 네 아버지의 축복이 내 선조의 축복보다 나아서 영원한 산이 한 없음 같이 이 축복이 요셉의 머리로 돌아오며 그 형제 중 뛰어난 자의 정수리로 돌아오리로다(창 49 : 22-26).

[모태에서부터 우리를 아신 하나님]
내가 너를 모태에 짓기 전에 너를 알았고 네가 배에서 나오기 전에 너를 성별하였고 너를 여러 나라의 선지자로 세웠노라 하시기로(렘 1 : 5).

[어린 아이를 사랑하시고 그들의 믿음을 칭찬하시는 주님]
사람들이 예수께서 만져 주심을 바라고 어린 아이들을 데리고 오매 제자들이 꾸짖거늘 예수께서 보시고 노하시어 이르시되 어린 아이들이 내게 오는 것을 용납하고 금하지 말라 하나님의 나라가 이런 자의 것이니라 내가 진실로 너희에게 이르노니 누구든지 하나님의 나라를 어린 아이와 같이 받들지 않는 자는 결단코 그 곳에 들어가지 못하리라 하시고 그 어린 아이들을 안고 그들 위에 안수하시고 축복하시니라(막 10 : 13-16).

[아기 예수의 성장]
아기가 자라며 강하여지고 지혜가 충만하며 하나님의 은혜가 그의 위에 있더라 예수는 지혜와 키가 자라가며 하나님과 사람에게 더욱 사랑스러워 가시더라(눅 2 : 40, 52).

[어린 아이로부터 배우라]
그 때에 제자들이 예수께 나아와 이르되 천국에서는 누가 크니이까 예수께서 한 어린 아이를 불러 그들 가운데 세우시고 이르시되 진실로 너희에게 이르노니 너희가 돌이켜 어린 아이들과 같이 되지 아니하면 결단코 천국에 들어가지 못하리라 그러므로 누구든지 이 어린 아이와 같이 자기를 낮추는 사람이 천국에서

큰 자니라 또 누구든지 내 이름으로 이런 어린 아이 하나를 영접하면 곧 나를 영접함이니 삼가 이 작은 자 중의 하나도 업신여기지 말라 너희에게 말하노니 그들의 천사들이 하늘에서 하늘에 계신 내 아버지의 얼굴을 항상 뵈옵느니라(마 18 : 1-5, 10).

❽ 창조

[주의 손가락으로 베푸신 달과 별]

여호와 우리 주여 주의 이름이 온 땅에 어찌 그리 아름다운지요 주의 영광이 하늘을 덮었나이다 주의 대적으로 말미암아 어린 아이들과 젖먹이들의 입으로 권능을 세우심이여 이는 원수들과 보복자들을 잠잠하게 하려 하심이니이다 주의 손가락으로 만드신 주의 하늘과 주께서 베풀어 두신 달과 별들을 내가 보오니 사람이 무엇이기에 주께서 그를 생각하시며 인자가 무엇이기에 주께서 그를 돌보시나이까 그를 하나님보다 조금 못하게 하시고 영화와 존귀로 관을 씌우셨나이다 주의 손으로 만드신 것을 다스리게 하시고 만물을 그의 발 아래 두셨으니 곧 모든 소와 양과 들짐승이며 공중의 새와 바다의 물고기와 바닷길에 다니는 것이니이다 여호와 우리 주여 주의 이름이 온 땅에 어찌 그리 아름다운지요(시 8편).

❾ 자연재해

[세상 만물을 다스리시는 하나님]

옷으로 덮음 같이 주께서 땅을 깊은 바다로 덮으시매 물이 산들 위로 솟아올랐으나 주께서 꾸짖으시니 물은 도망하며 주의 우렛소리로 말미암아 빨리 가며 주께서 그들을 위하여 정하여 주신 곳으로 흘러갔고 산은 오르고 골짜기는 내려갔나이다 주께서 물의 경계를 정하여 넘치지 못하게 하시며 다시 돌아와 땅을 덮지 못하게 하셨나이다(시 104 : 6-9).

❿ 공의

[정의를 물 같이 공의를 마르지 않는 강 같이 흐르게 하라]
내가 너희 절기들을 미워하여 멸시하며 너희 성회들을 기뻐하지 아니하나니 너희가 내게 번제나 소제를 드릴지라도 내가 받지 아니할 것이요 너희의 살진 희생의 화목제도 내가 돌아보지 아니하리라 네 노랫소리를 내 앞에서 그칠지어다 네 비파 소리도 내가 듣지 아니하리라 오직 정의를 물 같이, 공의를 마르지 않는 강 같이 흐르게 할지어다(암 5 : 21-24).

[여호와께서 기쁘게 여기시는 것]
공의와 정의를 행하는 것은 제사 드리는 것보다 여호와께서 기쁘게 여기시느니라(잠 21 : 3).

[여호와를 찾을 때]
너희가 자기를 위하여 공의를 심고 인애를 거두라 너희 묵은 땅을 기경하라 지금이 곧 여호와를 찾을 때니 마침내 여호와께서 오사 공의를 비처럼 너희에게 내리시리라(호 10 : 12).

[공의로 그의 허리띠를 삼고]
공의로 가난한 자를 심판하며 정직으로 세상의 겸손한 자를 판단할 것이며 그의 입의 막대기로 세상을 치며 그의 입술의 기운으로 악인을 죽일 것이며 공의로 그의 허리띠를 삼으며 성실로 그의 몸의 띠를 삼으리라(사 11 : 4-5).

[구원과 공의를 창조하신 여호와]
하늘이여 위로부터 공의를 뿌리며 구름이여 의를 부을지어다 땅이여 열려서 구원을 싹트게 하고 공의도 함께 움돋게 할지어다 나 여호와가 이 일을 창조하였느니라(사 45 : 8).

[사랑과 정의와 공의를 땅에 행하는 자]

여호와께서 이와 같이 말씀하시되 지혜로운 자는 그의 지혜를 자랑하지 말라 용사는 그의 용맹을 자랑하지 말라 부자는 그의 부함을 자랑하지 말라 자랑하는 자는 이것으로 자랑할지니 곧 명철하여 나를 아는 것과 나 여호와는 사랑과 정의와 공의를 땅에 행하는 자인 줄 깨닫는 것이라 나는 이 일을 기뻐하노라 여호와의 말씀이니라(렘 9 : 23-24).

[우리의 길과 행위를 바르게 하기 원하시는 하나님]

만군의 여호와 이스라엘의 하나님께서 이와 같이 말씀하시되 너희 길과 행위를 바르게 하라 그리하면 내가 너희로 이 곳에 살게 하리라 너희는 이것이 여호와의 성전이라, 여호와의 성전이라, 여호와의 성전이라 하는 거짓말을 믿지 말라 너희가 만일 길과 행위를 참으로 바르게 하여 이웃들 사이에 정의를 행하며 이방인과 고아와 과부를 압제하지 아니하며 무죄한 자의 피를 이 곳에서 흘리지 아니하며 다른 신들 뒤를 따라 화를 자초하지 아니하면 내가 너희를 이 곳에 살게 하리니 곧 너희 조상에게 영원무궁토록 준 땅에니라(렘 7 : 3-7).

⓫ 평화

[평화의 나라]

그 때에 이리가 어린 양과 함께 살며 표범이 어린 염소와 함께 누우며 송아지와 어린 사자와 살진 짐승이 함께 있어 어린 아이에게 끌리며 암소와 곰이 함께 먹으며 그것들의 새끼가 함께 엎드리며 사자가 소처럼 풀을 먹을 것이며 젖 먹는 아이가 독사의 구멍에서 장난하며 젖 뗀 어린 아이가 독사의 굴에 손을 넣을 것이라 내 거룩한 산 모든 곳에서 해 됨도 없고 상함도 없을 것이니 이는 물이 바다를 덮음 같이 여호와를 아는 지식이 세상에 충만할 것임이니라(사 11 : 6-9).

[다시는 이 나라와 저 나라가 칼을 들고 서로 치지 아니하리니]

그가 많은 민족들 사이의 일을 심판하시며 먼 곳 강한 이방 사람을 판결하시리니 무리가 그 칼을 쳐서 보습을 만들고 창을 쳐서 낫을 만들 것이며 이 나라와 저 나라가 다시는 칼을 들고 서로 치지 아니하며 다시는 전쟁을 연습하지 아니하고(미 4 : 3).

X
참고자료

1 예전 찬송

입례송

1. 다 나와 주를 찬양하라

입례송

2. 모두 다 나와 주께 감사해

MAT-SA KAAN
Inchai Srisuwan Thailand

입례송

3. 모두 모여서 주를 찬양하여라

Traditional, Papua New Guinea

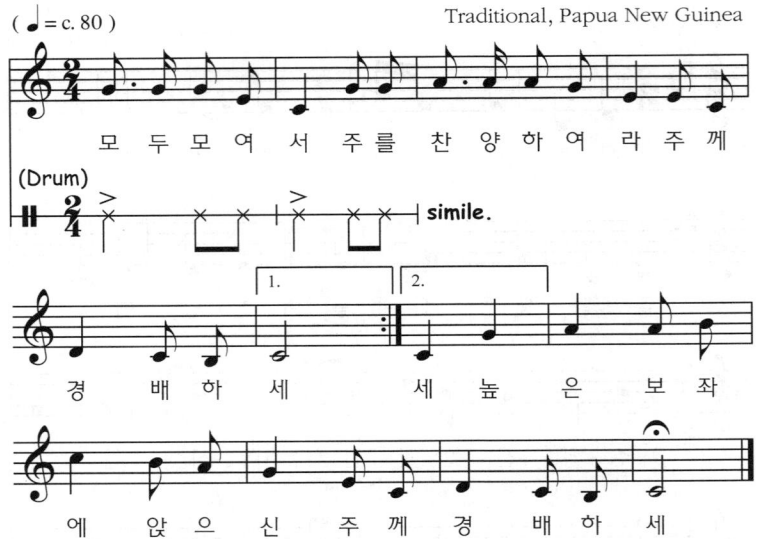

입례송

4. 보좌에 앉으신 하나님

홍정식

입례송

5. 주께 감사드리세

입례송

6. 주여 내 주여

자비송

7. 자비를 베푸소서

자비송

8. 주여 우리를 불쌍히 여기소서

이건용

자비송

9. 주여 우리를 불쌍히 여기소서

Brazil

자비송

10. 주여 우리에게 자비 베푸소서

Arr. Healey Willan

자비송

11. 주여 자비 베푸소서

Harm. Richard Proulx

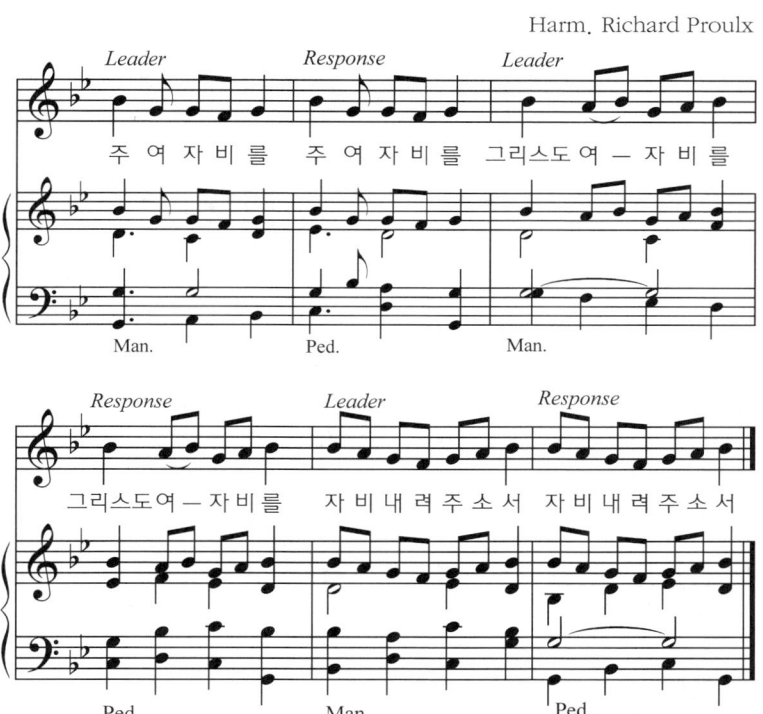

자비송

12. 주여 자비 베푸소서

자비송

13. 주여 자비를 베푸소서

자비송

14. 주여 자비를 베푸소서

영광송

15. 높은 곳에 계신 주께 영광

영광송

16. 높이 계신 주께 영광

영광송

17. 성부 성자 성령 하나님

영광송

18. 주께 영광 돌리세

영광송

19. 성삼위께 영광

영광송

20. 영광 돌릴지라

영광송

21. 영광 영광

말씀화답송

22. 놀라우신 사랑

말씀화답송

23. 주여 우리 맘을 여사

거룩송

24. 거룩 거룩 거룩

Franz Schubert
(from *DEUTSCHE MESSE*)

거룩송

25. 거룩 거룩 거룩

Healey Willan

거룩송

26. 거룩 거룩

주정식

거룩송

27. 거룩하다

김의작

28. 거룩하신 주 이름

하나님의 어린양

29. 세상 죄를 지신

하나님의 어린양

30. 하나님의 어린양

성찬송

31. 내 영혼아 내 영혼아

성찬송

32. 사랑의 나눔 있는 곳에

성찬송

33. 오늘 베푸신 주의 성찬

LATOK
Francisco F. Feliciano, Philippines

성찬송

34. 주 앞에 무릎 꿇고 떡을 떼자

Afro-American Spiritual

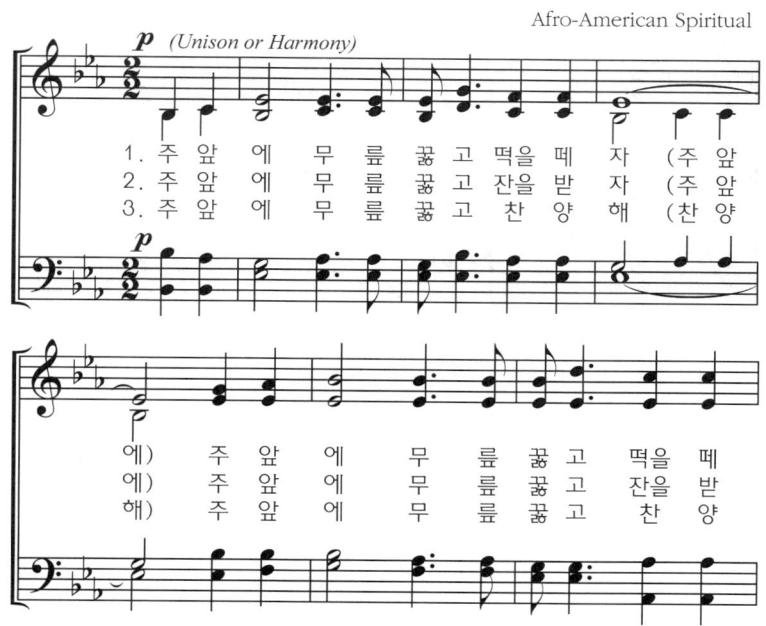

성찬송

35. 주님의 성찬에

SCHUMANN

2 지적장애인을 위한 세례 해설

1) 교육의 내용과 문답

언어 표현 또는 신체 표현을 통해서 의사소통이 가능한 장애인에게는 그의 지적 능력과 학습 능력에 적합한 방법으로 적절한 세례교육이 이루어져야 한다. 장애인에게는 개별화된 교육(Individualized Education Program, IEP)을 실시하되 그에게 맞는 교재(그림, 영상, 인형극 등)를 사용하여 세례교육을 실시하고, 그들에게 적절한 문답을 통해서 세례를 베푼다. 지적 능력이 현저히 낮아 의사소통이 불가능한 장애인의 세례는 유아세례에 준해서 중개인의 서약을 통해 실행한다.

2) 중개인(仲介人, Mediator)의 범위

중개인의 범위는 일차적으로 장애인의 삼촌 이내에 해당하는 가족으로 정한다. 이들은 장애인의 가장 직접적인 보호자요, 법적대리인이다. 이들의 믿음을 근거로 하여 일정한 교육과정을 실시한 후에 장애인에게 세례를 베풀 수 있다. 가족이 없거나 가족이 믿음을 갖고 있지 않은 장애인에게 세례를 베풀고자 할 때 중개인은 이들에게 세례를 베푸는 일에 동의하는 회중으로 한다. 즉, 교회가 장애인의 신앙의 성장에 교회 공동체로서 함께할 것으로 서약함으로 친히 중개인의 역할을 하겠다고 동의하는 것이다.

3) 반응 또는 고백의 범위

의사소통이 가능한 장애인의 반응 또는 고백은 그에게 실시한 세례교육에 기반한 장애인의 자발적인 시인과 동의에 근거한다. 의사소통이 어려운 장애인의 반응 또는 고백은 세 가지로 구분해서 시행할 수 있다. 첫째, 장애를 가진 유아일 경우에는 유아세례의 절차를 따라 시행한다. 둘째, 유아세례를 받은 장애인이 헌법이 정한 일정한 연령(15세)에 도달한 경우에는 중개인의 믿음에 근거하여 입교 절차를 시행한다. 입교예식은 장애인의 법적대리인과 교회 공동체에 속한 회중이 장애인을 교회 공동체의 일원으로 받아들일 뿐 아니라 그의 신앙의 성장을 위하여 기도와 사랑으로 돌보아야 할 책임을 고백함으로써 시행한다. 셋째, 장애를 가진 성인의 경우 헌법이 정한 일정한 연령에 도달하고, 교회 예배에 참석하며, 관계 부서에서 이를 근거로 하여 세례를 주기에 합당하다고 인정할 때 세례를 베풀되, 장애인의 법적대리인과 교회 공동체에 속한 회중이 그를 교회 공동체의 일원으로 받아들일 뿐 아니라 그의 신앙의 성장을 위하여 기도와 사랑으로 돌보아야 할 책임을 고백함으로써 시행할 수 있다.

4) 의사소통이 가능한 지적장애인의 세례교육

장애인의 인지 능력이나 언어 표현 능력에 알맞은 세례교육이 필요하다. 교육은 개별적이며 반복적으로 이루어져야 하고, 일정 기간 동안 집중적으로 실시한다. 세례문답 8주 전에 시작하여 주 1회씩 8주간 다음과 같은 내용으로 교육할 수 있다.

- 하나님의 창조와 섭리에 대하여
- 예수님의 죽으심과 부활에 대하여
- 성령의 돌보심에 대하여
- 인간의 죄와 구원에 대하여
- 교회와 예배에 대하여
- 성경에 대하여
- 가정과 사회에 대하여
- 세례와 성찬에 대하여

각 내용에 대한 시청각자료를 준비하여 실시하되 가장 중요한 내용을 간추려 단순화해야 한다. 이해 능력을 고려하여 알아듣기 쉬운 말을 사용하고 이해 유무를 확인한다. 문답은 음성 표현이 가능한 경우 "예", "아니오"로 대답하도록 하고, 언어 표현이 어렵고 신체 표현이 가능한 경우에는 그림을 손가락으로 짚는 등의 비언어적 표현을 하도록 한다. 언어 표현이 가능한 경우의 문답은 다음과 같이 할 수 있다.

- ○○○ 씨는(여러분은) 하나님이 세상을 만드신 것을 믿습니까?
- ○○○ 씨는(여러분은) 예수님이 나를 위해 죽으셨고 다시 부활하신 것을 믿습니까?
- ○○○ 씨는(여러분은) 성령님이 나를 지금 지켜 주심을 믿습니까?
- ○○○ 씨는(여러분은) 나는 죄인이지만 예수님을 통하여 구원받게 된 것을 믿습니까?
- ○○○ 씨는(여러분은) 교회에 빠지지 않고 예배를 드리겠습니까?
- ○○○ 씨는(여러분은) 성경이 하나님의 말씀인 것을 믿습니까?
- ○○○ 씨는(여러분은) 다른 사람들과 사이좋게 지내겠습니까?
- ○○○ 씨는(여러분은) 세례받고 새 사람이 될 것을 약속합니까?

신체 표현이 가능한 경우의 문답은 다음과 같이 할 수 있다.

- 누가 세상을 만들었는지 짚어 보세요.
  ('하나님'과 '공사하는 사람' 그림을 제시한다.)
- 예수님이 십자가에 달려 죽으셨다가 어떻게 되셨나요?
  ('동굴 안에 누워 계신 예수님'과 '죽었다가 살아나 동굴 밖으로 나와 계신 예수님' 그림을 제시한다.)
- 하나님이 나하고 멀리 계시나요, 가까이 계시나요?
  ('하나님과 가까이 있는 사람'과 '하나님과 멀리 떨어져 있는 사람'의 그림을 제시한다.)
- 더러운 내가 누구 때문에 깨끗해졌나요?
  ('예수님'과 '청소부' 그림을 제시한다.)
- 예수님을 믿는 사람들이 모인 곳은 어디인가요?
  ('교회'와 '놀이터' 그림을 제시한다.)

- 하나님이 하신 말씀이 어디에 적혀 있나요?

   ('성경'과 '만화책' 그림을 제시한다.)

- 싸우는 사람과 사이좋게 지내는 사람 중 어떤 사람이 되고 싶나요?

   ('싸우는 친구'와 '사이좋은 친구' 그림을 제시한다.)

- 나는 세례를 받아 어떤 사람이 되고 싶나요?

   ('더러운 사람'과 '깨끗한 사람' 그림을 제시한다.)

이 외 간단한 찬양과 율동으로 하나님이 자신을 깊이 사랑하고 계심을 표현하도록 한다. 비록 장애의 정도가 심하여 함께 노래하지 못한다 해도 하나님의 은총을 기대하며 공동체가 함께 찬양한다.

3 상례 해설

1) 임종

❶ 죽음의 준비

돌발적인 사고나 급환과 같은 경우를 제외하고 환자가 죽음을 예상하거나 죽음이 임박했음을 알리는 것이 좋겠다고 판단될 때는 죽음을 맞이할 준비를 하게 한다.

- 신앙적 준비 : 부활신앙과 내세관을 통해 죽음을 긍정적으로 받아들이게 하고, 죽음에 대한 공포를 극복하게 한다. 마지막 순간을 회개와 기도로써 보냄이 바람직하고, 그 영혼을 하나님 품에 의탁하도록 도와야 한다.
- 가족의 준비 : 유서를 작성하거나 유언을 녹음해 둔다.
- 장례를 위한 준비 : 장례지도사 교섭, 장지 확보, 수의, 사진 등을 준비한다.

❷ 임종

사람의 호흡이 정지되는 것을 운명이라고 하고, 한 사람의 운명을 지켜보는 것을 임종이라 한다. 불의의 사고나 급환에 의한 죽음이 아닌 경우라면 가족이 모인 가운데 임종하는 것이 좋다. 소속 교회의 목회자가 함께하면 더욱 좋다. 임종 전 본인이 애창하던 찬송을 부르거나 원하는 성구를 봉독하도록 한다.

❸ 시신의 처리(가정에서 처리할 경우)

- 집례자는 준비물을 확인한다(솜, 백지, 붕대, 나무판자<고정판>, 홑이불, 병풍, 고인의 사진, 상, 향로, 향, 촛대, 초, 꽃병, 조화, 스피커 등).
- 시신이 빨리 부패하지 않도록 방의 온도와 습도를 맞춰야 하며, 소독과 위생에 유의한다.

- 적당한 높이의 베개로 머리를 바로잡는다.
- 솜이나 백지로 턱밑을 고여 입이 열리지 않게 하고, 흐트러진 머리를 손질한다.
- 귀, 코, 입 등을 솜이나 백지로 막는다.
- 시신이 굳기 전에 팔, 다리의 관절들을 가볍게 주물러 편다.
- 백지나 붕대로 무릎과 두 발을 함께 당겨 매고, 팔과 두 손을 모아 배 위에 얹어 놓고 흘러내리지 않도록 백지나 붕대로 묶는다.
- 시신을 나무판자 위에 얹는다.
- 홑이불이나 흰 천으로 시신을 머리까지 덮는다.
- 성구나 성화가 있는 병풍으로 시신을 가린다.
- 병풍 앞에 작은 상을 놓고, 그 위에 고인의 사진, 꽃, 촛대, 그리고 향로를 놓는다.
- 고인이 즐겨 부르던 찬송이 들리도록 준비한다.

❹ 임종 후 절차

- 시신 처리가 끝나면, 가족들은 검소한 옷으로 갈아입고, 근신한다. 흔히 근조(謹弔)라고 쓰인 등을 상가 입구에 달아 놓거나, 상중(喪中) 또는 기중(忌中)이라고 쓰인 종이를 붙여 초상을 알린다. 가족들은 우선 행정기관에 가서 사망신고를 하고, 매장 또는 화장 허가를 받는다. 이때 사망진단서나 증인 두 명 이상의 서명 날인이 필요하다. 또한 가족은 목회자와 장례 절차(입관식, 장례식, 하관식 등)에 대해 논의한다.
- 상제, 주상, 주례, 호상을 선정한다. 상제는 고인의 자녀들, 주상은 상제를 대표하는 사람을 지칭하며 대개 맏아들이 맡는다. 주례는 상제의 의사에 따르지만, 대개 고인이 섬긴 교회의 목사가 맡는다. 호상은 교인이나 친척 중에서 선정하며, 주례의 지시에 따라 상사 일체를 총괄한다.

❺ 부고

장례일과 장지가 결정되면 곧 부고를 보낸다. 부고는 친척과 친지들에게 개별적으로 보내기도 하고, 신문지상의 부고로 이를 대신하기도 한다.

[보기]

> "○○○께서 하나님의 부르심을 입었습니다.
> ○○교회의 성도 ○○○ 장로께서 ○○○○년 ○○월 ○○일 ○○시 하나님의 부르심을 입어 주님 앞으로 가셨습니다."
>
> 장례식장 ○○교회 또는 장례식장 명
> 시간 ○○○○년 ○○월 ○○일(○요일) ○○시
> 주례 ○○○목사
> 상제 ○○○
> 호상 ○○○
> 장지 ○○묘지
>
> ○○○○년 ○○월 ○○일
> 호상 ○○○
> 귀하

2) 입관

'입관'이란 한국식 장례문화의 일부분으로, 염습한 시신을 관 속에 넣고 함봉하는 절차이다. '염습'이란 시신을 씻고 수의를 입힌 뒤 홑이불(연금)로 싸서 한지나 삼베(염포)로 묶는 일을 말한다. 특별한 상황, 즉 법적 절차를 따로 밟아야 하는 경우를 제외하곤 임종으로부터 24시간이 경과한 후 입관한다. 시신을 거두는 일은 장례지도사가 하지 않을 경우, 집안 어른 또는 교우의 도움을 받아 목회자가 다음과 같이 할 수 있다.

❶ 씻김

- 집례자는 시신을 앞에 두고 유족을 향하여 서서 간단한 기도를 드린다.
- 집례자는 모든 준비물을 확인한다.
- 집례자의 인도에 따라 시신 좌우에 두세 사람씩 앉는다.
- 홑이불을 벗기고 손이나 발을 묶었던 붕대나 백지를 제거한다.
- 남성이 경우는 남상주가, 여성인 경우는 여상주가 앞가리개(군포)로 가리며 하의를 벗긴다.
- 상의를 벗긴다.
- 알코올이나 향수 또는 깨끗한 물을 수건에 적셔 시신을 닦아 낸 후 마른 수건으로 닦는다.
- 빗으로 머리를 빗기고, 긴 손톱을 자른다. 머리카락과 손톱은 따로 종이에 싸서 입관 시 넣을 수 있다.
- 홑이불로 시신의 머리와 수족을 완전히 덮는다.

❷ 수의 입히기

- 집례자는 염습위원의 도움을 받아 수의를 입힌다.
- 간단한 기도와 찬송 후에 진행할 수 있다.
- 수의의 구성은 다음과 같다 : 바지, 허리띠, 버선, 대님, 행전(남자), 저고리, 치마(여자), 두루마기, 손 싸개, 면모(머리 싸개). 수의가 준비되지 않은 경우에는 고인이 입던 옷 가운데 깨끗한 것을 사용한다.
- 먼저 기저귀를 채운 후 손과 발을 창호지로 싼다.
- 버선과 손싸개를 끼운다.
- 바지를 입힌 뒤 허리띠를 묶는다.
- 속옷, 저고리, 두루마기를 미리 겹쳐서 한 번에 입힌다. 시신의 허리와 다

리를 들고 다리 쪽에서부터 머리 쪽으로 입히되 팔을 상의에 끼우면서 입힌다.
- 턱걸이를 채우고, 머리 싸개를 덮는다.

❸ 입관
- 일반적으로 입관은 수의를 입힌 후 이어서 진행한다.
- 관을 놓을 자리를 선정하고, 관을 쉽게 들어 옮기기 위해 정상목을 준비한 후, 그 위에 관을 올려놓는다.
- 관에 백지를 깔고 요를 깐 후 시신을 안치한다. 이때 시신을 옮기기 위해 필요하다면 백지로 필요한 부분을 묶었다가 풀 수도 있다.
- 관의 빈 곳을 백지나 짚 또는 솜 등으로 채운 후, 이불을 덮고 관의 뚜껑을 덮는다.
- 뚜껑은 머리 부분을 열어 둔 채 입관예식을 드린 후, 머리 싸개를 열어 마지막으로 유족들이 고인의 얼굴을 보게 한다. 그리고 머리 싸개를 덮고 관을 완전히 봉한다. 상황에 따라서는 관을 봉한 후, 입관예식을 할 수 있다.
- 관이나 묘 안에 부장품을 넣어 매장하지 않음이 좋고, 고인이 쓰던 찬송가나 성경 등의 유품은 고인을 추모할 때 사용하도록 잘 보관한다.
- 입관을 마친 후, 봉띠를 묶어 운구가 편리하도록 한다.
- 입관 후의 관(棺)은 구(柩)라 칭한다.
- 십자가 표시가 새겨진 관보를 씌워 구가 나갈 때까지 안치한다.
- 입관이 끝나면 병풍이나 휘장을 뒤로 물리고 붉은 색 천에 금·은빛으로 고인의 이름을 쓴 명정을 옆에 걸어 놓을 수도 있지만, 기독교 예식에서는 흰 천에 붉은 색 십자가 표시로 관보를 만들어 관을 덮어 두는 것으로 대신한다.

❹ 상복

간소하고 정결한 옷으로 하되 가급적이면 검은 옷이나 흰 옷이 좋다. 평상복에 상장을 패용할 수도 있다.

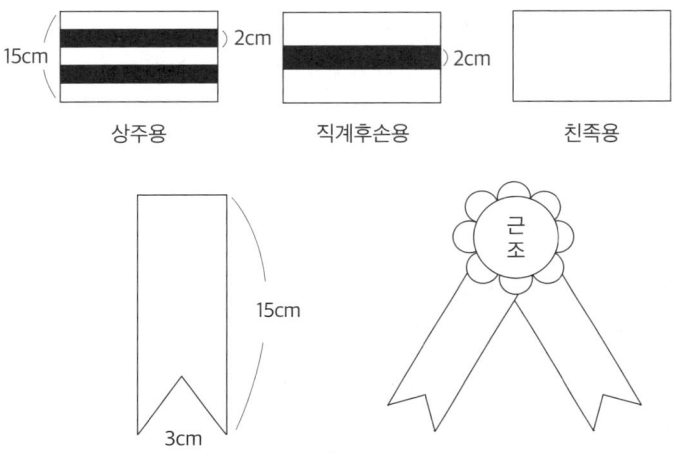

❺ 빈소와 문상

- 입관예식 후에 시신이 안치된 곳을 빈소로 정한다.
- 상제들은 빈소에서 문상객의 조문을 받는다.
- 상 위에는 검정 리본을 두른 사진과 고인이 애독하던 성경과 찬송가를 놓는다.
- 상주는 고인의 사진을 향하는 방향에서 오른쪽에 위치한다.
- 문상객은 고인의 사진이나 유품 앞에서 하나님께 기도한 후 유가족과 정중한 인사를 나누며 위로한다.
- 문상객은 고인에게 경의를 표하는 방법으로 향을 피우거나 헌화할 수 있다. 헌화할 꽃은 꽃의 줄기 끝이 영정을 향하도록 놓는다.
- 문상객은 남자의 경우 넥타이를 포함해서 가급적 검정이나 흰색의 옷을 입는다.

❻ 문상객 인사의 예

- 신자의 경우
- 하나님의 위로가 함께하시길 빕니다.
- 당하신 슬픔에 무어라 위로의 말씀을 드릴 수 없습니다.
- 슬픔 중에 부활의 신앙으로 위로를 받으시기 바랍니다.

- 불신자의 경우
- 상사 말씀 무어라 드릴 수 없습니다.
- 친상을 당하여 얼마나 망극하십니까?
- 얼마나 망극하십니까?(부모상인 경우)
- 얼마나 상심되십니까?(손아래 상인 경우)
- 얼마나 마음 아프십니까?(손아래 상인 경우)

- 상주의 대답
- 바쁘신 중에도 찾아 주셔서 감사합니다.
- 위로해 주셔서 감사합니다.

❼ 문상 예절

- 복장 : 가급적 검정이나 흰색 옷을 입는다. 남자인 경우 넥타이만이라도 검은 것으로 맨다. 부득불 화려한 복장일 경우 장례식장 뒤편에 자리를 잡고 남의 눈에 띄지 않게 몸가짐을 삼간다.
- 조의금 : 흰 봉투 전면에 '부의' 또는 '근조', "삼가 조의를 표합니다." 등을 쓰고, 드리는 이의 이름을 그 아래에 쓴다.

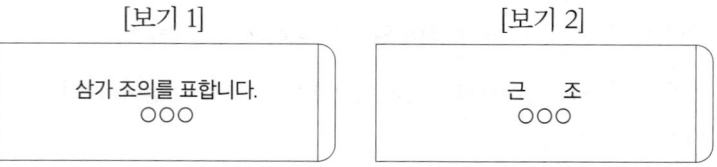

3) 하관

❶ 절차

- 하관은 장의차나 상여에서 구를 내려 광중(壙中, 구를 묻기 위해 파놓은 구덩이)에 넣는 절차이다.
- 광중 지실(地室)은 사전에 의뢰하고, 장례예식 전에 미리 확인해 두어야 한다.
- 구가 장지에 도착하면 묘소 가까운 곳에 구를 안치하고, 유족은 구가 가까이 있는 곳에서 조문객들의 문상을 받는다.
- 지실이 조성되었으면 구를 지실로 운구한다. 이때 운구위원들은 정중히 운구하고 봉띠를 풀어 그 줄로 하관한다.
- 하관을 한 다음, 구가 움직이지 않게 주위를 흙으로 채우며 구 위를 명정으로 덮고 하관예식을 거행한다.
- 집례자는 지실 위쪽에 고인의 사진을 든 사람과 함께 묘소 중심에 서고, 상주와 유족은 지실 오른쪽에 서며, 조객들은 왼쪽이나 그 뒤에 서게 한다.
- 취토(흙을 구 위에 뿌리는 행위)는 집례자가 먼저 한 후 유가족, 조문객 순으로 하되, 석관일 경우에는 횡대를 마지막으로 놓고, 그 위를 명정으로 덮은 다음 취토를 위의 순서대로 한다.
- 분묘 조성(광중을 채우고 흙으로 봉분을 만든 후 잔디를 입히는 절차)은 끝까지 보는 것이 좋으나 사정에 따라 산역하는 자에게 맡기고 하산해도 무방하다.

❷ 장례 후의 일들

장례를 마친 후 문상해 주신 분들에게 서면으로 인사드리는 것이 좋다.

[인사장 보기]

주님 안에서 문안합니다.
저희 ○○○의 장례 때 보여 주신 귀하의 사랑과 정성은 슬픔에 잠긴 저희 가족에게 큰 위로와 힘이 되었습니다. 우선 서면으로 인사를 드립니다. 앞으로도 변함없으신 사랑을 바랍니다. 부디 주님의 은혜가 함께하시기를 빕니다.
　　　　　　　　　　　　　　　　　　　○○○○년 ○○월 ○○일
　　　　　　　　　　　　　　　　　　　　　　　　상제 ○○○
　　　　　　　　　　　　　　　　　　　　　　(또는 유족) ○○○

❸ 비석

비석은 전면에 십자가 표지와 고인의 이름을 새기고, 후면 및 좌우 측면에 고인의 생년월일, 소천 연월일, 유자녀의 이름 등을 새긴다. 성구나 묘비명을 지어 새길 수도 있다.

4 성서정과표

1) 성서정과(Lectionary) 설명

교회는 전통적으로 예배에서 읽히고 해석될 성경말씀의 선택을 위한 조직적인 체계를 만들어 왔는데, 그것이 바로 성구집이다. 성구집, 즉 성서정과란 교회력에 수록되어 있는 다양한 날들과 관련있는 성경구절의 목록이다. 다시 말해서 성서정과는 하나님의 백성들이 예배드릴 때에 설교를 위하여 정리되고 의도된 성경말씀의 목록이다. 이를 가리켜 렉셔너리(Lectionary)라고 하는데, 이는 읽는 행위를 의미하는 라틴어 Lectio에서 온 말이다. 즉, 봉독집이라고 할 수 있다.

2) 성서정과의 구성

역사적으로 성서정과는 교회력의 주제에 따라 매주 보통 세 개의 성경본문(구약, 서신서, 복음서)으로 구성되어 있으며, 3년 동안 성경 전체를 예배시간에 읽고 설교할 수 있도록 구성되어 있다. 역사적으로 교회는 수많은 종류의 성서정과를 만들어 사용해 왔으며, 현재 전 세계 개신교회가 공통적으로 사용하고 있는 성서정과는 1992년 만들어진 개정 공동성서정과(Revised Common Lectionary)이다. 이 성서정과는 매 주일 각 성경 본문이, 절기 기간에는 세 개의 본문이 연관될 수 있도록 선정되었고, 비절기 기간의 경우에는 구약은 가능한 한 복음서의 배경이 되는 본문이 선정되었고, 서신서는 주제와 상관없이 따로 계속해서 읽을 수 있도록 선정되었다.

3) 개정 공동성서정과(Revised Common Lectionary)

지난 1992년에 만들어진 개정 공동성서정과는 현재 전 세계의 개신교회가 공통으로 사용하고 있는 것으로, 그 내용은 다음과 같이 이루어져 있다.

(1) 3년 주기의 교회력을 정확하게 표현하고, 그 날짜의 혼돈을 막기 위해 특별히 대림절과 부활절 날짜를 명기하였다.

(2) 본 성서정과에서 개신교회는 모두가 일치된 성서정과를 사용하도록 단일화하였고, 마지막에 부록 형식으로 개혁교회와 로마 가톨릭, 성공회, 루터교회의 차이점을 명기하였다.

(3) 공관복음의 경우, 3년 주기에서 첫째 주기는 마태복음을, 둘째 주기는 마가복음을, 셋째 주기는 누가복음을 사용했으며, 요한복음은 사순절과 부활을 강조하면서 세 주기에 골고루 사용하였다.

(4) 본 성서정과는 주님의 날인 주일을 중심으로 이루어져 있으며, 이런 의미에서 복음서가 항상 그 중심이 되도록 하였다.

(5) 본 성서정과는 주일을 중심으로 할 뿐만 아니라, 중요한 절기와 관련하여 만들어졌는데, 그 절기의 첫 번째 축은 성탄주기(The Christmas Cycle)로서 대림절기, 성탄절기, 주현절/예수의 세례일이 포함되며, 두 번째 축은 부활주기(The Easter Cycle)로서 사순절기, 고난주간, 부활절기, 성령강림주일/삼위일체주일이 포함된다. 또한 이 기간 동안에는 절기의 주제와 연관된 세 개의 본문들이 선택되었다(Lectio Selecta).

(6) 본 성서정과는 주님의 날 그 자체가 하나의 잔치로서의 의미를 가지고 있기에, 주현절 이후부터 사순절 전까지의 주일과 성령강림주일 이후의 절기에 해당되지 않는 주일(Ordinary Time)은 계속되는 주님의 날로서의 잔치의 의미를 중요시했다. 그래서 33주 내지는 34주에 해당하는 이 기간 동안에는 공관복음서가 계속적으로 읽히며(Lectio Continua), 대부분의 바울서신과 요한서신이 읽힌다. 그리고 이 서신서들은 그날의 복음서 본문과 어떤 주제적인 연결은 하지 않았다. 이 기간 동안의 구약의 본문은 설화 또는 준연속적인 내용으로 구성되어 있는데, 그래서 마태의 해에는 모세오경의 족장 설화와 모세의 설화가 읽히고, 마가의 해에는 역사서에서 다윗의 설화가 읽히고, 누가의 해에는 역사서에서 엘리야와 엘리사의 이야기와 전체 예언서가 읽힌다. 그리고 오순절 이후의 주일 중 뒷부분에서는 지혜문학이 읽힌다. 마지막으로 대림절 바로 앞에는 재림에 대한 강조를 살리기 위하여 묵시문학이 나온다.

(7) 요한복음은 그 문학적 특성이 연대기적이라기보다는 절기적이고 예전적이기 때문에 비절기 기간(Ordinary Time)이 아닌 성탄절과 부활절 주위에 배치

된다. 그러나 요한복음 6장은 단순히 마가복음이 다른 복음서에 비해 짧기 때문에 마가의 해에 배치된다.

(8) 특별히 시편은 항상 구약의 말씀과 연관되어 선택되었기에 구약의 말씀 후에 그 응답으로 사용된다.

(9) 본 성서정과는 부활절기 동안에는 구약성서를 읽지 않도록 배치했다. 대신 부활에 대한 초기교회의 증언이 담긴 사도행전을 사용하도록 했다.

(10) 본 성서정과는 설교자가 제시된 본문(구약, 서신서, 복음서) 가운데 어느 한 성구만을 가지고 설교를 하든지, 아니면 구약과 복음서를 연관 지어 설교할 수 있게 하였다.

(11) 본 성서정과는 말씀과 성례전에 적합한 성격으로 이어가도록 구성되었다.

4) 성서정과표

Year A	구 약	시 편	서신서	복음서
대림절기			
대림절 1	사 2 : 1-5	시 122	롬 13 : 11-14	마 24 : 36-44
대림절 2	사 11 : 1-10	시 72 : 1-7, 18-19	롬 15 : 4-13	마 3 : 1-12
대림절 3	사 35 : 1-10	시 146 : 5-10 또는 눅 1 : 47-55	약 5 : 7-10	마 11 : 2-11
대림절 4	사 7 : 10-16	시 80 : 1-7, 17-19	롬 1 : 1-7	마 1 : 18-25
성탄절기			
성탄절	사 9 : 2-7	시 96	딛 2 : 11-14	눅 2 : 1-14, (15-20)
	사 62 : 6-12	시 97	딛 3 : 4-7	눅 2 : (1-7), 8-20
	사 52 : 7-10	시 98	히 1 : 1-4, (5-12)	요 1 : 1-14
성탄절 후 1	사 63 : 7-9	시 148	히 2 : 10-18	마 2 : 13-23
성탄절 후 2	렘 31 : 7-14	시 147 : 12-20	엡 1 : 3-14	요 1 : (1-9), 10-18

Year A	구 약	시 편	서신서	복음서
주현절기			
주현절 후 6, 7, 8, 9주일이 재의 수요일 바로 앞 주일이라면 주현절 후 마지막 주일 (산상변모일) 성서일과를 사용하도록 한다.			
주현절	사 60 : 1-6	시 72 : 1-7, 10-14	엡 3 : 1-12	마 2 : 1-12
주님의 수세일(주현절후1)	사 42 : 1-9	시 29	행 10 : 34-43	마 3 : 13-17
주현절 후 2	사 49 : 1-7	시 40 : 1-11	고전 1 : 1-9	요 1 : 29-42
주현절 후 3	사 9 : 1-4	시 27 : 1, 4-9	고전 1 : 10-18	마 4 : 12-23
주현절 후 4	미 6 : 1-8	시 15	고전 1 : 18-31	마 5 : 1-12
주현절 후 5	사 58 : 1-9a, (9b-12)	시 112 : 1-9, (10)	고전 2 : 1-12, (13-16)	마 5 : 13-20
주현절 후 6	신 30 : 15-20	시 119 : 1-8	고전 3 : 1-9	마 5 : 21-37
주현절 후 7	레 19 : 1-2, 9-18	시 119 : 33-40	고전 3 : 10-11, 16-23	마 5 : 38-48
주현절 후 8	사 49 : 8-16a	시 131	고전 4 : 1-5	마 6 : 24-34
주현절 후 9	신 11 : 18-21, 26-28	시 31 : 1-5, 19-24	롬 1 : 16-17, 3 : 22b-28 (29-31)	마 7 : 21-29
주현절 후 마지막주일 (산상변모일)	출 24 : 12-18	시 2 또는 시 99	벧후 1 : 16-21	마 17 : 1-9
사순절기			
재의 수요일	욜 2 : 1-2, 12-17 또는 사 58 : 1-12	시 51 : 1-17	고후 5 : 20b-6 : 10	마 6 : 1-6, 16-21
사순절 1	창 2 : 15-17, 3 : 1-7	시 32	롬 5 : 12-19	마 4 : 1-11
사순절 2	창 12 : 1-4a	시 121	롬 4 : 1-5, 13-17	요 3 : 1-17 또는 마 17 : 1-9
사순절 3	출 17 : 1-7	시 95	롬 5 : 1-11	요 4 : 5-42
사순절 4	삼상 16 : 1-13	시 23	엡 5 : 8-14	요 9 : 1-41
사순절 5	겔 37 : 1-14	시 130	롬 8 : 6-11	요 11 : 1-45

Year A	구 약	시 편	서신서	복음서
사순절 6 (수난주일)	사 50 : 4-9a	시 31 : 9-16	빌 2 : 5-11	마 26 : 14-27 : 66 또는 마 27 : 11-54
성목요일	출 12 : 1-4, (5-10), 11-14	시 116 : 1-2, 12-19	고전 11 : 23-26	요 13 : 1-17, 31b-35
성금요일	사 52 : 13-53 : 12	시 22	히 10 : 16-25 또는 히 4 : 14-16;5 : 7-9	요 18 : 1-19 : 42
부활절기 주님의 승천일 본문은 부활절 7주에 사용될 수도 있다. 이 절기 동안은 구약 대신 사도행전을 읽는다.				
부활절	행 10 : 34-43 또는 렘 31 : 1-6	시 118 : 1-2, 14-24	골 3 : 1-4 또는 행 10 : 34-43	요 20 : 1-18 또는 마 28 : 1-10
부활절 2주	행 2 : 14a, 22-32	시 16	벧전 1 : 3-9	요 20 : 19-31
부활절 3주	행 2 : 14a, 36-41	시 116 : 1-4, 12-19	벧전 1 : 17-23	눅 24 : 13-35
부활절 4주	행 2 : 42-47	시 23	벧전 2 : 19-25	요 10 : 1-10
부활절 5주	행 7 : 55-60	시 31 : 1-5, 15-16	벧전 2 : 2-10	요 14 : 1-14
부활절 6주	행 17 : 22-31	시 66 : 8-20	벧전 3 : 13-22	요 14 : 15-21
주님의 승천일	행 1 : 1-11	시 47 또는 시 93	엡 1 : 15-23	눅 24 : 44-53
부활절 7주	행 1 : 6-14	시 68 : 1-10, 32-35	벧전 4 : 12-14, 5 : 6-11	요 17 : 1-11
오순절	행 2 : 1-21 또는 민 11 : 24-30	시 104 : 24-34, 35b	고전 12 : 3b-13 또는 행 2 : 1-21	요 20 : 19-23 또는 요 7 : 37-39
오순절 후 주일들 이날들은 비절기 기간으로 Ordinary Time이라고 부른다. 그리고 이날들을 날짜를 기준으로 표시한 것은 부활절 날짜에 따라 해마다 이 기간이 길어질 수도 있고 짧아질 수도 있기 때문이다.				
삼위일체주일	창 1 : 1-2 : 4a	시 8	고후 13 : 11-13	마 28 : 16-20
5.29.-6.4. 사이의 주일	창 6 : 9-22, 7 : 24, 8 : 14-19 신 11 : 18-21, 26-28	시 46 시 31 : 1-5, 19-24	롬 1 : 16-17, 3 : 22b-28, (29-31)	마 7 : 21-29
6.5.-6.11. 사이의 주일	창 12 : 1-9 호 5 : 15-6 : 6	시 33 : 1-12 시 50 : 7-15	롬 4 : 13-25	마 9 : 9-13, 18-26

Year A	구 약	시 편	서신서	복음서
6.12.-6.18. 사이의 주일	창 18 : 1-15, (21 : 1-7)	시 116 : 1-2, 12-19	롬 5 : 1-8	마 9 : 35-10 : 8, (9-23)
	출 19 : 2-8a	시 100		
6.19.-6.25. 사이의 주일	창 21 : 8-21	시 86 : 1-10, 16-17	롬 6 : 1b-11	마 10 : 24-39
	렘 20 : 7-13	시 69 : 7-10, (11-15), 16-18		
6.26.-7.2.의 사이의 주일	창 22 : 1-14	시 13	롬 6 : 12-23	마 10 : 40-42
	렘 28 : 5-9	시 89 : 1-4, 15-18		
7.3.-7.9. 사이의 주일	창 24 : 34-38, 43-49, 58-67	시 45 : 10-17 또는 아 2 : 8-13	롬 7 : 15-25a	마 11 : 16-19, 25-30
	슥 9 : 9-12	시 145 : 8-14		
7.10.-7.16. 사이의 주일	창 25 : 19-34	시 119 : 105-112	롬 8 : 1-11	마 13 : 1-9, 18-23
	사 55 : 10-13	시 65 : (1-8), 9-13		
7.17.-7.23. 사이의 주일	창 28 : 10-19a	시 139 : 1-12, 23-24	롬 8 : 12-25	마 13 : 24-30, 36-43
	사 44 : 6-8	시 86 : 11-17		
7.24.-7.30. 사이의 주일	창 29 : 15-28	시 105 : 1-11, 45b 또는 시 128	롬 8 : 26-39	마 13 : 31-33, 44-52
	왕상 3 : 5-12	시 119 : 129-136		
7.31.-8.6. 사이의 주일	창 32 : 22-31	시 17 : 1-7, 15	롬 9 : 1-5	마 14 : 13-21
	사 55 : 1-5	시 145 : 8-9, 14-21		
8.7.-8.13. 사이의 주일	창 37 : 1-4, 12-28	시 105 : 1-6, 16-22, 45b	롬 10 : 5-15	마 14 : 22-33
	사 56 : 1, 6-8	시 67		
8.14.-8.20. 사이의 주일	창 45 : 1-15	시 133	롬 11 : 1-2a, 29-32	마 15 : (10-20), 21-28
	사 56 : 1, 6-8	시 67		
8.21.-8.27. 사이의 주일	출 1 : 8-2 : 10	시 124	롬 12 : 1-8	마 16 : 13-20
	사 51 : 1-6	시 138		

Year A	구 약	시 편	서신서	복음서
8.28.-9.3. 사이의 주일	출 3 : 1-15	시 105 : 1-6, 23-26, 45c	롬 12 : 9-21	마 16 : 21-28
	렘 15 : 15-21	시 25 : 1-8		
9.4.-9.10. 사이의 주일	출 12 : 1-14	시 149	롬 13 : 8-14	마 18 : 15-20
	겔 33 : 7-11	시 119 : 33-40		
9.11.-9.17. 사이의 주일	출 14 : 19-31	시 114 또는 출 15 : 1b-11, 20-21	롬 14 : 1-12	마 18 : 21-35
9.11.-9.17. 사이의 주일	창 50 : 15-21	시 103 : (1-7), 8-13	롬 14 : 1-12	마 18 : 21-35
9.18.-9.24. 사이의 주일	출 16 : 2-15	시 105 : 1-6, 37-45	빌 1 : 21-30	마 20 : 1-16
	욘 3 : 10-4 : 11	시 145 : 1-8		
9.25.-10.1. 사이의 주일	출 17 : 1-7	시 78 : 1-4, 12-16	빌 2 : 1-13	마 21 : 23-32
	겔 18 : 1-4, 25-32	시 25 : 1-9		
10.2.-10.8. 사이의 주일	출 20 : 1-4, 7-9, 12-20	시 19	빌 3 : 4b-14	마 21 : 33-46
	사 5 : 1-7	시 80 : 7-15		
10.9.-10.15. 사이의 주일	출 32 : 1-14	시 106 : 1-6, 19-23	빌 4 : 1-9	마 22 : 1-14
	사 25 : 1-9	시 23		
10.16.-10.22. 사이의 주일	출 33 : 12-23	시 99	살전 1 : 1-10	마 22 : 15-22
	사 45 : 1-7	시 96 : 1-9, (10-13)		
10.23.-10.29. 사이의 주일	신 34 : 1-12	시 90 : 1-6, 13-17	살전 2 : 1-8	마 22 : 34-46
	레 19 : 1-2, 15-18	시 1		
10.30.-11.5. 사이의 주일	수 3 : 7-17	시 107 : 1-7, 33-37	살전 2 : 9-13	마 23 : 1-12
	미 3 : 5-12	시 43		
11.6.-11.12. 사이의 주일	수 24 : 1-3a, 14-25	시 78 : 1-7	살전 4 : 13-18	마 25 : 1-13
	암 5 : 18-24	시 70		

Year A	구 약	시 편	서신서	복음서
11.13.-11.19. 사이의 주일	삿 4 : 1-7	시 123	살전 5 : 1-11	마 25 : 14-30
	습 1 : 7, 12-18	시 90 : 1-8, (9-11), 12		
11.20.-11.26. 사이의 주일, (왕 되신 그리스도 주일)	겔 34 : 11-16, 20-24	시 100	엡 1 : 15-23	마 25 : 31-46
	겔 34 : 11-16, 20-24	시 95 : 1-7a		

Year B	구 약	시 편	서신서	복음서
대림절기					
대림절 1	사 64 : 1-9	시 80 : 1-7, 17-19	고전 1 : 3-9	막 13 : 24-37
대림절 2	사 40 : 1-11	시 85 : 1-2, 8-13	벧후 3 : 8-15a	막 1 : 1-8
대림절 3	사 61 : 1-4, 8-11	시 126 또는 눅 1 : 47-55	살전 5 : 16-24	요 1 : 6-8, 19-28
대림절 4	삼하 7 : 1-11, 16	눅 1 : 47-55 또는 시 89 : 1-4, 19-26	롬 16 : 25-27	눅 1 : 26-38
성탄절기					
성탄절	사 9 : 2-7	시 96	딛 2 : 11-14	눅 2 : 1-14, (15-20)
	사 62 : 6-12	시 97	딛 3 : 4-7	눅 2 : (1-7), 8-20
	사 52 : 7-10	시 98	히 1 : 1-4, (5-12)	요 1 : 1-14
성탄절 후 1	사 61 : 10-62 : 3	시 148	갈 4 : 4-7	눅 2 : 22-40
성탄절 후 2	렘 31 : 7-14	시 147 : 12-20	엡 1 : 3-14	요 1 : (1-9), 10-18
주현절기					
주현절 후 6, 7, 8, 9주일이 재의 수요일 바로 앞 주일이라면 주현절 후 마지막 주일(산상변모일) 성서일과를 사용하도록 한다.					
주현절	사 60 : 1-6	시 72 : 1-7, 10-14	엡 3 : 1-12	마 2 : 1-12
주님의 수세일, (주현절 후 1)	창 1 : 1-5	시 29	행 19 : 1-7	막 1 : 4-11
주현절 후 2	삼상 3 : 1-10, (11-20)	시 139 : 1-6, 13-18	고전 6 : 12-20	요 1 : 43-51

Year B	구 약	시 편	서신서	복음서
주현절 후 3	욘 3 : 1-5, 10	시 62 : 5-12	고전 7 : 29-31	막 1 : 14-20
주현절 후 4	신 18 : 15-20	시 111	고전 8 : 1-13	막 1 : 21-28
주현절 후 5	사 40 : 21-31	시 147 : 1-11, 20c	고전 9 : 16-23	막 1 : 29-39
주현절 후 6	왕하 5 : 1-14	시 30	고전 9 : 24-27	막 1 : 40-45
주현절 후 7	사 43 : 18-25	시 41	고후 1 : 18-22	막 2 : 1-12
주현절 후 8	호 2 : 14-20	시 103 : 1-13, 22	고후 3 : 1-6	막 2 : 13-22
주현절 후 9	신 5 : 12-15	시 81 : 1-10	고후 4 : 5-12	막 2 : 23-3 : 6
주현절 후 마지막 주일 (산상변모일)	왕하 2 : 1-12	시 50 : 1-6	고후 4 : 3-6	막 9 : 2-9
사순절기				
재의 수요일	욜 2 : 1-2, 12-17 또는 사 58 : 1-12	시 51 : 1-17	고후 5 : 20b-6 : 10	마 6 : 1-6, 16-21
사순절 1	창 9 : 8-17	시 25 : 1-10	벧전 3 : 18-22	막 1 : 9-15
사순절 2	창 17 : 1-7, 15-16	시 22 : 23-31	롬 4 : 13-25	막 8 : 31-38 또는 막 9 : 2-9
사순절 3	출 20 : 1-17	시 19	고전 1 : 18-25	요 2 : 13-22
사순절 4	민 21 : 4-9	시 107 : 1-3, 17-22	엡 2 : 1-10	요 3 : 14-21
사순절 5	렘 31 : 31-34	시 51 : 1-12 또는 시 119 : 9-16	히 5 : 5-10	요 12 : 20-33
사순절 6 (수난주일)	사 50 : 4-9a	시 31 : 9-16	빌 2 : 5-11	막 14 : 1-15 : 47 또는 막 15 : 1-39, (40-47)
성목요일	출 12 : 1-4, (5-10), 11-14	시 116 : 1-2, 12-19	고전 11 : 23-26	요 13 : 1-17, 31b-35
성금요일	사 52 : 13-53 : 12	시 22	히 10 : 16-25 또는 히 4 : 14-16, 5 : 7-9	요 18 : 1-19 : 42

Year B	구 약	시 편	서신서	복음서
부활절기					
부활절	행 10 : 34-43 또는 사 25 : 6-9	시 118 : 1-2, 14-24	고전 15 : 1-11 또는 행 10 : 34-43	요 20 : 1-18 또는 막 16 : 1-8
부활절 2	행 4 : 32-35	시 133	요일 1 : 1-2 : 2	요 20 : 19-31
부활절 3	행 3 : 12-19	시 4	요일 3 : 1-7	눅 24 : 36b-48
부활절 4	행 4 : 5-12	시 23	요일 3 : 16-24	요 10 : 11-18
부활절 5	행 8 : 26-40	시 22 : 25-31	요일 4 : 7-21	요 15 : 1-8
부활절 6	행 10 : 44-48	시 98	요일 5 : 1-6	요 15 : 9-17
주님의 승천일	행 1 : 1-11	시 47 또는 시 93	엡 1 : 15-23	눅 24 : 44-53
부활절 7	행 1 : 15-17, 21-26	시 1	요일 5 : 9-13	요 17 : 6-19
오순절	행 2 : 1-21	시 104 : 24-34, 35b	롬 8 : 22-27	요 15 : 26-27, 16 : 4b-15
오순절	겔 37 : 1-14	시 104 : 24-34, 35b	행 2 : 1-21	요 15 : 26-27, 16 : 4b-15
오순절 이후의 주일들					
삼위일체주일	사 6 : 1-8	시 29	롬 8 : 12-17	요 3 : 1-17
5.29.-6.4. 사이의 주일	삼상 3 : 1-10, (11-20)	시 139 : 1-6, 13-18	고후 4 : 5-12	막 2 : 23-3 : 6
5.29.-6.4. 사이의 주일	신 5 : 12-15	시 81 : 1-10	고후 4 : 5-12	막 2 : 23-3 : 6
6.5.-6.11. 사이의 주일	삼상 8 : 4-11, (12-15), 16-20, (11 : 14-15)	시 138	고후 4 : 13-5 : 1	막 3 : 20-35
6.5.-6.11. 사이의 주일	창 3 : 8-15	시 130	고후 4 : 13-5 : 1	막 3 : 20-35
6.12.-6.18. 사이의 주일	삼상 15 : 34-16 : 13	시 20	고후 5 : 6-10, (11-13), 14-17	막 4 : 26-34
6.12.-6.18. 사이의 주일	겔 17 : 22-24	시 92 : 1-4, 12-15	고후 5 : 6-10, (11-13), 14-17	막 4 : 26-34

Year B	구 약	시 편	서신서	복음서
6.19.-6.25. 사이의 주일	삼상 17 : (1a, 4-11, 19-23), 32-49	시 9 : 9-20	고후 6 : 1-13	막 4 : 35-41
	삼상 17 : 57-18 : 5, 10-16	시 133		
	욥 38 : 1-11	시 107 : 1-3, 23-32		
6.26.-7.2. 사이의 주일	삼하 1 : 1, 17-27	시 130	고후 8 : 7-15	막 5 : 21-43
	잠언 1 : 13-15, 2 : 23-24	애 3 : 23-33 또는 시 30		
7.3.-7.9. 사이의 주일	삼하 5 : 1-5, 9-10	시 48	고후 12 : 2-10	막 6 : 1-13
	겔 2 : 1-5	시 123		
7.10.-7.16. 사이의 주일	삼하 6 : 1-5, 12b-19	시 24	엡 1 : 3-14	막 6 : 14-29
	암 7 : 7-15	시 85 : 8-13		
7.17.-7.23. 사이의 주일	삼하 7 : 1-14a	시 89 : 20-37	엡 2 : 11-22	막 6 : 30-34, 53-56
	렘 23 : 1-6	시 23		
7.24.-7.30. 사이의 주일	삼하 11 : 1-15	시 14	엡 3 : 14-21	요 6 : 1-21
	왕하 3 : 14-21	시 145 : 10-18		
7.31.-8.6. 사이의 주일	삼하 11 : 26-12 : 13a	시 51 : 1-12	엡 4 : 1-16	요 6 : 24-35
	출 16 : 2-4, 9-15	시 78 : 23-29		
8.7.-8.13. 사이의 주일	삼하 18 : 5-9, 15, 31-33	시 130	엡 4 : 25-5 : 2	요 6 : 35, 41-51
	왕상 19 : 4-8	시 34 : 1-8		
8.14.-8.20. 사이의 주일	왕상 2 : 10-12, 3 : 3-14	시 111	엡 5 : 15-20	요 6 : 51-58
	잠 9 : 1-6	시 34 : 9-14		
8.21.-8.27. 사이의 주일	왕상 8 : (1, 6, 10-11), 22-30, 41-43	시 84	엡 6 : 10-20	요 6 : 56-69
	수 4 : 1-2a, 14-18	시 34 : 15-22		

Year B	구약	시편	서신서	복음서
8.28.-9.3. 사이의 주일	아 2 : 8-13	시 45 : 1-2, 6-9	약 1 : 17-27	막 7 : 1-8, 14-15, 21-23
	신 4 : 1-2, 6-9	시 15		
9.4.-9.10. 사이의 주일	잠 22 : 1-2, 8-9, 22-23	시 125	약 2 : 1-10, (11-13), 14-17	막 7 : 24-37
	사 35 : 4-7a	시 146		
9.11.-9.17. 사이의 주일	잠 1 : 20-33	시 19	약 3 : 1-12	막 8 : 27-38
	사 50 : 4-9a	시 116 : 1-9		
9.18.-9.24. 사이의 주일	잠 31 : 10-31	시 1	약 3 : 13-4 : 3, 7-8a	막 9 : 30-37
	렘 11 : 18-20	시 54		
9.25.-10.1. 사이의 주일	에 7 : 1-6, 9-10, 9 : 20-22	시 124	약 5 : 13-20	막 9 : 38-50
	민 11 : 4-6, 10-16, 24-29	시 19 : 7-14		
10.2.-10.8. 사이의 주일	욥 1 : 1, 2 : 1-10	시 26	히 1 : 1-4, 2 : 5-12	막 10 : 2-16
	창 2 : 18-24	시 8		
10.9.-10.15. 사이의 주일	욥 23 : 1-9, 16-17	시 22 : 1-15	히 4 : 12-16	막 10 : 17-31
	암 5 : 6-7, 10-15	시 90 : 12-17		
10.16.-10.22. 사이의 주일	욥 38 : 1-7, (34-41)	시 104 : 1-9, 24, 35c	히 5 : 1-10	막 10 : 35-45
	사 53 : 4-12	시 91 : 9-16		
10.23.-10.29. 사이의 주일	욥 42 : 1-6, 10-17	시 34 : 1-8, (19-22)	히 7 : 23-28	막 10 : 46-52
	렘 31 : 7-9	시 126		
10.30.-11.5. 사이의 주일	룻 1 : 1-18	시 146	히 9 : 11-14	막 12 : 28-34
	신 6 : 1-9	시 119 : 1-8		
11.6.-11.12. 사이의 주일	룻 3 : 1-5, 4 : 13-17	시 127	히 9 : 24-28	막 12 : 38-44
	왕상 17 : 8-16	시 146		

Year B	구 약	시 편	서신서	복음서
11.13.-11.19. 사이의 주일	삼상 1 : 4-20	삼상 2 : 1-10	히 10 : 11-14, (15-18), 19-25	막 13 : 1-8
	단 12 : 1-3	시 16		
11.20.-11.26. 사이의 주일 (왕 되신 그리스도 주일)	삼하 23 : 1-7	시 132 : 1-12, (13-18)	계 1 : 4b-8	요 18 : 33-37
	단 7 : 9-10, 13-14	시 93		

Year C	구 약	시 편	서신서	복음서
대림절기				
대림절 1	렘 33 : 14-16	시 25 : 1-10	살전 3 : 9-13	눅 21 : 25-36
대림절 2	말 3 : 1-4	눅 1 : 68-79	빌 1 : 3-11	눅 3 : 1-6
대림절 3	습 3 : 14-20	사 12 : 2-6	빌 4 : 4-7	눅 3 : 7-18
대림절 4	미 5 : 2-5a	눅 1 : 47-55 또는 시 80 : 1-7	히 10 : 5-10	눅 1 : 39-45, (46-55)
성탄절기				
성탄절	사 9 : 2-7	시 96	딛 2 : 11-14	눅 2 : 1-14, (15-20)
	사 62 : 6-12	시 97	딛 3 : 4-7	눅 2 : (1-7), 8-20
	사 52 : 7-10	시 98	히 1 : 1-4, (5-12)	요 1 : 1-14
성탄절 후 1	삼상 2 : 18-20, 26	시 148	골 3 : 12-17	눅 2 : 41-52
성탄절 후 2	렘 31 : 7-14	시 147 : 12-20	엡 1 : 3-14	요 1 : (1-9), 10-18
주현절기				
주현절 후 6, 7, 8, 9주일이 재의 수요일 바로 앞 주일이라면 주현절 후 마지막 주일(산상변모일) 성서일과를 사용하도록 한다.				
주현절	사 60 : 1-6	시 72 : 1-7, 10-14	엡 3 : 1-12	마 2 : 1-12
주님의 수세일 (주현절 후 1)	사 43 : 1-7	시 29	행 8 : 14-17	눅 3 : 15-17, 21-22
주현절 후 2	사 62 : 1-5	시 36 : 5-10	고전 12 : 1-11	요 2 : 1-11
주현절 후 3	느 8 : 1-3, 5-6, 8-10	시 19	고전 12 : 12-31a	눅 4 : 14-21

Year C	구 약	시 편	서신서	복음서
주현절 후 4	렘 1 : 4-10	시 71 : 1-6	고전 13 : 1-13	눅 4 : 21-30
주현절 후 5	사 6 : 1-8, (9-13)	시 138	고전 15 : 1-11	눅 5 : 1-11
주현절 후 6	렘 17 : 5-10	시 1	고전 15 : 12-20	눅 6 : 17-26
주현절 후 7	창 45 : 3-11, 15	시 37 : 1-11, 39-40	고전 15 : 35-38, 42-50	눅 6 : 27-38
주현절 후 8	사 55 : 10-13	시 92 : 1-4, 12-15	고전 15 : 51-58	눅 6 : 39-49
주현절 후 9	왕상 8 : 22-23, 41-43	시 96 : 1-9	갈 1 : 1-12	눅 7 : 1-10
주현절 후 마지막주일 (산상변모일)	출 34 : 29-35	시 99	고후 3 : 12-4 : 2	눅 9 : 28-36, (37-43)
사순절기			
재의수요일	욜 2 : 1-2, 12-17 또는 사 58 : 1-12	시 51 : 1-17	고후 5 : 20b-6 : 10	마 6 : 1-6, 16-21
사순절 1	신 26 : 1-11	시 91 : 1-2, 9-16	롬 10 : 8b-13	눅 4 : 1-13
사순절 2	창 15 : 1-12, 17-18	시 27	빌 3 : 17-4 : 1	눅 13 : 31-35 또는 눅 9 : 28-36
사순절 3	사 55 : 1-9	시 63 : 1-8	고전 10 : 1-13	눅 13 : 1-9
사순절 4	수 5 : 9-12	시 32	고후 5 : 16-21	눅 15 : 1-3, 11b-32
사순절 5	사 43 : 16-21	시 126	빌 3 : 4b-14	요 12 : 1-8
사순절 6 (수난주일)	사 50 : 4-9a	시 31 : 9-16	빌 2 : 5-11	눅 22 : 14-23 : 56 또는 눅 23 : 1-49
성목요일	출 12 : 1-4, (5-10), 11-14	시 116 : 1-2, 12-19	고전 11 : 23-26	요 13 : 1-17, 31b-35
성금요일	사 52 : 13-53 : 12	시 22	히 10 : 16-25 또는 히 4 : 14-16, 5 : 7-9	요 18 : 1-19 : 42
부활절기			
부활절	행 10 : 34-43 또는 사 65 : 17-25	시 118 : 1-2, 14-24	고전 15 : 19-26 또는 행 10 : 34-43	요 20 : 1-18 또는 눅 24 : 1-12

Year C	구 약	시 편	서신서	복음서
부활절 2	행 5 : 27-32	시 118 : 14-29 또는 시 150	계 1 : 4-8	요 20 : 19-31
부활절 3	행 9 : 1-6, (7-20)	시 30	계 5 : 11-14	요 21 : 1-19
부활절 4	행 9 : 36-43	시 23	계 7 : 9-17	요 10 : 22-30
부활절 5	행 11 : 1-18	시 148	계 21 : 1-6	요 13 : 31-35
부활절 6	행 16 : 9-15	시 67	계 21 : 10, 22-22 : 5	요 14 : 23-29 또는 요 5 : 1-9
주님의 승천일	행 1 : 1-11	시 47 또는 시 93	엡 1 : 15-23	눅 24 : 44-53
부활절 7	행 16 : 16-34	시 97	계 22 : 12-14, 16-17, 20-21	요 17 : 20-26
오순절	행 2 : 1-21 또는 창 11 : 1-9	시 104 : 24-34, 35b	롬 8 : 14-17 또는 행 2 : 1-21	요 14 : 8-17, (25-27)
오순절 이후의 주일들				
삼위일체주일	잠 8 : 1-4, 22-31	시 8	롬 5 : 1-5	요 16 : 12-15
5.29.-6.4. 사이의 주일	왕상 18 : 20-21, (22-29), 30-39	시 96	갈 1 : 1-12	눅 7 : 1-10
	왕상 8 : 22-23, 41-43	시 96 : 1-9		
6.5.-6.11. 사이의 주일	왕상 17 : 8-16, (17-24)	시 146	갈 1 : 11-24	눅 7 : 11-17
	왕상 17 : 17-24	시 30		
6.12.-6.18. 사이의 주일	왕상 21 : 1-10, (11-14), 15-21a	시 5 : 1-8	갈 2 : 15-21	눅 7 : 36-8 : 3
	삼하 11 : 26-12 : 10, 13-15	시 32		
6.19.-6.25. 사이의 주일	왕상 19 : 1-4, (5-7), 8-15a	시 42와 43	갈 3 : 23-29	눅 8 : 26-39
	사 65 : 1-9	시 22 : 19-28		

Year C	구 약	시 편	서신서	복음서
6.26.-7.2. 사이의 주일	왕하 2 : 1-2, 6-14	시 77 : 1-2, 11-20	갈 5 : 1, 13-25	눅 9 : 51-62
	왕상 19 : 15-16, 19-21	시 16		
7.3.-7.9. 사이의 주일	왕하 5 : 1-14	시 30	갈 6 : (1-6), 7-16	눅 10 : 1-11, 16-20
	사 66 : 10-14	시 66 : 1-9		
7.10.-7.16. 사이의 주일	암 7 : 7-17	시 82	골 1 : 1-14	눅 10 : 25-37
	신 30 : 9-14	시 25 : 1-10		
7.17.-7.23. 사이의 주일	암 8 : 1-12	시 52	골 1 : 15-28	눅 10 : 38-42
	창 18 : 1-10a	시 15		
7.24.-7.30. 사이의 주일	호 1 : 2-10	시 85	골 2 : 6-15, (16-19)	눅 11 : 1-13
	창 18 : 20-32	시 138		
7.31.-8.6. 사이의 주일	호 11 : 1-11	시 107 : 1-9, 43	골 3 : 1-11	눅 12 : 13-21
	전 1 : 2, 12-14, 2 : 18-23	시 49 : 1-12		
8.7.-8.13. 사이의 주일	사 1 : 1, 10-20	시 50 : 1-8, 22-23	히 11 : 1-3, 8-16	눅 12 : 32-40
	창 15 : 1-6	시 33 : 12-22		
8.14.-8.20. 사이의 주일	사 5 : 1-7	시 80 : 1-2, 8-19	히 11 : 29-12 : 2	눅 12 : 49-56
	렘 23 : 23-29	시 82		
8.21.-8.27. 사이의 주일	렘 1 : 4-10	시 71 : 1-6	히 12 : 18-29	눅 13 : 10-17
	사 58 : 9b-14	시 103 : 1-8		
8.28.-9.3. 사이의 주일	렘 2 : 4-13	시 81 : 1, 10-16	히 13 : 1-8, 15-16	눅 14 : 1, 7-14
	잠 25 : 6-7	시 112		
9.4.-9.10. 사이의 주일	렘 18 : 1-11	시 139 : 1-6, 13-18	몬 1-21	눅 14 : 25-33
	신 30 : 15-20	시 1		

Year C	구 약	시 편	서신서	복음서
9.11.-9.17. 사이의 주일	렘 4 : 11-12, 22-28	시 14	딤전 1 : 12-17	눅 15 : 1-10
	출 32 : 7-14	시 51 : 1-10		
9.18.-9.24. 사이의 주일	렘 8 : 18-9 : 1	시 79 : 1-9	딤전 2 : 1-7	눅 16 : 1-13
	암 8 : 4-7	시 113		
9.25.-10.1. 사이의 주일	렘 32 : 1-3a, 6-15	시 91 : 1-6, 14-16	딤전 6 : 6-19	눅 16 : 19-31
	암 6 : 1a, 4-7	시 146		
10.2.-10.8. 사이의 주일	애 1 : 1-6	애 3 : 19-26	딤후 1 : 1-14	눅 17 : 5-10
	합 1 : 1-4, 2 : 1-4	시 37 : 1-9		
10.9.-10.15. 사이의 주일	렘 29 : 1, 4-7	시 66 : 1-12	딤후 2 : 8-15	눅 17 : 11-19
	왕하 5 : 1-3, 7-15c	시 111		
10.16.-10.22. 사이의 주일	렘 31 : 27-34	시 119 : 97-104	딤후 3 : 14-4 : 5	눅 18 : 1-8
	창 32 : 22-31	시 121		
10.23.-10.29. 사이의 주일	욜 2 : 23-32	시 65	딤후 4 : 6-8, 16-18	눅 18 : 9-14
	렘 14 : 7-10, 19-22	시 84 : 1-7		
10.30.-11.5. 사이의 주일	합 1 : 1-4, 2 : 1-4	시 119 : 137-144	살후 1 : 1-4, 11-12	눅 19 : 1-10
	사 1 : 10-18	시 32 : 1-7		
11.6.-11.12. 사이의 주일	학 1 : 15b-2 : 9	시 145 : 1-5, 17-21	살후 2 : 1-5, 13-17	눅 20 : 27-38
	욥 19 : 23-27a	시 17 : 1-9		
11.13.-11.19. 사이의 주일	사 65 : 17-25	사 12	살후 3 : 6-13	눅 21 : 5-19
	말 4 : 1-2a	시 98		
11.20.-11.26. 사이의 주일 (왕 되신 그리스도 주일)	렘 23 : 1-6	눅 1 : 68-79	골 1 : 11-20	눅 23 : 33-43
	렘 23 : 1-6	시 46		

5. 교회력과 예전색

　예전색은 교회사적으로 그 의미가 통일되어 사용된 적은 없다. 그것은 지역과 문화에 따라, 그리고 시대에 따라서 색의 의미가 달라지기 때문이다. 그럼에도 불구하고 현재 구교를 비롯한 전 세계 교회는 어느 정도 공통적으로 받아들이는 예전 색깔을 사용하게 되었는데, 그것들은 다음과 같다.

　먼저 흰색(white)과 황금색(gold)은 우리 주님의 사역에 초점을 맞춘 위대한 기쁨의 절기에 사용된다. 그러므로 흰색은 기쁨과 즐거움을 상징한다. 그리고 붉은색(red)은 성령의 절기(오순절 성령강림주일)와 고난주일 등에 사용되는데, 성령강림주일에는 성령의 불길을 상징하고, 고난주일에는 예수님의 보혈을 상징한다. 그 외에도 붉은색은 순교자들의 삶을 기념하는 때에도 사용된다. 그리고 성금요일 예배 때에는 예수님의 죽음을 상징하는 검은색을 쓰기도 한다. 보라색(purple)은 주로 회개와 준비의 개념으로 사용되며, 사순절과 대림절 기간 동안 사용된다. 보라색은 사순절 동안에는 청결과 영적 씻음을 의미하고, 대림절에는 오시는 왕의 위엄과 존엄을 의미한다. 그런데 최근에는 청색(blue)이 보라색 대신 대림절기에 사용되기도 하는데, 이는 소망의 표현(기대, 예기)을 의미한다. 녹색(green)은 주로 비절기 기간 동안 사용된다. 그리고 녹색의 의미는 영적인 성장과 희망, 성결, 그리고 생명이다.

　그리고 이런 절기색들은 예배 시에 세례, 성찬, 또는 결혼 등이 있어도 이에 영향을 받지 않고 사용된다. 그러나 장례 때에는 절기의 개념을 넘어서서 주로 흰색을 사용한다. 그리고 붉은색은 안수식이나 위임식, 헌당식, 그리고 교회의 창립기념일 등에 사용되기도 한다.

　예전색은 교회의 절기와 관련하여 시각적으로 절기의 의미를 교육할 수 있는 장점이 있으며, 이를 통해 회중이 쉽게 반응하도록 돕는다. 그리고 예배에 있어서 다양한 색의 사용은 회중의 심리와 감정 등에도 영향을 줄 수 있으며, 색에 따라서 그 예배가 무엇을 전하려고 하는가를 회중에게 쉽게 전달하도록 도와준다. 이러한 전이해를 가지고 현재 개신교회가 지키고 있는 중요한 절기들의 색을 분류해 보면 다음과 같다.

성탄절기(Christmas Cycle) :

  대림절(Advent). 보라색 또는 청색
  성탄절(Christmas)부터 12일간. 흰색과 황금색
  주현절(The Epiphany, 1월 6일). 흰색과 황금색

첫 번째 비절기 기간(Ordinary Time) :

  주현일 이후(1월 7일부터) 재의 수요일 전날(화요일)까지. 녹색
  그리고 이 기간 동안 예외적으로
  주님의 수세주일(Baptism of the Lord). 흰색
  산상변모주일(Transfiguration of the Lord). 흰색

사순절(Lent) :

  재의 수요일(Ash Wednesday)부터 5주간. 보라색
  고난주일/종려주일(Passion/Palm Sunday). 붉은색 또는 보라색
  고난주간 월·화·수요일. 보라색
  성목요일(Maundy Thursday). 보라색 또는 붉은색
  성금요일과 토요일(Good Friday and Saturday). 붉은색, 보라색 또는 검정색(이때는 교회가 주님의 죽으심을 기억하면서 모든 색깔을 강단에서 제거할 수도 있다.)

부활절기(Easter Cycle) :

  부활절기(Easter Season). 흰색 또는 황금색
  오순절 성령강림일(Day of Pentecost). 붉은색

두 번째 비절기 기간(Ordinary Time) :

  오순절 성령강림주일 후 월요일부터 대림절 전 토요일까지. 녹색
  그리고 이 기간 동안 예외적으로

삼위일체주일(Trinity Sunday). 흰색

제성절(All Saints' Day) 또는 11월 첫째 주일. 흰색

왕이신 그리스도 주일(Christ the King Day). 흰색

교회력의 주요절기 주기표(2040년까지)

성서정과	대림절첫주일	재의수요일	부활주일	승천일	성령강림주일
A B C	2022. 11. 27. 2023. 12. 3. 2024. 12. 1.	2023. 2. 22. 2024. 2. 14. 2025. 3. 5.	2023. 4. 9. 2024. 3. 31. 2025. 4. 20.	2023. 5. 18. 2024. 5. 9. 2025. 5. 29.	2023. 5. 28. 2024. 5. 19. 2025. 6. 8.
A B C	2025. 11. 30. 2026. 11. 29. 2027. 11. 28.	2026. 2. 18. 2027. 2. 10. 2028. 3. 2.	2026. 4. 5. 2027. 3. 28. 2028. 4. 16.	2026. 5. 14. 2027. 5. 6. 2028. 5. 25.	2026. 5. 24. 2027. 5. 16. 2028. 6. 4.
A B C	2028. 12. 3. 2029. 12. 2. 2030. 12. 1.	2029. 2. 14. 2030. 3. 6. 2031. 2. 26.	2029. 4. 1. 2030. 4. 21. 2031. 4. 13.	2029. 5. 10. 2030. 5. 30. 2031. 5. 22.	2029. 5. 20. 2030. 6. 9. 2031. 6. 1.
A B C	2031. 11. 30. 2032. 11. 28. 2033. 11. 27.	2032. 2. 11. 2033. 3. 2. 2034. 2. 22.	2032. 3. 28. 2033. 4. 17. 2034. 4. 9.	2032. 5. 6. 2033. 5. 26. 2034. 5. 18.	2032. 5. 16. 2033. 6. 5. 2034. 5. 28.
A B C	2034. 12. 3. 2035. 12. 2. 2036. 11. 30.	2035. 2. 7. 2036. 2. 27. 2037. 2. 18.	2035. 3. 25. 2036. 4. 13. 2037. 4. 5.	2035. 5. 3. 2036. 5. 22. 2037. 5. 14.	2035. 5. 13. 2036. 6. 1. 2037. 5. 24.
A B C	2037. 11. 29. 2038. 11. 28. 2039. 11. 27.	2038. 3. 10. 2039. 2. 23. 2040. 2. 15.	2038. 4. 25. 2039. 4. 10. 2040. 4. 1.	2038. 6. 3. 2039. 5. 19. 2040. 5. 10.	2038. 6. 13. 2039. 5. 29. 2040. 5. 20.

6 예배당 공간

　성육신을 근본 교리로 믿는 기독교가 예배에 있어서 공간을 매우 중요하게 여기는 것은 당연하다. 예수 그리스도는 육신을 입으시고 인류의 역사 속에 찾아오셨고, 유대 땅이라고 하는 특정하고 한정된 장소에 거하셨다. 따라서 기독교 공동체 역시 성육하신 예수 그리스도를 만나기 위해 예배를 위한 장소를 필요로 한다. 예배 장소는 어느 곳도 좋으나 그리스도의 몸(교회)이 어디에서 모이는지 알도록 표시된 특정 장소여야 한다.
　그런데 개신교회의 교회론에 의하면, 교회는 말씀이 선포되어지고 성례전이 올바로 집행되어지는 곳이다. 종교개혁가 칼빈도 말씀이 올바로 선포되어지고, 성례전이 바로 집행되어지는 곳에 교회가 있다고 하였다. 그렇다면 이러한 개신교회의 교회에 대한 신학을 보여 주는 공간 배치는 어떤 것이 있을까? 무엇보다 먼저 말씀, 즉 설교를 보여 주는 설교단(Pulpit)이 있어야 할 것이다. 그 다음에 성례전(세례와 성찬)을 위하여 성찬대(Lord's Table)와 세례대(Baptismal Font)가 있어야 할 것이다. 예배당 안에 설교단과 성찬대, 그리고 세례대를 어떻게 배치할 것인가는 여러 가지 상징적 의미를 던져준다. 어떤 교회 안에 이 세 가지가 분명히 놓여 있다면, 그곳에는 칼빈의 표현대로 가시적인 교회(visible Church)가 있다고 할 수 있다. 왜냐하면 설교단과 성찬대, 그리고 세례대는 말씀이 올바로 선포되어지고, 성례전이 올바로 집행되어지는 곳에 교회가 있다는 개신교회의 신학을 상징적으로 보여 주고 있기 때문이다. 이렇게 공간을 통한 환경의 조성은 선포된 말씀과 성례전의 상징적인 행위가 어떠한 관계에 있는지를 설명해 주고, 교회가 무엇인지도 보여 준다. 따라서 예배의 중심부에는 다음과 같은 필수적인 공간 요소들이 있어야 한다.

1) 설교단(Pulpit)

　말씀을 강조하는 개신교회의 예배당은 말씀을 상징하는 설교단을 중심으로 하는 특징을 가지고 있다. 설교단은 회중이 쉽게 볼 수 있도록 예배당의 한쪽 측면이나 정면 중앙에 회중석 보다 높여진 강단 위에 설치한다.

2) 성찬대(Lord's Table)

성찬대는 성찬식에서 떡과 포도즙을 올려놓는 탁자이며, 말씀을 상징하는 설교단과 함께 예배당의 중심을 이룬다. 성찬식은 우리 주님께서 마지막 만찬 때에 식탁에서 직접 떡을 떼어 주시고 잔을 나누어 주신 것을 제자들이 받아먹었던 것을 본받아 회중이 앞으로 나와 성찬대에서 떡과 포도즙을 받는 것이 가장 바람직한 모습이며, 이것이 개혁교회의 전통이다. 그러므로 성찬대는 가능한 회중이 접근하기에 용이하도록 회중석과 가까이 있어야 하며, 회중석 앞 중앙에 위치하는 것이 가장 바람직하다.

3) 세례대(Baptismal Font)

세례대는 세례예전 때 사용할 세례수를 담는 것으로서, 전통적으로 이는 예배당의 입구나 예배당 중앙의 성찬대 옆에 놓는다. 세례대는 세례와 씻음을 위한 언약을 기억하기 위하여 사용하는 것이므로, 가능한 모든 회중이 잘 볼 수 있는 예배당 앞면이나 입구에 두어 그것이 상징으로 나타내고자 하는 의미를 충분히 전달할 수 있어야 한다. 세례대는 흔히 8각형으로 이루어져 있는데, 8이라는 숫자는 부활을 통한 재창조를 의미하는 수이기 때문이다.

4) 봉독대(Lectern)

봉독대는 예배 시에 하나님의 말씀을 읽는 곳으로, 성경이 놓여 있는 곳이다. 구약시대부터 예배 시에 성경말씀이 읽혀지는 것은 곧 하나님이 말씀하시는 것과 같은 중요한 의미를 가지고 있다. 따라서 봉독대는 예배 시에 읽혀지고 선포될 하나님의 말씀이 놓인 곳으로 주로 설교대와 대칭되는 곳에 놓인다. 때로 봉독대는 강단 아래 회중석 앞쪽에 위치할 수도 있다.

5) 인도대

예배는 하나님의 사랑과 계시, 그리고 은혜에 대한 인간의 응답의 행위이다. 따라서 예배는 두 가지의 중요한 요소로 이루어져 있다. 먼저는 하나님의 사랑과 계시이다. 그 다음이 인간의 응답의 행위이다. 예를 들어 예배로 부름, 설교, 성례전, 축도 등은 하나님의 계시와 사랑을 나타내는 순서들이다. 반면에 기도, 신앙고백, 찬양, 봉헌 등은 인간의 응답의 행위를 나타내는 순서들이다. 따라서 강단과 성찬대가 하나님의 사랑과 계시의 순서가 진행되는 곳이라면, 인도대에서는 하나님의 사랑과 계시의 음성에 대한 우리들의 모든 응답에 관한 행위가 드려진다.

7 예배 복장

1) 예복의 성경적 기원과 신학적 이해

　성경은 하나님께서 아론에게 최초로 대제사장의 직무를 수행하게 하시고, 그 아들들에게 제사장 직분을 행하게 하시면서 그들이 입을 예복에 관해 정하신 규례를 분명히 기록하고 있다(출 28장). 그들은 그들이 섬기는 일에 적합한 의복을 입도록 명령을 받았다. 성경에서 제정한 제사장들의 특별한 복장에 대한 규례는 하나님 앞에 제단을 쌓을 때, 일상생활의 복장 그대로의 집례 행위를 금하는 데 그 목적이 있다. 하나님께서는 "옷을 지어 그를 거룩하게(구별되게) 하여 내게 제사장 직분을 행하게 하라"(출 28 : 3b) 명령하셨다. 그리고 하나님께서는 아론을 제사장으로 세우시면서 "네 형 아론을 위하여 거룩한 옷을 지어 영화롭고 아름답게 할지니"(출 28 : 2)라고 말씀하셨다. 하나님께서는 제사장 아론의 옷을 가장 아름답고 화려하게 만드심으로써 제사장의 직분을 영광스럽게 하셨다. 아론은 그 옷을 입고 하나님의 보좌 앞에서 섬겼다. 이스라엘 백성들이 죄를 지어서 하나님의 은혜가 그들을 떠날 수밖에 없게 되었을 때, 그 아름다운 옷을 입고 하나님 앞에 나가서 중재함으로써 중단된 하나님의 은혜를 회복시켰다. 그러므로 하나님과 인간의 원수된 것을 중재하기 위하여 하나님께 나아가는 대제사장의 직무는 하나님과 사람 모두에게 존귀와 영광을 받을 직책이었다.

　그렇다면 이 제사장의 옷이 21세기를 살고 있는 우리들에게 어떤 의미가 있는가? 우리가 여기서 분명히 생각할 것은 이제 우리에게 더 이상 구약적 개념에서의 희생제사는 필요하지 않다는 것이다. 우리의 대제사장 되시는 예수 그리스도께서 단번에 희생제물로 자신을 바치심으로 하나님께서 만족하셨기 때문이다(히 7 : 27, 10 : 12-14).

　이렇듯 더 이상의 희생제사는 필요 없지만, 제사장의 직분은 그대로이다. 즉, 제사장의 기능은 아직도 남아 있다. 그리스도인들은 구약의 제사장들처럼 희생제사를 드릴 필요는 없지만, 그의 권세와 역할을 감당하도록 부르심을 받았다. 이스라엘 가운데 가장 영광스러운 직분이었던 대제사장은 이스라엘의 죄를 지고 하나님께 나아가 용서를 구하고 화해를 종용하는 직무를 감당했다. 그러므로 하나님께서는 그 직분이 가장 소중하고, 아름답고, 영광스러운 직분임을 분명히 보여 주시기 위하여 그 예복을 아름답고 화려하게 만드셨다. 따라서 그 제사장의 직능을 이어받고 있는 목회자들에게는 그들이 섬기는 교회와 하나님 백성들의 운명을 양 어깨에 짊어지고 하나님께 나아가 화해의 직분을 감당해야 할 책임이 있다.

또한 이런 의미에서 오늘의 목회자들은 구약적인 개념에서의 제사장은 아니지만, 또 구약적인 의미에서의 희생제사를 드리는 제사장은 더 이상 필요 없지만, 오늘도 제사장의 직능을 감당해야 할 책임을 가진 자들이라고 할 수 있다. 그리고 목회자들이 주님의 몸 된 교회를 섬기며, 또한 주의 몸 된 교회를 이루고 있는 성도들을 섬기는 직분을 감당할 때, 그들에게는 그 직분을 드러내는 상징적인 예복이 필요하다. 여기에는 그 어떤 권위나 특권의식을 드러내려고 하는 의도가 있어서는 안된다. 다만 하나님께서 하나님과 우리를 중재하는 제사장의 직분이 고귀함을 알리시려고 그 옷을 아름답고 영광스럽게 만드신 것처럼, 적어도 오늘의 목회자들은 왕 같은 제사장의 직분을 감당함에 있어서 그 직분을 드러내는 예복을 입고 예배를 인도하고, 성역을 감당해야 함이 마땅하다. 그러므로 세상적인 옷을 그대로 입고 단 위에 올라가 예배를 인도하고 말씀을 전하는 것은 삼가야 한다. 그래서 교회는 역사적으로 다양한 예복을 만들어 목회자들이 사역을 감당할 때 입도록 하였다.

2) 개신교 예복의 역사

❶ 종교개혁가들의 예배와 집례자의 예복

종교개혁의 주역들은 예배의 형태와 내용, 그리고 성직자의 복장에 대하여 합의하지 못하였고, 이들의 주장은 크게 네 가지로 나누어 볼 수 있다.

먼저, 미사에 모국어를 사용하고 설교와 찬송을 가미하여 가톨릭의 예전을 그대로 고수하려 했던 루터 계열이다. 이들은 목사가 예배를 인도할 때 입는 복장을 약간 단순화하는 과정을 거쳤으나 큰 변화 없이 로마교회의 것을 사용하고 있다. 예배와 예복의 관점에서 볼 때 정치적인 이유로 로마가톨릭교회에서 갈라져 나온 영국교회도 이와 비슷하다고 볼 수 있다. 둘째, 츠빙글리의 계열로서 이들은 오직 하나님의 말씀에만 귀를 기울여야 한다고 주장하면서 성례전조차도 경시하고, 교회의 예배음악이나 오르간이나 피아노의 사용을 금지하는 것을 비롯하여 교회의 모든 상징물과 목사의 예복까지 전면 부정하였다. 셋째, 존 칼빈의 계열로서 그는 말씀과 성례전이 예배의 구심점이 되어야 함을 강조하면서, 성경과 초기 교회의 예배 정신을 따르는 개혁을 주도하였다. 그래서 흔히 개혁교회라고 불리는 이 계열은 매주일 성례전을 집례할 것을 주장하였고, 목사가 주일예배에서는 예복을 입어야 한다고 주장하였다. 또한 당시 법관들의 예복이었던 검은색의 제네바 가운을 입게 하기도 하였다. 넷째, 재세례파 계열로서 이들은 교리와 교회의 구조를 성경공부와 설교에만 집중하여 성직자의 구별된 복장이나 집례 시의 예복을 근본적으로 부정하였다.

❷ 스코틀랜드장로교회

장로교의 첫 교회인 스코틀랜드장로교회(Church of Scotland)는 칼빈의 신학과 예배 모범의 절대적인 영향을 받은 존 녹스(John Knox)에 의해 시작되었고, 그 후 앤드류 멜빌(Andrew Melvile)에 의하여 체계적으로 정착되었다. 이들의 예복은 다음과 같은 특성을 갖고 있다.

(1) 제네바 가운을 사용하지 않고 제의(Cassock : 검은 빛깔의 긴 겉옷으로 허리를 묶은 목사의 예복)를 예배 시에 사용하고 있다.

(2) 이 예복 밑에는 성직자 셔츠 깃(Clerical Collar : 검은 바탕에 빳빳한 한 깃)을 입고 있으며, 이 셔츠는 교인들과의 상담과 기타의 교회 활동 시에도 입는다.

(3) 예배 시에는 목 앞부분에 하얀 대(Insert Collar)를 사용하여 주님의 도구(종)가 되는 표시를 나타낸다.

(4) 예배에 관계하는 장로의 가운은 소매가 짧은 제네바 가운과 동일하다.

(5) 스톨은 목사의 의향에 따라 착용의 자유가 있다.

❸ 미국장로교회

본 교단이 직접적인 선교를 받은 바 있는 미국장로교회는 스코틀랜드장로교회처럼 일관된 예복의 형태를 취하지 않고 다양성을 가진 목사의 예복을 착용하고 있다.

(1) 이들은 스코틀랜드장로교회와 같은 제의(Cassock)를 착용하지 않고 제네바 가운을 대부분 예배 시에 착용하고 있다.

(2) 스톨은 거의 빠짐없이 착용하여 성직의 수행과 교회력의 의미를 부여하고 있다. 그리고 스톨의 상단에는 교단의 마트를 새겨 넣는다.

(3) 보수적 경향을 가진 목사들일수록 성직자 셔츠(Clerical Collar)를 즐겨 입으며, 그 색깔은 검은색으로 일관되지 않고 교회력의 예전 색깔에 맞추어 입는다.

(4) 특별히 성례전의 경우는 예복을 입는 것을 당연시하고 있다.

(5) 평신도가 성경봉독을 하는 경우 형태와 색깔을 달리하는 가운을 입는다.

❹ 복음주의 교회들의 전반적인 동향

현대 복음주의 교회의 목사들은 크게 두 가지로 분류할 수 있다. 하나는 예배를 집전할 때 특별한 옷을 전혀 입지 않는 부류이고, 또 하나는 스코틀랜드장로교회가 사용한 제의(Cassock)나 제네바 가운을 스톨과 함께 입는 부류로 이 부류는 복음주의 교회 목사들의 절대 수를 차지한다. 최근에 와서 제의에 대한 관심이 높아져 여러 지역의 개신교 목사들이 가운을 애용하고 있다. 특별히 현대의 복음주의 교회의 목사들은 성직 수행을 상징하는 의미로 제네바 가운을 입고 스톨을 교회력의 색깔에 맞추어 사용하고 있는 추세이고, 특히 미국장로교회가 가장 대표적인 경우라고 할 수 있다.

3) 예복의 종류

❶ 목사의 예복

16세기 종교개혁가들은 로마가톨릭교회의 예복이 지나치게 화려하고 복잡하고, 계급구조적으로 만들어진 것을 비판하면서 주로 검은색의 가운을 선호하였다. 특히 칼빈은 검은색 가운과 흰 띠를 두르는 일명 제네바 가운을 만들어, 이것을 개신교회의 교역자를 위한 엄숙한 예복으로 정하였다. 그리고 종교개혁가들은 이 검은 가운이 하나님의 거룩하고 사도적인 전통을 나타낸다고 주장하였다. 여기에 더하여 최근에는 목사의 가운은 속세의 삶에 오염된 자신의 모습을 예수 그리스도의 은혜로 덮고 나아간다는 뜻이 있다는 해석을 하기도 한다.

❷ 성직자 셔츠와 칼라(Clerical Collar)

목회자는 성직자 셔츠와 칼라를 착용할 수 있다. 목회자는 예수 그리스도의 정결을 덧입을 뿐만 아니라 예수님을 위해 소명 받았음을 확증하면서, 자신이 하나님의 종이라는 마음가짐으로 성직자 셔츠와 칼라를 착용해야 한다. 그리고 성직자 셔츠는 교회력의 예전색을 따라 만들어진 것을 사용하는 것이 가장 바람직하다.

❸ 영대(Stole)

목사는 예복 위에 그리스도의 섬김과 멍에를 상징하는 영대(領帶)를 두른다. 이것은 예수 그리스도께서 본을 보이신 온전한 순종을 따르겠다는 의미를 갖는다. 영대와 성직자 셔츠와 칼라는 교회력에 따라 그 색을 각각 다르게 한다. 영대와 성직자 셔츠와 칼라의 색 사용의 기본 원칙은 다음과 같다.

(1) 보라색 : 대림절기(Advent), 사순절기(Lent)

(2) 흰색 : 성탄절기(Christmas), 부활절기(Easter), 주현절(일)(Epiphany), 삼위일체주일(The Trinity Sunday), 왕이신 그리스도 주일(Christ the King Day), 산상변모주일(Transfiguration), 주님의 수세주일(The Baptism of the Lord)

(3) 녹색 : 주현절(일) 후 주일들, 오순절 성령강림주일 후 주일들

(4) 붉은색 : 수난(종려)주일(Passion/Palm Sunday)과 그 주간, 오순절 성령강림주일(The Day of Pentecost)

4) 예복 사용을 위한 실천적 지침

한국의 개신교회에는 전반적으로 예배의 진지성과 엄숙성이 결여되어 있는 모습이 없지 않아 있다. 장로교 통합교단의 헌법이 규정한 목사의 기본 직무는 "말씀으로 교훈하며, 성례를 거행"[83]하는 것이다. 이러한 직무의 수행자가 예배 시에 가운을 예복으로 착용하고, 그 위에 스톨을 걸친다면 예배의 엄숙성이 더욱 잘 지켜지리라고 사료된다. 또한 제의적 특성을 가진 한국 문화를 감안할 때 기독교의 예배·예전의 존엄함과 그 집례의 진지성이 표현되는 상징들이 당연히 필요하다고 여겨진다. 이것은 앞선 구약의 대제사장의 옷을 통해서도 알 수 있다.

그렇다면 구체적으로 장로교 통합교단에 적용할 수 있는 예복의 형태는 어떤 것이 좋을까? 먼저, 장로교 전통이라고 할 수 있는 제네바 가운을 사용하되, 즉 칼빈의 전통을 따르되, 앞부분의 검정 벨벳(Velvet)이나 양팔 위의 학위 표시는 사용하지 않아야 한다. 그리고 가운의 색깔은 겨울에는 검은색, 여름에는 이미 우리 교단에서 사용하고 있는 비둘기색이나 흰색을 사용함이 좋다.

둘째, 스톨(영대, Stole)은 가능하면 사용하는 것이 좋으며, 세계의 개혁교회가 동일하게 지키는 교회력과 예전색(녹색, 보라색, 붉은색, 흰색)에 따라 사용하고, 스톨의 상단에는 교단의 표식을, 하단에는 그 절기의 상징(예 : 십자가 또는 가시 면류관 등)을 사용하는 것이 좋다. 그리고 이 영대는 세계의 개혁교회와 마찬가지로 말씀과 성례의 집례자인 목사에 한하여 사용되어야 한다.

셋째, 스코틀랜드장로교회의 목사들을 비롯한 많은 개신교의 목사들과 같이 본 교단의 목사들도 성직자 셔츠(Clerical Collar)를 일상적인 교회생활과 예복 밑에 입도록 권장함이 좋다고 여겨진다. 그 이유는 성직자 셔츠는 '노예의 상징'으로, 이는 주님의 종으로서 사명의 수행과 자신의 언행심사에 대한 책임의식을 갖게 하는 데 매우 중요한 역할을 하기 때문이다. 단, 색깔은 검은색으로 일관하지 않고 교회력의 예전색에 맞추어 자연스럽게 선택하는 것이 바람직하다.

---

83) 『총회 헌법』, 제2편, 제5장, 제25조.

넷째, 목사와 장로의 가운은 구별을 두지 않고 동일한 형태와 색상의 가운을 사용하되, 스톨과 성직자 셔츠는 말씀과 성례전의 집례자인 목사에 한하여 사용하는 것이 옳다.

8 예배와 상징

영적인 예배는 살아 있는 상징들을 요구한다. 예배는 기본적으로 공동체가 함께 모여 적극적으로 하나님의 구원 역사를 기억하고 감사하며, 하나님의 창조와 구원 역사를 이야기하고(선포하고), 상징적인 행위들(성찬 등)을 통해서 하나님의 구원 역사를 재현하는 것이기 때문이다. 이렇게 예배는 하나님이 임재하시는 시간이며, 의미 있는 상징들을 통해서 하나님께서 온 세상을 구속하신 것을 기억하며, 감사하며, 재현하는 순간이기에 상징은 예배에 있어서 매우 중요한 위치를 차지한다. 무엇보다도 영적인 예배는 하나님께서 우리에게 허락하신 모든 표징들(물, 떡, 포도즙, 기름, 불, 손을 올리고 내리는 동작, 나누어 주고, 모이고 흩어지는 일련의 행위들)을 통해 신앙의 신비한 측면을 드러내는 현장이다. 그러므로 우리의 영적 예배는 살아 있는 상징들을 요구한다.

그런데 안타깝게도 개신교회는 예배의 상징적인 요소들을 많이 잃어버렸다. 이것은 부분적으로는 종교개혁가들의 "오직 말씀으로만"이라는 슬로건을 잘못 이해한 데서 온 결과이다. 오늘날 개신교회는 하나님께 드리는 예배에서 들리는 설교만을 강조한 나머지 교회가 가지고 있던 여러 가지 상징들에 대한 귀한 유산을 제거시킴으로써 단순하고 건조한 예배를 드리는 결과를 초래하였다. 다시 말해서 교회를 찾는 개신교회 신자들은 오직 청각을 통한 설교에만 의지하여 하나님을 경험하게 되었고, 불가시적인 하나님의 다양한 진리 또한 설교를 통해서만 이해하게 됨에 따라 궁극적이고, 초월적이며, 영원한 세계를 체험하는 데 있어 한계를 지니게 되었다. 그러나 실제로 우리가 교회에서 행하고 있는 예배에는 많은 상징들이 내포되어 있다. 즉, 우리는 여전히 예배의 현장 속에서 수많은 상징적인 행동을 하고 있다는 것이다. 그리고 그러한 상징들과 또는 상징적인 행동들을 통해서 우리는 예배 시간에 하나님을 체험하고 만나게 된다. 그렇다면 예배에서의 상징에는 어떤 것들이 있는가?

알파와 오메가 AΩ : 이는 헬라어의 처음과 마지막 알파벳이다. 이것들은 주로 계시록에 나타난 예수 그리스도의 인격과 사역을 지칭하는 데 사용된다. 흔히 강단 앞부분의 장식으로 사용되며, 하나님의 완전하신 계시를 상징하는 모노그램(monogram)으로 사용된다(계 22 : 13).

성찬대 Table : 생략

제단 Altar : 생략

방주 Ark : 방주는 그리스도와 교회를 상징하는 초기 교회의 가장 오래된 상징들 가운데 하나로, 노아에게 주신 하나님의 언약의 이야기로부터 나온 구원을 상징한다. 그리고 최근에는 교회 일치의 의미를 가진 우주적 교회 전체를 상징하기도 한다.

재 Ashes : 재는 성경 전체에서 회개와 슬픔을 상징한다. 특별히 재는 사순절이 시작되는 재의 수요일(Ash Wednesday)에 회개를 상징하는 의미로 사용되며 "너는 흙이니 흙으로 돌아갈 것이니라 하시니라"(창 3 : 19b)라는 말씀과 함께 인간이 죽을 수밖에 없는 존재임을 상징하는 데 사용된다.

깃발 Banners : 깃발은 승리와 환희를 상징하는 것으로 구약에서는 흔히 전쟁의 상황에서 사용되었다. 교회에서는 그리스도의 구속적 사역을 나타낼 때 사용되며, 최근에는 특별한 절기를 상징할 때와 특별한 본문들을 표기한 벽걸이 등으로 사용된다.

세례대 Baptismal Font : 이는 세례 예전 때 사용할 세례수를 담는 것으로서, 원래는 세례 후보자를 물속에 잠글 수 있는 정도의 크기였다. 전통적으로 세례대는 예배당의 입구나 성찬대와 강단이 놓여 있는 성단에 놓는다. 세례대는 세례와 씻음을 위한 언약을 기억하기 위하여 사용한 것으로, 성경 안에서 물의 이미지를 보여 주는 가장 중요한 상징이다.

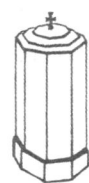

떡 Bread : 떡은 음식을 상징하는 가장 대표적인 것으로, '생명의 떡'인 하나님의 말씀, 즉 성경을 상징하기도 한다. 그리고 성찬 예전에서 떡은 생명의 떡이신 예수 그리스도의 임재를 상징한다. 또한 광야에서의 만나 사건과 예수님이 광야에서 수천 명의 사람들을 먹이신 사건, 그리고 주님의 만찬에서의 떡 등 성경의 많은 부분에서 떡은 우리를 먹이시고 기르시는 하나님의 양육을 상징하기도 한다.

잔 또는 성작 Chalice : 잔은 성찬에서의 예수님의 임재와 예수 그리스도의 희생적 자기 주심을 상징한다. 성찬 잔은 우리들을 위한 예수 그리스도의 모든 고난을 지시하며, 동시에 그의 고난을 통한 우리의 구원을 상징한다.

촛대 Candles : 촛대와 등은 빛과 조명을 상징하며, 특별히 부활절 초는 기독교 전통에 있어서 가장 대표적인 상징이다.

십자가 Cross : 십자가는 예수 그리스도의 죽음과 부활, 삶과 사역, 성육신과 영광 가운데 오심 등을 대표하는 기독교 최대의 상징이다. 십자가에는 많은 형태가 있는데, 그중에 대표적인 것들은 라틴 십자가(긴 다리와 짧은 팔 모양), 헬라 십자가(네 다리의 길이가 같음), X자형 십자가(성 안드레 십자가), 예루살렘 십자가(세상의 네 방향으로 복음을 전함을 상징) 등이다.

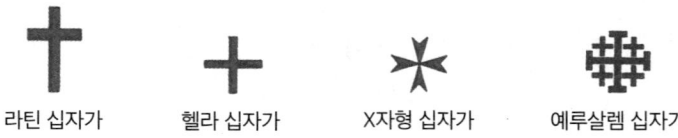

라틴 십자가   헬라 십자가   X자형 십자가   예루살렘 십자가

키로 Chi-Rho : 헬라어 Χριστός의 첫 두 글자(X, P)를 사용해서 예수 그리스도를 지시하는 가장 대표적인 모노그램이다. 이것은 4세기 이후에 여러 가지 모양으로 나타났다.

비둘기 Dove : 마태복음 3 : 16의 예수님의 세례에서 볼 수 있는 대로 성경에서 비둘기는 성령을 상징한다. 때로 비둘기는 하나님의 평화를 상징하기도 한다.

물고기 Fish : 물고기 사인은 박해를 당하던 초기 교회에서 발견되는데, 이것은 초기 교인들의 정체성을 나타내 주는 상징이었다. 헬라어 "예수 그리스도, 하나님의 아들, 구세주"의 첫 글자들을 따서 익투스(ΙΧΘΥΣ)라고도 한다.

세족식 Foot washing : 제자들을 향한 예수님의 상징적인 행위로서 종종 성목요일에 진행되며, 이는 기독교 공동체 내에서의 사랑과 돌봄을 상징한다.

평화의 입맞춤 Kiss of Peace : 이것은 교제와 인사의 상징(롬 16 : 16 ; 벧전 5 : 14)이며, 많은 예전에서 화해를 상징하는 행동이다. 최근에 이르러 평화의 입맞춤은 예배에서 교회를 위한 기도와 성찬 예전에 들어가는 봉헌(offering) 사이에 놓인다.

안수 Laying on of Hands : 이는 세례, 견진, 안수 등의 다양한 예식에서 성령의 수여를 상징하는 행동을 말한다. 또한 안수는 치유예배에서 사용되며, 이때는 성령의 수여와 하나님께서 그를 만지사 힘과 치유를 공급하는 것을 상징한다.

봉독대 Lectern : 성경을 읽을 수 있도록 성경이 놓여 있는 곳을 말한다. 이것은 말씀의 봉독과 시편 찬송의 노래 부름을 상징한다.

빛 Light : 빛에 대한 전형적인 상징은 성경에 계속해서 등장한다. 빛은 생명을 위한 자연적 상징일 뿐만 아니라 눈에 보이는 창조의 선함을 상징한다. 특별히 빛은 성경에서 예수 그리스도 안에 있는 하나님의 본성과 그분의 거룩한 사역과 밀접한 관계가 있다. 성경에 예수 그리스도는 세상의 빛으로 언급되며, 하나님의 활동은 그분의 거룩하신 본성인 빛을 통해서 나타난다.

백합화 Lily : 백합화는 부활의 꽃이며, 또한 "들의 백합화가 어떻게 자라는가 생각하여 보라"(마 6 : 28)는 예수님의 산상수훈에서 볼 수 있듯이 하나님의 돌보심을 상징하는 꽃이기도 하다. 또한 천사가 동정녀 마리아에게 수태고지한 사건을 상징하기도 한다.

성찬대 Lord's Table : 성찬대는 하나님과 성례전적으로 만나는 핵심적인 장소로서, 이곳에서 주님의 몸과 보혈을 상징하는 떡과 잔이 성도들에게 주어진다. 성찬대는 성물과 예물을 봉헌함으로써 우리를 산 제사로 드리는 곳이며, 하나님의 자기를 내어 주심(God's self-giving)의 사랑을 받는 가장 거룩하고 소중한 장소이다.

메노라 Menorah : 유대교 전통에서 온 것으로 7개의 가지가 있는 촛대를 말하는데, 이는 성령의 7가지 은사를 상징하는 것으로 알려져 있다.

기름 Oil : 초기 교회 때부터 세례, 치유, 그리고 갱신 등의 다양한 예식에서 기름 부음을 위하여 사용되는 것으로서 성령의 임재를 상징한다.

설교단 Pulpit : 설교가 행해지는 곳이며, 일반적으로 선포되고 살아 있는 하나님의 말씀을 상징한다. 또한 설교하도록 부르심을 받은 설교자의 권위를 상징하기도 한다.

영대 Stole : 권위를 상징하는 것으로, 어깨에 걸치는 천이다. 교회력을 따라 다른 색상을 가지며, 십자가나 교단의 표시, 그리고 절기에 맞는 상징들을 그 위에 새길 수 있다.

물 Water : 물은 세례를 위한 가장 중요한 상징물로서 여러 가지 의미(씻음, 생명을 줌, 혼돈, 자궁과 탄생, 재탄생, 요단 강, 홍해, 그리고 계시록에 나타난 수정 같은 샘물과 강)를 가지고 있다. 물은 세례 예전과 정결 예전에 주로 사용된다.

표지 디자인 해설

수직선은 '하나님의 임재'를, ┌─┐는 '단'을 의미하며 '단' 위 4개의 도형은 '예배예식'의 자음 ㅇㅂㅇㅅ을 단순화한 것으로 성전의 기물(언약궤, 촛대 등), 즉 '의미를 담은 형식'을 상징한다.

표지 및 본문 디자인 : 류한창

대한예수교장로회
예배·예식서

초판인쇄 2022년 9월 8일
초판4쇄 발행 2024년 8월 30일

편 집 인 총회예식서개정위원회
펴 낸 이 강 성 훈
펴 낸 곳 한국장로교출판사
주   소 03128 / 서울 종로구 대학로3길 29, 신관 4층
전   화 (02) 741-4381~2 / 팩스 741-7886
영 업 국 (031) 944-4340 / 팩스 944-2623
홈페이지 www.pckbook.co.kr
등   록 No. 1-84(1951. 8. 3.)
I S B N 978-89-398-4453-7

값 43,000원

※ 이 출판물은 저작권법에 의해 보호를 받는 저작물이므로 무단전재와 무단복사를 할 수 없습니다.